AF598928

LA RUTA SAGRADA

El Camino de Santiago

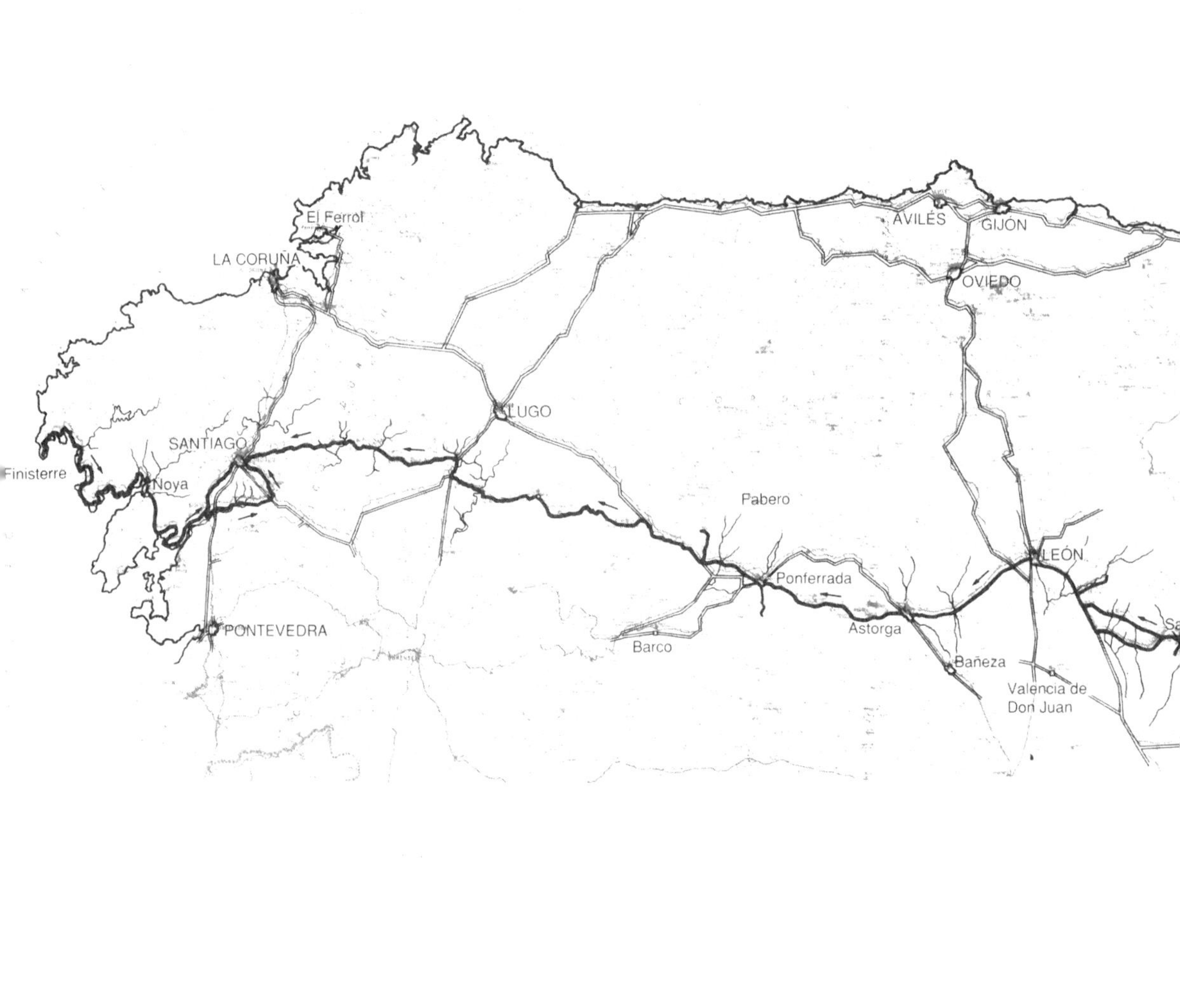

El Ferrol
LA CORUÑA
AVILÉS
GIJÓN
OVIEDO
LUGO
SANTIAGO
Finisterre
Noya
Pabero
LEÓN
Ponferrada
Astorga
Barco
PONTEVEDRA
Bañeza
Valencia de
Don Juan

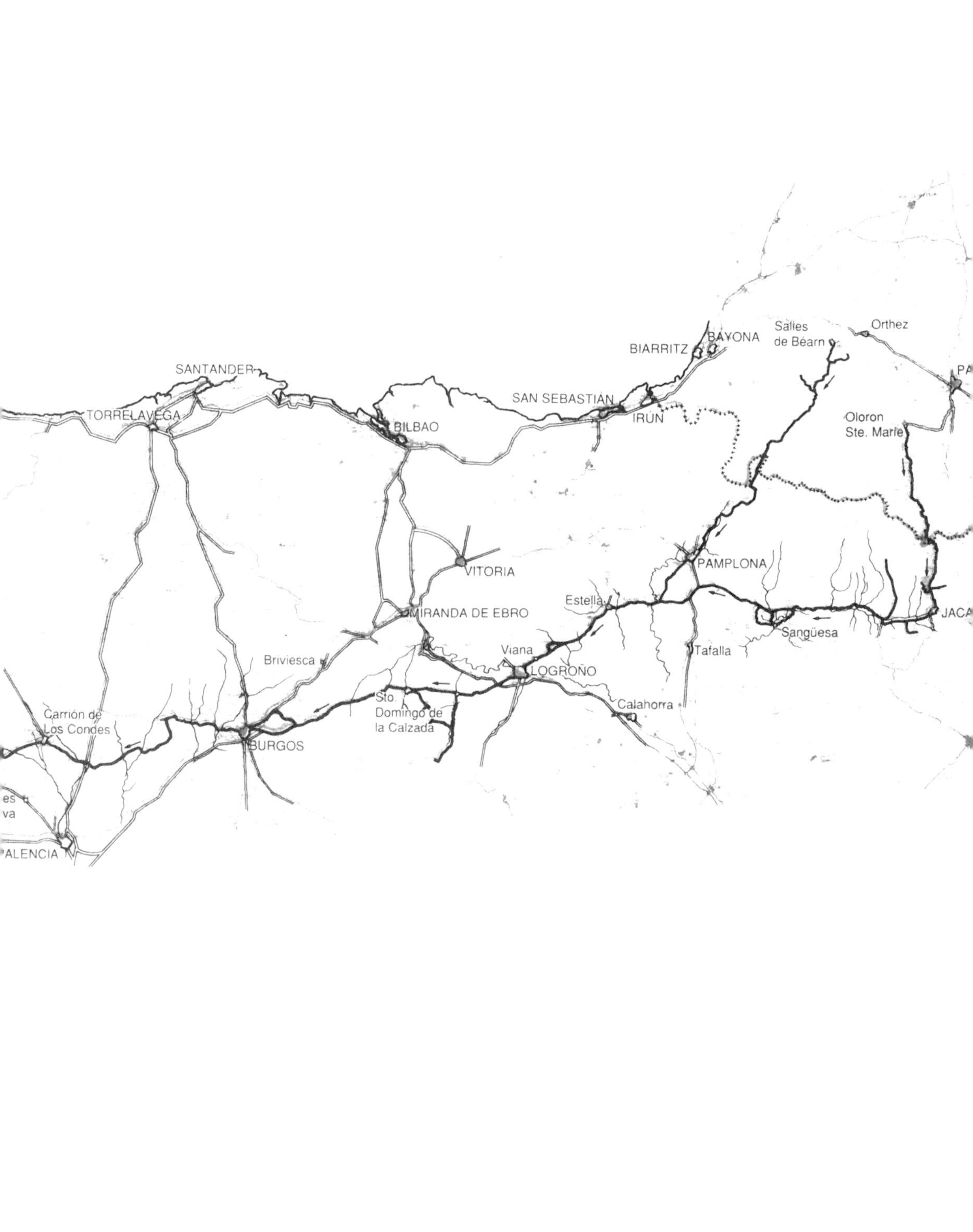

SANTANDER
TORRELAVEGA
BILBAO
SAN SEBASTIÁN
IRÚN
BIARRITZ
BAYONA
Salies
de Béarn
Orthez
Oloron
Ste. Marie
VITORIA
MIRANDA DE EBRO
PAMPLONA
Estella
Sangüesa
JACA
Tafalla
Viana
LOGROÑO
Calahorra
Briviesca
Sto.
Domingo de
la Calzada
BURGOS
Carrión de
Los Condes
ALENCIA

Juan G. Atienza

LA RUTA SAGRADA

El Camino de Santiago

ISBN: 978-84-9917-648-2
Depósito legal: B-14.162-2021
Impreso por Sagrafic, Passatge Carsi 6, 08025 Barcelona

Impreso en España - *Printed in Spain*

Ahora mismo, cuando nos enorgullecemos de poseer la Información,
esta Guía opta por el camino abrupto de la Comunicación.
Desdeña ser monólogo y aspira a convertirse en diálogo;
no quiere ser muestrario, sino base para que quien la elija
pueda optar por una reflexión lúcida y responsable,
a la hora de echar a andar por el CAMINO.

Reflexión primera

Acabo de cargar con una responsabilidad que no sé si debo asumir: la de guiar al peregrino que emprenda la Ruta Jacobea. ¿Quién soy yo para guiar a nadie? ¿Quién es nadie para guiar a quien debe guiarse solo, si es que realmente desea encontrar las claves de una ruta que es encuentro consigo mismo?

Llevo años recorriendo el Camino; leyendo a quienes lo estudiaron; entrando en contacto con sus monumentos, con sus símbolos, con sus leyendas; hundiéndome en sus claves; mirándolo, tentándolo, oliéndolo como un sabueso que busca su propio rastro. Y digamos que, con ello, he hallado algo de su profunda realidad; tal vez *mi parte*, la parte que me corresponde de esa realidad. Pero me pregunto: ¿hasta qué punto esa parte que es *mía* puede ser asumida por otro? ¿Acaso puedo hacer otra cosa que objetivizar mis propias experiencias, pretendiendo que sirvan a los demás?

El camino de la vida lo recorremos *hacia nosotros mismos*. Pero lo compartimos con los que nos rodean, de modo que ese recorrido es una búsqueda de nuestra propia identidad, tanto en lo que tiene de individual como en lo que pertenece al universo del que formamos parte. Así es el Camino: nos descubre su naturaleza cósmica y, al mismo tiempo, nos penetra para descubrirnos lo que somos.

Cada peregrino que ha recorrido el Camino con los ojos abiertos –los del rostro y los del espíritu– ha descubierto algo que le concierne: su identificación con la Realidad. Una realidad que comienza por mostrar el infinito valor de la Comunicación frente a la penuria de la Información. Frente a un entorno cotidiano que confunde el conocimiento con la cantidad de datos que somos capaces de acumular, las claves del Camino nos muestran la importancia del ser en tanto que se comunica; es decir, en tanto que *se entrega* en la misma proporción en que *recibe*.

Sin ese toma y daca, intercambio amoroso donde los haya, es inútil emprender el Camino, ni alcanzar la transformación interior que nos ofrece. Por eso, uno debe saber qué es lo que lleva dentro de sí que merece ser entregado, para luego integrar en ese vacío lo que se le ofrece.

Pero hay algo más: nunca seremos capaces de hacer plenamente nuestro aquello que se nos dé masticado por la experiencia ajena, ni aquello otro que se nos entregue sin que medie un esfuerzo vital por nuestra parte. Tampoco conozco a un solo maestro que pueda recibir ese nombre y que haya intentado transmitir sus experiencias y sus saberes obligando a aceptarlos tal cual a sus discípulos. El maestro no es el que nos enseña, sino el que nos empuja a que aprendamos; no el que llena la mente del discípulo con sus propios conocimientos, sino el que ayuda al discípulo a que busque por sí mismo el saber y la fuerza y a elegir libremente entre las opciones que le plantea la vida.

Vaya por delante: malamente podría yo dármelas de maestro, ni en esta lid ni en ninguna otra. Sin embargo, me ha tocado la obligación de acompañar en la Ruta Jacobea a quien quiera venir conmigo. Y me preocupa que, quienes se decidan a hacerlo, crean que tienen el deber de confiar en mí a ojos cerrados y de asentir a todo cuanto yo les indique. Lo advierto desde ahora: no pretendo escribir un catecismo de caminantes, sino un guión –que eso es, al fin y al cabo, una Guía– que motive la búsqueda personal. Trataré de ser yesca y no llama; alfiler y no bisturí; índice y no axioma; espejo en el que cada cual interrogue a su propia imagen.

Y una última advertencia: si llegan conmigo hasta Santiago de Compostela y ven que no me detengo allí más de lo estrictamente necesario y echo a andar hasta el Fin del Mundo, piénsenlo dos veces antes de seguirme, pues no quiero prolongar su viaje más allá de la meta que cada cual se haya propuesto. Recuerden: si van a ganar el jubileo, hay en la Ruta un par de lugares donde les darán todas las facilidades oficiales para cumplir el rito, sin necesidad de completar el juego peregrino. Si en algún momento se sienten cansados, reposen el cuerpo y el alma. Si se aburren, regresen sin tardanza, pues es que el Camino les viene ancho. Si al emprenderlo creen que cumplen un deber o una penitencia, abandonen. Y, en fin, si me ven correr demasiado, deténganme sin contemplaciones. Pero si me ven seguir más allá de Compostela, déjenme marchar, que cada cual sabe adónde le lleva el camino que ha emprendido.

Introducción

1. El mito jacobeo, una ortodoxia herética

Hay que empezar no llamando leyenda a la creencia en Santiago; el término leyenda es simplemente el epitafio escrito sobre lo que fue creencia, la cual sólo es inteligible mientras está funcionando auténticamente. La historia de Santiago de Compostela consistiría en revivir lo hecho con la creencia de hallarse en Galicia el cuerpo del Apóstol, ni más ni menos.

Américo Castro,
La realidad histórica de España.

Desde tiempos renegridos por la Historia, la Europa atlántica se ha visto envuelta en un mito jamás desmentido ni corroborado por ningún documento: aquel que nos da cuenta de los límites precisos del mundo, más allá de los cuales nace el misterio insondable de lo desconocido. Con él nacieron todas las hipótesis imaginables en torno a ese Más Allá que camina junto al Ser Humano desde el albor de la Conciencia. Al otro lado del *Finis Terrae* cabe todo, desde el *Amenti* egipcio –el lugar al que acuden los muertos para recuperar sus orígenes– hasta la idea de una Atlántida hundida en el océano que, con su trágica desaparición, cerró una era de esplendor y obligó a la humanidad a recomenzar desde cero el camino hacia un nuevo encuentro con su identidad.

El mito atlante ha compartido un doble carácter, histórico y religioso. Pues si cerraba con su destrucción una era de conocimiento irrecuperable, ese mismo recuerdo se convirtió en materia de culto y en meta de esperanza trascendente, basada en la sospecha de que, al menos una parte de aquel saber transformado en creencia, pudiera ser recuperado si se lograba penetrar en los misterios que la Tradición escondía en las tierras limítrofes del continente perdido.

Pero la historiografía se basa en hechos concretos y esas cuestiones no cuentan para ella. No cabe pues atribuir *racionalmente* a querencias ancestrales la marca secular de tantos pueblos del Extremo Occidente, ni asociar a tales tendencias la aparición de los más remotos símbolos sagrados, grabados en las piedras de la cornisa atlántica. Tampoco nos está permitido asociar a estos convencimientos viscera-

Pag. anterior:
La batalla de Clavijo, que nunca tuvo lugar, sirvió de pretexto para implicar a Santiago en la defensa de una España que luego le sería consagrada.

les la resistencia de tales pueblos a adoptar creencias y dogmas importados, ni su tendencia, ya convertidos a la fuerza, a sincretizar la nueva fe con ritos originados en los albores de la conciencia trascendente.

Aun con tantas reticencias, cuando la Historia nos da noticia de un determinado problema o de un personaje señero, no cabe aceptarlos sólo como fenómenos producidos en un *aquí* y un *ahora* concretos. Hemos de remontarnos en el tiempo para vislumbrar su *porqué* y su *cómo*. Y sólo si logramos integrar esos hechos en una perspectiva totalizadora podremos sentir su importancia real, en tanto que hitos de una evolución que atañe a toda la humanidad.

RECUERDOS DE UN HEREJE OBISPO Y MÁRTIR

Sucedió bien entrada la segunda mitad del siglo IV, en la Hispania romana, cristianizada por una Iglesia firme y poderosa. La liebre la levantó Higinio, obispo de Córdoba, allá por el 378, al descubrir que en la vecina Lusitania se practicaban ciertos cultos dirigidos por un laico que contaba con la simpatía de otros clérigos, aunque olían de lejos a lo que el prelado cordobés llamaba maniqueísmo, sin saber muy bien porqué, y otros, como el obispo Hidacio de Mérida, gnosticismo. Pronto se lanzaron anatemas sobre aquellos creyentes entregados a ritos que ningún feligrés consciente repetiría sin sentir en su alma la sombra más negra del pecado.

El promotor de aquel escándalo se llamaba Prisciliano; había sido iniciado por un monje llegado de Egipto y llamado Marco de Menfis. Junto a él comprendió que el cristianismo no estaba reñido con las tradiciones acatadas por sus antepasados paganos. Más aún: sintió que aquellas viejas tradiciones daban sentido a la nueva creencia. Cuando revisamos las obras que aún se conservan de Prisciliano, descubrimos que no era en la *doctrina* donde radicaba su herejía, sino en unas *prácticas* que propiciaban en quienes las llevaban a cabo el acercamiento a estados de conciencia que nunca fueron aceptados por la autoridad eclesiástica, la cual cifraba su poder en la ignorante sumisión de la feligresía puesta bajo su custodia.

Sulpicio Severo nos da noticias casi de primera mano sobre Prisciliano. Dice que era *«agudo, inquieto, elocuente, culto y erudito, con extraordinaria disposición para el diálogo y la discusión [...]. Podían verse en él grandes cualidades, interiores y físicas. Podía mantenerse despierto largo tiempo, soportar hambre y sed, poco ávido de bienes, expresamente parco en su uso. Así mismo vanidoso y más orgulloso de lo normal de sus conocimientos profanos; incluso se cree que, desde su juventud, practicó la magia»*. No le fue difícil encontrar adeptos, tanto entre el pueblo, en la *Gallaecia*, como entre la nobleza hispanorromana y hasta entre una parte del clero local, que vio en aquella postura una solución frente a los casos de paganismo pertinaz con los que debían enfrentarse en aquellos territorios.

Los obispos de Hispania, a los que se unieron otros de Aquitania –donde la herejía había comenzado también a prender–, convocaron concilio en Zaragoza en el 380, y en él se condenó a Prisciliano a través de ocho cánones, cuyo texto constituye aún la mejor información sobre los ritos que tan mal sentaban a la autoridad eclesiástica. Se lanza anatema contra la promiscuidad de hombres y mujeres en las ceremonias, contra el acceso de la mujer a la vida religiosa antes de los cuarenta años, contra el ayuno dominical, contra la consumición de la eucaristía fuera del templo, contra las atribuciones que se adjudicaban los que no eran clérigos a la hora de dirigir oficios y ceremonias. Gracias a aquellas denuncias, los obispos lograron un prescrito del emperador Graciano *«por el que se ordenaba no sólo que los heréticos salieran de las iglesias o ciudades, sino que fuesen expulsados de todas las tierras»*.

Prisciliano y los suyos intentaron recurrir a Roma, ante el papa Dámaso, y emprendieron camino por la vía romana de Astorga a Burdeos, a lo largo de la cual fueron *«maravillosamente acogidos por los ignorantes (y) esparcieron la semilla de la herejía»*. El papa, sin embargo, se negó a recibirlos; lo mismo hizo san Ambrosio, obispo de Milán. Amenazados por todos los poderes, Prisciliano y los suyos llegaron a Tréveris, donde un sínodo de obispos inició contra ellos un juicio similar a los que celebrarían siglos después los tribunales del Santo Oficio. Sometidos a tortura, confesaron practicar maleficios y entregarse a prácticas obscenas, rezar desnudos y reunirse con prostitutas. Así, a pesar de las súplicas que elevó en su favor Martín de Tours, Prisciliano y varios compañeros fueron condenados en el año 385, entregados al brazo secular y decapitados en Tréveris, donde gobernaba Máximo, que compartía el imperio con Graciano.

EL DISCRETO NACIMIENTO DE UN MITO

«Por lo demás, ejecutado Prisciliano, la herejía que se había propagado bajo su patrocinio no sólo no fue reprimida, sino que, reafirmándose, se propagó más extensamente. Pues sus seguidores, que lo habían honrado antes como a un santo, después amenazaron con venerarlo como a un mártir. Los cuerpos de los muertos fueron llevados a las Hispanias...». Así lo cuenta Sulpicio Severo. Y el mismo san Ambrosio nos confirma aquel culto naciente al hereje mártir, que se convirtió inmediatamente en prioritario en la Gallaecia, frente a los demás del santoral cristiano. Y aún nos añade que se celebraba *«tanto en sus tumbas como en el Momento de la Liturgia»*.

En muy poco tiempo casi todo el tercio occidental de la Península era priscilianista. Y, si no lo era, reverenciaba el recuerdo de Prisciliano como si fuera uno de los santos señeros de la cristiandad. Por más que se hayan empeñado los defensores de la más acendrada catolicidad, ni las acciones de limpieza emprendidas por Toribio de Astorga durante el primer siglo de la dominación sueva en Galicia, ni los discursos posteriores de san Martín Dumiense contra los *veneratores lapidum* sirvieron de nada ante una devoción que ya sobrepasaba los límites de sus fronteras territoriales. Sabemos que la tumba del mártir hereje era masivamente visitada. Y tienta preguntarse dónde se encontraba. Ningún documento puede aportarnos pista alguna, pero esa misma carencia documental ha quedado suplida por numerosas tradiciones que nos llevan de un lado a otro de la antigua Gallaecia en pos de su emplazamiento.

Una de esas tradiciones la sitúa en Astorga, en pleno Camino Jacobeo. Se basa en el hecho de que, por entonces, la *Asturica Augusta* estaba regida por el obispo Simposio, cuyo testimonio había sido utilizado en defensa del mártir hereje ante el mismo papa. Cabría admitir que, en un ambiente eclesiástico hostil a Prisciliano, Astorga hubiera sido uno de los escasos enclaves favorables a custodiar y a exponer a la veneración pública aquellos restos masivamente venerados.

Otra tradición gallega sitúa la tumba de Prisciliano en Santa Eulalia de Bóveda, al sur de Lugo y en el camino que seguían los peregrinos cuando optaban por visitar esta ciudad desviándose ligeramente de la ruta general. La iglesia de Santa Eulalia tiene una cripta que, antes de cristianizarse, fue un ninfeo compuesto de tres naves con un estanque de agua lustral en la del centro. La bóveda se encuentra plagada de pinturas milagrosamente conservadas, en las que abunda el tema de las aves enfrentadas rodeadas de elementos vegetales. En el exterior se conserva un relieve que representa una danza ritual y, al otro lado, una losa que la gente señala como lugar de la tumba de Prisciliano. En ella se ve un relieve casi borrado que parece representar una figura sentada, cuyos largos brazos hacen que nos evoque la imagen de un mono.

Otros lugares han sido señalados ocasionalmente como la posible tumba: el monasterio de Oseira, el dolmen de Santa Mariña de Augas Santas y las cercanías de las torres de Catoira. Se ha pensado en Prisciliano cada vez que la arqueología ha descubierto un sarcófago con elementos ornamentales mágicos o desconocidos, como sucedió en Braga con uno que lucía un crismón y un recipiente griálico, o con el llamado Crismón de Quiroga, donde se apreciaba una inscripción en la que se renegaba de las riquezas. Pero existe una hipótesis, entre asumida e insinuada, que apunta que la veneración a la tumba del mártir de Tréveris fue el verdadero origen de lo que se convertiría en el culto a Santiago, que habría de concentrar la devoción y el espíritu nacionalista de una tierra abocada al encuentro con su propia identidad y a la búsqueda de razones que justificaran su lucha por la supervivencia, en tanto que pueblo enfrentado a una nueva fe –la islámica– capaz de trastocar los cimientos del cristianismo dominante.

EL MITO, DISCRETA CLAVE DE LA HISTORIA

El culto de Galicia a Santiago no obedece a una tradición largamente digerida, sino a necesidades urgentes de la Historia, que despertaron esquemas de conducta dormidos a una realidad mucho más universal. De dicho culto, implantado en la Iglesia oriental desde el siglo IV, no existe testimonio que avale una supuesta veneración en la Península Ibérica antes de la ocupación musulmana. Ni lo consignan los hagiógrafos romanos ni los escritores visigodos, salvo una discreta alusión de Isidoro de Sevilla en una de sus obras menores.

Todo da comienzo con una evocación de Beato de Liébana, a fines del siglo VIII, cuando gobernaban en Asturias los que los cronistas llamaron «reyes holgazanes», Aurelio, Silo y Mauregato, sólo porque durante sus reinados no hubo guerras contra el islam. Al último de estos monarcas dedicó Beato un himno litúrgico en el que, sorpresivamente, exaltaba a Santiago: «*¡Oh, Apóstol dignísimo y santísimo, cabeza refulgente y dorada de España, poderoso defensor y patrono especialísimo!*». Con todo, la primera relación de los sucesos que dieron origen al culto jacobeo no aparece en las crónicas contemporáneas, sino mucho despues, en la llamada de Sampiro (a fines del s. X), escrita cuando el patronazgo de Santiago estaba firmemente instituido. Aún más tardía es la mención de la Crónica silense (1118), donde se da cuenta por primera vez de las aventuras milagreras de un Santiago Matamoros que se convertía ya en señor de los ejércitos cristianos.

El obispo Teodomiro en el momento de descubrir la tumba de Santiago.

Los primeros datos objetivos que justifican el significado de la peregrinación jacobea los proporcionó, ya va para cincuenta años, el medievalista fray Justo Pérez de Urbel. Éste, arrostrando las iras de quienes aún asentían entusiasmados a unos prodigios que ni siquiera cabía aceptar como símbolos, apuntó la posibilidad de la llegada a Galicia de reliquias procedentes de Mérida durante los primeros tiempos de la ocupación islámica, entre las que habría algunas –atribuidas a Juan y Santiago, hijos de Zebedeo–, que seguramente despertarían la devoción de los cristianos de las tierras del noroeste hasta convertir la figura del Apóstol en meta específica de veneración y de esperanza. Sin duda, la influencia del himno de Beato de Liébana no sería ajena a la inclinación sobre el personaje y, en cualquier caso, pudo ser el móvil que magnificaría la presencia de aquellas reliquias, que serían las mencionadas por Floro de Lyon (808-838): *«Huesos sagrados de este beatísimo Apóstol, trasladados a España, se veneran en el extremo de ella, frente al mar británico, con extraordinaria devoción por aquellas gentes».*

En este clima, mezclados los temores del Milenio con los provocados por el enfrentamiento con el islam, vino a reinar en Asturias Alfonso II el Casto, lleno de buenas intenciones para terminar con las aceifas del emir Hisham y dispuesto a sacar de su foso irrespirable a su pequeño reino. Fue entonces cuando se cuenta que el anacoreta Pelagio acudió al obispo Teodomiro, de Iria Flavia, para referirle el milagro de una lluvia de estrellas que había visto abatirse sobre el lugar que luego se llamaría Compostela. El obispo organizó una visita al lugar señalado e inmediatamente descubrió en él unas tumbas que, por inspiración divina, supo que eran las de Santiago y los discípulos que acompañaron su cadáver desde Jerusalén. El contagio del monarca fue inmediato. Alfonso II aceptaba la veracidad del hallazgo y mandaba construir sobre el enterramiento una iglesilla provisional que su cercano sucesor, Alfonso III, convertiría en bellísimo templo de piedra, el primero en importancia de su reino.

Naturalmente, tal descubrimiento necesitaba de unas circunstancias que lo arroparan. Y así se montó la Leyenda Dorada, dividida en dos actos y un intermedio.

Primer acto: El apóstol preferido de Jesús –hay quien asegura que su propio hermano– viene a evangelizar la Península, aunque ni los Hechos ni referencia contemporánea alguna confirmen este viaje, sólo un *Breviarium Apostolorum* del que nadie había hecho anteriormente mención. Se asegura que Santiago hizo pocos prosélitos, apenas siete, que aún se discute si fueron reclutados en Galicia o en Aragón y que, convertidos en los Siete Varones Apostólicos, se encargarían de evangelizar el futuro territorio andalusí; eran Cecilio, Tesifonte, Indalecio, Torcuato, Eufrasio, Hesiquio y Teodoro. También recibe por dos veces la sagrada visita de Nuestra Señora en cuerpo mortal: la primera en Muxía, adonde llega a lomos de una barca de piedra que todavía reposa destrozada en aquella playa de la Costa de la Muerte; la segunda en Zaragoza, donde la Madre del Salvador se presentará portadora de un pilar de piedra que dará fe de su visita.

Primera piedra de la Iglesia de Santiago en Padrón

Intermedio: Santiago regresa a Palestina, es localizado por los perseguidores de los cristianos y decapitado por orden de Herodes Agrippa.

Segundo acto: Dos discípulos se apoderan de su cuerpo, lo montan en una barca sin velas ni timón, y la navecilla, milagrosamente, sigue el camino del Sol y se detiene en Galicia, frente a Padrón. Allí gobierna la reina Lupa, naturalmente pagana, a la que relatan la arribada de la barca y el primer milagro del cuerpo santo, que al ser depositado sobre una piedra la ha derretido como si fuera cera, amoldándola al perfil del cuerpo. La reina sospecha que se trata de magos. Los encierra, pero los ángeles celestiales los liberan y piden a la reina un lugar donde enterrar dignamente el cuerpo santo. La reina finge ceder, les da una carreta tirada por toros bravos, que se vuelven mansos a la voz de los discípulos, y llevan el cadáver del Apóstol hasta el Castro Lupario, donde será enterrado Santiago y donde permanecerán sus discípulos para velar el cuerpo hasta que les llegue la muerte y los entierren junto al maestro.

SANTIAGO, EL BUCO EMISARIO

A poco que meditemos serenamente sobre el mito y sus estructuras, nos resultará muy difícil asimilar que aquella causa convirtiera el lugar en meta de un impulso colectivo capaz de poner en marcha a Europa y al mundo cristiano hasta nuestros días. Aun admitiendo la clarividencia instintiva de la Iglesia, que encontró el modo de conmover las esperanzas de su feligresía mediante la sutil invención de un ideal trascendente que se enfrentase al poder islámico, la figura del Apóstol sólo podía aceptarse si respondía a un esquema firmemente implantado en la memoria colectiva; es decir, si su significado concordaba con esquemas previamente madurados en la conciencia.

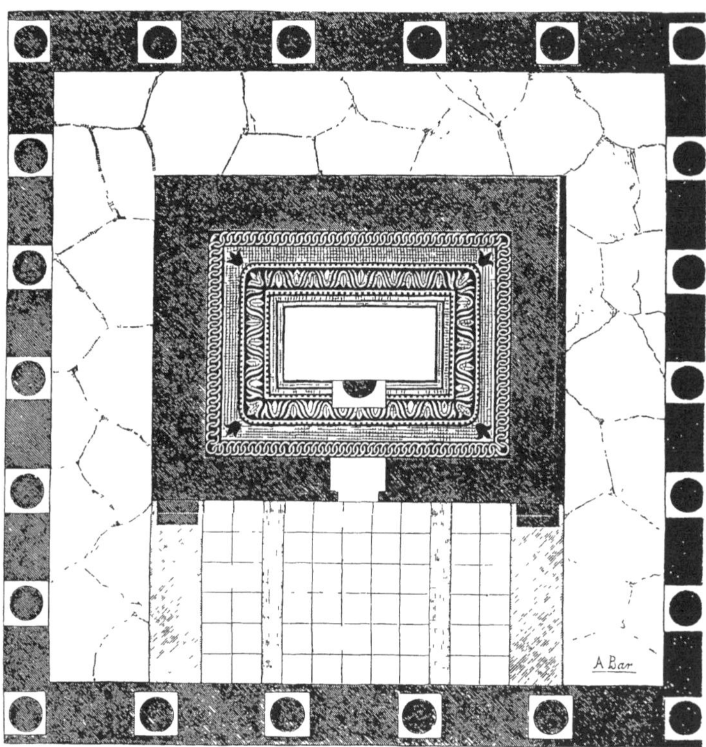

Planta del mausoleo romano que se supone albergó el sepulcro del Apóstol Santiago.

Gallaecia, con Vasconia, fue el territorio más reacio a la cristianización, seguramente debido a su lejanía y a la firmeza de sus estructuras tradicionales. Las ideas cristianas sólo se afirmaron cuando un santo herético como Prisciliano acertó a sincretizarlas con los principios más arraigados en el pueblo. No deja de ser significativo que, reconocida la devoción por la figura de Prisciliano hasta el momento de la invasión islámica, transcurrieran apenas cien años antes de que brotase el culto a Santiago en el mismo lugar y, curiosamente, con rasgos comunes de identificación que establecían un paralelismo que aún hoy sorprende.

Lo que hizo la Iglesia en este caso fue asumir el culto prisicilianista, convenientemente rebautizado, pero reconociendo tácitamente el profundo arraigo que conservaba entre la feligresía. Así, al tiempo que establecía las bases de un espíritu nacional, altamente provechoso para sus intereses, concedía cédula de permisividad a tradiciones que aún permanecían escondidas por las prohibiciones de los cánones de los viejos concilios. Esta permisividad se manifiesta desde que el mito jacobeo toma cuerpo. No sólo se reinventa la llegada del cuerpo decapitado, sino que se llena la leyenda de elementos capaces de ser identificados y asumidos por los conocedores de la Tradición arcana. Así, la memoria del Apóstol aglutinaba rasgos válidos tanto para los que vivían en obediencia ciega a los preceptos de la Iglesia, como para los que intentaban *encontrar* lo que la mayoría había optado por *aceptar* obediente y mansamente.

Sólo la incorporación del simbolismo esotérico al mito jacobeo explica su universalidad y su perdurabilidad a lo largo de siglos. Cuando la misma Roma perdía su atractivo peregrino, sólo producto de la ortodoxia, Compostela seguiría siendo, para unos, lugar donde se perdonaban los pecados y se guardaba memoria pura de un Apóstol evangélico, y, para otros, punto señalado como eje del mundo y meta de unos saberes alcanzables mediante el proceso iniciático que tendría lugar a lo largo de la peregrinación. Para estos últimos, Santiago abandonaba su personalidad de apóstol y se convertía en paradigma simbólico que abarcaba a individuos concretos y a arquetipos tradicionales en un solo esquema, cuyo acceso permitiría alcanzar el conocimiento: la máxima aspiración de los iniciados, de los buscadores del saber total preconizado por la Gran Tradición.

DE LA META A LOS CAMINOS, DE ÉSTOS AL CAMINO

Lo mismo que dos idearios aparentemente contrapuestos convergieron en la figura de Santiago, dos circunstancias consecuentes provocaron que la proclamada tumba del Apóstol se convirtiera en meta universal para hispanos y foráneos. Para los primeros, por los aires unificadores que vino a representar frente a Al Andalus. Para los segundos, por lo que significaba de alternativa espiritual frente a una Roma abocada al ejercicio del poder y a la tiranía espiritual. El profesor Américo Castro demostró en su día la categoría pontificia que llegaron a tener los obispos de Santiago, tácita, aunque no oficialmente reconocidos como cabeza de una Iglesia que, en muchos aspectos, había conquistado a pulso cierto grado de independencia frente a Roma, lo que haría que Ordoño III se dirigiera al prelado compostelano como «*pontífice de todo el Orbe*». Esta circunstancia hace reconocer a Castro que «*Santiago y Roma fueron dos islotes de la Cristiandad que, durante el siglo X, se ignoraron el uno al otro*».

Esta motivación, unida a la memoria priscilianista, hizo que Compostela se convirtiera en meta sagrada. Y en aquel primer envite devocional, la Meta como tal era lo que importaba. Cualquier antigua vía era válida para llegar, cuanto más breve y segura mejor. Todo el norte de la Península para los que cruzaban los Pirineos, y la práctica totalidad del territorio peninsular para los hispanos, se convirtió en Camino para alcanzar Compostela. Y si es cierto que determinadas rutas fueron las preferidas y se mantuvieron relativamente vigentes durante siglos, no lo es menos que, para la mayor parte de los que las emprendían, privaba el impulso interior sobre el sentido de dolorosa penitencia, que tan grato le ha sido fomentar a la Iglesia a la hora de ejercer su dominio sobre la feligresía.

Algunos estudiosos han interpretado esta primitiva anarquía de los caminos como producto de la inseguridad de los tiempos, de las incursiones normandas, de las aceifas islámicas y hasta de la supuesta peligrosidad de ciertos colectivos que vivían aún en estado semisalvaje. La realidad profunda era muy distinta. La Península, incluso en su lado cristiano, había conservado variantes litúrgicas y rituales que Roma quería unificar para todo el orbe cristiano. El rito visigodo estaba ampliamente extendido, tanto entre los cristianos del norte como entre los mozárabes. Parecía que se trataba sólo de diferencias formales, pero, en lo más íntimo, suponían una manera distinta de afrontar la religiosidad y un indudable motivo de divergencia con la Iglesia romana. La peregrinación venía a ser como una confirmación de estas diferencias y una preocupación para el centralismo romano, que veía decrecer su influencia en beneficio del incremento que experimentaba día a día la romería jacobea.

En esta situación se produjo la reforma de Cluny, que convertía el monacato benedictino en el más poderoso sostén de la cristiandad. Sus ideales triunfaban en Europa entera. Los papas no sólo se plegaban a sus directrices, sino que, en poco tiempo, eran elegidos entre los más prestigiosos miembros de la orden reformada. Los cluniacenses venían a despertar en la cristiandad lo que se daría en llamar el espíritu de Cruzada, que no era más que el compromiso de los fieles para unirse en lucha sin cuartel contra cualquier creencia ajena al ideario católico, a cambio del perdón de los pecados y del derecho al botín que se arrebatase a los infieles o a los herejes. La primera consecuencia de la labor cluniacense en este aspecto fue la llegada a tierras peninsulares, entre 1017 y 1120, de no menos de veinte expediciones de guerreros transpirenaicos dispuestos a auxiliar a los cristianos españoles en una lucha contra el islam que, hasta entonces, había tenido un carácter sólo esporádico y, la mayor parte de las veces, meramente territorial.

Al mismo tiempo, los monjes rerformados comenzaron a hacerse cargo de los monasterios peninsulares y a introducir en ellos el rito romano, en sustitución del visigodo que se había venido siguiendo hasta entonces. San Juan de la Peña fue el primero (1025), y en pocos años le siguieron la práctica totalidad de los restantes. Muy pronto, la de los cluniacenses sería la orden más poderosa de los reinos hispánicos y la que mayor influencia ejercería en su política, tanto interior como exterior.

Es entonces cuando se emprende, de la mano de Cluny, la unificación de los caminos jacobeos. El planteamiento pasaba por terminar con la secular dispersión de los peregrinos, encauzándolos por una ruta única para controlar una peregrinación que llegaba mayoritariamente de tierras transpirenaicas. Se eligió para ello, entre las varias opciones existentes, la vía romana de Burdeos a Astorga y se procuró que la ruta quedara bajo la vigilancia casi exclusiva de los monasterios inmediatos, que serían los principales encargados de ofrecer refugio y devoción a los caminantes, beneficiándoles con su ejemplo y, naturalmente, beneficiándose a su vez de las ventajas que suponía su paso.

CONTROLES DOGMÁTICOS, SUTILEZAS HERMÉTICAS

En esta situación, cabe preguntarse cómo, en medio del control ortodoxo, pudo subsistir y desarrollarse el aspecto iniciático de la Ruta, haciendo de ella uno de los espacios más ricos en enseñanzas esotéricas entre los que pueden hallarse cuando se escarba en los misterios de la Tradición. Pensemos que Cluny escogió para unificar el Camino la vía más directa a Santiago: la vieja vía romana, trazada sobre huellas ligures, celtas y suevas. Es casi seguro que discurriera por ella la marcha de Prisciliano y la que siguieron sus discípulos al devolver a su tierra el cuerpo del mártir. Algo de aquellas viejas huellas tenía que quedar a lo largo del Camino, pues quien busca deja siempre a su paso testimonio de sus encuentros, como aviso para que los que le sigan sientan también el acicate de la búsqueda en pos de la verdad. Pero hay aún algo más: el monaquismo constituye también un auténtico proceso iniciático en el que mandan reglas interiores, las cuales, si son sinceras, preparan al monje para su enfrentamiento con el saber trascendente, con la iluminación, si queremos emplear el lenguaje místico. Sus claves, por más impregnadas que estén de ortodoxia, son esencialmente universales y proceden de creencias arcaicas que tuvo que utilizar el cristianismo, lo mismo que utilizó lenguas propias de credos anteriores para expresar sus verdades.

El cristianismo bebió en fuentes arcaicas para estructurarse, y muchas celebraciones cristianas siguen teniendo su correspondencia pagana; muchos santos no son más que cristianización de deidades pretéritas, a quienes el clero tuvo que dedicar altares para atraerse al pueblo catecúmeno. Estas adaptaciones, lo mismo que la reutilización de los antiguos santuarios, enriquecen la vivencia cristiana, de modo que sólo los intransigentes pueden renegar a conciencia de las fuentes tradicionales que constituyen la base primera de su trascendencia. Nada más natural que tropezar en el Camino cristiano con el misterio iniciático y con el mensaje hermético, si el Camino es, efectivamente, una marcha hacia el encuentro esencial con lo sagrado.

Pero no olvidemos que ese mensaje no se enseñó jamás como una asignatura académica, que fue menester de maestros obligados a impulsar a quienes se les acercaban a que encontrasen por sí mismos el conocimiento buscado. Por eso el Camino, al establecerse, se planteó como fijo y variable, como único y múltiple. Así, quienes quisieran seguirlo como fieles obedientes podían encontrar una ruta firme y recorrerla hasta el final, sin que nada ni nadie pudiera distraer su devoción. Pero para aquellos otros que emprendían la marcha total –el Camino como Razón de Ser–, la ruta se convertía en juego de trascendencias, en sutiles llamadas de atención para hallar la clave que descifraría cada enigma planteado. En ellos estaba la voluntad de mantener alerta la conciencia para esclarecer los mensajes que podían dar luz sobre su búsqueda o para leer el párrafo que se les tendía en cada piedra, en cada revuelta del Camino.

No es de extrañar, pues, que la Ruta Jacobea sea como una palestra en la que pugnan ortodoxia y heterodoxia, sin vencedores ni vencidos. En ella, como en una síntesis universal, coexisten los eternos contrarios, los dióscuros míticos nacidos para enfrentarse primero y unirse después, al percatarse de que no son más que reflejos de la Unidad esencial, dividida tan sólo para confusión de simples y asombro de lúcidos. Este equilibrio de lo sagrado con lo profano, de lo evidente con lo secreto, es el que confiere al Camino su carácter universal. Pero si esa virtud fue obra de Cluny o si surgió a pesar de Cluny, es algo que, muy probablemente, nunca llegaremos a saber, aunque todavía vivamos sus fabulosas consecuencias.

2. El Camino y los signos de transformación

Todos los alquimistas están obligados a emprender este peregrinaje. Al menos, en sentido figurado, pues se trata de un viaje simbólico, y quien desea obtener provecho de él no puede, ni por un solo instante, abandonar el laboratorio. Le es preciso vigilar sin tregua el recipiente, la materia y el fuego. Debe, día y noche, permanecer en la brecha.

Fulcanelli,
Las moradas filosofales.

Dicen algunos científicos que las vibraciones de todos los sonidos que se han producido en el mundo desde que el mundo existe siguen vivas en el mismo lugar donde se dejaron oír, sólo que se han atenuado hasta resultar inapreciables. Y añaden que, si contásemos con una máquina capaz de captarlos, podríamos escuchar la toma de la Bastilla, los discursos de Demóstenes o las secuencias auténticas de los antifonarios mozárabes. Yo ignoro si podrá llegar a construirse ese maravilloso artefacto, pero sí creo que, en cierta manera, las vibraciones producidas por el redoblar de la conciencia resisten el paso del tiempo y permanecen para siempre allí donde la humanidad, o un solo individuo, fue capaz de conmoverse en un determinado instante de la Historia. Y creo también que, aun sin la ayuda de sofisticados artilugios, podemos estar en condiciones de captarlas, siempre que sepamos utilizar nuestra pantalla corporal como una antena receptora de las emociones, de los saberes y de las experiencias que vivieron aquellos que, durante milenios enteros, palpitaron en cuerpo y alma por las sendas del conocimiento.

No sé de nadie que haya recorrido la Ruta Jacobea con los ojos abiertos, que no haya sufrido una transformación interior en mayor o menor grado. Tampoco tengo noticia de nadie que, después de haberla vivido, no haya sentido que algo se le removía en lo más profundo de su existir. Y es que sólo un itinerario esencialmente sagrado logra que el buscador penetre paso a paso en las claves que se le plantean, ayudándole a entender el desarrollo de su propio proceso iniciático y proporcionándole a cada instante los elementos precisos para que pueda calibrar sus propios niveles de captación y el progreso de su aprendizaje.

LA FUNCIÓN MÁS ARCAICA DEL CAMINO

Hay quienes han afirmado –y no seré yo quien lo desmienta, pues las certezas nunca son únicas e irrevocables, sino claves convergentes que se acumulan para poner en evidencia la realidad– que el origen remoto del peregrinar hacia el Finis Terrae atlántico hay que buscarlo en la penosa marcha emprendida por nuestros antepasados prehistóricos, hace ya más de doce mil años, para encontrar a los maestros que se habrían establecido en aquel confín, después de haberse salvado de un cataclismo que hizo desaparecer uno de los primeros focos de civilización humana del planeta: el continente de la Atlántida. Según esa teoría, basada en la sospecha de un mito jamás probado, pero repleto de indicios que, cuando menos, abogan por la necesidad de profundizar en él seria y conscientemente, los remotos náufragos atlantes pudieron transmitir a los colectivos que se les acercaron, clanes y tribus de cazadores nómadas, algunos conocimientos fundamentales de la civilización recién desaparecida, así como ciertos principios espirituales extraídos de sus propias experiencias y de sus convicciones trascendentes.

Los pueblos que se beneficiaron de aquellas enseñanzas tuvieron por dioses a aquellos maestros, y en torno a ellos se creó una Historia Sagrada que, con el paso del tiempo, se tornó en mito. De ella surgirían los Doce Trabajos de Hércules, la aventura de Noé, la leyenda céltica de los Thuatha de Dannán. Y de allí nacerían muchos cuentos populares que la transmisión oral transformó con el paso de los siglos, pero que aún dejan entrever tanto la naturaleza supuestamente sobrehumana de aquellos seres, como los principios civilizadores que sembraron. El extremo atlántico de Europa se convertiría, así, en uno de esos ejes sagrados a los que la humanidad atribuye la propiedad de ser el punto preciso donde se establece el contacto entre la tierra y el cielo, el lugar donde los seres humanos conectan con el medio divino.

Si admitimos esta idea, aun con todas las reservas imaginables, las migraciones célticas, la génesis de la religión ligur y la llegada de los suevos, o incluso la invasión musulmana, vendrían a responder a la puntual materialización de un gran sueño colectivo, a la puesta a punto de un proyecto arcanamente acariciado, lo mismo que sería memoria dormida de los egipcios la transformación de aquel Occidente remoto en el Amenti al que viajarían los muertos para reunirse con sus antepasados.

Si admitimos esta hipótesis, todavía improbable aunque no tan inverosímil, cabría admitir que en aquellos lugares pueden seguir detectándose ciertos signos de reconocimiento que confirmarían el recuerdo de los antiguos maestros tenidos por dioses: huellas de su presencia, señales concretas que confirmarían su realidad histórica. El hecho es que esa huella no puede rechazarse fácilmente. Numerosos petroglifos gallegos parecen contener señales que, aun con toda la buena voluntad puesta por los historiadores, no han sido aún correctamente interpretados. Las supuestas «traducciones», que confieren a aquellos signos la categoría de *catálogos* o *listas* de reses o de propiedades, se caen por su propio peso apenas nos planteamos la evidencia de su perpetuidad a lo largo de milenios o la dificultad que entrañaría su realización para una función tan banal como la que se les atribuye. La naturaleza misma de algunos de estos petroglifos –como los laberintos de Mogor, que superan cualquier intencionalidad y surgen como auténticos mensajes de saberes difíciles de interpretar– hace que no debamos relegarlos a la ínfima categoría que se les ha adjudicado.

Pero hay muchas más señales de alerta. Tradiciones como la de la ciudad de Noya, donde se asegura que desembarcó Noé tras el Diluvio, o recuerdos como el del pueblo sumergido de Dugio, junto al Finisterre, o la memoria piadosa del Cristo de Muros, que llegó de más allá del mar, o la leyenda de la isla de Sálvora, en la que las sirenas se unieron a los seres humanos, proclaman noticias remotas transformadas por el mito, lo mismo que las tradiciones que aseguran la existencia de ciudades hundidas bajo los lagos de Carrucedo y Sanabria, o en el fondo de la laguna de Antela, en cuyo fondo se dice que reposa nada menos que la antigua ciudad de Constantinopla, son recuerdos que no pueden ser tenidos como meras fantasías de la memoria colectiva.

Todavía quedan otras claves dignas de meditar sobre ellas. Y no es la menos importante la que aporta la presencia de los megalitos que cubren la práctica totalidad de la cornisa atlántica y cantábrica. A pesar de los esfuerzos académicos por catalogarlos como monumentos funerarios –los dólmenes– o señales de límites territoriales –los menhires–, o incluso como viejos apriscos para guardar ganado –los cromlechs–, sus coincidencias con la inmediatez de centros sagrados, sus alineaciones, la composición geológica de sus piedras, la frecuente dificultad de su construcción y hasta las tradiciones de corte mágico que suelen acompañar su presencia, inclinan a pensar en ellos como construcciones sagradas en las que, además, se enterró a los muertos, lo mismo que el cristianismo enterró a los suyos en el recinto de sus catedrales. Todo inclina a la sospecha fundada de que aquellas construcciones arcaicas tuvieron que ser lo bastante importantes como para justificar el esfuerzo que suponía levantarlas; de que la naturaleza de los materiales empleados en varias de ellas pudo suponer el conocimiento de la existencia de energías telúricas, las cuales contribuirían a crear en sus recintos determinados estados de conciencia propicios a experiencias trascendentes por parte de quienes se reunieran en ellas o en sus inmediaciones.

Si este cúmulo de signos tiene algún sentido –y creo que lo tiene–, tendríamos que replantearnos las raíces de la sacralidad de estos territorios, situándolas mucho tiempo antes de que tuviera lugar en ellos el supuesto hallazgo de la presunta tumba jacobea. Pero si añadimos a estos indicios el esquema primario del sentimiento religioso más inmediato de la humanidad –la experiencia mágica cotidiana ante el milagro del universo circundante–, el sentido trascendente del lugar y el del Camino que conduce hasta él se nos volverá diáfano; y entenderemos tanto lo que significa como revelación de enseñanzas fundamentales, como lo que entraña en su calidad de vía de acceso –o de *ascesis*– hacia unos conocimientos que constituyen el motor primero de las querencias fundamentales de la humanidad.

UNA LENTA Y PACIENTE SIEMBRA DE SIGNOS

Si recapitulamos los primeros indicios de transformación que nos plantea el Camino, veremos que pueden resumirse en la siguiente estructura:

a) El Camino constituye un itinerario sagrado hacia mitos que nos dan cuenta de un arcaico centro del mundo, donde quedaron supuestamente implantadas unas claves fundamentales del conocimiento trascendente.

b) El Camino se concibió como una *vía dolorosa* que serviría en primera instancia para reforzar la voluntad de saber del peregrino, poniendo a prueba su capacidad para superar los sufrimientos y propiciando su victoria sobre sus propios condicionamientos físicos, mentales y espirituales.

Paralelamente, el Camino se fue poblando con una serie indefinida de claves que surgían a modo de enigmas existenciales, como la Esfinge le surgió a Edipo, tensando constantemente al máximo la capacidad de percepción del peregrino y preparándole para aquel encuentro que tendría lugar al final de la Ruta.

Los signos del Camino son consustanciales a la andadura del peregrino y surgen como estímulos dirigidos a las raíces mismas de su conciencia. Pero ni creo que se haya hecho nunca una aclaración sistemática de sus significados, ni pienso que sea conveniente hacerla, puesto que la misión primordial de los signos es la de llamar la atención *de quienes se percaten de su presencia*, y nunca la de aquellos que carezcan del propósito previo de encontrarlos. Se trata, pues, de una conmoción interior que ha de ser personal e instransferible, ya que el programa simbólico de la Ruta es fundamentalmente *esotérico*, de acción interior, de asunción singular de verdades universales, que son tales en tanto que quien las percibe se apropia de ellas. Esa asunción no tiene nada que ver con una curiosidad estética ante los monumentos del Camino, sino con la intención íntima de cada caminante, fuera el cantero que recorría la ruta en busca de enseñanzas que convirtieran su oficio en sagrado, fuera el alquimista que leía en portadas y capiteles como en los libros mudos los secretos de la transmutación de la materia, fuera el astrólogo que se pateaba el Camino de las Estrellas hasta su meta en la constelación del Can Mayor, en busca del maridaje del Sol con la Luna y la Tierra; fuera, en fin, el penitente que intuía que el perdón de sus pecados estaba en desterrar de su alma el demonio de la ignorancia.

Sí creo, en cambio, que podríamos esbozar una clasificación primera en la que deberían apuntarse las distintas categorías de signos con los que el peregrino tendrá que tropezarse. Y, aunque no se trate de desvelarlos uno a uno ni de programarlos en la mente del buscador, sí cabe que estas páginas puedan servir para reconocer el Camino –no *conocerlo*, que ésa es cuestión harto banal y erudita– y para mostrarle al caminante los estantes en los que podrá indagar sus apetencias a la hora de integrarse en la última realidad de la Ruta. Sería, pues, como la labor callada de los antiguos sirvientes que, sin entrar en la intimidad del amo, ponían en los armarios y en los cajones los carteles que facilitaban la labor de encontrar las prendas que podían necesitarse en cada ocasión. Reconozco que esa clasificación que voy a proponer no es ni única ni completa. Es solamente la mía, y cualquiera puede complementarla, porque es susceptible de someterse a cambios y a apreciaciones personales, o a circunstancias que pueden ser alteradas por el tiempo.

Signos de muerte y resurrección: Aparecen en los monumentos o en tramos contiguos del Camino, dando cuenta de unas circunstancias que propician el abandono de ciertos esquemas vitales y la asunción de otros que, al sustituir a los primeros, enriquecerán el espíritu. Suelen basarse en temas bíblicos y evangélicos, pero el mensaje inmediato se universaliza por la lectura de ciertas imágenes que se interponen entre los signos indicadores de vida y de muerte. Todo el Camino resume este concepto capital, indicándole al peregrino que tendrá que morir (simbólicamente) para renacer victorioso a una nueva vida, la cual le permitirá percibir la realidad que antes le estaba vedada.

Signos de identificación de los opuestos: Son los más abundantes, hasta el punto de constituir paradigmas estéticos concebidos en función de la simetría decorativa. Sin embargo, las apariciones circunstanciales de dióscuros tradicionales, como Cástor y Polux, Caín y Abel, Santiago y san Juan, Rómulo y Remo y tantos otros, son una clara llamada de atención sobre la profunda identidad de lo que sólo una percepción incorrecta del entorno hace que se nos aparezcan como contrarios o distintos.

Signos de secretos advertidos: Seres sin boca, dedos indicando silencio, rostros tapados, toponimias espinosas que llaman a la rosa, a la ortiga y a la corona del Cristo, son señales de enclaves que guardan un secreto que, de ser penetrado, debe guardarse celosamente. A menudo se trata de advertencias dirigidas a colectivos que basaban su actividad en el conocimiento esotérico: constructores, herreros, monjes de las órdenes militares. La llamada al secreto no es, sin embargo, señal de una asociación ocultista, sino advertencia de una enseñanza intransferible y estrictamente personal.

Signos del esoterismo cristiano: Ciertas deliberadas alteraciones cronológicas de determinados acontecimientos evangélicos en un programa claustral o en las figuras de un pórtico puede darnos una lectura distinta del mensaje. Por desgracia, restauraciones recientes trataron de «mejorar» supuestos errores y destruyeron la segunda lectura de aquellos documentos, en los que no se trataba de informar, sino de comunicar. Entre los que subsisten, hay que hacer abstracción de la historia concreta que pretenden describir y buscar en sus estructuras y en los cambios resaltados la recuperación de una idea primigenia, desfigurada por la revelación ortodoxa. Eventualmente, las imágenes cristianas se combinan con otras paganas, dando testimonio de la raíz universal de un determinado mensaje.

Signos de reconocimiento compañeril: Se suelen designar como *marcas* de cantero y, por lo general, son interpretados erróneamente como testimonios de la labor diaria, aunque la naturaleza específica de muchas de estas señales y la dificultad misma del trabajo de grabarlas reafirman una intención que sólo los que la realizaban podían conocer en su integridad. Al abordar su estudio conviene tomar en cuenta su identificación iconológica, pero sobre todo la naturaleza específica del monumento en el que se grabaron y el lugar que el monumento ocupa dentro del contexto del Camino.

Signos de pruebas a superar: Las pruebas iniciáticas forman parte de la integración de nuevos miembros al colectivo. Suponen, como la muerte, el abandono del estado vital anterior. Por eso las encontramos en el monasterio, en los gremios operativos y en las sociedades restringidas. Suelen reconocerse en secuencias iconológicas, descritas a menudo como martirios superados por el santo mártir de turno. Aluden muy frecuentemente a santos, ascetas y patronos gremiales; eventualmente, la secuencia de las imágenes da cuenta cabal de los pasos requeridos para las particulares iniciaciones.

Magnitudes y distancias: Aquí interviene a menudo el esfuerzo del buscador, porque el mensaje se escamotea mediante elementos abstractos en los que interviene el número, la configuración geométrica y las operaciones matemáticas. También en estos casos, la intervención de los reconstructores actuales, al trasladar un monumento de su emplazamiento originario, puede hacer que desaparezca el mensaje tal como fue concebido cuando se construyó.

Señales de alerta: Son grupos de signos sin aparente importancia en sí mismos, pero que han sido colocados de tal modo que, en su conjunto, advierten sobre la proximidad del espacio sagrado que, sin ellos, podría pasar inadvertido para muchos, aunque tampoco conviene que sea divulgado entre quienes no recorran lúcidamente la Ruta. A veces, estas marcas las dejan hoy mismo quienes se han planteado recuperar el sentido originario del Camino, y consisten en simples manchas de pintura que marcan una senda a seguir o el exacto lugar por donde conviene vadear el río, al margen del puente. Son signos que exigen constante atención del peregrino y revelan enclaves que, muy a menudo, no figuran en los itinerarios al uso o que exigen que se tome una determinada actitud en su presencia.

Avisos de recuperación de saberes: No es insólito detectar la presencia de señales que fueron objeto de anatema por parte de las autoridades ortodoxas. Sin embargo, al margen de que recordemos que indican saberes que fueron subrepticiamente estudiados, incluso en recintos monásticos, mientras eran condenados sus practicantes laicos, conviene no olvidar que conocimientos como la alquimia y el hermetismo, la profecía y la astrología, pueden enlazar con la conciencia puramente cristiana cuando se interpretan determinados mensajes según la semántica propia del esoterismo universal, es decir, cuando el mensaje se reconvierte sobre esquemas universales desde su actitud dogmática primigenia. Es entonces cuando el conocimiento esotérico adquiere todo su sentido, si se logra despojarlo de la anécdota complementaria y se potencia su sentido tradicional, basado en la enseñanza arcana.

No obstante, quiero advertirlo por última vez: aquí no se trata ni de *clasificar*, ni de *informar* al peregrino que emprende la Ruta Jacobea. Lo primero sería fría labor de autoclave; lo segundo, meterse en una simplificación digna de esa falsa entelequia llamada vulgarización. Pero si cabe hacer una advertencia a los que se han contaminado con las nuevas tecnologías, diré, además, que el Camino no puede en modo alguno *informar*, del mismo modo que, aunque buenos amigos míos lo estén intentando ahora mismo, no se puede en modo alguno introducir la Torá en un ordenador para acceder a los supuestos secretos del lenguaje divino de la Qabalah. Cuando entra en juego la identidad del individuo, la técnica más sofisticada nada tiene que hacer, puesto que no se juega nunca con un proceso racional, sino con la asunción totalizadora de una realidad que escapa a las razones del pensamiento lógico.

El Camino nos plantea un HOLOGRAMA. O, si lo preferimos, no nos plantea una materia pedagógica, sino un método para asumir una manera humana y trascendente a la vez de abordar nuestra relación plena con el Universo, con la Historia, con el Tiempo y con todos nuestros semejantes. Habrá quien afirme que exagero. Y tendrá razón, en tanto que lo que digo puede no ser válido para la totalidad de quienes emprendan el Camino, del mismo modo que un determinado libro puede impresionar de distinto modo a diferentes lectores, provocando desde el entusiasmo a la más total indiferencia.

Con todo, no es la indiferencia un rasgo que pueda surgir espontáneamente en la Ruta Jacobea, pues el Camino no deja indiferente a nadie que lo recorra, sea cual sea el fin que le guíe, las ideas que sustente o el método que utilice para seguirlo. Pero sí hay múltiples grados de impacto; y esos grados dependen en gran medida de la disposición que adopte cada cual al dar el primer paso.

3. Con los pies pisando el suelo

Ser en la vida romero,
romero solo que cruza siempre por caminos nuevos.
Ser en la vida romero,
sin más oficio, sin otro nombre y sin pueblo.
Ser en la vida romero, romero... sólo romero.
Que no hagan callo las cosas ni en el alma ni en el cuerpo,
pasar por todo una vez, una vez solo y ligero,
ligero, siempre ligero.
Que no se acostumbre el pie a pisar el mismo suelo,
ni el tablado de la farsa, ni la losa de los templos
para que nunca recemos
como el sacristan los rezos,
ni como el viejo cómico
digamos los versos.

León Felipe.

Vivimos tiempos muy distintos a aquellos en los que el Camino a Compostela vivió su auge. Algunos dirán, y no les faltará razón, que el mundo ha avanzado mucho desde entonces y que nuestros esquemas culturales exigen vivirlo desde otras coordenadas. Otros, no menos motivados, añorarán la pureza primigenia y detestarán las condiciones en las que hoy puede recorrerse la Ruta. No sé si yo debería aconsejar una postura intermedia; pues si es cierto que resulta ya imposible una recuperación de lo que fue el Camino en el pasado –y no me refiero sólo a una recuperación material, sino incluso psíquica y hasta espiritual–, por causa de unos condicionamientos con los que muchos no nos sentimos plenamente identificados, no lo es menos que hay una esencia intemporal que sobrevive, contra viento y marea, y que aún es susceptible, si no de conservar tal cual el sentido de cada curva de la antigua senda, sí al menos de hacérnosla resurgir de sus propios escombros y entregárnosla en un estado tal que nos permita reconstruirla en lo más profundo de la conciencia, para revivirla en su integridad.

LA RECONSTRUCCIÓN INTERIOR

No quiero lanzar con ello una llamada al conformismo. Eso se queda para los que aún creen poder beneficiarse callando ante las depredaciones que sufrimos desde todos los rincones del vivir cotidiano. Lo que pretendo es que reconstruyamos el sentido de las cosas dentro de nosotros mismos, al tiempo que intentamos gritarle a la conciencia colectiva para que no se deje conducir por las exigencias de un pretendido progreso que intenta vendernos un bienestar superfluo, que se ha vuelto imprescindible a costa de arrebatarnos muchas de nuestras auténticas urgencias existenciales: precisamente aquellas que podrían ayudarnos a un encuentro con nosotros mismos.

El Camino exige con urgencia ese esfuerzo de recuperación, si no queremos que desaparezca definitivamente. Sin embargo, debemos tomar conciencia de que esa recuperación no consiste ni en llenarlo de atractivos consumistas, que ya se aprecian en algunos de sus tramos, ni en modernizar sus etapas para transformarlas en un escenario lúdico, ni en emprender atolondradas restauraciones que maquillarán antiguas salvajadas impunes, sino en devolverle los elementos que conformaron su esencia y en concienciar a quienes viven a su vera de que aquel espacio es patrimonio esencial de la humanidad, que vio y puede seguir viendo en él la imagen de muchos sueños y de muchas esperanzas que en modo alguno deben desaparecer.

Recorrer hoy el Camino significa tropezar, casi a cada paso, con algo que le ha arrebatado sus esquemas originarios; con algo que debería estar y ya no está, o con algo que sí está y no debería estar. No hace tanto tiempo, un buen amigo de Jaca me escribía mandándome la documentación exhaustiva de una depredación irreparable de la vieja Ruta a su paso por la ciudad. El Camino, que antiguamente la rodeaba para ir luego a encontrar la senda que alcanzaba Navarra junto al río Gállego, había sido sistemáticamente destruido para edificar sobre él bloques de viviendas y naves industriales; además, el trazado de la carretera de acceso a Jaca desde Somport y el aparcamiento reservado a los vecinos de aquellos bloques habían derribado el Árbol de la Salud, un olmo milenario casi milagrosamente conservado, único recuerdo que quedaba del hospital de la orden del Temple que se construyó a las afueras de la ciudad, para descanso de los peregrinos.

Por desgracia, denuncias puntuales como ésta no son más que muestras aisladas en medio de atentados sin fin sufridos por el Camino, muy a menudo con el consentimiento y siempre en medio del silencio administrativo de una autoridad desinteresada de lo que se supone a menudo tema de interés circunscrito a lo puramente arqueológico. Así pueden verse a lo largo de la Ruta depósitos de agua adosados a templos, ermitas abandonadas cuyo tejado deja pasar el agua que destruirá las pocas pinturas murales que aún subsisten, portadas repletas de figuras descabezadas a cantazos, retablos misteriosamente desaparecidos de las iglesias que los custodiaban, monumentos trasladados de lugar sin tener en cuenta ni siquiera su orientación originaria, fachadas atacadas por el mal de la piedra, reconstrucciones que no respetaron el orden originario de sus capiteles, destrucción de puentes, de cruceros, de señales... Y, si a todos estos desastres añadimos los que afectan, en general, a las zonas por las que discurre el Camino, el panorama presenta matices aún más preocupantes. Incendios de bosques –vi al menos cinco en mi último recorrido de la Ruta–, repoblaciones forestales hechas con fines meramente especulativos, urbanizaciones que se construyen a costa de explotar montes enteros como canteras, pantanos que desvían la Ruta, zonas inmensas destinadas a campos de tiro del Ejército, propiedades privadas con vallas protectoras que impiden el paso de los peregrinos. El Camino está muy lejos de ser el que era.

PROYECTOS DE FUTURO

Este cuadro podría incrementarse si llegasen a ponerse en marcha ciertos planes que algunos entusiastas inconscientes han ideado, con la mirada puesta más en la explotación que en la conservación del Camino. Se habla de iluminar algunos de sus tramos, de ofertar su mejor gastronomía, de montar representaciones escénicas. Si esta Guía pudiera llegar a ser útil, ojalá lo fuera en el sentido de ayudar a que, al menos, se conservasen las esencias que aún quedan a lo largo de esos centenares de kilómetros que separan la frontera francesa del Finisterre. Y no lo pienso como nostalgia de un pasado imposible, sino como oportunidad única puesta al servicio de quienes quieren encontrar la esencia intemporal de lo que *es realmente*, desde que los primeros peregrinos lo hollaron muchos siglos antes de que la querencia hacia el Apóstol convirtiera esta ruta en el camino natural de la cultura y del espíritu de Occidente.

Conseguir tal cosa no es fácil. Y no sólo por lo que ya ha sido destruido, sino porque el Camino, si es algo, es precisamente aquello que se vive y se ve y se asume mientras se lo recorre; y, por desgracia, queda aún demasiada desidia y demasiadas reticencias dogmáticas periclitadas, que, muy a menudo, se unen para impedir que el caminante llegue a experimentar en su alma esa brisa de libertad que es lo primero que hay que sentir para extraerle su jugo a la aventura que se emprende.

Si tuviera que relatar experiencias propias y ajenas, estas páginas se convertirían en un alegato. Y como no es eso lo que pretendo, sólo quiero poner sobre aviso de algunas de las trampas con las que se encontrará el peregrino, con el sincero deseo de que se corrijan las que aún tienen remedio y de las que sólo las circunstancias o la desidia son culpables.

Recordemos la cantidad de monumentos que permanecen cerrados a cal y canto, cuyo acceso resulta imposible, salvo que el viajero tenga la improbable suerte de llegar en el momento justo o con tiempo para esperar, horas o días enteros, al responsable de su custodia, que andará por esos pagos cumpliendo otras obligaciones. A menudo, ante estos hechos, no queda sino sospechar motivos escondidos detrás de esas llaves que nadie parece tener. Y, sobre los que suelen aludirse, referidos a saqueos sistemáticos de lugares poco protegidos, que obligaron a desconfiar de cualquier desconocido que apareciera por los alrededores, cabe añadir a menudo la sospecha de que tal llave sí existe, pero que la visita, impedida a toda costa, a veces con los motivos más inaceptables y hasta sometiendo al caminante a interrogatorios perspicaces, implicaría la posibilidad de que el peregrino se percatara de algo que no casa demasiado con los principios defendidos por quien tendría que facilitarle el acceso. Surge entonces el sentido feudal, cavernario, de una falsa propiedad que se adjudica el depositario del lugar, con la pretensión de que sólo accedan a sus dominios quienes acrediten su incondicional fidelidad a los mismos principios por los que se guía el presunto guardián. Como variante menos grave, se da el caso de que se permita el acceso, pero restringido, sin derecho a husmear, ni a hacer fotografías, ni a obtener respuesta a ciertas preguntas que puedan formularse, sobre todo si huelen, siquiera remotamente, a algún tipo de heterodoxia.

Aún hay quien camina por la vida mirándose el ombligo, volcándose en la presunta defensa de principios que sólo pueden ser dignos de respeto cuando vienen avalados por la comprensión y la amplitud de espíritu, pero nunca cuando se limitan a defender la validez de las propias miras. Estos individuos son tan depredadores del Camino, o más, que los funcionarios que quieren convertirlo en fuente de ingresos turísticos y en espectáculo folklórico al alcance de bienintencionados sin criterio.

MUERTE Y RESURRECCIÓN EN EL CAMINO

Pero no hago sino hablar de la depreciación mortal de esta Ruta Jacobea, cuando mi deseo sería que quien la emprenda siguiendo mis páginas comprendiera algo que estimo fundamental. Si queremos que el Camino resucite, tenemos que asumir que a toda resurrección precede una muerte. Ya aludí a esto anteriormente, cuando presenté el Camino como itinerario iniciático en el que el buscador ha de morir a su vida pasada para renacer a una vivencia distinta. Habría que plantearse que esa muerte, posiblemente cíclica también, es la que hoy puede verse que sufre el propio Camino. Y habría que contemplarla como vivencia interior del caminante, que, lo mismo que en el *Bardo Thödöl* tibetano, es capaz de penetrar en el misterio en el preciso instante de la muerte del entorno, con el espíritu puesto en lo que esa muerte implica como prólogo a una gloriosa reencarnación que tiene lugar más allá del tiempo.

La Ruta Jacobea parece hoy, en muchos de sus trechos, condenada a una muerte sin retorno: la de algunos de los pueblos que nacie-

El Pico Sacro, próximo a Santiago de Compostela.

ron al socaire de la peregrinación y comenzaron a morir cuando ésta dejó de ser fuente de subsistencia para sus habitantes y los convirtió en rincones perdidos de una geografía que jamás contó con ellos. Los despoblados del Camino son así, como fantasmas de un pasado irreversible. La muerte les sobrevino por faltarles ese hálito que mantenía palpitante el Camino con el andar incesante de buscadores y penitentes que iban a la tumba del Apóstol o más allá, al lugar donde la Tierra terminaba definitivamente. En aquellos tiempos, unos pueblos vivían del comercio, otros de la limosna que recibían por cuatro dudosas reliquias que despertaban la devoción o la curiosidad de los caminantes, otros de albergar a los romeros y a sus cabalgaduras. Aquella marcha de ida y vuelta, a modo de sístole y diástole que permitía la subsistencia, se cortó casi de cuajo con la expansión del laicismo racionalista y, sobre todo, con la vigilancia de las fronteras nacionales, que antes eran tan sólo una marca en medio del paisaje y una contribución que se cobraba al peregrino por pisar tierras ajenas. Y aquel detenerse de la romería sin fin fue como quitarles a aquellos pueblos el tubo de oxígeno que les permitía la supervivencia en un mundo que se les volvía hostil, por no conocer otros métodos de medrar. La muerte fue lenta, pero implacable. Y terminó con la emigración de los más jóvenes y con la desaparición de los viejos que no supieron escapar a tiempo.

Ver hoy esos pueblos en Aragón, en Navarra, en los montes de León o en la llanura castellana, es como contemplar a los muertos que Domenico Laffi iba encontrando a lo largo del Camino, comidos por la langosta y secándose al sol del verano implacable. Aquí son piedras que se desmoronan, vigas carcomidas, espadañas derrumbadas que se quedaron mudas cuando les arrancaron las campanas, puertas que ya no guardan nada ni preservan del frío, techumbres hundidas sobre un último mueble destrozado. A veces, sólo vive en el pueblo la fuente que dio de beber a vecinos y romeros. Otras, ni siquiera la fuente.

Se rumorea que van a enterrar estos pueblos muertos, para limpiar el Camino de escombros y dejarlo impoluto, como exige el proyecto turístico. Dicen que pondrán un monolito que los recuerde y que todo lo demás lo hundirán bajo tierra las excavadoras. Será como el monumento funerario a un Camino que ya está lleno de ellos, pero ésta será la muerte anunciada, la del olvido de la Tradición. Y habrá que cuidar de que sólo entierren estos pueblos, de que se revitalicen otros muchos que se encuentran ya en plena agonía, pero que, en medio de su lenta muerte, aún cuentan con ese latido desbocado de cuatro viejos corazones que malviven entre recuerdos y silencios, sobre todo silencios, sentados en el poyo y viendo pasar el tiempo.

Aún no sé qué oprime más el ánimo, si la visión de los pueblos muertos o el paso por esas otras aldeas moribundas en las que, de pronto, cuando uno cree encontrarse solo, descubre que le miran unos ojos que preguntan en silencio por qué ha venido a turbar la agonía del lugar, la paz de sus últimas horas. Son pueblos de los que se olvidó incluso el párroco que antes tañía las campanas, llamando a la misa o al rosario. Pueblos sin alcalde, que maldita la falta que hace ya, porque allí no pasa ni puede pasar ya nada con los cuatro gatos que quedan: los últimos vecinos que sólo esperan a que todo termine definitivamente. Ninguno de ellos recuerda el paso tumultuoso de los peregrinos; ni siquiera lo vivieron. Todo lo más, el eco silencioso de algún loco romero solitario que ni siquiera se detuvo, seguramente porque tampoco les vio mientras atisbaban su paso por entre los resquicios de las puertas.

Pero, curiosamente, en los últimos años ha comenzado a producirse un fenómeno que invita a la reflexión y a la esperanza. Algunos de estos lugares, que parecían condenados a desaparecer sin remisión, han comenzado a recibir transfusiones de vida. Algún loco con posibles, y con más o menos ganas, ha tenido la descabellada idea de abandonar la vida ciudadana, se ha comprado una de aquellas casas vacías por una cantidad seguramente irrisoria, la ha remozado y ha venido a instalarse en ella, no sé si de modo permanente o como alternativa temporal al ajetreo urbano. A veces, la locura del primero ha traído a otros; y así, poco a poco, lo que se derrumbaba se ha enderezado y lo que enmohecía ha comenzado a lubricarse. Se asiste al renacer de alguno de estos pueblos perdidos, y este renacer no tiene lugar por presiones oficiales, ni por los esfuerzos de ninguna administración, sino, si cabe, *a pesar* de olvidos y desidias. Es como si alguien hubiera captado, por fin, que allí, entre el olvido, podría encontrar esa parcela de identidad que la civilización trata de arrebatarnos para que todos entremos a una en el engranaje del consumo, de la prisa y del agobio por tener.

Por supuesto, este fenómeno no es sólo propio del Camino. Pero estamos en él, hemos venido a vivirlo y barrunto que, a su vera, ese deseo inconfesable se vuelve más urgente. Viene a ser, en el contexto de la

Ruta sagrada, como el de los viejos peregrinos que, de regreso, tras haber vivido la experiencia de aquella andadura sagrada, elegían un rincón del Camino y se quedaban allí para siempre, para seguir respirando su esencia, bebiendo en plenitud su propio renacer.

LA PACIENTE LABOR DE BUSCAR

Supongo que habrá quien piense, leyendo estas banalidades, que me aparto de la intención que empecé proclamando; que debería dejarme de reflexiones puntuales y volver por los fueros iniciáticos que proponía. Sin embargo, tengo el convencimiento de que adentrarse en esta historia milenaria de la Ruta implica la aceptación tácita de buscar en lo que fue, pero también la de hurgar en lo que es hoy mismo, con todas sus consecuencias, pues sólo de ese modo podremos escabullirnos al sentimiento temporal y asumir un espacio como éste en toda su magnitud, es decir, con toda la dosis de realidad que conlleva.

Ese mismo sentimiento me lleva a suponer –aunque admito que puedo estar equivocado– que no es tan fundamental como algunos suponen que el recorrido del Camino se haga de modo más o menos penitencial. Es cierto que la marcha contiene elementos suficientes para que el peregrino, por el mero hecho de caminar, tenga a su favor ese dominio de su propio cuerpo que tan necesario resulta a la hora de identificarse con la tierra que se pisa. Caminando se aprende a dominar el mundo sensorial y a abrirse a la tierra con la que se ha establecido contacto. Así surge una suerte de equilibrio, por medio del cual se intercambian energías y se reduce esa diferencia de potencial que el ser humano viene soportando sobre sí mismo desde hace siglos en relación con su entorno. El individuo, mediante la andadura, se identifica mejor con lo que le rodea, haciéndose uno con ello, entrando a formar parte de su esencia y predisponiéndose a abandonar esa actitud tan humana e inhumana a la vez de sentirse rival nato de ese Universo que parece que haya que ir a conquistar a toda costa.

Sin embargo, pensando en el aquí y en el ahora, tenemos que convenir en el hecho de que hacer el Camino a pie supone, al menos, enfrentarse a dos inconvenientes. El primero, la necesidad de contar con un tiempo que cada vez, para nuestra desgracia, se cotiza más caro en nuestro contexto. Por mejores intenciones y mejores convencimientos que nos guíen, patearse hoy el Camino a golpe de bota supone poder prescindir previamente de la idea de que vivimos en un mundo en el que existe un estricto límite para el ocio, marcado por la urgencia de la supervivencia. Contar con los treinta, treinta y cinco o cuarenta días necesarios para hacer la Ruta de manera consciente –quiero decir, sin plantearse eso de «batir marcas» ni cronometrar al segundo la andadura cotidiana– no es fácil, al menos para una mayoría. Echemos la culpa a lo que queramos, reneguemos del esquema laboral en el que nos movemos, añoremos juntos una cultura diferente; eso no cambia en absoluto las cosas.

El segundo inconveniente, también ligado, y cómo no, al problema del tiempo, es que el Camino hecho a pie puede obligar al peregrino al cumplimiento estricto de las etapas e impedirle realizar algo que, a mi modo de ver, es fundamental para asimilar la esencia misma de la andadura jacobea: desviarse siempre que sea necesario, para visitar con los ojos bien abiertos el *contexto* del Camino, o sea, aquellos lugares que nos complementarán su sentido y nos darán razón cabal de lo que fue y de lo que es, en toda su intensidad. Por poner unos cuantos ejemplos, nada o muy poco sería ese Camino estricto sin **San Juan de la Peña**, **Olcoz**, **Gazólez**, **San Millán de la Cogolla**, **Santiago de Peñalba**, **Compludo**, **Las Médulas** o **Villar de Donas**; y no cito más que algunos de los enclaves fundamentales que se encuentran más o menos separados de la Ruta, pero siempre a su vera, vigilándola y, sobre todo, complementando su sentido. En la mayor parte de los casos, desviarse para visitarlos supone la pérdida de una jornada, eventualmente de dos o tres. Eso sin contar con el esfuerzo supletorio y hasta con la necesidad de tener que quedarse en estos enclaves, para poder asimilarlos convenientemente.

Por mi parte, en esta Guía he incluido, intencionadamente, muchos de estos enclaves, sin los cuales creo que quedaría incompleto el itinerario que puede conducirnos al descubrimiento de hitos del conocimiento trascendente, detrás del cual camina nuestro existir, sepámoslo o no. Y no dudo en recomendar que el peregrino que se guíe por este libro haga el esfuerzo de cumplir con estos desvíos aparentes, porque sin ellos es posible que su paso por el itinerario jacobeo le sea mucho menos provechoso de lo que su intención primera le está exigiendo.

La guía del peregrino

En Camino de Santiago iba un alma peregrina
una noche tan oscura que ni una estrella lucía:
Por donde el alma pasaba, la tierra se estremecía.
¿Por dónde vas, alma santa, con tan grande gritería?
Camino voy de Santiago, a cumplir la romería.

4. El camino desde Aragón

TRANCO I: DESDE SOMPORT HASTA JACA

Cuando se emprende una determinada ruta, hay que hacer abstracción de cómo hemos de llegar al punto de partida. La que nos abre el Camino de Santiago desde las alturas del Pirineo aragonés exige que alcancemos sus inicios después de haber pasado por lugares que volveremos a atravesar cuando la sigamos como peregrinos. Cerremos, pues, los ojos en ese camino de ida e imaginemos que nuestro itinerario da comienzo en el punto preciso en el que los antiguos romeros atravesaban los límites territoriales del reino de Aragón.

Estamos a 1.631 metros de altura. Al otro lado de la aduana que marca la línea fronteriza se abre el **valle de Aspe**, por el que ascendían los peregrinos que llegaban desde Toulose y Oloron. Nos encontramos en el **Summus Portus**, hoy **Somport**. Aymeric Picaud indica en su itinerario que la jornada comenzaba en la localidad de **Borce**, en el lado francés, para terminar en **Jaca**.

SOMPORT era apenas un alto en la jornada, que había sido seguida teniendo como referencia el **pico de Aspe**, un monte de roca pura y aspecto cónico que se distingue con toda su grandiosidad a la derecha del puesto fronterizo. A pocos metros de la aduana, junto a la carreterilla que conduce a **Astún**, hay un bar colgado sobre el valle. Por ese lugar preciso pasaban los peregrinos; el camino aún se distingue al otro lado, monte abajo, en dirección a la estación de esquí que ellos nunca conocieron. Lo que sí conocieron fue, en cambio, algo que se ha perdido.

El **hospital de Santa Cristina**, «al servicio de pobres y peregrinos», como lo llamó Picaud, era uno de los tres más importantes del mundo de las peregrinaciones, junto al de Mont-Joux y el de los caballeros Hospitalarios de Jerusalén. Nadie podría comprobarlo ya; las escasas ruinas que quedan se confunden con las rocas que encauzan el río, a la altura del puente que lo cruza, pasado el complejo turístico de **CANDANCHÚ**. Sin embargo, hasta que lo cerraron para siempre a mediados del siglo XVI, cuando la pugna de Felipe II con la Francia hugonota hizo añicos buena parte de la tradición peregrina, este hospital gozó de la protección de reyes y papas y llegó a juntar rentas mayores que las de muchos monasterios. Curiosamente, su leyenda fundacional, otorgando carácter sagrado a sus orígenes, justifica la importancia que tuvo.

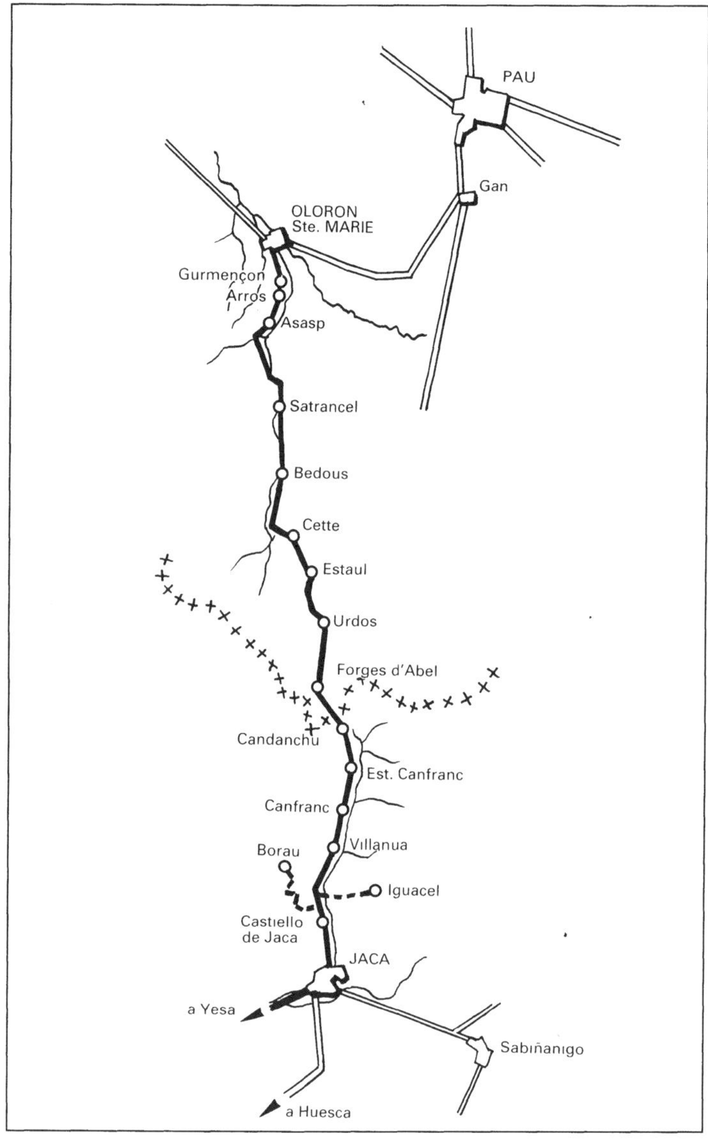

Cuenta esta leyenda que dos peregrinos franceses, caballeros de alta alcurnia, se vieron en peligro de muerte al pasar el puerto en medio de la ventisca. Una cabaña misteriosamente iluminada les salvó de la muerte y les hizo prometer la construcción de un refugio que librase a otros peregrinos del peligro que ellos habían corrido. Al parecer, apenas formulada la promesa, apareció como de la nada un pajarillo portador de una cruz de oro en el pico; el ave, a la que los caballeros trataron inútilmente de atrapar, fue posándose en distintos puntos del valle, junto al río, demarcando con milagrosa exactitud el lugar donde los dos peregrinos se percataron de que la Providencia les marcaba la ubicación exacta del hospital que habían prometido construir.

La leyenda, con toda su simplicidad, contiene las claves tradicionales que revelan el significado de la narración. Ni es gratuita la presencia de *dos* peregrinos que se proponen construir un espacio sagrado –la Qabalah proclama la necesidad de dos buscadores para llegar al descubrimiento de la Verdad–, ni casual el símbolo del *ave maestra* que indicará, dándose a conocer mediante la Cruz de Oro, el lugar preciso donde habrá de construirse el recinto sagrado.

Pasado el **puente de Santa Cristina**, el Camino y la carretera discurren unidos por un trecho, separándose apenas cuando las necesidades del trazado obligan a una pendiente más suave en la carretera que en el Camino. Así se avista, a la izquierda y sobre una colina, una de las obras levantadas por Felipe II ante el peligro hugonote, la fortaleza del **Col de Ladrones**, así como la torre defensiva que se yergue a la entrada de **CANFRANC**.

CANFRANC contiene en su estructura el recuerdo de la peregrinación. Su calle principal, paralela a la carretera por la izquierda, fue vía peregrina y, en su extremo, había una iglesia de la que apenas quedan las ruinas de una nave y de la torre gótica. Poco más allá está el **cementerio**, bordeado por el Camino, que cruza inmediatamente el río por un **puente medieval**. De aquí hasta la cercana **Villanúa**, Camino y carretera marchan paralelos a ambos lados del río.

VILLANÚA es más turística que peregrina, hay urbanizaciones que alejan al pueblo de la carretera, pero conviene acercarse a él, porque conserva en su iglesia una imagen románica de **Nuestra Señora**, profundamente inscrita en la tradición de las *Vírgenes Negras*. Apenas a un kilómetro, hay un caserío, a la derecha. Parecía abandonado de no ser por el canto de los gallos. Se entra en él saltando una valla, pero aconsejo ese salto porque en el recinto se encuentra la **capilla de Aruej**, muy deteriorada, pero una de las muestras más antiguas del arte románico de la comarca. Hoy está depredada, aunque conserva su ábside semicircular y un portal repintado de blanco. Al muro occidental se le han pegado las lápidas de una sepultura familiar reciente.

A pocos kilómetros, dos escasos, hay otro caserío del que parte, a la derecha, una estrecha carreterilla que conduce a **Borau**. Si nos sentimos peregrinos, no hay más remedio que emprender esta desviación, que tiene unos dieciocho kilómetros.

Bueno sería plantear la posibilidad de que los dos accesos principales a la Ruta –éste y el de **Valcarlos**, que seguiremos después–, representasen en su día una especie de doble vía que habría de unirse en **Puente la Reina** para emprender, desde allá, el Camino Unitario. En tal esquema, el presente tramo aragonés vendría a significar el *Camino de la Vida*, en contraste con el otro, que sería el de la Muerte y quedaría definido por las referencias griálicas que contiene.

El GRIAL aragonés cuenta con una leyenda, según la cual fue enviado a Huesca por san Lorenzo, diácono del papa Sixto II, y sacado de aquella ciudad cuando sobrevino la invasión musulmana, iniciando un éxodo que lo llevó primero a **Yesa**, de allí a **San Pedro de Siresa**, en el valle de Ansó, cercano al Camino; luego a **San Adrián de Sasabe**, que es hacia donde ahora nos dirigimos. Ramiro I construyó para esta reliquia la **catedral de Jaca**, pero después de haber estado allí algunos años fue a parar al monasterio de **San Juan de la Peña**, donde permaneció hasta el siglo XV, en que Martín el Humano lo trasladaría primero a Zaragoza y posteriormente a la Capilla Real de Barcelona. Finalmente, Alfonso V lo dejaría en custodia en la catedral de Valencia, donde todavía se conserva.

Ocho siglos de custodia en Aragón del proclamado Santo Cáliz impregnaron de grialismo toda esta comarca que ahora recorremos. Y aunque la investigación académica no ha querido pronunciarse, todo inclina a pensar que estas tradiciones influyeron en los poemas griálicos de Boron, de Chrétien de Troyes y del propio Wolfram von Eschenbach. Sin duda, tampoco estaba ausente esta tradición en la marcha de muchos peregrinos que escogieron esta entrada para emprender su camino hacia Compostela.

Acceder a **San Adrián de Sasabe** no es fácil. Para muchos ni siquiera compensaría la fatiga de llegar, pues lo que sí adelanto que habrán de encontrar es, como tantas otras veces, una ruina difícilmente recuperable. Pero creo que lo que significa puede compensar la desilusión ante el abandono en que se encuentra. La carreterilla apenas deja sitio para que se crucen dos vehículos; sube, baja entre curvas hasta **BORAU**, lo rodea y sigue subiendo por el valle camino de **Aísa**. A unos tres kilómetros, hay que tomar una pista de tierra en mal estado y recorrerla hasta la orilla del **arroyo Lubierre**, que se forma allí mismo por la unión de dos regatos, el **Calcil** y el **Lupán**. Al otro lado del arroyo se levanta el templo, al que llegaremos saltando sobre las piedras del cauce.

El lugar está abandonado. Lo tuvieron que desenterrar de entre los aluviones. En época de lluvias, o cuando los arroyos se desbordan con el deshielo, todo el recinto del templo se inunda, con la consiguiente amenaza de desmoronarse en cualquier momento. Si damos la vuelta a la construcción, sorteando charcos y taludes, nos encontraremos con el ábside, su parte mejor conservada. Está recorrido a todo lo largo por diez arquitos lombardos, en cuya intersección surgen figuras simbólicas tradicionales: flores, estrellas, círculos concéntricos que recuerdan los de los petroglifos de Galicia. Entre estas figuras, dos únicas representaciones figurativas: un *rostro femenino* y una *mano* sosteniendo una cruz. Dicen que la primera representa a santa Natalia y la mano a san Adrián, los dos santos patrones del cenobio primitivo de la época visigoda.

Cabe que sea cierta la interpretación. Si así fuera, convendría recordar la narración hagiográfica de este matrimonio, cuya vida se fija durante el mandato de Maximiano. Adrián era jefe de la milicia imperial y su conversión se produjo mientras custodiaba a 33 prisioneros cristianos. Fue sometido a tortura y en todos sus tormentos estuvo presente su esposa Natalia para darle ánimos, comportándose como la encarnación física de la fe que había abrazado. Esta figura de la mujer animosa está ya presente en los tratados de Alquimia –recordemos a Perenelle, esposa de Flamel–, pero viene a ser también una representación de la Sabiduría en la Qabalah judía: la *shekhiná*, siempre fiel al adepto y siempre impulsora de su ánimo, lo mismo que Natalia, a quien la Leyenda Dorada pinta casi en éxtasis contemplando las torturas de su esposo y hasta sosteniendo la mano que le cortaron, para guardarla como una reliquia toda su vida. La Leyenda sigue narrando que, años después, Natalia se salvaría de un naufragio gracias a la celeste intervención de Adrián, que gobernaría desde el cielo la nave hasta que se calmó la tempestad y volvió la calma.

Todo este cúmulo de situaciones se corresponden con las señales del simbolismo tradicional, mostrándonos claves como la de la *mano* –representativa del *hacer* del iniciado en la Obra Sagrada–, que enlazan con una actitud esotérica que muy bien pudo estar relacionada con lo que nos cuentan las crónicas aragonesas, según las cuales el obispo García I habría obligado al rey Ramiro I a la expulsión de ciertos religiosos de Sasabe, indignos *por sus costumbres perniciosas*, y al cambio de nombre del viejo cenobio, que sustituiría su advocación a san Adrián y santa Natalia por la de san Pedro, que es como aún se le suele conocer. Este cambio es significativo, toda vez que nos proporciona la clave de la primacía del fundador de la Iglesia romana, que intentó a toda costa arrebatar su sentido más profundo al símbolismo griálico.

Regresemos al Camino por el mismo itinerario por el que nos separamos de él. Cuando lleguemos al cruce de **Villajuanita**, la senda peregrina se separaba ya por la derecha de la carretera actual. Aún podremos distinguir la pista de tierra, que nos seguirá hasta **CASTIELLO DE JACA**, colgada de la ladera en cuya cima se levantan las ruinas de la fortaleza que dio nombre al pueblo.

Desde **CASTIELLO** sale, perpendicular a la carretera y en dirección oeste, el camino que lleva a un significativo monumento románico, **Santa María de Iguacel**, situado a unos 12 kilómetros del Camino y construido en el siglo XI. Perteneció a monjas del Císter y hoy conserva todavía una curiosa imagen de la Virgen que se cuenta entre las más antiguas de la Península (siglo XI), adosada a una soberbia reja forjada del XII. Si nos acercamos al lugar, recordemos que, a nuestro regreso, debemos fijarnos en que el Camino, que transcurría paralelo a la carretera, la cruzará a la salida del pueblo para seguirla ahora por la izquierda, hasta un nuevo cruce que tendrá lugar, ya a la vista de **JACA**, apenas pasado el **puente de Torrijos**, sobre el río que ya lleva el nombre de Aragón.

Catedral de Jaca.

Siguiendo el viejo camino pasaremos por la **ermita de San Cristóbal**, ruinosa desde que dejó de ser guardada por un santero al que llamaban el frate de San Cristóbal. Junto a la ermita hay un puente romano tan ruinoso como ella, casi cubierto de hierbas y matojos que amenazan hundirlo. A pesar de ellos, los tractores lo siguen utilizando. El Camino se une a la carretera al entrar en **JACA**, frente a la escuela militar de Montaña.

JACA ofrecía dos posibilidades: quedarse a su entrada, en el hospital que regían los templarios y frente al cual se elevaba el olmo sagrado llamado el **Árbol de la Salud**, hoy desaparecido, para seguir luego el Camino bordeando la ciudad por detrás de la Ciudadela y no entrar en el recinto urbano, o penetrar en ella por la avenida de Francia y la de San Pedro Obispo, que aún conservan la estructura de la Vía peregrina y a cuya vera se alza la **catedral**.

Ante la **catedral de Jaca**, que es nuestra meta, conviene detenerse y reflexionar sobre su historia, su sentido y sobre los motivos que llevaron a su construcción. Cabe que vengamos a tropezar al frente con las opiniones generalizadas que defienden los que la han estudiado.

Según se acepta, este monumento, sin duda uno de los más grandiosos del románico peninsular –es nuestra más antigua catedral–, pudo construirse gracias a los diezmos obtenidos del importantísimo mercado que poseyó la que fue primera capital del reino de Aragón, unidos a las tasas aduaneras por las mercaderías que se importaban del otro lado de los Pirineos y a los tributos con los que los monarcas habrían gravado a los musulmanes de su frontera meridional. Seguro que hay una parte de verdad en esta afirmación, pero conviene considerar que el templo fue comenzado en torno al 1050, cuando Aragón apenas comenzaba a consolidarse como estado soberano y cuando sus núcleos de población apenas eran algunas cabañas apiñadas en torno al monasterio o la fortaleza más cercanos. Si añadimos que la partición del reino por Sancho III, separando Aragón de Navarra, dejó este territorio casi sin urbanizar, convendremos en que **JACA** fue apenas un primer conato de capitalidad, concebido por la urgencia de un centro administrativo, por lo que Ramiro I emprendió su reconstrucción a partir de las ruinas de la vieja **Iacca**, abandonada cuando sobrevino la invasión. Sin embargo, apenas planteada, la catedral se concebía al mismo tiempo que se estaba construyendo la ciudad y su estructura se trazaba conforme a las dimensiones que habria de tener una vez terminada, con la misma grandiosidad que tiene en la actualidad. Y esto sucedía cuando aún no había comenzado la expansión del reino, cuando ni siquiera se podía soñar con aquellas fuentes de ingresos que permitirían su definitivo remate.

Todo hace pensar que la catedral fue concebida como albergue de algo cuya importancia capital justificaba aquella grandeza imposible. Y creo que sólo el Grial podía dar su sentido exacto a la grandiosidad del templo que estaba destinado a custodiarlo.

Para cumplir aquella función, el templo tuvo que plantearse como portador de un mensaje acorde con la sagrada reliquia que debería albergar; un mensaje que daría cuenta de su significado, concentrando una simbología que rebasaba con creces los límites de la devoción para integrarse en las profundidades del misterio trascendente del ser humano. Sólo así podemos abordar las claves catedralicias.

La primera muestra la tenemos en la entrada oeste, la que, por de-

Catedral de Jaca.
Puerta oeste.

bajo del gran atrio, daba paso a los peregrinos. En el tímpano de esta portada aparece un soberbio crismón de ocho brazos que contiene en su estructura todo el mensaje mandálico, incluso a través de las ocho flores de diez pétalos que lleva inscritas. Los elementos que conforman el crismón constituyen un conjunto de signos ortodoxos en su apariencia, pero reveladores de un mensaje profundo que afecta a su orden y a sus límites. Desde la cruz ansada de la eternidad isíaca de los egipcios, convertida en P –la Ro griega– de un supuesto anagrama de Xristos, hasta el recuerdo del saber serpentino, manifestado en la S que se enrosca al palo inferior de la misma cruz, el misterio de la simbología acumulado en el crismón viene a explicar que quien sepa leerlo podrá extraer de él la lección que encierra. Por eso, el círculo del crismón lleva una inscripción significativa:

HAC SCULTURA LECTOR SIC NOSCERE CURA;
P PATER A GENITUS DVPLEX EST ESPIRITUS ALMVS:
HII TRES IVRE QVIDEM DOMINVS SVNT VNVS ET IDEM

Es decir: *«En esta escultura, lector, procura reconocer lo siguiente: P (es) el Padre, A el Hijo, la doble O el espíritu Anímico. Los tres son, por ley, un único y mismo Señor».*

El mensaje, dirigido «al que sabe leer», de la clave espiritual de la unidad de los opuestos: el alfa y la omega, escamotando la explicación serpentina y haciendo olvidar la interpretación ortodoxa del anagrama con la que se intentó redefinir la simbología del crismón.

Pero el tímpano contiene más mensajes. Dos leones flanquean el crismón. El primero, a la izquierda, parece proteger una figura humana agarrada por una serpiente (lo que significa que ha captado el conocimiento). Sobre la figura se lee:

PARCERE STERNENTI LEO SCIT, XRSTSQ. PETENTI

O sea: *«El león reconoce a quien se reserva buscando por los suelos Cristo a quien se lo pide»*.

Si damos a «suelos» el sentido de «tierra», pensemos que el león es, en la simbología universal, depositario sagrado del conocimiento que comparte con la serpiente. Por su parte, el león de la derecha tiene un oso bajo sus garras, y el oso es símbolo de los poseedores de saberes arcaicos; bajo su vientre, una figura alada, que podría ser, como suele afirmarse, un basilisco. Las letras correspondientes rezan:

IMPERIVM MORTIS CONCVLCANS EST LEO FORTIS

Es decir: *«El león es fuerte para aplastar el reino de la muerte»*.

Tanto en la figura como en las palabras que la acompañan, el mensaje nos confirma que la iconografía dogmática es mera transmisora de formas religiosas tradicionales, sin duda arraigadas en la memoria de los pueblos que ocuparon en la Antigüedad la Jacetania.

Finalmente, al pie del tímpano, una última cartela:

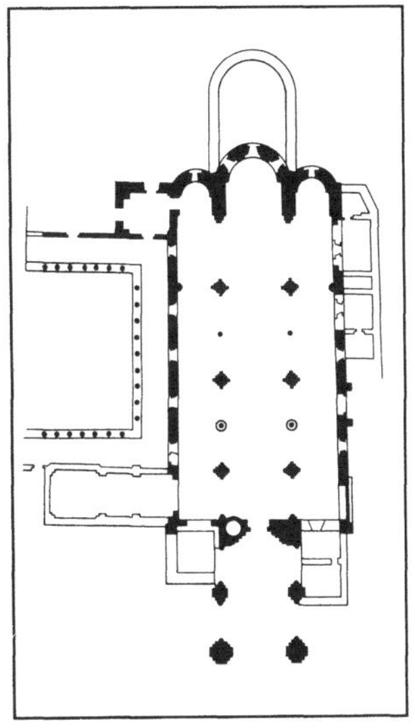

Catedral de Jaca.

VIVERE SI QVERIS QVI MORTIS LEGE TENERIS. HVC SPLICANDO VENI RENVENS FOMENTA VENENI. COR VICIIS MVNDA, PEREAS NE MORTE SECVNDA.

Que, traducido, significa: *«Si deseas vivir, tú que estás sujeto a la ley de la muerte, ven suplicante, desechando venenosos placeres. Limpia el corazón de pecados, para no morir de una segunda muerte»*.

Es, sin duda, la llamada más clara al proceso iniciático, expresada cuando ya se han asimilado los mensajes anteriores: una llamada clara a la aniquilación iniciática, de la que *la segunda muerte* sería regresar sin haberla alcanzado.

El interior se nos muestra como una obra maestra. Esa sensación subsiste a pesar de los seculares arreglos sufridos, algunos de los cuales, como la destrucción del primitivo ábside para convertirlo en coro, han hecho desaparecer las proporciones primitivas del templo.

Hay detalles en la construcción que también han sido mal interpretados. Uno de ellos es la alternancia de pilares cruciformes y columnas, separando las naves. Dicen que fue capricho de constructores. Veámoslo. Desde la entrada hasta el crucero hay seis pilares y cuatro columnas, y los arcos perpiaños parten sólo de los pilares. Tomando medidas entre ellos comprobaremos que la anchura de la nave central es de 8'45 m por 10'73 m, que es la distancia entre pilares con columna intermedia. Esta medida nos da la proporción 19/15, que ya revelaba el famoso **laberinto de Silo** y sirvió de modelo para fijar las proporciones de la mayor parte de los templos prerrománicos, prolongándose su esquema hasta el mismísimo **monasterio de El Escorial**. Lo que significa que, al ser concebida la catedral jacetana, se tuvieron en cuenta modelos sagrados anteriores cuyo origen se pierde en el pasado y resurge misteriosamente en los reinos peninsulares.

Toda una serie de capillas laterales han cambiado parcialmente la estructura primitiva de la catedral, pero tales capillas han servido para instalar en el recinto sagrado a una serie de santos que refuerzan el simbolismo de la Tradición arcana. Allí encontramos a san Miguel (el pesador de almas heredero de Hermes) y, a sus lados, a san Cristóbal y san Roque, ambos con la rodilla desnuda, como mandan los cánones iniciáticos. A los pies del templo, a la derecha de la entrada occidental, santa Ana, la Madre de la Madre, la Gran Abuela, exageradamente engrandecida en proporción a la Virgen con el Niño en el regazo que se encuentra a su lado.

Finalmente, aunque la búsqueda podría prolongarse, merece la pena que veamos a la izquierda, junto al claustro y apenas traspuesta la entrada occidental, la gran capilla considerada como parroquia de la ciudad, puesta bajo la advocación de **santa Orosia**, que fue una mártir sacrificada por los musulmanes en los montes de Yebra, según la leyenda. La capilla, curiosamente, conforma el perfil de los dientes de una llave, cuyo mango sería la catedral entera, como si estuviera destinada a «abrir» un secreto.

La tradición de esta santa aragonesa nos dice que fue una princesa aquitana, sorprendida por los moros cuando acudía para casarse con un príncipe godo. Rechazó al caudillo musulmán y convertirse al islam, por lo que fue decapitada junto con todos los miembros de su comitiva y sus restos enterrados en una caverna de la serranía, donde permanecieron hasta que un ángel indicó a cierto pastor el lugar donde se encontraban, encargándole que la cabeza de la mártir se quedase en **Yebra** y su cuerpo fuera llevado a la catedral de **Jaca**. El itinerario de la reliquia fue, pues, paralelo al del Grial; pero las coincidencias no se detienen en ese viaje, pues si el Grial se considera como recipiente *áureo* de la sabiduría, santa Orosia alude al *oro* a través de su nombre, además de ser mujer –igualmente recipiente de vida–, y fue a parar a Jaca muy poco después de que el Cáliz fuera sacado de la catedral para ser custodiado en **San Juan de la Peña**. Tales coincidencias inclinan a pensar que el culto a santa Orosia pudo ser muy bien una veneración sustitutoria a la reliquia que le había sido arrebatada.

A **santa Orosia** se la veneró en Jaca, hasta no hace mucho, con una fiesta singular coincidente con el solsticio de verano. Todos los años llegaba a la ciudad, cumpliendo con la tradición, una auténtica masa de «espiritados» o posesos, con la esperanza de que la santa les quitase los demonios del cuerpo. A los endemoniados se les llevaba a la capilla de la santa y se les dejaba a oscuras toda la noche, con los dedos de las manos atados con cintas de colores. Al día siguiente, cuando se acudía a buscarles, se contaban las cintas que habían sido arrancadas y cada una significaba que un demonio había salido del cuerpo. Además, de la cofradía de la santa formaban parte gentes procedentes de toda la comarca, que, durante la fiesta, usaban ropo-

Catedral de Jaca. Capiteles portal y atrio sur.

nes y cayados rematados con la cruz patriarcal de doble brazo y bailaban al son de una especie de salterio o zanfona, que llamaban *chicotén*, y de una flauta especial forrada con piel de serpiente.

Curiosamente, la serpiente reina en muchos rincones de la catedral, cuyos capiteles se han atribuido a un hipotético maestro del siglo XII al que se ha llamado precisamente El Maestro de las Serpientes. El más significativo de estos capiteles también se encuentra en el pórtico occidental y representa a un individuo estilizado medio desnudo y con una serpiente entre sus brazos, bajo la mirada de otros personajes que le rodean. Es el dominador de la serpiente y se ha ganado el respeto de los que le rodean. Otro capitel en el mismo pórtico representa el martirio de san Sixto –el depositario del Grial–, descubriéndonos claramente la intención que rigió la construcción del templo.

Museo diocesano de Jaca.

Aún en el recinto del templo, conviene que el peregrino no se pierda la visita al **museo diocesano** que se encuentra en el claustro y en dependencias adyacentes. Allí encontrará una de las mejores colecciones de pintura románica, en su mayor parte frescos salvados de templos desaparecidos. Entre estas pinturas, presten atención a **los ábsides de Ruesta y Bagués**, éste último con escenas de la Pasión convertidas en proceso iniciático de la muerte del Salvador, y el primero con una curiosa representación del Pantocrátor rodeado de recipientes de aspecto alquímico que flotan en los cielos azules. Igualmente, en el ala del claustro se encuentra una imagen gótica de Nuestra Señora sedente, portadora de una cruz en forma de Tau.

La catedral es el Templo por excelencia para el peregrino. Los demás, incluso el jacobeo de **Santiago**, han perdido los elementos que pudieron marcar su mensaje primitivo, o son inaccesibles, como el de las **monjas benedictinas**. Y a la salida de la ciudad, en medio de un parque, puede contemplarse una antigua ermita románica trasplantada desde **Sarsa**.

En **JACA** terminaba la primera etapa del **Códice Calixino**. Aquí haremos también que termine la nuestra.

TRANCO II: DESDE JACA HASTA YESA

A la salida de **JACA**, el Camino sigue coincidente con la carretera C-134, paralela al **río Aragón**, que fluye a poca distancia, hacia la derecha. Son nueve kilómetros ocupados hoy por arrabales de la ciudad y por una amplia extensión de terreno acotado por el Ejército, que nos llevan hasta una desviación a la izquierda que debemos tomar para acceder a un lugar obligado de la Ruta, aunque esté separado de ella. Adentrándonos cuatro kilómetros hacia la montaña llegaremos a **SANTA CRUZ DE LA SERÓS**, una aldea dominada por la presencia de dos templos. El mayor dio nombre al lugar y es lo que queda de un monasterio de monjas señero en la singladura histórica aragonesa, porque entre sus *sorores* –hermanas o sores– figuraron infantas de la casa real. El otro templo, el menor, ya se encontraba seguramente allí al ser fundado el cenobio, aunque la obra que podemos contemplar es del siglo XI; está dedicado a **san Caprasio**, o san Crepas, como se le nombra en el pueblo, y figura en los más antiguos documentos.

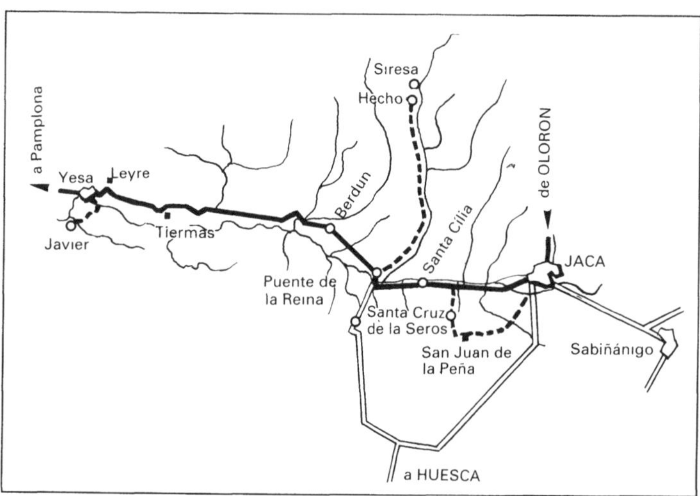

San Caprasio es un extraño santo del olimpo cristiano, uno de esos mártires que huelen a apaño remoto para dar entrada a creencias que el cristianismo aceptó con tal de reclutar fieles en los años de expansión. En España se le veneró únicamente aquí y, según creo, en una ermita soriana de la **sierra del Almuerzo**, cerca del lugar donde murieron los Siete Infantes de Lara protagonistas del poema épico castellano. El santoral, por su parte, da cuenta de dos mártires con el mismo nombre, uno de ellos procedente de Agen, de quien se dice que andaba huido por las cuevas hasta que Dios en persona le dio una prueba de que el cielo le pedía el martirio, haciendo manar milagrosamente agua de una peña. El otro Caprasio fue monje y, al parecer, «espejo de virtudes»; vivió en el siglo V y fue abad del monasterio de Lérins.

La imagen del santo que preside el viejo templo lo representa vestido como un diácono y con un ramillete de espigas en la mano derecha. Su fiesta la celebran el 20 de septiembre, lo que no deja de ser significativo, pues, sobre no coincidir con la de ninguna de los santos con este nombre que figuran en el santoral, coincide con la víspera del equinocio otoñal, correspondiente a viejas celebraciones de acción de gracias a los dioses paganos por las cosechas recogidas. Tampoco conviene olvidar que, aunque hoy san Caprasio se encuentra solo en su viejo templo, hay noticia de que, hasta no hace tanto, le acompañaron en altares laterales san Miguel (el Hermes-Mercurio pesador de almas), santa Ana (la Madre-de-la-Madre), santa Bárbara (la santa que encarna una vieja tradición ocultista, de la que nacería in-

San Caprasio.
Santa Cruz de la Serós.

cluso un naipe del Tarot) y santa Orosia, la legendaria mártir griálica del Alto Aragón.

Dicen que el de San Caprasio fue parroquia del pueblo cuando las monjas ocupaban el monasterio. Y que, cuando las monjas fueron llevadas a **Jaca**, ya en el siglo XVI, los habitantes de **SANTA CRUZ DE LA SERÓS** sustituyeron su iglesia habitual por la del cenobio, dejándola abandonada casi como está hoy: con la sencillez casi pagana de su estructura, el semicírculo rotundo de su ábside sin ornamentos y la misma desnudez interior que hoy mismo luce. Tal vez por eso, el visitante suele quedarse poco rato en su interior y prefiere marcharse a visitar el templo de las monjas, que es cuanto queda hoy del antiguo monasterio.

De **SANTA CRUZ DE LA SERÓS** han desaparecido muchas de las claves que tuvo cuando lo habitaban las monjas. Una de ellas, el sepulcro de la infanta Sancha, hija de Ramiro I, que las sorores se llevaron a **Jaca** cuando las trasladaron en 1555. Hoy resulta difícil de ver y más difícil aún de estudiar, sin contar con que está ya fuera de un entorno que le habría sido fundamental, del que cabe destacar, apenas se abre la puerta de acceso, la pila de agua bendita del atrio, de cuya copa emerge una columna rematada por un doble capitel corintio, llamando la atención sobre su paralelismo con el Árbol Sagrado.

Las monjas de este monasterio dependían, tanto jurídica como espiritualmente, de los monjes de **SAN JUAN DE LA PEÑA**. La dependencia está atestiguada por el documento de consagración de la infanta Urraca, cuando su padre le encomienda «*sub potestate abbatis Sancti Iohannis*». Naturalmente, esta dependencia de las monjas, a varios kilómetros del cenobio masculino, ya se parecía muy poco a la antigua práctica de los que se llamaron monasterios dúplices, que proliferaban en época visigoda y se prolongaron en la España mozárabe. El origen de estos retiros mixtos está en el hábito instaurado por el hereje Prisciliano y fue seguido por otros monjes absolutamente convencidos de su ortodoxia. A ellos se retiraban familias enteras, acompañadas incluso por sus servidores, para practicar la experiencia cenobítica apartados de los núcleos de población. La misoginia paulina veía con malos ojos aquellas prácticas, que quitaban clientela al clero secular y ponían en entredicho el celibato de los que se entregaban al servicio de Dios, pero hubo que autorizarlas durante cierto tiempo, aunque imponiendo a cambio durísimas separaciones que sólo permitían la vida comunal en los oficios y, eventualmente, en los capítulos.

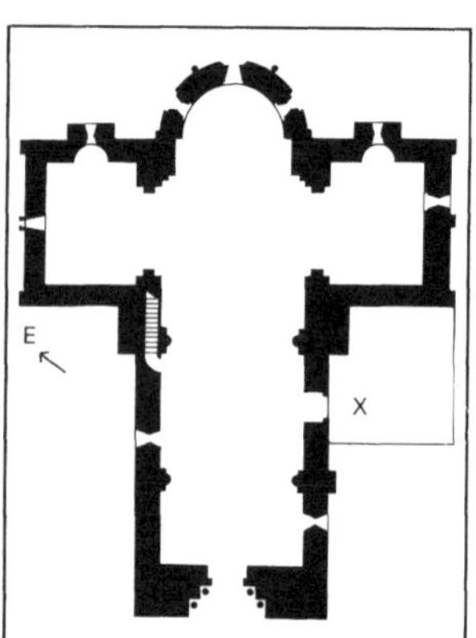

Santa Cruz de la Serós. La X señala el lugar por donde se sube a la sala superior del crucero.

Cuando **SANTA CRUZ DE LA SERÓS** fue fundado, la reforma cluniacense ya se hacía notar y, aunque no había llegado aún a imponerse en la Península, comenzaba a afectar mucho más a los monjes que a las monjas, las cuales siguieron fomentando una sutil forma lunar de culto abominada por el ritual romano, porque las monjas eran aún una reminiscencia de las viejas *vestales* y, aunque nunca tuvieron fuerza suficiente para liberarse de la prepotencia de los abades, si accedieron a ciertas modalidades de culto que habrían sido imposibles de concebir de no tratarse, como se trataba, de un colectivo minoritario. En Aragón, por aquel tiempo, no había más que otros dos cenobios femeninos, el de **Casbas** y el de **Sigena**.

Aunque la iglesia monástica ha perdido buena parte de las claves que poseyó en la antigüedad, no cabe duda de que estuvo presente en ella una intención didáctica destinada a las monjas y a quienes las visitasen. La redondez rotunda del ábside central de la iglesia, en contraste con los dos ábsides laterales, claramente menores y de formas cuadradas, revela de inmediato la dedicación del templo a una Gran Madre cuyo culto aún habría de tardar en imponerse en la Península. Lo mismo cabe pensar ante la inscripción que ya se lee malamente en torno al lábaro de acceso al templo, pero que, según la interpretación de José María Quadrado, rezaría:

JANVA SVM PRAEPES, PER ME TRANSITE FIDELES FONS EGO
SVM VITAE, PLVS ME QUAM VINA SITITE VIRGINIS HOC
TEMPLUM QVISQVIS PENETRARE BEATVUM.
CORRIGE TE PRIMVM, VALEAS QUO POSCERE XRISTUM.

O sea: *«Yo soy la puerta, pasad pronto a través mío, soy la fuente de la vida, sentid más sed de mí que de vino. Bendito sea quien quiera penetrar en este templo de la Virgen. Y corrígete primero, si apeteces a Cristo».*

El último verso, incluso separado del resto de la inscripción, viene a dar un sutil toque de ortodoxia escamoteada en los demás versos, decantados a una advocación decididamente griálica de la femineidad. Curiosamente, esta llamada al recipiente de la vida se refuerza apenas nos enfrentamos con la pila bendita de la que hacía mención más arriba. Dicen los estudiosos que esta pila fue seguramente obra tardía y que la superposición de los capiteles fue necesaria para mantener la altura del atrio.

Sea o no cierto, los motivos inmediatos no quitan un ápice a la intención de representar un *Arbor Vitae* emergiendo del recipiente que contiene el agua lustral.

La sorpresa siguiente que reserva este templo es que, visto desde su interior, no se corresponde con la altura que se aprecia al contemplarlo desde fuera. Entramos en un templo que nos parece alto y esbelto, y, al enfrentarnos con él ya dentro, lo sentimos bajo y casi atosigante. El secreto de esta estructura está en una escalerilla casi secreta que se localiza en el muro norte, inaccesible a menos que nos podamos ayudar de otra escalera. Sus peldaños discurren por el interior del muro y nos hacen alcanzar una cámara octogonal situada sobre el ábside, abovedada, con columnas adosadas que conforman la nervadura de la cúpula. Dicen que era lugar de reunión de las monjas, pero cabría preguntarse sobre el carácter de tales reuniones, para las que se había buscado precisamente la estructura octogonal que posteriormente elegiría también la Orden del Temple para sus capítulos más discretos.

Santa Cruz de la Serós.

A más claves, esta cámara posee un capitel que ha sido reconocido como el más perfecto de todo el recinto monástico. Representa, en tres tiempos, la Anunciación, tomada indistintamente de los textos sinópticos y apócrifos. En el primer tiempo, la Virgen está junto a san José, que lleva una vara florida en la mano; en el segundo, el Ángel saluda a Nuestra Señora; en el tercero, le transmite el mensaje divino. Este despiece de la escena sagrada tuvo que significar motivo de meditación especialísimo, reforzado por la presencia del esposo terreno, que lógicamente tendría que haber estado ausente en aquel acto.

Desde la cámara se accede a la primera planta del campanario, que más que tal parece torre fortificada de castillo roquero. Desde ella se alcanzaban otros recintos ya desaparecidos, lo que ha hecho suponer que pudiera tratarse de lugar de refugio para situaciones comprometidas por ataques musulmanes. Bastante improbable suposición, puesto que el monasterio se construyó cuando las razzias islámicas ya no alcanzaban aquellos pagos. Sin embargo, la presencia de recintos semejantes en otras construcciones sagradas hacen pensar en otros fines, como la necesidad de contar con un lugar apartado, incluso inaccesible, al que alguna monja pudiera retirarse para realizar prácticas ascéticas en soledad.

Casi delante mismo de la iglesia parte una carreterilla que remonta las laderas del monte en curvas infinitas, adentrándose en un bosque de hayas y robles hasta alcanzar la estructura solitaria del monasterio de **SAN JUAN DE LA PEÑA**. Hay que recordar que este camino que nosotros seguimos no es el que recorrían los peregrinos, que tenían que remontar este lugar desde **Jaca** por el camino que aún hoy está señalizado a la salida de la ciudad.

Por este itinerario que hemos escogido nos encontraremos, en primer lugar, con el cenobio primitivo, que se guarece bajo el peñasco que le presta el nombre. Lo que podemos ver es construcción en gran parte románica: el claustro exento al que el rocallón sirve de medio tejado. Ya dentro, comprobaremos que el monasterio se divide en dos plantas. La de abajo conserva buena parte de la construcción más antigua y la iglesia vieja, de doble ábside rectangular incrustado en la roca. Lo mismo sucede en la iglesia superior, desde cuyo lado del Evangelio se accede al claustro que vimos desde el exterior, en el que se encuentran las capillas llamadas de San Victorián y de los santos Voto y Félix, los legendarios fundadores.

El mito de la fundación del monasterio nos conecta directamente con el simbolismo ancestral. Cuenta de esos *dos hermanos* que fueron los primeros en establecerse en aquel lugar como eremitas, después de que el primero de ellos descubriera durante una *cacería* el cuerpo incorrupto del anacoreta Juan de Atares. A la muerte de los dos fundadores, otros *dos hermanos*, Benedicto y Marcelo, tomaron su relevo y conformaron el núcleo de la primera comunidad de monjes.

Aparte el encuentro de la reliquia incorrupta del anacoreta –que apareció en circunstancias milagrosas, después de que Voto se hubiera encomendado a san Juan el Bautista tras un resbalón que estuvo a punto de costarle la vida–, es significativo que toda la historia fundacional se nutra con la presencia de *parejas* de hermanos. Estamos, sin duda, ante una alusión al mito de los dióscuros, que ya hemos visto y seguiremos viendo a lo largo de todo el Camino. Su significado, alusivo a la igualdad de los opuestos, se encuentra presente a lo largo de toda la mitología universal, a través de parejas como Cástor y Pólux, Caín y Abel, Rómulo y Remo y hasta, en el santoral cristiano, en parejas de santos como Abdón y Senén, Gervasio y Protasio, o Cosme y Damián, los santos sanadores, cuya figura está también presente en los restos de un fresco que se encuentra en la llamada Iglesia Baja de este monasterio.

Los primeros tiempos históricos de **SAN JUAN DE LA PEÑA** son descritos como difíciles, expuestos constantemente a las amenazas de las aceifas de los musulmanes. Sin embargo, tampoco conviene olvidar que la situación misma del cenobio, prácticamente inaccesible, le daría una seguridad que permitiría el desarrollo de la vida comunal. La situación del monasterio y la perfecta adecuación entre el elemento natural –la roca– y la construcción llevada a cabo para adaptarla a la experiencia espiritual es, posiblemente, el primer rasgo que cabría resaltar en este lugar señero de la Ruta y del reino de Aragón. Pues la simbiosis entre la peña y la obra del ser humano, clave de una convivencia continuada con la tierra, hace que el recinto adopte las características de un hipogeo sagrado, colaborador activo de la identificación de los monjes con el útero terrestre en el que se albergaron. La peña, pues, está presente en el monasterio más allá de su nombre; configura los ábsides excavados en ella, protege el claustro y guarda amorosamente los restos de los miembros de la comunidad fallecidos, y hasta los de los monarcas y los caballeros que se pusieron a su mágico servicio.

Cabe que su función como lugar de enterramiento pueda definirnos mejor aquella simbiosis de lo humano con la piedra. El motivo es simple: antes de que la muerte se convirtiera en una simple barrera entre el ser y el no ser, antes de que el hecho de morir fuera sentido como una simple desaparición del mundo de los vivos, los seres humanos vieron en ese acto un tránsito hacia lo que era esencialmente desconocido, pero lleno de promesas que habrían de cumplirse en razón directa con los merecimientos adquiridos. Importaba, sobre todo, encontrar para el cuerpo un lugar que propiciara el tránsito. Y tal lugar sólo podía localizarse en un Eje del Mundo, en un enclave cuyas características lo proclamasen enlace con la otra vida: punto de contacto entre la Tierra y los Cielos; espacio impregnado de aquella trascendencia que se vislumbraba como meta gloriosa al otro lado del instante mismo del morir.

San Juan de la Peña. Sepulcro de un caballero en el panteón de nobles.

Cuando se comprueba que los enterramientos son en **SAN JUAN DE LA PEÑA** un *leitmotiv*, esta idea se justifica plenamente. Vemos como las tumbas surgen por todas partes; hasta se tiene la sensación de que el monasterio entero es un inmenso cementerio, o varios: uno de nobles, otro de reyes, otro de monjes. Los hay en las dos iglesias, en la mozárabe de abajo y en la románica de arriba; en el claustro, llenando las paredes de inscripciones funerarias; en las capillas anejas. No creo exagerado afirmar que el monasterio constituyó, en su momento, una auténtica querencia funeraria, como si, a lo largo de siglos, una élite concreta de individuos hubiera elegido conscientemente aquel enclave como meta para su descanso eterno. Y me planteo si acaso esa predisposición no vendría precisamente condicionada por los largos años en que el Grial estuvo allí custodiado, si su condición de recipiente sagrado no sería acicate principal que hizo que tantos quisieran morir a su vera. Querría recordar también que, después de tantos lugares donde recaló la reliquia antes de llegar aquí, fue precisamente en este monasterio donde quedó custodiada bajo la advocación de san Juan, en tanto que en todos los anteriores lo estuvo bajo la de san Pedro, el primer papa, el cofundador de la Iglesia de Roma, la que marca, de hecho, todas las advocaciones proclives al mantenimiento de su autoridad temporal frente a otro cristianismo, de corte esotérico, que solía camuflarse bajo las advocaciones al Discípulo Amado o al Bautista.

El principio denominado *Juan*, en sus dos personalidades, es la representación de la tradición mistérica cristiana, impregnada de contenido simbólico, incluso en la fecha elegida para celebrar a ambos: los solsticios de verano y de invierno, que responden a la indiscutible herencia del antiguo *Jano*, la divinidad de doble rostro, el dios oculto de muchos actos del ritual mistérico del mundo mediterráneo. Pero aún hay más indicios, puesto que Juan, asociado al Cordero Místico, surge a lo largo de la historia del monasterio y de toda su iconología, desde la figura central del capitel del claustro que representa la Última Cena –la Cena Griálica, no lo olvidemos–, apoyada su cabeza en el hombro del Salvador, hasta el curioso grabado que se editó en el siglo XVII en el que, entre dos representaciones del cenobio –el antiguo y el nuevo–, surge el Bautista con la inscripción *Ecce agnus Dei*, arrebatándole al mismo Jesucristo el apelativo simbólico que le había adjudicado la Iglesia.

Para la corriente juanista de la Iglesia, el Cordero Místico y el Cáliz griálico representan ideogramas fundamentales: el Cordero en tanto que signo de Aries, la constelación que surge en el equinoccio de primavera y determina la plenitud solar y su acción fertilizante sobre la Tierra; el Cáliz, hecho Grial, como receptáculo de conocimiento y de luz divina, contenedor de sangre divina sacrificada y, por eso mismo, receptáculo de la esencia vital, tal como es concebida en el contexto simbólico tradicional. Y así, entre el Cordero-víctima y el Grial-recipiente, se encuentra la Cruz-instrumento del sacrificio, convertida eventualmente en espada o en lanza, como la del centurión Longinos de los Apócrifos: la Santa Lanza, inequívoco signo del fuego divino, como sigue siéndolo la *svástica* (la tradicional, que no la nazi) y el *laburu* de la tradición vasca: sol vivificador que transmite la luz a las almas ávidas de saber.

El espíritu juanista tuvo una presencia activa en todo el proceso histórico que va marcando, desde sus orígenes, el destino y hasta el sentido de **SAN JUAN DE LA PEÑA**. Ese espíritu habría de prolongarse a lo largo de toda su singladura histórica y aún se detecta en el **panteón de nobles** de la planta alta, donde abundan los nichos con la cruz adoptada por los caballeros aragoneses que formaron, precisamente aquí, aquella orden militar que se llamó de Caballeros de San Juan y que nada tenía en común con la de hospitalarios sanjuanistas creada en Tierra Santa a raíz de la Primera Cruzada. Esta cruz de la orden pinatense es cruz griega, unas veces pateada y otras ligeramente lobulada en los extremos de sus brazos.

San Juan de la Peña.

Y luce a menudo una prolongación a modo de apéndice o de mango, que sale de la parte inferior y que, curiosamente, resulta idéntica al jeroglífico egipcio AAI, que significó *fuego*, con el añadido evidente y no menos significativo de cuatro flores/rosas que siempre se encuentran labradas en los cuatro ángulos de la cruz.

Un san Juan abstracto y totalizador, que no es ni el Bautista, ni el Evangelista, ni el Limosnero, ni el Mártir, sino todos ellos a la vez, símbolo puro de un ideario iniciático, sigue presente en el testero del **panteón de reyes** del monasterio, en una talla del imaginero dieciochesco Carlos Salas; y hasta preside la entrada del monasterio nuevo, en la llanada que conforma la cumbre del **monte Pano**, y al que se trasladaron los monjes cuando el viejo cenobio fue considerado inhabitable a fuerza de siglos y de incendios.

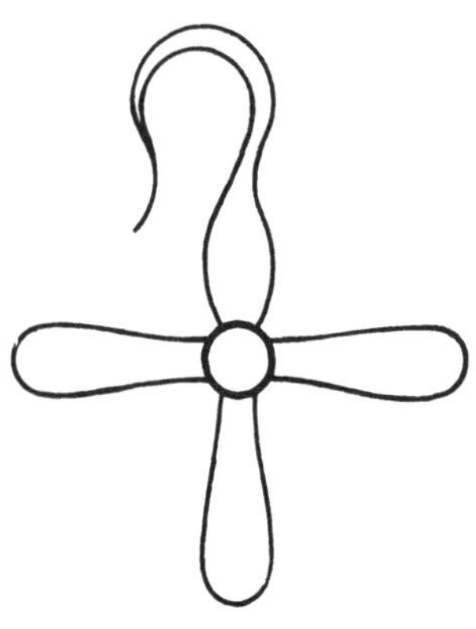

Egipto: El AAI.

Los santos gemelares aparecen por todo el cenobio: unas veces se les distingue y otras están casi totalmente inidentificables. Pero no son las únicas muestras del carácter iniciático del monasterio. Unas muestras que se manifiestan, entre tantas otras claves, en la multitud de *llaves* que aparecen profusamente grabadas en los muros y que se refieren a datos deliberadamente ocultos para evitar a los sempiternos pedigüeños del conocimiento. Otras veces se trata de claves avisadas, predichas. Así es la inscripción que figura en la arquivolta de la puertecilla mozárabe que comunica la iglesia superior con el claustro y que fue colocada allí aprovechando las piedras de la estructura anterior, aunque las letras son, no de la época de la puerta, sino del tiempo en que fue colocada allí:

PORTA PER HANC COELI FIT PERVIA QVIQVE
FIDELIS + SI STVDEAT FIDEI IVNGERE IVSSA DEI

Es decir: «*Por esta puerta, cualquier fidel (puede) gaba(r) el cielo + si investiga (en) la fe (para) captar los designios de Dios*».

La clave iniciática del cenobio pinatense estuvo, sin duda, en este claustro románico insólito, aunque ahora ha perdido al menos una parte sustancial de su mensaje. Es un claustro que pide a gritos una interpretación imposible, porque, entre otras circunstancias, la secuencia de sus capiteles quedó rota por la desaparición de muchos de ellos y el deterioro irreversible de varios más. De los 33 que constituían la obra completa quedan 20 originales, de ellos cinco muy deteriorados y al menos dos imposibles de descifrar. Sin embargo, la inscripción de la entrada deja clara la intención originaria.

En el ángulo de este claustro, donde se une a la roca y al muro de la iglesia, se levanta la **capilla de San Victorián**, construida entre los años 1426 y 1443, siendo abad don Juan Marqués, promovido a este cargo por el papa Luna, que tenía en este cenobio uno de los reductos más fieles de la Península cuando ya los monarcas y el clero le

San Juan de la Peña.
Claustro.

ECCE AGNVS DEI
NOVVM ET ANTIQVVM MONAST. S. IOAN. DE PINNA
NOVVM
ANTIQVVM

habían abandonado a la suerte a la que le condenó el pleito cismático en el que estaba involucrado. Una inscripción ya ilegible de esta capilla levantó en su día sospechas de que este lugar hubiera sido construido para contener los restos mortales del papa cismático. La inscripción fue copiada cuando aún era legible, en 1638, y lo cierto es que cabría hacer dicha lectura interpretando un PER latino *(per dominum benedictum papam XIII)* como un PARA en lugar de como un POR. Y no es menos cierto que, aunque la capilla se levantó tras la muerte del pontífice (1423), su cuerpo fue trasladado a su villa natal de **Illueca** siete años después, cuando la capilla estaba en plena edificación y se labraba el suntuoso sepulcro de su interior. En aquel instante no estaba aún decidida la tumba definitiva de don Pedro de Luna. Y lo cierto es que la de la capilla monástica jamás llegó a albergar cuerpo alguno.

Tras los muros del claustro, pegado a la roca sobre la que se apoya la mole del monasterio, hay un recinto trapezoidal destinado a recoger el agua almacenada que se deslizaba hasta allí desde una gárgola que queda en lo alto del claustro y que gotea incesantemente sobre las losas. Hubo quienes llegaron a apuntar que aquello, como en la antigua China, estaba destinado a un suplicio especial para monjes que tuvieran que ser castigados, pero parece que la razón última de aquel lento trasiego del agua filtrada sería también iniciática, purificadora de las energías convergentes en el recinto claustral. En cualquier caso, sorprende que la estructura de la capilla esté basada en la cifra 5. La construcción es pentagonal, gracias a la angulación de su ábside; se entra por 5 arquivoltas, bordeada la primera por un festón compuesto por 10 lóbulos (2 x 5) y rematada la última por 10 cardinas. Sobre el portón, en lo alto de la fachada, se abren 5 óculos: 4 de ellos, simétricos, entre los pináculos que flanquean el arco de entrada, y otro a la derecha, ligeramente mayor.

Pensando en el 5 como magnitud esotérica, manifestación trascendente de la naturaleza (los 4 elementos más el quinto que insufla la vida y los une a la corriente universal), cabe colegir el motivo de aquella construcción. En la Qabalah, el 5 está representado por la letra HE, que significa la esencia y la existencia y encarna el principio de la Luz Divina. Con ello, el 5 plasmaría lo lumínico/espiritual que formaba parte de los ideales sanjuanistas y que enlazaría con el Pentáculo o Sello de Salomón, que representa al Hombre Primordial (el Adam Kadmòn), imposible de concebir como ser aislado, sino como totalidad representada por la unión de la Pareja Trascendente que comparte el conocimiento: los hermanos del mito gemelar, los santos dióscuros. Además, el número 5 y la letra HE dan sentido al Pontífice de los arcanos del Tarot, con lo que casi es imprescindible pensar si acaso ese pontífice tarótico no será la imagen oculta de un Benedicto XIII, el papa secretamente esperado, del que se asegura que inauguró una dinastía pontificia en la sombra que aún subsiste en nuestros días.

Abundando en la idea, acerquémonos a otro detalle presente en la misma capilla. Sobre el arco apuntado que remata la arquivolta exte-

Página anterior:
Ilustración del siglo XVIII mostrando, abajo, los dos monasterios y, en la parte de arriba, los escudos rodeando a san Juan Bautista.

rior, se distingue el blasón con las barras catalanoaragonesas y, sobre él, un yelmo labrado con la figura del Dragón Alado, que fue instaurado como signo de la dinastía de sus condes-reyes. Pero esa dinastía ya se había extinguido cuando se construyó la capilla, siendo sustituida por la casa de Antequera/Trastamara en la persona de Fernando I, después del Compromiso de Caspe, lo que significó la pérdida de una autonomía profundamente arraigada en el reino y el fin de un largo período de independencia ideológica frente a la incuestionable autoridad de Roma, período cuyas últimas consecuencias eran el reconocimiento de la autoridad del papa Benedicto XIII y la custodia del Grial. Significativamente, el Grial salió de **SAN JUAN DE LA PEÑA** 25 años antes de que se comenzara a construir la capilla de San Victorián; y esa cesión que permitió llevárselo al último rey de la dinastía originaria, Martín el Humano, se hizo por recomendación expresa de Benedicto XIII, como para reforzar el sentido más auténtico de su autoridad. En cambio, cuando Alfonso V lo dejó marchar a Valencia y quedó en custodia en su catedral, el Cáliz sagrado pasaba tácitamente a depender de la autoridad romana en la persona de sus obispos.

Planta baja.

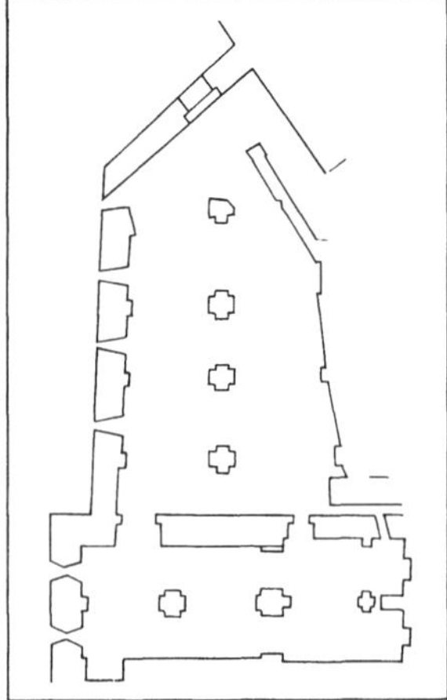

Planta alta.

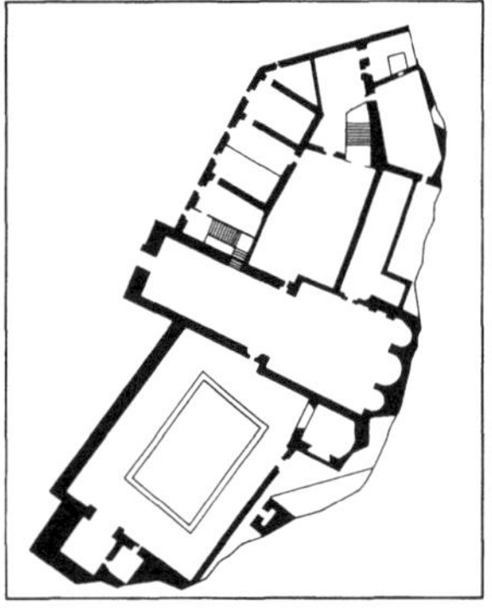

Monasterio viejo de San Juan de la Peña.

Ya hemos tenido ocasión de comprobar las visicitudes por las que pasó el Grial durante su estancia en aquella comarca del norte de Aragón. No es gratuito, en este sentido, reconocer las razones que llevaron al geógrafo musulmán El Idrisi a nombrarla como *El País del Templo*. Ni deja de ser significativo que, tanto en crónicas contemporáneas francesas como en documentos aragoneses de la misma época, se nombrase a Alfonso I el Batallador –el gran favorecedor del monasterio, donde algunos aseguran que murió tras la derrota sufrida en Fraga– como *Anfursus* o *Anforz*, precisamente el mismo nombre por el que se conoció en los poemas artúricos a Anfortas, el llamado Rey del Grial, o Rey Pescador o Rey Pecador. La voz popular, inspiradora de mitos, aseguraba que el monarca se escondió en este monasterio, ignorado de todos, esperando la hora de su gloriosa reaparición.

Es un hecho que creo indiscutible: la presencia de un Grial físico y palpable en el monasterio de **SAN JUAN DE LA PEÑA** fue uno de los grandes detonantes que propiciaron que la vía compostelana se encauzase por el camino que venimos siguiendo. Y tampoco puede dudarse que esta circunstancia hizo del cenobio meta de muchos peregrinos, que gustosamente se apartaban del Camino estricto para acercarse a él y sentir de cerca la presencia natural y material de un mito que había comenzado a echar raíces en la conciencia mágica del Occidente europeo y que, aunque las leyendas lo situaran en un enclave impreciso y casi inmaterial, podía ser visto y sentido allí, con todas sus consecuencias trascendentes.

Al monasterio llamado **Nuevo** se accede siguiendo la carretera que nos trajo hasta el Viejo. Se encuentra en la explanada de la cumbre del **monte Pano**, ocupada antes por un castillo que ya sólo existe en la memoria. El mismo monasterio, aun calificado como nuevo, se encuentra en estado ruinoso, con restos de dependencias esparcidos por toda la explanada. No hay nadie en él desde la Desamortización (1835), pero ya era inhabitable desde que las tropas del mariscal Suchet lo depredaron durante la campaña napoleónica (1808).

Algún día convendrá estudiar el encono que tuvo este mariscal francés hacia los lugares griálicos. Las explicaciones primarias que se han dado no satisfacen. Se habla de una operación de castigo en persecución de guerrilleros –que comenzó aquí y terminó en el **monasterio de Montserrat**–, en que ambos cenobios fueron destruidos. Los testimonios de esta campaña, sin embargo, nos remiten a la *búsqueda de algo*, que presumiblemente no fue hallado en ninguno de los dos monasterios, pero que hizo que los franceses rebuscasen en cada rincón de ambos, sin dejar mueble ni bodega ni altar por destrozar. Dicen que lo que se buscaba era botín, o escondites de guerrilleros, pero es sospechoso que Suchet se cebase precisamente en estos dos cenobios, abandonando el asedio de otros que podrían haber sido igualmente sospechosos. A no ser que convengamos en que ambos formaban parte de la tradición griálica peninsular, que alguien, en Francia, pretendía destruir.

Lo poco que hoy cabe desentrañar del conjunto del **monasterio Nuevo**, que sólo fue grandioso por el gigantismo de su estructura barroca, se encuentra en la fachada de la iglesia abacial, en la que los constructores, aunque tardíamente, trataron de aplicar fórmulas tradicionales sin tener conciencia de su auténtico significado. Allí aparece el esquema de la pirámide y el del laberinto, en sus variantes circular y lineal. Y Pedro Onofre, un escultor de segunda fila, colocó en la hornacina de la fachada la imagen de san Juan Bautista, y las de san Benito y san Indalecio en las laterales. Precisamente el cuerpo del bendito Indalecio constituía una de las reliquias favoritas de los monjes pinatenses, que para conseguirla no dudaron en mandar a tierras lejanas a dos monjes del cenobio, acompañados por un peregrino mozárabe murciano, que se prestó a ayudarles en su empeño.

La alucinante aventura de la traslación de los restos de **san Indalecio** merece que nos detengamos en su relato. Y no sólo porque aquel santo era uno de los *Siete Varones Apostólicos* legendarios discípulos de Santiago, sino porque su presencia en **SAN JUAN DE LA PEÑA** quedó marcada por una sucesión de prodigios que sirvieron para solaz de devotos. El cuerpo, según supieron los monjes a través del caballero murciano, se encontraba en **Urci**, junto a **Almería**, y se había aparecido a la comunidad pinatense expresando su deseo de reposar entre los muros del monasterio. Gracias a las informaciones obtenidas y a unas llamas milagrosas, el sepulcro fue localizado y, con el cuerpo a cuestas, se inició un lento viaje de regreso lleno de señales celestiales y milagros que hicieron que la llegada al cenobio oscense se convirtiera en acontecimiento sonado, al que asistió personalmente el rey Sancho Ramírez. Curiosamente, esto sucedía en 1085, catorce años después de que el cardenal Hugo Cándido desautorizase en aquel mismo lugar el rito mozárabe del que, en cierta manera, el santo cuerpo recién traído era altísimo representante.

Tomamos ya la ruta de regreso y alcanzamos el Camino donde lo abandonamos. El itinerario de Picaud sigue coincidiendo con la carretera, al menos hasta que pasemos por **SANTA CILIA DE JACA** y, poco más allá, por el puente que dió nombre a **PUENTE DE LA REINA** (que no debemos confundir con el importante hito navarro que atravesaremos más adelante). Aquí, los expertos localizan el lugar desaparecido de **Asturit**, citado en el Calixtino, y desde aquí parte también la carretera que recorre el **valle de Echo** y que al cabo de 26 kilómetros nos llevará a **SIRESA**, un pueblo humildemente agrupado en torno a la ruina de su viejo **monasterio de San Pedro**.

No hay documento que lo acredite en una época en que escaseaban los documentos, pero todo hace sospechar que este monasterio ya existía en tiempos visigodos, bajo la advocación de san Zacarías, y que albergó temporalmente el Grial aragonés que fue traído hasta aquí desde su primer escondite en la **cueva de Yebra**, hasta ser sacado para custodiarlo en **San Adrián de Sasabe**.

San Pedro de Siresa fue albergue de la máxima autoridad espiritual del territorio entre los años 815 y 838, el obispo Ferriolo. Visitó el lugar, por entonces, san Eulogio de Córdoba, el máximo dirigente de los cristianos mozárabes del Califato, que encontró aquí al abad Odoario y un considerable número de libros que hizo copiar para sus feligreses de Al Andalus, así como numerosas reliquias de las que dio

San Pedro de Siresa.

cuenta a su regreso, pertenecientes a mártires como Medardo, Adrián, Benito, Andrés, Esteban, Sebastián y Juan el Bautista, sin contar con un precioso fragmento del Lignum Crucis. Con todo, san Eulogio nada dice de la posible presencia del Grial, pero tal silencio poco significa, pues se trataba de una reliquia particularmente preciosa que tal vez convenía no mencionar, por el atractivo que pudiera ejercer en el islam. Incluso cabe pensar que ese secreto está desvelado, al menos parcialmente. El monasterio contó con cuatro retablos de gran importancia. Uno de ellos, datado en el siglo XV, estaba dedicado a la Trinidad; otro a Santiago Apóstol, ya investido con el hábito de peregrino; el tercero a san Esteban Protomártir, que lleva en sus manos un libro sobre el que se distinguen las (supuestas) piedras de su lapidación. Pero no sería malo recordar que el Grial fue también nombrado como *piedra* y no como *copa*. El cuarto retablo está dedicado a san Juan Evangelista, curiosamente el único autor que hace alusión a la lanzada que sufrió Cristo en el costado y el único que es iconográficamente representado con el Grial en la mano, un Grial del que emerge, según los casos, un dragón o una serpiente.

El templo, tal como hoy puede verse, plantea también problemas que podrían revelar la presencia griálica allí en un determinado instante de la Historia. La construcción deja adivinar que, en las partes más antiguas del templo, seguramente edificadas antes del siglo IX, concurren detalles arquitectónicos cuando menos sospechosos. Precisamente la entrada occidental, la más antigua, tiene en lo alto una tribuna semejante a un coro, situada sobre el atrio asentado encima del pasadizo de entrada a la nave. Otras dos tribunas, situadas a ambos lados de la central, fueron tapiadas posteriormente, pero aún se aprecian los dos arcos apuntados por los que se comunicaban con el templo. Los estudiosos se han preguntado por la función de estas tribunas, pero no han llegado a conclusiones válidas. Cabe pensar, sin embargo, que ése pudiera ser el lugar destinado a guardar la reliquia griálica y que la dificultad de su acceso preservara el Cáliz de tentaciones malsanas.

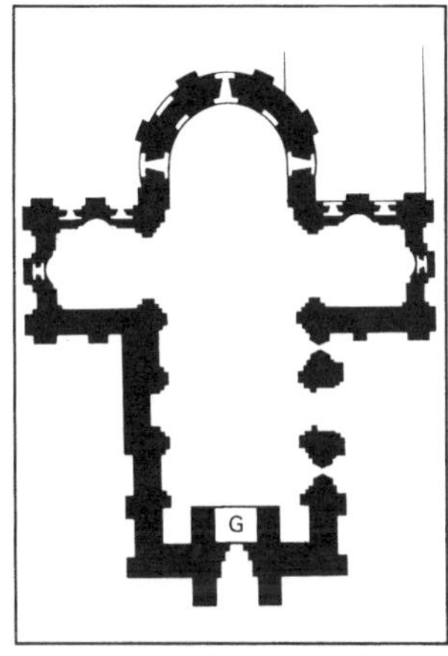

San Pedro de Siresa. G indica el posible lugar donde se custodió el Grial.

Si el Grial estuvo en **SIRESA**, esa estancia se prolongó por cerca de cien años, pero nada, salvo la extrema austeridad del templo, deja entrever el alto destino que tuvo. Por su parte, los documentos, incluso los más tardíos, nos dan cuenta del enorme respeto que siempre despertó el lugar, que recibió incontables donaciones de todos los estratos de la sociedad altomedieval. Y hasta resulta significativo comprobar el empeño de la Iglesia oficial por adueñarse del cenobio, hasta conseguir que cambiara su antigua advocación a san Zacarías por la romana a san Pedro. Por este lugar pasaron monjes benitos, pero terminó siendo de canónigos de San Agustín, dependientes en cuerpo y alma de los obispos aragoneses. Si fue la pérdida del Grial lo que marcó su decadencia, es una cuestión que quedará siempre entre los misterios de la Historia.

De vuelta en el **PUENTE DE LA REINA**, que cruza el **río Aragón**, seguiremos su corriente, que siempre discurrirá a nuestra izquierda, ensanchándose poco a poco hasta conformar la superficie del **pantano de Yesa**, que en unas épocas se verá rebosante y en otras medio seco, pero que, en cualquier caso, se ha tragado un buen trecho del antiguo Camino que discurría paralelo al río y que ahora se ha desplazado más hacia la izquierda de la carretera, que también tuvo que modificarse para construir el embalse. Ahora discurre entre tierras que están absolutamente secas, formando colinas en las que apenas crecen cuatro hierbajos. Es entonces cuando pasamos junto a **BERDÚN**, un pueblo medieval fortificado que da paso al **valle de Ansó**. Durante la francesada, este valle fue buen refugio de guerrilleros, y todavía se recuerdan los combates que tuvieron lugar por aquellos riscos, con tácticas muy parecidas a las que los vascos emplearon mucho antes en **Roncesvalles**.

BERDÚN conserva el encanto de lo conservado milagrosamente, sin maquillaje ni tendidos eléctricos ni antenas de televisión, que existen, sin duda, pero pasan desapercibidas. Dicen que es un pueblo «pintoresco», y eso suena a torneos amañados y no menos amañadas cenas medievales. Este pueblo no es así. La gente te mira y, con la mirada, te pide que la dejes en paz, que se sienten muy bien como están, sin necesidad de presentar su cara «típica». Y, cuando te marches, nadie te echará en falta.

Poco más allá se encuentra la **ermita de Santa Lucía**, en ruinas, y a continuación se pasa un par de kilómetros por la provincia de Zaragoza, con pueblos ruinosos a la vera del pantano, como el de **ESCÓ**, que fue abandonado hace ya mucho y cuyas casas comienzan a derrumbarse.

Poco más allá, a la izquierda, sobre una colina que se adentra en las aguas del pantano como una península, está **TIERMAS**. El Calixtino dice que aquí había baños termales y el nombre lo confirma. Se subía por un camino que está bajo las aguas. Y ahora, si alguien lo quiere visitar, mejor será que deje el automóvil al borde de la carretera, porque el camino que sube es asesino para cualquier vehículo, tractores incluidos. Arriba se encontrará con un lugar casi desierto, donde todo duerme sueños de siglos; pero podrá ver una **torre campanario pentagonal** (curiosa manera de abordar la construcción sagrada) y los arcos de la antigua muralla.

Apenas a tres kilómetros, después de pasar por la indicación que señala la **senda del Inglés**, que accede al **monasterio de Leyre**, se atraviesa la raya de Navarra y se alcanza **YESA**, con pocos atractivos jacobeos, a no ser el de la iglesia con soportales que se ve a la derecha del Camino y el de suponer que pueda ser el final de nuestra etapa.

TRANCO III: DESDE LEYRE HASTA EUNATE

Saliendo de **YESA**, tras haber dejado a la izquierda la carretera que coincide con el Camino, encontramos, a doscientos metros, un ramal que nos indica la dirección del **monasterio de Leyre**. Nos esperan nueve kilómetros de curvas por una carreterilla bien asfaltada. Frente a nosotros, los farallones de la **sierra de Leyre**, un Prepirineo encrespado y a menudo

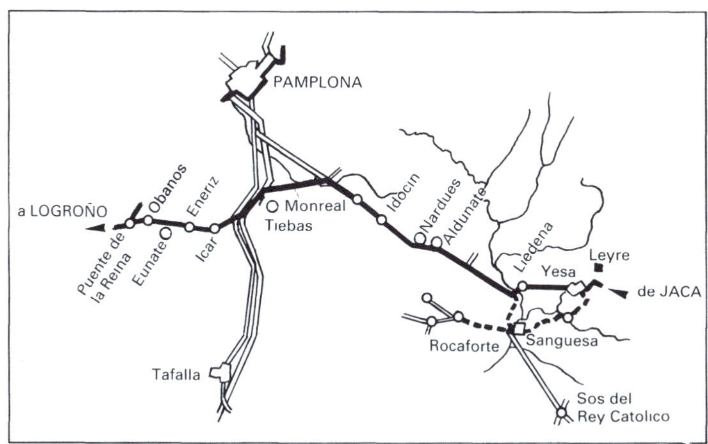

cubierto de nubes que impiden distinguir las rocas. Atrás, el agua azul del pantano. En cuanto al monasterio, casi nos tropezamos con él, como si fuera una isla en mitad del monte

Los ejes del mundo se distinguen a menudo por lo que transmiten las leyendas. Y el **monasterio de Leyre** cuenta con una que determina su condición más que cualquier otra señal de identidad. Me refiero a la de **san Virila**, y siempre la he tenido como tan significativa que la he repetido ya no sé cuántas veces. Cuenta que era abad de dicho monasterio el monje de este nombre, un santo varón con el alma inquieta por el deseo de conocer la infinitud divina, el misterio de Dios, más allá de especulaciones teológicas. Para alcanzar esa meta, salía cada día del monasterio después de los oficios y, por un senderillo trazado por sus propios pies a fuerza de patearlo, subía la pendiente, a espaldas del cenobio, hacia la **roca de Erando** y **la Chimenea**. Alcanzaba un claro del bosque y, junto a un manantial, se entregaba a la meditación, pidiéndole al Altísimo que le permitiera entrever siquiera un átomo de su eternidad, pues sólo ansiaba comprender esa idea que apenas tiene sentido en la mente humana.

Dicen que pasaban los años y que sólo su deseo le mantenía vivo, hasta que un día, aparentemente exacto a los demás, en medio de su oración callada, un pajarillo se puso a trinar a su lado. Y era tan bello aquel trino, tanto le sonó al abad a música de las esferas que, por un instante, se vio iluminado y, de pronto, supo que aquello era la afirmación a todas sus preguntas. Su alma supo de la grandeza divina y tuvo la evidencia de haberse integrado en la infinitud a la que tanto se había encomendado.

Al regreso de aquellos segundos se sintió feliz y compensado de sus súplicas. Vio el entorno distinto y pensó que era producto de su nuevo modo de mirar. Se levantó de su postración y, renovadas las energías, emprendió regreso al cenobio, pensando sólo en cómo contar su experiencia a los monjes. Incluso el monasterio le pareció mayor que de costumbre. Y hasta el hermano portero que le abrió la puerta le pareció otro, hasta que se dio cuenta de que tampoco el hermano le reconocía a él. Le preguntó quién era y, sin entender nada, murmuró: «¿El abad Virila?... Aquí no hay ninguno con ese nombre. El único que hubo desapareció hace trescientos años y nadie volvió a verle jamás...». Entonces el santo comprendió realmente. Y se dio cuenta de que, en su éxtasis, lo que le parecieron unos segundos había sido, en realidad, un contacto con la eternidad que había durado tres siglos. Reunida la comunidad, el abad Virila explicó lo sucedido a los monjes y, sintiendo que había cumplido su misión, murió rodeado de todos los que, gracias a él, habían comprendido lo que significa un segundo de infinitud.

Imagen de san Virila, en la cripta de Leyre.

Mi querencia por esta historia es pertinaz, lo confieso, pero se justifica porque, aunque parece producto de fantasía milagrera, es la prueba más contundente que nos ha aportado la Tradición para poner en evidencia la mentira esencial del eterno enfrentamiento entre ciencia y creencia, que no son sino una misma cosa, aunque la primera se base en la experiencia y la segunda en la intuición trascendente. Recientemente, partiendo de las revelaciones de Einstein, se llegó a la conclusión –por ahora puramente teórica– de que un cuerpo lanzado al espacio verá *comprimido* su tiempo en relación directa con la velocidad a la que se desplace, de modo que, al alcanzar la velocidad de la luz (300.000 km./s.), ese tiempo relativo por el que nos guiamos habrá desaparecido totalmente. Este fenómeno convertiría un viaje espacial en un itinerario que apenas duraría unos días para el que lo realizara, mientras que, para el espectador que lo siguiera desde la tierra, podrían pasar años e incluso siglos.

La leyenda del abad Virila –parece que la Iglesia nunca se pronunció sobre su santidad– data, al menos, del siglo XII y se repite, con las mismas palabras, en la tradición del monasterio gallego de **Armenteira**, de donde la tomó Alfonso X para incluirla entre sus *Cantigas de Santa María* (la CIII según el Códice de El Escorial). Durante la Edad Media gozó de enorme difusión y se contó, casi sin variantes, de santos monjes europeos como san Amaro, san Barandán y san Fulgencio, primer abad del monasterio de Afflighem, entrando a formar parte de la tradición benita casi como paradigma místico de la orden, como una parábola simbólica a la que cada cual tendría que buscarle sentido, igual que al Salmo del Antiguo Testamento (IV, 90, 4): *«Porque Mil Años son a Tus ojos como el día de ayer, que ya pasó; como una vigilia de la noche»*.

Tengo para mí que la elección de un lugar sagrado influye en los resultados que se esperan obtener de él. Y que, cuando se levanta el templo, depende mucho de lo que allí quede expresado el que llegue a cumplir la misión para la que se le destinó. El **monasterio de Leyre** fue, en su día, lugar clave del vivir navarro, espacio sagrado donde no sólo eran enterrados sus reyes, sino donde se decidían los destinos del reino, mientras todos los demás cenobios dependían de éste. No era

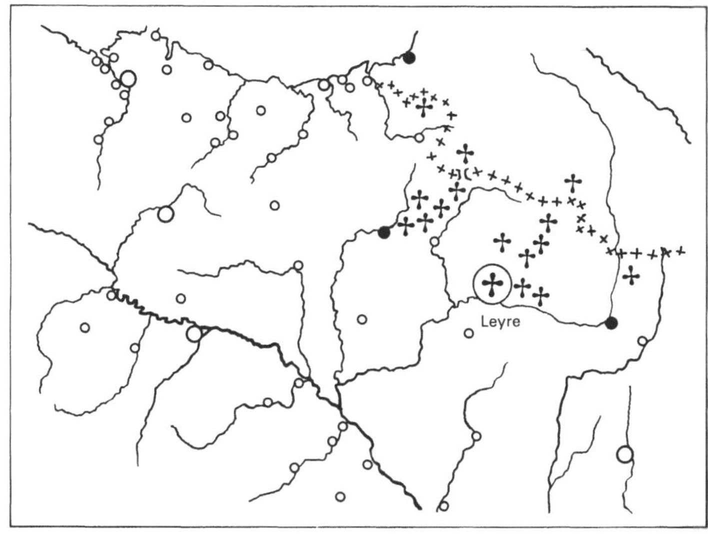

Posesiones del monasterio de Leyre.

una responsabilidad caprichosa. Era imposible que lo fuera en un tiempo en que cultura, ciencia, vida y religión formaban una totalidad escondida en los claustros, en el espíritu de los monjes, en los relicarios y en el silencio de las bibliotecas.

Pero comencemos haciendo historia. La de este cenobio comienza antes de los tiempos islámicos; sus orígenes están ligados a anacoretas solitarios que comenzaron a evangelizar el territorio circundante, aún proclive al paganismo y a la rebeldía visceral del pueblo vasco frente a una doctrina que se imponía por decreto. Ciento y pico de años después de la conquista de Al Andalus, en 848, un presbítero

Leyre.

mozárabe que vivía en la Córdoba de Abd al-Rahman II, san Eulogio, emprendió viaje por la España cristiana mientras buscaba a su hermano. Dificultades insalvables le obligaron a quedarse a este lado de los Pirineos y le hicieron deambular por los monasterios aragoneses y vasco-navarros. Su paso por **Leyre** lo confirmaría años después el mozárabe Álvaro de Córdoba en su *Vita vel Passio Sancti Eulogii*, donde se cuenta de modo destacado que, en la biblioteca de este cenobio, el santo cordobés encontró muchos manuscritos preciosos que mandó copiar para llevarlos consigo de regreso a la capital del Califato, entre otros una *Vida* del profeta Mahoma que el futuro mártir consideró primordial para que sus feligreses conocieran el ideario de sus conquistadores desde una perspectiva cristiana.

San Virila no es el único santo originario de aquí. Si bajamos a la soberbia cripta del monasterio, veremos que, en el ábside de la izquierda está expuesta su imagen, pero en el de la derecha hay otra que representa a otro abad que bendice con la mano derecha, mientras mantiene el báculo episcopal en la izquierda. Se trata de **san Babil**. Y no será fácil que encontremos noticias de él fuera de tierras navarras, aunque se duda si procedía de Antioquía o de la cercana localidad de **Cascante**. En **Leyre** nos dirán que, aunque no está probada su existencia, fue obispo de Pamplona y maestro de niños ¡cristianos y musulmanes!, y que, cuando le condenaron al martirio, ochenta de sus discípulos murieron voluntariamente a su lado.

Aún podemos rememorar otra de las claves del monasterio: la custodia de los cuerpos de las santas **Nunilo** y **Alodia**, que fueron traídos de tierras musulmanas de Huesca por el devoto Auriato, por deseo expreso de la reina Oneca. La base de su piadosa leyenda estriba en haber sido ambas *hermanas* e hijas de un musulmán y una cristiana. Curioso maridaje de ambas advocaciones. La historia de la Navarra medieval tiene, con mayor incidencia que en el resto de los reinos peninsulares, una relación constante con el mundo islámico que dominaba en la mayor parte de España. De esa historia forman parte los Beni-Qasi, que constituyeron una poderosísima familia de convertidos al islam y que gobernaron toda la zona suroccidental del territorio y parte considerable de La Rioja, con independencia absoluta respecto al poder cordobés. De esa misma historia forma parte la alianza de vascos, navarros y musulmanes para derrotar a la retaguardia del ejército de Carlomagno en **Roncesvalles**. Incluso es un hecho reconocido que, después de cien años de constantes aceifas por tierras navarras, el siglo X se distinguió por la amistad y los intercambios culturales entre ambas zonas, que llegaron incluso al establecimiento de enlaces matrimoniales, como el de la princesa Alba, hija de Sancho Garcés, con el caudillo Almanzor, fruto del cual fue el efímero califa Abd al-Rahman Sanchuelo. Se tiene noticia, igualmente, de que el rey navarro pasaba temporadas enteras como huésped del palacio de Medina-Zahara y de que la reina Toda intervino personalmente para que el rey leonés Sancho el Craso fuera tratado de su gordura por el visir y médico judío de Córdoba Abraham Ibn Shaprut.

En esos siglos de convivencia y de entendimiento, el **monasterio de Leyre** se afianzó como centro de poder, pero también de cultura y de estudio. El primer documento que nos cuenta de su existencia es del año 842, seis antes de que Eulogio de Córdoba visitase su fabulosa biblioteca. Y las excavaciones llevadas a cabo nos han probado la existencia de edificios muy primitivos que acusan un estilo arquitectónico difícilmente clasificable, pero que, en cualquier caso, revelan la presencia de un cenobio primitivo. Las obras se llevaron a cabo en el interior de la iglesia actual, romano-gótica, y descubren un templo concebido con rudeza, sin atender ni a proporciones ni a equilibrios que posteriormente se aceptarían sin rechistar. Se ha descubierto una cabecera de tres ábsides, de los cuales el central adoptó una extraña forma elipsoidal, que suele llamarse de *zarpanel*, dos basas de columnas paralelas y decididamente desiguales y una construcción cuadrada de grandes dimensiones, en el centro, que se atribuye a una gran pila bautismal de inmersión. Cabe pensar que este templo primitivo sirviera como punto de reunión de los eremitas que habitarían los hipogeos que se han descubierto en los rocallones cercanos de la sierra, como señales evidentes de vida troglodítica.

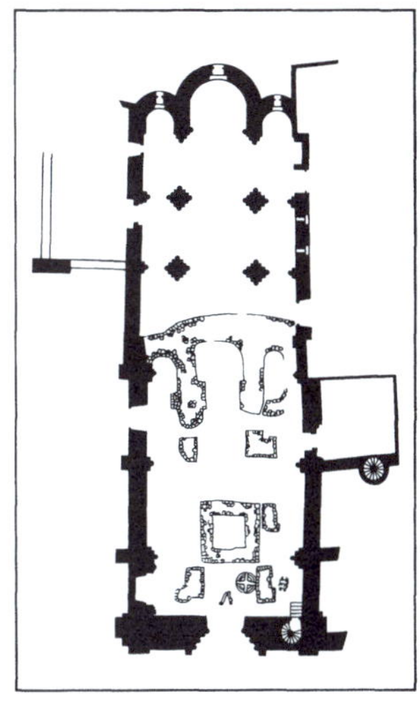

Monasterio de Leyre.

Los llamados *falsos cronicones de Auberto y Ubalabondoso*, sistemáticamente descalificados por la historiografía, sin parar mientes en las bases reales que tiene toda leyenda, cuentan que la fundación tuvo lugar exactamente en el año 435 y hasta dan el nombre de su primer abad, don Adaldo, así como el de otro del siglo VI, don Leoncio, que se habría lanzado a la conversión de los vascos paganos: *«Vasconibus haereticis praedical»*. Surgen los nombres de otros abades primitivos hasta el presunto mártir **san Marcial**, que habría muerto a manos de los musulmanes cuando compartía sus funciones con la de obispo de Pamplona, pero merece consignar esa legendaria conversión de los vascones que, al ser llamados *herejes* en el Cronicón, nos sume en la duda de si serían paganos o cristianos cismáticos. Ambas posibilidades son verosímiles, pues sobre ambos arremetió la Iglesia en su día. En este sentido, cabe pensar que **Leyre** sería, desde sus legendarios inicios, un centro religioso liberado de las influencias romanas hasta la adopción por sus miembros de la reforma propiciada por Cluny, y que, probablemente, dicha reforma transformó a su conveniencia ortodoxa la singladura vital de los santos que, como **Virila**, **Babil**, **Lampadio** o **Marcial**, habían sido venerados en el recinto monástico como representantes de una corriente espiritual posteriormente anatematizada por el ideario cluniacense que buscaba, sobre todo, el poder de Roma frente a las desviaciones libertarias de las formas cristianas que se habían desarrollado al margen de la autoridad centralista de la sede de San Pedro.

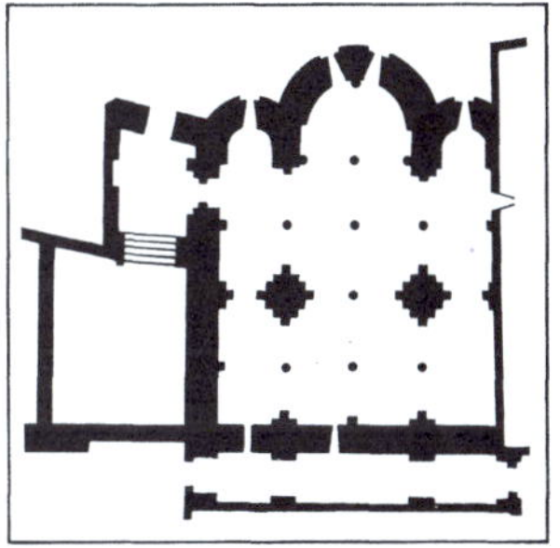

Cripta.

Leyre comienza su singladura histórica reconocida con un documento que, firmado por **Íñigo Arista**, hace entrega al monasterio de villas y tierras que, según él, propiciarán su salvación: *«Y de estos bienes, que no siempre he de poseer, puesto que en vida o en muerte los he de perder y vendrán a poder de otro, quiero enviar algo de-*

lante de mí y buscarme buenos intercesores para con Dios Omnipotente, para que pueda alcanzar aquella felicidad que no tiene fin (...), para que sólo el abad y los monjes de San Salvador (...) me granjeen la clemencia de aquel por cuyo nombre padecieron; lo cual yo no puedo adquirir por merecimientos míos. Amén». Desde este documento, el monasterio acumuló bienes ingentes de las más distintas procedencias. Posteriormente, ya integrado en la reforma cluniacense, todos los monasterios navarros de la Ruta Jacobea pasaron a su jurisdicción. Y todavía sus monjes establecían otras rutas secundarias para ampliar su influencia sobre los peregrinos que atravesaban la frontera pirenaica. Suyos eran los cenobios-hospicios del **Roncal**, de **Igal**, de **Isusa**, de **Urdaspal**, en los valles que caen al norte de la abadía, dedicados a los peregrinos que cruzaban el **puerto de Larrau** y el **collado de Ernaz**. Y los de **Cisa**, **Ibañeta**, **Erro** y **Larrasoaña**, que vigilaban la ruta de **Roncesvalles**. Y los de **Urdax** y **Zubiri** la de **Dancharinea**. Todos ellos concebidos para fomento del Camino, pero todos fuente de poder y de riquezas.

Podemos ir comprobando, a lo largo de la historia de **Leyre**, una pugna constante por la conservación del patrimonio y de la influencia que, muy a menudo, convierte la singladura espiritual del monasterio en una rebatiña por tierras y poder, derechos y cobros de diezmos. Y no porque fuera un monasterio atípico, que tales casos se dieron a menudo en los más diversos enclaves monásticos, sino porque lo que en otros lugares discurrió más o menos discretamente, aquí se aireó día a día y entró a formar parte del discurrir mismo de la existencia navarra.

Leyre proporciona la visión de un enclave que se originó sobre un importante centro sagrado y que, con el correr de los siglos, sufrió la misma depredación que originan los seres humanos cuando son incapaces de aprovechar positivamente las oportunidades que el lugar les ofrece. Así, el cenobio comenzó obedeciendo a las premisas que determinan los lugares de poder y su ropaje mítico respondió a las intenciones que propiciaron su fundación. Pero los siglos se encargaron de que todas aquellas claves perdieran su sentido y se convirtieran en piadosas anécdotas despojadas de su primitiva trascendencia, aunque hubieran sido en sus orígenes señales fundamentales de un ideario que estuvo en estrecha sincronía con una espiritualidad que superaba los límites del dogmatismo.

Esta intención, mantenida tal vez disimuladamente y al margen del poder, se aprecia en el **capitel izquierdo del Arco Triunfal** de la iglesia románica. En él, contra la decoración esquemática de la mayoría de los demás capiteles, se nos muestran tres rostros humanos, uno a cada lado, enmarcados por arcos de herradura. Encima de ellos, en el bisel que los une a la bóveda, hay una corta inscripción en caracteres cúficos. Siendo el arco el símbolo empleado por los arquitectos sagrados para representar lo celeste, las tres cabezas bajo los arcos de herradura pueden representar el reconocimiento de *otros cielos* (otras

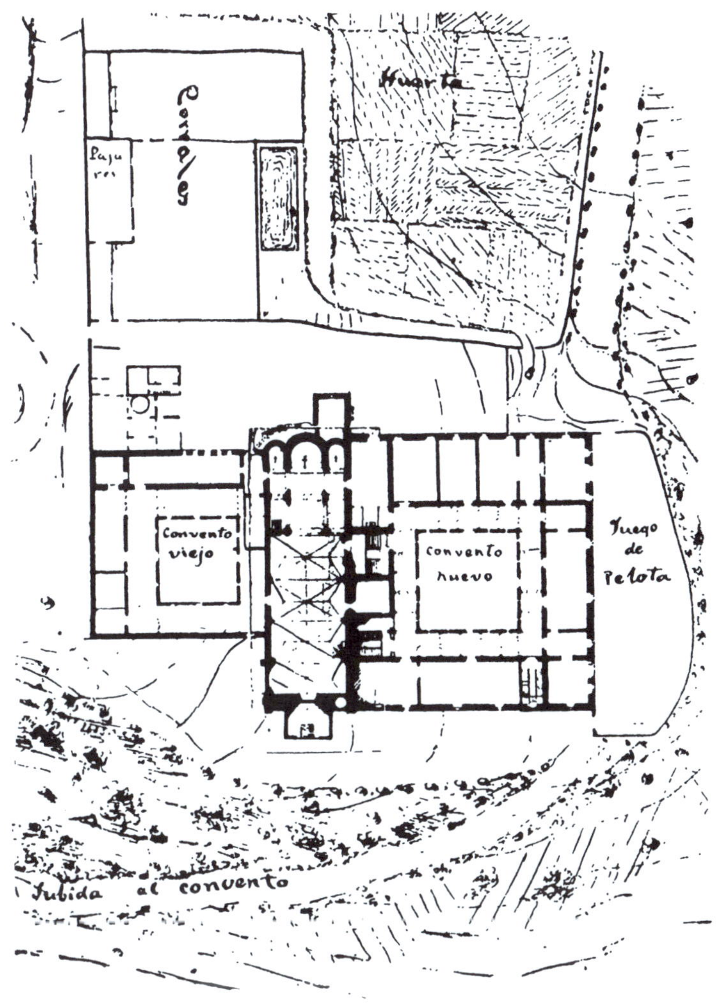

Plano del conjunto monástico de Leyre realizado a mediados del siglo XIX.

creencias) válidos para nutrir los afanes humanos de trascendencia. Por desgracia, no sé de nadie que haya logrado leer la inscripción, pero pienso que su lectura daría luz sobre una intención que apenas podemos sospechar pero que, en cualquier caso, no podemos atribuir a un capricho gratuito de los constructores.

No es éste lugar para comentar teorías sobre la datación de las distintas partes de la iglesia. Sesudos investigadores no han llegado a ponerse de acuerdo respecto a la antigüedad de la **cripta** en relación con los ábsides de la iglesia alta que tienen encima, ni de ésta respecto a la construcción consagrada el 24 de octubre de 1098. Lo único que se puede asegurar es que la cripta fue concebida como proyección arquitectónica de la iglesia que soporta sobre sus arcos. Pero no hay que olvidar que fue concebida como templo de CUATRO naves que terminan en TRES ábsides, mientras que la iglesia superior se concibió para TRES ábsides y TRES naves que se completan en una nave única. Cabe atribuir las cuatro naves inferiores –insólitas en una construcción sagrada cristiana– a la necesidad de reforzar el peso de la estructura que soportan. Sin embargo, no deja de ser cierto que los constructores medievales jamás plantearon sus obras en función de la mera resistencia de los materiales, sino que dicha resistencia, lo mismo que la de todos los demás elementos del templo, se resolvía *en función* del significado que había que dar a la construcción sagrada. En este caso, no deja de ser curiosa la coincidencia: el número 4 es el número atribuido a la Tierra, a través de los cuatro elementos que la constituyen tradicionalmente, mientras que el 3 es el número celeste, que se hace Unidad al representar la idea divina primigenia.

En esta cripta, y en sus arquerías centrales, es donde aparecen los enormes capiteles decorados. Los demás no lucen decoración alguna. ¿Casualidad? Se habla de que esta fila fue colocada cuando la cripta tuvo que cumplir su función de sostén. Sin embargo, la decoración de estos capiteles forma en todos variantes de la misma figura.

Lo que se nos muestra es una concepción simbólica, aunque muy esquemática, de la *dualidad*, exactamente la misma que, ya en pleno románico, nos proporcionaron las imágenes de aves enfrentadas, de leones con dos cuerpos o de volutas que, como evolución de éstas de Leyre, aparecen en los capiteles de claustros como el de **Santillana del Mar**. Aquí mismo, en **Leyre**, podemos reconocer la figura de dos flamencos con los cuellos entrelazados, en un capitel de la ampliación de la iglesia superior.

La estructura de la cripta, con columnas que ocasionalmente no llegan a rebasar el medio metro de altura, inclina a pensar que el suelo del recinto fue levantado, o que esas columnas fueron deliberadamente empotradas, insertándolas en el suelo a distintas profundidades hasta encontrar la roca viva en la que apoyarse con mayor firmeza. En cualquier caso, no existe una cimentación artificial del templo, sino una búsqueda inmediata de aquellos niveles de roca que permiten el asentamiento firme de los pilares, como continuación de la base rocosa de la ladera sobre la que se edificó el monasterio.

Si subimos a la iglesia, cuya parte delantera –ábsides y coro– coinciden al centímetro con la planta de la cripta, nos daremos cuenta de que sillares y medias columnas, sin basas ni plintos, son una perfecta continuación del edificio inferior, como si se estuviera indicando intencionadamente la continuidad entre el templo que se ve y el que permanece invisible. Algunas variantes nos muestran signos nuevos en los ábacos. Así, el lazo tendido (∞), señal matemática del Infinito, y una especie de representación esquemática de un hueso y un círculo en su centro:

que algunos han querido ver como señal de que allí fueron enmurados huesos o reliquias de santos.

La transformación de los capiteles del haz de volutas de la cripta en la imagen invertida y estilizada del ser humano

y de un árbol:

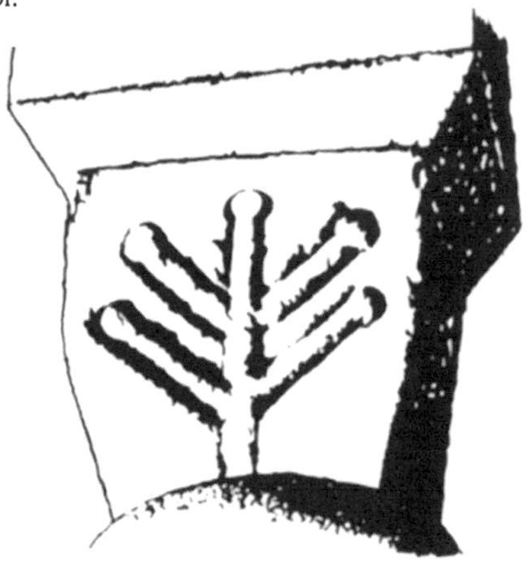

nos indican que, en cierta manera, el símbolo apuntado en la cripta debe asumir aquí variantes que lo desarrollen en su vertiente iconológica complementaria, más accesible para la captación del sentido estricto de su significado, como una intención tácita de introducir al buscador en la imagen inmediata y conocida que el símbolo esquemático no llegaría a desvelar.

De las cuatro portadas del templo, merece la pena que nos entretengamos brevemente en la occidental, la que se abre a los pies del conjunto y recibe la luz del sol poniente. La llamaron la **Porta Speciosa**. Es un portal que da la sensación de haber sido compuesto a partir de elementos dispersos procedentes de otros lugares y amontonados en un orden que exigiría una búsqueda más sistemática de la continuidad. El elemento originario lo constituirían la barroca decoración de las arquivoltas, claramente volcada a la representación de los llamados *guardianes de la puerta*, concebidos como monstruosos seres amenazadores que tendrían como función la de ahuyentar a quienes llegasen con el ánimo sin preparar o en estado de pecado. Estas arquivoltas, variadísimas, se apoyan en seis capiteles que muestran los estados de ánimo sobre los que los monstruos pueden actuar: una mujer enredada en lianas que le tiende un dragón; un monstruo mordiendo sus propias pezuñas; un cesto con viandas; monstruos en lucha con sus cuellos enlazados; hombres decapitados y encadenados, que sostienen sus propias cabezas entre las manos; una cabeza de león y leones pequeños en actitud de husmear. En el ábaco izquierdo –se perdió la figura del derecho–, un evangelista apoya sobre su libro cerrado dos larguísimos dedos extendidos de una mano desproporcionadamente grande. Por su parte, el tímpano, que da la impresión de haber sido puesto allí con posterioridad, nos da, sueltas y a menudo muy deterioradas, una serie de imágenes sagradas, todas ellas apoyadas sobre dragones tumbados.

Sobre la puerta se ha querido ver la representación esquemática del Juicio, a partir de dos ángeles trompeteros. Pero tendríamos que fijarnos, entre todas estas figuras, en una que ocupa el ángulo superior izquierdo y representa a un monje con un enorme pez sobre sus hombros. Dicen que es Jonás, pero la figura trae a la memoria un suceso específico que es muestra palpable de lo que fue en su día la vida en este monasterio. Pues se cuenta que, habiéndose rebelado contra éste el cenobio de **Santa Engracia de Urdax**, sus monjes fueron condenados a pagar todos los años, el día de la Ascensión, con el salmón más grande que hubieran pescado en las aguas de sus ríos. Y se fijó que el tamaño del dicho salmón sería el del pez que aquí podemos contemplar y el de otro similar que se hallaba esculpido en el claustro del monasterio, que desapareció tiempo atrás, cuando se hicieron las obras del cenobio actual, ya bien entrado el siglo XVIII.

Cuando en el siglo XIV se procedió, por parte de los cistercienses, a la remodelación de la techumbre románica del templo, la antigua trama, probablemente de madera, fue sustituida por una bóveda de ojivas, cuyas claves fueron ornamentadas con motivos heráldicos: las armas de Navarra, las de la casa de Champagne, el Agnus Dei... y, en el segundo entramado, un blasón que, repetido en la clave de la capilla gótica adosada a la iglesia (la que contiene la urna con los restos de los monarcas navarros aquí sepultados), ha sido reconocido como el escudo más antiguo de la abadía. Representa un caballo sobre un báculo y tres elementos figurativos que han sido identificados como yelmos.

a) En la clave de la iglesia.

b) En la clave de la capilla (según C. M. López).

Si resulta cierta esta suposición, creo que nos encontramos ante la clave originaria que marcó en sus principios los fines del monasterio. Una clave que, como tal, tenía que perderse, puesto que la adjudicación del blasón resulta aún problemática y no hay documentos fiables que la avalen. La pérdida sería lógica, desde el momento en que la estructura del poder temporal sustituyó a la autoridad moral que confería la iniciación monástica. Pues el caballo aparece en el mundo simbólico como conductor hacia los límites del conocimiento, como compañero inseparable del caballero que, gracias a él, habrá de alcanzar su meta que, en este caso, va referida a la abadía –el báculo– y que tiene sus fines claramente marcados por la imagen de los cascos, que son signo tradicional de los pensamientos más elevados, protectores de lo que se esconde en las anfractuosidades del cerebro.

El regreso hacia el Camino hemos de hacerlo por donde vinimos hasta aquí. Hay que atravesar de nuevo **YESA** y tomar, a la derecha, la carreterilla comarcal que, pasando por **JAVIER** (la patria del primer santo de la Compañía de Jesús, san Francisco Javier), habrá de dejarnos en **SANGÜESA**. El antiguo Camino, ya impracticable, seguía por un trecho la actual carretera de Pamplona y, a cosa de un kilómetro de **YESA**, cruzaba el **río Aragón** por un puente de peregrinos que hoy ha quedado ya medio hundido. En cuanto a aquellos romeros que prescindían de la visita a **SANGÜESA**, podían continuar por la misma carretera de Pamplona y seguir por la falda de la **sierra de Leyre** por un itinerario que marcaremos más adelante.

El camino que hemos escogido, y desde el que podremos ir contemplando la antigua senda peregrina paralela a la carretera –pueden verse manchas amarillas que señalan las sendas antiguas para orientación de caminantes–, nos dejará en nuestra meta al cabo de 12 kilómetros.

SANGÜESA es la primera de las ciudades de esta Ruta concebida en función del peregrinaje. Su población fue trasladada aquí en la segunda mitad del siglo XI desde la que llaman **Sangüesa la Vieylla**, en lo alto de una colina a la otra orilla del río **Irati**, un lugar conocido hoy como **ROCAFORTE**. Los numerosos privilegios concedidos por Sancho Ramírez hicieron que el nuevo burgo se convirtiera en población importante, con todos los servicios necesarios e incluso con un palacio real. Esta circunstancia contribuyó a que el Camino se desviara de su línea originaria, más directa, y a que la ciudad se llenase de refugios para los peregrinos. Uno de ellos, aún con los signos jacobeos en su fachada principal, está frente a la **iglesia de Santiago**. Otro, el de **San Adrián de Vadoluengo**, fue de monjes templarios y sigue en pie, convertido en ermita, a las afueras de la ciudad, mostrando una de las más formidables colecciones de signos compañeriles que pueden verse por esta zona.

Supongo que no estará de más que recordemos que las marcas de cantero son, a veces, tan dignas de atención como un pórtico o una leyenda. A pesar de mucho de lo que se ha venido diciendo para banalizar la obra de los constructores, estas marcas no son únicamente señales que justifican una labor, sino signos de reconocimiento de las logias de albañiles, talladores de piedra y arquitectos, entre las que abundaba el sentimiento consciente de la sacralidad de lo que realizaban. A menudo, estas marcas pueden revelarnos todo un ideario;

siempre, una intencionalidad: el deseo de transmitir la presencia de los constructores del templo.

En la **ermita de San Adrián de Vadoluengo** abundan las marcas en las que se inicia la figura del laberinto espiral, representación simbólica del centro dinámico. Esta idea, esencialmente metafísica, forma parte del conocimiento arcaico y configura la imagen de una enseñanza iniciática, que en esta ermita se complementa con la aún más curiosa abstracción de algunos de sus capiteles, sobre cuyo adorno de hojas se advierten dos círculos enlazados, a modo de anillos inseparables o eslabones de una cadena invisible.

San Adrián de Vadoluengo. Marca de cantero.

En la simbología cristiana, el anillo es el signo de la fe aceptada, ligazón voluntaria al principio sagrado. Sirve -y puede comprobarse en los cuentos populares- como signo de reconocimiento que identifica a quien lo lleva. Dos anillos engarzados nos dan la clave de como ese signo de reconocimiento va indisolublemente unido a otro igual que lo complementa y lo justifica. Nunca podremos saber si ésa fue la intención de los canteros de la ermita, pero su origen templario inclina a pensar que tampoco aquí se labró la piedra por caprichos estéticos, sino con intenciones muy concretas.

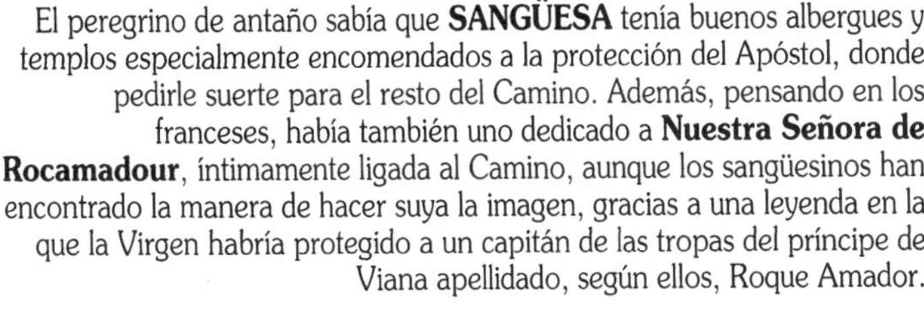

El peregrino de antaño sabía que **SANGÜESA** tenía buenos albergues y templos especialmente encomendados a la protección del Apóstol, donde pedirle suerte para el resto del Camino. Además, pensando en los franceses, había también uno dedicado a **Nuestra Señora de Rocamadour**, íntimamente ligada al Camino, aunque los sangüesinos han encontrado la manera de hacer suya la imagen, gracias a una leyenda en la que la Virgen habría protegido a un capitán de las tropas del príncipe de Viana apellidado, según ellos, Roque Amador.

Entre las demás iglesias de la ciudad podemos ver la de **San Salvador**, con un soberbio pórtico con una Trinidad en el tímpano, y la de **San Francisco**, del siglo XIII, como la anterior, pero mucho más sobria, como corresponde al espíritu de Asís. Esta iglesia esconde una hermosa Virgen románica tardía y uno de los claustros más entrañables del gótico navarro: un lugar a donde hay que acudir sin prisas para apropiárselo con todos los sentidos. Casi idéntico, hasta confundirse con él, es el claustro de la **iglesia del Carmen**.

La iglesia de Santiago es la iglesia peregrina por excelencia. Un soberbio Apóstol romero, con esclavina y vieiras, luce en la portada un libro cerrado que proclama el secreto de la enseñanza de la Ruta.

Que el peregrino no pase por alto esta circunstancia y contemple bien el pórtico. Verá que la imagen del Apóstol es corpórea, mientras que la de los peregrinos, a ambos lados, está pintada sobre el muro. Hay, pues, entre las figuras, una deliberada progresión *dimensional*. En cierto sentido, los peregrinos en dos dimensiones representan a los neófitos que comienzan su iniciación, mientras que Santiago, igual-

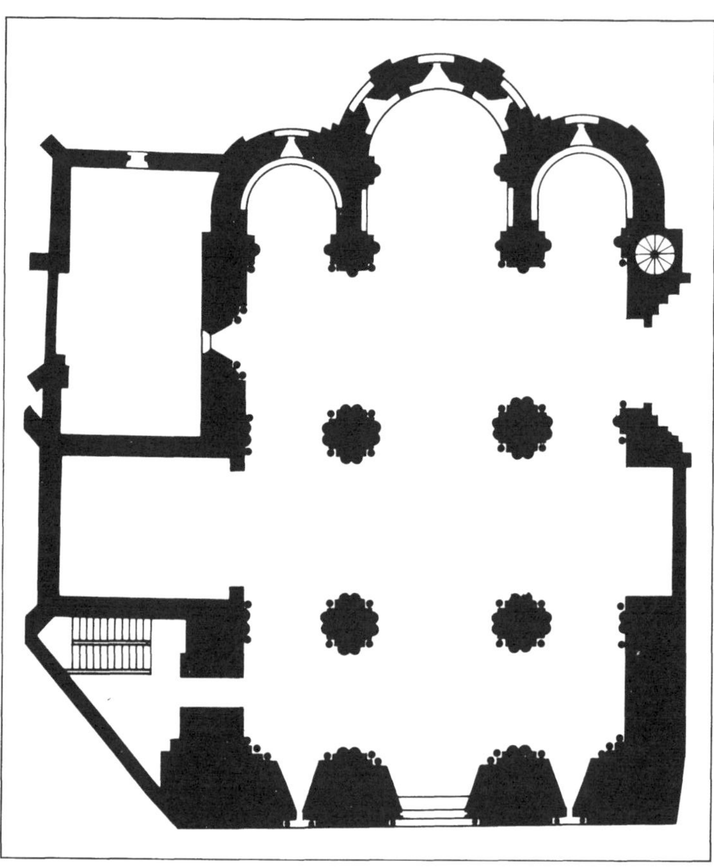

Santa María la Real de Sangüesa.

mente peregrino, pero en tres dimensiones, es el que alcanzó su meta y ha superado las barreras impuestas al conocimiento.

Aún le quedan a **SANGÜESA** lugares donde meditar y rememorar. Por ejemplo, en las ruinas del **palacio** del Príncipe de Viana, del que ni siquiera se puede estar seguro que lo habitara alguna vez. Y queda el barrio antiguo, con mucho del sabor que tuvo en el pasado. Queda un puente que dicen mandado construir por Sancho Ramírez y queda, sobre todo, la **iglesia de Santa María la Real**, en plena Rúa de los Peregrinos y muy cerca del puente, precisamente en el lugar en el que los peregrinos abandonaban la ciudad.

Una leyenda jacobea localizada aquí puede aproximarnos al significado de esta iglesia. Cuenta que Pedro de Tolosa emprendió la peregrinación para pedirle a Santiago que le librase de las 100 pústulas que le habían salido por el cuerpo. Cubrió penosamente el Camino sin señales de curación, rogó devoto ante el Apóstol y emprendió el regreso. Fue entonces cuando comenzó a caerle una pústula en cada lugar sagrado por donde pasaba, aunque la leyenda no especifica los nombres de esos enclaves; sólo del último, que fue precisamente esta iglesia.

La leyenda nos transmite un doble aviso. En primer lugar, advierte que tan importante tenía que ser para el peregrino el camino de *ida* como el de *vuelta*; por otro lado, nos advierte que esta **Santa María la Real** está concebida desde la perspectiva de una iniciación consumada. Lo que es lo mismo: el peregrino podrá extraerle su auténtico sentido cuando haya pasado por la experiencia *total* del Camino. Nosotros tendremos que hacer ese intento ahora.

La primera diferencia de este templo con la mayoría de los que iremos encontrando estriba en que no formó parte de un complejo monástico. Fue capilla real del palacio comenzado a construir por Sancho Ramírez y terminado por su hijo, Alfonso el Batallador, que la remató e hizo donación de la iglesia a los caballeros sanjuanistas mediante carta firmada en 1131. Los destinos del templo fueron regidos conjuntamente por los caballeros y por un patronato formado por clérigos y laicos de la ciudad, pero esa mancomunidad provocó numerosos pleitos entre ambas partes, incomprensibles a no ser que se tratase de un monumento trascendental. La sensación de lo numinoso permanece en él y refuerza la idea de su importancia.

Planteémonos su situación. El peregrino se tropezaba con este templo cuando estaba ya a punto de abandonar la ciudad. Desde la Rúa vislumbraba su torre octogonal, rematada por una aguja en forma de pirámide de ocho lados que se levanta precisamente desde el centro del crucero. La torre, antes de desdoblarse, tiene sólo dos óculos en su primer tramo, uno mirando al norte y el otro al sur. En el segundo tramo hay ocho ventanas apuntadas, aunque una de ellas está cegada por la escalera de caracol que sube al campanario desde el interior. Vista desde dentro, se ve que, sobre estas ocho ventanas, se cierra una cúpula perfecta con ocho nervaduras que conforman la cruz pateada de los sanjuanistas. Sobre ella se levanta el tramo de las campanas, desde dentro ya invisible, con doce huecos también ojivales distribuidos alternativamente en uno o dos huecos por cada lado del octógono, el cual se cierra con almenas desde las que se alza la pirámide que remata la torre.

Partiendo de la idea que la arquitectura sagrada no se concibe como conjunto de soluciones técnicas ni estéticas, reconoceremos que la torre plantea un problema simbólico, correspondiente a la concepción del número como transmisor de unos mensajes. Analizando las ventanas de la torre, nos surge en primer lugar el tramo de DOS óculos que miran a los dos puntos cardinales. Puede ser la representación de lo femenino primordial, la *beth* de la Qabalah hebrea, pero, al mismo tiempo, la pareja base de la dualidad aparente, de la percepción sensorial de los opuestos.

El segundo tramo –ocho ventanas aparentes y siete reales– nos amplia el concepto anterior, por estar formado por *el doble* de otro número igualmente par. Pero la dualidad es una *apariencia*, y aquí,

Santa María la Real.
Sangüesa.

realmente, hay sólo siete ventanas, dándose la circunstancia de que el SIETE –la *zain* esotérica del alfabeto hebreo– es saeta, difusión, incandescencia, principio de una causa final, representado en el mito griálico por la lanza sagrada que atravesó el costado del Cristo.

Más allá de la cúpula, invisible desde dentro, se levanta el tramo de las campanas, con DOCE aberturas por donde se expande el sonido. Doce es número solar por excelencia, constante en toda la estructura cultural mediterránea. Y supone, sobre todo, una consecuencia –en este caso sonora– del proceso por el que se llega a comprender la raíz de este número, presente en todas las manifestaciones cósmicas.

Preocupa pensar que nos encontramos en terreno resbaladizo, donde resulta difícil aseverar la intencionalidad de determinadas coincidencias. Sin embargo, no deja de ser sospechoso el hecho de que, entre los arcanos mayores del Tarot, el duodécimo corresponda a la figura del Ahorcado, un signo equívoco que representa, a la vez, la situación del individuo *suspendido* entre el cielo y la tierra y el sacrificio de la víctima redimida, aunque el equívoco desaparece cuando se reconoce que esta víctima alcanza el conocimiento de la realidad. Pues bien: acercándonos al portal principal de **Santa María la Real**, la primera figura que llama la atención es la de un ahorcado, que ocupa la primera columna de la derecha; una especie de cariátide que, junto a otras cinco, conforman la entrada sur. Por supuesto, no se trata de un ahorcado cualquiera; una cartela junto a la figura nos dice que se trata de Judas Mercátor, que es Judas Iscariote, el apóstol que vendió a Jesucristo y primer traidor condenado por la Iglesia. Y uno se pregunta, ¿cómo puede ser *teológicamente* posible que este personaje se encuentre junto a Pedro y Pablo, que están a su lado, y junto a las tres Marías que están al otro lado del portón?

Santa María la Real. A la derecha, imagen de Judas ahorcado.

Es la primera vez, al menos que yo sepa, que Judas preside como vigilante de la puerta la entrada a un templo cristiano, la primera vez que es *sostén* del universo simbólico que representa la entrada al lugar sagrado. La primera vez también que, formando un todo iconológico, se unen las figuras mediante aquellas que, encima de las principales, concuerdan con las de la imagen enfrentada. En este caso, la figura que se halla frente a la de Judas –si es que se trata efectivamente de Judas– es la de María Salomé, la madre de Santiago y de Juan, del mismo modo que la que está frente a Pablo es la de Nuestra Señora y frente a Pedro –primer sucesor de Jesucristo y primer jefe de la Iglesia– la de María Magdalena, esposa de Jesús según muchos estudiosos de la Historia evangélica.

El estudio de las figuras que aparecen a lo largo de la ojiva sería imposible de emprender aquí, pero sí conviene que el peregrino se detenga en alguna de ellas. Propongo la primera del arco que comienza precisamente sobre la imagen de Judas. Representa a una mujer desnuda que amamanta en su pecho derecho a una serpiente y en el izquierdo a una rana. La *serpiente amamantada* nos ofrece una clave segura: la del reptil que posee la sabiduría de la misma tierra, el reptil al que hay que vencer si se quiere adquirir el conocimiento que atesora, tal como le vencen los santos caballeros de los mitos cristianos y paganos y que aquí se encuentra también, precisamente en el centro del complejo de figuras que llena el hueco entre el arco y el friso del apostolado que hay encima. Una victoria que tendrá lugar gracias al herrero, también aquí presente, el que forjará la espada mágica que habrá de utilizar en el combate. En cuanto a la *rana*, es un animal de simbolismo luniterrestre por su vida anfibia y, según la Tradición, posee la clave de la Resurrección, al menos desde que, como diosa *Herit*, ayudó a *Isis* en la recomposición del cuerpo destrozado de Osiris y le insufló el hálito de vida. También, en numerosos cuentos infantiles, surge como *príncipe encantado*, que volverá a la forma humana cuando reciba el beso de la mujer capaz de amarle aun bajo su apariencia de batracio. Curiosamente, en la mitología egipcia existe un colectivo, el llamado «de los ocho dioses», o fuerzas elementales creadoras de la vida. Uno de estos pares de dioses está formado precisamente por la rana y la serpiente. Nada tiene que ver esta figura, como vemos, con la atribución que se le da en medios académicos y eclesiásticos, identificándola con la lujuria.

Las sorpresas no han terminado. Los tres maestros que parece que trabajaron en esta portada –dicen que uno era el de **las serpientes de Jaca**, y el otro un tal Leodegarius– se afanaron en un universo simbólico y alegórico abigarrado, donde vislumbramos al músico junto al zapatero, al talabartero junto al paladín armado de punta en blanco, al botero junto al ángel y al ángel al lado de uno de esos laberintos perfectos, sin fallo, que, en forma de nudo, quedó convertido en piedra, a la espera de quien viniera a descifrarlo. Veremos a los danzantes como derviches, al saltimbanqui que se salta las leyes naturales y camina con las manos, a la sirena marina. Y muchas serpientes, unas enlazadas, otras enroscadas, otra tentando a los primeros padres con el conocimiento; y a un maestro que lee mientras los discípulos escuchan.

Y en el tímpano, un Juicio Final con san Miguel-Hermes pesando almas, mientras los condenados bailan desnudos y sonrientes, enlazados en una danza también serpentaria. Y uno se pregunta, contemplando los rostros adustos de los justos, si acaso no estaremos ante la más perfecta adecuación entre lo permitido y lo prohibido, entre lo santo y lo condenado, entre la ortodoxia y la herejía. Más aún: si aquello no será la más perfecta proclamación del hecho universal, evitado por las partes enfrentadas; el que proclama la Verdad con mayúscula más allá de lo que llaman el Bien y el Mal, a caballo entre la certeza de lo divino y la evidencia de lo diabólico.

Ahí está **Santa María la Real de SANGÜESA**, planteando una verdad iniciática que tal vez el peregrino, a su regreso de Compostela, sabría ver y sentir cuando se situase bajo la cúpula piramidal, en el centro mismo de aquella concentración de energías que ya habría aprendido a conocer después de ser absorbido por todas las corrientes telúricas que atraviesan en todas direcciones la Ruta Jacobea.

Dejamos a nuestras espaldas el templo y, casi inmediatamente, salimos de **SANGÜESA** por el puente que sustituyó al que construyera Sancho Ramírez, del que apenas quedan los cimientos. Muy poco más allá distinguimos arriba, a nuestra izquierda, una aldea a la que se accede por un ramal de la carretera. Se trata de **ROCAFORTE**, y fue el primitivo asentamiento sangüesino. Los peregrinos que elegían esta corta desviación lo hacían para vivir el recuerdo de san Francisco, que dejó aquí un convento, el primero de los que los franciscanos tuvieran en la Península.

La leyenda de esta fundación nos cuenta que, al despertar de su corta siesta en esta aldea, el santo de Asís vio que su báculo peregrino había echado raíces y se había convertido en un moral frondoso. El tema tipo de la narración se repite a lo largo del Camino en las más diversas circunstancias y se funda en la experiencia simbólica del Árbol de la Vida, que nace de lo muerto para dar cuenta del renacer a la muerte iniciática. Aquí, la leyenda une, además, la presencia de una fuente, junto a la cual sucedería el portento; esta circunstancia da todo su sentido al símbolo.

Vueltos al camino principal, seguimos una zona que ya nada tiene que ver con el paisaje que contemplarían los peregrinos medievales. Todo el terreno que separa la carretera del **río Irati** (que aquí se une al **Aragón)** se ha convertido en zona de desarrollo industrial, cargada de humos y de escoria, y obliga a pasar deprisa, sin mirar más que al frente hasta alcanzar **LIÉDENA**, donde el Camino se une con el que seguían los peregrinos que optaban por prescindir del recorrido que acabamos de hacer.

La carretera N-240 es aquí el sustitutivo de una ruta peregrina hoy impracticable por el hundimiento del **puente del Diablo**, que cruzaba el río a la altura de la **Foz de Lumbier**. La ruta vieja es visible si nos detenemos a la altura aproximada del pk 39 y nos adentramos en el campo a nuestra derecha, allí donde se nos anuncia la presencia de una **villa romana**. De esa villa apenas veremos unos muretes que nos señalarán su perímetro y el perfil de las construcciones. Pero desde allí, mirando al Norte, distinguiremos el puente roto y los rocallones de la Hoz. Y veremos la línea del viejo camino, paralelo a la falda de la montaña, que se acercaba a la carretera que seguimos a la altura de dos pueblos casi abandonados: **NARDUÉS** y **ALDUNATE**.

Si entramos en estos pueblos, casi uno solo, veremos las huellas que dejó en ellos el Camino. **NARDUÉS** conserva una **fuente de peregrinos** junto a la senda que subía a la iglesia, que ha quedado arruinada en medio de la arboleda que la devora. **ALDUNATE** también cerró su templo parroquial y está también casi abandonado, aunque se vislumbra que algunas casas han iniciado un discreto proceso de recuperación para servir de recreo veraniego.

A la altura de este pueblo, el Camino cruzaba la carretera actual y seguía en paralelo atravesando campos que lo han borrado. Sólo cabe reconocerlo a su paso por los pueblos, donde se señala la calle por la que pasaban los peregrinos. Así son los dos pueblecillos inmediatos, **IZCO** e **IDOCÍN**. Si nos detenemos en este último y nos acercamos a su iglesilla, veremos que fue románica, pero sólo lo acredita la puerta, en la que el artista local grabó la imagen de un peregrino. De este pueblo fue el guerrillero navarro Espoz y Mina, cuya tumba se encuentra en el claustro de la catedral de **Pamplona**, pero cuyo corazón fue traído por su viuda para ser enterrado en el cementerio de esta aldea.

Idocín.

A nuestra izquierda se levanta ahora el **monte Aguía**, que los peregrinos rodeaban una vez cruzada la localidad de **MONREAL**. La carretera sigue paralela al Camino, que queda a la izquierda, hasta dos kilómetros más allá de este pueblo, donde hay que abandonar la nacional y entrar en la local que indica la dirección de **TIEBAS** y **PUENTE LA REINA**. A nuestra izquierda siempre, en la ladera del monte, tres pueblecillos marcan la dirección jacobea. Primero **YARNOZ**, con una iglesia desproporcionada a su exiguo tamaño. Inmediatamente, **OTANO**, que destaca en lo alto de una torre fortificada que vigila el entorno soberbio del valle. Más allá, **EZPERÚN**, cuyas callejas sin asfaltar suben hasta la modesta iglesilla que marcaba el ritmo de la vida local.

Finalmente, al llegar a **TIEBAS**, al peregrino actual se le cruzan los cables al mismo ritmo que se entrecruzan los caminos que conducen a los complejos industriales, entre tendidos de ferrocarril y trechos de autovía, en un laberinto que envidiarían los arcaicos nudos simbólicos de la iconografía caminera. Si hay suerte en ese losange, el peregrino atravesará **TIEBAS** y podrá contemplar las ruinas de un castillejo a su izquierda, dominando –es un decir– la autopista. Ya dentro del pueblo, podrá ver la iglesia parroquial, muy transformada desde sus orígenes góticos, aunque conserva un curioso ábside de tejado radial y unos capiteles con formas de cabezas, que ahora sirven de pórtico al camino que lleva hasta la entrada.

En **CAMPANAS**, pasadas las casas de la población, se debe seguir un corto trecho la carretera N-121 hacia el sur. Casi inmediatamente surge el indicador a **Puente la Reina**, que debemos seguir. La carretera, por aquí, va unida al camino, pasando el desvío que, a la entrada de **ENÉRIZ**, nos indica la dirección para llegar a **Anorbe** y **Tirapu**. Por favor, no olvidemos esta indicación; aunque ahora no la utilicemos, tendremos que regresar a este lugar si queremos ser testigos de otro misterio entre los muchos que por aquí nos plantea la Ruta.

Es en **ENÉRIZ** donde, a la salida del pueblo, el Camino vuelve a separarse y a correr paralelo a la izquierda de la carretera. El peregrino podría dejar aquí el automóvil, si viaja en él, y seguir a pie los dos kilómetros y medio que le separan de **EUNATE**. Le garantizo que la caminata se ve recompensada por la paz que le acompañará hasta vislumbrar, en medio de los campos, la prodigiosa estructura de nuestra meta. Pues ésta es meta e hito de nuestro Camino, uno de esos lugares cuya visita y análisis justifica plenamente el haber emprendido este periplo sagrado.

El de **EUNATE** es uno de los grandes desafíos que se le plantean al peregrino jacobeo. Erguido en la soledad de los campos, abierto a todas las perspectivas, es un monumento que sorprende ya en la lejanía, a pesar de sus dimensiones y de su humildad. Lo que vemos de él es una construcción octogonal rematada por una espadaña de dos huecos, con una torrecilla adosada y un claustro que la rodea totalmente; el conjunto queda cercado por una tapia de poca altura que favorece la visión total del conjunto.

Con un aplomo sólo válido cuando se establecen certezas tambaleantes, la investigación oficialista ha clasificado y archivado este monumento como una *capilla funeraria*, destinada a cementerio de pe-

Eunate. Ábside.

regrinos muertos por las cercanías. La única prueba para defender esta postura es un documento de 1520 que se encuentra en los archivos catedralicios de Pamplona, donde se revela la existencia de tumbas en el claustro. Curiosamente, ese mismo documento revela que, entre las tumbas, se encontraba una que indicaba que allí había sido sepultada una «reina» o una «gran señora» que, supuestamente, habría sido la promotora de la construcción.

De aquella supuesta tumba nada ha quedado, pero se ha aceptado a pies juntillas la existencia de tal supuesta donante, sin detenerse a pensar hasta qué punto el documento hablaba de un personaje real (que ni siquiera dejó constancia de su nombre ni de su rango) o de una alusión simbólica, a través de la cual se daría cuenta de motivaciones ajenas a las causas usuales que llevan a la construcción de un determinado recinto sagrado. El empeño de los investigadores, incapaces de medir más allá de los datos que se les proporcionan, hizo que la arqueología académica negara sistemáticamente la posibilidad de que este lugar fuera una fundación templaria. Se aducen, en defensa de la tesis, que no existe documento alguno que mencione el paso de la propiedad a los sanjuanistas, que fueron los herederos oficiales de los bienes templarios tras la disolución de la Orden en el concilio de Vienne. Pero nadie añade que la orden de San Juan jamás declaró voluntariamente la procedencia de lo que había heredado, hasta el punto de ser hoy prácticamente imposible establecer con seguridad documental el origen templario de muchos de los lugares peninsulares que sólo constan como propiedad de los sanjuanistas. Con todo, pocas dudas pueden caber sobre la filiación templaria de **EUNATE**, no sólo por sus características similares a otras varias construcciones de la Orden, inspiradas en los esquemas de la **Cúpula de la Roca de Jerusalén**, sino por el cúmulo de indicios estructurales y mensajes que aporta, típicos de un simbolismo templario que se repite en muchas de sus

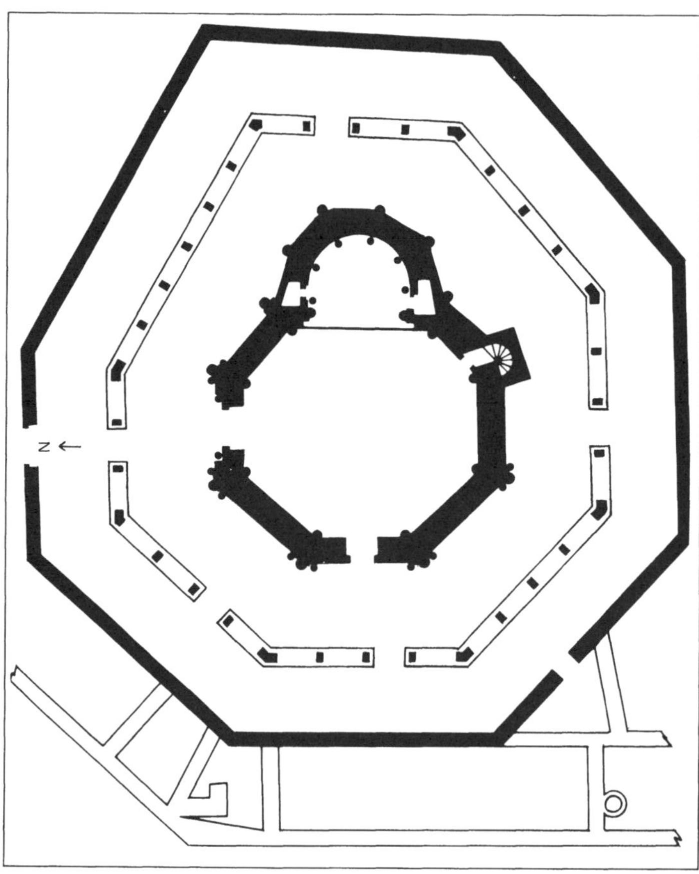

Eunate.

construcciones y da cuenta de su ideario. Pero prescindiremos aquí de profundizar en esta atribución –por otra parte evidente– y nos concentraremos en lo que el edificio nos ofrece, que no es poco.

Se trata de una construcción octogonal, pero el octógono resultante es irregular, de tal manera que, tanto el templo como el claustro que lo rodea quedan afectados por esa irregularidad intencionada. Las nervaduras que se unen en la cúpula de la capilla nos ofrecen una imagen más clara de esta característica y nos muestran como tales nervios coinciden con sorprendente exactitud con los ángulos que forman tanto el claustro como la tapia que lo protege. Dos de ellos forman ángulo preciso con el vértice situado en el escalón que da acceso al pequeño ábside, y toda la disposición, a partir de esos dos puntos, predispone a establecer que la edificación se concibió sobre unos *centros* en los que concurren ocho haces de determinadas *direcciones*, potenciando el lugar en relación a su entorno. Es difícil determinar qué idea siguen tales direcciones. Sin embargo, cabe elegir entre una *conjunción de corrientes telúricas*, una *señalización de lugares concretos* o la *proyección de una cartografía celeste*, que podría fijarse siguiendo en el firmamento la angulación de las nervaduras y la prolongación de las líneas ideales que unen los ángulos de la construcción.

Hacia el lado sur de la capilla, por un portoncillo insignificante, sube una escalera de caracol incrustada en la piedra del muro que, en apariencia, sólo conduce a la techumbre del edificio. Se pensó de ella que era el acceso a una supuesta *linterna de los muertos* similar a la que hay más adelante, en **Torres del Río**. Su fin aparente sería el de encender hogueras de aviso cuando hubiera muerto algún peregrino en las proximidades. Sin embargo, el estudio de la estructura de esta capilla lleva a la conclusión de que aquí jamás existió nada parecido a tal linterna. Lo cual significa que la escalera se construyó únicamente para acceder al tejado y tal acceso sólo podía justificarse por un motivo: la observación de algo desde lo alto. ¿El cielo tal vez? Es lo más probable, sobre todo si tenemos en cuenta que las excavaciones realizadas en torno a **EUNATE** han descubierto la existencia de edificios que estuvieron situados al oeste y que, probablemente, impedirían la vigilancia por aquel lado, lo que hacía inútil la escalera para uso de un centinela.

Si esta suposición es acertada, nos encontraríamos ante una construcción concebida en función de una proyección astral, posiblemente edificada en un centro concentrador de energías telúricas. Naturalmente, la aceptación de esa idea sólo puede ir acompañada del conocimiento de tales energías, cosa que la investigación oficial no sólo se niega a estudiar, sino también a admitir como posible conocimiento de los constructores medievales, sobre todo si ese conocimiento se plantea como un medio de acceso a la trascendencia a través de la asunción de una tradión iniciática constantemente puesta en entredicho, precisamente a causa de la discreción con la que se envolvía, que sólo podía ser descubierta por quienes compartían el ideario de los que revelaban su identidad mediante signos de reconocimiento.

Eunate. Figuras bafométicas del claustro.

Tales signos se revelarían al peregrino apenas contemplase el monumento en la lejanía. Se aproximaría a él y penetraría en el recinto por el acceso norte, encontrándose entonces con el sector del claustro que se ha conservado, compuesto por tres lados de columnas dobles con capiteles labrados. Pero descubriría también como nosotros, que la puerta norte del templo y el arco de acceso no se encuentran en línea, sino con un desplazamiento de 9°, como un aviso de que se trata de un camino que no se presenta recto.

Si observamos las figuras y los motivos de los capiteles, veremos una escena que ya, de tan deteriorada, resulta imposible identificar; otra en la que se representa la Crucifixión, con una variante insólita: el Crucificado no lo está sobre la cruz, sino al aire, como respondiendo a una de las acusaciones que recayeron sobre los templarios: el reniego de la cruz como emblema martirial. En torno a la escena parece haber un Apostolado, pero se da la circunstancia de que su número es de 14. Otros capiteles, entre los aún relativamente reconocibles, nos representan fieras enfrentadas, leones solares con la cola terminada en hoja o palmeta: enfrentamiento de los opuestos en busca de la Unidad. Finalmente, varios nos muestran rostros de aspecto demoníaco, de cuyas bocas salen lianas formando laberintos y espirales que nos vienen a recordar el camino del juego de la Oca, con la particularidad de que, bien en el centro de la espiral o en su inicio, encontramos la imagen de la *piña*, que fue signo tradicional de la inmortalidad y de la resurrección.

El claustro fue concebido como deambulatorio; incluso cabe sentirlo como lugar en el que se danzaba. Y seguramente así sería utilizado, en danzas circulares en las que, al tiempo que se sorbían las imágenes de los capiteles, se daba vueltas al centro que contenía la capilla. Y hasta entrarían por los ojos las tenues marcas de los canteros que llenan la superficie de las piedras talladas, con dos signos específicos que, entre otros muchos que ha comprobado el investigador Alarcón Herrera, sólo se dan en determinadas construcciones templarias de Europa.

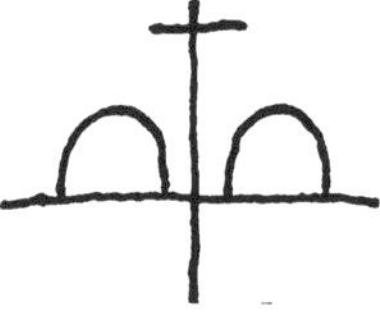

La Doble Puerta

La Torre o el Gorro

No es fácil arriesgar una interpretación para estos signos. El de la *Doble Puerta* podría representar el doble acceso a la Vida y a la Muerte, tal como sigue el modelo de la entrada al Santo Sepulcro de Jerusalén. En cuanto al Gorro o la *Torre*, tiene el aspecto del esquema de un bonete, que daría al que lo llevara puesto la personalidad simbólica del dios cornudo, director venerado de los viejos rituales mistéricos al dios Pan.

Los signos compañeriles son especialmente abundantes en el exterior del ábside, en cuyo borde superior se ve rodeado por canecillos de gran tamaño en forma de cabezas humanas, extremadamente curiosas, ya que todas están labradas con asombroso realismo y parecen representar un mosaico totalizador de los pueblos de la humanidad.

El periplo termina en la puerta oeste, que da acceso actualmente al interior del templo: una puerta románica sencilla, sin representaciones significativas, como si quienes la labraron hubieran querido evitar distracciones a la hora de trasponer el recinto sagrado. La puerta siguiente, que da (teóricamente) al norte, carece de tímpano y apoya la arquivolta sobre cuatro columnas. De las exteriores, la de la izquierda luce un capitel de vegetales entrelazados; la de la derecha, una escena irreconocible por lo deteriorada. Las dos interiores representan un rostro con la boca cerrada, con una barba que se bifurca en espirales que completan la superficie del capitel. Un friso de flores entrelazadas da paso a la arquería, en la que, tras una banda de piedra de labra plana y otra en roleo, surgen dos más, la primera formada por palmetas y la segunda por un friso de flores entrelazadas. Tras otra sección sin labra, aparecen 10 pequeñas bolas y 5 pequeñas estrellas distribuidas al parecer caprichosamente, sin que intervenga elemento alguno de simetría. Finalmente, en el arco exterior, aparecen 13 figuras difíciles de identificar por el deterioro, que parecen representar, de izquierda a derecha:

1) un individuo desnudo, apoyado en una cabeza y con otra cabeza sobre él.

2) un caballero con manto, capucha y fíbula, cerrando el manto con un adorno en S que lo hace semejante a un yin-yang. Tiene los pies apoyados en otra cabeza.

3) una quimera con alas de ave y cola de dragón, en cuyo extremo se abre una flor de cuatro pétalos.

4) una figura humana con túnica, llevando en sus manos algo parecido a una criatura.

5) un ave palmípeda mirando a sus espaldas.

6) un cuadrúpedo –perro o cerdo– corriendo hacia su derecha.

7) figura central muy deteriorada. Parece una cabeza con cuernos: un bafomet.

8) un cuadrúpedo parecido a la figura 6, corriendo hacia la izquierda.

9) un ave con cabeza humana coronada.

10) un avé con cola y cabeza humanas, tocada con una especie de roquete o tiara.

11) muy deteriorada, parece una quimera con la cola enroscada, semejante a la 3.

12) una mujer desnuda, rodeada por una serpiente que acerca su cabeza a un cáliz que la mujer lleva entre las manos.

Eunate.

13) un cuadrúpedo agazapado o corriendo en la dirección contraria a la que hemos seguido.

Si resulta difícil interpretar un símbolo, la interpretación de un programa simbólico como éste, en el que además la mayor parte de las figuras se encuentran deterioradas es casi imposible. Sin embargo, partiendo de los esquemas generales de la simbología románica, en la que las figuras de los arcos representan lo celeste, y partiendo de la visión del recinto sagrado, al que se accede como al útero de la Tierra-Madre –por eso se le consagra a Nuestra Señora–, estos rostros de barba en espiral serán, a partir de su posición en el capitel, guardianes del secreto que hay más allá y más arriba, un secreto que habrá de comunicarnos el mensaje de los cuerpos celestes –las bolas y las estrellas– y el de aquello que queda más allá del firmamento y que sólo puede ser explicado mediante el símbolo, del que apenas sabremos deletrear alguno de sus elementos: las *cabezas-bafomet*, como centros de meditación; el *caballero iniciado*, con manto blanco y fíbula que revela su condición de adepto; el *ave zancuda* que transmite la enseñanza o los *perros* que conducen hacia puntos concretos del proceso; o las *esfinges* tocadas con los atributos taróticos de la realeza y de la autoridad espiritual; o esa *Diosa Madre* desnuda, casi como la que vimos en **Sangüesa** amamantando a una serpiente, que aquí succiona del recipiente griálico que contiene los secretos de la sabiduría. Todo forma parte de un mensaje del que el peregrino tendría que extraer los elementos que le conducirían a la iniciación antes de seguir el camino que le marcaban las estrellas. Todo está allí, pero está incompleto. ¿Dónde se encuentra lo que falta?

Hace algún tiempo, en un libro lleno de sugerencias, el investigador Rafael Alarcón redescubrió un monumento que la investigación académica había preferido pasar por alto. Se trata de la portada de la iglesia parroquial del pueblecillo de **OLCOZ**, un lugar por el que hace

Olcoz.

unas páginas anuncié que tendríamos que volver a pasar. Volvamos sobre nuestros pasos un trecho, tomemos en **ENÉRIZ** la carretera que indica la dirección de **Añorbe** y **Tirapu**, sigamos la dirección del primero y, poco antes de alcanzarlo, desviémonos a la izquierda por una pista sin asfaltar, remontando la pendiente de un caserío que se distingue en lo alto. Se trata de **OLCOZ**, una aldea pequeña, con la torre de un castillejo gótico arruinado, varias casas recientemente restauradas, muchas ocas por los descampados y una iglesia del XVII adosada a un depósito de agua, con una puertecilla románica que se trajo de otra parte, nadie sabe de dónde. Pero, cuando nos acercamos a ella nos sentimos dispuestos a apostar por su procedencia, porque, al primer vistazo, sentimos que es *idéntica* a la portada norte de la ermita de **EUNATE**. Y esa identidad nos hace pensar que ambas tuvieron que estar muy próximas, proclamando una idea gemelar que formaría parte del misterio de su interpretación.

Estudiándola con cuidado, analizando sus elementos, las dos portadas se nos aparecen como *complementarias*, o, si queremos, portadoras de un mensaje que comienza en una y termina en la otra. Comparando sus elementos, descubrimos:

a) LOS CAPITELES: La de Eunate tiene, a ambos lados de la puerta, dos rostros barbados en espiral; la de Olcoz conserva sólo el de la derecha, el de la izquierda ha sido sustituido por un capitel de hojas de acanto. La guardia es menos severa si tan siquiera una parte del secreto ha sido desvelado. Además, el capitel derecho de la portada de Olcoz puede representar el mismo tema que en Eunate es ya irreconocible por el deterioro: dos personajes con una cabeza que surge entre ellos.

b) EL TÍMPANO: Eunate carece de él. Olcoz lo tiene, compuesto por 12 piedras perfectamente ensambladas. De las tres centrales, la superior tiene grabado un crismón de seis radios, con todos los elementos que lo componen.

c) BOLAS Y ESTRELLAS: Han desaparecido en Olcoz, como si su conocimiento no fuera ya necesario a la hora de asimilar otro superior.

d) EL ARCO EXTERIOR: En el de Olcoz faltan dos de las figuras que se encuentran en Eunate: el *ave zancuda* (signo de la diosa maestra que ya no necesita el iniciado cuando ha alcanzado determinados niveles) y la *quimera-dragón* designada en Eunate con el número 11 (tal vez porque ese dragón guardador de saberes ha desaparecido o se ha hecho innecesario). Quedan, pues, 11 figuras, pero con una sutil diferencia: el orden de ellas es ESPECULAR con el de Eunate. Son, pues, las mismas claves, pero la lectura ha de hacerse al revés, vista a través de un espejo.

El carácter *especular* que adquieren estas portadas rompe la posible interpretación gemelar que le dimos en la primera visión. O acaso se refuercen, si consideramos como gemelar el encuentro de los contrarios, tal como acepta el ideario cátaro. En este caso, yo me atrevería a avanzar que la portada de Eunate fue portada *de ida* hacia el conocimiento, en tanto que la de Olcoz sería *de vuelta* de ese mismo conocimiento, cuando el peregrino-adepto se hubiera descargado ya de las fuentes de donde lo había extraído y se sintiese capaz de penetrar en otro nivel vital, en el que las cosas, verdades aparentes, pueden observarse tranquilamente e interpretarse desde perspectivas opuestas a las habitualmente empleadas.

No he hecho otra cosa que apuntar posibles claves parciales a un enigma que, sobre no haber sido resuelto, necesitaría de muchas páginas para formarnos una idea menos confusa de sus motivos. Lo único cierto ante **EUNATE** y su misterio es que el peregrino jamás podrá pasar indiferente ante esta ermita. Sentirá la necesidad de penetrarla, de recibir una parte siquiera del libro del conocimiento que contiene. El trabajo y el esfuerzo nunca serán completos, porque hay muchas páginas perdidas y porque el deterioro ha vuelto mudas a otras. Pero también se ha perdido una parte fundamental de muchos libros sagrados y, a pesar de todo, aún nos cabe extraerles una parcela fundamental de su mensaje.

5. El camino desde los puertos navarros

TRANCO IV: DESDE VALCARLOS HASTA PAMPLONA

Estamos en **VALCARLOS**, el primer enclave español del Camino a este lado de la frontera. Lo que no quiere decir que sea el primer pueblo navarro, porque al otro lado están **Arnéguy** y **Saint-Jean Pied-de-Port**, que son tan navarros o tan vascos como el que más. Pero tenemos que respetar las fronteras, mientras las haya, y por eso nuestro peregrinar ha de empezar aquí, aunque este pueblo fue Camino secundario, porque una mayoría de peregrinos preferían emprender la subida del puerto por **Orisson** y el **collado de Landereta**, rodeando el monte **Itchashéguy** y alcanzando el **puerto de Ibañeta** por donde indicaré en su momento.

Los que venían por aquí, seguramente lo hacían con cierto temor que les habría metido en el cuerpo el autor del *Codex Calixtinus*, calificando a su gente de poco menos que ladrones y asesinos natos. Incluso corre por aquí la tradición de que el pueblo fue fundado por 14 ladrones que, naturalmente, habrían transmitido a sus descendientes sus perversas costumbres. Me pregunto por qué se habla precisamente de catorce. ¿Sería por los catorce fuegos que hacían falta a los judíos para establecer una sinagoga? ¿O por la obligación de que se reunieran al menos catorce miembros de las comunidades cátaras para formar una capilla?

Según la tradición, en **VALCARLOS** aguardó Carlomagno la llegada de su retaguardia cuando llegó hasta allí la lejana llamada del Olifante, anunciando la derrota de Roldán. Y, según cantares posteriores, este mismo lugar le sirvió al emperador para descanso del ejército de ¡cincuenta y tres mil sesenta y seis doncellas! que trajo para vengar la derrota. Cuenta la tradición que, al despertar, las valientes soldaderas francas contemplaron como las lanzas que dejaron hincadas en el suelo habían florecido y echado frutos. Me pregunto si sería como homenaje de la Tierra Madre a aquella legión de mujeres porque, por aquí, la tierra tiene justa fama de mágica; por eso, el primitivo nombre del lugar fue **Luzalde**, y aún se llama así en vasco, supongo que como homenaje al viejo dios Lug y como aviso de que se trataba de un lugar propicio. Ésta pudo ser la causa de que vinieran a refugiarse por estas cumbres numerosos anacoretas en busca de su trascendencia; y también por eso, hay noticia de numerosas *ferrerías*,

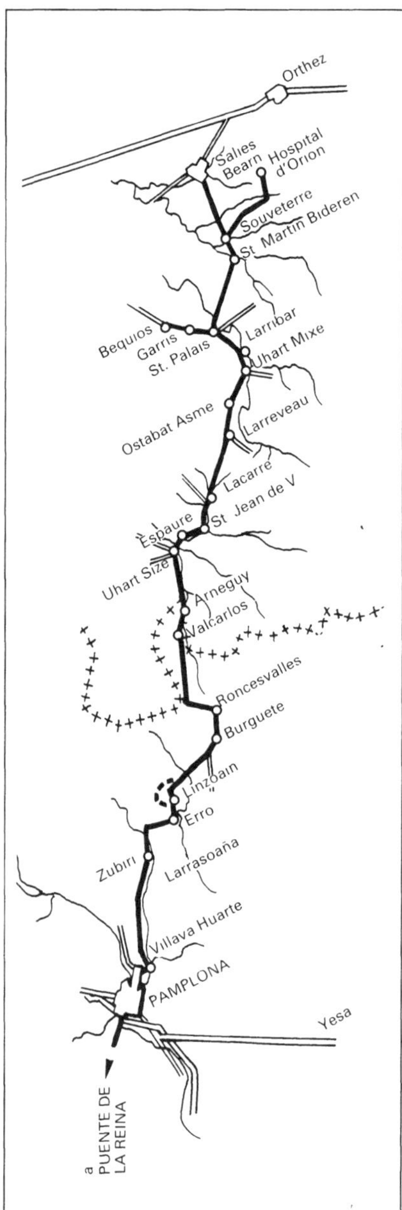

como la de **Olaverri**, procedentes de aquellos tiempos en que el ser herrero era una forma de alcanzar la iniciación.

A menudo, estos sitios hay que verlos escarbando debajo de las piedras, husmeando aromas que se escapan. **VALCARLOS** tiene el aspecto de ciudad fronteriza que adoptan muchos pueblos pirenaicos, desde Irún a Portbou. Limpio, lleno de tiendas y bares con letreros bilingües, una iglesilla blanca y moderna, con campanario en punta y una calle que es carretera y viejo camino a la vez, de pronto nos descubre algo que se hizo anteayer mismo, pero que cargó con milenios de tradición y con toneladas de sentido. Es un monumento pequeño, levantado a ras de tierra, con unos personajes mitad humanos y mitad estela prehistórica. Y un letrero en vasco que dice:

ESNATZEN ARI DIRA HILLARRIAK SANTYOKO BIDEAN
(Se están despertando las piedras muertas del Camino de Santiago)

Aquí se palpa el inicio de la Ruta, pero de manera muy particular. No porque queden hospicios de peregrinos –que los hubo, como hubo dependencias monásticas también desaparecidas–, sino por el entorno subliminal, que linda con la memoria del pueblo más allá de perspectivas devocionales. Y no me refiero a ese recuerdo pagano que flota al pairo de vieiras y de esclavinas romeras, que el cristianismo militante trató de ritualizar, sino a la materialización de esa memoria, que aún se traduce en el recuerdo de procesos y ejecuciones que pusieron en evidencia que, entre este lugar y los **altos de Erro**, la tradición brujeril seguía activa, como el coletazo final de viejas creencias, cuyos restos materiales –arqueológicos– aún podían encontrarse al paso de los peregrinos.

En **VALCARLOS** se recuerdan los akelarres que tenían lugar en la **cueva de Mushila**, pero, sobre todo, la redada de brujas que tuvo lugar en 1525, cuando el licenciado Balanza anduvo por aquí acompañado por el verdugo Pierres de Urlians, reprimiendo prácticas hechiceriles en las que se vieron implicadas muchas mujeres y algunos hombres de la localidad. Los nombres de Graciana de Esnoz o de María la Abadesa ya sólo son recordados por los papeles del Archivo General de Navarra, pero los hechos –las danzas en círculo, el mal de ojo, los pedriscos y las secas– aún están vivos en el inconsciente colectivo. De entonces quedan manifestaciones populares como esas danzas en las que intervienen personajes como *La Tupina* –la Vieja– y *El Atxo*, su Compañero. Ambos, vestidos con coronas de hierbas silvestres, marcan y dirigen el baile popular provistos de látigos con una bola en el extremo, que les confieren la autoridad de antiguos sacerdotes de cultos olvidados.

El Camino, desde aquí, comienza a remontar el **puerto de Ibañeta**. Son 13 kilómetros de vueltas y revueltas, durante los cuales la carretera ha adaptado sus curvas a las pendientes permitidas, mientras el Camino, que corre paralelo a ella, se entrecruza una y otra vez, mucho más corto y empinado. A medio salvar el puerto nos encontramos, en una curva a nuestra derecha, con la **Casa de la Reclusa** (Gañekoleta), que fue albergue de peregrinos y herrería. Hoy tiene ya toda la apariencia de un caserío vasco; apenas cabe distinguir nada de lo que conformaba su estructura primitiva.

En lo alto del puerto, junto a la moderna capilla que sustituye a la antigua **iglesia del Salvador**, que se citaba en los papeles del siglo XI, hay un monolito erigido en memoria de Roldán. Aquí se incorpora el camino que seguían los peregrinos que habían preferido evitar **VALCARLOS** y venían desde **Saint-Jean Pied-de-Port** por el **collado de Lepoeder** y el **puerto de Cize**, a 1.480 metros de altitud. Se recuerda, aunque ya no se practica, la costumbre de que muchos peregrinos franceses cargaban con cruces de madera, que plantaban aquí en memoria del héroe muerto. Y dicen los cronistas que el bosque de cruces era tan espeso que competía con el hayedo vecino.

Apenas a kilómetro y medio del puerto, ya cuesta abajo, se encuentra el lugar de **RONCESVALLES**.

El nombre le viene al sitio del francés, que lo llama **Roncevaux** –el valle de los espinos– y del español de antaño, cuando lo llamaban **Rozabals**: el valle de las rosas. Ninguno de estos nombres es gratuito, como no lo era el del otro valle de **Asundegui**, que pasaban los peregrinos que venían por la otra ruta y que quiere decir «ortiga» en lengua vasca. Y es que, para muchos conocedores de la tradición ocultista, la espina y todo cuanto la recuerda, tanto de imagen como de nombre, representa algo que pincha, algo peligroso que se interpone delante de un enclave presuntamente resguardado de la curiosidad de la gente. La espina es tal precisamente porque protege a la flor. Y éste es el sentido que se quiso dar a estos lugares que rodeaban o protegían un recinto que se pretendía mantener lejos de los curiosos, como podemos comprobar si analizamos la enorme cantidad de ellos que se encuentran a lo largo del Camino, repleto de cardos, ortigas y ortigales, rosas, espinos, espinales y espinaredos, siempre a la vera de sitios especialmente representativos por lo que fueron en la antigüedad o por lo que hoy mismo siguen significando.

RONCESVALLES es un conjunto armónico de edificaciones monásticas que constituyen la colegiata y sus dependencias. Fue fundación de Sancho el Fuerte de Navarra, uno de los grandes monarcas a caballo de los siglos XII y XIII, héroe de las Navas de Tolosa, donde atacó en solitario la tienda del Miramamolín, arrastrando consigo las cadenas con las que se protegía. Posteriormente, se trajo aquellas cadenas como trofeo y no sólo las hizo colocar en los muros de la sala capitular de su colegiata, sino que las convirtió, cruzadas en aspa, en la que sería desde entonces la bandera de su reino, sustituyendo al antiguo carbunclo.

En la iglesia, que parece haber sido levantada siguiendo los módulos de la catedral de París, se venera a **Nuestra Señora de Roncesvalles**, pero la imagen que vemos no es ya la primitiva, sino una sustitución tardía que, como sucede en tantos enclaves marianos, no impidió que siguiera siendo venerada como en tiempos de su legendario descubrimiento. Según cuentan, éste se produjo en el siglo X y sus protagonistas, como es habitual, fueron dos pastores que vieron durante varias noches a un ciervo que se paseaba frente a ellos con las astas encendidas. Le siguieron y el ciervo les señaló un determinado lugar para que excavasen, y, cuando así lo hicieron, descubrieron la imagen, protegida por un arco de piedra enterrado como ella. Como la leyenda no lo explica, no cabe avanzar la naturaleza de tal arco, pero pudo tratarse de un dolmen a medio enterrar o de un elemento simbólico propio de las cofradías de canteros medievales. La tesis del dolmen se vería confirmada por el hecho de ser esta zona pródiga en megalitos, tal como veremos a medida que avancemos por el Camino.

Más inquietante es la imagen del ciervo milagroso, que no es la primera vez que aparece en tradiciones hagiográficas, acompañando a santos sospechosos de paganía originaria. Por un lado, las astas encendidas tienen un paralelo en numerosas fiestas populares en las que intervienen toros y vaquillas «embolaos» a los que se les encienden teas en los cuernos, en recuerdo de divinidades solares oficialmente descalificadas. Pero, además, el ciervo liga su cornamenta al Árbol de la Vida, y el hecho mismo de que la pierda y la recupere a lo largo del año le ha dado tradicionalmente un carácter cíclico muy acorde con el significado de los cultos solares. Por su parte, el cristianismo asoció frecuentemente al ciervo con la aventura de santos cazadores –buscadores de la verdad interior, que tendrán que perseguir y alcanzar–, tales como san Conrado, san Eustaquio, san Mamés o san Huberto, o el mismo Voto, el fundador de **San Juan de la Peña**, que intentaba cazar un ciervo cuando halló milagrosamente el cuerpo del ermitaño Juan de Atarés. Como ciervo fue representado el dios celta Cerunnos y como cualidad propia del ciervo se consideró la de los que eran capaces de encontrar y descubrir las virtudes de las plantas medicinales.

Un nuevo motivo de reflexión lo encontramos en la **sala capitular** de la colegiata, en cuyo centro se levanta la tumba del fundador, con una figura yacente que, por lo que se asegura, corresponde, con sus dos metros veinticinco centímetros, a la estatura auténtica del rey navarro. Es tremendamente significativo el empeño del pueblo –e, indirectamente, de los que escriben la Historia– por ensalzar cualidades físicas en personajes clave del acontecer de un país y, sobre todo, en los reyes que los gobernaron por la gracia de Dios. Y no menos curioso es, en este caso, que ese mismo rasgo se destaca del contemporáneo de Sancho el Fuerte, Jaime I de Aragón. Según cuenta él mismo en su Crónica, se asombró y se sintió inmediatamente arrebatado cuando ambos se encontraron por primera vez, al comprobar que tenían una envergadura muy parecida. Esa misma cualidad se atribuyó a los primitivos jueces que constituyeron el origen de la corona castellana, pues la estatura del jefe, lo mismo que la leyenda hecha frase de la *sangre azul*, hace de los gobernantes descendientes de míticas razas que, en la remota antigüedad –y tal como comentan las Escrituras–, se habrían unido a las hijas de los hombres para engendrar en ellas a las grandes estirpes rectoras de las civilizaciones.

En este caso nos encontramos en presencia de un sepulcro casi venerado. Y tal idea, independiente del mito que envuelve al rey allí enterrado, la vamos a encontrar repetida a lo largo de esta primera fase de la ruta navarra del Camino. Si el peregrino me sigue con paciencia –y lo sentiré por él si la pierde–, comprobará que este trecho está repleto de llamadas de atención en torno a la muerte, a través de tumbas y de capillas funerarias. Ya dije que no creía que ésta fuera una circunstancia casual. La obra de los alquimistas, a menudo llamada Camino de Santiago, comienza su proceso con la *Nigredo*, que es vista a modo de muerte y putrefacción iniciáticas que habrá de resolverse en viaje a los infiernos como precio a la resurrección del adepto.

Hablando, pues, de muertos y de capillas funerarias, creo que no debemos pasar por alto la que se levanta aquí con el nombre de **capilla del Espíritu Santo**. Se trata de la edificación más antigua del lugar, data del siglo XII y dicen que se levantó sobre una cueva que servía como osario de peregrinos muertos en el paso de los puertos. También tiene que ver con ella la leyenda carolingia, pues dicen que el primer edificio levantado en este emplazamiento lo mandó construir el mismo Carlomagno para que fuera mausoleo del héroe Roldán,

Cementerio de la capilla del Espíritu Santo. Roncesvalles.

porque fue el lugar donde, ya moribundo, hizo sonar el Olifante y se encomendó al Altísimo. Mucho después, en 1670, pasó por aquí el peregrino italiano Domenico Laffi; y en su relato, ya un clásico de la literatura jacobea, describe esta capilla como «un cuadrado perfecto» y da cuenta de las pinturas que la decoraban, entre las que destacaba una descripción del combate y de la muerte de los doce pares del emperador.

Este detalle invita a pensar que hubo enclaves específicos dedicados a la iniciación escatológica de adeptos, los cuales, en el curso de su enseñanza, tenían que pasar por un trance de muerte simbólica. Naturalmente, esto nada tenía que ver con la ortodoxia oficial del Camino, como recuerda un poeta anónimo del siglo XVII, que describe la hospedería de **RONCESVALLES** afirmando que sus puertas estaban siempre abiertas, «y no sólo a católicos, sino a profanos, judíos, herejes y vagabundos».

A la capilla en cuestión se la llamó Silo de Carlomagno. Y está tan transformada en la actualidad que, a pesar de conservarse alguno de sus viejos muros, no cabe concebirla como fue en sus orígenes. Debió de tener un recinto central a modo de *Sancta Sanctorum*, y tal vez un claustro de arcos y columnas en torno, como el que vimos en **Eunate**, sólo que aquí la estructura es cuadrada y no octogonal, en un intento –probable– de representar más puntualmente lo cúbico-terrestre, el útero cósmico que tales capillas trataban de simbolizar. Aquí, además, se mantuvo más viva que en Eunate la idea de la función escatológica del lugar, quizás favorecida por los monjes del antiguo monasterio y hospital de Ibañeta. Y, efectivamente, se ven a lo largo del muro numerosas estelas funerarias de peregrinos de varias épocas, que confieren al lugar ese carácter funerario que tal vez no tenía en sus orígenes, como tampoco tuvo el aspecto de cabaña piramidal que tiene hoy, gracias a la techumbre que se le añadió para protegerla.

Junto a la **capilla del Espíritu Santo** se levanta una iglesia peregrina del siglo XIII, bajo la advocación de Santiago y, al otro lado, hacia la salida del complejo monástico, la **Cruz de los Peregrinos**, que debió de ser tremendamente significativa antes de que la destruyera la francesada y se levantara en su lugar la que podemos ver ahora. Ésta ha conservado algunas leyendas piadosas que, naturalmente, se refieren a la antigua, pero que, en general, están empapadas de pura devoción penitencial.

Salimos de **RONCESVALLES** marchando, confundidos, el Camino y la carretera. Apenas a tres kilómetros queda **BURGUETE**, el antiguo **Burgo de Roncesvalles**. Tiene una iglesia moderna, dedicada a san Nicolás de Bari, y el aspecto de lo que realmente es: un cuidado lugar de expansión y veraneo. Sin embargo, este pueblo, como su vecino **ESPINAL** (un nuevo encuentro con la *espina*), conserva la memoria de la gran represión que sufrieron las brujas de los alrededores en torno al primer tercio del siglo XVI.

Este lugar está pidiendo a gritos que el peregrino abandone las vías que le marcan y se tome tiempo para internarse por los campos y los montes en busca de megalitos, que aquí se dan en abundancia, hasta constituir la segunda gran concentración de dólmenes de Navarra, si consideramos la primera el **monte Aralar**. Aquí, sólo en el término de **Ansón** –un nombre que nos pone en contacto con el *ánsar-oca*–, hay nada menos que quince descubiertos, desde el de **Arriko**, que es el mejor conservado, a los de **Dondoro** y **Urdenxarreta**, en el camino de **Aldude**. Todos están situados en bosquecillos o en ricos terrenos de pastos. Y todo hace pensar en una sacralidad ancestral del entorno, sobre todo si rememoramos la represión brujeril de la que acabo de hacer mención y que afectó principalmente a **BURGUETE**. No se sabe a ciencia cierta a cuántas brujas ejecutaron por aquí por orden del licenciado Balanza y a manos de su sicario Urlians, pero los cálculos no permiten bajar de cuarenta victimas, todas procedentes del entorno inmediato; lo cual significa que, dejando a un lado posibles contagios transpirenaicos, toda esta zona estaba impregnada de aquel paganismo que tan difícil y tardíamente fue sofocado por la autoridad inquisitorial, pues los tribunales eclesiásticos no llegaron a intervenir en esta precisa circunstancia, sino que fue la civil la que, sin consultar con la Iglesia, prendió, juzgó, condenó y ejecutó a estas pobres mujeres y a algún que otro hombre que, con toda probabilidad, no tuvieron más pecado que asumir el peso de las viejas creencias que tachonaron el Camino Jacobeo y que, lejos de ser borradas por la devoción, se afianzaron gracias a la misma circunstancia esotérica que la peregrinación arrastraba.

Si escuchamos los nombres que se barajan, nos enteraremos del lugar donde tenían lugar los akelarres: el **prado de Zaldaín**, donde los brujos llegaban «sobre caballos blancos, con grandes músicas de rebeques». Y, si nos fijamos en las toponimias, descubriremos un término que se llama **Sorguiñagaza** (la *sorguiña* era la bruja), cerca de **BURGUETE**, y otro cercano conocido como **Baxajaunberro**, en recuerdo de uno de los mitos ancestrales de los vascos: el *Baxajaun*, especie de gigantesco protector de los campesinos y enemigo declarado del gigante *Errolán*, del que hablaremos inmediatamente.

Aún queda otro de esos pequeños misterios que discurren sin que nadie repare en ellos, dando por sentados los hechos y dejando en el aire posibles motivos y ocultas intenciones. Cuando **ESPINAL** fue fundado en 1260 por Teobaldo II, hijo del rey trovador Teobaldo I –muchas de cuyas trovas están sutilmente impregnadas de catarismo poético–, el término del nuevo asentamiento comprendió el campo dolménico que, desde entonces, se encuentra bajo su jurisdicción. El escudo de la nueva población, que fue adoptado por las primeras familias que se asentaron allí, está formado por un árbol de sinople –verde–, cruzado por un lobo negro pasante sobre campo de oro.

Al margen de otras explicaciones sobre el simbolismo heráldico, tan acomodaticias a menudo, tendríamos que pensar que ambos símbolos unidos forman parte de la vieja Tradición y que, en el conjunto de sus significados, llevan consigo el emblema del conocimiento (en el Árbol) y la presencia de aquellos que conducen a quienes van en pos de ese conocimiento. Cabe que estas coincidencias no sean más que de aluvión, pero el amontonamiento de motivos hace sospechar una intencionalidad por parte del monarca fundador, que pudo tener, siquiera superficialmente, noticia de la importancia arcaica del lugar donde llevó a cabo su fundación.

El Camino, paralelo a la carretera hasta aquí, sólo se ha desviado allí donde podían atisbarse dólmenes. Ahora se aparta del asfalto entre dos casas a la izquierda, a la salida del pueblo, para dirigirse al lugar casi abandonado de **MEZQUÍRIZ** y al caserío de **Ureta**, mientras el Camino sube al **alto de Mezquíriz** y vuelve a encontrarse con el camino peregrino en **VISCARRET**.

VISCARRET es pueblo en declive, vetusto, con una iglesilla dedicada a san Bartolomé que conserva su portada románica, y un hospital ya desaparecido. Aquí vuelven a separarse Camino y carretera. El primero seguirá por **LINZOAIN** –que la carretera dejará a la derecha–, casi en línea recta hacia los **altos de Erro**, a los que la carretera llegará pasando previamente por el pueblo del mismo nombre para cruzarse con el Camino en lo alto del puerto. Precisamente allí, junto a un pozo de apariencia dolménica, cuadrado y con una pequeña abertura, sucede el encuentro. Pero quien haya ido a pie se habrá encontrado con algo que quien viaje en vehículo podrá alcanzar desde este cruce, volviendo sobre los pasos camineros y dejando el coche en un ensanche de la curva. A poco trecho puerto abajo, verá echadas por el suelo tres enormes piedras, con toda seguridad menhires tumbados. Los llaman **los pasos de Roldán** y, según la tradición, la piedra más grande marca la longitud del paso del héroe, la mediana la de su mujer y la más chica la de su hijo.

Roldán, el héroe franco, asumió en territorio vasco una personalidad ajena a su mito y a la gesta que protagonizó. El Errolán de Euskadi es un gigante portentoso, lanzador de megalitos a distancias incalculables, y sólo se parece a su homónimo en el hecho de ser un enemigo del pueblo. Pero se trata de un enemigo tan poco inteligente como gigantesco. Surge como padre espiritual de los *jentillak*, los gentiles constructores de dólmenes, y, dentro del contexto mitológico vasco, fue precedido por Sansón y, aún antes, por los *baxajaunak*. Pero, tal como suele acontecer, los mitos buscan siempre una explicación que los aclare; como narra José María de Barandiarán, citando comunicaciones orales, el héroe pasó su niñez en una caverna alimentándose de la leche de una cabra, que fue la que le transmitió su enorme fuerza. Errolán, como héroe franco en sus orígenes, muestra animadversión hacia los vascos, arrojando enormes piedras sobre sus aldeas y caseríos, pero la tradición quiere que el lanzamiento se quede siempre corto por unas millas o unos centenares de metros y la enorme piedra vaya a caer en otro sitio, que es precisamente el lugar donde se encuentra en la actualidad. Así se cuenta en **URROZ**, donde hay un menhir tumbado en la plaza que mide casi dos metros de envergadura. Estas historias de grandes piedras lanzadas a distancia tienen un origen ciertamente inquietante, porque se tiene constancia de que buena parte de estos megalitos están tallados a partir de piedras generalmente procedentes de lugares muy alejados de su emplazamiento. Este hecho ha planteado incógnitas sobre el modo que se utilizó para trasladarlos, que los arqueólogos ignoran, a pesar de las teorías que han pretendido apuntar. Sigue sin aclararse cómo tales piedras pudieron ser transportadas durante tan largo trecho. O se invertía un tiempo larguísimo en su transporte, lo que invalidaría la teoría de los megalitos como monumentos funerarios, o había quienes conocían métodos para facilitar ese traslado.

Terminado de descender el **alto de Erro**, carretera y Camino marchan paralelos a ambos lados del **río Arga**. Quien vaya por carretera puede llegar fácilmente al Camino a la altura de **ZUBIRI**, o de **URDANIZ** y **LARRASOAÑA**, donde ambas vías vuelven a unirse por un trecho. Precisamente aquí, después de haber atravesado las aldeas de **OSTERIZ** y **ESQUIROZ**, el peregrino encontraba donde descansar, en hospitales regentados por las cofradías de San Blas y Santiago. Había igualmente una *clavería* dependiente, en su tiempo, de la colegiata de Roncesvalles. Se conserva el edificio, así como el puente por el que los peregrinos atravesaban el río. Entre la clavería y el puente se levanta una iglesilla humilde, de traza románica muy simple, dedicada a san Saturnino, el obispo francés que, tradicionalmente, convirtió a los navarros y fue maestro nada menos que de **san Fermín**.

A la altura de **ZURIAIN**, nueva separación de Camino y carretera. Mientras ésta atraviesa **ANCHÓRIZ**, el Camino se interna por **IROZ**, pasando un puente para acceder a la aldea y otro para salir de ella. Hoy, este lugar es casi un despoblado, pero comienza a resucitar gracias a gente que ha decidido recuperar algunas casas que amenazaban ruina. Viene luego un nuevo cruce a la altura de **ARLETA** y **ZABALDICA**, y, mientras la carretera sigue por **OLLOQUI** para tomar la desviación a **PAMPLONA** por **HUARTE**, el Camino sigue entre los campos, más en línea recta, atravesando el **río Ulzama** por **VILLAVA** y, después de **BURLADA**, desembocando en **el barrio de la Magdalena**.

PAMPLONA era la primera capital con la que se encontraba el peregrino. Hoy es una de tantas ciudades profundamente alteradas por el progreso, pero es significativo que, salvo pocos cambios, el peregrino de hoy pueda seguir los pasos del de ayer sin tener que atravesar con la imaginación muros de hormigón que se le interpongan. Ya al llegar al **barrio de la Magdalena**, y al borde del viejo **puente** que atraviesa el **Arga**, cuando se distingue desde el **crucero de Santiago** la silueta de la ciudad, parece que todo hubiera cambiado apenas desde los viejos tiempos. Allí están las murallas, allí las torres catedralicias –ciertamente algo distintas estas neoclásicas de las viejas románicas–, con una silueta que parece llamar al peregrino para que se acerque. El Camino atraviesa el **puente de la Magdalena**. Al otro lado, en la frondosidad del parque, hay otro crucero, junto al que pasa el Camino, que se acerca a la muralla para entrar en la ciudad por el **portal de Zumalacárregui**, que antes se llamaba **portal de Francia**.

Una calle antigua nos lleva, bajo viejos arcos y bordeando antiguos edificios convertidos en «pubs» y restaurantes, al **portal norte de la catedral**, todavía con su primitiva forma gótica. Los peregrinos penetraban por él en el templo, pero hoy permanece cerrado y hay que entrar por la fachada principal, obra del siglo XVIII perpetrada por el arquitecto Ventura Rodríguez. Sin duda, este paso neoclásico por una apariencia sofisticada de paganismo no se llevó a cabo por razones ocultas, sino por modas culturales incapaces de entender el sentido de la vieja arquitectura sagrada. Si al menos este arquitecto hubiera tenido el buen sentido de ocultar y conservar el antiguo pórtico –como hiciera Fernando de Casas cuando construyó la fachada del Obradoiro compostelano–, estas columnas olímpicas habrían tenido justificación. Así, apenas parecen una burla que ni siquiera provoca la risa que tal vez quisieron provocar. Pues el que llega a este anacrónico partenón, huye de él hacia el interior del templo, para encontrarse cuanto antes con la grandiosidad de su gótico austero que, si bien ha perdido parcialmente el nervio sagrado de las primeras grandes catedrales, sigue asombrando por lo que queda de aquellos potentísimos impulsos trascendentes que llamaban al pueblo para participar activamente en la sacralidad de la Obra.

Os dirán maravillas de esta **catedral** y no os engañarán. Oiréis que guarda en sus torres la segunda campana más grande de España, la María. Es cierto. Que el sepulcro de Carlos III el Noble que preside la nave central es la mejor obra escultórica de Navarra. Es verdad. Que

Catedral de Pamplona. Claustro.

el claustro es el más hermoso de Europa. Tal vez sea cierto también. Sin embargo, al menos que yo sepa, no hemos llegado hasta aquí sólo para admirar obras de arte o grandezas propias de los *Guinness* de todos los tiempos, sino en busca del mensaje que dejaron otros, para darnos la oportunidad de enfrentarnos con los ojos abiertos a nuestra propia identidad. Y tengo la impresión de que es precisamente en este claustro donde mejor podría acercarse el peregrino al objeto de su búsqueda, al menos en los tiempos, cuando la vieja catedral románica fue sustituida por la gótica que hoy admiramos. Pues es el caso que, en este claustro, precisamente donde hoy podemos contemplar la capilla dedicada a san Francisco Javier y en las dependencias del museo catedralicio, estaba la que llamaban **cocina de los peregrinos**, de la que se hizo gran propaganda a lo largo de la historia del peregrinaje y tuvo fama de proporcionar abundante y buena comida a los romeros.

A su paso hacia el condumio, o quizás ya con el hambre satisfecha, el peregrino, seguramente, contemplaría aquella maravilla ojival y se entretendría rebuscando en las historias que cuentan sus capiteles y en las escenas que describen: torneos, lances de toros, escenas bíblicas, descripciones gremiales. Por supuesto, seguramente ninguna de ellas constituía ya un reto a la capacidad de comprensión del que buscaba; la intención estaba allí, despojada de significados secundarios o trascendentes, y no había por qué tergiversarla buscándole razones que no existían.

Pero pensemos, por ejemplo, en el peregrino que hubiera llenado su escudilla y saliera del claustro para dar cuenta de la sopa o del guisote, alejado del refectorio donde se habían reunido los demás. Supongamos que se acercara a la **puerta de la Dormición**, y que, ante ella, reflexionase sobre la muerte de Nuestra Señora, representada en el tímpano, en una cama diminuta, casi una cuna, rodeada por una multitud de apóstoles, santos y ángeles que llena y hasta rebasa con creces los límites de la ojiva que concentra la escena, mientras una dulce Virgen policromada, esculpida en el parteluz y siempre rodeada de flores, observa inquieta todo lo que le ha de suceder.

Al otro lado del claustro, la **puerta Preciosa** vuelve a tomar como tema central la persona de la Virgen. Desde las dos extraordinarias figuras de la Anunciación que la flanquean, hasta el tímpano distribuido en cuatro pisos con escenas de su vida y nuevamente de su Tránsito, todo está allí dedicado a la Madre de Dios y a su Leyenda Dorada, con un cuidado y un buen hacer que convierten aquella puerta en el máximo atractivo de la catedral. Se me ocurre confirmar que deben de tener mucha razón Morín y Cobreros cuando apuntan la sospecha de que el batiente de madera, con su labra sutil, sea en realidad el mensaje que advierte sobre el carácter de *morada filosofal* de aquella puerta. Pues es muy cierto que Nuestra Señora, Gran Diosa Madre, aparece muy a menudo ligada al proceso trascendente de los alquimistas; y no es menos cierto que muchas imágenes y advocaciones de la Virgen, sobre todo en los siglos de la Alta Edad Media, van unidas a lugares en los que la Alquimia jugó papel preponderante en los ce-

Catedral de Pamplona.
Puerta Preciosa del claustro.

nobios y capillas donde se le rendía culto más intenso. Una Alquimia que, a menudo, se escondería debajo del proceso de destilación del *Aqua Vitae* y del *Aqua Ardens*, preparadas por los monjes para alivio de quienes tuvieran necesidad de aquellos licores inspirados en procesos como los que apuntara Arnau de Vilanova.

Ya fuera de la catedral y dispuesto a emprender el Camino de nuevo, el peregrino buscaría tal vez albergue en el **hospital de San Miguel**, frontero a la iglesia Mayor, o seguiría por las calles actuales de **la Curia** y de **Mercaderes**, esta última mayoritariamente habitada por comerciantes francos, para detenerse en la iglesia jacobea de **San Cernín**, o San Saturnino, en recuerdo del santo francés evangelizador de los navarros. Allí es donde se ha habilitado una capilla, casi tan grande como el resto del templo, dedicada a la Virgen del Camino, protectora, junto al señor Santiago, de los peregrinos.

La **PAMPLONA** que atravesaba el peregrino desde que salía de la catedral era, más que una ciudad uniforme, un amasijo compuesto por tres barrios separados y, a menudo, enfrentados. El más antiguo, heredero de la vieja ciudad de Pompeyo –**Pompaelo**– era la **Navarrería**, cuyo contorno cabe establecer sin dudas siguiendo la **Calle Mayor** y el trapecio que forman las calles de **San Saturnino**, **Descalzas** y **San Lorenzo**. Junto a este barrio, mayoritariamente habitado por navarros y judíos, estaba el **Burgo de San Cernín**, que albergaba a la colonia de francos establecida por favor especial de los reyes de Navarra. La incesante inmigración de francos y el aumento de la población autóctona exigió en muy poco tiempo una nueva ampliación, que se llamó la **Población de San Nicolás** y que fue a levantarse más cerca de la ciudadela y el castillo que defendía la ciudad. Los peregrinos elegían el paso por la **Calle Mayor**, que era la que más directamente les llevaba a la salida de las murallas y la que les ofrecía la oportunidad de realizar las compras más urgentes. Por eso, si la iglesia de **San Cernín** les pillaba de paso, no sucedía lo mismo con la de **San Nicolás**, que nada o muy poco tuvo nunca que ver con el Camino Jacobeo.

Muy cerca de ese paso peregrino se levanta la **plaza de San Francisco**, en recuerdo del santo de Asís, que hizo también la peregrinación y dejó, como vimos, varias fundaciones conventuales en Navarra. En el centro de la plaza se le dedicó un monumento, en el que le vemos junto al lobo que acompaña a los iniciados. Luego, el viejo camino se pierde entre las edificaciones de un ensanche ciudadano que constituye, seguramente, la parte más moderna y bulliciosa de la ciudad, en la que se levantan las universidades y los grandes hospitales actuales del conjunto urbano. No sé a ciencia cierta si en ellos se admite a los peregrinos, pero sospecho que en uno les exigirán sin remedio la presentación de la cartilla de la Seguridad Social y que, en otro, sólo habrán de admitirle si demuestra su capacidad económica sin lugar a dudas y de modo fehaciente.

TRANCO V: DESDE PAMPLONA HASTA PUENTE LA REINA

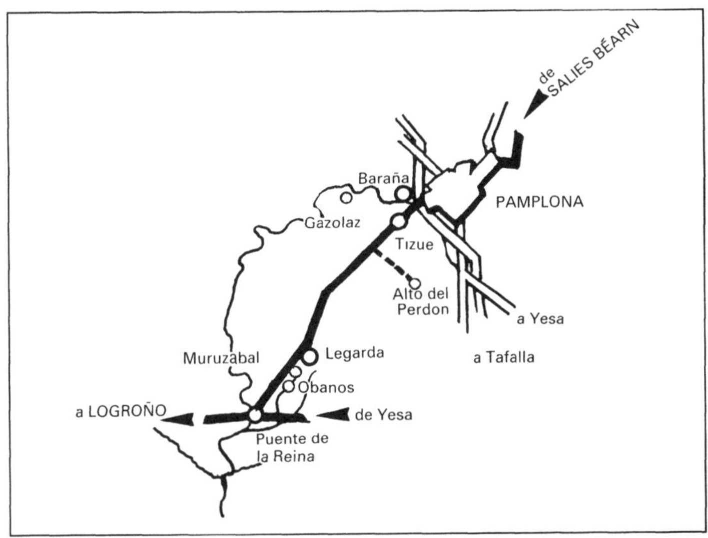

Todo el tramo del Camino que vamos a tomar ahora, hasta unirnos al que llegaba desde **Aragón**, que seguimos en los tres primeros trancos, discurre más o menos paralelo a la carretera general N-111, entre **Pamplona** y **Logroño**, que buscó, para su trazado, pendientes más suaves que las del Camino. Con todo, hay carreteras secundarias que permiten al peregrino motorizado acercarse a los pueblos que atravesaba la Ruta originaria. Nosotros vamos a tratar de seguir en este tramo el patear estricto de los peregrinos, con la advertencia de que en automóvil se podrá acceder a la mayor parte de los lugares que visitaremos, con sólo seguir las indicaciones que irán apareciendo en la carretera, siempre hacia el lado izquierdo, salvo el caso de raquetas más recientes.

La vía Peregrina salía de **PAMPLONA** por la calle llamada **Vuelta al Castillo**, una vez cruzada la actual **avenida de Sancho el Fuerte**; y, atravesando los terrenos de la Ciudad Universitaria (calle de **Fuente del Hierro**), se metía por el trazado actual de la carretera a **Campanas**. Desde allí había una distancia de unos dos kilómetros hasta llegar a **CIZUR MENOR**. He aquí un lugar del que, al menos en el momento de redactar estas líneas, podemos decir muy poco, cuando en realidad habría mucho que decir. La razón: el monumento principal está siendo restaurado y aún ignoramos cómo quedará una vez finalizada la obra, que promete ser larga y, como tantas otras, pacienzuda. Que Santiago Matamoros inspire a los restauradores.

CIZUR MENOR fue encomienda de la Orden de San Juan de Jerusalén, y no precisamente de las muchas que heredaron de los templarios, sino cedida en los primeros tiempos de su instauración en Navarra. La iglesia de la encomienda se remonta a aquellos primeros tiempos y, antes de la restauración que ahora se ha emprendido, amenazaba inmediata ruina y había perdido casi por completo toda su iconografía. Se adivinaban malamente las intenciones militares de la Orden por el aspecto de fortaleza que tiene todo el templo, aunque, desde el momento mismo de su instauración, su primer comendador, García de Obárriz (1181), hizo que aquella sede fuera destinada a la ayuda de los peregrinos que pasaban por allí camino del **puerto del Perdón**.

Una carreterilla local comunica el pueblo, que tiene una parroquia también románica, con el vecino **Cizur mayor**, que se encuentra sobre la carretera general. Y desde allí se puede alcanzar, apenas a cuatro kilómetros hacia el norte, la aldea de **GAZÓLAZ**, que cuenta con una de las iglesias románicas más sorprendentes de Navarra, dedicada a la Purificación de María, es decir, a la **Virgen de la Candelaria**, Nuestra Señora de las Candelas.

He aquí una iglesia más importante de lo que generalmente se ha reconocido. Con la de **Eusa**, mucho más simple y primitiva que ésta y situada al norte de Pamplona, es la única iglesia porticada románica del reino de Navarra y la más septentrional de la Península con estas características. A esta circunstancia se une la advocación a una Virgen cuyo culto queda muy cerca de un insólito sincretismo con las creencias paganas. Y esa advocación, a su vez, tiene que ver con la personalidad de quien mandó levantar este templo, el obispo don Pedro Jiménez de Gazólaz, que tuvo un papel decisivo en la historia de Navarra durante los últimos años del reinado de Teobaldo I el Trovador.

Este rey, sucesor de Sancho el Fuerte –era hijo de su hermana, Blanca de Navarra, que casó con el conde Teobaldo III de Champagne–, alcanzó la corona ya pasada su primera juventud y sin conocer al pueblo que le tocó gobernar más que a través de su madre. Francés de corazón y con el orgullo de ser cruzado en Tierra Santa, creyó que sus derechos eran suficientes para ser reconocido sin rechistar por las fuerzas vivas del reino. Se equivocaba. Desde los infanzones de Obanos a la iglesia de Pamplona, nadie parecía dispuesto a que aquel monarca venido de lejos pasara por alto unos derechos consuetudinarios que jamás habían sido puestos en entredicho. Y el choque más violento lo tuvo, sin duda, con el obispo Gazólaz, que se negó a reconocerle la condición de cruzado a la hora de anteponer sus deseos a los derechos de la jerarquía eclesiástica y le excomulgó tajantemente, sin que ni el papa Inocencio IV lograse romper el anatema.

Lo poco que hoy se sabe de este obispo no nos permite asociar su personalidad a la idea que rige iconológicamente el templo que mandó levantar. Incluso cuesta reconocer que ciertas ideas allí expresadas pudieran partir de su voluntad. Pero es corriente comprobar que los constructores se las ingeniaron muy a menudo para expresar idearios decididamente heterodoxos a través de imágenes que no lo eran, hasta el punto que cabe perfectamente pensar en mensajes que ni siquiera pudieron ser detectados por los más firmes defensores de la ortodoxia. En realidad, si el cristianismo había bebido en las fuentes de creencias tradicionales que luego la jerarquía se obstinó en combatir, no resultaba tan difícil plasmar ideas de dudosa ortodoxia a través de una iconografía perfectamente aceptada por los cánones y el rito.

Aquí, la advocación a la **Candelaria**, heredera de los cultos a Ceres y a Deméter, las diosas paganas personificadoras del poder generador y arquetipos de la Gran Madre, tiene su plena justificación. Ya en Roma, en los albores del cristianismo, se celebraba por las mismas fechas, a principios de febrero, la fiesta *Hypapantea*, durante la cual desde el Sumo Pontífice hasta el último fiel acudían a la procesión que se celebraba entre la iglesia de San Adrián y Santa María la Mayor –el templo de la Gran Madre– con velas encendidas, terminando la ceremonia con una misa solemne en honor a la Virgen, en una de las primeras advocaciones populares a Nuestra Señora adaptada de los antiguos cultos mistéricos. La sombra de las *lupercales* estaba presente, tan presente como en éstas había estado la sombra de las fogatas en honor a la Gran Madre que se venían encendiendo desde muchos siglos antes de que Roma dominase sobre el mundo mediterráneo. La diferencia entre la ortodoxia y la paganía estribaba apenas en el hecho de que la divinidad destinataria de aquellas candelas fuera la Virgen María o un megalito. Pero, a pesar de ello, la fiesta de la Purificación o de la Candelaria no aparece en los calendarios litúrgicos hasta el llamado Silense III, un *Liber Ordinum* que procede de Silos y data de 1052. No cabe sino pensar en una alternativa: o la fiesta se celebraba desde mucho antes de que la Iglesia la oficializase, o se extendió como la pólvora apenas fue instituida. En cualquier caso, la Orden del Temple la celebraba desde sus inicios, tal como figura en el artículo 75 de su Regla, dedicado a las fiestas que tenían que ser guardadas en las casas de la Orden: ésta era la de «*Sainte Marie la Chandelor*».

Penetrar en el templo de las Candelas era casi traspasar el umbral de lo arcaico prohibido. Y, quienes levantaron éste que ahora visitamos, tenían que dejar señales de sus intenciones, siquiera fuera disimuladamente. El disimulo y el tiempo se aliaron para que el mensaje se escondiera, y hoy apenas nos cabe otra cosa que la sorpresa y la inquietud ante algo que cae fuera de nuestra capacidad de captación del misterio. Los eruditos y los ortodoxos tendrán razones para explicar lo inexplicable y hacerlo coherente, pero siempre quedará la convicción de que aquello tan sencillo de entender no basta, que detrás de las imágenes se agazapa otro significado.

Fijémonos en la estructura de la galería porticada. Corrientemente, se justifica como protección a los fieles, que se resguardarían allí en los días de lluvia y celebrarían bajo techado las juntas comunales. Sin embargo, el lugar donde más proliferan las galerías porticadas, la comarca soriana, coincide con una de las zonas menos lluviosas de la Península, mientras que en el País Vasco, donde no se dan galerías de este tipo –con la excepción de las dos que hemos mencionado–, no sólo llueve corrientemente, sino que la tradición de las juntas se remonta a tiempos muy primitivos. Cabe pues pensar que la explicación habitual a las galerías porticadas debe de ser otra, y que puede girar en torno a la necesidad de establecer una antesala previa a la entrada al templo; un lugar donde quien fuera capaz de *ver* el mensaje puesto a su alcance, estaría en condiciones de acceder al sentido más auténtico de la vivencia que le aguardaba.

Cabe que sea por este camino por el que tengamos que emprender la estructura del atrio y el significado de las figuras representadas en él. Aquí, en **GAZÓLAZ**, destaca la circunstancia de que muchas de las representaciones iconográficas se encuentran escondidas entre los muros que sirven de refuerzo a la galería, de modo que hay que asomarse a los rincones más inverosímiles para entreverlas. ¿Acaso se trataría de una protección que defendiera de la curiosidad de quienes no estuvieran preparados para entender su mensaje? Un capitel, triple, nos plantea la figura de un toro de cabeza enorme, vuelto a quien le mira y con la boca abierta de par en par. Otro nos muestra dos personajes a caballo y coronados –*¿reyes magos?*–, protegidos por el ala de un ángel. Otro, seres deformes de grandes orejas (o cuernos, o gorros de doble punta), con las *bocas tapadas*, como en señal de secreto que no debe desvelarse. Otro capitel, colocado sobre cuatro columnas –las cuatro direcciones del Cosmos–, nos ofrece un castillo almenado, por encima del cual asoman numerosas cabezas: los que alcanzaron el Centro-del-Mundo. A los lados de ese mismo capitel, un personaje que parece aclamado por la multitud y seis misteriosos seres femeninos. Sobre la puerta de acceso al templo, dos ménsulas sostienen el tímpano con el crismón. La de la izquierda nos plantea de nuevo el emblema táurico. La de la derecha es una cabeza monstruosa que, en apariencia, devora a un hombrecillo. E insisto en la *apariencia*, puesto que la visión de este símbolo ha sido equívocamente interpretada; no es la bestia la que devora, sino el ser quien se introduce entre sus fauces para extraer de la bestia el secreto de conocimiento que guarda celosamente.

Tengo para mí que, a pesar de no estar en el Camino mismo, esta iglesilla fue visitada por numerosos peregrinos, que se acercarían a ella para encontrar respuesta puntual a parte de la búsqueda que habían emprendido.

Volvamos al Camino. Desde **CIZUR MENOR**, si vamos a pie, o desde **CIZUR MAYOR** si vamos motorizados, pasaremos por **GALAR**, una aldea casi totalmente abandonada, y por **GUENDULAIN**, donde el Camino conformó la estructura del pueblo, pasando junto a su iglesia de traza románica ya casi en el inicio de la cuesta que conduce al **alto del Perdón**.

A este alto podemos acceder, aunque con dificultades, desde el pueblo, pero también podemos llegar a él siguiendo la carretera y tomando, a nuestra derecha, una pista asfaltada que primero la cruzará por un puente y luego irá remontando la cresta, hasta encontrarnos en la ermita abandonada que marca el cruce con la senda de los peregrinos. Hacia el noreste podemos divisar toda la llanada que rodea **Pamplona** y, más allá, el paisaje que hemos venido pisando hasta llegar a la capital, desde **Roncesvalles**. Al otro lado, hacia poniente, las tierras onduladas de la Navarra más fértil, la tierra de vinos por la que vamos a internarnos. Para el peregrino, esta visión sería un auténtico perdón que le compensaría de las penalidades del ascenso; desde la cumbre vería que le aguardaba un trecho más cómodo, casi llano y, desde luego, fértil. Sería como una compensación a los avisos de Picaud, que anunciaba ríos ponzoñosos y malas artes de unos navarros supuestamente dispuestos a esquilmarle.

En lo alto del puerto hay una fuente que es conocida como la **fuente Reniega**. El nombre se lo dio una leyenda jacobea, que cuenta la historia de un peregrino que llegó exhausto y sediento a la cima y al que, después de haber buscado desesperadamente dónde saciar la sed, se le apareció el diablo en hábito de peregrino, ofreciéndole agua a cambio de que renegase de su fe y de los motivos que le habían traído hasta allí. Como el peregrino se negara, le abandonó a su suerte y moribundo donde nadie podría encontrarle. Pero hubo alguien que sí le encontró, y ese alguien fue Santiago en persona, que, con la ayuda de su concha vieira, hizo brotar un manantial de la tierra y le ayudó a sobrevivir, en agradecimiento a la firmeza que había mostrado frente a la tentación.

Milagros como éste, en el que el santo protector y maestro da agua de resurrección a quien la necesita, después de que esa misma agua ha sido ofrecida a cambio de conseguir el reniego, tiene una doble lectura que, más allá de la ortodoxia, hacía reconocer a los adeptos que el agua lustral que ellos iban buscando podía ser conseguida, según los deseos de cada cual, por las buenas o por las malas artes. O, lo que es lo mismo, que de aquel agua se podía hacer buen o mal uso.

El Camino desciende suavemente hacia la llanada, pero su estado, al menos hasta **UTERGA**, es tan lastimoso que lo hace prácticamente irreconocible. Terrenos roturados, campos sembrados sobre la misma Ruta y vallas de alambre aconsejan que el caminante vaya siguiendo la carretera y que, poco antes de alcanzar **BASONGAITZ**, tome una nueva pista asfaltada que le dejará en **UTERGA**, un pueblo pequeño y cuidado, donde aún se conserva la fuente que utilizaban los peregrinos. Dos kilómetros más allá se llega a **MURUZÁBAL**, tan cuidado como el anterior, con una iglesia de portada gótica y tres soportales dedicados a Santiago.

A la salida de este lugar se distingue, a la derecha y sobre una colina, la población de **OBANOS**. Puede accederse a ella siguiendo el Camino, que sale de la carreterilla hacia la derecha, remontando la colina sobre la que se encuentra el pueblo.

Será coincidencia, restauración, arreglo o adaptación, pero la primera visión que se tiene de **OBANOS** es la de una población preparada para la representación de un espectáculo. La gran explanada, con la iglesia y un arco y casas antiguas rodeándola, se imagina casi involuntariamente llena de gente dispuesta a presenciar ese «Auto de san Guillén y santa Felicia» que ya se ha convertido en tradición arraigada en el pueblo desde que, hace no tantos años, fue ideado y escrito por el párroco de la localidad, recogiendo la historia contada de un antiguo milagro que tuvo lugar por estos pagos.

Se trata de una historia piadosa, con ribetes de crueldad dramática, que cuenta la muerte de Felicia a manos de su hermano Guillermo, opuesto hasta el crimen a que su hermana llevase a cabo la peregrinación jacobea que se había propuesto y, sobre todo, a que después decidiera abandonar la vida cortesana que le correspondía por su categoría de princesa aquitana y optase por la vida de religiosa contemplativa. Dicen que el arrepentimiento obró en él inmediatamente, haciéndole marchar por la misma senda que siguió su hermana hasta Compostela y convenciéndole para seguir luego la misma vida de retiro y penitencia que anteriormente le llevara a cometer aquel crimen.

Los restos de santa Felicia se conservan en la aldea de **Labiano**, al norte de Pamplona. Y el lugar donde se retiró Guillermo –pues con la penitencia alcanzó la santidad– puede verse en las cumbres al sur de **OBANOS**, en el **monte Arnotegui**, donde se conserva la **ermita** que ocupó. En esta ermita hay una inscripción que anuncia que, en aquel mismo lugar, fue *martirizado*, sin que la historia nos diga por quién, aunque habrá que pensar que sería a manos de moros. Pero esa ermita no merece ser visitada sólo por el recuerdo del príncipe convertido en santo, sino porque guarda una buena talla de la Virgen que anuncia su naturaleza telúrica mediante un racimo de uvas que muestra en su mano. En cualquier caso, conviene que el peregrino averigüe antes si la imagen está allí o en el pueblo, porque periódicamente se la llevan de un lado para otro.

De este lugar se recuerda también la instauración de aquella hermandad de los *infanzones de Obanos*, de quienes hablábamos al visitar la iglesia parroquial de **Gazólaz**. Recorrer el pueblo significa igualmente encontrarnos con una rica colección de escudos nobiliarios, entre los que destaca alguno que tiene como tema una larga traílla de perros cazadores. Curiosamente, el tema iconográfico de los pequeños capiteles que conforman la portada gótica de la iglesia parroquial repite el tema de la caza con perros. Y tendríamos que recordar, en este sentido, la significación religiosa que tiene la caza en determinadas circunstancias míticas, que, posiblemente, podrían encontrar aquí una razón de ser puntual y señera.

A poco trecho de **OBANOS**, bajando la colina, el Camino que venimos siguiendo se une al que dejamos cuando llegábamos desde **Somport**. Es el punto de unión del Camino de la Vida y el Camino de la Muerte, si a alguien le vale el símil que proponía cuando iniciábamos la ruta. En la carretera, cerca de donde esa unión tenía lugar, se ha levantado un monumento al peregrino. Y, a quinientos o seiscientos metros de allí, comienzan las primeras casas de **PUENTE LA REINA**. Apenas las alcanzamos, vemos a nuestra izquierda el trazado del Camino primitivo, que pasa por debajo de un arco que une una iglesia de torre barroca achatada y ábside románico a una construcción posterior que, en su día, fue hospital de peregrinos. Se trata de la **iglesia del Crucifijo**. La torre comienza en cuadrado y termina en cúpula octogonal, siguiendo los cánones que, aunque aquí son tardíos, conformaban una estructura perfectamente concebida desde parámetros muy concretos que ya comentábamos al pasar por **Sangüesa**.

Iglesia del Crucifijo.
Puente la Reina.

La estructura primitiva de esta iglesia la levantaron los caballeros de la Orden del Temple, a quienes el rey navarro García Ramírez entregó en 1146 unos terrenos que formaban parte del poblado de **Murugarren**, la **Villa Vaetula** de la que posteriormente nacería la actual **PUENTE LA REINA**. El primer comendador templario del lugar se llamó fray Grisón, y él sería, con toda probabilidad, quien ordenaría la construcción del convento y el hospital destinado a los peregrinos, ambos separados por ese atrio, debajo del cual pasa el primitivo Camino.

La iglesia se llamó, en un principio, de **Nuestra Señora dels Orzs**, o de los Huertos, aunque la imagen de la Virgen que hoy puede verse en ella se llama **Nuestra Señora del Cruce** y procede del pueblo de **Urdanoz**, enclavado en el **valle de Goñi**. La imagen que estuvo allí desapareció a raíz de la Desamortización de Mendizábal; durante mucho tiempo se creyó perdida, pero hace pocos años fue redescubierta en la vecina **iglesia de Santiago**, donde permanecía en un rincón de la sacristía, confundida con una imagen de santa Águeda.

La historia de esta iglesia y del crucifijo que le da nombre tiene un halo misterioso que conviene consignar, porque forma parte de las incógnitas que han rodeado desde siempre a la Orden del Temple hasta más allá de su desaparición. Según se cuenta en documentación que aún puede ser consultada, el enclave les perteneció hasta el momento mismo de la desaparición de la Orden (1312) y, según consta, la hicieron construir de una sola nave, dedicada a Nuestra Señora, más los edificios anejos, hoy transformados o desaparecidos. Entre el instante del abandono y su posterior ocupación por los sanjuanistas, que fueron sus herederos oficiales, transcurrieron una treintena de años, durante los cuales el templo fue parroquia del barrio de **Murugarren** y era atendida por los miembros de una cofradía que pudo muy bien estar formada por los mismos templarios recién disueltos. Pero para entonces, y desde varios años atrás, estaba ya construida la nueva nave, la que hoy alberga al Cristo que le da nombre, aunque la imagen en cuestión no estaba aún en su emplazamiento.

Esta representación del Crucificado es una de las más inquietantes que pueden contemplarse a lo largo del Camino, con otra muy semejante (aunque bastante posterior) que veremos cuando lleguemos a **Carrión de los Condes**. Las guías al uso y los libros que se han publicado con descripciones del Camino suelen destacar la circunstancia de que el crucifijo no está formado por la clásica cruz de la imaginería ortodoxa, sino por una rama de árbol ahorquillada que viene a adoptar la forma de la **Y** griega. Sin embargo, bastará con que nos fijemos en ella para comprobar que no sólo constituye una horquilla, sino que adopta, en realidad, la forma de una *pata de oca*, el signo que sirvió de reconocimiento a las hermandades secretas o discretas de los canteros medievales, precisamente las que, en buena medida, se crearon a la sombra y con la financiación más o menos explícita de la Orden del Temple.

Por este camino, el crucifijo de **PUENTE LA REINA** nos presenta al Cristo dentro de las coordenadas de la más pura tradición simbólica de las corrientes esotéricas medievales. La Crucifixión sobre el Árbol identifica al Salvador con el Attis de los misterios frigios y con la tradición del Krishna hindú. Pero la forma de **Y** griega coloca el sacrificio sobre la IOD de la Qabalah judía, la décima letra del alfabeto sagrado, que es, a la vez, el décimo *sefirá: Malkut*, la Corona, que abarca a todos los demás *sefirot* y tiene como principio a Yavé en persona, el origen desconocido de todas las cosas, aquel que sólo se manifiesta mediante sus propias proyecciones, a través de las cuales es dada a conocer la evidencia divina. Pero, al mismo tiempo, está presente la Pata de Oca, proclamando el sacrificio divino a una instancia superior a Él mismo, implícita en el símbolo que representa los principios sagrados de la arquitectura trascendente, la mano del mismo Dios inspirando la construcción del Templo de los Templos, que se levantó bajo su directa inspiración y de cuya estructura arruinada pudieron extraer los templarios los módulos sagrados de su estilo peculiar.

De esta imagen se ha afirmado siempre que procede de talleres artesanales de la región del Rhin, tal vez de la misma Colonia, donde existe un crucifijo de idénticas características en el templo de Santa Maria am Kapitol. La tradición local atribuye su procedencia a un peregrino alemán que lo donó desde su tierra, como agradecimiento por las atenciones que había recibido en la hospedería. Otros lo citan como regalo de toda una expedición de romeros germanos, que lo habría dejado allí a su regreso de Compostela. Pero lo más extraño de este caso es que, según se desprende de los documentos existentes –algunos de los cuales se encuentran en manos de particulares, como la **familia Martija**, de la misma localidad–, la nave lateral que iba a albergar esta pieza se estaba construyendo desde muchos años antes que la imagen fuera presuntamente donada. Más aún: los restos de pinturas murales que permanecen ocultas por el lienzo colocado detrás de la imagen, pintadas sobre el ábside, nos muestran una Crucifixión de las mismas características, cuando se sabe que dichas pinturas, realizadas por un maestro llamado Johan Oliver, fueron realizadas también mucho antes de que el Crucifijo se colocara en el lugar que ocupa.

Todo esto nos lleva a la sospecha de que, a pesar de la suspensión oficial de los templarios, los freires siguieron completando y cuidando su obra, como si el avatar que los aniquiló fuera apenas un acontecimiento que en nada llegó a afectar de inmediato a la continuidad de la obra que se habían propuesto llevar a cabo. No me atrevería a poner la mano en el fuego a la hora de avanzar interpretaciones, pero creo que merece la pena que nos planteemos que una buena parte de las incógnitas suscitadas por este crucifijo y por el lenguaje cifrado de los constructores del templo que lo alberga están ya *reveladas* en la arquivolta que da acceso a la capilla. Si nos fijamos en ella, de un románico ojivado cuidadosamente esculpido, comprobaremos que todas las características ornamentales se respetan en las tres columnas y en los arcos que nacen de cada par de ellas. Comenzando desde dentro, la primera luce motivos geométricos totalmente abstractos; la intermedia está compuesta por elementos a medio camino entre la hoja nervada y la vieira jacobea. En cuanto a la tercera, la más externa, acumula extrañas figuras en cada una de las 33 piedras que forman su labra.

Esas figuras, en apariencia anárquicas, como ideas de un escultor loco, representan MONSTRUOS, MÁSCARAS, ESPIGAS, OVILLOS, UN SISTRO CAÍDO, UNA HIDRA ALADA. Y no son caprichosas: nos están contando algo en un orden determinado, como en un jeroglífico egipcio que necesitase de un Champollion para ser traducido y una piedra Rosetta que permitiera su interpretación y el descubrimiento de su sentido. El mensaje se encuentra ahí, ofreciéndose paciente a quien se atreva a leerlo, como tal vez supieran leerlo los monjes cuyas sepulturas se encontraron en el suelo de la nave primitiva, y cuyos rostros, vueltos hacia la tierra, daban cuenta cabal de su ideario, como lo habrían dado aquellos otros cuyos cuerpos se encontraron en cuclillas, lo mismo que las momias preincaicas de las huacas del Altiplano peruano.

A la hora de interpretar este templo de manera global, así como las imágenes que alberga en sus naves: el Crucifijo y Nuestra Señora de las Huertas, creo que sería útil señalar que ambas parecen unirse para señalar el lugar sagrado a aquel que supiera servirse de él. El Cristo crucificado viene a ser, en este contexto, como el centro de una constelación compuesta por Vírgenes que marcan el contorno del recinto, advirtiendo de su sacralidad. La constelación viene marcada por las imágenes de la **ermita de Arnotegui** (la del racimo de uvas que mencionábamos anteriormente), la antigua de **Eunate**, la de **Las Huertas** y la de **Puente**, sobre cuya circunstancia incidiremos inmediatamente. Así, el Cristo renano crucificado sobre la Pata de Oca viene a resumir y a potenciar las imágenes de Nuestra Señora que había fertilizado con su presencia. La Pata de Oca, o la runa germánica correspondiente (∞), que justificaría el origen alemán de la imagen y le daría su sentido último como símbolo de la vida, resumen de un arcaísmo cultural que lo convierte en paradigma de una postura trascendente.

Pero no terminan aquí las llamadas de atención de **PUENTE LA REINA**. Salimos del templo del Crucifijo y seguimos camino por el otro lado del arco. Cruzamos la carretera actual y penetramos en el núcleo urbano, precisamente por la **Rúa** que seguían los peregrinos. A media altura de aquella calle se levanta la **iglesia de Santiago**, parroquial, con una portada románica de transición que muchos investigadores han sospechado construida por canteros moriscos. La huella pudieron dejarla en el arco de acceso, polilobulado –veremos otro muy semejante cuando pasemos por **Cirauqui**–, pero, por desgracia, la enorme cantidad de figuras que se esculpieron en las arquivoltas, casi todas irreconocibles, nos impide interpretarlas con un mínimo de rigor. No deja de ser curioso, sin embargo, que gran parte de estas escenas minúsculas se refieran, al menos así lo aseguran quienes han osado interpretarlas, a pasajes narrados en los

Evangelios apócrifos sobre la infancia de Jesús, lo que supone un especial conocimiento de unos libros que fueron desestimados por la autoridad eclesiástica de Nicea, cuando se trató de escoger las certezas evangélicas que habrían de entrar a formar parte de la fe cristiana.

Ya dentro del templo, destaca de manera muy especial la imagen de Santiago peregrino del siglo XV, que todos conocen como **Santiyako Beltza**, Santiago el Negro, por el color que lucía su rostro antes de que restauraciones infieles a los orígenes se lo arrebatasen, y que lo asociarían a otras imágenes, generalmente de Vírgenes, que originariamente estuvieron pintadas del mismo color.

Al final de la calle, dejando a un lado el templo de **San Pedro**, donde actualmente se guarda la **Virgen del Puente**, o del Puy, nos encontraremos ante la gran estructura del **puente de Peregrinos** que dio nombre al pueblo.

No hay duda de que existe un motivo para considerar auténticos iniciados a los constructores de puentes, y que no en vano se les llamaba pontífices, pues es cierto que, sobre la solución de problemas derivados de la pura necesidad material de cruzar los ríos, al constructor se le planteaba el problema de contribuir a la enseñanza subliminal que se impartía al peregrino a través de las obras que realizaba. Este puente, que constituye la obra de mayor importancia junto al **puente de la Magdalena**, de **Pamplona**, no sólo da su nombre al pueblo, sino que configura su personalidad. Está plenamente integrado en los módulos sagrados de la construcción y revela intenciones que van más allá de la mera funcionalidad de la obra. Si nos detenemos en la estructura de estos puentes –heredada de Roma, pero trascendida a la hora de servir a la marcha del peregrino–, veremos que están concebidos a dos vertientes, de tal modo que el que los transita sube duran-

Iglesia de Santiago.
Puente la Reina.

te la primera mitad del trayecto y, prácticamente, no distingue nada al otro lado hasta que ha remontado la mitad del recorrido. Allí, en el centro en cúspide, vuelve a descender con todo su futuro recorrido a la vista. Tales rampas, salvo excepciones, no son funcionalmente necesarias; el puente podría haberse construido sin problemas con un trazado horizontal. Pero en esa subida hay otra intencionalidad, otro aprovechamiento, de tipo simbólico, que cabe identificar con la sensación que apuntan Cobreros y Morín en su *Guía iniciática del Camino*: *«Parece emerger del agua y flotar sobre la misma. Al escalarlo, algo nos tira hacia arriba, como si la fuerza ascensional de estos cuasi arbotantes se prolongara, dando ligereza a los pies. Hay algo mágico en este puente, una constante creación, una separación de las aguas, un tránsito privilegiado»*.

Pero este puente, además, es protagonista de una leyenda que lo define y que define, al mismo tiempo, a quienes viven en torno suyo. Se trata de la leyenda del **pájaro Chori** y cuenta unos hechos irrepetibles, puesto que tenían como motivo la presencia en el pretil de esa imagen que ya no está allí. La leyenda dice que, de tiempo en tiempo, aparecía como de la nada un pajarillo que, con todo cuidado y mostrando una voluntad sobrenatural, se dedicaba fruiciosamente a limpiar la imagen de Nuestra Señora que, lógicamente, estaba colocada en un lugar al que difícilmente se podía acceder. El pajarillo bajaba hasta las aguas del río tantas veces como fuera necesario y, mojando sus alas, volvía junto a la Virgen y la lavaba cuidadosamente, ayudándose con el pico para sacar los granos de suciedad que pudieran haber quedado. Luego, cuando había terminado con su labor, desaparecía y nadie volvía a verlo hasta la siguiente oportunidad. Y digo lo de la oportunidad porque la gente, un buen día, se dio cuenta de que las fechas en las que aparecía el laborioso pajarillo coincidían con acontecimientos importantes de Navarra o del pueblo mismo. Por ejemplo, parece que fue especialmente proclive a aquellas visitas durante la primera guerra carlista y, al parecer, sirvió más de una vez para exacerbar los ánimos tradicionalistas frente al reconocido (y, naturalmente condenable) ateísmo de los cristianos, acusados siempre de liberales y librepensadores; porque el pajarillo surgía, inevitablemente, en momentos de ocupación, de resistencia o de celebración de aquellos sacrosantos combates que habrían de resolverse gracias a esa intercesión de origen lógicamente divino que, como todo el mundo sabe, se manifiestan siempre en favor de los movimientos ideológicos más integristas y recalcitrantes. Aquel fue un modo de tergiversar o, si queremos, de transportar una bella leyenda a terrenos en los que lo ideológico priva sobre los valores tradicionales y, de rebote, el tradicionalismo sobre la tradición. Fue, como tantas veces se ha dado en el solar hispánico, el triunfo de las ideologías sobre las ideas, puesto que aquellas arrastran adeptos y éstas inducen a pensar en libertad de espíritu y de conciencia.

6. Los caminos del vino

TRANCO VI: DESDE PUENTE LA REINA HASTA LOGROÑO

Cruzado el puente románico sobre el **río Arga**, en **PUENTE LA REINA**, el peregrino se encontraba ante una bifurcación de caminos. Podía seguir en línea recta, remontando la colina del otro lado del río, lo que le llevaría hacia la que se llama hoy la zona vinícola de **Sarría**, donde se cultivan algunos de los mejores caldos navarros. Pero podía desviarse hacia la izquierda, llegando inmediatamente a la actual carretera, donde se encontraría, frente por frente, con la mole de un **hospital de peregrinos** que hoy cumple funciones meramente agrícolas. En ese punto, Camino y carretera se separan un trecho; el Camino se encauza hacia la izquierda, adentrándose en los campos, para volver a unirse a la carretera a la vista de **MAÑERU**, junto a un **crucero** que la construcción de la actual autovía ha desplazado de su lugar. Supongo que habrá que dar aún gracias porque se conserva. Antes quedaba a la izquierda, sobre un alto. Es esbelto, de la mejor tradición renacentista, con la figura de Nuestra Señora en uno de los lados y la del Crucificado al otro.

La leyenda que cuentan sobre este crucero de **MAÑERU** nos sitúa en un hipotético siglo XV y en un contexto aparentemente envuelto en simplezas campesinas, como un cuentecillo de aldea, socarrón y sencillo. Es una historia de lindes, por las que mantenían pleito los de este pueblo con el vecino de **CIRAUQUI**, al que nos acercaremos inmediatamente. Al parecer, en medio de estas pugnas, surgió un acontecimiento singular, protagonizado por dos *ancianas*, una de cada uno de los pueblos en litigio, que se retaron a un duelo singular que debería resolver el conflicto, porque se establecía como condición que la que perdiera implicaría a todo su pueblo para que respetase el resultado. La apuesta consistía en beberse de un solo trago un enorme cántaro de vino de la tierra, que habría de llenar, para cada una, la gente del otro pueblo. Los de **MAÑERU**, con la aviesa intención de ganar a toda costa, metieron en el cántaro de la vieja de **CIRAUQUI** una rata muerta. Y comenzó el duelo y la anciana de **MAÑERU** apenas dejó los posos de su cántaro. Le tocó el turno a la otra y apuró el suyo con los posos incluidos, no dejando dentro ni la rata que habían introducido. Cuando le preguntaron cómo había logrado superar la apuesta confesó que, cuando iba por

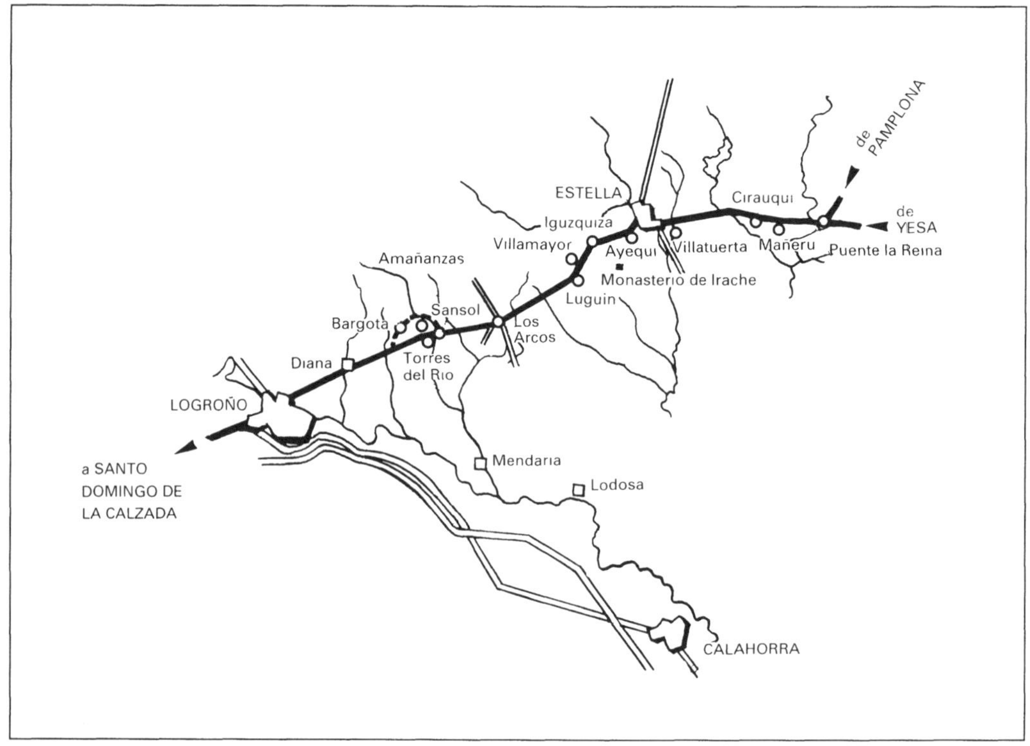

la mitad, estuvo a punto de perder, porque creyó que se le había atravesado una mosca en la garganta.

Creo que, con toda su socarronería rural, las circunstancias de la leyenda, uniendo en una sola historia a dos ancianas, el vino y el crucero (pues en el crucero se celebró la apuesta), nos llevan de la mano al remoto culto a la Gran Madre que velaba sobre los campos y propiciaba la fertilidad de la tierra. ¿Acaso no son estas ancianas la representación de las remotas deidades de ambos pueblos? Y el hecho mismo de que el vino sirva como agente directo en esta especie de juicio de Dios laico, es igualmente revelador de la permanencia en el inconsciente colectivo de formas arcaicas del pensamiento prelógico, que aún tienen vigencia entre los campesinos del agro vasco-navarro.

MAÑERU fue propiedad de los templarios de la encomienda de **Puente la Reina**, pero nada queda en el pueblo de su antigua presencia. Incluso la iglesia fue derruida en el siglo XVIII, para levantar otra que fue diseñada por el arquitecto Ochandotegui y que presenta muy poco interés para el peregrino que busca aún las fuentes originarias del Camino.

Desde **MAÑERU** a **CIRAUQUI**, Camino y carretera marchan otra vez paralelos; el Camino mucho más directo, siguiendo sendas que ahora utilizan los campesinos, cuando no ha quedado tapado por los escombros producidos por la construcción de la autovía. Sigamos por ella y no perdamos de vista la falda del monte que la bordea; podremos ver, antes de llegar al otro pueblo, las ruinas de la **ermita de Ani**, que en tiempos fue parroquia de un poblado ahora abandonado, del que nada queda. Podemos acercarnos a la ermita por un senderillo y, aparte de la mala sangre que se nos haga al comprobar su abandono, contemplaremos los restos de unas pinturas murales que, sin duda, habrían merecido ser cuidadas para que no se arruinasen totalmente, como ahora está ya a punto de suceder.

CIRAUQUI queda apenas a unos metros de la carretera, a la izquierda. Si entramos en él, veremos inmediatamente los restos del Camino peregrino que llega desde la localidad anterior.

La iglesia de **CIRAUQUI** está dedicada a san Román y ha sido profundamente transformada, pero sigue conservando una portada románica lobulada –la recordábamos al ver la de Santiago de **Puente la Reina**– y la memoria de aguas lustrales, a través de la fuente de peregrinos que las vierte precisamente desde el ábside de la parroquia. Pero, sin duda, habría de ser en el personaje de Román en quien deberíamos detenernos, siquiera fuera brevemente.

San Román es un mártir singular, caracterizado por el uso casi verborreico que hizo de la palabra. Cuenta su leyenda dorada que no dejó de predicar mientras se le sometía a tormento y que sus verdugos, hartos de que no callara, le perforaron primero las mejillas y luego le cortaron la lengua, sin conseguir su propósito. Esa lengua, hoy, se la disputan como reliquia Zaragoza y Toledo, pero cualquiera de ellas que sea la auténtica, si es que alguna lo es, supera con creces su significado material e inmediato, para convertirse, en un contexto simbólico, en vehículo de *la Palabra*, con la que el individuo, según la Qabalah,

Cirauqui.

se comunicaría con la Divinidad. En el mundo de la Tradición, el empleo correcto y preciso de la palabra es el que lleva al ser humano a alcanzar sus metas trascendentes. La palabra es el lenguaje elaborado por el conocimiento, la que sirve para definir las realidades circundantes, pero también, mal empleada, la causante de muchos de los males que acechan a la humanidad. La Tradición se expresa mediante símbolos, pero los iniciados hablan el *lenguaje de los pájaros*, que es el habla secreta del conocimiento hermético.

El culto a san Román inclina a pensar, aunque sin seguridades palpables, que esta iglesia fuera obra, y aun tal vez propiedad, de los monjes del Temple, que poseían la vecina localidad de **MAÑERU** y tenían su encomienda en **PUENTE LA REINA**. Si así fuera, la portada lobulada de la iglesia podría asociarse perfectamente a la similar de la iglesia de Santiago de esta última localidad y hasta daría sentido a la repetición de la misma estructura en la de **San Pedro de la Rúa** en **ESTELLA**, que visitaremos dentro de algunos kilómetros. El arco lobulado, representación simbólica del mundo del que nacen otros mundos –o del cielo, del que surgen otros cielos–, habría sido importado de Oriente por los maestros templarios y haría inútil pensar en influencias de Al Andalus, como han querido ver algunos investigadores.

Al sobrepasar **CIRAUQUI** por la carretera, conviene que nos detengamos junto al poyo de una fuente que deberíamos encontrar a nuestra derecha y que aún no sabemos si la ampliación de la calzada habrá conservado. Si desde ese punto volvemos la mirada hacia el pueblo, encaramado en la colina, veremos descender por ella el **Camino de Peregrinos**, cuidadosamente restaurado, lo mismo que el puente que cruza el **río Salado**. Este río es uno de los que Picaud proclamaba venenosos en su Códice, y el puente encauzaba el Camino hacia donde nosotros nos hallamos, pasaba junto a nosotros y cruzaba la carretera, para meterse entre las colinas que se levantan al otro lado y cruzar un segundo puente que lo acercaba a la aldea hoy abandonada de **URBE**.

Seguimos por la carretera y, a la altura de **LORCA** (que es una remota etimología del dios Lug, tan proclive en los pueblos de nuestra geografía que surge aquí como surge en la lejana Lorca de Murcia y en la Luarca asturiana), volvemos a encontrar el Camino.

A partir de **LORCA**, Camino y carretera marchan juntos durante unos tres kilómetros. El Camino sigue por nuestra izquierda para entrar, por un soberbio puente de peregrinos, en **VILLATUERTA**, que la carretera bordea sin entrar. Conviene detenernos aquí, pues, aparte el puente que he citado, el peregrino puede encontrar un crucero más que curioso, compuesto por una columna formada por 22 piedras que se ensamblan a partir de la forma de media luna que tienen todas ellas. Según una tradición popular, la procesión que se celebra anualmente en honor al evangelista Marcos –recordemos que su símbolo es el toro– tenía que pasar necesariamente por este crucero. Y la idea invita a pensar si esta estructura de media luna de las piedras que lo componen no tendrá algo que ver con la imagen táurica del símbolo del Evangelista.

La Ruta, en este punto preciso, cambió de rumbo a lo largo de la historia de la peregrinación. Antes de la fundación de **ESTELLA**, cuando esta ciudad apenas era un caserío perdido a los pies del **Puy** y se llamaba **Lizarra** –que quiere decir *estrella* en vasco–, los peregrinos bordeaban la iglesia parroquial de **VILLATUERTA** y se adentraban en línea casi recta hacia el **Montejurra** y el **monasterio de Irache**. Tras la fundación, el Camino fue deliberadamente alterado, porque en la nueva ciudad se ofrecía al peregrino, cualquiera que fuera el carácter de su romería, alicientes bastantes para hacer imprescindible su tránsito. Todo había sido preparado y organizado con vistas a convertir la reciente fundación en lugar obligado para el caminante. Incluso se crearon sus tradiciones sagradas, obedeciendo a unos cánones exigidos, que se repetían a lo largo y ancho del Camino desde las postrimerías del siglo XI hasta bien entrado el siglo XIII.

Éranse unos pastores que guardaban sus rebaños entre los matorrales de las faldas del **Puy**. Y hete aquí que, durante varias noches, comenzaron a ver como caían estrellas en un lugar muy concreto de la cima. Al principio tuvieron miedo, pero, al fin, se decidieron a explorar; y allá arriba, entre espinos y matas, encontraron la boca de una cueva y dentro, rodeada de luz, la imagen de una hermosa Virgen. Los pastores avisaron en la parroquia más cercana, que era la de **Abárzazu**. Y llegó el párroco con numerosos vecinos, dispuestos a llevarse a su pueblo la prodigiosa imagen. Pero, por más esfuerzos que hicieron, la imagen se negó a marcharse del lugar, volviéndose tan pesada que ni cien parejas de bueyes habrían podido moverla. Convencidos de que aquella era la voluntad de la Virgen, decidieron levantarle un santuario allí mismo y la noticia se expandió, llegando incluso a oídos del rey Sancho Ramírez, que se encontraba luchando junto a los castellanos en el sitio de Toledo. Era el año 1085 y aquel encuentro decidió al rey a fundar la ciudad, que sería favorecida por un fuero tan liberal que pronto pasaría a convertirse en centro de atracción para numerosos francos, judíos y navarros, que habrían de hacer de ella una de las más atractivas de la Ruta Jacobea. Cuando Picaud pasó por allí se olvidó de su animadversión contra las gentes del país y dijo que allí daban *«buen pan, excelente vino, mucha carne y pescado»* y que estaba *«llena de felicidad»*; e hizo de **ESTELLA** meta de una de las etapas de su itinerario, lo que la convertía, en la práctica, en punto de paso y descanso para la legión de peregrinos.

Recordemos que el santuario de **Nuestra Señora del Puy** se encuentra en el mismo lugar donde tuvo lugar el hallazgo de la imagen. Sin embargo, el sitio ha sido transformado desde que, ya casi en ruinas el templo levantado en el siglo XVII, se comenzó a erigir el actual, allá por 1930. A pesar de la buena voluntad del arquitecto, las corrientes culturales han hecho de él un escenario casi teatral y, por supuesto, carece del hálito de lo sagrado, a pesar de que se sigue venerando la vieja imagen, envuelta en metales preciosos que simulan mantos y coronas de luz y rodeada de una teoría de estrellas que pretenden aludir a las que provocaron el hallazgo y sólo consiguen distraer al visitante con destellos de neones.

Por fortuna, esta desgraciada transformación de lo sagrado no es corriente en **ESTELLA**. La ciudad sigue respirando tradición. Y comienza sorprendiendo la proliferación casi increíble de advocaciones a Nuestra Señora que hay en ella. Incluso creo que nos sorprenderá comprobar hasta qué punto la mayoría de ellas contienen implicaciones mágicas que las convierten, como conjunto, en la que tal vez es la mayor concentración de claves marianas de toda la cristiandad, algo así como la letanía del gran rosario de la Tradición, remate de todas las que hemos ido viendo hasta aquí, esencia de la ciudad y recuento cabal de advocaciones a la sacralidad de la Tierra, fundamentales a la hora de aprehender la razón última del Camino.

Fue en el siglo XII, dentro aún del primer siglo de vida de **ESTELLA**, cuando monjes franceses, advertidos de la cantidad de comerciantes francos que se habían instalado allí, fundaron a la entrada y a la salida sendas alberguerías monásticas puestas bajo la respectiva advocación de san Lázaro (patrono de la catedral de Autun) y de **santa María de Rocamadour**, por cuyo santuario de Quercy pasaban buena parte de los peregrinos procedentes del país vecino. El hospital de san Lázaro desapareció, pero en el otro se conservó vivo el culto a la Virgen; y aún queda de su primitivo templo el ábside del siglo XII, que algunos aseguran que estuvo al cuidado de templarios. Las reformas del siglo XVII arrebataron su sentido al resto del templo, y la imagen, aun con la cantidad de retoques y restauraciones que la fueron desfigurando, sigue siendo la primitiva, pese a que ni su rostro con sonrisa de Gioconda ni su actitud tienen que ver con la imagen original de Quercy, sin duda una de las más rudas e impresionantes representaciones de Virgen Negra que pueden contemplarse. Ésta es un mero reclamo de la francesa y está demostrado que la mayor parte de los milagros que se cuentan de ella y la práctica totalidad de las donaciones que se atribuyen a reyes y nobles de Navarra se refieren a la advocación francesa y no a ésta. Del mismo modo, cuando nuestro maestro Ramon Llull se refiere a su propia peregrinación en pos de su identidad iniciática y cuenta que «*partió, con intención de no regresar a su tierra, hacia Santa María de Rocamador, a Santiago y a diversos otros lugares santos*», hace mención del santuario francés y no del navarro o de cualquier otro de los que se levantaron en la Península en honor de esta Virgen.

Es curioso comprobar que de esta imagen de **Rocamador** –y ni siquiera de ella, sino de la reproducción en piedra que figura en la fachada del templo– se cuenta un solo milagro autóctono, referido a la proclamación de inocencia testificada sobre un condenado que la tomó por testigo. Dicen que, a raíz de este prodigio, la imagen en cuestión luce al niño sobre el brazo derecho y no sobre el izquierdo o sobre el regazo, que es como casi siempre se representa a la Virgen desde la más remota antigüedad cristiana.

No terminan aquí las advocaciones marianas estellesas. Aparte una **Nuestra Señora de las Torchas** (de las antorchas), del siglo

XIII, que proclama abiertamente su adscripción al nombre oculto de la Candelaria, y al margen de otra desaparecida imagen de **la Gallarda**, que se encontraba en una ermita también desaparecida, sobre el portal del mismo nombre en la muralla, aún podemos contar con una **Santa María de Horta** –de la Huerta o de los Huertos–, que formó parte del monasterio de benitos de la ciudad y proclama con su nombre su protección sobre la labranza, signo infalible de su origen. Hoy se encuentra en la residencia de las madres escolapias del Puy, que fueron las herederas de los benedictinos encargados del cuidado del santuario. El aspecto de esta imagen, después de la restauración perpetrada en ella, es absolutamente deplorable.

En las proximidades del **convento de Santo Domingo**, situado al pie de la ladera por la que se extendía la importante judería de la ciudad, de gloriosa y triste memoria para los hebreos españoles, se levanta un templo que la gente suele llamar de **Santa Lucía**, constantemente cerrado. En realidad, es el templo de **Santa María de Jus del Castillo** y en su interior se guarda una imagen datada en el siglo XIV que, en su día, cuando el templo era capilla real del palacio que se levantaba en lo alto del monte, fue **Santa María de Todos los Santos**. Y sus guardianes eran monjes de una insólita comunidad llamada de los *grandimontinos*, que trajo de la Champagne Teobaldo II, hijo del rey Trovador y fundador, como vimos más atrás, de la localidad de **Espinal**, próxima a **Roncesvalles**.

Aún quedan, por lo menos, dos imágenes importantes en **ESTELLA** que merecen destacarse. Son **Nuestra Señora de la O** y **Nuestra Señora de Belén**. La primera, del XIII, se encuentra en el lateral izquierdo del altar absidal del templo de **San Pedro de la Rúa**, flanqueada por un arco, una de cuyas columnas, reconstruida en el siglo XIX, adopta la forma más que significativa de tres serpientes enlazadas en forma de trenza. La segunda, sin duda la más antigua de la ciudad y también la menos deteriorada por arreglos posteriores, es de los inicios del siglo XII y se encuentra situada frente a la anterior, al otro lado del altar mayor.

San Pedro de la Rúa.

Los dos apelativos de estas vírgenes son de lo más sospechoso desde el punto de vista de la ortodoxia de sus advocaciones. Por lo que atañe a Belén, hay una indudable implicación céltica, que asocia la imagen mucho más a la divinidad Belenos que al mítico portal del nacimiento de Cristo. Estas imágenes, que suelen sostener en su mano una diminuta esfera planetaria –como seguramente sostuvo la nuestra, antes de que desapareciera y dejase la palma semicerrada sobre algo precioso que ya es invisible–, son Belisanas originarias, probablemente divinidades maestras comunicadoras de los saberes de la Tierra. En cuanto al apelativo de la O, creo que supone implicaciones aún más ocultas y más cercanas a las enseñanzas tradicionales, que asociarían estas imágenes a recuerdos de cultos isíacos –ISIS/IO/O– de origen mistérico, posiblemente relacionados con rituales de los hermanos constructores o con prácticas alquímicas, cuyo simbolismo está presente en muchos lugares de la Ruta Jacobea.

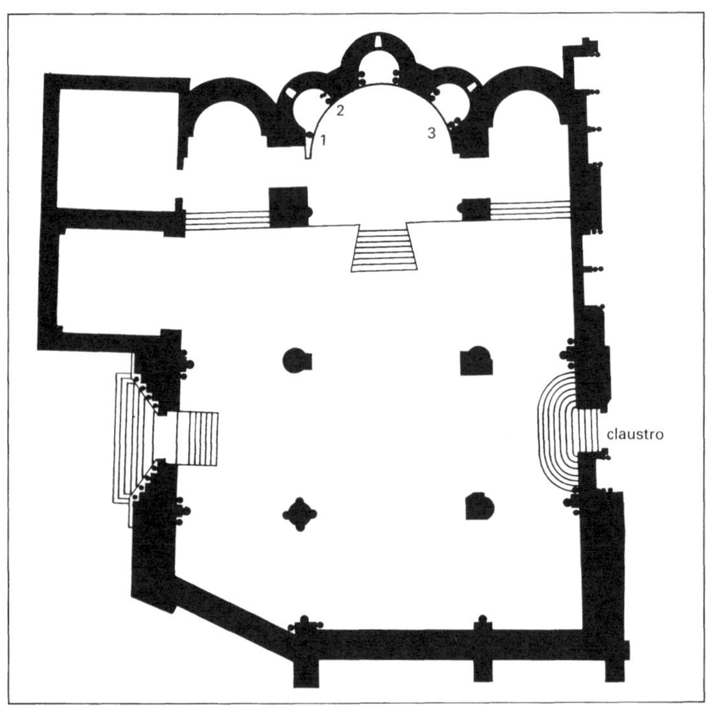

San Pedro de la Rúa.
1, 2, 3: Emplazamiento de las imágenes marianas.

Esta iglesia de **San Pedro de la Rúa** plantea las más diversas incógnitas a quien trata de desentrañarla. Y no sólo por albergar estas dos imágenes, que están allí por circunstancias puntuales, sino por la estructura misma del templo y por todas las circunstancias que concurren en él. El aspecto general del monumento, adosado a las rocas del monte y con el acceso casi penitencial de su empinadísima escalinata, es el de una fortaleza sagrada, a la que da acceso una portada románica tardía (s. XIII), lobulada y rodeada de un ancho pórtico, compuesto por ocho columnas a cada lado, cuatro mayores y cuatro menores intermedias, coronadas por un capitel corrido de tema vegetal, a modo de friso. Sólo las basas sobre las que recaen los lóbulos de la portada tienen figuras. Pero no son figuras de procedencia cristiana, sino imágenes de grifos, arpías, centauros y sirenas, todos ellos convertidos por los escultores en alegorías de procesos interiores, bien conocidos por los iniciados medievales a través de los bestiarios.

El templo, concebido en cruz latina con tres naves rematadas en otros tantos ábsides, presenta el central potenciado por tres absidiolos que rodean el altar; en dos de ellos se encuentran ahora las imágenes de Nuestra Señora que anteriormente comentábamos. El portal sur da sobre el que debió de ser uno de los más bellos claustros del románico peninsular, sólo que ahora apenas podemos contemplar la mitad de lo que fue en sus orígenes. La historia de este desastre viene de 1521, cuando el cardenal Cisneros dio orden de demoler todos los castillos de Navarra para evitar revueltas del antiguo reino, ya adscrito a la corona castellana, de la que era precisamente regente. El castillo real de **ESTELLA** estaba entre las fortificaciones a derruir y el coronel Villalba, que era el encargado de realizar la voladura, puso tan fuerte carga explosiva que una lluvia de piedras procedente de la cima de la montaña se abatió sobre la iglesia y el claustro de **San Pedro**, destrozándolo completamente. Cuando se pensó en reconstruir aquella ruina ya sólo se pudo recomponer la mitad; y aun esa recomposición tuvo que hacerse aprovechando columnas y capiteles, sin tener en cuenta el lu-

Estella.

gar en el que habían estado ubicados anteriormente, por lo que ya es imposible seguir el orden originario.

Con todo, aunque nunca se podrá seguir el *relato* que se iría revelando en la sucesión –correcta– del claustro, sí cabe admirar los temas sueltos que nos plantea e imaginar lo que nos pudieron contar cuando aquel lugar estaba intacto, antes de que un pobre militar con exceso de celo desencadenase el desastre. Lo que el claustro de **San Pedro** nos permite entrever, a través de los signos de cantero y de la cuidadosa puesta a punto de los elementos que configuraban el conjunto, es que aquel lugar pudo ser muy bien punto de reunión de constructores y posible núcleo de enseñanza iniciática del oficio. Aún hay una enorme cantidad de marcas compañeriles, tanto en la iglesia como en los muros del claustro; y resulta significativo comprobar, en este último, que las figuras de sus capiteles –aun prescindiendo de aquel orden definitivamente perdido– planteaban simbolismos muy especiales. Los hay con alusiones directas a las mitologías del norte de Europa, y en dos de ellos aparecen, en insólita repetición, las figuras de los Magos de Oriente, directamente relacionadas con el conocimiento ocultista a través de aquel reino del *Preste Juan* del que se dice que procedían. Pero aún sorprende más la presencia constante del simbolismo escatológico que convierte a menudo lo que podría parecer normal y corriente en *leitmotiv* de la historia narrada. Uno de los capiteles muestra a dos hombres levantando un cadáver del lecho y, sobre ellos, a unos ángeles sosteniendo un aspa o una cruz. En otro se ve la tumba vacía y, encima de ella, la Jerusalén Celeste, ombligo sagrado del mundo, relacionado con esa misma tierra del Preste Juan –*Samballah* o *Aghartha* de las tradiciones sagradas asiáticas–, trasplantada al Medievo europeo. Abundando en las imágenes de la muerte iniciática –que ya sé que, en una primera lectura, van referidas a la muerte de Nuestro Señor Jesucristo–, tendríamos que recordar otros lugares de la misma **ESTELLA**. En el pórtico de la **iglesia de San Miguel** (en la que no nos detendremos en tanto no hayan finalizado sus interminables obras de restauración, que la mantienen inaccesible a los visitantes) aparece de nuevo la insistencia sobre los muertos, esta vez en masa, mientras el santo Arcángel va pesando sus almas tomando el papel del Hermes-Toth egipcio. Y en la **iglesia del Santo Sepulcro**, situada al inicio de la Rúa de los Peregrinos y de la que ya no es posible reconocer más que su soberbia fachada gótica del siglo XIV, vuelve a surgir el tema del sepulcro, esta vez vacío y contemplado por las Tres Marías.

En el caso de **San Pedro de la Rúa**, tendríamos que recordar que el claustro sirvió, durante siglos, para enterramiento de peregrinos que no tuvieron resistencia para seguir su camino o que volvieron de su destino compostelano dispuestos a morir en plena Ruta, para completar su proceso. Aún pueden verse varias de esas tumbas, pero una historia milagrosa que se cuenta de tal circunstancia merece ser recordada.

Dice esa historia, situada en torno a 1270, que en uno de los hospitales de la ciudad vino a morir un pobre peregrino, incapaz de seguir

Irache.

su camino hasta Compostela. Siguiendo la costumbre establecida, fue enterrado en este claustro en el que nos encontramos, sin que nadie se preocupara por comprobar quién era ni de dónde venía. Pero una noche, muy pocos días después del sepelio, el sacristán del templo observó que el lugar de la tumba se iluminaba, como si un potente resplandor atravesara la tierra donde el pobre peregrino se encontraba enterrado. Avisadas las autoridades competentes, se procedió a la exhumación de la tumba y, al inspeccionar entre las ropas del cadáver, comprobaron que el que habían tomado por pobre romero era, en realidad, un obispo procedente de Patras, que sin duda había querido emprender la peregrinación en el más riguroso incógnito, llevando entre sus ropas sus guantes bordados, su báculo episcopal, su anillo y, lo más importante de todo, una arqueta conteniendo la preciosa reliquia de un omoplato de san Andrés, acompañado del documento que atestiguaba la autenticidad de aquella pieza, que quedó desde entonces custodiada en la ciudad como uno de sus más valiosos tesoros sagrados.

La historia de la reliquia se complementa con un nuevo milagro de ésta, contado por don Baltasar de Lezaún y Andía en unas *Memorias históricas de la ciudad de Estella* que publicó allá por el año 1710. Dice allí que, con ocasión de haber sido elevado san Andrés al patronazgo de la ciudad, en 1626, el domingo 2 de agosto de aquel año apareció sobre la torre de la iglesia de San Pedro un aspa luminosa, «*como una cruz de San Andrés de tamaño y grandor como de ochenta pies cada brazo y de color y visos del Arco Iris, las puntas derechas al cielo y bien abierta el aspa hacia la mano derecha de dicha iglesia, entre el medio día y poniente, y estuvo fija por espacio de dos horas, despidiendo de sí muchos resplandores, con admiración de todos los vecinos que la vieron*».

Esta última noticia, unida a los múltiples testimonios de luces sobrenaturales que han incidido en la vida religiosa de la ciudad, invitan a una última reflexión en torno a lo que estas leyendas y supuestos milagros pueden haber significado, en tanto que advertencia sobre algo que el peregrino despierto tendría que tomar muy en cuenta. Pues se trata de presuntas señales en el cielo que inciden en una ciudad protegida nada menos que por *siete advocaciones* a Nuestra Señora –SIETE, como las estrellas de la Osa Mayor–, poblada de templos a los que se accede siempre *subiendo* –**San Pedro de la Rúa**, **San Miguel**, **el Puy**, **San Pedro de Lizarra**– y llena de alusiones a la resurrección que sigue a la muerte, sea ésta real o iniciática. Yo me atrevo a suponer que, a estas alturas del caminar, el peregrino, viniera por el Camino de la Vida o desde el de la Muerte, comenzaba a tener su ser –es decir, su identidad– adaptado ya parcialmente al mensaje que transmite la tierra. Es presumible que su sensibilidad estuviera ya en condiciones de captar señales más sutiles, que anteriormente se le habrían pasado por alto, a menos que se le advirtiera, mediante signos estratégicamente colocados, lo que tenía que asumir vitalmente para proseguir su proceso. Sería como dejarle a su aire, con la esperanza de que, ya solo en su peregrinar, consiguiera ese grado de evolución que marcaría su progreso en el proceso de búsqueda de la realidad que había emprendido.

Se sale de **ESTELLA** por la carretera N-111 que conduce a **Logroño**, marchando juntos el camino asfaltado y la senda peregrina. Pasado el lugar de **AYEGUI**, que ya constituye apenas barrio, el itinerario comienza a bordear la mole del **Montejurra** y, al poco trecho, aparece la señalización que nos indica la entrada, hacia la izquierda, del **monasterio de Irache**.

Santa María la Real de Irache, que es como se conoce este lugar, es un conjunto monumental que no carece de secretos, como jus-

Iglesia del Santo Sepulcro. Estella.

tificantes de una voz vasca que escuché en alguna parte y que ni siquiera tengo la certeza de que se pudiera aplicar aquí: *iratxo*. Quiere decir duende, fantasma. Y es el caso que venir aquí, al menos hoy, constituye una aventura casi fantasmal de silencios, de abandonos recientes. Aun no hace cincuenta años, el antiguo cenobio de benitos era escuela de alevines calasancios; pero de cerca de doscientos en los años del nacionalcatolicismo triunfante de la posguerra civil, se redujeron no sé si a dos o tres seminaristas en los años setenta y los padres escolapios prefirieron reunir en su casa de Salamanca las escasas vocaciones que les quedaban. **Irache** se quedó solo, guardado primero por un par de padres a quienes, seguramente, se les haría un mundo habitar las enormes dependencias del que muchos aseguran que fue el monasterio más antiguo de Navarra. Luego se quedó aquella ruina el Gobierno autónomo, que ha emprendido restauraciones y lo ha puesto a disposición de los visitantes, al menos en aquellas zonas que ya no están en obras.

Irache está documentado desde épocas remotas. La primera vez que se le cita es en el año 958 y se menciona entonces que el lugar estaba bajo la advocación de santa María (cosa insólita para ésa época). Hay quienes aseguran que el monasterio era ya una realidad en época visigoda, lo que es improbable, puesto que los navarros no eran muy proclives a la aceptación de godos cristianos en sus tierras hasta la invasión islámica. Otros suponen que sería fundación de monjes mesetarios huidos ante el avance musulmán, pero nada está documentado en este sentido. Sólo el hecho de que, cincuenta años antes de comenzar el segundo milenio, el cenobio estaba afianzado y ejercía su influencia sobre todo el territorio circundante; que en el siglo XVII, y hasta entrado el XVIII, fue universidad; y que la Desamortización lo dejó abandonado, hasta quedar hecho una ruina. Mucho ha llovido desde entonces. Hoy es un lugar solitario rodeado de bullicio, entre una urbanización para veraneantes y una bodega en expansión, que ha instalado sus reales en los terrenos que fueron propiedad de los antiguos monjes.

El monasterio se presenta como enclave prematuro de resonancias marianas, en un instante en el que el culto a Nuestra Señora no había sustituido todavía a la obsesión por las reliquias de los santos mártires. Es decir, cuando la figura unitaria y telúrica de la remota Isis no había desplazado todavía a los fragmentos de Osiris, que Iglesia y pueblo necesitan reunir y acumular para sentir la unidad que reclama la creencia institucionalizada.

(Quiero advertir que no veo gratuito el paralelismo apuntado, pues no hay creencia que no tome de la tradición religiosa esquemas de su propia concepción de lo sagrado. El cristianismo tampoco rompió esa regla. Si recordamos el mito isíaco, la diosa vagó por toda la tierra reuniendo los sagrados fragmentos de su esposo, y, cuando al fin de su peregrinar los unió todos, le insufló vida y se unió a él, concibiendo al hijo Horus que sería el encargado de vengar la muerte de su padre y de reunificar el reino bajo su autoridad. Los rasgos fundamentales de este mito de muerte, concepción y resurrección propiciados por la diosa-madre pasan, convenientemente transformados, a todas las ramas nacidas del cristianismo originario, desde los coptos hasta los armenios. Y de nada valen las lucubraciones de los Padres de la Iglesia, cuyas complicadas verdades dogmáticas se vieron desbordadas por la continuidad tradicional, que era la que el pueblo podía intuir y aceptar. Con todas sus variantes y condicionamientos, no cabe duda de que el esquema del viejo mito perduró, configurando los rasgos distintivos de la creencia. Y menos duda cabe de que el paso desde la adoración al dios muerto y fragmentado a la veneración por la diosa que fue capaz de recuperarlo y ofrecer su fruto era perfectamente asumible desde los esquemas secretamente implantados por la tradición.)

Nuestra Señora la Real de Irache es, en cuanto a imagen, un misterio que se adelanta al tiempo de la eclosión mariana, tanto en la Península como en Europa. En primer lugar, parece que recibe culto desde un instante muy anterior a cualquier otra imagen. La donante que figura en el primer documento conocido del monasterio –958– hace su donación a *Sancta María de Irach*. En segundo lugar, no existe tradición conservada de encuentro mítico de la imagen. Está allí y punto, sin que nada indique ni el cuándo ni el porqué. En tercer lugar, desaparece del monasterio en fecha indeterminada y va a parar, nadie sabe cómo (tal vez en aras de la Desamortización), al cercano pueblo de **DICASTILLO**, donde al parecer continúa. En cuarto lugar, no puede tratarse de la misma imagen originaria, ya que ésta es obra claramente datable en el siglo XII. Y aún un quinto lugar: la actitud de la imagen sedente, con las manos protegiendo sobre su regazo al niño, sin tocarlo, cae de lleno en la imaginería isíaca, que vemos reproducida y cristianizada en el contexto copto y que nos da más cuenta del parto en sí mismo que ningún otro tipo de representación.

La imagen tiene forradas de chapa de plata las vestiduras, y en la estola hay una inscripción latina que no deja de ser curiosa por lo equívoca:

PUER NATUS EST NOBIS, VENITE ADOREMUS.
EGO SUM ALPHA ET OMEGA,
PRIMUS ET NOVISSIMUS DOMINUS.

Pues una de dos: o son palabras del Cristo-Niño –y la primera frase lo desmiente– o lo son de Nuestra Señora, que así se transforma en deidad primigenia, alfa y omega de la Creación, tal como estaba instituido en las más antiguas religiones de los pueblos matriarcales, adoradores de la Diosa-Madre. Por supuesto, la interpretación queda abierta y doy por sentado que una mente ortodoxa sabrá explicar el misterio. Sin embargo, tendríamos que recordar la escasa o nula importancia que en tiempos tuvo la figura de la criatura en el regazo de la Madre para llegar a la conclusión de que el culto a Nuestra Señora excluye o relega a segundo plano el debido al Hijo que lleva en su regazo.

Tampoco debemos olvidar que **ESTELLA** –e **Irache** queda a escasos tres kilómetros– forma parte de la comarca más específicamente vasca de Navarra y que una de las características del vasquismo tradicional es precisamente su vertiente matriarcal, procedente de los antiguos cultos que conservó larvados la mente popular. Aquí se recoge una ingente cantidad de devociones marianas, unas llegadas por la Ruta de los peregrinos, otras implantadas por los monjes que rigieron hospitales, santuarios y monasterios. Recordemos, sobre las que vimos, la no lejana tampoco del santuario de **Irantzu**, con otra Virgen de no menos solera que todas las demás.

Pero volviendo a la de **Irache**, depositada en **DICASTILLO**, resulta curioso comprobar la enorme devoción que tuvo hacia ella un personaje clave de la historia del monasterio, el abad san Veremundo (1020-1099), que no fue un mito hagiográfico al uso, como tantos otros, sino un personaje de carne y hueso, aunque se hayan magnificado ciertos aspectos de su vida. Se dice de él –y aquí difieren los orígenes– si nació en **ARELLANO** o en el no lejano **VILLATUERTA** (por donde el Camino se desviaba cuando aún no había sido fundada Estella). Entró en el monasterio siendo abad su tío Munio y parece que su primera misión fue la de portero. El joven novicio, rompiendo las normas de la comunidad, que quería mantenerse alejada de la aventura peregrina, se dedicaba a dar comida a cuanto romero llamaba a la puerta. Y un día que le sorprendieron con el hábito lleno de alimentos y se los quisieron hacer mostrar, confesó que llevaba flores y, al abrir su ropa, derramó por el suelo un enorme puñado de rosas. Curioso milagro que se repite en una santa que dicen hija de moro: santa Casilda de Toledo. A mi modo de ver, en este caso concreto –y posiblemente en el otro– el alimento repartido no es específicamente físico, sino de tipo espiritual, lo que justificaría las reticencias de los monjes a la hora de ser repartido allende los muros del cenobio.

San Veremundo llegó a abad, hizo numerosos milagros y, a su muerte, los dos pueblos que se disputaban su cuna casi llegaron a las manos para defender sus derechos a conservar sus santas reliquias. Por fin se llegó a un acuerdo amistoso, comprometiéndose a conservarlas por cinco años cada uno, lo cual se ha mantenido hasta nuestros días, para ejemplo de democracias que se reclaman populares.

Lo que hoy puede verse del monasterio, aunque es posible que pronto se abran nuevas dependencias, nos lleva, a través del claustro de la antigua universidad, al claustro plateresco de los monjes y, de éste (donde se encuentran la sala capitular y alguna otra dependencia), a la iglesia, parcialmente románica, a través de la llamada puerta Especiosa, labrada en el siglo XVI con motivos en los que vuelve a aparecer la evocación mariana a través de la Asunción de Nuestra Señora.

Ya dentro del templo, y aunque la visión resulta un tanto difícil por la distancia, convendría que el peregrino se fije con especial atención en el remate de los arcos torales del crucero. Sobre ellos, a muchos metros de altura, pero visibles por su enorme tamaño, podrá ver algo insólito y profundamente significativo: los cuatro evangelistas allí representados de cuerpo entero aparecen con las cabezas de los animales que simbolizan en lugar de las suyas propias.

Una impresión es la de la inmediata semejanza de estas figuras con las de los dioses egipcios con cabezas de animales. Sin embargo, están basadas primariamente en la visión de Ezequiel (I, 4-14), posiblemente uno de los pasajes más misteriosos del Antiguo Testamento, que a muchos ha hecho soñar hasta con naves espaciales. En este pasaje, el profeta hebreo retrata precisamente así, con rostros de león, de águila, de toro y de hombre, a las cuatro figuras que llegan a traerle el mensaje celeste para que lo transmita a los hijos de Israel. Son los mismos *«cuatro vivientes constelados de ojos»* del Apocalipsis de Juan, los proclamantes del Sanctus, la representación de aquello que, habiendo sido fruto de la Creación, acerca con su presencia activa al Ser Humano a su Creador, a la realidad trascendente. De ahí que san Jerónimo, al interpretar el Apocalipsis, identifique a la figura humana con la Encarnación, al toro con la Pasión, al león con la Resurrección y al águila con la Ascensión. Son los cuatro pasos iniciáticos del Cristo, las cuatro etapas que el cristiano debe asumir para aprehender la realidad divina que la razón nunca habrá de explicarle.

Naturalmente, como todos los grandes símbolos, el Tetramorfos –la cuádruple forma– extiende sus raíces mucho más allá de los convencionalismos dogmáticos. Y así, las cuatro figuras constituyen la base sobre la que se alza la Pirámide cósmica que tiene como cúspide la Divinidad, del mismo modo que son también los cuatro puntos cardinales que se proyectan desde el Centro del Mundo y en la Jerusalén Celeste, y los cuatro elementos sobre los que la Divinidad construyó la Creación entera.

No cabe duda de que la asunción de estas significaciones confiere al monasterio un sentido especialísimo, que me costaría creer que no hubiera sido conscientemente aceptado por la comunidad de monjes. Aquel crucero se convierte, por obra y gracia de la presencia del Tetramorfos, en Centro del Mundo y en representación inmediata del camino hacia el Cielo, por medio de una habilísima solución arquitectónica que transforma el cuadrado del crucero en girola octogonal que sostiene el paraíso de la cúpula.

No terminemos la visita a **Irache** sin una sugerencia al peregrino. Salga del recinto, déle la vuelta a la iglesia, busque sin prisas –y, si puede, con la ayuda de unos gemelos o de un teleobjetivo– entre los canecillos que encontrará al pie de los arquillos ciegos de los ábsides. Aparte la perfección formal de las figuras –sobre todo cabezas de animales–, indague en el mensaje continuado de aquella línea de escritura simbólica. Tal vez encuentre alguna señal de ese lenguaje de los pájaros que emplearon los constructores iniciados, los mismos que llenaron de marcas de cantero, inspiradas en la iconología simbólica tradicional, las piedras de ese ábside que, aún hoy, constituye la parte más antigua que nos queda del viejo cenobio.

Dejemos el **monasterio de Irache** y sigamos, Camino y carretera unidos a lo largo de unos pocos kilómetros que nos harán pasar por **AZQUETA**. Ahí, el Camino remonta una pendiente hacia el pueblo, mientras la carretera lo atraviesa por un túnel que se abrió debajo del caserío. Inmediatamente vuelven a unirse hasta que, apenas un par de kilómetros más allá, una carretera recta y estrecha nos invita a desviarnos para ver el pueblecillo que surge en la falda de una montaña, en cuya cumbre destacan las ruinas de un castillo. Se trata del **castillo de Deyo**, que fue fundado para la defensa de aquellas tierras. Sus cimientos son romanos y lo conquistó a los moros el rey Sancho Garcés en los inicios del siglo X. En cuanto al pueblo, se llama **VILLAMAYOR DE MONJARDÍN** y constituye el ejemplo vivo de esas aldeas nobles de Navarra que, en muy poco espacio, surgen repletas de casas blasonadas. Ésta posee una iglesilla románica de muy buena traza, con un más que curioso crismón en el que quien pudiera dudar del carácter serpentario de la S que aparece en otros, verá claros los motivos que nos llevaron a hacer esa identificación. Tiene también cuatro capiteles muy bien cincelados, en uno de los cuales, clasificado como el clásico combate entre Roldán y Ferragut –del que hablaremos más adelante–, se ve a uno de los caballeros contendientes luciendo sobre la armadura una extraña estrella de ocho puntas, que le asocia a algún tipo de colectivo que no nos ha dejado huellas documentales hasta mucho tiempo después.

Volvemos a la carretera, donde siguen unidos aún un trecho el Camino y el asfalto. Pasamos junto a **URBIOLA** y nos metemos entre dos colinas, pasadas las cuales el Camino se separa hacia la derecha para alcanzar **LOS ARCOS**, unos metros separado de la carretera. Esta ciudad posee una plaza cerrada a la que se entra desplazándose por el ramal de carretera que conduce a Vitoria (C-121). Unos pórticos umbríos dan paso a la iglesia,

Los Arcos.

tremendamente barroca en todo su aspecto, tanto en el interior como en la caprichosa torre cuadrada que la domina, con cuatro garitas que parecen pensadas para estacionar centinelas que cuiden del Camino. Por la iglesia, a su vez, se pasa a un claustro que se levantó en el siglo XV y que nos parecería uno más de los propios del gótico tardío, que ya había perdido el sentido ancestral del símbolo, a no ser por los óculos que surgen entre las arcaduras, todos ellos portadores de esa señal del doble *yin-yang* que constituyó la clave del óculo templario de Caravaca, señal del misterio iniciático de su santa y milagrosa cruz.

Al salir de **LOS ARCOS**, carretera y Camino vuelven a marchar en paralelo, éste a la derecha de aquélla. La carretera emprende una larga recta tachonada de badenes, siete kilómetros de cinta sin fin hasta la entrada en **SANSOL**, donde el Camino vuelve de nuevo a buscarla. De este pueblo conviene visitar también la parroquia. No tanto por lo que es en sí misma, que pocos méritos aporta, sino porque este lugar tiene por patrono a san Zoilo, uno de los Siete Varones Apostólicos que, según la leyenda, fueron discípulos de Santiago a su paso por Aragón de regreso a Palestina. No será tampoco la última vez que san Zoilo se nos presente en el Camino. Mucho más adelante, en **Carrión de los Condes**, volverá a surgir en el monasterio que lleva su nombre y donde se dice que reposa su cuerpo.

Unos dicen que el nombre de **SANSOL** viene precisamente del de su santo patrono, pero tampoco faltan quienes afirman que el nombre le viene al pueblo de una sacralización cristianizada del Sol. A la hora de decidir, que cada cual tome la solución que prefiera.

Desde **SANSOL**, que se cae por una ladera empinada, se ve, al fondo y a menos de trescientos metros, un pueblecillo apiñado en torno a un minúsculo templo octogonal. Se trata de **TORRES DEL RÍO**, que es adonde iremos inmediatamente a parar.

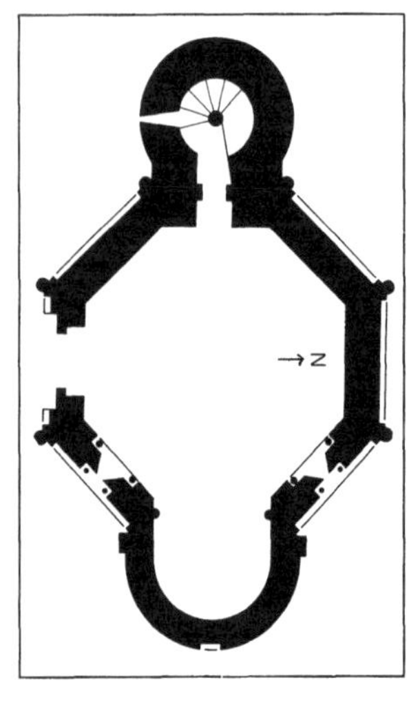

Torres del Río.

La capilla octogonal de **TORRES DEL RÍO** ha sido calificada de capilla funeraria por la mayor parte de los investigadores; los mismos que, sistemáticamente, han negado la procedencia templaria de esta construcción sagrada, sin duda una de las más significativas, con la de **Eunate**, de la Ruta Jacobea. Según afirman, estas construcciones estarían destinadas a avisar, con fogatas encendidas en la diminuta estancia del tejado, la muerte de algún peregrino que hubiera fallecido en el cercano hospital de benitos. Por eso, el pequeño recinto ha sido bautizado como Linterna de los Muertos.

A mi modo de ver, la realidad es bastante diferente. Habría que destacar, en primera instancia, la perfecta regularidad del octógono que conforma, frente a las buscadas irregularidades que se nos planteaban en la capilla de **Eunate**. Este octógono se complementa con una torre que contiene la escalera de caracol que sube a la linterna; frente a esa torre se encuentra el ábside, de idéntica circunferencia a la escalera, dando al total de la planta la extraña forma del signo matemático del infinito, que completa la simetría perfecta del conjunto.

Merece la pena que se observe la nervadura de la cúpula central: regular y, según se insiste, idéntica a la del *mihrab* de la mezquita cordobesa, lo que ha llevado a sostener la hipótesis de que tuvo que ser construida por albañiles mudéjares. No me parece una circunstancia necesaria, porque si, como parece fuera de toda duda, fue levantada por caballeros templarios, ya he apuntado repetidamente que la Orden se trajo de Tierra Santa unos módulos arquitectónicos que adecuaban sincréticamente formas aparentemente contrapuestas, exactamente igual que se asimilaban ideas y sentires que suponían la compenetración de posturas aparentemente opuestas, como eran el cristianismo y el islam.

Entrando en la capilla y dirigiéndonos hacia el ábside, debemos fijar la atención en los dos capiteles con cabezas bafométicas que quedan en la unión del muro y de la cúpula. Además, en el arco que da paso al ábside nos encontraremos con otros dos capiteles que podrían proporcionarnos la clave del sentido que el Temple daba a acontecimientos puntuales del Evangelio, tales como la Crucifixión y la Resurrección. En el capitel de la izquierda, varios personajes parecen representar –que no vivir– un Descendimiento. Quienes rodean al Cristo no fueron labrados para dar la sensación de que efectivamente lo bajaban de la cruz, sino que tiran materialmente de él como si cada uno quisiera llevarse consigo parte de su cuerpo, o como si, en lugar de un Descendimiento, estuviéramos asistiendo a un *despedazamiento*. Cabría pensar en que la torpeza de los artífices hubiera dado lugar a una interpretación equivocada; sin embargo, el capitel de la derecha aclara el sentido oculto del anterior. Este segundo capitel representa el sepulcro vacío, con la tapa medio abierta y dos mujeres con recipientes a su lado. Aunque la interpretación inmediata no parece ofrecer dudas, conviene que nos fijemos en que, de la tapa entreabierta, surge una suerte de neblina que se resuelve en espirales laberínticas. Y por detrás se atisba la forma de un edificio. Este detalle es suficiente para cambiar el sentido de la narración. La caja medio abierta ya no es el sepulcro, o al menos no tiene sólo ese sentido: es un arca contenedora de saber, un arca griálica. Y ese saber, sutil y envolvente, es el que se revela a través del arte de los constructores iniciados, porque, por obra y gracia del laberinto en forma de nubes y del templo, las mujeres se transforman en figuras alquímicas portadoras de matraces. Y en el capitel de la derecha, la batalla que parecen sostener quienes pretendidamente descienden al Cristo de la cruz, es la lucha –interior– por separar y desmembrar el Cuerpo, o sea, la operación alquímica de la *separatio*, representada astrológicamente por *Escorpio*, que, a su vez, se identifica con la novena letra sagrada del alfabeto hebreo, *teth*, la tau templaria. Añadamos que la operación en cuestión se identifica para los alquimistas con el proceso de superación interior del ser humano, con la muerte iniciática que dará paso a la resurrección en el mundo del Conocimiento. Es precisamente con esa muerte simbólica

Torres del Río.

con la que cabrá relacionar esta Linterna de los Muertos, la misma que encontraríamos en la iglesia también templaria de la **Vera Cruz de Segovia** y en el pequeño templo mozárabe de **San Baudilio de Berlanga**, en la provincia de Soria. Se trata en todos los casos de un recinto mínimo, en el que el adepto podía encontrar el aislamiento absoluto del mundo circundante, para morir simbólicamente y esperar la resurrección en otro mundo más acorde con la realidad buscada, con el conocimiento trascendente que se adquiere al emprender el proceso de la iniciación.

El Camino Jacobeo sale de **TORRES DEL RÍO** por el cementerio del pueblo, mientras la carretera lo bordea, para meterse en las curvas de la pequeña sierra que hay delante. Poco antes de llegar a la ermita –siempre cerrada a cal y canto– de la **Virgen del Poyo**, que fue albergue de peregrinos, Camino y carretera vuelven a unirse. Y al poco tiempo nos sale, a la derecha, la carreterilla que conduce a **BARGOTA**. Si queremos comportarnos como peregrinos conscientes, haremos bien en seguirla y entrar en un pueblo de sabor arcaico, lleno de escudos familiares que son auténticos mensajes simbólicos para quien quiera entretenerse en interpretarlos. Pero hemos venido para recordar otra circunstancia: aquí fue párroco, durante la segunda mitad del siglo XVI, el cura Joanes, uno de los brujos más célebres del santoral herético navarro.

De Joanes de Bargota sabemos que vivió a caballo de los siglos XVI y XVII: por lo tanto, fue contemporáneo de los brujos juzgados en **Logroño** a raíz de la redada que se hizo en **Zugarramurdi** y los pueblos adyacentes del **valle del Baztán**, ruta secundaria del Camino. Sólo que las circunstancias vitales de este cura fueron bien distintas y, por supuesto, dignas de que un peregrino consciente entre en contacto con ellas. Hay diferentes opciones sobre su origen. Se dice que era de Castilla, pero otros creen que nació en **Rincón de Soto**, en la Rioja Baja, y que era hijo de una bruja que asistía a los aquelarres de **Barahona**, en la comarca soriana. Las pocas noticias que se tienen de él le hacen miembro de la familia de los Mellado, dicen que estudió en **Salamanca** y que aprendió sus artes en la famosa Cueva de aquella ciudad, donde se estudiaban asignaturas muy distintas al *Trivium* y el *Quadrivium*. Al parecer, terminados sus estudios, se estableció de clérigo en **BARGOTA**, aprovechando un beneficio que le correspondía como segundón de su tiempo. Parece ser que las enseñanzas de Salamanca fueron provechosas y que supo servirse de las facultades adquiridas, logrando prodigios que, naturalmente, utilizó en su beneficio, aunque, todo hay que reconocerlo, sin hacer nunca daño a nadie.

Bargota. Escudo.

Cuentan de él que sus feligreses dejaban de verle en muchas ocasiones las tardes del sábado y que el domingo, a la hora en que le tocaba la misa, aparecía sudoroso, como si hubiera recorrido un largo camino. A veces, en plena sequía, llegaba con los zapatos enlodados. Otras, en plena canícula de agosto, aparecía con la teja cubierta de nieve, quejándose de los fríos que corrían por los **montes de Oca**. En una ocasión, la cofradía de arcabuceros de Torralba, que debía de estar compuesta por píos servidores de la Iglesia, le denunció al Santo Oficio de **Logroño**, en 1599. Se le prendió, pero dicen que desapareció de manera incomprensible de los calabozos y que volvió a **BARGOTA** como si nada hubiera sucedido, lo que aconsejó dejar en suspenso las acusaciones sin darles mayor importancia. Posteriormente, antes de 1610 –el año del juicio de los brujos de **Zugarramurdi**–, volvieron a prenderle, junto a un convento de brujos y brujas descubierto en **Viana**. Durante el proceso, al parecer, confesó sin necesidad de tormento que asistía a los aquelarres que se celebraban en las **char-**

cas de Viana y narró con detalle cuanto allí sucedía: los lugares por los que accedían a los pantanos y las escobas que les servían de vehículo, cuando no tenían a su disposición murciélagos o búhos o esqueletos de animales que les transportasen. A las once y media en punto, según contaba, un trueno anunciaba la presencia de Satanás, y a las doce comenzaba la misa diabólica, que duraba hasta el segundo canto del gallo. Por lo que parece, el prendimiento de Joanes, con todo su conventículo, tuvo lugar tras la muerte misteriosa del conde de Aguilar en los sótanos de su casa de **Viana**. Allí se encontró un papel con conjuros y ese papel fue la pista para prenderlos. Pero, curiosamente, mientras los demás brujos, y a la cabeza de todos ellos la que llamaban la Ciega Endregoto, eran condenados a penas severas, Joanes sólo fue condenado a un año de sambenito y a una penitencia en oraciones. Se dijo entonces que había tenido un defensor muy especial, el papa en persona, a quien Joanes había avisado de un atentado que iba a sufrir y que él había captado mediante sus artes.

Cruzándose y volviéndose a cruzar, Camino y carretera siguen hasta coronar la cima de la sierrita y descienden sobre **VIANA**. Se trata de una población fuertemente impregnada de navarrismo. Mantuvo su identidad como pueblo próspero gracias al Camino durante mucho tiempo, conservó buena parte de sus murallas, defendiendo el perímetro ciudadano desde la posición privilegiada que ocupa, y se llenó de historia a costa de los acontecimientos que vivió a lo largo de la Edad Media.

Para el monje benedictino Argáiz, que escribió una *Población eclesiástica de España* en 1667, la ciudad había tomado su nombre de la diosa Diana, lo que haría retrotraer su fundación a tiempos inmemoriales. Lo único cierto, tal como hoy lo conocemos, es que fue fundación de Sancho el Fuerte en 1219 y que, al ser promovida y recibir sus fueros, aglutinó varios núcleos dispersos que existían en los alrededores.

La ciudad es digna de entrar en ella, aunque no fuera por otra cosa que por el ambiente medieval que respira. En la puerta de la iglesia principal, dedicada a **santa María**, está el sepulcro de César Borgia, que murió precisamente allí durante la guerra entre Juan II de Aragón y el Príncipe de Viana, su hijo. Existe igualmente otra grandiosa ruina, **San Pedro**, que fue de dominicos, guardianes de la ortodoxia frente a la numerosa colonia judía que habitaba en los aledaños, en el barrio llamado de **Torreviento**. Aquí se habla igualmente de la gran cantidad de ermitas que hubo en torno a la ciudad, muchas de ellas albergues de peregrinos. Entre ellas hubo una llamada precisamente **Nuestra Señora de la Alberguería**, que fue de monjes antonianos –con los que entraremos en contacto en el único monumento que guarda aún su recuerdo en **Castrojeriz**– y cuya imagen venerada, según parece, es la que hoy se encuentra en una vieja hornacina frente a la **puerta de San Felices**.

Salimos de **VIANA** por la carretera de **Logroño**, que sigue un trazado idéntico al del viejo Camino hasta un lugar donde una señal nos indica, a nuestra izquierda, la dirección de la **Virgen de las Cuevas**. Entrando por esa pista, llegaremos al santuario que, ya por su nombre, nos indica la presencia de una imagen hallada en singulares circunstancias. Por desgracia, es un lugar casi siempre cerrado, pero en su interior se guarda la imagen titular, que tiene todas las características de las Vírgenes Negras. Enfrente aún se levantan las ruinas de una alberguería. Si seguimos, aunque sea casi a tientas, por entre el dédalo de pistas rurales, llegaremos con algunos de los antiguos peregrinos al lugar que llamamos **las Charcas de Viana**, precisamente donde venía a reunirse el aquelarre de los brujos de la comarca. Las charcas en cuestión son un par de lagunas que tan pronto aparecen llenas como medio vacías, según suenen los vientos de la seca. En su entorno, buscando con cuidado, pueden encontrarse aún fósiles de eras perdidas y el aire que nos muestran está cargado de misterio: inquieta, a pesar de la depredación que vienen sufriendo. La mayor la sufren en estos instantes gracias a un polígono industrial que las amenaza a menos de un kilómetro de distancia. Uno se teme que las variedades de aves acuáticas que anidan entre sus juncos se marchen cualquier día de allí o, lo que sería peor, que las emanaciones industriales y los residuos las maten y nos quedemos sin otro de esos puntos privilegiados que cada vez son menos en nuestra geografía.

El Camino de peregrinos, al salir de las charcas, bordeaba el **monte Cantabria** –en cuyas faldas está instalada la mayor parte del polígono– y, pasando por **OYÓN**, o bordeándolo, entraba en La Rioja poco antes de cruzar el **río Ebro**.

Por mi parte, propongo una nueva desviación, que si tiene que ver poco con la Ruta, puede resultar interesante para el peregrino: se trata de subir a ese monte, sortear las canteras que se han instalado en la cumbre para provisión de material de construcción y acercarse a las casi irreconocibles ruinas de la antigua población de **Cantabria**, que fue de berones de origen celta y la asoló el rey godo Leovigildo, que así alcanzó un hito más en su afán de unificar la totalidad de la Península. Las ruinas de este viejo castro, del que se excavaron hace años unos cuantos muros de la primitiva muralla y algunas dependencias urbanas, están colgadas sobre la cinta del río y sobre la silueta de la ciudad de **LOGROÑO**, donde nos detendremos una vez que hayamos cruzado el río por el puente que primitivamente construyera para los peregrinos el santo arquitecto Juan de Ortega.

TRANCO VII: DESDE LOGROÑO HASTA LA CALZADA

Los peregrinos entraban en **LOGROÑO** por el que aún se llama el **puente de Piedra**, que fuera construido por el santo arquitecto Juan de Ortega. De aquel puente no queda nada sino el nombre y tal vez unos cimientos que darían una vaga idea de lo que pudo ser la obra de uno de los grandes *pontífices* del Camino, en cuyo honor se construyó también un humilladero junto al puente, también perdido. Perdida está también, por ahora (aunque hablan mucho de su reconstrucción), la **ermita** que contenía los restos de san Gregorio Ostiense, con la que los peregrinos se tropezaban apenas cruzaban el puente. Y se transformó, hasta ser absolutamente irreconocible, el **hospital de Peregrinos** que luego fue fábrica de Tabacos y antes cárcel

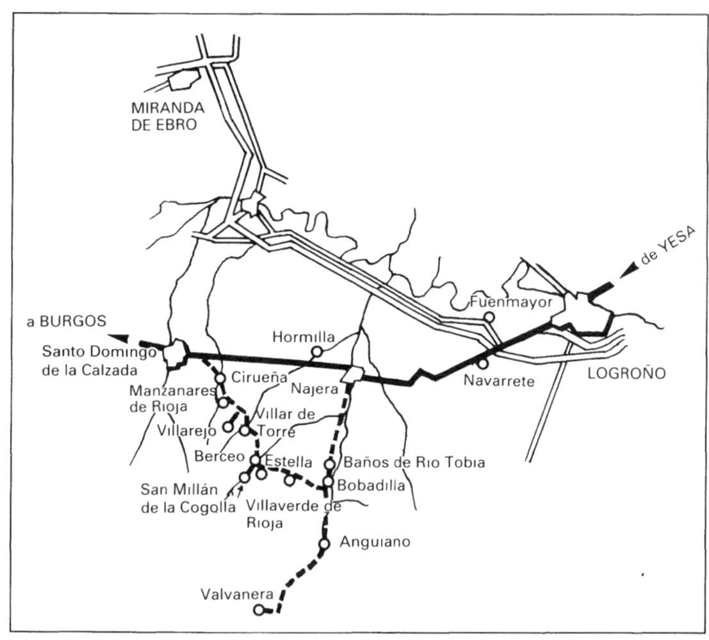

de la Inquisición, para convertirse finalmente en lo que es hoy: el edificio que alberga a la asamblea de la Comunidad Autónoma de La Rioja. Se transformó la **fuente de los Peregrinos**, detrás de la cual se ha levantado un edificio que imita (mal) las antiguas formas con hierro y hormigón. Se derribaron o se derrumbaron las casas que bordeaban la calle de los peregrinos y las pocas que quedan han servido hasta ayer mismo para albergar al *lumpen* de la ciudad. En general, toda la población, salvo cuatro calles marginadas y tres iglesias, respira modernidad y parece haber renegado de sus tiempos peregrinos. En consecuencia, quienes se dedicaron a guiar con sus escritos a los peregrinos prescindieron de **LOGROÑO** y los peregrinos, en justa correpondencia, han tomado corrientemente la ciudad como lugar de mero paso, que ni siquiera justificaría una visita apresurada a los pocos recuerdos jacobeos visibles que aún alberga.

Esta actitud es injusta. **LOGROÑO** no está por azar en el Camino. Tiene una personalidad propia; y el peregrino consciente tiene la obligación ineludible de desentrañarla, de penetrarla, aunque para ello deba prescindir de escarbar en el significado de las piedras y tenga que ahondar en las raíces de su gente.

Sobre cualquier otra circunstancia, **LOGROÑO** es el centro de la región vinícola por excelencia en el contexto caminero: **La Rioja**. El vino, aquí, no es únicamente una fuente de economía o un orgullo de calidades; es un auténtico rito en el que están involucrados todos sus habitantes. No conozco riojano que no sepa de gustos, añadas, reservas y bodegas hasta la saciedad. Conozco, sin embargo, muy pocos alcohólicos; y, quienes lo son, no lo son de vino, sino de licores espúreos, generalmente importados de otros lugares. Porque La Rioja no es tierra de destilaciones, sino de lentas fermentaciones de caldos y de catas, de ritos dionisíacos concelebrados, convertidos en lento deambular en compañía por las mil y una tabernas y bares de la ciudad –o de los pueblos–, catando aquí la cosecha propia, allá la copa de reserva, más allá la crianza joven de apenas un año de lenta transmutación alquímica en la penumbra de las bodegas.

Y hablo de rito porque, sin ánimo de extrapolar creencias, los riojanos y sus amigos –y resulta difícil no sentirse inmediatamente amigo de un riojano– han convertido el ágape tabernario en algo que, como la Eucaristía o el Rosario en sus buenos tiempos, ha de practicarse cotidianamente, entre dos señales horarias que ni un terremoto ni un desastre ni una revolución podría alterar en su sentido estricto de ceremonia compartida. Y no lo digo como símil, sino como realidad inmediata y palpable. Quien llegue a **LOGROÑO** no tiene más que acudir a la **calle del Laurel** entre las siete y las diez de la tarde para corroborarlo; aunque, como ahora se dice, la *oferta* ritual se ha extendido en los últimos años por otros puntos de la ciudad que crece.

Por muy «del día» que parezca una determinada costumbre, no cabe duda de que sus raíces pueden rastrearse en los fosos del pasado. De esta búsqueda resultaría la evidencia –y el peregrino lúcido tendría que asumirla– de unos secretos camineros que se revelan no sólo en sus monumentos, sino en el vivir mismo de sus gentes, en el paisaje que se atraviesa, en la tierra que se pisa y en la memoria perdurable que, a menudo, se manifiesta por la necesidad íntima de que los mensajes no se divulguen, sino que se limiten a ser reconocidos por quienes verdaderamente los buscan.

En buena ley, se desconoce el origen histórico del vino riojano. El primer documento oficial que lo cita es de los inicios del siglo XII y resalta, a través de una donación, la presencia de los cultivos vinícolas por toda la comarca. Sin embargo, tanto las alusiones de Gonzalo de Berceo como el relato que este mismo poeta hace de un milagro de san Millán, que multiplicó el vino para dar de beber a todos los que le escuchaban, permite asegurar que no sólo se producía vino en La Rioja, sino que ese vino se utilizaba en actos litúrgicos ajenos a la misa ritual, formando parte de ágapes que tenían lugar con maestros espirituales de talla excepcional, como este Millán con el que volveremos a encontrarnos dentro de algunos kilómetros.

El vino, antes de ser ritualizado por el cristianismo, formó parte fundamental de celebraciones religiosas mistéricas como las que tenían lugar en honor a Dyonisos. Era un detonante de estados alterados de conciencia, que se producían durante las ceremonias y formaban parte de la experiencia iniciática de quienes lograban acceder a ellas. La práctica de los misterios fue asumida en los territorios del Imperio, pero más por parte de los pueblos dominados que de los ciudadanos de la metrópoli, que ejercían como funcionarios gubernamentales. En cierto modo, eran una manera de integrarse en la cultura dominante, pero recogiendo de ella lo que menos tenía de aceptación de una religión oficial regida por la banalidad y los intereses políticos imperiales, muy distintos a las formas de espiritualidad por las que aquellos pueblos se regían antes de la romanización.

Es muy probable –aunque ningún documento lo acredite– que los pueblos berones, que ocupaban la mayor parte de la Rioja vinícola, recibieran la enseñanza de unos cultos que prendieron en ellos por afinidad con sus propias creencias, postergadas después de la conquista. Y cabe que tales prácticas religiosas propiciasen el cultivo de la vid, reservado, en un principio, a fines estrictamente culturales, hasta que el paso de los siglos transformó las intenciones primitivas. No veo como casual este origen, del mismo modo que tampoco creo que sea coincidencia la presencia de tantos monumentos megalíticos como todavía rodean y, en cierto sentido, consagran espiritualmente las tierras del vino riojano.

Apuntado el posible origen del espíritu riojano y apuntadas las razones irracionales de dicho origen, bueno será que recorramos la ciudad, como seguramente hicieron los peregrinos, y que tratemos de rescatar lo poco que puede servirnos de clave en esa búsqueda de los motivos más profundos que movieron a los de siglos pasados a emprender su marcha hacia el **Finis Terrae**.

Después de cruzar el río y de recordar –que ni siquiera ver– la desaparecida ermita o **humilladero de San Juan**, el caminante se adentra por la **Rúa Vieja**, que fue la que llamaríamos vía oficial de peregrinación. Apenas en ella, se encontraba, a la izquierda, otro lugar también desaparecido, pero al parecer en vías de ser recuperado: el **oratorio de San Gregorio Ostiense**, que se mantuvo en pie hasta no hace muchos años y que dicen que van a reconstruir.

San Gregorio Ostiense vino de Italia, legado por el papa en persona –aunque nadie se pone de acuerdo a la hora de fijar cuál– para acabar con una terrible plaga de langosta que infestaba estas tierras. Dicen que el buen santo no sólo acabó con las langostas, sino que se quedó durante cinco años, hasta que le llegó la muerte en ese preciso lugar donde posteriormente se le levantó el oratorio. Y se añade que tuvo de discípulos a los dos santos constructores y pontífices del Camino, Juan de Ortega, el burgalés, y Domingo de la Calzada, el riojano. Y cuentan, refiriéndose al segundo, que no había aprendido a leer ni escribir y que, apenas estuvo unos minutos con el maestro venido de Roma, no sólo conocía de corrido las letras, sino que fue capaz de diseñar aquellos maravillosos puentes y aquellos increíbles tramos de calzada que le dieron fama entre los peregrinos.

La personalidad de san Gregorio Ostiense surge a los ojos del peregrino como la de un auténtico taumaturgo, capaz de usar de los poderes que le otorgó el conocimiento de la tradición, *«porque saliendo a los campos a conjurar la langosta, la vieron levantar el buelo al instante; y de tal suerte se ausentó de ellos, que jamás hasta oy ha buelto*». Lo cuenta el cronista fray Mateo de Anguiano, que sigue diciendo de él, como se dice de los grandes maestros de Oriente, que era capaz de penetrar en el espíritu de cuantos se le acercaban y de conocer de inmediato a aquel que iba a convertirse en su discípulo: «*Desde la venida de Domingo* (de la Calzada), *tuvo revelación san Gregorio, y á penas llegóa su presencia, quando sin averle tratado jamás, le saludó por su nombre, y con grande afabilidad le admitió por su compañero...*».

Seguía el peregrino **Rúa Vieja** adelante y, al poco, una calleja a su izquierda le acercaba a la **iglesia de San Bartolomé**, que sigue en pie y constituye el monumento mejor conservado en su pureza originaria. Se levantó a fines del siglo XIII o recién entrado el XIV, es de estructura gótica, con numerosas referencias a un románico recordado en la iconografía de la portada, con un tímpano que representa a Jesucristo como Juez y Salvador y un friso a los lados de la puerta con escenas de la vida, milagros y martirio del santo al que se dedicó el templo. Los de la parte izquierda nos dan una visión del suplicio de san Bartolomé, que fue despellejado y que, con su piel en la mano, siguió predicando entre los verdugos. Los de la derecha nos introducen en el milagro del hallazgo de los restos del mártir.

San Bartolomé. Logroño.

En el contexto simbólico tradicional, la serpiente es sabia por ser inmortal. Numerosos pueblos de cultura prelógica consideran que esa inmortalidad le viene a la serpiente del cambio de piel que realiza anualmente. La hagiografía cristiana, al crear la leyenda de un san Bartolomé despellejado que sigue predicando con renovadas fuerzas, no hizo sino santificar el mito arcaico y trasladar al apóstol las cualidades atribuidas a la serpiente, en una de tantas apropiaciones de lo pagano realizadas por los hagiógrafos y los martirólogos. Así, la predicación de san Bartolomé habría sido santificada por la circunstancia de su propio martirio, indudablemente mucho más fácil de entender que las propias palabras de su discurso.

Es de destacar que, en la época en que los cristianos se afanaron por acumular reliquias, las supuestamente pertenecientes a este apóstol fueron, casi sin excepción, fragmentos de aquella piel que le habían arrancado. Con ellos, la iglesia que coleccionaba sus reliquias veneraba la esperanza en la inmortalidad, como contraste evidente con la mayor parte de formas religiosa precedentes. Pero esa misma representación simbólica, tomada por los adeptos de la Tradición, era la que venía a dar cuenta de como, en el proceso trascendente que el neófito emprendía, aquella imagen habría de dar al buscador una de las claves fundamentales de esa resurrección a la realidad, para alcanzar la cual había accedido a someterse a la prueba de la muerte iniciática.

Casi frente a esta iglesia de **San Bartolomé**, el peregrino ve abrirse una calleja que le lleva al templo de **Santa María de la Redonda**, hoy iglesia concatedral, con fachada del siglo XVIII y las características barrocas que marcaron las añadiduras de aquel tiempo, hechas sobre templos señeros de la gran arquitectura sagrada. Por desgracia, no queda memoria de cómo fue el anterior, pero el mismo nombre –la Redonda– nos dice que pudo ser levantado con una estructura poligonal o redonda, como otras edificaciones sagradas que ya hemos tenido la oportunidad de admirar en el trecho que llevamos recorrido.

Vueltos a la calle de los peregrinos, hay todavía dos iglesias que merecen atención. La primera es la de **Santa María de Palacio**, también muy reformada en la actualidad, pero conservando la estructura que ya vimos en **Sangüesa**, que consiste en una airosa *aguja octogonal* levantada sobre el eje del crucero del templo. No deja de ser significativo que ambas iglesias fueran en sus inicios propiedad de los caballeros sanjuanistas. Y todavía abunda más en la coincidencia el que, si la iglesia navarra fue donación del rey Alfonso el Batallador de parte de su palacio, ésta se levantara también sobre terrenos del palacio que poseyera Alfonso VII de Castilla. Habría sido significativo haber podido conocer la portada primitiva, porque la actual es de 1627 y la construyó el cantero Juan de la Riba, sin duda mucho menos iniciado y más volcado a las modas clásicas de su tiempo.

Antes de alcanzar la última de las iglesias jacobeas, el peregrino pasaba junto a la **fuente** que, aun transformada profundamente en su estructura, sigue siendo la que conocieron los romeros antes de alcanzar la **iglesia de Santiago**, que luce una enorme escultura en piedra del Apóstol en su faceta de matador de infieles.

Esta imagen es la que tendría que recordar el peregrino, ya muy cerca del lugar donde se creó la leyenda que justifica la naturaleza guerrera del santo Apóstol. Si opta por esta visita, saldrá de **LOGROÑO** por la actual carretera de Soria, hasta **Alberite**, de donde parte la local que termina,

Iglesia de Santiago. Logroño.

Clavijo.

monte arriba y a ocho kilómetros, en **CLAVIJO**. Se trata de un pueblo menudo, roquero, con un castillo de traza musulmana que se desmorona sobre una peña. A los pies de esa peña tuvo lugar, según la tradición, la batalla de Clavijo, que en realidad jamás se dio, pero que propició la proclamación de Santiago como patrono del ejército cristiano y la institución de un voto que fue escrupulosamente cumplido por el reino de Castilla primero y por el Estado español después, hasta que las Cortes de Cádiz (1812), redactoras de la primera Constitución española, lo abolieron definitivamente.

CLAVIJO constituye un enclave donde el peregrino puede plantearse, entre el silencio de los montes, los motivos que convirtieron a Santiago, apóstol de paz y de concordia según los Evangelios, en un santo vengador y guerrero que, jinete en caballo blanco, se pronunciaba en defensa de unos hombres contra otros y aun intervenía aplastando vientres y descabezando enemigos de la fe triunfante.

Cuentan que los peregrinos europeos que emprendían la Ruta por pura devoción al Apóstol se sorprendían al contemplar las representaciones guerreras del santo en los templos que se le dedicaban a lo largo del Camino. Ellos no lo sabían, pero había un motivo para tal advocación, vinculado a la lucha secular de los cristianos peninsulares contra el islam. La guerra, tal como la preconizaban los sucesores del Profeta, era una *jihad*: una Guerra Santa, en la que contaba más lo que tenía de *prueba* que lo que podía significar como *conquista*. El moro, al guerrear, lo hacía bajo los auspicios de Mahoma y tenía el convencimiento de que la muerte le suponía un inmediato acceso al Paraíso prometido. Tal convicción convertía la pelea en un acto iniciático y trascendente, frente a la guerra de los cristianos, que, al menos en sus inicios, fue una cuestión territorial defendida por la nobleza visigoda y por sus descendientes.

En estas circunstancias, el monaquismo cluniacense captó la necesidad de involucrar al pueblo en un ideal de Cruzada inexistente en sus inicios. Y, ante la perspectiva de que muchos cristianos encontraran incluso más cómodo vivir en la España islámica, que era respetuosa con sus creencias, se lanzó a buscar desesperadamente la intervención de algo sagrado que pudiera arrastrar a los remisos mediante la publicidad de un milagro guerrero, al que seguirían otros del mismo corte, todos ellos capaces de evidenciar la presunción de que los cielos cristianos estaban de parte de aquella masa de godos fugitivos enfrentados al islam y a la protección infernal que les proporcionaba la fe en el Profeta. Se inventó el «otro» Santiago, el Matamoros, que se expandió rápidamente en una perfecta campaña propagandística. Así lo cantaría el poema de Alfonso Onceno, plasmando las quejas del rey don Juçaf de Granada después de la batalla del Salado (1340):

Santiago el de España.
los mis moros me mató,
desbarató mi compaña,
la mi seña quebrantó...

Santiago glorioso
los moros fizo morir,
Mahomat el Perezoso,
tardo, non quiso venir.

Y así lo había proclamado la decisión apócrifa que le atribuyeron tardíamente al rey Ramiro I, cuando, tras la inexistente batalla de Clavijo, dicen que promulgó el decreto que habría de convertirse en símbolo de una España atada de por vida al patronazgo de un Santiago matarife inventado por el monaquismo militante de Cluny: «. . . *ordenamos por toda España e hicimos voto, que se ha de guardar en todas las partes de España que Dios nos conceda librar de los sarracenos por la intercesión del Apóstol Santiago, de pagar perpetuamente cada año a manera de primicias de cada yugada de tierra una medida de la mejor mies, y lo mismo del vino, para el mantenimiento de los canónicos que residen en la iglesia del bienaventurado Santiago y para los ministros de la misma iglesia*».

Para muchos historiadores lúcidos, como el profesor Américo Castro, la invención del sepulcro de Santiago de Galicia tuvo lugar en estas llanuras riojanas, donde venían a justificarse unas razones históricas o unas urgencias político-religiosas capaces de conmover las fibras de un pueblo deseoso de encontrar un ideal que le devolviera la identidad, a punto de desaparecer bajo el impulso de la novísima fe que se había desbordado sobre España desde el norte de Africa, como un reguero de religiosa pólvora.

Pero el peregrino llegado hasta aquí puede haber venido guiado por otros recuerdos. Si es así, conviene que se acerque a las ruinas de un cenobio que poseyó una de las claves de la cultura monástica de estos contornos. Estoy hablando del **monasterio de San Prudencio de Monte Laturce**; o mejor, de sus ruinas, ya prácticamente irrecuperables, que pueden ser visitadas como lo fuera a menudo ese monasterio cuando las peregrinaciones estaban en auge. Para llegar a él hay que olvidarse del vehículo, tomar en **CLAVIJO** el que llaman **Camino Viejo de Leza** y, a tres kilómetros, casi confundido con el monte, verá las pocas ruinas que aún quedan de su pasada grandeza.

Dicen las crónicas que san Prudencio fue obispo de Tarazona entre los años 633 y 683, en los últimos tiempos de la monarquía goda. Y añaden que, encontrándose en la ciudad soriana de **Uxama**, sintió llegada su hora; llamó entonces a su sobrino, el arcediano Pelayo, y le pidió que montasen su cuerpo sobre la mula que le había llevado en todos sus viajes, que dejasen suelto al animal y que lo siguieran; y que allí donde se detuviera a descansar, que le enterrasen. Cumplieron su deseo y la mula echó a andar decidida, atravesando los **montes Distercios**, que son la actual **sierra de la Demanda**; y tomando el valle del **río Leza** hasta el lugar donde comenzaba la subida a este monte, se derrumbó rendida ante una cueva. El Breviario Romano (Santos de España, 28 de abril) señala que los que seguían aquella marcha pasaron la noche velando el cuerpo y le dieron sepultura a la mañana siguiente. Luego levantaron una iglesia con su nombre al pie de la cueva y, muy pronto, el espacio fue ocupado por eremitas ansiosos de recibir las santas radiaciones del cuerpo del obispo Prudencio. Los eremitas se regularon conforme a las disposiciones de san Benito (lo que, en realidad, sucedería muchos siglos después) y fundaron un monasterio que perduró hasta la Desamortización. El día 24 de febrero de 1854 era enterrado en el cementerio de **CLAVIJO** el presbítero fray Ramón Cid, ex abad del monasterio y cura párroco de **Lagunilla** desde su exclaustración. Era el último monje del cenobio de San Prudencio.

Quiero avisar de nuevo al atrevido que aquí no encontrará más que ruinas, en su mayor parte del siglo XVII, y muros asolados de la iglesia, que han cubierto de piedras la cripta; verá la cueva sobre el paisaje de ruinas y verá, sobre todo, el silencio de las lagartijas que se han enseñoreado de aquel esqueleto macabro que se confunde lentamente con la ladera, llenándose de jaras y espinos. Sin embargo, yo sé que ahí, en estos espacios donde ya casi nada se puede encontrar que recree la vista, hay quienes verán que algo sigue flotando, algo que nos eriza la piel recordando los tiempos en los que el valle repetía los ecos de las campanas, rebotando por los despeñaderos.

Pero no todo fue devoción y ortodoxia por estos andurriales. Nos encontramos en una zona concreta que, en tiempos de expansión cristiana, fue reacia a la cristianización. Su gente, los berones, acogió la llegada de los conquistadores islámicos sin sentimiento alguno de amenaza contra su fe; mas bien, según se desarrollaron los acontecimientos, como liberación. Tal vez gracias a esa buena acogida, toda la zona norte del Ebro Medio, al menos entre **Zaragoza** y **Haro**, pudo ser dejada en feudo a una poderosa familia de *muladíes*, los Banu-Qasi, señores godos procedentes de la localidad de **Igea**, que muy pronto dominaron amplias zonas de Navarra, Aragón y La Rioja con el consentimiento tácito de los musulmanes. Las pruebas de la presencia de los Banu-Qasi se encuentra en muchos rincones de esta Rioja que estamos recorriendo. La descubrimos en topónimos como **Albelda** (al-Baldah, La Villa), **Alberite** (al-Barid, La Posta), **Nájera** (Nasarah, El Aguila), **Azofra** (al-Sufrah, El Tributo); y hasta en mitos y personajes, como *el Moro Muza*, que bien pudo referirse, al menos por estos pagos, a Fortún ben Muza, uno de los miembros de la familia que más activamente influyeron en el devenir histórico del **valle del Iregua**, o como en la leyenda de *La Campana de la Mora*, que se cuenta por los términos de **Haro** y que recuerda a una princesa musulmana que vivía próxima a **Sajazarra** y que quería hacerse cristiana.

Pero quedan aún restos inmediatos, cuya presencia, por ruinosa que nos parezca, sirve para que los buscadores de la Intrahistoria palpen una realidad que jamás fue contada en las Crónicas, siempre inclinadas a defender las posturas de quienes las encargaban para justificar su papel en el contexto histórico que les había tocado vivir. Por eso, quien quiera husmear en la historia jamás contada, puede acercarse al lugar de **CASTAÑARES DE LAS CUEVAS**, sobre la carretera N-111 de Logroño a Soria, y meterse, tras el caserío, por las sendas que se dirigen al monte. A la izquierda, conforme avance, se encontrará con una barrera de espinos que le cerrará el paso hacia los rocallones de arenisca. Puede optar entonces por buscar un sendero probablemente inencontrable o arriesgarse al sacrificio de su ropa y meterse entre espinas, para llegar a las rocas y encontrar tres muros de piedra que nos marcan el lugar de unas edificaciones que aprovecharon la pared vertical para completar el recinto de lo que la gente de por aquí llama **los Palacios Moros**. El primero de ellos parece recordar un edificio dedicado a la defensa, a juzgar por las saeteras que se ven entre los muros. El segundo alberga en su interior una fuente que mana de la roca y proclama cierto tipo de confortabilidad, a la hora de adivinar su función. El tercero tiene una ventana en ajimez y una puerta rota, que parece adivinarse construida en arco de herradura. Que yo sepa, la investigación académica ha hecho poco caso de estas ruinas que, con toda probabilidad, podrían haber descubierto una parte sustancial de la historia recóndita de este valle. Tenemos que adivinar su antigüedad, anterior al siglo X, a principios del cual (923) la comarca fue conquistada definitivamente por Ordoño II.

Dos años antes (921) se fundaba el monasterio de **San Martín de Albelda** y el rey asturiano enviaba más de cien monjes para poblarlo. He aquí un acontecimiento no muy fácil de explicar; pues si **San Prudencio de Monte Laturce** existía ya cuando el territorio fue conquistado, y si el cenobio se encontraba a no más de una hora de camino desde **ALBELDA**, ¿a qué venía olvidarlo y volcarse sobre uno nuevo, al que, además, había que surtir de monjes traídos desde el otro lado del reino? Son preguntas que no pueden tener ya respuesta documentada. Sólo cabe pensar en recelos de las autoridades eclesiásticas hacia unos monjes que habían convivido en buena armonía con el islam y que, por ello, serían sospechosos de una ortodoxia problemática. En cualquier caso, sí está probado, a través de documentos existentes en el archivo de **Santa María de la Redonda** de **LOGROÑO**, que en la era de 988 (año 950), el abad Adica, en compañía de seis de sus monjes –Cristóbal, Fortunio, Sarracino, Dato, Esteban y Repinato– se entregaba, con cuanto poseían, al abad Dulquito de Albelda, y firmaban como testigos *«todos los hombres de Leza»*. Los motivos que figuran en la copia que se ha conservado son un tanto ambiguos, *«por temor a los sarracenos»*. Y uno no puede por menos de cuestionarse en qué podría consistir este temor, después de casi dos siglos de pacífica convivencia.

Tenemos que regresar a **LOGROÑO** para seguir el Camino Jacobeo. Saldremos de la ciudad antigua por la llamada **puerta del Revellín**, que formó parte de las murallas, y desde la **calle del Marqués de Murrieta** emprenderemos camino hacia el oeste, por la carretera de Burgos. El camino peregrino, aquí, se separaba poco después del punto por donde se atraviesa la vía del ferrocarril y, adentrándose por los campos, atravesaba la actual autopista y bordeaba el **pantano de la Grajera**, para reunirse con la carretera donde ésta inicia las curvas que la llevarán a la intersección de las de Burgos y Vitoria. Luego, el Camino volvía a separarse poco antes del lugar donde la carretera de Burgos (la que nosotros seguimos) atraviesa la pista de peaje. Aún se conserva el camino de tierra que seguían los peregrinos y, mediante un pequeño túnel bajo la autopista, se ha mantenido el mismo paso tradicional que llevaba a la **alberguería de la Orden de San Juan**, que se encontraba ya muy cerca de **NAVARRETE**. Pero de este hospital ya no queda nada, salvo una impresionante portada que tendremos la oportunidad de ver dentro de poco.

NAVARRETE es un pueblo de impacto peregrino, que aún estructura su plano sobre la calle –**Mayor Alta y Mayor Baja**– que lo atravesaba. En la plaza que separa ambas calles se levanta la **iglesia parroquial**, que sorprende por su doble puerta de entrada, recuerdo indudable del templo del Santo Sepulcro de Jerusalén y, sobre todo, de su significado simbólico. Dentro, en la sacristía, se conserva un retablo flamenco atribuido a Adrián Ysenbrand, en el que san Juan Evangelista –el Apóstol del Apocalipsis– protege a uno de los donantes.

El Camino sale nuevamente a la carretera y la acompaña a la salida del pueblo, hasta el **cementerio** que se construyó a fines del siglo XIX y al que se le agregó **la portada del hospital** de los sanjuanistas, del siglo XIII. Consta de tres arcos, dos correspondientes a ventanas y el central a la puerta. Los tres están profusamente esculpidos y reproducen, con exquisita perfección, los temas favoritos de la simbología románica tradicional, pero

Navarrete.

añaden la iconografía propia peregrina, presentando en algunos de ellos escenas del caminar que nos ponen en contacto con la singladura de aquellos caminantes medievales, entregados en cuerpo y alma a la aventura espiritual de la Ruta.

Apuntemos, entre los motivos del pórtico, la presencia de seres fantásticos que, bajo la forma clásica de arpías, lucen los gorros puntiagudos de los iniciados. Parecen figuras simbólicas de aviso a los peregrinos, y muy cerca de ellas aparecen éstos. Y, entre ellos, uno muy especial que levanta una copa en el acto casi ritual de beber el *soma* ofrecido por la tierra que atraviesa. Todas estas figuras, precisamente por entremezclarse en los diversos capiteles, nos unifican la idea de la peregrinación con su sentido místico; y tratan de explicarnos símbolos que hay que ir descubriendo paso a paso, como el que proclama la bestia que lleva otra entre los dientes y se enfrenta a dos peregrinos –precisamente dos, como los compañeros de la Qabalah–, en una alusión al peligro que supone descubrir el secreto iniciático que la primera bestia guarda tan celosamente.

Pero aún no querría que siguiéramos sin ofrecer al peregrino la posibilidad de que se acerque a la vecina localidad de **FUENMAYOR**. Porque allí, entre profusión de bodegas, hay un motivo iconológico que tiene todo el aspecto de una llamada de atención. En la fachada de una casa solariega situada junto a la plaza principal, hay, sobre el dintel y a la altura del primer piso, un par de relieves de piedra alejados uno de otro, pero unidos por una razón común. El primero representa a un caballero jinete en su caballo, que parece dirigirse precisamente al segundo: un perro que sostiene entre sus patas un libro abierto. El motivo es sugerente, sobre todo si pensamos que el caballo, simbólicamente, conduce al buscador hacia la meta donde encontrará la respuesta. Y el perro –no lo olvidemos, un perro lector– es, desde la tradición más remota, lo mismo que el lobo del que desciende, un enviado de Lug, transmisor y conductor hacia el saber para aquellos que lo buscan.

Regresemos a la salida de **NAVARRETE**. Durante unos kilómetros, la carretera coincide con el Camino hasta muy poco antes de la desviación a **Ventosa**, donde se separa a la izquierda para cortar, entre campos y cerretes, hacia donde estuvo enclavado un convento de los monjes antonianos. El cerro donde estaba sigue llamándose **el alto de San Antón**, pero del antiguo edificio apenas quedan unos muros casi a ras del suelo que pasan desapercibidos para cualquiera. A los monjes antonianos los volveremos a encontrar y entonces tendremos la oportunidad de hablar de ellos. Ahora seguiremos y, después de este alto, que la carretera bordea en una amplia curva en S, el Camino cruza el asfalto y se dirige, por nuestra derecha, en línea casi recta hacia **NÁJERA**, que ya se distingue en la lejanía. Marchará paralelo a la carretera y, en un punto determinado, apenas quedará separado de ella por un montecillo muy bajo y muy mocho que conocen por el **Poyo de Roldán**.

Una tradición fomentada por peregrinos franceses asegura que, desde lo alto de este cerrete, el paladín Roldán contempló la venida del gigante Ferragut cuando salía de **NÁJERA** para enfrentarse al héroe carolingio en la tremenda pelea que le costó la vida. Esta historia, surgida de la tradición que proclama que el Camino fue liberado de los musulmanes por el Emperador de la Barba Florida, cuenta que la ciudad estaba ocupada por los sarracenos y que, por idea de éstos, se acordó que su destino no se dirimiera en batalla, sino en un duelo singular entre el gigante Ferragut y el paladín que Carlomagno tuviera a bien designar y que fue su propio sobrino Roldán. Dicen que el combate fue duro, tanto que pasaron días enteros peleando desde el alba a la caída del sol. Por las noches, hasta que conciliaban el sueño, Roldán y Ferragut hablaban. Y, mientras el héroe franco procuraba catequizar a su rival, éste le confesó que sólo el poder mágico de los moros le impedía convertirse al cristianismo, como era su deseo, y que un brujo le había vuelto invulnerable todo el cuerpo, con la excepción del ombligo. Aprendida la lección, Roldán se pudo aprovechar de ella al despuntar el alba y, en la primera ocasión que se le presentó, atravesó el ombligo de Ferragut con su lanza y terminó victorioso el combate, logrando la conversión del gigante antes de su muerte.

La leyenda tuvo enorme repercusión sobre la avalancha de peregrinos francos que caminaron la ruta durante siglos y fue reproducida en varios lugares. Uno de ellos, que no mencioné anteriormente, fue uno de los capiteles del palacio de los reyes de Navarra en **Estella**, donde puede verse, firmado por un cantero riojano del siglo XII, la lucha de los dos rivales en el instante justo en que el paladín franco atraviesa con su lanza el ombligo del gigante musulmán. Por lo demás, hay que pensar que ésta es una de las historias que jamás debieron aparecer en el contexto del Camino, convencido como estoy de que la única lucha que el peregrino consciente puede plantearse es la que emprenda consigo mismo para alcanzar su propia superación.

Estamos a punto de alcanzar **NÁJERA**, donde nos espera un encuentro insólito con la idea griálica que a tantos peregrinos incitó al emprender el peregrinaje. Pero creo que no conviene entrar en ella sin antes hacer un ligero desvío, como muchos peregrinos, a un lugar que creo una de las claves ocultas del Camino. Me refiero a **TRICIO** y a **la ermita de Arcos**. **TRICIO** se distingue cómodamente desde la carretera. Se levanta sobre una colina que domina la iglesia parroquial y sus casas ostentan blasones curiosos cuyo estudio tendría que emprenderse desde la perspectiva de la simbología heráldica. Resulta más que curiosa –y hasta casi incomprensible, a menos que echemos mano del mundo de la tradición– la presencia de un *caracol* pintado con azulejos sobre el reloj de la iglesia parroquial. También tendríamos que recordar que **TRICIO**, aunque hoy sea un pueblo menudo adosado al Camino, fue hito de la vía romana que llevaba de Zaragoza a Astorga y que, según está debidamente documentado, llegó a ser sede episcopal en los inicios del cristianismo. La vía es visible a trechos y, muy especialmente, en las proximidades de la **ermita** que hemos venido a visitar y que nos enseñará muy gustosamente el párroco, que fue prácticamente el descubridor y mejor estudioso de este insólito monumento.

La **ermita de Arcos de TRICIO** fue consagrada en 1181 y en ella se venera la imagen de la Virgen que lleva su nombre. Dice una tradición que la trajo de Tierra Santa el mismo san Pablo y fue entregada por él a su discípulo Quiricio, por cuyo conducto habría llegado aquí a fines del siglo III, siendo luego escondida de la rapiña musulmana y enterrada en la cueva-cripta que se encuentra debajo. Es de señalar que la imagen que hoy se venera no es anterior al siglo XIV, pero sigue conservando la fama de milagrosa que tuvo en sus orígenes. Su

Santa María de Arcos. Tricio.

aspecto y su tinte moreno la aproximan, aunque tardíamente, a las Vírgenes Negras. Y los signos que se ven en su peana son exactamente iguales a los que aparecen en las antiguas estelas célticas. Pero celtas fueron los berones que habitaron estas tierras, y no es de extrañar que dejasen sus improntas más allá de su paso por la Historia.

La visita a la **ermita de Arcos** es como montar un auténtico *puzzle* de elementos sagrados acumulados en su interior. Las columnas que conforman sus tres naves formaron parte seguramente de un templo imperial dedicado a Zeus; se ven arcos visigodos y mozárabes bajo la estructura románica y hasta pueden observarse estucados barrocos que indican que allí tuvo algo que ver la *Orden de la Terraza* instituida en la vecina **Nájera** y sobre la que volveremos un poco más adelante. Sin embargo, lo que me parece más importante de esta amalgama de estilos y épocas, es el relativamente reciente hallazgo de pinturas primitivas que constituyen la única muestra de murales románicos en toda esta zona riojana.

Las pinturas no pueden compararse con las obras maestras del muralismo románico catalán o leonés, pero creo que, en tanto que peregrinos que descubrimos para descubrirnos a nosotros mismos, nos debe interesar muy especialmente, al margen de otras consideraciones. Porque es el caso que estas pinturas son transformaciones de otras que todavía pueden reconocerse y que nos dan una imagen insólita, pero no menos cierta, del carácter posiblemente *gnóstico* que pudo tener este templo en los inicios de su utilización. Tal como ha manifestado su descubridor, la pintura que representa la Ultima Cena cubre otra anterior que sólo contaba con *siete* personajes y por cuyos utensilios –cuchillos, panes redondos y peces colocados sobre copas– se aproximaría mucho más al ágape de los gnósticos que a la escena evangélica. Las figuras restantes, representando escenas de la Pasión, se complementan con otra, situada en torno al arco de acceso al presbiterio –el Arco Triunfal de las iglesias primitivas–, en la que, aun con cierta dificultad, cabe adivinar la Jerusalén Celeste con edificaciones de estructura decididamente romana.

Las investigaciones permiten conjeturar que la **ermita de Arcos** formó parte, antes de su consagración como iglesia cristiana, de un mausoleo romano: un templo mortuorio del que se conservan todavía algunos muros situados en el camarín. Pudo haber una primera consagración en torno al siglo IV y, posteriormente, sin que haya documentos que lo avalen, pertenecer a los templarios que tenían una encomienda en la vecina localidad de **Alesón**. Descubrimientos más recientes han puesto al descubierto algunas tumbas, posiblemente de época visigoda o de los primeros años de la invasión musulmana. Y es curioso que algunas de ellas tienen *graffiti* raspados en sus tapas; y más curioso todavía que alguno de estos dibujos reproduce con absoluta exactitud los mismos laberintos que figuran en los petroglifos de la península gallega del Morrazo, grabados por pueblos de la Edad del Hierro.

Pese a quienes han querido dar explicaciones nunca convincentes sobre el origen de la ermita, se plantea un auténtico enigma que conviene estudiar en profundidad, con la garantía de que el resultado de esa investigación, si se realiza lúcidamente y sin carga alguna de prejuicios, podrá llevarnos a descubrimientos importantes en el contexto de ese misterio que todavía es, en muchos aspectos, el Camino Jacobeo.

Vueltos a la carretera, nos encontramos a un tiro de piedra de **NÁJERA**, el final de la cuarta etapa del itinerario de Aymeric Picaud. Desde que accedemos a la ciudad, ésta se nos presenta integrada en el espíritu del Camino. Un **hospital** ya abandonado, a la derecha de la callejuela que conduce al **puente** que levantara nuestro ya conocido san Juan de Ortega, y luego, por calles que se han escapado de un códice, accedemos a **Santa María la Real**, que es nuestra meta inmediata y el hito jacobeo de la ciudad, con todas sus consecuencias.

Nuestra Señora la Real de Nájera.

Para quien aún no lo sepa, le recordaré que la fundación de este monasterio fue obra de don García III Sánchez, en el año de 1044, y que la construcción se debió a un prodigio que dicen le sucedió al monarca mientras cazaba por los contornos de la ciudad, siguiendo a un neblí que había enviado en pos de una torcaz. El rey encontró a su ave de presa y a la paloma en una cueva, pacíficamente posadas a los pies de una imagen de Nuestra Señora, ante la cual había una campana y una jarra con azucenas frescas. La fundación del monasterio, debida a este acontecimiento, coincidió con la fundación de una orden caballeresca que se llamó *de la Terraza* (en honor a la jarra hallada a los pies de la Virgen), que fue, según mis noticias, la primera establecida en el mundo cristiano y de la que llegaron a formar parte numerosos reyes y señores peninsulares y europeos. Desde entonces, la jarra griálica constituyó, tanto como la imagen de Nuestra Señora, el símbolo específico del ideario de aquel lugar: un soterraño grialismo que adquiere aquí resonancias concretas en todo cuanto tiene de sincrético dentro de la idea religiosa que vamos a intentar poner al descubierto.

Conviene recordar, en este sentido, que el Grial es la representación última de una serie de símbolos que se concretan en él y que supusieron una fuente de conocimiento superior, en pos del cual marcha el ser humano, siguiendo, casi siempre a ciegas, un camino que será inútil si no se descubren paralelamente las claves que conducirán de una respuesta a la siguiente, hasta esa meta en la que se encuentra la respuesta definitiva a todo cuanto somos. En este punto, que puede estar a nuestra vera sin que nos percatemos de ello, se encuentra el Grial, como contenedor primordial de la esencia del universo.

La representación griálica ha sido muy variada a lo largo del tiempo, según la naturaleza espiritual de los pueblos que la han reconoci-

Nájera.

do como símbolo, pero cualquiera que haya sido la figura adoptada, siempre se ha tratado de una capaz de *albergar un contenido*. Ha sido siempre, pues, un *recipiente*. Del mismo modo, jamás ha sido concebida como símbolo aislado y completo en sí mismo, sino que, sin excepción, se ha visto acompañado por otro que, de alguna manera, ha sido el encargado de *verter* la esencia en el recipiente que habrá de contenerla. Hay, pues, un elemento pasivo, receptor y femenino que recoge la sustancia que le proporciona, agresivamente, un segundo elemento activo, masculino y penetrante.

En el cristianismo esotérico, esta doble función fue recogida por el Santo Cáliz y la Santa Lanza. El Cáliz fue el contenedor de la sangre de Cristo vertida por la Lanza que atravesó su costado. Pero esa representación no es en modo alguno única. El Grial está en las vulvas de las cuevas prehistóricas, penetradas por el falo que tan a menudo se representa a su vera; está en la Mesa de Salomón, sobre la que reposan los elementos desmenuzados en el sacrificio por el cuchillo ritual; está en la piel del monstruo, hendida por la espada del héroe, que busca la motivación última de su valor bañándose en la sangre del enemigo y entendiendo después el lenguaje de los pájaros. Y está en la Purísima Concepción del dogma cristiano, milagrosamente poseída por la divinidad que le hará concebir al Salvador.

NÁJERA y su entorno responden a esta idea, desde la concepción misma del templo monástico, construido a partir de la cueva del encuentro milagroso, como un espolón de piedra que hiende la montaña en cuyo interior se encontraba la imagen, convirtiéndola en recipiente que, desde los tiempos más oscuros de la historia, albergaba en sus hipogeos la esencia de la búsqueda trascendente. **NÁJERA** nació en torno al monte que aún puede verse acribillado de cuevas excavadas por el ser humano desde épocas de inciertas espiritualidades. Los investigadores, que se han limitado a observar de lejos esta mole de arenisca rojiza, no han llegado a ponerse de acuerdo respecto a la datación de esta colmena troglodítica, por las simple razón de que la necesidad de penetrar la entraña del monte viene de muy lejos en la conciencia humana y se ha prolongado más allá de las culturas y las creencias, de modo que pueden hallarse hipogeos muy anteriores al cristianismo, junto a otros que probablemente excavaron eremitas cristianos que tomaron como retiro el que ya lo había sido para buscadores de la espiritualidad de tiempos muy anteriores.

En cualquier caso, no es casual que la leyenda fundacional situase el hallazgo en una cueva. Así, el sentido griálico se duplicaba en la cárcava y en lo que contenía. Ni fue casual que el templo se levantara a partir de la cueva, pues así penetraba también en la tierra, complementando su sentido último. El rey, dardo en ristre, penetra en la cueva y encuentra en ella, junto a la imagen, la respuesta de una jarra con azucenas frescas y una luz que nunca se apaga. Y, llegada la hora de dar forma al hallazgo, la imagen será el objeto inmediato de veneración y el motivo primario de la erección del templo y del monasterio, pero será la jarra de azucenas la auténtica protagonista oculta de aquel tinglado, la que provocará la dedicación del templo, presidiendo –debajo de la Virgen– su altar mayor, conformando las armas del escudo abacial y dando sentido a la primera orden caballeresca de la que tiene noticia la historia de Occidente.

Hay aquí una voluntad tácita y silenciosa de convertir el templo en sede de una idea griálica. Por eso invito al peregrino a que no se conforme con lo que ve, sino que medite en el porqué de todo cuanto contemple. Le sugiero que, al acudir a esta cita, se detenga unos instantes antes de entrar y podrá darse cuenta cabal de que este monumento fue concebido no sólo como una casa de Dios, supuestamente abierta a todos los fieles, sino como fortaleza inexpugnable que, en principio, rechaza al curioso o le pone ante la duda de si le será permitido el acceso o si, por el contrario, se le impedirá el paso desde las troneras, con la punta de un dardo apuntándole al pecho. La idea de lugar reservado se completará cuando, ya dentro, pasada la **escalera Real** que da acceso al **claustro de Caballeros**, se encuentre con que este lugar es un auténtico cementerio de privilegiados. Ya hoy, con las restauraciones, buena parte de las tumbas –y, sobre todo, las que estaban en el suelo– se han ido perdiendo. Pero siguen las de los muros, en su mayoría, y los panteones-capillas en torno al jardín claustral. Son cientos de sepulturas de nobles y señores riojanos, navarros y castellanos, que pidieron encarecidamente el privilegio de ser enterrados allí, en el lugar que, como ningún otro, garantizaría la inmortalidad y la prometida resurrección. Una inmortalidad, en cualquier caso, bastante discriminatoria, reservada a privilegiados cuya probada nobleza de casta les serviría presuntamente de salvoconducto para alcanzar el cielo con mayores garantías. Bueno será recordar que, en sus primeros años, el derecho a ser enterrado en este lugar dependía de los méritos de la nobleza de sangre, pero, con el paso de los años, se trocó en aras de lo que el aspirante podía económicamente aportar a las arcas del cenobio.

Esta condición, naturalmente, se complementaría, a juzgar por determinadas señales, con privilegios de otro tipo, condicionados por la posesión de una marca especial de reconocimiento o por la adscripción a un secreto minoritariamente compartido. Sólo así cabe juzgar la presencia de ciertos blasones que, lejos de responder a la heráldica tradicional, plantean signos, formas y elementos que escapan limpiamente al reconocimiento de individuos concretos, para insertarse en un lenguaje hermético, para cuya interpretación tendremos que adentrarnos en terrenos más arduos y complejos.

Si entramos ahora en la **iglesia** por la puerta plateresca del claustro, en cuyos relieves volveremos a encontrar los elementos griálicos que presiden todo el conjunto, nos veremos en una soberbia construcción de fines del siglo XIV, esbelta y armónica como una sinfonía, a pesar de la abigarrada muestra de épocas que se aprecia en todos sus elementos. El altar mayor, obra de la época de Carlos V, lo presiden la imagen y la jarra de azucenas en sendas hornacinas del panel central, y, a los pies de la nave, dos lasquenetes de piedra dan paso al **panteón real**, donde reposan buena parte de los reyes e infantes de Navarra anteriores al siglo XII. Pasado el panteón, la entrada a la **cueva** donde fue encontrada la imagen de Nuestra Señora, hoy con un altar ocupado por otra imagen románica que llaman **La Virgen de la Rosa** y que estuvo en tiempos en la capilla del palacio real. Esta imagen lleva en sus brazos al Niño con la más monstruosa cabeza que podamos imaginar.

Cerca del panteón real, pero separada de él, se encuentra expuesta la tapa del **sepulcro de doña Blanca de Navarra**, madre de Alfonso VIII, que murió al nacer el soberano castellano. El cenotafio, profusamente esculpido, nos plantea nuevamente una temática en la que, junto a pasajes basados en el hecho real de la muerte de la soberana, apreciamos cuatro escenas bíblicas que corresponden a una mitología simbólica muy determinada y, por supuesto, tan en apariencia ajena al motivo primario de la sepultura como las imágenes del Pantocrátor y el Tetramorfos, que aparecen aquí esculpidas como caso seguramente único en la temática sepulcral románica.

Las cuatro escenas en cuestión son las siguientes:
LA LLEGADA DE LOS REYES MAGOS: Recordemos que en cuanto a tales reyes –tres y magos–, son tema eludido por los evangelios sinópticos y tratados en los apócrifos. Los Reyes Magos, según la tradición esotérica cristiana, procedían de la tierra del Preste Juan, y fue a esa tierra a la que Parsifal y Titurel habrían de llevar, para su eterna custodia, el Grial sacado del Montsalvat.
EL JUICIO DE SALOMÓN: Recordemos igualmente que Salomón, en tanto que monarca marcado por Yavé para las más altas instancias de la autoridad, es ejemplo a seguir por soberanos que saben o se desean predestinados a una misión universal milenarista. La actuación del rey de Judá en tanto que juez de suma justicia le coloca en paralelo a su alta misión como constructor del Templo.

LA PARÁBOLA DE LAS VÍRGENES PRUDENTES Y LAS VÍRGENES NECIAS: Aparece en el evangelio de Mateo (XXV, 1-13) y es una de las dirigidas especialmente a los discípulos y no al pueblo. Contiene, en su simbolismo, los elementos que constituyen el enlace con el grialismo de la **cueva de Nájera**: el aceite de las alcuzas destinado a proporcionar luz para las lámparas equivale a la jarra de azucenas y la lámpara de luz eterna. Recordemos, a este propósito, que la lámpara de esta cueva sirvió durante mucho tiempo de luz perennemente encendida que alumbraba los sarcófagos del panteón real, que así quedaban bañados en la claridad emanada del milagro griálico.
LA DEGOLLACIÓN DE LOS INOCENTES: Es el primer acto sacrificial que abre la historia evangélica. Con el relato de esta masacre, se fijan los principios simbólicos del derramamiento de sangre que simbolizará, a su vez, el sacrificio existencial que colmará con la esencia vital el recipiente sagrado.

Desde el sector del templo donde se encuentra el panteón real, una escalerilla de caracol nos da acceso al conocido como **coro Alto**, llamado aún así, aunque es ya el único que queda, después de que el que se encontraba a ras del suelo fuera trasladado fuera del recinto. Este coro que ahora vamos a ver tendría que haber sido, sin lugar a dudas, el lugar que nos proporcionara mayor cantidad de información, en el caso que hubiera conservado su integridad y no en el lamentable estado en que ahora podemos contemplarlo. A pesar de ello, es una de las obras capitales de la artesanía coral española de la transición del gótico al Renacimiento.

Por los datos que nos han llegado, puede asegurarse que fue construido entre los años 1490 y 1495 por los hermanos Amutio o Amucio, con seguridad judíos conversos al servicio de la Iglesia, para la que construyeron retablos y coros en diversos puntos de Castilla y de La Rioja. Y, como suele suceder casi siempre en las obras artísticas y piadosas en las que intervienen conversos y marranos, el entorno existencial hebreo logra siempre abrirse paso, más allá de las estrictas formalidades del encargo que se les hiciera. En este caso, varias figuras que se encuentran en torno al acceso desde la planta baja nos muestran rostros y atavíos que, según salta a la vista, corresponden a tipos judíos de la España de fines del siglo XV: probablemente son incluso retratos de varios de los artífices que intervinieron en la elaboración de este complejo.

El coro sufrió, como el claustro y como buena parte del resto del cenobio, la depredación ocasionada en las guerras napoleónicas y luego por quienes tomaron el monasterio como lugar de rapiña tras las exclaustraciones del siglo XIX. Faltan casi totalmente los respaldos correspondientes a la fila inferior de asientos, faltan varias *misericordias* y buena parte de las figuras que fueron labradas para las hornacinas entre los asientos, que hoy se ven casi totalmente huecas. Sin embargo, aunque apenas sea ya posible imaginar cómo pudo ser completo, puede constatarse algún detalle que, sin duda, forma parte del secreto del templo, del mensaje subliminal que se intentó transmitir a quienes tuvieran voluntad de captarlo.

Querría hacer hincapié en una de las figuras de este coro. Me refiero al relieve -uno de los pocos que quedan- de la fila baja de asientos, el que se encuentra inmediatamente a la izquierda del sillón abacial, que luce la figura soberbia que casi todos han identificado con el fundador don García. El relieve al que me refiero representa a la **Virgen de la Leche** y muestra a Nuestra Señora amamantando al Niño. Se trata de una representación que tuvo, desde la Edad Media en Occidente, pero desde mucho antes en otros ámbitos de la espiritualidad, connotaciones que el mismo san Pablo intentó ocultar anteponiendo a este alimento trascendente la solidez de la comida dogmática (I Corintios, 3, 2). Cuando surgen coincidencias tan fundamentales, como las de Hércules amamantado por Hera u Horus amamantado por Isis, cuando se repite en la iconografía de Bernardo de Claraval, recibiendo el chorro que mana del seno de Nuestra Señora o cuando contemplamos la imagen hindú de Maya, que vierte su propia leche en la laguna de la Inmortalidad, tomamos conciencia de que ese símbolo equivale a la succión de la Verdad a partir de su propia fuente: la Virgen, hecha recipiente (Grial) de Sabiduría.

Curiosamente, en la tradición kabalística hebrea, la figura de la *shekhiná* es esa misma sabiduría, hecha emanación de Dios para dar a los mortales la oportunidad de alcanzar el conocimiento de lo divino. Para un kabalista, esa *shekhiná* nunca podría ser representada; pero tendría en las representaciones de la Virgen de los cristianos la aproximación más inmediata al pensamiento trascendente y el mejor modo de expresarlo desde la perspectiva de un acercamiento esotérico a quienes pudieran compartir el ideario de la Qabalah, aun desde distintas formas religiosas. Tendríamos que recordar igualmente que, en el lenguaje de la Alquimia, el Elixir es llamado a menudo Leche de la Virgen, para indicar de una manera inmediata y conocida las propiedades trascendentes que contiene la sustancia obtenida al final de la Obra.

Transformar aquí la representación arcaica de Nuestra Señora la Real en imagen inmediata de la Virgen, en tanto que proveedora de alimento (espiritual) de los buscadores es, en cierto modo, dar al templo todo sus sentido, contemplarlo con ojos diferentes desde la altura del coro, con la visión novísima del significado que debió de tener en un instante concreto la figura de Nuestra Señora, cuando iba jalonando el Camino de Santiago desde la mayoría de los monasterios de la orden renovada del Císter; aunque, curiosamente, **Santa María la Real de Nájera** jamás llegó a abrazar la reforma monástica de Bernardo de Claraval.

Para el peregrino consciente de la necesidad de búsqueda interior, el mensaje impartido desde este monasterio no terminaba en sí mismo. En **NÁJERA**, tal como se había propuesto el rey don García, había tratado de concentrar entre los muros la potencia telúrica de un territorio mucho más amplio que, como las aguas del **río Najerilla** que baña la ciudad, depositaría allí sus poderes residuales, antes de verterse definitivamente en el ya no lejano Ebro.

Para ese peregrino, la ciudad era el resultado final de unos estímulos que llegaban de más arriba, del **pico de San Lorenzo** que ya le habría llamado la atención desde antes de llegar. Quizás alguien le habría revelado su nombre y esa revelación le habría descubierto el significado sagrado de la montaña, puesta bajo la advocación de un santo que no sólo recordaba al dios Lug a través de su nombre, sino que, como mártir cristiano, había sido el portador del Grial que sacralizara con su presencia la comarca aragonesa que tal vez había atravesado. Incluso cabe que hubiera ligado ese nombre con el de la **sierra de la Demanda** donde se levantaba, que evocaba a la otra Demanda, la del Santo Grial que perseguían los paladines místicos de las leyendas artúricas.

Para quien quiera emprender el Camino sagrado de la **Demanda**, le aconsejo que vuelva un trecho sobre sus pasos, que cruce nuevamente el río por el **puente de San Juan de Ortega** y que tome, hacia el sur, la carretera C-113, que lleva desde **NÁJERA** a **Salas de los Infantes**. Ya casi de salida, habrá de encontrarse, a la derecha y al otro lado del río, con el **cerro de Santa Lucía**, un montecillo cónico que protege el terreno de una finca donde, no hace muchos años, se encontraron piedras talladas sobre las que la ciencia oficial prefirió no pronunciarse, precisamente por el problema arqueológico que planteaban. Luego, apenas pasado un puente que nos permite vislumbrar los restos de otro que fue romano y que formó parte de la vía Zaragoza-Astorga, debe tomarse un desvío a la derecha, que nos llevará, por **Cárdenas** y **Cordovín**, a **Berceo**, la patria chica del juglar medieval que cantó al santo a cuyo monasterio nos dirigimos: **SAN MILLÁN DE LA COGOLLA**.

Tendré que confesarlo: siento especial querencia por **San Millán de Suso**, desde un día que me quedé allí solo con Tarsicio, el guarda que lo cuidaba hasta hace pocos años, y escuché de sus labios los primeros versos de los *Milagros de Nuestra Señora*, de Gonzalo de Berceo:

Amigos e vasallos de Dios omnipotent,
si vos me escuchásedes con vuestro consiment,
querríavos contar con buen adveniment.
Terrédeslo en cabo por bueno veramen.

Tarsicio se jubiló y es el padre del guarda actual; era, y seguro que sigue siéndolo, hombre acostumbrado a la soledad por oficio y por vocación; prefería la charla a las frías explicaciones que tenía que dar a los pocos visitantes que aparecían por sus dominios. Lo suyo era sentarse a la vera del camino, junto a la arboleda, y hablarles a los pájaros. Una vez publicó un librito a sus expensas, contando lo que sabe de aquel lugar; y reproducía algunas poesías que le fueron inspiradas por sus largas estadías en el viejo cenobio. Lo guardo con el mismo aprecio que guardaría un incunable. A Tarsicio le gusta recordar lo que opinaron de aquel sitio los sesudos profesores que pasaron por allí a husmear entre sus piedras y, estuviera o no de acuerdo con ellos –que a menudo no lo estaba, y con razón–, le atraía rememorar sus opiniones, que para él eran siempre un homenaje al lugar amado, aquel lugar que, me decía, tanto semejaba al *lugar cobdiciaduero* del maestro Gonzalo:

La verdura del prado, la olor de las flores,
las sombras de los árbores de temprados sabores
refrescáronme todo, e perdí los sudores:
podríe vevir el omne con aquellos olores.

A **San Millán de Suso** –de Arriba– se llega tomando una carreterilla que, desde la entrada del pueblo, ya a la vista del cenobio de **Yuso** –de Abajo–, se mete entre curvas y bosque hasta el llano que queda enfrente de la vieja basílica visigótica y mozárabe que sirvió, sobre todo, de lugar de reunión de los anacoretas que vivieron por aquellos repechos hasta que, favorecidos por donaciones de reyes navarros y castellanos, se bajaron al valle para construir un enorme monasterio. Arriba, en las laderas, la comunidad eremítica vivió por cerca de quinientos años, desde que los primeros anacoretas se fueron reuniendo en torno al solitario santo Millán por los tiempos en que el rey Leovigildo andaba en tarea de reunificar la Península.

Así pues, el monasterio de **San Millán de la Cogolla** es, en realidad, dos lugares distintos, algo así como la cara y la cruz de una misma moneda. El lugar de arriba representa la esencia de una espiritualidad primitiva e inmediata, propia de unos hombres y unas mujeres que se retiraron a las soledades para salirle al encuentro a su propia identidad. El de abajo, levantado a distancia del primero, sintoniza con una época en la que importaba más dejar memoria de un cierto modo de vida deliberadamente adscrito al poder temporal romano que se había enseñoreado definitivamente del mundo monástico. Arriba, en **Suso**, quedaba la memoria de gente que abandonó el mundo para irle a la zaga a su ideal trascendente. Abajo, en **Yuso**, se congregó una comunidad coherente y disciplinada, que se gloriaría seguramente de ser la heredera de la otra, pero que eligió el contacto con una sociedad sobre la que podía ejercer su influencia, a mayor gloria del ideario al que estaba adscrita por voluntad de creencia.

Y lo gracioso del caso fue que, abandonado definitivamente el primitivo refugio, se transformó incluso la personalidad de san Millán, para convertirle en otro jinete matamoros, émulo del seudo Santiago y paladín de causas guerreras de dudosa espiritualidad. Pues es el caso que, a raíz de la batalla de Simancas, en la que corrió la voz que el buen anacoreta había acudido para ayudar a la causa del conde Fernán González, le convirtieron en patrono de Castilla y se instituyeron en su nombre los *votos de San Millán*, que venían a reclamar, por el lado castellano del río Carrión, los mismos diezmos y primicias que recibía hacia el oeste, y hasta Galicia, el voto paralelo del señor Santiago, creado para mayor beneficio y gloria de los canónigos de la catedral jacobea.

Digo yo si será bueno que rememoremos la vida de san Millán, puesto que, en torno a él y bajo su ejemplo, se había de crear el lugar hasta el que hemos venido. Esa vida la contó por primera vez en latín san Braulio, obispo de Zaragoza en el siglo VII, y la vertió a poema castellano, en el XIII, un monje de Yuso que la puso en poemas alejandrinos: Gonzalo de Berceo, que no ponía peros a que le recompensaran con *tres meaias* o con *un vaso de bon vino* cuando se ponía a contarle cosas a la gente en la lengua *en la que suele el pueblo fablar a su vezino*.

Analizando lo que nos cuentan los dos biógrafos, el obispo y el monje juglar, sacamos en conclusión que Millán nació en aquella aldea de **La Cogolla** en un año que se ha fijado en el 473 y que murió en su refugio unos ciento un años después. Entre estas fechas sucedieron en su vida cosas bien singulares.

Hasta los veinte años fue pastor de ovejas (*«guardaba bien su grey, como buen sabidor»*). Y esta soledad pastoril le confirió experiencia en el cuidado del rebaño, pero también le permitió aprender a tocar la cítara, con la que espantaba sueños y soledades. Un día, sin embargo, *«mientras yaçíe dormiendo, fue de Dios inspirado. Quando abrió los oios, despertó maestrado»*. Vio otra realidad y *«entendió que el mundo era pleno de enganno. Quería partirse dellí, ferse ermitanno»*. Pero la iniciación necesita de un maestro que la guíe y él se acogió al maestrazgo de Félix, *«varón santísimo»*, según cuenta Braulio, *«que moraba entonces en el castillo de Bilibio»*. Y con él se quedó hasta que, habiendo aprendido cuanto necesitaba, regresó a sus sierras, donde su soledad pronto se vio perturbada por quienes querían recibir su enseñanza y sus consejos y le abrumaban con sus peticiones. Millán tuvo miedo: *«Queríe de meior grado vevir con las serpientes. Maguer son enoiosas, aven magros dientes, que en derredor las cuevas veer tan grandes ientes»*. Buscó un lugar donde nadie pudiera encontrarle y levantó altares –betilos bíblicos– que aún eran visibles cuando Berceo se lanzó a loarle: *«Encara oy en día paresçen los altares, los que estonç fiçieron los sos sanctos pulgares»*.

Allí vivió durante cuarenta años, despreciando cargos y prebendas, demostrando hasta la saciedad su incapacidad visceral como clérigo al servicio de la sede de Tarazona que le ofrecieron para hacerle volver, apelando a la obediencia debida –bendito maestro Millán, Dios le tenga en su gloria– y, metido en su caverna, vivió en soledad hasta que se acercaron a él sus compañeros, Aselo, Geroncio, Sofronio, Citonato y una mujer, Potamia, que constituyó, para gloria del machismo penibético, el veinte por ciento de la comunidad incipiente.

Muere san Millán, le recuerda san Braulio, llega el islam, se rebelan los norteños y se establece una tierra de nadie sobre la cuenca del Duero y el Ebro, abandonada de todos, menos de los eremitas que, con toda probabilidad, siguieron en sus escondrijos montañeros hasta el año 913, en que llegarían por allí el rey navarro García Sánchez y el conde castellano Fernán González, proclamando solemnemente que las victorias de Encinas y Cascajares se debieron a la intercesión del santo eremita. Los milagros de san Millán se multiplicaron y, si los que realizó en vida tuvieron lugar allá por donde el santo iba, los que hizo de muerto se realizaron junto a su tumba, de modo que el cenobio pasó a ser lugar sagrado por excelencia, por el hecho de contener el cuerpo santo. Lo demuestra el milagro de la lámpara, contado por san Braulio, que incide sobre el tema de la luz eterna y sobre la resurrección de muertos ungidos con su aceite. Y así sucede también con la leyenda de la fundación de **Yuso**, que cuenta como el rey don García quiso llevarse la arqueta con los restos del santo, para que formase parte del tesoro de reliquias de **Santa María la Real** que acababa de fundar; pero la arqueta se negó a seguir camino al ser bajada al valle y todos comprendieron que habría que construir un nuevo cenobio al pie del monte que albergaba el antiguo.

La basílica de **Suso** es un producto desordenado y apasionante de estilos, formas y conceptos arquitectónicos, que convierten el monumento en un enigma perfecto, como un losange cósmico. Se accede por una galería con arcos que dan sobre el valle. Los arcos son recientes, de ladrillo, pero la galería es, probablemente, uno de los lugares más antiguos del cenobio. Hay en ella ocho sarcófagos de piedra que, según la tradición, contienen los cuerpos descabezados de los *Siete Infantes de Lara* y su ayo Nuño Salido. No hay razón histórica que justifique esta presencia, pues los infantes, según la tradición, murieron muy lejos de allí, en la sierra soriana del Almuerzo. Sin embargo, conviene tener en cuenta que el mito griálico de los Siete Infantes tiene como centro esta **sierra de la Demanda**, en cuyas estribaciones septentrionales se encuentra este cenobio de Suso, De este modo, con las cabezas en la iglesia de **Salas de los Infantes** y los cuerpos aquí, se establece una unión mítica que comprende la totalidad de la sierra y le confiere su significado concreto en el contexto simbólico de la leyenda.

Desde la galería se accede al templo, a través de un arco de herradura que soporta los capiteles más antiguos de todo el conjunto. Ya dentro, nos encontramos en un recinto partido en dos por una arquería que se concreta, a los pies de la nave, en dos capillas gemelas a las que se accede por sendos arcos. Se piensa si esta división estaría concebida para separar a los monjes de las monjas en tiempos en que el monasterio fue dúplice. Los arcos divisorios contienen, por cierto, uno de los problemas más apasionantes de aquel lugar; un problema que vuelve a tener a Tarsicio como protagonista, pues fue él quien llamó la atención de los estudiosos sobre la presencia de extraños y al parecer muy antiguos *graffiti* en las bases. Terminaron por hacerle caso, se sacaron calcos de algunos de ellos y, al estudiarlos, se comprobó que eran inscripciones en las que los caracteres latinos se mezclaban con otros arábigos y hebreos, demostrando con ello que la

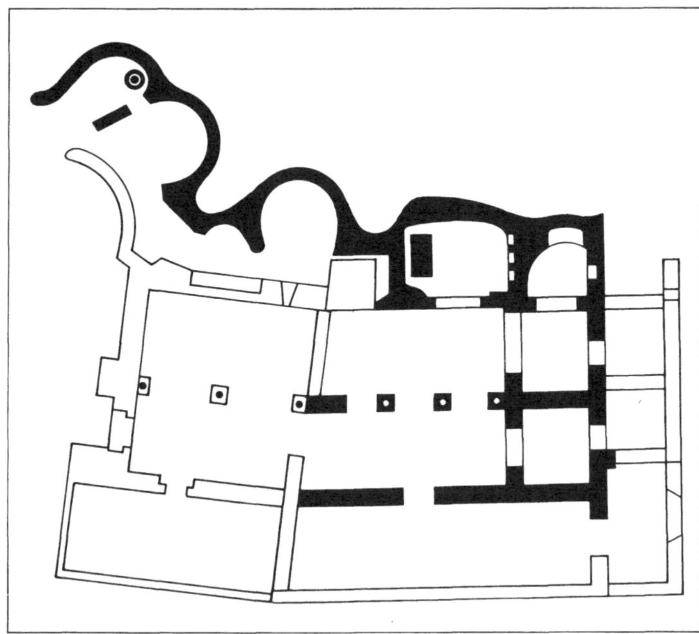

Monasterio de San Millán de Suso.

Ruta del Apóstol no fue sólo un camino de inspiración cristiana, sino una senda recorrida por adeptos de las tres religiones: un camino, pues, que sobrepasaba definitivamente los límites estrictos marcados por la Iglesia y sus monjes de Cluny para integrarse en un ideario mucho más universal de lo que pudiera ser una forma religiosa determinada.

Enfrente mismo de la puerta de acceso se abre una covacha con la obra maestra del cenobio: el sepulcro de alabastro del santo. Hay quien dice de él que si no es el más célebre de todos los mausoleos románicos, es porque el lugar donde se encuentra ha impedido que sea debidamente fotografiado. Probablemente es cierto. Se labró en alabastro oscuro procedente de las canteras riojanas de **Alesanco**, a mediados del siglo XI, y muestra una figura soberbia con barbas pobladas y la estola abacial. Sobre el pecho luce una *cruz de ocho beatitudes* terminada en un pedúnculo, como las que vimos en los nichos de **San Juan de la Peña**. En torno a la figura principal hay otras, de distinto tamaño, que rodean la tapa en relieves casi exentos. Unas son reproducciones de los milagros realizados por el santo después de muerto, como es el caso de los dos ciegos orantes o el de la madre con la niña que fue resucitada en aquel mismo lugar. Otras muestran monjes tonsurados portadores de libros que ofrendan al santo yacente. Y no falta la figura del perro, acompañante fiel de iniciados como san Roque o san Francisco, aunque aquí aparece como lazarillo de ciegos, que es una función similar.

En el mismo muro, hacia el ábside, se encarama una escalera de madera que permite salir al recinto primitivo del monasterio, formado por unos muretes que unen hipogeos excavados en la roca, donde se resguardarían los primeros monjes. En algunos se aprecian sepulcros; son tumbas posteriores, de nobles najerinos y cameranos que quisieron ser enterrados en las proximidades de la tumba de su santo. Pero no son únicas, pues hay tumbas en toda la ladera del monte, hasta ciento veinte y más que se han descubierto en los últimos años, datadas desde el siglo VII hasta, al menos, el XI.

Por allí anda también, protegida por un murete y visible a través de un ventanuco, la celda donde se emparedó santa Oria, que viene a ser, en la historia de **Suso**, como la pareja espiritual de san Millán y que, lo mismo que él, fue cantada por Berceo, cuando el poeta era viejo y se sentía cansado:

Quiero en mi vegez, maguer so ya cansado,
de esta sancta virgen romanzar su dictado.
Que Dios por el su ruego sea de mí pagadò,
e non quiera vengança tomar de mi pecado.

Oria –prestemos atención: *Aurea* o *Auria* en sus orígenes– es otro personaje real convertido en símbolo de un ideario de penitencias y ascetismos muy propio de lo que debió de ser la existencia eremítica de **Suso**. La santa vivió en la segunda mitad del siglo XI; fue contemporánea, pues, de otro monje del mismo cenobio, fundador de uno de los monasterios punteros de la Castilla medieval: **Santo Domingo de Silos**, así como de los primeros momentos de la construcción de **Yuso**, que dejaría en la soledad el viejo cenobio de la ladera del monte, en el que santa Oria seguiría viviendo.

La primera biografía de la santa, escrita por un monje llamado Munio, se perdió, pero fue de ella de la que Berceo extrajo el poema de doscientas cinco estrofas en el que repite la historia, que es una exaltación de la igualdad de los sexos en el contexto ideológico benedictino. Dicho de otro modo, un intento de superar los abismos establecidos entre hombres y mujeres a la hora de alcanzar la santidad. Si nos detenemos a analizar el santoral, veremos que las santas abundan, pero dicha abundancia se circunscribe a mártires que alcanzaron el reconocimiento de modo pasivo o a abnegadas madres de santos que tuvieron que eclipsar con su machismo la acción materna.

Oria es un ejemplo de predestinación. Según parece, llegaría a **Suso** hacia el año 1052, acompañada de su madre Amuña, cuando sólo contaba nueve años. Y se encerró, o fue encerrada a cal y canto en una covacha que aún existe, donde permaneció emparedada de por vida, hasta el día de su muerte, acaecida unos veinte años después de su llegada. En ese tiempo, la vida de la anacoreta fue una única vivencia, el discurrir de un solo día eterno de abstinencias y frugalidades, con la única compañía de las visiones que la acompañaron en su encierro, donde vinieron a visitarla una buena representación de las santas que ya tenían lugar en el Paraíso: Eulalia de Mérida, Eugenia,

Lucía y hasta la mismísima Virgen, que llegó en más de una ocasión para darle ánimos en su perseverancia.

El **monasterio de Yuso** sufrió tantas transformaciones a lo largo de siglos que hoy resulta imposible reconocer su fábrica primitiva; pero sigue siendo, en manos de frailes agustinos, un precioso archivo del pasado, a través de los abundantes manuscritos que guarda su biblioteca, muchos de los cuales aún no han sido convenientemente rebuscados. Entre ese material ingente se encontraron, a principios de siglo, las llamadas *Glosas Emilianenses*, que constituyeron nada menos que el primer documento en el que aparece el incipiente idioma castellano. Las glosas en cuestión son ciento cuarenta y cinco notas marginales a unos sermones de san Cesáreo de Arles, escritas por un monje poco ducho en latines, que sentía el esfuerzo que significaba descifrar textos que ya no formaban parte de su expresión cotidiana, lo suficientemente enraizada como para que determinadas expresiones latinas necesitasen una versión a lenguas comprensibles; en este caso, el castellano que nacía, pero también, en algunos fragmentos, el euskera que había nacido miles de años antes de que el latín se impusiera en la Península.

Las glosas son, en su mayor parte, palabras sueltas, aisladas en un contexto de latín macarrónico. Todas menos una, que parece cerrar un día de dura labor con una oración recitada en la nueva lengua:

Cono adiutorio de nuestro dueno
dueno Christo dueno salbatore
qual dueno get ena honore
e qual duenno tienet ela mandatione
cono patra cono spiritu sancto
enos sieculos de los sieculos
facanos deus ominpotes tal serbitio
fere ke denante ela sua face
gaudioso segamus amen.

Por lo demás, contar aquí lo que fue del monasterio desde su fundación, con las sucesivas oleadas de donaciones, sería repetir una historia común a muchos otros, en la que lo político y lo económico entró a partes iguales –y aun a veces en franca mayoría– con las materias de espiritualidad. Pleitos, querencias hacia un monarca en detrimento de sus enemigos, acumulación de bienes sin cuento, espera paciente de triunfos que habrían de reportar beneficios a cambio de jaculatorias, es historia demasiado repetida para entretenernos en ella. Un solo dato para abrir posibles cálculos: en la noche del 20 al 21 de diciembre de 1809, los franceses saquearon el monasterio que previamente habían hecho abandonar a los monjes; se llevaron «*cerca de cuarenta arrobas*» (media tonelada al menos) de oro, plata y piedras preciosas, sin contar con las obras de arte que fueron igualmente depredadas.

Desde **SAN MILLÁN DE LA COGOLLA** sale el camino que, pasando por **San Andrés** y **Estollo**, llega a **Villaverde** y recupera la carretera C-113 a la altura de **Bobadilla**. A nuestra izquierda, para quien quiera intentarlo, habremos dejado la carretera que conduce a **Matute y Tobía**, en cuyos alrededores se encuentran los restos del lugar llamado el **cenobio de San Cristóbal** o de **las Tres Celdas**, que fundaron precisamente tres de los discípulos de san Millán, huidos del eremitorio de Suso después de la muerte del maestro, cuando el lugar comenzó a superpoblarse con gentes que acudían en busca de la santidad a la vera del venerado muerto. El lugar de este diminuto cenobio cae dentro de una finca de chopos, en las cercanías del **río Tobía**, que va a desembocar en el **Najerilla**. Pero si seguimos la carretera general en dirección al sur, llegaremos poco después a **ANGUIANO**.

Y será aquí donde tengamos que comenzar el recorrido místico que habrá de conducirnos a nuestra siguiente meta. Aquí, poco antes de alcanzar el pueblo, se distingue la enorme bocana de la **cueva de Trónvalos**: la que mira a los tres valles. Éste fue el lugar donde se retiró a hacer penitencia un ladronzuelo de tiempos inciertos llamado Nuño Oñez, hijo de un vecino de **Montenegro de Cameros**, que hoy forma parte de Soria. Su conversión se debió a haber sentido súbitamente la llamada divina al ver persignarse lleno de devoción a un pastor al que tenía intención de asaltar y robar.

Al ladrón transmutado en eremita se le unió, poco después, Domingo, que fuera párroco de **Brieva**. Y ambos vieron compensados sus esfuerzos cuando a Nuño se le apareció la Santísima Virgen en persona, comunicándole un mensaje en el que le ordenaba que se acercase al **valle de Valvanera**, a oriente del **monte San Lorenzo**, y buscase allí un roble, el más grande de todo el contorno, a cuyos pies vería manar una fuente. Dentro del roble hueco tendría que comprobar la presencia de una colmena repleta de miel; entonces buscaría en su interior, donde hallaría una concavidad en cuyo fondo estaría una imagen de Nuestra Señora con el Niño en los brazos y una arqueta repleta de reliquias de santos. La visión le ordenaba que, después del hallazgo, cortase el tronco y con una parte de él construyera un altar, mientras con la otra labraría una cruz.

Dice la leyenda que Nuño siguió las instrucciones al pie de la letra y que todo sucedió conforme le había sido anunciado. Y que, después de cumplir con las instrucciones, Nuño y Domingo levantaron un pequeño santuario en el que venerar a la imagen. Finalmente, ambos emprendieron en el nuevo refugio su vida eremítica. Naturalmente la fama del hallazgo se extendió rápidamente y, con la fama, llegó la invasión de quienes pretendían unirse al santo proyecto. Dicen que en muy poco tiempo alcanzaron el número de 106 eremitas viviendo en las cuevas de los contornos y reuniéndose en el santuario mariano para celebrar los actos comunitarios. Y dicen que, muy pronto, aquella muchedumbre tomó la regla de san Benito, y que entonces se construyó el cenobio.

A Nuño no le debió de convencer demasiado aquel paso y se apartó para buscar la vida solitaria, viviendo durante tres años en una cueva que llaman **del Alumbre**, que fue mina en tiempos oscuros. Un día, su compañero, sospechoso de que algo le hubiera sucedido, subió hasta el refugio y le encontró muerto de cuatro días. Cuando se acercaba con el cuerpo al monasterio, las campanas comenzaron a tañer solas. Le enterraron en la ermita de la Santa Cruz, que él mismo construyera.

Tengo por seguro que, a la hora de profundizar realmente en los motivos de una determinada devoción, no conviene conformarse con razones inmediatas y supuestamente providenciales. Por el contrario, hay que plantearse que todo responde a unos antecedentes que pueden haber permanecido larvados durante siglos o milenios y que, aunque la memoria consciente los haya olvidado, esperaron el momento preciso para emerger y cumplir con la misión antropológica que tenían encomendada. Para llegar a conclusiones válidas que den sentido a un determinado acontecimiento, conviene rastrear en indicios que, demasiado a menudo, pasan inadvertidos o son escamoteados por exigencias de unos principios que se tambalearían si se les reconociera su vigencia por encima de idearios establecidos desde las cimas del poder. En nuestro caso, datos clave como el valle, el monte, la mina, el roble, la fuente y la colmena, todos en función de la imagen que tenía que ser venerada, no pueden ser echados en saco roto.

Se ha insistido en que los habitantes prerromanos de estas cuencas fueron los berones, un pueblo de la familia celta. La religión de los celtas se ha identificado con cultos a divinidades representantes de las fuerzas de la Naturaleza; se ha hablado de sacralización de piedras, de montes, de arroyos, de bosques y de cavernas. Esta teogonía celta, aceptada y respetada por los colonizadores romanos, no deja de ser incompleta, pues responde a una concepción apriorística muy generalizada, que tiende a simplificar al máximo las creencias supuestamente primitivas de todos los pueblos precristianos, en un intento por representar al cristianismo como única forma religiosa evolucionada en comparación con cuantas religiones la precedieron.

Los textos irlandeses, redactados por monjes benitos entre los siglos VI y IX, nos ponen en contacto con unos idearios mucho más complejos y evolucionados, basados en una herencia ya adulterada que habría estado presente, en toda su pureza, en las creencias y saberes de los pueblos de religión *ligur*, los que yo llamo los fieles de Lug, que fueron tomados falsamente como etnia durante mucho tiempo, sin detenerse a pensar que ese nombre no designaba un concreto grupo humano, sino una herencia espiritual compartida por pueblos de la más distinta procedencia.

El ideario ligur llenó la Península Ibérica de topónimos referidos a la divinidad innombrable. Topónimos en los que LUG está presente con la fuerza de la idea divina firmemente asentada y asumida: nombres como **Lugo**, **Logroño**, **Lluch**, **Lucena**, **Luco** y **Luyego**, y tantos otros, que se cristianizaron deliberadamente, como para mantener vivo y ortodoxo un recuerdo que conservara incólume la memoria de lo que oficialmente había quedado prohibido. En ese ámbito se en-

Monasterio de Valvanera.

cuentra san Lorenzo, el que según la tradición cristiana fue martirizado por el fuego, el que hizo llegar el Grial a tierras ibéricas, el que tiene dedicado el monte más alto de la **sierra de la Demanda**, donde se levanta **el monasterio de Valvanera**.

Sin lugar a dudas, esta sierra fue núcleo de sacralidad desde mucho antes de la eclosión cristiana. Puede apreciarse en la pervivencia ininterrumpida, a niveles populares, de una memoria colectiva referida a cultos claramente exaltadores de la naturaleza. Paralelamente, es allí donde se desarrollan toda una serie de devociones, profundamente arraigadas, hacia la figura de santa María, personificada en al menos cuatro advocaciones señeras que coinciden en el ámbito de la comarca sagrada: **Nuestra Señora de Valvanera**, **la Virgen de Lomos de Orio**, **Santa María la Real de Nájera** y **Nuestra Señora de Montes de Oca**.

Más indicios: hemos de recordar que el mundo de las abejas es representación directa de un cierto tipo de mundo matriarcal en el que la Reina es diosa soberana de un pueblo que tiene en ella su razón de ser y su justificación existencial. Ya lo valoraba así el mundo céltico, que concedió al universo apícola y a cuanto se derivaba de él auténticas cualidades sagradas. No sólo era la miel componente principalísimo de la bebida de la inmortalidad, sino que la cera se consideraba como sustancia directamente derivada de la perfección divina, por ser la única capaz de hacer que la Luz, potencia primera de la Divinidad, se transmitiera sin la impureza de los humos.

Por este camino, nos encontramos con que la imagen de Nuestra Señora de Valvanera, con todos los elementos simbólicos que la acompañan, viene a configurar el carácter tradicional y su perfecta continuidad en un contexto sagrado que va adaptándose, sin alteraciones sustanciales, a los imperativos dogmáticos que exige la forma religiosa oficializada. Pero esos elementos no son únicos, pues muchas de las circunstancias que envuelven la vivencia sagrada de **Valvanera** vuelven a enfrentarnos con reminiscencias que establecen conexiones con el mundo sagrado tradicional, potenciado por la riqueza geológica de la tierra que la rodea, donde hubo, en tiempos pasados, hierro, cobre argentífero, alabastro y cuarzo cristalizado, y donde aún se encuentran escorias de minerales fundidos en las herrerías de un monte que, curiosamente, se llama el **Escurial**.

Con todas estas premisas, a las que podríamos añadir el nombre sugerente de **monte Mori**, dado a aquel en cuya ladera se levantó el monasterio, todo el contexto originario de **Valvanera** se encuadra en la idea medieval de la recuperación del enclave sagrado a través del reconocimiento ortodoxo de su presunta santidad, con el patronazgo ideal de una Virgen cuyo asiento será precisamente el territorio sagrado donde tuvo lugar su encuentro, que se habría de convertir, incluso más que la imagen misma, en meta de la marcha sagrada periódica de los fieles, que acudirían a él invocando la extrema e incierta antigüedad de la imagen que proclamaban venerar.

Como sucede con la mayor parte de las Vírgenes de culto tradicional, también ésta ha sufrido la polémica de una cronología insegura. Y aunque expertos en arte románico han asegurado que no puede datarse la imagen con anterioridad al siglo XII, que es la época de la gran floración de las imágenes y del culto mariano, sigue habiendo eruditos que, por necesidad o por convencimiento, afirman que hay que pensar en un trabajo al menos dos siglos anterior. La polémica, sin duda, sigue planteando el hecho de que tuvo que existir una imagen anterior originaria, en la que ésta, de alguna manera, se inspiraría en algunos detalles y, posiblemente, a través de algún rasgo intencionadamente diferencial. Entre estos rasgos, yo invitaría a detenernos en la figura del Niño. Es insólita dentro de la iconografía mariana de la época. Si la comparamos con la mayor parte de las imágenes vecinas comprobaremos que tiene en común con ellas el hecho de que la pequeña figura fue menos cuidada, aunque sin llegar a las monstruosidades de algunas, en las que el Jesusito es un auténtico adefesio que parece puesto en brazos de la madre por equivocación o por una obligación impuesta y no deseada. Sin embargo, a diferencia del estatismo de otros infantes, éste parece querer desprenderse del abrazo de la madre y se advierte con claridad una torsión violenta que hace que esté sentado hacia la izquierda, mientras todo el cuerpecillo gira hacia la derecha, en actitud de bendecir y mostrando un libro abierto en el que las letras, al menos en la actualidad, son simuladas.

Naturalmente, esta actitud no ha pasado desapercibida y ha creado en torno a ella una leyenda que cuenta como, en una ocasión, una pareja estaba profanando el templo cometiendo en él pecado, frente a la Virgen. Y dicen que, entonces, el Niño se volvió para no mirarles y se quedó así para siempre. No concibo en absoluto que en España, a lo largo de toda su historia, se pudiera plantear la posibilidad de que tal hecho tuviera lugar. Y no lo concibo por el control estricto que se ha tenido siempre sobre la conciencia de la feligresía, creando, a niveles particulares y privados, unos reflejos condicionados de temor y respeto que habrían hecho tal acto imposible.

Otra cosa puede ser más cierta: el hecho de que, en determinados momentos, se celebrasen en el santuario o en sus alrededores festejos orgiásticos que la estricta moral paulina tenía que anatematizar a toda costa. Creo que, por otro lado, no se advierte contra nada que no constituya un peligro evidente. Pues, del mismo modo que resultaría absurdo prohibir los baños de mar en Valvanera, rastreando en el pasado del monasterio nos encontramos con advertencias y costumbres que pueden sorprender. En la *Historia latina* se especifica, en la visión de Nuño, que éste construirá allí un oratorio «*quod per modici temporis decursum in monasterium virorum convertetur*» («que, pasado poco tiempo, se convertirá en monasterio *de varones*»). Hay como una específica primera advertencia, pues, contra la costumbre altomedieval de los monasterios dúplices, de los que el cercano **San Millán de Suso** fue un ejemplo inmediato y cercano.

Poco más adelante, en el mismo texto (folios 7 vto. a 11), se narra una extraña historia, en la que Columba, hermana de Nuño Oñez, acude en su busca al valle y queda repentinamente ciega, recupera la vista por intercesión del Cristo labrado por su hermano y muere, también repentinamente, tres días después.

Revisando los documentos del monasterio, nos encontramos con que, en 1092, hay una tajante pragmática de Alfonso VI prohibiendo a las mujeres la entrada en el santuario, según orden emitida por un concilio celebrado por tres obispos y un abad; se especifica que, si alguna se atreviera a transgredir la orden, que se la detenga hasta que haya pagado 60 sueldos al Procurador del Rey.

Cuando se va a **Valvanera**, en el primer lugar desde el que se divisa el monasterio se yergue una cruz de aluminio que fue colocada allí en 1970 y venía a sustituir a otra que fue destrozada mucho tiempo

Valvanera.

antes, a la que llamaban **la Cruz Blanca**. Con otras distribuidas por diversos senderos del valle, marcaba el punto exacto que las mujeres no debían sobrepasar en sus visitas al santuario. Naturalmente, el tiempo hizo cambiar las cosas; la orden fue derogada, pero todavía la reina Isabel la Católica, en su visita, supo de una maldición que seguía pesando sobre las mujeres, según la cual aquellas que pasaran más de nueve días en la hospedería del cenobio morirían de repente. Se añade en el relato que la soberana católica, al marcharse, ordenó a una criada suya que se quedase más de nueve días allí, para comprobar si el prodigio se producía.

Naturalmente, esta misoginia que caracterizó al monasterio ha sido interpretada de diversas formas, desde el deseo de los monjes de hacer más eficaz su retiro, hasta el recuerdo supersticioso de la hermana del legendario Nuño. La misma piedad cristiana que movió a la mayoría de los estudiosos a dar estas explicaciones les impediría, seguramente, recordar que hubo prácticas rituales en el mundo céltico que exaltaban el amor y el erotismo sagrado; y que estas prácticas, arraigadas ancestralmente en el pueblo, seguirían durante algún tiempo tras la implantación del cristianismo, aunque atenuadas. La disciplina regular de los benitos aconsejaría poner los medios, expeditivos unas veces y atemorizadores otras, para impedir que cualquier tipo de pecadora promiscuidad pudiera seguir teniendo carta de naturaleza en el ámbito del santuario.

Para recuperar el itinerario del Camino, regresaremos a **NÁJERA** por la misma carretera C-113 que nos trajo hasta aquí. Y, desde **NÁJERA**, en paralelo al Camino, continuaremos nuestra marcha. Los peregrinos de a pie salían de la ciudad dándole la vuelta a **Santa María la Real** y se internaban por entre las montañas rojas que delimitan el perímetro urbano, emprendiendo la marcha a través de los campos por caminos rurales que aún pueden aprovecharse hasta llegar a **AZOFRA** (un pueblo al que también se puede acceder por la carretera), donde todavía existe una calle por la que pasaban los romeros y, en ella, casi a la salida de la población, la **fuente de los Peregrinos**. Un monumento a Nuestra Señora de Valvanera recuerda a los caminantes la necesidad de esta visita que nosotros ya hemos realizado. Luego se pasa un **Rollo de justicia**, sacralizado posteriormente con una cruz que todos llaman también la Cruz de los Peregrinos.

Quien llegue a **AZOFRA** desde la carretera, puede seguir la misma pista asfaltada que le trajo hasta aquí e internarse cinco kilómetros más allá, donde podrá visitar una buena obra arquitectónica del arte cisterciense: **el monasterio de Cañas**.

CAÑAS es uno de los primeros monasterios del Císter femenino que se levantaron en la Península. Aunque sólo fuera por esta circunstancia, la visita merecería la pena. Pero contiene algo más. Documentos del siglo X nos dan cuenta de que aquí, en el lugar que entonces se llamaba Kannas, existía ya un cenobio de monjes, regido por un prior que, con toda probabilidad, dependería de San Millán o de Valvanera. En aquellos momentos, el monasterio estaba puesto bajo la advocación de san Martín de Tours.

Monjas bernardas, instaladas anteriormente en **Hayuelas** (1169), recibieron en 1170 este lugar de manos de don Diego López de Haro y de su esposa doña Aldonza, que así se erigieron en fundadores del actual monasterio, haciendo donación a las *dueñas* de todas las posesiones que tenían en los términos circundantes. Muerto don Diego en el año 1214, su viuda incrementó el patrimonio del monasterio y así se pudo emprender su construcción definitiva.

Don Diego López de Haro fue un personaje singular en la historia de La Rioja y, naturalmente, en el contexto de la Castilla medieval. Alférez abanderado de Alfonso VIII, que fue quien le dio el título de señor de La Rioja y de Nájera, asistió a la batalla de las Navas de Tolosa (1212) y, según parece, fue responsable de la victoria, puesto que habría sido él el encargado de subir al puerto de la Losa acompañado por un pastor y se habría percatado de la distribución de los efectivos militares islámicos. Terminada la jornada, fue el encargado por el rey de hacer el reparto del botín; y dicen las crónicas que nada se reservó para sí mismo.

Pero don Diego fue algo más que eso. Su casa se había convertido en refugio seguro y pródigo de juglares occitanos, en una época en que los propios reyes (Pedro II de Aragón, el mismo Alfonso VIII en Castilla) acogían a los poetas como criaturas que, con su arte, se convertían en «propagadores de opinión», en máximos defensores de sus mecenas y hasta en impulsores de empresas que, sin la fuerza de sus versos, seguramente habrían permanecido ignoradas por la posteridad. Los juglares llamaron a don Diego «*En Diego, que tant fo pros*»; el señor acogió a poetas como Richart de Berbezieux y, cuando murió, Aimériz de Peguilhan le citó en un poema necrológico, en el que lamentaba sinceramente el fin de los mecenas: «*Cuando todos están muertos, pensé que todo prez y don había muerto también*». Le enterraron en el claustro de Caballeros de **Santa María la Real de NÁJERA**, donde sigue, en su mausoleo románico tardío. Y no deja de ser tremendamente significativo que, durante mucho tiempo, el acta de las elecciones municipales de la ciudad tuviera que abrirse precisamente ante su tumba, para que fuera conocida allí y no en otro lugar la decisión popular, que simbólicamente tendría que estar refrendada por su presencia en efigie.

No cabe duda de que la época en la que vivió don Diego fue, independientemente de su concreta personalidad, un tiempo en el que las ideas profundas de la tradición se afianzaban desde los más distintos campos de la actividad humana. Era un tiempo en el que el valor del símbolo se expandía por todo el ámbito de la vida; en el que contaba el nacimiento de cada cual y sus circunstancias tanto como sus vivencias y como el ideario de sus padres al concebirle. La *estirpe* estaba medida en unidades métricas de valor tradicional, en señales específicas del blasón familiar, que daría cuenta exacta y discreta del pasado fijado por los símbolos de clanes, por tótems conservados en la memoria íntima de las familias; eran tiempos en los que llamarse, pongo por caso, López -hijo de Lobo- aún pesaba a la hora de reconocer una autoridad genética muy concreta, aunque larvada en las comisuras de la memoria.

En 1170, cuando se estaba construyendo el monasterio de bernardas de **CAÑAS**, nacía una nieta de este señor de Nájera: Urraca López de Haro y Ruiz de Castro. Muerto su padre el mismo año de su nacimiento, su madre se refugió con la niña en el cenobio, que se convirtió desde entonces en su estricto y exclusivo entorno vital. Fue doña Urraca abadesa de Cañas desde el 2 de setiembre de 1225 hasta 1262, en que murió en olor a santidad a los noventa y dos años. Durante el largo período de su mandato debió enraizar profundamente los principios espirituales por los que habría de regirse el cenobio, y, desde entonces, su recuerdo preside la vida del lugar desde su sepulcro en la sala capitular, donde reposa su cuerpo que, al decir de testigos que lo vieron, se mantiene incorrupto.

Por contemplar este cenotafio, labrado pocos años después de su muerte, cuando ya había sido reconocida como beata por las altas instancias, merecería ya la pena acercarse al monasterio y visitarlo en la sala capitular donde se conserva. El sepulcro de la abadesa Urraca se sostiene sobre seis animales totémicos: lobos, perros y cerdos. Se compone de una caja rectangular profusamente esculpida y una tapa en la que se representó su figura yacente, con báculo y rosario, flanqueada por dos ángeles y con cuatro monjas orantes a sus pies. Los hábitos de las bernardas del siglo XIII son ya por sí mismos una maravilla de precisión y un testimonio excelente de la moda de su tiempo. Pero es en los relieves que rodean el féretro donde esa sensación de intriga se acentúa y donde, aun sin quererlo, uno se pregunta si fue casual o intencionada la numeración de los personajes que componen las cuatro caras del cenotafio.

Cabeza sepulcral de doña Urraca López de Haro.

El lado de los pies nos plantea, sin problemas, a dos ángeles que transportan entre ambos el alma -desnuda, por cierto- de la difunta, metida en un lienzo del que emerge orando. En el de la cabecera. san Pedro (que es como decir Roma) bendice a cuatro monjas: la primera está arrodillada ante él; la segunda, de pies, lleva un libro cerrado en la mano; la tercera, una monja niña (¿la abadesa novicia?) le da la mano a la cuarta, sin detener la mirada en el santo que las recibe. El lado derecho contiene, en perfecto orden, las siguientes figuras: 3 abades, 3 obispos (todos mirando hacia el centro, donde hay un sepulcro); detrás del sepulcro, 4 clérigos con objetos en las manos: un libro abierto, una olla, un hachón y otro instrumento sin identificar, porque fue roto; sobre el sepulcro, 6 plañideras (una de ellas, a juzgar por la tonsura, debe de ser un monje); a continuación, mirando hacia el sepulcro siempre, pero ahora de derecha a izquierda, 4 damas dolorosas, con tocados troncocónicos, que se arañan el rostro, y nuevamente 6 monjes orantes. En el lado izquierdo se ven 11 monjas en fila, mirando, mejor diríamos, caminando, de izquierda a derecha; un monje las precede, mientras un abad con báculo cierra la procesión, bajo la mirada sonriente, casi burlona, de la última monja de la fila.

Imagen de Santa Ana. Cañas.

En última instancia, se me escapa la intención del escultor al colocar las figuras en el número y las posturas en que podemos contemplarlas, pero tengo el convencimiento de que nunca fueron resultado de un capricho circunstancial, ni siquiera la reproducción simple y concreta de un acontecimiento funerario.

Todo el resto visitable del monasterio merece ser recorrido, aunque la tumba de la abadesa Urraca se lleve la palma de esa curiosidad que nunca llega a verse satisfecha. Hay varias buenas imágenes de Nuestra Señora, de los siglos XII a XIV, una en la iglesia y otras en la sala capitular convertida en museo, algunas de ellas estofadas –y, por lo tanto, desvirtuadas– en época barroca; hay un Cristo románico tardío y un hermoso relicario con numerosas reliquias, algunas de ellas metidas en cajas de taracea de aspecto morisco. Tal vez, entre todas las imágenes que podemos contemplar, una de las más sugerentes sea una **Santa Ana** del siglo XIII, que se muestra igualmente en el diminuto museo y que lleva en sus brazos a Nuestra Señora, la cual, a su vez, sostiene al Niño entre sus rodillas: extraña, pero significativa trimurti sobre cuyas implicaciones habría mucho que hablar a la hora de establecer las reminiscencias del culto a la Gran Madre.

No lejos de **CAÑAS**, siguiendo la carretera que nos devolvería a **NÁJERA**, se encuentra el pueblo de **CANILLAS DE RÍO TUERTO** y, en su iglesia, una fenomenal pieza románica: una pila bautismal con decoración de arcos entrelazados, formando una doble arquería que viene a darnos cuenta de la doble vía mística de acceso a la Verdad. Quien tenga la oportunidad, que no deje de meditar sobre esta pila.

Desde **AZOFRA**, el Camino sigue –bien señalizado con las clásicas marcas de pintura amarilla que aparecen en la casi totalidad de la ruta– para unirse a la carretera, pasado el puertecillo que llaman **las Curvas de la Degollada**. Al terminar estas curvas, Camino y carretera, juntos, se abalanzan en una recta de varios kilómetros hacia **SANTO DOMINGO DE LA CALZADA**, que constituirá el inicio de nuestro próximo tranco.

7. La senda de los constructores

TRANCO VIII: DESDE LA CALZADA HASTA BURGOS

Hay ciudades y pueblos del Camino que la ruta atraviesa intencionadamente, para que el peregrino pueda escudriñar sus claves. Hay otros lugares, en cambio, que fueron concebidos para el peregrino desde su raíz y en los que absolutamente todo, desde la estructura urbana a la función del templo y desde el albergue hasta el cementerio, fue estructurado en función de la peregrinación. En el trecho que llevamos recorrido hemos podido ver poblaciones de ambos tipos. Pero, sin duda, ninguna de ellas podría gloriarse como **SANTO DOMINGO DE LA CALZADA** de ser enclave peregrino por excelencia y de no haber tenido durante siglos otra razón de ser que la que marca el peregrinaje a todos sus niveles: místico, histórico, estético, tradicional y hasta económico.

Si no fuera porque resulta imposible combinar la peregrinación a Compostela con todas las oportunidades que surgen de vivir plenamente el Camino –sobre todo cuando existen «ofertas» a fecha fija– me habría atrevido a aconsejar que se emprendiera la marcha de manera que pudiera coincidir con las *fiestas patronales* de esta ciudad riojana, porque entonces el peregrino habría tenido la oportunidad de vivir una experiencia paralela a la de los romeros de otros tiempos, cuando pueblos enteros se identificaban con el caminante y le reconocían como cosa propia.

Las fiestas de **SANTO DOMINGO DE LA CALZADA**, desde su inicio el 10 de mayo hasta su cierre el 15, son una reconstrucción de cuanto sucedía en la ciudad en los grandes momentos de la peregrinación, cuando una parte del pueblo se entregaba al cuidado del romero y la otra a vivir de las prebendas que el Camino proporcionaba. Aún hoy, si aparece algún peregrino durante esos días, se convierte automáticamente en huésped de honor de una fiesta que tiene el ágape como base y sirve –con gusto, por parte de la gente– para que vagabundos y nómadas de toda Castilla se den cita allí, con la seguridad de ver saciadas con creces sus necesidades.

La fiesta se celebra en conmemoración de la muerte del fundador de la ciudad que tomó su nombre. Domingo de la Calzada había nacido en la vecina aldea hoy burgalesa de **VILORIA** –por la que pasare-

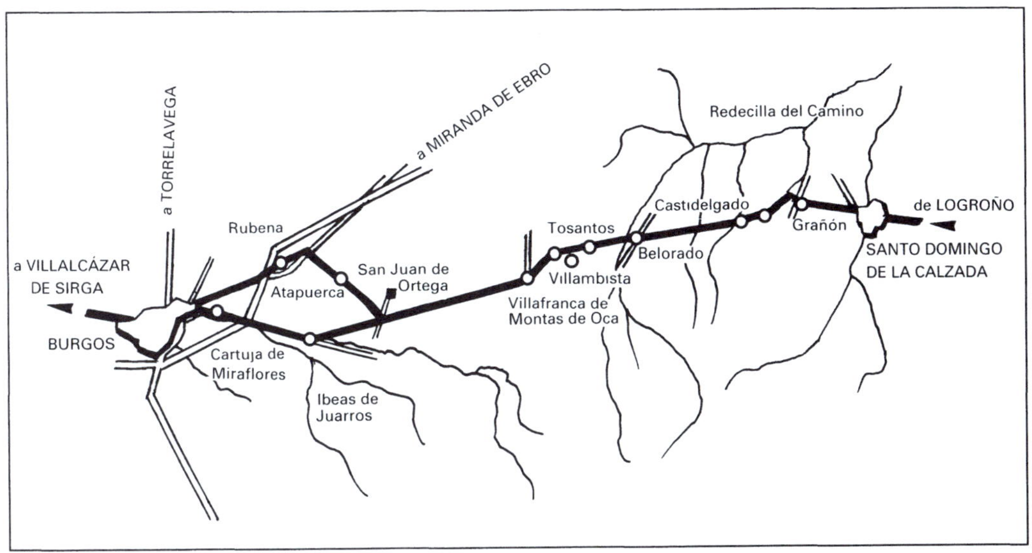

mos pronto–, al decir de su biógrafo, el clérigo camerano José González Tejada, en 1019. Y murió aquí, después de una vida larguísima repleta de curiosas circunstancias, el 12 de mayo de 1109.

Vida, obra y milagros del santo llenarían más páginas de las que me puedo permitir. Sin embargo, conviene que nos detengamos en alguno de sus episodios, antes y después de su muerte, para penetrar en un elegido del cielo que, a mi entender, sobrepasa la mera santidad para asimilar elementos fundamentales de esa tradición que se nos cruza en el Camino, dándonos secreta cuenta de su significado.

Por lo que se nos relata, Domingo de la Calzada sintió temprano la llamada de la búsqueda. Y, convencido de que tenía que emprenderla desde la religión, solicitó ser admitido como monje, primero en **Valvanera** y luego en **San Millán de la Cogolla**, pero fue extrañamente rechazado por los abades de ambos monasterios. Recurrió entonces al magisterio de un eremita que vivía en la soledad de los contornos, pero el eremita le aconsejó que se limitara a buscar la soledad. Domingo le obedeció, se retiró al desierto de **Ayuela** y se quedó allí durante cinco años, meditando y haciendo penitencia, viviendo de lo que él mismo sembraba: unos frutales, alguna hortaliza y una viña. Descubrió en la espesura una ermita arruinada, al parecer dedicada a Nuestra Señora, y la restauró, convirtiéndola en su oratorio particular.

Pasados cinco años sin contacto con la gente, bajó un ángel del cielo y le encargó que se uniera en **Logroño** con el legado pontificio Gregorio de Ostia, el que vimos que llegó para combatir una plaga de langosta. Con él pasó otros cinco años –pues el 5 mágico preside buena parte de la vida de Domingo–, hasta la muerte del maestro, que le transmitió su saber en el campo de la construcción y, al parecer, sus conocimientos taumatúrgicos. A su muerte, tal como le mandara el obis-

Santo Domingo de la Calzada.

po ostiense, regresó a su antiguo refugio, pero ya no para seguir en la soledad, sino para convertir aquel desierto a orillas del **río Oja** en un lugar por el que pudieran transitar los peregrinos cómodos y seguros.

Así comenzó a construir aquel tramo de Calzada por la que luego le conocerían. Con una energía prodigiosa, comenzó a talar gruesos árboles con la ayuda de una hoz, como la que empleaban los druidas célticos. «*Con una hoz de segar espigas desmotó el monte todo, en quanto podía impedir sus intentos, cayendo en tierra las encinas robustas, los robles crecidos, burladores de dilatados años, como si fueran secas espigas*». Aún puede verse aquella hoz en el sepulcro del santo y aún se recuerdan los milagros que este instrumento realizó sobre enfermos con quienes la pusieron en contacto.

Es de recordar que aquella primera obra en favor de los peregrinos la realizó Domingo totalmente solo y que únicamente cuando se lanzó a la tarea de construir el **puente sobre el río Oja** –el mismo que, aunque muy transformado, preside la salida de la ciudad–, empezó a recibir ayuda de canteros profesionales, al tiempo que su fama se extendía entre la gente. Curiosamente, es entonces también cuando se atestiguan sus primeros milagros. Y más curioso aún, se comprueba que los beneficiarios de sus prodigios son canteros a quienes un determinado accidente mata y el santo los resucita con sus oraciones: «*Súpolo Domingo, y solo con orar sobre el difunto, que tenía hecha una tortilla su cabeça, y había gran rato que se hallaba sin vida, se levantó el difunto sano y totalmente bueno, dando a Dios y al Santo las gracias*».

Nos encontramos ante un santo *pontífice*, el más alto grado entre las hermandades de canteros medievales. Un auténtico arquitecto iniciado del que, a través de sus milagros, nos enteramos de que actuó como maestro y mentor de canteros a los que «*devolvió a vida después de haber muerto*» mientras realizaban la obra. Pero tengo la impresión de que el mensaje hagiográfico tiene una segunda lectura. Y hasta creo que la tiene porque se da una circunstancia suplementaria significativa: los milagros con canteros como beneficiarios del prodigio terminaron cuando acabó la vida del santo. A partir de ese instante, todos los prodigios celestiales realizados por su mediación tienen al peregrino por protagonista.

Es éste el caso del más célebre de todos los que se le atribuyen, que tuvo lugar en fecha incierta, pero siempre posterior a la muerte de Domingo. Contado en sus líneas más esquemáticas, este prodigio es el de

Santo Domingo de la Calzada,
donde cantó la gallina después de asada.

En resumen, la historia es la de un peregrino falsamente acusado de robo, al que la justicia ahorcó y siguió tan vivo en la horca como el gallo y la gallina que su juez y verdugo iba a comerse cuando le dieron cuenta de que el condenado se había librado de la muerte. Pero no deja de ser significativo el hecho de que, entre tantos milagros como se le atribuyen, sea fundamentalmente éste el que se recuerde y el que, en cierto modo, haya marcado secularmente la santidad de Domingo, a pesar de que la misma historia se haya contado de otros santos taumaturgos a un lado y otro de los Pirineos. Lo que sucede es que aquí no sólo se recuerda, sino que se vive materialmente el milagro, a través del gallo y la gallina blancos y vivos que permanecen en una jaula dentro de la iglesia, dando al prodigio pleno sentido y entendiéndolo en su auténtica dimensión.

Un ave asada que resucita contiene el recuerdo del Ave Fénix que resurgía periódicamente de sus propias cenizas, después de que la asara el calor del Sol. Aquí, en **SANTO DOMINGO DE LA CALZADA**, existe la costumbre de renovar los dos volátiles que habitan y cacarean dentro del templo; y, lo que es más importante –lo que realmente da un sentido simbólico al milagro y reconoce su importancia más allá de la anécdota– se convirtió en costumbre peregrina llevarse una pluma de uno de ellos, para lucirla el resto del Camino en el ala del sombrero, como símbolo paralelo al de la vieira jacobea.

Pero lo que me parece más determinante, dentro del contexto tradicional –y así lo he contado en varias ocasiones– es que el milagro de las aves fénix tenga lugar a continuación de la ciudad de **NÁJERA**, donde se venera el milagro representado por la jarra griálica, contenedora de vida lo mismo que la vieja caldera de Lug, que hacía resucitar todo cuanto se introducía en ella. En la jarra de Nájera, el rey García pudo contemplar unas azucenas milagrosamente frescas después de no se sabe cuántos siglos de haber permanecido junto a la imagen de santa María. Las aves, por su parte, volvieron a la vida después del milagro del santo. Y en el antiguo Egipto predinástico, *una jarra de la que emergían plumas del Ave Fénix* era blasón y emblema de varios nomos o tribus que poblaron las riberas del Nilo antes de que comenzase el período histórico que quedó marcado con la unificación de los territorios del Alto y Bajo Egipto.

El milagro, crucial por su simbolismo, se ha convertido en centro de atracción de quienes llegan a **SANTO DOMINGO DE LA CALZADA** y transitan la larga calle peregrina que atraviesa media ciudad hasta llegar a la **iglesia colegiata**, siguiendo la dirección del sol, lo que obliga a que nos tropecemos en primer lugar con el **ábside** del templo, que contiene capiteles y canecillos que formaron parte, seguramente, de la construcción dirigida por el santo en persona (1105).

A juicio de los especialistas, la iconografía de este ábside puede contarse entre las del mejor románico del Camino. Sin duda es cierto, pero me atrevería a añadir que no es sólo esa buena traza la que distingue las figuritas que lo forman, sino la cuidadosa selección de la temática simbólica, que hace que nada sobre ni falte y que aquello que fue representado lo fuera en su grado más puro de representatividad. Por eso nos encontramos, a poco que nos sintamos dispuestos a la síntesis, ante un muestrario completo en el que nada tiene por qué repetirse y donde cada imagen tiene su sentido específico y ningún otro, en contraste con otros programas iconológicos en los que un determinado tema, tal vez por ser el *leitmotiv* del escultor que lo labró, se vuelve obsesivo y se repite hasta la saciedad. En este sentido, y salvo error al observarlo, sólo el tema de la quimera con cabeza humana viene a repetirse en una larga sucesión de figuras, como dando cuenta de la larga procesión de los que acuden en busca del conocimiento que transformará el cuerpo animalizado en otro tocado en la forma nueva transmutada por la iniciación.

Por lo demás, allí vemos, puntualmente representado, al contorsionista que afronta de modo distinto la realidad, a la pareja abrazada que proclama el amor como vía tántrica del conocimiento o al monstruo de fauces abiertas, por las que el adepto habrá de penetrar para alcanzar la Verdad. Hay un capitel que, según aseguran los expertos, reproduce de nuevo el milagro del gallo y la gallina. Podría ser cierto, aunque la falta de algún elemento no permite asegurarlo sin reticencias. En cualquier caso, si así fuera efectivamente, su presencia no haría sino demostrar que la idea evidenciada por el milagro precede a la anécdota narrada, y que su antigüedad nos llevaría al convencimiento de que su esquema simbólico fue esencial a la hora de plasmarla como motivo que domina la espiritualidad emanada del templo.

Pues es una realidad que cada visitante puede comprobar que, dejado atrás el ábside y tras pasar entre la colegiata y el **campanario exento** –el único campanario de estas características en todo el Camino–, en cuanto se entra en la **iglesia** hay algo que lo domina todo y le da sentido: el canto casi constante del gallo y la gallina colocados en una especie de jaula-retablo situada enfrente de la tumba del santo. El fenómeno –he comprobado que el cacareo arrecia cuando el lugar está más lleno de gente: en una misa o en un rosario–, da un tono especialísimo al ambiente; lo condiciona a aquella llamada casi gnóstica del gallo solar, que parece transformar la devoción en exaltación mistérica del abraxas del blanco plumaje.

En su origen, **la tumba del santo** se colocó fuera del templo. Su lugar fue a la vera de la calzada, que hoy tiene que describir un ligero arco para sortear la nave y el crucero que se añadieron posteriormente. Se cuenta que esa primera ubicación del mausoleo, fuera y frente a la iglesia, fue expreso deseo de Domingo antes de morir. Y habría que pensar, ante tal deseo, si acaso no lo quiso así para inducir a quienes pasaran por delante de su tumba la idea de la sacralidad de la tierra, a cuyo útero materno quiso expresamente ser devuelto. Así, el arquitecto sagrado cumplía su deseo de volver al suelo que había transformado por medio de su obra, actuando lo mismo que el alquimista sobre la materia generadora, para luego elevarse sobre ella. Esta idea se refuerza al contemplar el sepulcro, que fue obra muy posterior a la muerte de Domingo, pero que pudo concebirse conforme a su trazado primitivo. Lo que hoy nos muestra aquel mausoleo es una tumba a dos niveles. El primero, en la cripta, contiene el cuerpo del santo. El segundo, protegido por una reja, se encuentra a la altura de la planta del templo y nos presenta la estatua yacente de Domingo, serena, bajo un baldaquino en el que, entre otras figuras y la hoz de talar los árboles del bosque, surge la de una mujer con un tarro alquímico entre las manos. Es la mejor manera imaginable de transmitir la sensación de la vida trascendente, que emerge de la tierra transformada en piedra y en estructura, como sería para el iniciado el renacer en el más allá de la muerte ritual.

Esta insistencia en el tema de la resurrección o de la trascendencia de la muerte se repite tanto en los capiteles interiores que quedan en la **girola del deambulatorio** que da la vuelta al altar mayor, como en el mismo altar. En los capiteles interiores vemos ángeles enterrando muertos cubiertos por sus mortajas, ocupando capiteles instalados sobre columnas dobles. Y, en **el altar mayor**, labrado casi en su totalidad por el gran

Damián Forment (que murió aquí, sin ver terminada su obra, en 1540), nuevamente el tema preferido, sobre el que se estructuran los tres pisos, es la muerte y resurrección de Cristo y la muerte de la Virgen y su Asunción a los cielos en carne mortal.

Tema de muerte y esperada resurrección, extraído de los textos neotestamentarios; muerte y resurrección constantemente presentes en los milagros iniciáticos del santo. Muerte, en fin, y esperanza de resurrección en los numerosos sepulcros, repartidos por las capillas, de otros tantos señores y clérigos que quisieron ser enterrados cerca de aquel santo que se hizo célebre y acreedor de la santidad por unos prodigios basados, fundamentalmente, en volver a la vida a los muertos.

Convento de San Francisco. Santo Domingo de la Calzada.

Por supuesto, la colegiata y lo que contiene no es todo cuanto el peregrino puede ver en **SANTO DOMINGO DE LA CALZADA**. Frente al templo se conserva, aunque profundamente transformado para su función de Parador Nacional de Turismo, el **albergue de peregrinos** que Domingo construyera y que estuvo en servicio durante siglos. Y, metiéndonos por el arco que hay a los pies de la iglesia, se llega a las antiguas **murallas** de la ciudad. Por el contrario, si hubiéramos seguido por la carretera, habríamos visto, a la izquierda, el **convento de San Francisco**, donde aún se celebran varios actos fundamentales de la fiesta jacobea que anteriormente indicaba. Y a su lado, en restauración, otro **hospital de peregrinos**, que, ya casi arruinado hoy, estuvo en activo durante siglos.

Si alguien, antes de abandonar este lugar, quiere lanzar una de esas ojeadas al entorno que suelen complementar las ideas acumuladas, puede acercarse a **BAÑARES**, que se encuentra a poco más de cinco kilómetros al noroeste de la ciudad, donde podrá entrar en contacto con el recuerdo de varios mártires que fueron enterrados por estos pagos en época romana, como santa Coloma, devota guardadora de restos de sus compañeros y, sobre todo, de san Formerio, que tiene una tumba aquí y otra en el pueblo de **Panguas**, en el **condado de Treviño**, al norte y cruzado el **Ebro**. El santo aquí enterrado tiene poder contra la piedra y las tempestades; el de **Panguas**, contra los males del estómago. Pero ha sido tal la pugna habida durante siglos a la hora de reclamar la autenticidad de los cuerpos, que se tuvo que llegar a la conclusión salomónica del padre Mateo de Anguiano, que apuntó que se trataba de dos santos que no sólo eran hermanos, sino que se llamaban igual y fueron martirizados el mismo día.

También en **BAÑARES** están guardados los restos de san Vitores, un santo singular al que cortaron la cabeza y siguió predicando, mientras la llevaba bajo el brazo camino del sepulcro.

Quien vaya a **BAÑARES**, que no deje de acercarse a la **ermita de Santa María de la Antigua**, una construcción del siglo XVIII en la que se aprovechó una portada románica del siglo XII con una soberbia Epifanía. Por su parte, la **parroquia**, dedicada a la Santa Cruz, nos muestra la extraña e insólita resolución arquitectónica de un campanario que arrancó pentagonal y terminó cuadrado. Pero quien quiera acercarse a la fuentes de la sacralidad de esta comarca, puede descender hacia el sur, pasar por **EZCARAY** y llegar –incluso en vehículo, si la nieve no lo impide– hasta el pie mismo del monte sagrado de este trecho del Camino: el **San Lorenzo**, en el corazón mismo de la **sierra de la Demanda**.

Se sale de **SANTO DOMINGO DE LA CALZADA** por el puente de 24 ojos cuyos cimientos son aún los que edificó el santo fundador. Camino y carretera marchan unidos un buen trecho, dejando a un lado el pueblo de **CORPORALES**, de sugestivo nombre griálico –aunque nada queda en él que justifique el apelativo–, y cuatro kilómetros más allá puede tomarse el desvío a **GRAÑÓN**, muy cercano a la carretera, con larga calle caminera, un hermoso retablo que construyera a medias Damián Forment y las ruinas de una basílica en muy mal estado, donde se albergaba la **Virgen de Carrasqueda**, patrona del pueblo.

Vueltos a la carretera, otra vez unida al Camino, se cruza la raya de Burgos en medio de un paisaje que comienza a ser de colinas suaves plantadas de trigo. El primer pueblo con el que nos encontramos es **REDECILLA DEL CAMINO**. Aquí, el peregrino atravesaba el pueblo a la altura de un **rollo** y una **fuente** que dan paso a la calle en la que se levanta la **iglesia parroquial**, sobre cuya portalada, detrás de un cristal casi mate de tan sucio –al menos cuando yo lo vi– hay una imagen que todos conocen como **la Virgen de la Calle**. Sin embargo, esta iglesia, a la que es difícil acceder –porque siempre se encuentra cerrada, excepto cuando, por un casual, acude el párroco a celebrar misa–, contiene uno de los pequeños grandes tesoros que el peregrino se tropieza en el Camino.

La **pila bautismal** de **REDECILLA** (s. XI), es, casi sin lugar a dudas, la más significativa entre las existentes, porque fue concebida en función de la transformación humana que se alcanza, teóricamente, por medio del bautismo. La pila se apoya en un haz de ocho columnas –que la convierten, en principio, en árbol– y se desarrolla en se-

La pila bautismal de Redecilla del Camino.

miesfera, con toda su superficie labrada con la forma de una ciudad que fácilmente puede identificarse con la Jerusalén Celeste. Esta concepción del *Axis Mundi*, en este caso, podría estar referida a Compostela y darle al peregrino la noticia subliminal de la transformación que tendría que sufrir para hacerse acreedor del agua lustral que le convertiría en conocedor de las claves trascendentes. Al mismo tiempo, la forma semiesférica de la pila sería el signo mandálico apropiado para una llamada a la meditación provocada por la misma estructura y función de la pila.

Conviene recordar que la figura del Mandala, tanto en Oriente como en Occidente, constituye un elemento de meditación, casi de éxtasis meditativo, en el que la mente y el alma deben concentrarse para captar y asumir la evidencia. El centro de la figura, sea crismón románico u óculo gótico en el mundo cristiano, representa ese punto exacto en el cual el iniciado puede ponerse en contacto con la Otra Realidad. No es, pues, extraño, que la pila del bautismo en la que se introducía al neófito se representara –aunque repito que tal iconografía no es corriente– como Centro Simbólico del Mundo y punto preciso de contacto con lo trascendente, al margen de detalles habituales, como podrían ser *las Cuatro Puertas* que suelen aparecer en las representaciones de la Jerusalén Celeste lo mismo que en los mandalas orientales.

Casi frente a **REDECILLA**, a la izquierda de la carretera, se encuentra la aldea de **VILORIA DE RIOJA**, donde nació santo Domingo de la Calzada. En **VILORIA** dicen que se conserva la **casa natal del santo**, pero cuando alguien nos la señala, nos damos cuenta de que puede constituir ya un milagro el que nosotros hayamos tenido la suerte de verla, porque su estado ruinoso hace temer que, de un momento a otro, se quede convertida en un montón de escombros.

A siete kilómetros, pasado **VILLAMAYOR DEL RÍO**, se llega a **BELORADO**, que es una sorpresa para el peregrino actual; casi diríamos una sorpresa anacrónica, pues tal vez esperase ver un pueblo vetusto, con el recuerdo de su antiguo nombre de Belfurado o Belfuratus, como lo llamara Aymeric, y se encuentra, súbitamente, con una ciudad absolutamente comercial, gracias a la reciente dedicación de la mayor parte de sus habitantes a la industria del cuero, lo que ha provocado la apertura de una ristra de tiendas y almacenes a lo largo del Camino, con toda la oferta de prendas que se quiera imaginar. Claro que no es eso lo que veníamos buscando, de modo que dejaremos elegir al peregrino y nos detendremos a mirar, en la entrada de la población, el viejo **hospital de Santa María de Belén**, junto a la carretera; y, a la salida, la **ermita de San Lázaro**, que fue de gran devoción para los peregrinos por su dedicación al santo de los leprosos. Junto a la ermita había un lazareto, ya desaparecido, del que la ermita era capilla. Aún le quedan numerosos exvotos de peregrinos que esperaban pagar con ellos su curación. Y, entre ellos, aparece un objeto extraño: la piel de una enorme serpiente. Según la tradición, esa piel fue dejada allí por un peregrino que invocó a san Lázaro al verse atacado por el reptil y en acción de gracias por la suerte que tuvo al darle muerte. Pero el hecho de que la piel de una serpiente aparezca como exvoto precisamente en un lazareto no deja de despertar sospechas y motivos de meditación.

Tendríamos que recordar que, de siempre, los leprosos fueron marginados de la sociedad. Y que a los pueblos llamados malditos –agotes, judíos, vaqueiros, maragatos– se les tachó a menudo de leprosos o de transmisores de la lepra, por instigación de las autoridades espirituales que temían su malsana influencia. Hay investigadores, como Nicolau Primitíu, que estudió el tema en Valencia hace ya muchos años y unificó a estos pueblos malditos como descendientes de los ligures, los mismos a quienes los historiadores del mundo clásico identificaron como adoradores de la serpiente: los *pueblos serpentarios* que cambiaron el nombre de Oestrymnia por el de Ophyusa. Así pues, el símbolo serpentario va unido en cierta manera a la marginación secular que sufrieron sus seguidores; marginación y anatema que, con los siglos, se harían extensivos a cuantos continuaran practicando soterradamente los viejos cultos. Así también, la piel de la serpiente del lazareto de **BELORADO** adquiere un sentido mucho más profundo, si es que no se trata –aunque me resisto a creerlo– de una mera coincidencia.

BELORADO tuvo cuevas eremíticas, como **Nájera** y como el próximo lugar de **TOSANTOS**. Y tuvo como patrono a ese san Vitores cuya sepultura indiqué anteriormente que se encuentra en **Bañares**. Sin embargo, es aquí donde tendríamos que detenernos a analizar su sorprendente aventura, que, resumiéndola en sus rasgos simbólicos, podría remitirnos a un santo guerrillero de la palabra, que se dedicó a predicar a los moros cuando éstos estaban sitiando la ciudad. Y, prendido por ellos y en vista de que no cesaba en su predicación, optaron por cortarle la cabeza, lo cual no sirvió de nada, porque el santo, con ella bajo el brazo, siguió predicando hasta que le llevaron a su tumba y su voz se perdió bajo tierra.

Lo que me sorprende es que el santo sea conocido por su nombre en plural, como Vitores en lugar de Vítor o Víctor. Ello me induce a suponer que la predicación pudo ser una acción colectiva, que pudo prolongarse algún tiempo después de la muerte del cabecilla que comandaba aquella facción que luego fue santificada al tiempo que singularizada.

El Camino sigue, pues, hasta **TOSANTOS**, donde hay un santuario excavado en la roca, dedicado, como es natural, a **la Virgen de la Peña**, rodeado de cárcavas que también fueron habitáculo de eremitas medievales. Aquí, el camino peregrino se había apartado de la carretera por la derecha, pasando por **VILLAMBISTA**, y volvía a unirse a la ruta actualmente asfaltada por una vereda bordeada de álamos negros a la altura de **ESPINOSA DEL CAMINO**. Este lugar, si alguna vez lo tuvo, perdió ya el motivo por el que recibió el nombre de espinoso, tan significativo en otras ocasiones. Aquí, el Camino volvía a apartarse ligeramente de la carretera y, paralelo a ella, pasaba por las **ruinas del monasterio de San Felices**, del que únicamente se conserva un ábside mocho, pero tremendamente sugerente, con una lápida reciente que nos recuerda que en aquel monasterio, fundado en el siglo IX, fue enterrado el noble don Diego Porcelos, fundador de la ciudad de **BURGOS**. Ver este lugar, como yo lo vi la primera vez, envuelto en brumas tan espesas que hacen perder el sentido de la orientación, es rememorar en el silencio absoluto de los siglos y atravesar, lo mismo que se atraviesa la niebla, el misterio inextricable del pasado.

Vuelve el Camino a identificarse con la carretera cuando se atraviesa el puentecillo sobre el **río Oca**, ya a la vista de **VILLAFRANCA DE MONTES DE OCA**. Estamos a un paso de esa sierra de nombre evocador y significativo, en el que el Juego Iniciático parece que comienza a tomar sentido.

VILLAFRANCA es pueblo silencioso, vetusto, con poca gente por la calle. A nuestra derecha, una rampa nos sube a la explanada que hay frente a la iglesia. Al otro lado, la ruina románica, casi gallega por la hiedra que se la come, del viejo **hospital de peregrinos de San Antonio Abad**. Y nuevamente tenemos en él la huella –que ni siquiera estoy seguro de que aquí sea cierta– de aquellos monjes antonianos con los que nos tropezaremos definitivamente cuando lleguemos a **Castrojeriz**, pero que conviene que vayamos consignando para rememorar los lugares del Camino donde fueron instalándose. Este hospital, en cualquier caso, fue fundado por la reina Juana, esposa de don Enrique II de Trastamara (1380), y estuvo en funcionamiento durante muchos siglos, con el buen recuerdo de cuantos peregrinos lo utilizaron.

Más interés tiene para nosotros la **iglesilla parroquial**, generalmente cerrada, aunque puede solicitarse del párroco que nos la abra,

Villafranca de Montes de Oca.

puesto que vive relativamente cerca. Sorprende en ella la presencia inmediata de una enorme concha filipina utilizada como pila de agua bendita. Parece una reproducción a gran escala de la vieira peregrina. En el ábside podemos ver un retablo barroco con escenas de la vida de san Francisco de Asís. Procede de un desaparecido convento y sorprende por uno de los paneles, el que configura la esquina superior izquierda, en el que el santo es arrebatado a los cielos por un carro de fuego y oro, lo mismo que se cuenta de Elías, el del Antiguo Testamento. A los amantes de las abducciones extraterrestres, este panel puede producirles escalofríos de placer.

A los pies de este retablo, junto al altar, se encuentra instalada la imagen chiquita de **Nuestra Señora de los Montes de Oca**, la patrona de todo aquel contorno mágico. Los motivos por los que se encuentra allí y no en su ermita son obvios: el temor a la depredación y al robo, que se dan en estos pueblos con una frecuencia digna de mejor causa. Mientras tanto, en la ermita se encuentra la imagen de **san Indalecio**, uno de los Siete Varones Apostólicos. Según una tradición extendida por aquí, el santo fue martirizado junto a un pozo vecino a la ermita, de donde comenzó a manar agua cuando la cabeza cortada del santo mártir golpeó contra el suelo.

Prestemos atención al mensaje escondido en el Juego de la Oca, allí donde caer en una casilla de palmípedas significa un sustancial avance por el misterioso laberinto iniciático. Aquí nos encontramos en una comarca singularmente marcada por la Oca –montes, Virgen, río, pueblo y hasta ese **puerto de la Pedraja**, que se le avecina al peregrino y que bien podría proceder de una Piedra de la Oca o de una Piedra de los Jars–, y todos los testimonios nos hablan de peligros, de bandoleros que campaban a sus anchas, de penalidades en un espeso bosque de robles que desorientaba a los caminantes, como sucedió con el cura italiano Domenico Laffi, que se perdió por esta sierra y tuvo que subsistir de los hongos que iba recogiendo por la espesura, hasta que volvió a encontrar el camino. O algo falla en el planteamiento de la Ruta por estos pagos o tendremos que pensar, para regocijo de escépticos, que la pretendida relación entre el Camino de Santiago y el Juego Iniciático es una entelequia. Vamos a intentar, sin embargo, mirar atentamente sobre el terreno

Los **montes de Oca**, al menos desde que se estableció el Camino oficial, se le imponían al peregrino sin alternativa posible, aun con la advertencia de que se trataba de un tramo relativamente breve, pero sumamente penoso. Si lo observamos desde **VILLAFRANCA**, el Camino parece decididamente trazado a partir de la iglesia, que queda a la izquierda, y del hospital, que queda a la derecha. Se emprende la subida por lo que constituyen las ruinas de los edificios que conformaban las dependencias del cabildo en los siglos en que esta ciudad fuera sede episcopal. El peregrino se veía, pues, literalmente empujado hacia el monte boscoso por esa pista que aún se llama **camino de San Juan a Villafranca** y cuenta hoy, gracias a los servicios de la repoblación forestal, con un trazado relativamente firme, pasando por las **fuentes de Mojapán** y **de la Teja**, antes de alcanzar la **ermita de Valdefuentes**.

Nuestra Señora de Oca.

Para seguir este camino, el peregrino tenía que ignorar que, pasado el pueblo, existe una pista que parte casi en ángulo recto con el camino oficial y que le conduce a la **ermita de Nuestra Señora de Oca**: esa misma que acabamos de mencionar como dedicada a san Indalecio. Aquel lugar, apartado y muy probablemente ignorado de la mayor parte de los peregrinos, es la antesala de un trecho singular. Poco más allá de la ermita, a la derecha y siguiendo la misma pista, se distinguen los restos de una cantera: la de **Peña Lengua**. A espaldas de la misma ermita, al otro lado del cauce del Oca, se encuentra el **término rural de Las Machorras**: curiosamente, el mismo nombre que los hermanos constructores de la Trasmiera pusieron al lugar donde establecieron las canteras de las que se extrajo la piedra para levantar el **monasterio de El Escorial**. El montecillo donde se encuentra la cantera de Peña Lengua está bordeado por un **arroyo** llamado **Palacios**, un nombre incomprensible, a no ser que hubiera en las cercanías una construcción que lo justificase. Sólo hay, a espaldas del mismo cerro, unos corrales que se llaman **Peña Alta** o **Peñalta**. Y, si seguimos el camino que nos trajo hasta la ermita, llegaremos inmediatamente al lugar llamado **La Hoz**, el más increíble paisaje roquero que se pueda imaginar, abierto por una falla geológica ocasionada por la corriente del río.

Sin necesidad de meternos en honduras, es cosa probada, y los geólogos lo conocen muy bien, que estas fallas, al producirse, pusieron en contacto rocas que, a menudo, establecían en aquellos lugares una diferencia de potencial que provocaba tensiones energéticas perfectamente medibles, aunque inapreciables en apariencia por el ser humano. Estas tensiones subsisten a lo largo del tiempo y, según puede comprobarse, han coincidido, en muchos lugares con el establecimiento secular de colonias de anacoretas, cenobios y casas de templarios. Son también lugares en los que, frecuentemente, se detectan fenómenos de apariciones marianas, noticias de milagros, visiones de luces extrañas y, en determinados casos, experiencias místicas como las que tuvieron san Pedro de Alcántara, santa Teresa o san Juan de la Cruz.

Todo induce a la sospecha de que, por aquí, pudo haber en tiempos algún punto de encuentro de logias de constructores; un lugar donde, probablemente, serían recibidos los que vinieran de otros lugares y donde, posiblemente, se intercambiarían conocimientos y enseñanzas en un ambiente propicio y discreto, a medio camino de lugares previamente sacralizados y marcados por la presencia de dos arquitectos santos: Domingo por un lado, Juan de Ortega por el otro, cuyos santuarios extenderían su influencia por la **sierra de la Demanda** y la comarca de **la Bureba**. La llamada de atención para los recién llegados sería el nombre de la Oca, que para las hermandades de constructores tuvo, sin duda, unas connotaciones iniciáticas que nunca podrían ser pasadas por alto.

Emprendamos, pues, el Camino; a pie, por el lugar que anteriormente indicaba, atravesando por las pistas forestales el paso de **los montes de Oca**; motorizados, siguiendo la carretera nacional que cruza el **puerto de la Pedraja**. Los dos caminos vienen a encontrarse, ya cruzadas las alturas, en la que llaman **ermita de Valdefuentes**, que es cuanto queda –apenas el ábside– de un viejo hospital del que ya se habla y se escribe en tiempos de Alfonso VIII, pero que Alfonso X reformó y potenció.

Lo que hoy queda se convirtió en capilla al restaurarse y, recientemente, se la puso bajo la advocación de Santiago, cuya imagen aparece en el ábside, junto a las de nuestros dos santos constructores, Domingo y Juan. Según nos explican los mejores especialistas del Camino, en este lugar de **VALDEFUENTES**, auténtico paraíso para el descanso durante el buen tiempo, al peregrino se le ofrecían diversas opciones para alcanzar **Burgos** desde aquí. Por un lado, le cabía seguir la ruta que hoy marca la carretera, por **SANTOVENIA**, **ZALDUENDO**, **IBEAS DE JUARROS Y SAN MEDEL**. La otra suponía meterse otro trecho por los montes y alcanzar, por el lado del ábside, el **santuario de San Juan de Ortega**, para seguir luego, por **ATAPUERCA**, hasta **CARDEÑUELA** y **ORBANEJA**, para salir a **VILLAFRÍA** y **GAMONAL**, sobre la misma carretera N-I, de Madrid a Irún. Nosotros seguiremos este camino, porque en modo alguno podemos pasar por alto la presencia de nuestro santo arquitecto.

SAN JUAN DE ORTEGA puede alcanzarse, a pie, por las pistas forestales que parten de **VILLAFRANCA** y siguen desde la **ermita de Valdefuentes**. Si se va motorizado, conviene llegar a **SANTOVENIA**, donde se encontrará una carreterilla asfaltada, estrecha pero muy bien señalizada, que nos dejará en poco tiempo en el santuario, sistemáticamente remozado a lo largo de siglos –allí estuvieron instalados los jerónimos desde 1432 y, anteriormente, estuvo bajo la protección del cabildo burgalés– y con un antiguo hospital construido por el santo fundador, así como la iglesia donde está enterrado, que constituye el mejor de sus legados; al menos, el más puro y más fielmente conservado entre los monumentos de los que fue autor reconocido.

Hay circunstancias que permanecen desapercibidas durante siglos y que, de pronto, cuando alguien las pone en evidencia, resultan ser la pieza clave que le faltaba al rompecabezas de la historia para adquirir sentido. Así ha sucedido con san Juan de Ortega. Desde hace años, el párroco del santuario, don Miguel Alonso, profundo conocedor del Camino de Santiago, venía observando un fenómeno puntual que se repetía infaliblemente durante cinco días, desde dos antes hasta dos después de los equinoccios de primavera y otoño. A las cinco en punto de la tarde, hora solar, un rayo de luz proveniente de la ojiva central del crucero del templo comienza a iluminar el capitel del ábside izquierdo, el más perfecto de los allí labrados, dedicado al misterio de la Anunciación. El rayo comienza iluminando la cabeza del ángel, se desplaza a la de la Virgen y va recorriendo luego otra representación de Nuestra señora, la escena de la Visitación, hasta la figura de anciano con báculo en forma de tau que ocupa el siguiente ángulo y que, generalmente, se identifica con san José. Jaime Cobreros y Juan Pablo Morín fueron los primeros investigadores en hacerse eco de este que podemos proclamar como auténtico prodigio arquitectónico, al que sólo puede llegarse mediante el profundo conocimiento de unas leyes que van más allá de la estética o de los problemas planteados por la resistencia de materiales. En este caso se trata, sin duda, de una exaltación sagrada del nacimiento, en tanto que entrada en el mundo de la iniciación, ese mundo en el que se penetra cuando el adepto muere a la vida cotidiana para emerger a la existencia trascendente.

En este sentido, no nos queda más remedio que retroceder a nuestra anterior visita a **SANTO DOMINGO DE LA CALZADA** y afirmarnos en el hecho de que, en muchos casos, los misterios del Camino no nacen y mueren en un determinado lugar, sino que, en muchas ocasiones, se plantean y se resuelven a lo largo de todo un recorrido, encontrándose en un determinado enclave respuestas que tal vez se plantearon muchos kilómetros atrás. Recordemos que allí se produce toda una iconografía de exaltación del acto de morir, que muchas de las figuras contempladas, desde los capiteles de la girola hasta el retablo de Forment, abundan en la glorificación de la muerte. E incluso que, tal como allí se señalaba, echando mano de la historia del santo constructor, sus milagros más conocidos (con la única excepción del muy especial del gallo y la gallina) son aquellos en los que el santo resucitaba a canteros que habían muerto en accidentes laborales, mientras trabajaban en la obra sagrada del Camino. Aún más: los milagros se habían producido, en su mayoría, cuando el santo aún vivía. En cambio, el relato de los abundantes milagros de san Juan de Ortega son, en primer lugar, prodigios que tuvieron lugar tras la muerte del santo y por su intercesión en los cielos. La colección de pinturas devotas de los siglos XVII y XVIII que guarda el santuario lo demuestran con creces, teniendo la imagen del sepulcro del santo siempre presente. Pero, en segundo lugar, se da la circunstancia de que la devoción hacia san Juan de Ortega se encaminó presuntamente hacia su influencia celestial para dar *fertilidad a mujeres estériles*, tal como muestra también alguna de las pinturas que acabo de mencionar y como lo corrobora el célebre prodigio que se dice que tuvo por protagonista nada menos que a Isabel la Católica.

Fue ya, por tanto, en el siglo XV, trescientos años después de la muerte del santo. Se dice que la reina acudió a su tumba para pedirle su intercesión en el nacimiento de un hijo varón. Y cuenta la tradición que el prior de los jerónimos abrió la tumba del santo en presencia de la reina y que del sepulcro surgió un enjambre de *abejas blancas* despidiendo perfumes celestiales. La gente dijo, desde entonces, que aquellas abejas eran las almas de los nonatos, que esperaban junto al santo una madre propicia para venir al mundo. Pero es lo más probable, tal como ya apunté cuando visitamos el monasterio riojano de **Valvanera**, que aquella fuera una nueva llamada subliminal sobre el mundo de las abejas, que constituyen un modelo de sociedad sinárquica ideal, regida por ese culto a la Gran Madre, Nuestra Señora, que Juan de Ortega honró y proclamó al construir su templo en función de la luz que habría de incidir el día de la Anunciación sobre su sagrada figura.

El gran mosaico de los constructores iniciados se completa, pues, en un ciclo que comenzaría en **LOGROÑO**, con el recuerdo del mítico san Gregorio Ostiense, maestro de nuestros dos santos arquitectos según la tradición y especialista celestial en espantar langostas. El ciclo tendría su continuación en **SANTO DOMINGO DE LA CALZADA**, en la historia, los milagros y la obra del anacoreta druídico que talaba bosques con la ayuda de una hoz. La manifestación secreta se encontraría en el mensaje esotérico de los canteros de los **montes de Oca** y su culminación en el continuado milagro de la vida, cuyo cantor sería Juan de Ortega a través de su obra. Cada etapa del ciclo tiene su lectura; cada una, a su vez, completa un capítulo del programa iniciático de los constructores de la obra sagrada y de su ideario trascendente; cada una también, a través de su circunstancia mítica y milagrosa, complementaría el sentido de la anterior y abriría un camino nuevo que tendría su respuesta en la siguiente.

Esta continuidad escalonada, homenaje discreto y firme a la vez a los constructores del Camino, es la que me hace pensar que la última figura iluminada por el rayo de sol equinoccial, ésa que todos suelen identificar con san José, sea en realidad una especie de firma o de marca de identificación del arquitecto, que fue retratado con la vara en tau de los maestros constructores y con su aire de anciano gurú experimentado que quiso estar presente en aquel acto de homenaje a la Madre bajo cuyo manto se inició. Hay que pensar que Juan de Ortega nació en 1080 y que esta iglesia se construyó entre 1150 y 1155, cuando tenía 70 años, la edad que puede representar el supuesto san

Tumba de San Juan de Ortega.

José del capitel de la Anunciación. Dictó testamento y murió en 1152, tres años antes de que quedase terminada su obra, aunque toda la idea del monumento fue indudablemente suya. Cabe perfectamente suponer que se trate de su imagen, en un homenaje póstumo del escultor que realizó aquellos capiteles.

Puntos de interés para el peregrino en el santuario de **San Juan de Ortega** son, todavía, su tumba, sobre la que la reina Isabel mandó construir un soberbio baldaquino gótico florido, con la imagen yacente del maestro y relieves en los costados que reproducen algunos de sus milagros. En la cripta, muy posterior, se halla la que suele tomarse como tumba originaria del fundador, un sepulcro románico profusamente labrado. Admirables los arcos interiores del ábside, compuestos por once pares de columnas que se resuelven en arquerías sin capiteles intermedios, con una limpieza de formas que queda aún más resaltada por el tamiz de la luz que entra a través de planchas de alabastro.

Desde **SAN JUAN DE ORTEGA** se puede continuar, a pie, por la pista que conduce directamente a **AGÉS**, donde puede llegarse también motorizado dando la vuelta por **SANTOVENIA**. En **AGÉS**, a la salida del pueblo, se pasa junto a un arroyo sobre el que hay un diminuto **puente**, obra, según todas las noticias, del mismo san Juan de Ortega. Precisamente aquí, la ruta antigua de los peregrinos corta a través de los campos para ir a encontrar otros dos pequeños pueblos de la Ruta: **CARDEÑUELA** y **ORBANEJA**, y posteriormente **VILLAFRÍA**, ya en la carretera radial N-I, que con un vehículo se puede alcanzar pasando por **ATAPUERCA** y **OLMOS DE ATAPUERCA**. En **VILLAFRÍA** nos encontramos ya, prácticamente, a las puertas de **BURGOS**. Si seguimos el trazado de la carretera, llegaremos a una gasolinera, a la derecha, que es el punto preciso donde se encontraban los peregrinos que habían seguido la ruta que elegimos nosotros, con los que, prescindiendo de la visita que hicimos, llegaban desde **QUINTANILLA**.

BURGOS, como capital que fue del reino castellano, plantea al peregrino el problema de discriminar lo que realmente puede ser imprescindible en su búsqueda camino de Compostela. De pronto se encuentra en una ciudad que exulta importancia. Una ciudad que le llama desde los más diversos rincones de la historia y del arte. Y, aunque el recorrido estricto de la Ruta Jacobea está perfectamente señalado, la oferta de visitas y de lugares de búsqueda se multiplica, obligando a un constante y largo deambular para no perderse enclaves en los que el aprendizaje se complementa con los acontecimientos estrictamente históricos y con el recuerdo de personajes que, si poco o nada tuvieron que ver con la aventura peregrina, confirman, en cambio, mitos fundamentales en los que cabe escudriñar cómo se conformó la Historia a partir de arquetipos emanados de la Tradición.

Los dos personajes señeros del pasado de **BURGOS** –y, consecuentemente, de toda Castilla– son, sin que nadie venga a disputarles el puesto, el conde Fernán González y el Cid Campeador. Por supuesto, no vamos a detenernos a analizar su andadura histórica, pero sí conviene insistir en que ambos se vieron envueltos en el mito que les ha colocado, a los ojos del pueblo castellano, a la mitad del camino entre la leyenda heroica y la verdad escrita y documentada, transformando sutilmente su identidad a medida que los mitos les entronizaron en el olimpo de los héroes intocables.

De ambos se insiste en el hecho de que fueron descendientes directos de los míticos *jueces* de Castilla, especie de gobernantes oficiosos, entre maestros consejeros y legisladores, que mantuvieron la cohesión y la relativa unidad de un pueblo disperso en la Tierra de Nadie que fue la Castilla norteña, cuando el islam en el sur y los restos de la monarquía goda en el norte afianzaban sus territorios y se iban constituyendo en estados coherentes, con nombre e ideario más o menos definido. De estos jueces de Castilla se dijo que fueron de enorme estatura, como si con ello se les quisiera identificar con los gigantes tradicionales de los que surgieron las estirpes semidivinas de los gobernantes de la humanidad en la amanecida de la Historia. Incluso la tradición relativamente reciente afirma que, cuando fue descubierto el sepulcro del juez Laín Calvo en el atrio de la iglesilla burgalesa de **Bisjueces**, aparecieron sus restos perfectamente conservados, en apariencia, mostrando a un individuo de extraordinaria estatura que, al contacto con el aire, se convirtió inmediatamente en un montón de polvo.

De este juez Laín Calvo descendía el Cid Rodrigo Díaz de Vivar, un héroe cuya leyenda desbancó a su misma circunstancia histórica, convirtiéndole en paradigma de una identidad castellana que la crónica estricta de su singularidad vital nunca logró desbancar. De otro juez de Castilla, Nuño Rasura, fue descendiente Fernán González, a quien también la leyenda transformó en un héroe émulo de los grandes mitos de la humanidad, proclamándole discípulo de un misterioso herrero de la **sierra de la Demanda** y haciendo que santos tan alejados de la aventura bélica como san Millán de la Cogolla acudieran a sus batallas provistos de espada flamígera, descabezando moros como lo hiciera nuestro señor Santiago en la imposible batalla de Clavijo.

BURGOS vivió, durante siglos, con el arraigado sentimiento de ser la capital depositaria de estos valores nacionalistas que configuraban la identidad de Castilla. Y esa idea hizo que, aun siendo lugar de paso obligado del Camino de Santiago, la vivencia jacobea caminase paralela a la identidad de la ciudad misma, sin terminar de hacerla suya a pesar de la cantidad de hitos peregrinos que albergó y sigue albergando.

El peregrino, como dije, entraba en **BURGOS** por el lugar donde hoy se unen la carretera N-I y la N-120, llamada hoy Camino de Santiago. Subía por la vereda que hoy es **calle de las Calzadas** y llegaba por ella a la **iglesia de San Lesmes** y a la de **San Juan Evangelista**, de la que el tal san Lesmes fue rector. Ambas iglesias se encuentran frente al lugar que fue muralla de la ciudad, al lado de acá del río, que había que pasar para cruzar la puerta de entrada que aún conserva su estructura al otro lado del puente.

San Lesmes fue un producto clásico del Camino Jacobeo a su paso por **BURGOS**. Se llamaba, en realidad, Adelelmo y era monje benito procedente de la abadía francesa de **Cheus Dieu**. Llegó a Castilla con el séquito que acompañaba a Constanza de Borgoña cuando vino para contraer matrimonio con Alfonso VI y, después de haber desarrollado una vasta labor política y guerrera –estuvo presente en la conquista de Toledo–, le fue entregada la **iglesia de San Juan Evangelista**, con el hospital de peregrinos que le correspondía, y se dedicó el resto de su vida a cuidar de los caminantes que llegaban a la ciudad. Cuando murió (1097) le proclamaron santo inmediatamente, en honor a los peregrinos franceses que verían en él un compatriota en tierra extraña; con el tiempo, se edificó la iglesia que lleva su nombre, enfrente de la que regentó, e instalaron su sepulcro definitivo en el centro de la nave mayor.

Lo mismo que san Lesmes, muchos francos se instalaron en la capital castellana para vivir de la peregrinación. Era terreno abonado, porque los castellanos hacían allí menos caso de los peregrinos que en otros lugares de la Ruta. Así se pobló de tiendas **la calle de San Juan**, que es la que se encuentra al otro lado de la puerta de la antigua muralla. Siguiendo por la de **Avellanos** y **Fernán González**, los caminantes llegaban a la **catedral**, a la que accedían por el portal situado a la derecha del ábside.

Pag. siguiente:
Catedral de Burgos.

La **catedral de Burgos** se tiene por una de las obras maestras del gótico español. Se empezó a edificar en 1221 –un momento en el que se habían levantado ya muchas de las grandes catedrales francesas– por deseo de Fernando III el Santo y bajo la autoridad del obispo don Mauricio. Su primera estructura, construida por arquitectos anó-

nimos que muy bien pudieron formar parte de las hermandades de constructores de las catedrales transpirenaicas, sigue sus formas fielmente, así como su ideario básico, con una concepción del espacio sagrado que tomaba el templo como lugar en el que la masa ciudadana tendría que sentirse arropada por la presencia inmanente de lo divino. La monumentalidad y el aparente colosalismo de los grandes templos góticos, en este contexto, no se concebían como elemento demostrativo del poder exultante de la Iglesia, sino como cobijo multitudinario de inquietudes y necesidades trascendentes. La catedral, en este sentido, no era tanto propiedad del obispo y de su cabildo como del pueblo entero, al menos en principio. Y servía igual para las celebraciones religiosas como para aquellas otras en las que los ciudadanos aparecían como promotores y protagonistas. Ésa fue la causa principal de que las autoridades eclesiásticas optasen por romper en muchos casos la amplitud liberadora del recinto catedralicio, instalando coros monstruosos en medio de la nave central, que no sólo restaban un espacio que debía haber sido propiedad de los fieles, sino que aumentaban, hasta límites extremos de exclusividad, el recinto reservado al cabildo y estrictamente prohibido a los profanos.

En su aspecto actual, tras la construcción de las agujas tardías que permiten vislumbrar su silueta desde antes de entrar en la ciudad, unas agujas que proyectó Juan de Colonia a mediados del siglo XV y terminó su hijo Simón, y tras los mil y un añadidos que se le fueron incorporando siglo a siglo, la catedral de Burgos constituye una de esas soberbias amalgamas en las que cabe ir señalando puntualmente el ideario de la humanidad, al mismo tiempo que se confirma su evolución y la perdurabilidad de una tradición que emerge siempre que el ser humano –y, sobre todo, quienes lo gobiernan, desde el trono o desde el púlpito– logra abrir sus ojos a los significados profundos del lenguaje universal. Así podemos ir detectando a rachas el universo simbólico, junto a la estricta observancia iconográfica de lo ortodoxo, la imagen del santo al lado de la figura del maestro tocado con el gorro frigio, el Pantocrátor sobre la silueta del inquisidor, la bestia cabalgada por el ángel, el artesano gremial junto al caballero cortesano y el cofre del Cid, piedra de toque del nacionalismo castellano, junto al Cristo de Burgos, que no había peregrino que no mirase y tratase de palpar, para comprobar su tersura humana y sentir el latido de aquel corazón de cuero que, al decir de los más creyentes, hacía que a la imagen le crecieran las uñas y los cabellos y que de sus poros manase bendito sudor. Para algunos, cabe incluso que aquel Cristo, venido del mar según todas las noticias, fuera una muestra de la sacralidad de aquel **Finisterrae** al que esperaba llegar, para encontrarse, por fin, con la memoria de los antiguos Noés que desembarcaron en las costas gallegas en tiempos remotos para traer el saber a los seres humanos.

Al salir de la **catedral**, el peregrino tenía, enfrente, una iglesia dedicada a **san Nicolás de Bari**. Allí sigue, con su soberbio retablo de piedra dorada que labró Francisco de Colonia y las tablas de Alonso de Sedano. Luego, mientras bordeaba el **castillo** por la **calle de los Cabestreros** y se dirigía hacia el río por la del **Emperador**, pasando junto a iglesias ya desaparecidas, tendría probablemente en cuenta que allí, junto al **puente de Malatos**, hubo un **hospital de leprosos** y que, al otro lado, tendría que pasar de largo ante el **monasterio de las Huelgas**, porque aquel lugar era casa de reyes y de monjas tan poderosas que sus ganados podían pastar sin rendir cuentas a nadie por todas las dehesas de Castilla, tan soberbias en el contexto de lo eclesiástico, que algún papa tuvo que clamar contra sus abadesas, por atreverse a predicar y a confesar.

Las Huelgas no es un lugar que interese especialmente al peregrino por lo que pudiera significar en su marcha hacia la meta compostelana. Desde su fundación, sobre los terrenos de un palacio campestre de Alfonso VIII (1170), fue un lugar de auténtica élite monjil, destinado a princesas e hijas o viudas de la nobleza castellana que fueran destinadas a entrar en religión. Llegó a contar con cien «dueñas», monjas bernardas, que tenían bajo su vigilancia a sesenta educandas y a su servicio a cuarenta legas de baja estofa, dedicadas a las labores más duras de la vida monástica. Su papel era, fundamentalmente, el de santificar a la institución monárquica con sus oraciones y propiciar la entrada en el Cielo de sus difuntos, mayoritariamente enterrados en las naves de su iglesia. Los reyes, por su parte, se reservaron un buen trozo de aquella construcción, que es la que hoy puede visitarse en su mayor parte, sin molestar la clausura de las bernardas. Y, dejando a un lado la curiosidad que tal visita despierta, con la contemplación de su soberbio claustro románico y el museo de telas medievales, sacadas de las tumbas y milagrosamente conservadas, creo que hay algo que merece la pena comentar, siquiera sea brevemente.

Se trata del conjunto de construcciones mudéjares que forman parte de dicho palacio y que, más que simplemente realizadas por artesanos moriscos, parecen formar parte de la cultura musulmana misma, con todas sus consecuencias, principalmente la religiosa. Allí encontramos la estructura de un auténtico *mihrab*, tal como podríamos encontrarlo en una mezquita. Y sorprende enterarnos de que, en su recinto, se armaba caballeros a los reyes y a los infantes. Y que, como nadie había superior a ellos que pudiera darles el espaldarazo preceptivo, se reservaba para esta función una **imagen de Santiago** que aún podemos contemplar y que, espada en mano y dotada de un mecanismo articulado, era la encargada de realizar lo que nadie más en la corte podía llevar a cabo.

A este ambiente reservado a los reyes y gobernado por las todopoderosas dueñas propietarias de cenobios, de bosques y de dehesas, y servidas, como grandes señoras que eran, por las devotas legas, la chusma peregrina no tenía acceso. El caminante a Compostela tenía que ir un poco más allá, al vecino **hospital del Rey**, también administrado por las bernardas de Las Huelgas, para encontrar asilo, comida y, si las cosas se torcían, hasta camposanto donde reposar eter-

Las Huelgas. Burgos.

namente sus rendidos huesos. Allí, a la vera del monasterio, pero separado de él para respetar la sacrosanta intimidad de la clausura, la institución monjil más poderosa de Castilla ejercía, por delegación en los hermanos de Calatrava, el deporte de una caridad acorde con su alcurnia, en el albergue seguramente más lujoso de todo el Camino y contando con el más vasto cementerio de toda la Ruta, como si sobre la riqueza que controlaban, también los muertos supusieran un acumulo supletorio de bienes que servirían para comprar más parcelas del Paraíso. Siempre cabía esperar que, entre tantos oscuros caminantes, surgiera la figura santa que consagraría definitivamente la caridad de aquel fastuoso recinto. Y ese santo esperado fue san Amaro, también francés, lo mismo que san Lesmes, que decidió quedarse allí de regreso de Compostela y fue, todo el resto de su vida, al decir de los hagiógrafos, el buen samaritano que se entregó en cuerpo y alma al cuidado de los caminantes.

El hospital del Rey, contemporáneo de la inabordable fortaleza de **Las Huelgas** y, como ella, exultante de un lujo que se mantuvo durante siglos y que durante siglos fue transformándose hasta quedar irreconocibles sus rasgos arquitectónicos originarios, mereció el elogio de cuantos tuvieron la suerte de verlo y los favores de los poderosos, que fueron mejorando, ampliando y enriqueciendo el lugar, hasta convertirlo en uno de los más lujosos y exultantes del Camino. Carlos V, por ejemplo, mandó realizar numerosas mejoras y, entre ellas, dispuso la instalación de las soberbias **puertas del templo**, que ya no se sabe si fueron labradas por Vigarny o por Juan de Valmaseda, pero que constituyeron, por encima mismo de sus valores estéticos, una clara referencia a la motivación ortodoxa del Camino. Las figuras de Adán y Eva, constantes ideográficas del pecado original que mancharía desde el principio del mundo a la humanidad entera, están allí presentes, junto a los peregrinos y sus santos protectores, indicando que el Camino habría de lavar aquel baldón que los primeros padres arrojaron sobre toda su descendencia.

Sería por abandono de los monarcas protectores y propietarios del lugar, o sería a causa del lógico desplazamiento de los intereses puntuales en cada circunstancia histórica, o tal vez por ese insaciable afán destructor que traen las guerras y que trajo de modo muy especial la de la Independencia, lo cierto es que el **hospital del Rey** también cayó poco a poco en el olvido y que buena parte de sus muros comenzaron a arruinarse. Que, hasta ayer mismo, entrar en su recinto era como soñar entre ruinas que amenazaban derrumbarse sobre el atrevido que osaba rebuscar en los recuerdos del pasado. A la hora de escribir estas líneas, el viejo hospital está cubierto por armazones de hierro, las hormigoneras pueblan los patios y hay andamios en todas sus bóvedas y mucho escombro y montones de ladrillos por los suelos. Pancartas oficiales anuncian una reconstrucción en marcha, que convertirá el recinto en una dependencia de la universidad que se proyecta en **BURGOS**. El tiempo y el buen o mal hacer de las administraciones nos dirán en qué se ha de convertir la antigua construcción.

El hospital del Rey constituía el último alto en el camino del peregrino por la ciudad. Sin embargo, aún quedaban, fuera de su ruta, lugares que no le estaban dedicados, pero que muchos se acercaban gustosos a visitar. Los cistercienses estaban al cuidado del viejo cenobio de **San Pedro de Cardeña**, donde estuvieron enterrados el Cid y su esposa doña Jimena. Allí pueden admirarse las sobriedades arquitectónicas de la reforma propiciada por san Bernardo, enemigo de aquel simbolismo recargado de alusiones metafísicas del último arte cluniacense, del que todavía se conserva el **viejo claustro** con capiteles como árboles de la vida. El Císter prefería el escondido saber que configuraban las proporciones perfectas, la armonía de los ángulos, el misterio del número, la adecuación mágica de bases y alturas, la razón misteriosa de una solución arquitectónica insólitamente perfecta, como esa increíble **escalera de caracol** de piedras montadas al aire que se nos ofrece por un rincón olvidado de las sacristías. Fuera y lejos del peregrino quedaba también la **cartuja de Miraflores**, levantada en medio de un bosque medianero con la ciudad, donde los pinares aportaban el silencio exigido por los hijos de san Bruno.

8. Por tierras de pan llevar

LOS SECRETOS DE UN TRECHO SIN MISTERIOS

Desde que emprendimos juntos el Camino, vengo diciendo que se trata de buscar en él, de modo incansable, las raíces remotas de un proceso iniciático hecho a la medida del paso del peregrino, el cual, exactamente lo mismo que sucede en la Gran Obra Hermética, indaga en la Ruta hacia el sepulcro del Apóstol –y aun más allá– un primer período de Muerte, un segundo trecho ofrendado a la Purificación, que le permitirá alcanzar el entendimiento (como el paso por un infierno que no es de condena, sino de prueba) y un último tramo que parece destinado al goce auténtico de la Resurrección a una nueva vida de conocimiento. En este contexto, esencialmente simbólico, convertido en realidad palpable gracias al constante contacto con la tierra, a través de los pies que la pisan incesantemente, vamos a penetrar ahora en un trecho del Camino que, a partir de Burgos y hasta vislumbrar León, recorre una llanura casi siempre monda como la palma de la mano. Es la estribación septentrional de la Tierra de Campos, abierta a soles y a vientos por los cuatro costados, donde el caminante raramente podrá encontrar el refugio de un bosque o la umbría de una montaña que le proteja. La purificación es así: como pisar el fondo desecado de una laguna Estigia hecha a la medida de sus miedos y de sus esperanzas, justo en el punto medio de su proceso purificador.

Que no le extrañe al peregrino que las Guías al uso, que vuelcan sonoros ditirambos y minuciosas descripciones en otros puntos del Camino, pasen estos tramos, si no por alto, sí con prisa, con las prisa de quien tiene poco que contar. Incluso sucede aquí que, con más frecuencia que en otros trechos, la carretera actual se separa a menudo del viejo Camino de los peregrinos, y no precisamente bordeándola para facilitar la ruta, sino como esquivándola, tal como si el seguirla fielmente pudiera resultar nefasto, o peligroso, o tan maléfico como pareció efectivamente serlo para muchos romeros del pasado. Aquí surgen como del suelo lugares de completa soledad, de abandono, de extravío, largas distancias desérticas, trechos en los que perderse no sería más que obediencia a la lógica que incita, no al retraso, sino a la muerte; una muerte definitiva, inexorable, en un abandono de eternidad.

Domenico Laffi, un clérigo italiano que recorrió el Camino nada menos que tres veces y dejó constancia de su viaje después de la segunda, localiza por estos pagos, a la salida de Burgos, una de las escenas más espeluznantes de su relato: «... *encontramos a un pobre peregrino francés que se moría junto a la ruta, todo cubierto de langostas, y parece como si Dios nos hubiera enviado en ayuda de aquella pobre alma, pues apenas la hubimos confesado, murió... Ya habían empezado a devorarlo aquellas feroces bestezuelas...*».

Las huellas iniciáticas, aquí, se empequeñecen, se disimulan, evitan toda posibilidad de ser reconocidas o siquiera identificadas, a menos que se realice un esfuerzo que, muy a menudo, resulta completamente inútil. Los símbolos, por la misma razón. se recluyen en lo más alto de los templos y en lo más profundo de la conciencia de los buscadores, allí donde más difícilmente puede alcanzar la mirada no ducha en la búsqueda de las claves. Así, todo queda soterrado, invisible, deliberadamente velado, lo mismo que el viaje a los abismos infernales, de cuyo paso nadie se aviene a contar su aventura, donde nadie quiere compartir una experiencia que, sin embargo, ha sido decisiva en su proceso de búsqueda de la realidad.

TRANCO IX: DESDE BURGOS HASTA CARRIÓN DE LOS CONDES

Sale el peregrino de **BURGOS** por la carretera que discurre paralela al río Arlanzón, en dirección a **Valladolid** y **Palencia**, hasta que la desviación marcada a **León**, a la altura del poblado de **VILLADEVILLA**, nos desvía hacia la derecha. Camino y carretera siguen juntos hasta **TARDAJOS**,

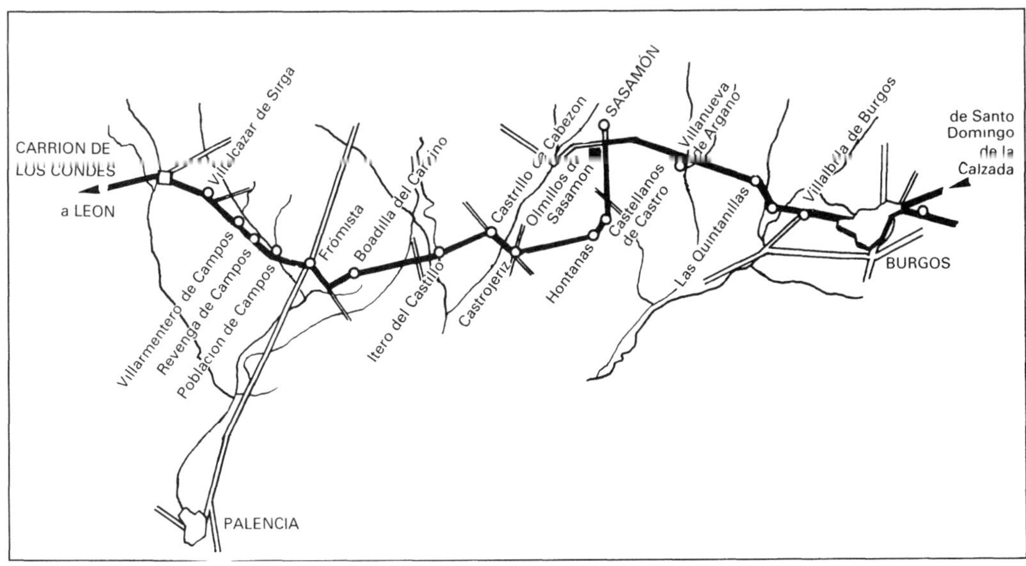

desde donde el Camino se separa para alcanzar **RABÉ DE LAS CALZADAS**. Una pista asfaltada sustituye ya al camino de cabras que hacía cierto el cantar popular:

De Tardajos a Rabé,
¡libéranos, Dominé!

No hay nada notable en **RABÉ** que impacte al peregrino, pero tampoco es malo darse una vuelta por su iglesia, de portón gótico muy simple, y llegarse por la **calle de los peregrinos** hasta la plaza que hay al otro lado y que luce una **fuente** casi diabólica, que parece salida de la imaginación calenturienta de un artista enloquecido, émulo tardío de un Gaudí alucinado. Uno no llega a averiguar si aquellos monstruos de la fuente surgieron de un viaje a los estados alterados de conciencia, pero tiene la absoluta seguridad de que algo disconforme con las leyes de la estética guió a aquel artesano de la piedra en aquel lugar que, por lo pacífico y tranquilo, parecería el menos indicado para la aceptación de aquella locura. Reconozcámoslo: esa fuente, en medio de la plazuela de viejas casas blasonadas, inquieta y, lo que es peor, ni siquiera permite aceptar que pueda haber sido una obra plácidamente asumida por los buenos vecinos condenados a contemplarla cada día.

Se regresa de **RABÉ** con una ligera desazón, camino de vuelta a **TARDAJOS**:

De Rabé a Tardajos,
no te faltarán trabajos.

Hemos dejado atrás el camino de los peregrinos que, desde **RABÉ**, se convierte en senda lanzada a tiralíneas hacia **HORNILLOS DEL CAMINO**, atravesando campos, colinas yermas y algún encinar pelado.

En vehículo se alcanza **HORNILLOS** desviándose a la izquierda, muy poco antes de entrar en **VILLANUEVA DE ARGANO** y uniéndose al camino en el primer cruce que encontramos a la derecha, pasado el pueblecillo de **ISAR**.

ISAR tiene nombre isíaco y ese nombre invita a detenerse. Hay una iglesia en lo más alto, que guarda el cementerio. Tiene portada gótica que fue blanqueada hace años y, al entrar, nos encontramos con una buena nervadura ojival en la bóveda y, a nuestra derecha, muy cerca del acceso, con una **piedra sillar** de buen tamaño, que tiene una escena torpemente grabada. Me dice el párroco que es muy antigua y que permaneció durante siglos cubierta de yeso. Es, desde luego, imposible de calcularle la época. Los trazos, no sé si apresurados o torpes, representan a un hombre con una enorme balanza en la mano derecha, cada brazo casi tan grande como él. Me dice que se trata de san Miguel pesando almas. Pero yo tengo la vaga impresión de distinguir la figura de un ser desnudo y no creo que ningún artesano feligrés se hubiera atrevido a labrar desnudo a un arcángel. Se me ocurre pensar que ese desconocido y torpe artista tuvo un especialísimo interés en la balanza y que fue a Hermes-Toth a quien quiso retratar, Dios me perdone. Hermes-Toth... Isthar... **ISAR**... Algo me suena a mistérico en todo esto, pero las piezas del rompecabezas no terminan de encajar.

Se llega a **HORNILLOS**. Es un pueblo largo, de calle peregrina. Tuvo hospital administrado por santiaguistas y una leprosería. ¡Dios!, ¿cuántos leprosos debieron recorrer este Camino? Pasada la mitad de la calle, a la derecha, una iglesia grande, sin importancia, y enfrente una **fuente** que sí la tiene, aunque pocos querrán concedérsela. En lo alto del poyo de la fuente, los vecinos colocaron un gallito de hojalata. Dicen que antes hubo otro, y mucho antes otro. Está pintado de colores para que todo el mundo lo distinga. Y, si se pregunta el porqué, dicen que es porque el agua que llega a esta fuente procede de un manantial que hay más arriba y que se llama **del Gallo**. Otros dicen que eso no es cierto, que se llama **de la Cambija**. En cualquier caso, el gallo es un anuncio del sol; y, en la antigüedad, por su implicación solar, fue signo de creencias heliátricas. Una fuente cuyas aguas emergen de la tierra, si es llamada **la fuente del gallo**, se llena de ese extraño y profundo maridaje entre lo solar y lo telúrico. Y nuevamente la inquietud se queda prendida en el aire. Leve, divertida, lúdica como el gallito, pero inquietud a la postre.

Nuevamente el peregrino motorizado tendrá que volver a la carretera, porque no hay vehículo que pueda transitar por el Camino entre **HORNILLOS** y **HONTANAS**. Volverán a encontrarse cuando la carretera lo permita, a la izquierda, a la altura de **OLMILLOS DE SASAMÓN**, el pueblo donde nació, y del que fue rabino, el que luego se convertiría y llegaría a ser obispo de Burgos: Alonso de Cartagena.

(Por allí cerca, por cierto, hay un pueblo que, en tiempos, estuvo poblado casi exclusivamente por judíos. Lo llaman **CASTRILLO DE MURCIA**. Y hoy en día, cuando llega la fiesta del Corpus, tienen lugar allí unos festejos de doble y hasta de triple sentido, una fiesta de ésas a las que nos tiene acostumbrados esta tierra, tan transformadora y a la vez tan conservadora de sus mitos. La fiesta se llama *del Colacho* y, aunque la rodearon de procesiones y festejos eucarísticos como exige la fecha, tiene al personaje que da nombre a la celebración como auténtico protagonista de aquel día. El Colacho es una especie –sólo una especie– de diablo saltimbanqui, dedicado a dar saltos por encima de todos los obstáculos que se le colocan por todo el pueblo, para impedirle –teóricamente– el paso. Al abrigo de esos obstáculos, que son como altares, se pone a los niños menores de un año, como a la espera de que reciban el roce de este personaje escapado no tanto de la ortodoxia como de un mundo arcaico de seres míticos y todopoderosos, capaces de saltarse las trabas que cualquier credo quisiera imponerle.)

Crucero peregrino. Hontanas.

Poco más allá de **OLMILLOS DE SASAMÓN**, ya desviados por la carretera de **Iglesias**, surge un crucero en una encrucijada. Yo pediría que no nos lo saltáramos sin dedicarle un momento, porque es uno de los pocos que existen en España de estas características. Lo que sorprende de esta cruz de piedra es que tanto sus brazos como su cabecero no fueron concebidos como maderos en los que clavar el cuerpo de Cristo, sino como botones de una planta de la que, si tuviera que darle nombre, tendría que confesar que su más inmediato parecido es la adormidera.

Pasamos por **HONTANAS**, que se queda ligeramente hundido en una curva, a nuestra izquierda. A poco más de tres kilómetros, nos tropezamos con unas formidables ruinas casi fantasmales, dignas de un pintor romántico. Tengo que recordar a Villaamil. Las ruinas se yerguen en medio del campo y, al acercarnos, observamos que apenas queda entero el arco bajo el cual pasa la carretera. Unos perros adiestrados impiden el paso, porque el lugar ha sido aprovechado para almacén de aperos de labranza de una granja vecina. Los huecos que habrían permitido el acceso a las ruinas están cerrados por telas metálicas y verjas. Cuando el caminante se acerca, los perrazos, que parecen adormilados, se levantan dispuestos al ataque. Lástima que esos mismos guardianes de la propiedad privada no hayan podido evitar que las mil y una figuras del portón que queda bajo el arco fueran depredadas por las piedras de todos los desaprensivos que habrán pasado por allí. Nos encontramos en **San Antón de Castrojeriz**.

Hete aquí que, después de habernos encontrado ya varias veces con el recuerdo de asentamientos hospitalarios de la *Orden de San Antón*, hemos llegado ante las ruinas de la que, al parecer, fue la casa madre de los antonianos, el principal de todos los conventos que llegaron a poseer en España. No hay noticia fidedigna de cuántos fueron, aunque se recuerda especialmente el que tenían en **Cuenca**, que albergó a la que sería la patrona de la ciudad, la Virgen de la Luz. Tampoco cabe encontrar muchos datos que nos revelen las actividades y el verdadero ideario de estos monjes en ninguna de las historias que se han escrito sobre las ordenes religiosas cristianas.

Los pocos datos que pueden reunirse nos hablan de un primer brote de cenobitismo tebaico, inspirado en las enseñanzas de san Antonio Abad, que surgió aún en vida de su promotor y que feneció con él y con la misteriosa ocultación de su cuerpo, que no fue descubierto hasta el año 503, al parecer por inspiración divina. Las reliquias del santo, el primer cristiano que gozó de culto público sin haber sido mártir, se llevaron a Alejandría y posteriormente, ante la amenaza expansionista del islam, fueron trasladadas a Constantinopla y puestas bajo la custodia directa de los emperadores de Oriente.

Fue en el 1065 cuando un barón francés, Jocelyn de Châtoneuf de l'Albenc, partió a Tierra Santa en cumplimiento de una promesa hecha a su padre, el cual, curado milagrosamente por la intercesión del santo, indicó en su testamento que su hijo peregrinase a Jerusalén y se trajera consigo las reliquias del anacoreta si quería entrar en posesión de su herencia. Aunque los datos son confusos, parece ser que el barón Jocelyn consiguió del emperador Diógenes Romano la deseada donación, a cambio de su ayuda ante las primeras embestidas selyúcidas de Alp Aslam. En 1070, ya de regreso a Francia, aquel preciado tesoro fue depositado en **La Motte Saint-Didier**, en el Delfinado, y en torno a él se creó una orden compuesta en principio por *nueve* caballeros, los acompañantes principales del barón en su viaje, que proclamó en su regla los fines fundamentalmente hospitalarios que la guiarían y fijó allí su sede central, tomando como patronos protectores al dicho san Antón y a la santa eremita de la Transjordania, María Egipcíaca. Muy pronto corrió la fama de que la intercesión del santo cuerpo era el mejor remedio para la curación del llamado *Fuego de San Antón* y, cuando la Orden comenzó a expandirse, sus monjes dedicaron sus especiales cuidados a atender a los enfermos de esta terrible plaga medieval.

A pesar de su proclama, parece cierto que los monjes antonianos no se distinguieron precisamente por una obediencia absoluta a la ortodoxia vigente. Tomaron hábito negro con una tau azul grabada en el pecho –lo que evitaba tácitamente el signo reconocido de la cruz– y, muy poco después de su constitución, comenzaron a ejercer como consumados constructores, levantando su templo fundacional, por primera vez en la historia de la arquitectura occidental, con arcos ojivales y bóvedas esquifadas, que aún tardarían más de cuarenta años en convertirse en módulo corriente de un estilo gótico que aún no existía. Fueron ellos también quienes levantaron este su convento cercano a **CASTROJERIZ**, después de que el rey Alfonso VII les hiciera donación de aquellos terrenos en 1146.

La circunstancia vital del santo patrono de la orden merece la pena ser analizada a partir de los relatos de san Atanasio y de Santiago de la Voragine. Según cuentan ambos, Antonio se retiró a los desiertos después de haber vencido las más espantosas tentaciones por parte

San Antón. Castrojeriz.

del Maligno. Y, al parecer, llegó a creerse el primer mortal que abrazaba aquella vida, hasta que una revelación en sueños le descubrió la presencia, por aquellas mismas soledades, de Pablo el Ermitaño, «*que le aventajaba en antigüedad, en soledad y en anacoretismo*». Antonio se lanzó en su búsqueda, empeñado en tomarle como maestro, pero por el camino se tropezó con tres bestias. La primera era «*un ser extraño, cuyo cuerpo, en la mitad superior, tenía aspecto de hombre y en la mitad inferior forma de caballo. Esta especie de hipocentauro habló con Antonio*» y le dio indicaciones para seguir su camino. La segunda era tan extraña como el anterior: «*De la cintura para abajo parecía cabra, mas de la cintura para arriba semejaba ser viviente humano. De hombre eran sus manos, y en ellas llevaba un puñado de dátiles*». La tercera era «*un lobo, que le habló y se ofreció como guía*».

Fijemos la naturaleza de estos encuentros, de ningún modo circunstanciales. El primero es, por su descripción, un *centauro*. Recordemos que los centauros, desde Neso, fueron preceptores y maestros iniciados de los héroes olímpicos. El segundo era, como el mismo Vorágine reconoce, un *sátiro*, que es lo mismo que decir un *djinn* de los desiertos, o un genio, o un penate al servicio del dios Pan de las religiones mistéricas; mágico danzante de bailes rituales satanizados por la Iglesia, que puso a este personaje al servicio exclusivo del diablo. El tercero era un *lobo*, un perro de Lug, acompañante tradicional de iniciados, cualquiera fuera su credo religioso.

Sigue contándonos Vorágine que, tras algunas reticencias, Pablo el Ermitaño abrió a Antonio la puerta de su retiro y le permitió que vivieran juntos algún tiempo, durante el cual fueron alimentados por un *cuervo*, que antes traía medio pan del cielo para alimento de Pablo y que, desde la llegada de Antonio, trajo un pan entero que ambos anacoretas compartirían. Antonio aprendió de Pablo y, cuando volvía a su retiro, observó que los ángeles se llevaban al cielo el alma de Pablo, lo que le hizo volver para enterrar su cuerpo. Pero, incapaz de abrir una fosa en la roca, acudieron unos *leones* que, con sus zarpas y sus dientes, excavaron la tumba. La lección oculta de esta aventura puede leerse a partir del lenguaje tradicional. La colaboración de dos adeptos, dice la Qabalah, permite que alcancen juntos la comprensión de la Verdad del Libro. El cuervo, ave sagrada de Lug –de ese Lug precristiano, todopoderoso y sincrético– trae el alimento total, el pan *entero*, a los dos compañeros de la iniciación, que antes recibían *sólo medio*. Y, una vez muerto el maestro, los *leones*, habitantes del desierto, pero también criaturas mensajeras de las divinidades solares, vendrán a escarbar la roca para hacerle un lugar en la tierra al anacoreta, que así pasará a ser representante de todo el conocimiento arcano.

Si es cierto que este encuentro puede ser considerado como simbólico, no lo es menos que el anacoreta tebano acapara toda una serie de elementos tradicionales que lo identifican con la figura arquetípica del *ermitaño*, tan próxima al paradigma representado por el noveno arcano del Tarot, acumulador de saberes cósmicos. El hecho mismo de asociarle con el fuego –y ahí están las fiestas invernales que se celebran en su honor, siempre asociadas al fuego y las fogatas– y de representarle provisto de báculo –siempre en forma de tau– y de campanilla –heredera del sistro isíaco–, ha hecho que, popularmente, se le asociara con el mundo de los leprosos. No olvidemos tampoco que el hecho mismo de atribuírsele a san Antón el patronazgo sobre los animales implica el reconocimiento de unas cualidades chamánicas propias de las creencias de los pueblos cazadores; unas cualidades que se manifiestan también en los milagros casi faquíricos que se le atribuyen durante su estancia en la Tebaida: ayunos imposibles, posturas antinaturales prolongadas y encierros humanamente inconcebibles.

Estos hechos, unidos a los de la copatrona de la Orden antoniana, santa María Egipcíaca, que desapareció durante cuarenta y seis años en el desierto hasta ser milagrosamente hallada por el monje Zósimo en terribles condiciones físicas –desnuda, con el rostro renegrido por el sol y dotada de imposibles poderes paranormales–, hacen de ambos patronos de la Orden antoniana representantes de una postura que bien podríamos calificar de chamánica, síntesis de un ideario en el que dominan los estados alterados de conciencia como impulsores de facultades especiales en el orden físico y mental.

De san Antón, y subsidiariamente de los antonianos, se dijo que era capaz de curar el mal llamado *Fuego de San Antón*. Esta enfermedad, que llegó a constituir una auténtica epidemia durante la Edad Media, ha provocado numerosas cábalas entre los que pretendieron estudiarla, hasta que se descubrió su auténtica naturaleza y su etiología. Durante mucho tiempo se habló de ella como de una fiebre gástrica o un tipo determinado de epilepsia, o incluso de lepra. Se aceptó esta última conclusión como la más aproximada, pero, en realidad, como en muchos casos la lepra, era menos un mal físico que ideológico y, al ser proclamado con el nombre genérico de lepra, propiciaba la marginación de los afectados y evitaba así el posible contagio, a menudo más de almas que de cuerpos.

El Fuego de San Antón ya ha sido identificado. Se trata de un ergotismo gangrenoso que, acompañado de manifestaciones convulsivas, es producido por un hongo, el *cornezuelo*, parásito de algunos cereales comestibles, fundamentalmente el trigo, el centeno y la cebada, capaz de crecer y reproducirse en otras gramíneas silvestres, desde donde salta a las cultivadas y las invade. Las experiencias clínicas han demostrado que este hongo contiene una extensa gama de alcaloides que, si bien es cierto que pueden provocar la enfermedad, pueden también ser aislados y convertirse en sustancias alucinógenas, como el LSD-25, uno de los más poderosos enteógenos conocidos. Más aún, antropólogos como Albert Hofmann y Gordon Wasson han comprobado que ésta fue la sustancia empleada en los misterios mayores de Eleusis, para provocar estados alterados de conciencia entre los *mystes* que accedían a los grados más altos de la iniciación en las ceremonias secretas celebradas al margen de las manifestaciones populares.

Si nos ceñimos al Camino de Santiago, recordemos que hemos pasado, como pasó en su momento el peregrino medieval, por la Tierra del Vino, una Rioja y media Navarra donde el cultivo de los grandes caldos conforma casi el *leitmotiv* de aquellas tierras y donde las alusiones a la sacralidad del vino –elemento primordial de las antiguas bacanales– está en boca de los santos y en la entraña misma del peregrino. Ahora, a partir de **Burgos**, pero definitivamente desde esta comarca de la Tierra de Campos que ahora comenzamos a pisar, nos encontramos en el granero de la Península, en los Campos Góticos que surtían de trigo y de cebada a todo el territorio y a los territorios colindantes. Aquí tuvo que haber, a lo largo de la Edad Media, brotes constantes de la enfermedad a la que, oficialmente, dedicaron sus esfuerzos los miembros de la Orden de los antonianos; pero habrá que pensar que pudo haber también otro factor, que pondría de relieve propiedades supuestamente mágicas del cornezuelo que invadía las espigas. Aquí precisamente vienen a instalarse los freires antonianos y aquí levantan su principal convento. Desde aquí cuidan a los peregrinos, pero de una manera distante, dejándoles comida en las hornacinas, bajo el arco que cruza el Camino, y entregándoles medallas con el signo de su tau para preservarles de la terrible enfermedad. Mientras, conservan su intimidad, no permiten el acceso al convento más que a aquellos a quienes quieren recibir. No tienen siquiera hospital, que habrá de buscarse unos kilómetros más adelante, en **CASTROJERIZ**, donde hay varios que pueden acoger a los peregrinos. Ellos, los antonianos, se mantienen en el Camino, pero lejos de la masa y de la curiosidad. No intervienen en asuntos políticos ni militares, ni permiten que se sepa de ellos más allá de esa media filiación que aparece en las escasas historias que los mencionan. Y, cuando desaparecen, allá a fines del siglo XVI, se van con la misma silenciosa discreción con la que llegaron. Un buen día ya no estaban donde siempre, su convento se había quedado vacío, solitario. Ningún obispo ni ninguna orden reclamó su herencia.

Hoy resulta ya imposible escudriñar en su ideario más allá de sospechas. Las pedradas de los depredadores rompieron las figuras de su riquísima puerta y muchos de sus diminutos capiteles. No cabe siquiera interpretar ni la centésima parte de su mensaje, si es que lo dejaron escrito en sus muros. Apenas nos cabe distinguir aquí un león, allá un caballero, más arriba la tau grabada en una ventana. Ni siquiera podemos sospechar que estas ruinas, de haber quedado enteras, nos hubieran proporcionado alguna información. Así, han logrado que los estudiosos les ignoren y que incluso hayan caído en el olvido de la mayor parte de los peregrinos que pasan sin pena ni gloria bajo su arco ruinoso.

Son poco más de dos kilómetros los que nos separan de **CASTROJERIZ**. Lo primero que distinguiremos de la ciudad, desde un crucero que sirve de término, es la antigua colegiata, hoy **santuario de Nuestra Señora del Manzano**, o **de Almazán**, como lo llama Alfonso X en las cantigas que le dedica, la 242 y la 249, ambas referidas, curiosamente, a milagros que tuvieron lugar con canteros que sufrieron accidentes mientras construían este templo. Habría que dilucidar de una vez el nombre verdadero de esta imagen. Pues si fuera efectivamente del Manzano, tendríamos que planteárnosla como una especie de sacralización de Eva y como perdón del que llaman pecado original, que pesa sobre el género humano desde que los primeros padres tuvieron la mala tentación de entrar en el mundo del conocimiento que les ofrecía la serpiente.

Nuestra Señora del Manzano –llamémosla así, mientras tanto– se plantea como una Virgen en el episodio de la Anunciación. Y, efectivamente, la escena que la representa está sobre la puerta oeste y es una de las más bellas tallas en piedra que nos ha regalado el gótico peninsular; pero casi tan bello como la pareja de sus figuras es el **rosetón** mandálico que, sobre ellas, da luz a la nave. Esta puerta, de línea gótica delicadísima, no sirve ahora para entrar. Hay que hacerlo por el portal sur, donde suele estar el guarda de los monumentos de **CASTROJERIZ**; en ese portal podemos ver unas **herraduras** que, según dicen, fueron las que llevaba el caballo de Santiago cuando se lanzó volando desde las alturas del castillo para atestiguar la validez del culto a Nuestra Señora en aquel lugar. En realidad, parece que son exvotos a san Martín, tradicional protector de los jinetes.

En el templo se venera a Nuestra Señora en una imagen del siglo XIII que nos muestra la clara diferencia que cualquiera puede apreciar cuando se trata de distinguir a una Virgen Negra de una *Virgen Blanca* como ésta. La tradición de la Virgen Blanca carece de toda connotación telúrica. Se inclina amorosamente sobre una maternidad inspirada en los cultos lunares y en la gestación celestial, tan distinta de la idea de la tierra como generadora de vida. La **Virgen del Manzano**, además, se nos presenta como flotando sobre un cuarto creciente lunar, que le confiere todo su sentido originario.

Quien quiera admirar la obra de arte independientemente de su significado –lo que a mí, personalmente, me importa generalmente muy poco–, podrá

Nuestra Señora del Manzano. Castrojeriz.

solazarse con un bello **retablo de Mengs**, que fue regalado al templo por el rey Carlos III, o con un perfecto **lienzo de Bartolomé Carduccio**, que representa a san Jerónimo en el desierto. Ambas pinturas, siendo obras importantes, significan muy poco en el contexto de un templo para el que, sin duda, no fueron hechas.

En cambio, otros detalles que sí forman parte del conjunto suelen pasar desapercibidos. Y sucede eso porque no suele haber quien tenga aún capacidad de asombro ante lo insólito. A mí, de modo absolutamente particular, me asombra el escudo de una sepultura que se encuentra, si mal no recuerdo, junto al altar de Mengs, que luce el escudo familiar del difunto, con una rosa de seis pétalos y una mano abierta de par en par, en cuya palma aparece un pentáculo. El mensaje que transmite secretamente este blasón vale todo un curso de manierismo barroco.

CASTROJERIZ se nos aparece como una calle principal, que es el Camino de peregrinos, y un par de calles paralelas a ella que complementan un conjunto urbano de casi un kilómetro de longitud, pegado a una colina con las ruinas de un castillo en lo alto. En la calle más próxima al castillo se encuentra la iglesia que fuera de dominicos y que se llama, como es preceptivo, de **Santo Domingo**. Ya antes de entrar en ella se vislumbra un detalle muy propio de los primeros años de aquella orden mendicante, obsesionada desde su fundación por la salvación de almas. Junto a la puerta se ve un murete de dos o tres metros de alto, con dos calaveras de tibias cruzadas labradas sobre la piedra. Es un osario de peregrinos, puesto allí para invocar más directamente su salvación, gracias a la inmediatez del lugar sagrado. Dentro, la iglesia está dedicada a **museo**, y allí se exhiben **seis grandes tapices de Becquio** inspirados en cartones de Rubens, en los que se aprecia, entre alusiones alegóricas a las artes liberales, curiosos y significativos conjuntos de números sin sentido aparente. Entre las piezas que componen el museo hay algunas que proceden del convento de los antonianos, pero ninguna es lo bastante significativa como para permitirnos descubrir el alma oculta de aquellos misteriosos freires.

Casi al finalizar la calle de los peregrinos está, también cerrada al culto, la **iglesia de San Juan**, que fue de templarios antes de pasar a manos de los hospitalarios. Lo que resta es obra casi enteramente del siglo XV, es decir, que los caballeros del Temple ya no tuvieron ninguna responsabilidad en su construcción. Sin embargo, no deja de sorprendernos el **óculo** que hay en lo alto, que luce, para meditación del fiel, y posiblemente para mejor entrega de su voluntad, un soberbio ejemplo de pentáculo invertido, que tradicionalmente sirvió para representar el carnero diabólico, en contraste con el pentáculo recto, que simboliza al Hombre Cósmico. Esta iglesia de San Juan conserva todavía un buen claustro que, probablemente, sí pudo ser obra de templarios. En el trozo de artesonado que se conserva, podemos ver numerosas alusiones astrológicas que convendría estudiar, y, entre los capiteles, algunas cruces pateadas de origen seguramente templario.

Ya han desaparecido del pueblo los numerosos hospitales y albergueriás de peregrinos, que se extendían a lo largo de la rúa de los romeros. Pero pervive el misterioso recuerdo de los antonianos, a través de un **crucero** que luce su tau en lugar de la ortodoxa cruz.

Muy cerca de **CASTROJERIZ**, por nuestro Camino, pero ligeramente desviado, se encuentra, a un par de kilómetros, el pueblo de **CASTRILLO DE MATAJUDÍOS**, que algunos intentaron interpretar como un lugar donde hubo alguna gran matanza de hebreos. Sin embargo, el nombre le viene de una meta o *mota*, una colina donde, seguramente, estuvo instalada la aljama. Tenemos que recordar que ésta fue zona propicia para judíos en la Edad Media, y no sólo por ser paso de la vía peregrina, que propiciaba el establecimiento de negocios y tiendas, sino por el tremendo respeto con que fueron tratados por los habitantes de estos pagos. La Carta Puebla de **CASTROJERIZ**, otorgada por el conde Fernán González en el año 974, consideraba a los judíos de la localidad con los mismos derechos que los demás habitantes. De este lugar de **CASTRILLO** fue, además, uno de los músicos españoles más célebres: don Antonio de Cabezón.

A poco menos de 9 kilómetros, se deja a un lado **ITERO DEL CASTILLO**, del que se distingue la fortaleza y una ruina abandonada, a la izquierda, que fue en su día hospital de peregrinos bajo la custodia de la orden de San Juan. Por allí mismo, el **río Pisuerga** delimita las provincias de Burgos y Palencia y el camino cruza un puente de once ojos, el **puente Fitero**, que ya citaba Picaud en el Códice Calixtino y que fue mandado construir a fines del siglo XII por Alfonso VI.

Apenas pasado el puente, el Camino se separa de la carretera hacia la derecha, mientras ésta sigue en línea recta, para pasar por **ITERO DE LA VEGA**, a cuya entrada, lejos de las casas de la población y a mano izquierda, sobre una mota, se levanta la **ermita de la Piedad**, del siglo XIII, que guarda en su interior una buena talla de Santiago Peregrino. Entre este pueblo y el siguiente –ambos soslayados por la carretera principal–, el Camino marcha en paralelo hasta llegar a **BOADILLA DEL CAMINO**, un pueblecillo apretado, orgulloso del fantástico **Rollo Gótico** del siglo XV que daba cuenta de su jurisdicción y, sobre todo, poseedor de una **pila bautismal** que es la auténtica joya de la localidad, custodiada en la **iglesia de Santa María**.

Sostenida por doce columnillas que parecen corresponder a los pies de algún animal mítico, por las pezuñas que le sirven de pedestal, la **pila bautismal** está compuesta por una triple cenefa que, de abajo arriba, nos va mostrando, primero, una fila de arcos dobles con puntas en el centro; luego, otra con arcos de medio punto entrelazados –lo mismo que en la pila que vimos en **CANILLAS DE RÍO TUERTO**, en La Rioja–, separada de la anterior por crucecillas de aire templario. El entrecruzamiento de los arcos forma ojivas, en cuyos vanos aparecen extrañas puntas, como estacas o a modo de espinas. Finalmente, la fila superior luce toda una teoría de signos tradicionales precristianos, célticos en su mayor parte: svásticas, rosetas, cruces y símbolos solares. Hay quien ha creído adivinar en esta pila un mensaje oscuro de remotos rosacrucianos. Otros, como Morín y Cobreros, prefieren ceñirse al simbolismo de la múltiple ascesis. Yo veo más bien, y creo que con ello coincido a mi modo con todos, la pervivencia de una tradición primigenia, que sacraliza la pila con símbolos arcanos, los mismos que, idealmente, habría lucido la mítica caldera de Lug, capaz de resucitar a los muertos que fueron sumergidos en sus aguas lustrales. Inmortalidad y trascendencia se funden, en cualquier caso, por medio del acto cristiano del bautismo.

Sólo a seis kilómetros nos encontraremos en **FRÓMISTA**, donde Camino y carretera vuelven a unirse a la entrada, junto al cruce con el **Canal de Castilla**. **FRÓMISTA** es la ciudad más inquietante en este tramo de la Ruta, porque, guardando tesoros importantísimos del simbolismo iniciático cristiano medieval, destaca, además, por su cualidad de haber sido *puebla judía*, tal como fue reconocido por Alfonso VII, lo que ocasionó que a los de este lugar les llamasen los de los alrededores «los rabudos». Curiosamente, la aljama se encontraba en torno a la **iglesia de San Martín**, el monumento señero de la ciudad, y hasta hay quien dice que aún puede reconocerse el emplazamiento exacto de la sinagoga, de la que se conservaría alguno de los muros.

La impresión que da en un primer acercamiento la **iglesia de San Martín** es la de haber sido levantada ayer mismo. Y habría que reconocer que quien reciba esta impresión no irá excesivamente descaminado, puesto que la labor de restauración de la que fue objeto fue tan exhaustiva que poco faltó para desmontarla entera, lavar y cepillar cada sillar y volverlo a poner en su sitio –o en un sitio parecido–, salvo que se encontrase en mal estado, en cuyo caso habría sido sustituido. San Martín es la consecuencia inmediata de un proceso de recuperación que abarca las siguientes etapas:

a) Se le quitaron todas las construcciones que la rodeaban, dejando el templo como centro de la plazoleta donde ahora se encuentra, como un monumento exento, como una perfecta maqueta.

San Martín de Frómista.

b) A la linterna se le quitó el piso que la había convertido en campanario durante siglos, así como la torrecilla y el puente desde el que se accedía al cuerpo de campanas.

c) Se redujo la altura suplementaria de la nave central.

d) Se liberó el interior del templo de toda la capa de escayola y molduras que cubría las piedras.

e) En fin, se limpió la fachada, se volvieron a colocar los canecillos que existían, se labraron nuevos los que faltaban, se limpiaron los capiteles que estaban en mejor estado, se restauraron los que tenían alguna falta grave, se completaron los deteriorados y se sustituyeron por nuevos los desaparecidos. Algunos que corrían peligro inminente de desaparición fueron llevados al **museo de Palencia** y, en su lugar, se pusieron copias. Se cambiaron así once capiteles, doce impostas, cuarenta y seis basas y un número indeterminado de canecillos, según cuenta el padre Lojendio: «*Todas las piedras nuevas fueron marcadas con una R. Igualmente, se restauró una de las torres de la fachada principal y una parte del muro exterior del sur, con sus ventanas incluidas; y todavía se discute sobre la autenticidad originaria de la puerta que allí se abre*».

Por medio de este cuidadosísimo y hasta pijotero proceso de restauración, de **San Martín de Frómista** no se puede decir que sea una obra que, como tantísimas otras, fuera completándose a lo largo de siglos. Por el contrario: un examen objetivo nos proporciona dos fechas punta de su existencia. Una, el año 1066, en que se estaba construyendo por encargo de doña Mayor, esposa del rey Sancho el Mayor de Navarra. Precisamente en torno a este año se remató la obra. La segunda fecha son los años finales del siglo XIX y los primeros del XX, en que se reconstruyó hasta dejarla pura e inmaculada, casi esterilizada, más que cuando se levantó por vez primera. Y quiero insistir sobre las dos épocas porque, a pesar del cuidado que se puso en ello y a pesar también de que se procuró que se apreciara y se distinguiera lo que se había puesto de nuevo, sucede aquí lo que ya apuntábamos anteriormente en **San Juan de la Peña**: que ya no podremos nunca estar seguros de la fidelidad de los restauradores a la hora de interpretar determinadas figuras o de establecer un concreto programa en las secuencias iconológicas, tanto de capiteles como de canecillos y portadas. Lo cual impide que podamos contemplar este edificio con la garantía de leer siquiera a medias el lenguaje que emplearon sus constructores.

Pero hay otra clave definitivamente perdida: este templo que ahora vemos en el aséptico aislamiento de la plaza, formaba parte de un complejo monástico totalmente desaparecido. Era, pues, parte consustancial de un todo que tendría que complementar su sentido último y las razones especialísimas de su erección. Se insiste en el hecho de que, al emprender su reconstrucción actual, ninguno de los edificios que impedían la contemplación total del monumento formaba ya parte del monasterio primitivo, misteriosamente derribado en instantes oscuros de los tiempos de la Desamortización. Se tiene noticia incluso de que todo el espacio que constituye la zona al norte del templo era la aljama de los judíos de **FRÓMISTA**. ¿Dónde se ubicaba entonces el complejo monástico? ¿Dónde se encontraban su claustro, su sala capitular, su refectorio, su huerta?

Tal vez debido a ese premeditado aislamiento, tal vez por la ausencia efectiva de todo cuanto podía haber ocultado su estructura, tal vez debido al extremo cuidado puesto en esta reconstrucción que se pretendía modélica, **San Martín** se nos aparece hoy como una especie de síntesis de intenciones, como la maqueta de lo que podríamos considerar el templo románico arquetípico, aquel del que se entresacarían todos los elementos constituyentes, pero al que no nos sería posible añadir nada, puesto que contiene ya todos y cada uno de los componentes esenciales, sin faltarle uno solo. Creo que es precisamente esa sensación de demasiado completo la que más inclina a la sospecha de que necesitaría a toda costa lo imposible, su contexto originario, para recuperar su sentido y su existencia.

Lo que más aterra, sin embargo, a la hora de pretender un análisis de todos sus significados, es la constancia –al parecer perfectamente documentada– de que el mismo cardenal Almaraz, que fue el inspirador de la reconstrucción que ahora vemos, se ocupó personalmente de que determinadas imágenes, que según él podían herir la sensibilidad de la feligresía, desaparecieran y fueran sustituidas o disimuladas por medio de hábiles manipulaciones de los picapedreros actuales.

¿Qué nos queda, pues, de **San Martín**? Sin duda, mucho todavía, aunque no sea tanto como querríamos. Que ese mensaje haya quedado cortado en determinados lugares, como fragmentos borrados de una cinta magnética, no impide saber y hasta comprobar que el mensaje existe.

Invito a quien se preste a ello a que observe desapasionadamente el templo y a que diga luego si no es acaso el edificio más equilibrado, sólido, etéreo ¡y cómodo! que haya contemplado en su vida; si no lo encuentra construido a la medida justa y precisa del ser humano, de sus esquemas y de sus esperanzas, en la proporción justa y cabal de su propia concepción del mundo, de esa concepción que los filósofos alemanes bautizaron como *weltanschauung* y al margen de cualquier estructura que no sea la del cosmos intuido. Me explico, sin embargo: **San Martín** responde, más allá de concepciones histórico-culturales propias de la erudición y de la investigación estética, a esquemas existenciales que cualquier mortal lleva impresos en sus genes y que, al materializarse en una estructura palpable y evidente, hacen que nos identifiquemos con ella y que pase a formar parte de nosotros mismos, de nuestras realidades inmediatas y de nuestra idea intuida de los grandes esquemas del Universo.

Pensando en los motivos que permitirían asumir esta evidencia, creo que lo esencial es el perfecto equilibrio que destila todo el edificio. Un equilibrio basado en la cifra y perfectamente dosificado en la totalidad de la estructura, convirtiendo el templo en un dodecálogo que el visitante no llega a vislumbrar, pero que adivina y que, incluso más que adivinar, siente que se le incrusta en el ánimo y le hace pasar, sin solución de continuidad, a formar parte de la estructura con la que ya se ha identificado. Fijémonos, si no, en toda ella. Y molestémonos en contar y en medir de atrás adelante, como en una nueva peregrinación a las fuentes primigenias del número.

LA MAGNITUD 12: Fundamental en el esquema de la estructura cósmica, nunca suele presentarse sola, sino sumada a la unidad, como 13, o a través de sus múltiplos. Exactamente así sucede en **San Martín**: 52 capiteles (13 x 4) nos darán el esquema simbólico de la historia oculta del mundo y de los pasos precisos que el ser humano habrá de dar en su proceso hacia el Conocimiento, a través de la Muerte y de la subsiguiente Resurrección. 26 capiteles más (13 x 2) en el exterior flanquearán las 13 ventanas por las que penetra la luz en el recinto sagrado.

LA MAGNITUD 11: Nunca aparece. Es la cifra maldita y pecaminosa, incompleta desde la perspectiva humana (10) y cósmica (12). Los apóstoles quedaron reducidos a 11 tras la traición de Judas. Y hubo que buscar apresuradamente un sustituto. El 11 es magnitud coja y manca, pecadora por lo tanto. «*El once es el blasón del pecado*», dice san Agustín. En la numerología pitagórica, alcanzar el 10 es cerrar el ciclo vital, tras el cual el individuo, definitivamente iniciado, se reintegra a la Unidad. Por ello, sobrepasar el ciclo es lo mismo que perder el ritmo del nivel existencial y dejar que quede inadvertida la clave del Conocimiento. Invito al viajero a que busque el 11 en **San Martín** y apuesto a que no habrá de encontrarlo.

LA CIFRA 10: Es símbolo de la Totalidad, el número de las emanaciones divinas (*sefiirot*) según la Qabalah, la señal de IO-Isis y la primera letra que conforma el nombre de Dios (YHVH, YESHUA, donde la Yod vale precisamente 10) en el alfabeto sagrado de los hebreos. En **San Martín**, son 10 los tramos laterales del templo en su interior, por los que el fiel ha de avanzar hacia la luz que emana de las ventanas de los ábsides. El 10 indica *camino* y ese camino es cubierto por las naves laterales hasta alcanzar la *corona* de los ábsides, los pulgares de los 5 dedos de cada mano, que son el elemento operativo por excelencia de la acción iniciática del ser humano.

EL NÚMERO 9: Conocido tradicionalmente como cifra del saber supremo que induce a la inmediatez de la Totalidad (el 10), es el número del *eremita* del Tarot, el personaje simbólico representante del grado supremo de la iniciación, el portador del báculo. En **San Martín**, el número 9 está presente en las cúspides del templo, en los 9 tejados que lo componen, guardando el cielo interior de las bóvedas: 3 tejados para las torres y la linterna, 3 más para los ábsides, 2 para los brazos del crucero, 1 para la nave mayor, casi todos señalados en la cúspide por pináculos que llaman la atención sobre su presencia. Curiosamente, los tejados, como la Sabiduría, no se aprecian en su totalidad desde abajo; sólo pueden ser vistos desde una posición superior a ellos mismos. Al mismo tiempo, el tejado, como símbolo de la letra TETH hebra –y no deja de ser significativo su paralelismo fonético con *el techo*– es «*asilo, refugio que el hombre se proporciona para protegerse de los peligros interiores y exteriores*».

EL NÚMERO 8: Está representado en los lados de la linterna, en los 8 capiteles que dan paso a los ábsides, en los 8 pilares exentos que separan las naves del templo. El 8 es el número de las bienaventuranzas, de los votos de santidad de los discípulos del *Budha Sakya Muni* y de las reglas de conducta que indica el *Chu King* en su capítulo III. El 8 es verticalidad formal del Infinito (8 - ∞), la representación de las 8 direcciones cósmicas que señala el *Crismón*, el equilibrio eterno de Libra, la balanza de la Justicia (octavo arcano del Tarot), que juzga las almas y pesa sus virtudes, como Toth y el arcángel san Miguel. El 8 es igualmente el *punto de reencuentro* de las notas de la escala diatónica: la octava, la señal de un recomienzo desde el plano musical inmediatamente superior. El 8, en fin, representa los elementos (4) y su proyección cósmica: las dos caras de una realidad física inmediata representada por la materia tradicional.

EL NÚMERO 7: Unión del cuadrado –lo terrestre– y el triángulo –el monte que se eleva a los cielos–, le llega al fiel desde las 7 ventanas absidales. Curiosamente, la letra ZAIN, séptima del alfabeto hebreo, es signo kabalístico de Luz y representación del ojo humano, capaz de captarla, pero también el número del sefirá NESHÁ: el Triunfo o el Carro del Sol triunfante, representado en el séptimo arcano del Tarot, número solar, masculino y penetrante, que significa saeta y conduce al cielo, que por cierto, en número de 7, está representado también en los estadios de la bienaventuranza islámica: recordemos los 7 cielos del **palacio de Comares de la Alhambra**. Curiosamente, son las mismas 7 etapas de bendición celeste que han quedado marcadas en los 7 niveles interiores y exteriores de **San Martín**. En el interior, estos 7 niveles vienen marcados por basas, columnas, capiteles y bajos, las arcadas transversales, los capiteles altos, las arcadas de las bóvedas y la cúpula de la linterna. En el exterior, estos mismos niveles están perfectamente delimitados por el primer friso, en la zona de los arcos de las puertas, y el segundo friso por los arcos de las ventanas y los arcos que quedan sobre el segundo friso de la linterna, que viene a coincidir con el de las torres cilíndricas.

EL NÚMERO 6: Participa a menudo de sus cualidades aritméticas, como son la de constituir la suma y el producto de la tres primeras cifras (1+ 2 + 3 = 1 x 2 x 3). Esta circunstancia hizo coincidir a matemáticos, teólogos y ocultistas en considerarla una magnitud especialmente significativa. Martínez de Pasqually la califica de reunión de Intención, Voluntad y Palabra, y Euclides la llama número perfecto por ser igual a la suma de sus divisores, mientras que san Ambrosio lo hace símbolo de la armonía perfecta, exactamente lo mismo que los kabalistas al adjudicarle el sexto *sefirá*, TIFERET, la Belleza. Belleza y armonía que en los libros sagrados se traducen en la conversión en 6 de los días de la Creación, que vienen a confirmar que son seis también los estadios por los que tiene que pasar el Conocimiento para alcanzar la comprensión de la Divinidad. En san Martín son precisamente 6 los tramos del templo, desde la puerta de poniente hasta el ábside, confirmando la idea del camino iniciático que hay que recorrer a lo largo de 6 etapas desde el ocaso del Sol al Orto Sagrado. Con una particularidad que confirma la intención de tal estructura: las puertas norte y sur, que en el contexto del templo cristiano son puertas de salida, están colocadas a la altura de los tramos segundo y tercero respectivamente, simbolizando la posibilidad de salir de la enseñanza iniciática cuando aún se encuentra el adepto en dichos estadios –llamémosles votos en el contexto monástico–, lo que no podrá en modo alguno suceder en los siguientes.

EL NÚMERO 5: Tiene por esquema el pentagrama estrellado, que fue llamado sello de Salomón para diferenciarlo del hexagrama de dos triángulos enlazados que constituye el Mahén-David. El pentagrama es el signo del Hombre, pero en el mundo de la magia puede convertirse, invirtiéndolo, en el signo diabólico del Macho Cabrío. Arquitectónicamente, constituyó el esquema básico de buena parte de no pocos templos cristianos durante los primeros siglos de la Edad Media. Más aún: fue, seguramente, el principio en el que se basó la forma del arco de herradura visigótico y mozárabe –y posteriormente islámico–, y la plantilla sobre la que, según el arquitecto Moessel, se estructura la basílica cristiana en su proyección oculta, del mismo modo que se estructura la planta del templo gótico. El 5 es, desde esa perspectiva, una forma presente, pero al mismo tiempo escondida, que se concibe como plantilla gracias a la cual el templo adquirirá sus proporciones humanas trascendentes, puesto que el ser humano es la medida de todas las cosas y el microcosmos que nos permite compartir la obra de la Creación. Dice el profesor Davy: «*Si aceptamos la cifra 5 como el número del Hombre, el pentagrama se convertirá en el emblema del microcosmos. Así, el Microcosmos y el Macrocosmos. De esta manera, el Microcosmos y el Macrocosmos del que es imagen dan forma a la cifra perfecta (5+5–10) de Dios*». En **FRÓMISTA**, la inserción del pentagrama en el módulo estructural del templo se da con toda exactitud, situando su extremo superior en el límite que separa la cúpula del ábside central y las dos puntas inferiores junto al eje de las torres cilíndricas de la fachada occidental.

EL NÚMERO 4: Es, en cualquier edificio, sagrado o profano, el más evidentemente representado, por los 4 lados, por el rectángulo de sus muros o por el cubo estructural de todo el conjunto. Casi ni merece la pena indicar los lugares específicos donde se encuentra representado en **FRÓMISTA**, pues resulta evidente una intencionalidad primaria que, por lo demás, se ha generalizado en todas las épocas a través de todo tipo de templos, cristianos o paganos. Su significado, en tanto que representación de lo terreno, viene confirmado por los 4 elementos tradicionales, por los cuatro puntos cardinales sobre los que se edifica la esctructura sagrada –con el ábside a oriente– y hasta por el Tetramorfos, que viene a representar las 4 visiones trascendentes o las 4 interpretaciones reconocidas de la singladura evangélica.

EL NÚMERO 3: Esencialmente cósmico y sagrado, puesto que representa la plenitud de la Trinidad divina y el esplendor de su existencia, encarna, al mismo tiempo, la quintaesencia de la tridimensionalidad, sobre la cual puede el ser humano izarse sobre sus condicionamientos para alcanzar el siguiente estadio evolutivo. La forma que adopta, Y, es a la vez la YOD hebrea –décima letra del alfabeto sagrado– y la GAMMA griega, tercer sonido de la secuencia kabalística, GHIMEL. Un doble significado que viene a atestiguar, desde las sombras del lenguaje de los pájaros, que la Divinidad se presenta ante el Ser Humano como UNA y total (el 10) y como TRINA: un misterio trascendente que sólo mediante la iniciación puede llegar a captarse, pero que está representado del modo más diverso por todas partes, identificando al mismo tiempo nuestra percepción (tridimensional) del Universo, el sentido del Tiempo aparente –pasado, PRESENTE ETERNO y futuro– y la divina Trimurti, en la que un aspecto es creador, otro redentor y el tercero iniciático: fuente de conocimiento, origen de esa sabiduría superior que la Qabalah identifica con el tercer sefirá: BINÁ - Inteligencia. En **FRÓMISTA**, esa Trinidad está representada en las tres ventanas del ábside central, en los tres accesos al templo, en las tres naves; pero, sobre todo, en la conjunción de la linterna y las dos torres, conformando las tres cúspides del templo. Pero en ellas están contenidas la DUALIDAD –el número 2– y la UNIDAD, según contemplemos sus elementos unidos o separados: dos torres cilíndricas iguales, esbeltas y femeninas, y una linterna octogonal casi de su misma altura, centro solitario y dominante del conjunto de la construcción, corona –KETER– del conjunto y esencia de todo cuanto ese conjunto tiene de sagrado, a partir de la evidente intencionalidad de dar sentido profundo al número y a la cifra, en tanto que muestras inmediatas de una matemática sagrada que, en determinados niveles, constituye la disciplina única capaz de dar sentido a la infinitud cósmica.

No cabe la menor duda de que este conocimiento intuido se encuentra en el origen remoto de la arquitectura sagrada de todos los pueblos. Y es el que, también, más allá del mundo simbólico inmediato, viene a dar cuenta cabal de lo que significó para los constructores el hecho de levantar piedra a piedra la casa de Dios. En ese contexto, la abundancia de figuras y de elementos iconológicos que aparecen ornamentando el templo no llegan a ser nunca, a pesar de toda la importancia que les demos, nada más que un complemento de la clave que carga todo su sentido en la estructura total. Complemento que puede conducirnos a la captación de lo esencial, con tal de que enlacemos convenientemente los significados que conectan las formas a las estructuras.

Cuando nos acercamos a **San Martín de Frómista** en busca de sus elementos iconográficos, una vez salvados los temores ante las evidentes lagunas que ya he comentado, nos encontramos, como primera sorpresa, con una sobriedad ornamental verdaderamente insólita. Ninguna de las tres puertas principales de acceso responde a los cánones habituales del románico: ni columnas, ni capiteles –hay sólo uno en el portal norte–, ni arquivoltas, ni tímpanos; sólo pilastras sosteniendo triples arcos de medio punto y molduras rematadas por dos bolas que sustituyen a los capiteles. Falta ese elemento que, tan a menudo, ha servido en la arquitectura románica para marcar el paso al recinto sagrado, con los detalles esquemáticos propios, anunciadores del mundo en el que va a penetrar el creyente. Tal solución, en un templo por lo demás tremendamente rico en representaciones ornamentales, no debe pasar inadvertida. Sería necesario preguntarse por el motivo que llevó a los constructores de Frómista a prescindir de esta característica que casi nunca falta en la construcción sagrada románica, como anuncio de que se va a penetrar en un espacio que difiere esencialmente del mundo cotidiano.

Por lo demás, la riqueza iconográfica de **San Martín de Frómista** es enorme. Son 315 canecillos distribuidos por todos los aleros exteriores del templo (de los cuales, al menos 86 fueron sustituidos en la restauración) y más de 90 capiteles, entre los de las ventanas y los del interior del templo, mostrando toda una antología de la imaginación simbólica del románico. Tendríamos que citar, siquiera fuera como guía primera para una posible búsqueda, algunos temas característicos que, por desgracia, sólo pueden ser apuntados, a falta de la seguridad de ser contemplados en su forma originaria.

Canecillo de San Martín de Frómista.

Recordemos el capitel –en el arco del ábside correspondiente al lado de la Epístola– en el que un grupo de personas juega o se amontona en torno a una serpiente. No hay en tal escena muestra alguna de lucha contra el reptil, sino una sensación de juego altamente significativa, puesto que rompe deliberadamente con las normas implantadas que consideran al reptil como símbolo de lo diabólico. Igualmente podríamos incidir en el tema, varias veces repetido aquí, y tratado por los dos maestros que presuntamente intervinieron en la solución de los capiteles, de los dos personajes montados sobre extrañas cabalgaduras como grifos, enfrentados como para un torneo y con una desproporcionada cabeza de fiera leonina entre ambos. La presencia de esa cabeza (solar) es la que da al presunto torneo su sentido de lucha iniciática, no emprendida contra un rival, sino contra la parte negativa de uno mismo, contra la *imagen enantiomorfa o especular* de la propia personalidad.

Se trata, en buena parte de las representaciones, de escenas en las que se intentó reflejar una serie de estados interiores, conflictos propios de la vivencia trascendente, que unas veces –como sucede en los capiteles referidos al Jardín del Edén– podrían ser descritos recurriendo al mito bíblico, pero que, en su mayor parte, necesitaban de una iconografía específica para poder expresarse.

Es así como surgen escenas sin una interpretación definida, que sólo pueden intuirse arrostrando el riesgo de haber entendido algo que no se corresponde con lo que concibieron sus autores. Esa sensación surge ante uno de los capiteles más curiosos del templo, en el que tres personajes, en el centro, enlazan sus manos como en un compromiso solidario, flanqueados por otros dos que, desde las esquinas, son portadores de sendos báculos –abacial uno, episcopal el otro–, mientras bendicen con dos dedos levantados. En los laterales del mismo complejo, dos parejas se abrazan. Haría falta la secuencia entera de la que aquel formaría parte para poder apuntar una interpretación más o menos justa del tema que, tal como aquí aparece, resulta oscuro y sospechoso, aunque parece proclamar a las claras el instante preciso de un proceso tal vez emparentado con los rituales de una primitiva hermandad de constructores.

Como colofón a nuestro paso por **FRÓMISTA**, incluso como posible aportación al encuentro de claves medio trabadas, me resisto a abandonar la encrucijada a la que hemos llegado sin destacar, a título informativo, la presencia de elementos que podrían resultar útiles a la hora de calar más profundamente en los secretos de la Ruta. Uno de ellos es la evidencia de que **FRÓMISTA**, tal vez por su condición de encrucijada, fue villa de fuerte implantación judía. La pregunta que surge ante esta circunstancia es la de una posible influencia hebrea y kabalística en la concepción de los elementos constituyentes de la iconografía de **San Martín**, y hasta de sus proporciones, único resto, por lo demás, del complejo monástico desaparecido.

Abundando en el tema de la presencia judía, aunque visto desde el lado de la discriminación, hay un capitel que nos muestra el milagro que dicen que se produjo aquí en el siglo XV, referido a una hostia consagrada que se pegó a la patena para no ir a parar a la boca de un pecador que se estaba muriendo sin haber confesado sus relaciones comerciales con los judíos de la localidad.

La cuestión que se plantea es la que viene planteándose por parte de los investigadores que tomaron conciencia de que el Camino de Santiago fue ruta iniciática para muchos y desde mucho antes de que las autoridades pretendieran convertirla en andadura penitencial exclusiva para pecadores deseosos de alcanzar la misericordia de los jerarcas de la Iglesia. Aquí, a la Ruta por excelencia, acudieron individuos de muy diversas creencias, conducidos por un sincero afán de encontrar en el Camino su propio camino. Cada fe, cada experiencia espiritual, dejaron aquí su impronta, a la espera de que tiempos más proclives al entendimiento permitieran que saliera a la luz el mensaje universalista y ecuménico de quienes intuyeron que saber y creer, conocimiento y fe, eran una sola cosa en la dinámica imparable del devenir universal.

Tal vez por eso, me encuentro entre los convencidos de que el mensaje de **San Martín de Frómista** es asunto individual de quien llegue a su vera. Así pues, que cada cual lo recorra a su aire, porque es, como el Quijote, un texto –en este caso de piedra– que admite cientos de lecturas. Y lo mismo cabrá comenzar por una secuencia de canecillos que nos dé la pauta de un determinado proceso, como detenerse en el segundo capitel de la izquierda de la nave derecha y meditar sobre las razones de los dos báculos que portan las figuras esquineras. Conviene, con todo, llamar la atención sobre unos cuantos aspectos que, al menos, podrán ayudar en la búsqueda. En los canecillos será oportuno fijarse tanto en los motivos, entre los que, sin duda, falta ya el componente erótico que habría antes de la restauración, como en su alternancia. Se entremezclan ocas, carneros, monos, osos; y se alternan figuras abstractas con escenas realistas que llegan hasta la exaltación coprológica. (En este aspecto, conviene que recordemos que no siempre ni en todas partes han sido considerados como vergonzosos o pecaminosos actos como la micción, la defecación, el coito o la masturbación. Aparte del tantrismo hindú, con su paralelismo en la civilización cristiana que podremos ver en numerosos templos bajo la denominación de «pecados», existe un culto soterraño que, lo mismo que en Oriente, concede cualidades sagradas a los detritus de los santos. No olvidemos que, muy a menudo, en casos de exaltaciones místicas y muertes en olor a santidad, se habla de inefables perfumes despedidos por el cuerpo santo después de días de estar muerto. Tampoco olvidemos que estas escenas, aparentemente burlescas, aparecen precisamente en ese lugar del templo que, por unir el muro al tejado o la columna al arco, simbolizan precisamente el punto de encuentro de lo terrenal con lo celestial, con lo divino, con lo trascendente.)

En varios de los capiteles de **San Martín** surgen dos temas de evidente simbolismo tradicional: el de la serpiente y el del león. La cantidad de motivos serpentarios del templo de **FRÓMISTA**, junto a detalles muy concretos de su factura, han hecho que muchos autores hayan asociado al maestro constructor de esta iglesia con el que labró las figuras de la catedral de **JACA**. Aquí, como allá, encontramos al hombre estrujado por la culebra y venciéndola, a la mujer amamantándola y hasta la lucha de las aves contra las serpientes. En cuanto a los leones, los podemos ver de dos cuerpos y de una sola cabeza, en secuencias en las que devoran a nuevos Jonases buscadores del conocimiento que guardan, o en lucha abierta con Sansones que habrán de vestir su piel como signo de victoria y poder.

Prestemos atención, porque es propio del Camino por estos tramos la presencia constante del simbolismo del león, que es planteado en la simbología tradicional como representación fundamentalmente solar. El león es, lo mismo que el sol, destructor por una inconmensurable potencia de la que se apoderará el ser humano capaz de vencerle. La diferencia entre una significación simbólica como la de Daniel –que *apacigua* leones– y Sansón –que *vence* a los leones– estriba en el uso que se hace de la iniciación para asumir o para ganar el poder.

Muy a menudo, y **San Martín** sirve de ejemplo en más de una ocasión, surgen leones devoradores. Pero al devorar al iniciado, el león simbólico no hace otra cosa que ponerlo en contacto con las entrañas de su propio poder. Y el iniciado, de vuelta de ese viaje a la entraña de la bestia, conoce ya sus secretos más profundos. Un lugar donde surgen leones es un lugar donde hay fuentes de poder. Y ese poder, como lo muestran los leones con dos cuerpos y una sola cabeza, queda más allá de los conceptos dualistas al uso, porque viene de una realidad en la que los contrarios han dejado de serlo. Esos leones son la ruptura definitiva con el dualismo sobre el que el no iniciado basa sus conocimientos, sus concepciones morales y hasta sus sentimientos religiosos. Por eso, el león es el guardián de lo sagrado.

Naturalmente, en **FRÓMISTA** no todo acaba en la iglesia de **San Martín**. Hay una hermosa ermita dedicada a **Nuestra Señora del Otero**, del siglo XIV pero con reformas renacentistas. Dentro hay un buen retablo hispanoflamenco con veintinueve tablas. Y todavía un acontecimiento ciudadano que merece citarse: el **santuario de San Telmo**. El mítico san Telmo, el de los fuegos marineros, fue natural de aquí. Lo de Telmo fue una especie de abreviatura, o transformación simplificada del nombre verdadero del santo, que se llamó en realidad Pedro González Telmo y fue fraile dominico, nacido en 1135. De él se cuentan milagros dignos del gran milagrero Vicente Ferrer, como aquel en que, ante los requerimientos de una hetaira, se arrojó al fuego y, naturalmente, no se quemó. Pero cuando se hizo realmente célebre por sus milagros fue después de muerto, en la ciudad gallega de Tuy, donde se le catalogaron nada menos que 208, entre los cuales no es el de menor importancia el prodigio de su tumba, de la que manaba un aceite milagroso que tenía el don de sanar todas las enfermedades.

Queda en **FRÓMISTA**, para los curiosos impenitentes, la iglesia de **Santa María del Castillo**, que ocupa el lugar donde estuvo la fortaleza que defendía la ciudad. Es ojival, de tres naves y portada renacentista. Y la iglesia de **San Pedro**, levantada en el siglo XV.

En los tiempos gloriosos de las peregrinaciones, hubo romeros que, en lugar de seguir el camino que nos trajo aquí, cortaban por **VILLASANDINO** a **OSORNO**, por un recorrido aproximado al que en la actualidad sigue la carretera N-120; y, desde aquella localidad, bajaban casi directamente a nuestra próxima meta, **CARRIÓN DE LOS CONDES**. Podemos acercarnos desde **FRÓMISTA** hasta **OSORNO**, a 17 kilómetros por la carretera de Cantabria, siquiera sea para encontrarnos con la devoción popular a una virgencilla negra, **Nuestra Señora de Ronte**, una imagen del siglo XIII que, según la tradición, fue encontrada en el tronco de una higuera. Recordemos que la virgen de **CASTROJERIZ** fue encontrada en otro tronco, sólo que éste era el de un manzano. Ambos árboles son, indistintamente, los que se han identificado tradicionalmente con el Árbol de la Ciencia del Paraíso Terrenal. De esta imagen se cuenta cantando:

La Virgen de Ronte,
la más pequeñita,
nacida del tronco
de una higuerita.

La Virgen de Ronte. Osorno.

También merece le pena ver la **pila bautismal** que se conserva en esta localidad. Se representa en ella a Sansón en lucha con el león y a Daniel en la cueva de los leones. Lo cual viene a abundar en la sugerencia que hacía anteriormente, pues, por medio de dos escenas bíblicas características, se manifiestan los dos caminos de los que hablábamos: el de vencer al león y lucir su piel sobre el cuerpo del vencedor, o dominarlo mediante la iniciación y aparecer junto a la fuerza viva amansada.

Vueltos a **FRÓMISTA**, tomamos el Camino, que sigue la carretera hasta nuestra meta, aunque había peregrinos que se apartaban ligeramente de ella para pasar por **POBLACIÓN DE CAMPOS** y **VILLOVIECO**. Apenas a doce kilómetros, a nuestra derecha, aparece **VILLALCÁZAR DE SIRGA**; se llamó en su día **VILLASIRGA** y, seguramente, debería seguir llamándose así. Al menos, así la nombra Alfonso X en sus cantigas, cuando le dedica una a la **Virgen Blanca** que se venera en su iglesia: «*Cómo Sancta María de Villasirga liberou un home de forca que non morreu por un conto que dera a su igreja*». La historia que cuenta el rey Sabio es muy parecida a la del gallo y la gallina de **Santo Domingo de la Calzada**, pero aquí resulta ser Nuestra Señora la que libera al peregrino injustamente condenado por la denuncia de una criada chasqueada. Lo curioso de este milagro es que el objeto robado es un *bloque de piedra* labrado y destinado a la construcción del templo.

Con **la Virgen de VILLASIRGA** nos encontramos ante una auténtica Virgen Blanca patrona originaria de constructores. Con una particularidad muy concreta que ya, a estas alturas del Camino, tiene que llamarnos necesariamente la atención: no se sabe ni cuándo ni cómo, alguien mutiló la cabeza y el brazo del Niño que la Virgen lleva en su regazo. Y nadie se preocupó jamás, ni para bien ni para mal, de restaurar aquel desaguisado, como si, desde entonces, se hubiera considerado como perfectamente natural que aquella Virgen fuera portadora de un ser descabezado. Este hecho me confirma en la idea de que la mutilación pudo no ser accidental, lo que quedaría probado por la circunstancia de que otra imagen gótica de Nuestra Señora que hay en el mismo templo sufriera igualmente la pérdida del Niño, sin que quedaran de él sino los restos de un brazo que sujeta el manto y parte del torso, que se halla apoyado en la imagen.

A lo largo del tiempo, los milagros se han ido acumulando sobre la fama de esta **Virgen Blanca de VILLASIRGA**. Pero, curiosamente, entre los que he podido conocer, abundan especialmente los que relatan *curaciones de ciegos*. Uno, el del alemán tullido e invidente, que llegó acompañado de sus compañeros. Otro, el del peregrino también ciego, que acudió estimulado por la curación de un compañero que había estado en sus mismas condiciones. Otro, el de la dama francesa a la que acompañaba su hija, que recuperó igualmente la vista. Y aun otro que, sin tratar específicamente de ciegos, tiene por protagonista un bordón como el que los ciegos y los peregrinos utilizan, portado por un penitente de Tolosa, a quien la Virgen se lo partió cuando se encomendó a ella solicitando el perdón por sus pecados.

Por encima de la improbable realidad de estos prodigios archivados, creo que, al divulgarlos, había una intencionalidad más simbólica que real. No se estaba narrando en ellos unos acontecimientos que sucedieron literalmente así, sino circunstancias especialísimas en las que el milagro fue interior: era el milagro de abrírsele los ojos al que, hasta entonces, había sido incapaz de vislumbrar determinadas verdades que estaban manifestándose a través de la presencia y de la profunda significación de la imagen. Si repasamos la mitología simbólica tradicional, comprobaremos la presencia constante de ciegos sabios (Odín, Tyresias, Homero), que tenían cerrada la visión al mundo circundante para tener, en cambio, abierta la del otro mundo trascendente, que les permitía vislumbrar realidades más profundas. Por otro lado, como en el caso bíblico de Tobías, la iniciación concede poderes para devolver la vista a los ciegos, haciéndoles ver y, sobre todo, comprender la trascendencia de la que los iniciados son portadores y mensajeros. No olvidemos la tremenda importancia simbólica que tiene la vista en la iconografía medieval. El Ojo de Dios sustituye a su imagen indescriptible en muchas ocasiones, con la misma asiduidad que la Mano, que es su miembro operativo, el instrumento del que se sirve idealmente para crear la obra trascendente que su Ojo ha captado.

El templo de **VILLALCÁZAR DE SIRGA**, obra de templarios, o inspirado al menos por su ideario, está todavía repleto de misterios que pueden ser estudiados, lleno de significaciones muy concretas, de mensajes guardados a lo largo de siglos. Uno de esos secretos es la personalidad del caballero templario que supuestamente fue sepultado en la **capilla de Santiago**. Si tenemos en cuenta que los monjes del Temple se hacían enterrar sin caja y con el rostro vuelto contra el suelo, tendremos que admitir que este caballero tuvo que ostentar un cargo –o una función– muy importante para ser enterrado individualmente en la capilla más significativa del templo, precisamente aquella que configura la llave sagrada. Pero nadie sabe de quién se trata, aunque se baraja el nombre de algún comendador que, por cierto, parece ser que jamás fue enterrado en aquella tumba. Sólo cabe consignar el simbolismo que rodea el sepulcro: los seis leones que lo sostienen, los tres perros a los pies de la imagen yacente, el halcón (¿será realmente un halcón?) que lleva entre las manos. Recordemos que, en la regla de la Orden, hay un artículo muy concreto, y simbólico a la vez, que prohíbe expresamente a los freires cualquier tipo de caza, con la excepción de la del león. Recordemos los atributos simbólicos del león, de los que hablábamos hace pocas páginas. León es lo mismo que po-

Villasirga

der. Cazar el león es lo mismo que dominar el conocimiento y adquirir el poder que ese conocimiento confiere. Si es así, ¿se tratará de la imagen yacente de uno de los grandes iniciados de la Orden? Me inclino a creerlo así, como me inclino a creer en la especialísima importancia de esta capilla, en la que también están enterrados, en soberbios sepulcros románicos, el infante don Felipe, hermano de Alfonso el Sabio, y su esposa, doña Leonor Ruiz de Castro; incluso se conoce al autor de estas labras: Antón Pérez de Carrión.

Hay ocasiones en las que el refranero popular y ese lenguaje convencional de las frases hechas conllevan una realidad más profunda que la que les concedemos. En el caso de la iglesia templaria de **VILLASIRGA**, es muy cierto que los árboles no nos dejan ver el bosque. Al visitarla, y ya desde su misma entrada, nos extasiamos ante el portón de cinco arquivoltas, con el friso superior de dos pisos, el primero con siete figuras más la imagen de Nuestra Señora; el segundo, con ocho imágenes más el Pantocrátor. Contamos, analizamos, descubrimos el milagro de los números clave, entresacamos el sentido ocultista de capiteles como el de la dama que despide al caballero que parte al combate del alma, nos preguntamos por el profundo sentido de los tres rostros labrados en el lienzo oeste y no nos percatamos del templo en su plenitud, entero desde el ojo mandálico hasta el espesor de los muros, todo él una obra total, concebida para el descubrimiento lento y paciente de la verdad, de la trascendencia profunda de las proporciones, de la relación casi mística entre muros y vanos. Es el reto ocultista de una estructura concebida para plantear una prueba decisiva al buscador. Una prueba que conviene brindar desde aquí a quien no se conforme con mirar y quiera ver, descubrir y asumir íntimamente el secreto del recinto sagrado.

A sólo cinco kilómetros de **VILLASIRGA** está **CARRIÓN DE LOS CONDES**; en épocas de auge del Camino, fue ciudad que llegó a tener más de diez mil habitantes y una importante judería, de la que procedía dom Sem Tob ben Ishak ibn Ardutiel, conocido como don Santos de Carrión, poeta y pensador insigne en tiempos de Pedro el Cruel, que escribió, entre otras obras, los *Proverbios morales* y una *Danza general de la muerte*. Fue, sin embargo, un personaje misterioso, del que ni siquiera se sabe a ciencia cierta si murió converso o se mantuvo fiel a la religión judía hasta el fin de sus días. **CARRIÓN** fue también el solar de los primeros yernos del Cid y el lugar donde nació, en una casona que aún se mantiene en pie, don Íñigo López de Mendoza, el Marqués de Santillana, trovero y corremundos. Como vemos, fue ciudad de larga tradición mística y cultural, cuyas huellas, aunque mitigadas por los siglos, pueden aún reconocerse.

Entrando por la carretera de **FRÓMISTA**, que es el viejo Camino, nos encontramos con los restos de **dos antiguos conventos**, uno de clarisas y otro de franciscanos; y, a la derecha, con la iglesia de **Santa María del Camino**. No sé si por caducas ideas imperiales o por secretas connotaciones de cualquier otro tipo, a esa imagen de la Virgen la llaman también **Nuestra Señora de las Victorias**. El recinto fue fundación del

Virgen del Camino.
Carrión de los Condes.

siglo X, pero el románico que aún luce parcialmente pertenece a las reformas hechas en el siglo XII.

Entre las figuras de la portada puede apreciarse, por enésima vez en este trecho, el simbolismo leonino, representado, como en **OSORNO**, por su doble vertiente de victoria bélica y de dominio pacífico. Aquí, la primera está representada por Sansón y la segunda por un grupo de mujeres que cabalgan a la bestia. En la portada hay igualmente ángeles músicos –la música de las esferas celestiales–, ancianos del Apocalipsis, racimos de vid sagrada, grifos y un curiosísimo juego de cabezas en las que se alternan las de animales y personas, más algún simbolismo decididamente lunar, personificado en aves nocturnas con cabeza femenina. Incluso distinguimos algún atlante, con el enorme peso que le dobla las espaldas mientras camina.

En el interior de la iglesia se guarda la imagen de la Virgen, posiblemente del siglo XIV. Y, entre los altares, puede verse uno dedicado a un Cristo que, aunque muy posterior, nos recuerda extraordinariamente al Cristo del convento templario de **Puente la Reina**, en Navarra. También en éste se ha sustituido la cruz por el tronco de un árbol rematado en horquilla, pero, sin duda, el artífice que lo realizó había perdido las connotaciones de la figura simbólica y se limitó a reforzar la idea del árbol en el que Jesús fue crucificado, de enorme tronco, sobre el cual el Salvador aparece como una figurilla casi sin importancia. Resulta curioso que la imagen se encuentre delante de un lienzo pintado, en el que se distingue la ciudad –Jerusalén– bañada por la luz del sol y de la luna. Sin duda, al colocar allí y así esta figura, se tuvo en cuenta la idea primigenia del árbol de la vida, y sin duda también, quienes lo pusieron recordaron las implicaciones lunisolares de toda la redención cristiana.

Seguimos la **calle de Santa María**, el antiguo Camino de peregrinos, y, pasada la plaza donde está enclavado el ayuntamiento, a la derecha, nos tropezamos con todo lo que queda del antiguo **monasterio de Santiago**: su portada, sin duda una de las obras maestras del románico de todos los tiempos. Su construcción data de la segunda mitad del siglo XII y el arte de su escultor salta inmediatamente a la vista en el friso superior de la portada, con un Cristo en Majestad rodeado de apóstoles tan absolutamente perfecto y expresivo que corta el aliento de quien lo contempla e impide cualquier comentario que se le pueda dedicar.

Figuras de la portada de la iglesia de Santiago. Carrión.

Creo, sin embargo, que la significación más importante que puede aportarnos este monumento se encuentra en la arquivolta, en la que, según la mayor parte de los investigadores, están representados *«veinte de los veinticuatro»* ancianos del Apocalipsis. Debo pedir perdón, seguramente, pero tengo el convencimiento de que si los ancianos del Apocalipsis son 24 y no 20, entonces no se trata de ellos. Y allí, lo que vemos son, en realidad, 22 figuras, de las que dos, precisamente las de los extremos, vuelven a ser *leones* custodios del conocimiento. Las otras veinte, aunque representan todas a hombres de provecta edad y largas barbas, están dedicadas a practicar un oficio determinado y perfectamente discernible. Sin duda, son otra cosa.

Creo que nos encontramos ante una representación clara de la vida gremial en **CARRIÓN DE LOS CONDES** durante la Edad Media. Sin duda, puede tratarse de representaciones de cofradías de artesanos. Allí puede verse al forjador, al ceramista, al músico, al fundidor, al cocinero, al escriba, al herrero, al monje, al zapatero, al cerrajero. Importante, porque esta representación nos lleva al convencimiento de que nos encontramos ante un templo gremial y, a través de él, ante las fraternidades que constituyeron los canteros primero y, después, los componentes de las distintas actividades artesanales del entorno. Fijémonos en que estos gremios los sostienen dos leones que flanquean el friso; importante también, porque los gremios llegaron a ser una manifestación operativa de ideas que, en siglos posteriores, se convertirían en movimientos políticos y religiosos más o menos ocultos y discretos, pero perfectamente unidos por idearios precisos. Importantes, finalmente, porque quedaban complementados en el contexto de la portada, en la que, a derecha e izquierda, surgen los capiteles que dan sentido a la idea apuntada: el Juicio (derecha), que elige a los que son dignos de incorporarse al gremio y a sus principios; la resurrección de Lázaro (izquierda), como promesa de vida superior y de acceso al conocimiento para quien fuera adepto de la cofradía.

Ya a la salida de la ciudad, a nuestra izquierda, está el antiguo **monasterio de San Zoilo**, un santo con el que ya tuvimos un encuentro en Navarra, cuando pasamos por el pueblo que tomó de él su nombre, **Sansol**. En este

Carrión. San Zoilo.

monasterio se guardan sus restos. Fue un enclave bien conocido de los peregrinos, pues aquí tenían la mejor posada de toda la ciudad. Conserva un buen claustro renacentista, obra de Juan de Badajoz, con alusiones constantes a la muerte, representada por innumerables calaveras. De estas reliquias de san Zoilo se cuentan milagros sin límite que, lo mismo que comprobamos con la **Virgen Blanca de VILLASIRGA**, se refieren principalmente a la devolución de la vista a los ciegos.

TRANCO X: DESDE CARRIÓN DE LOS CONDES HASTA LEÓN

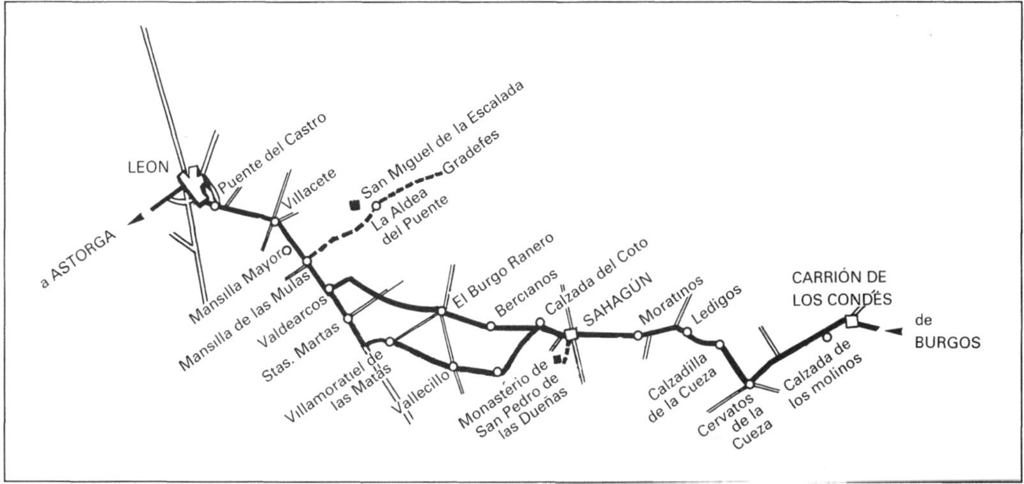

Vamos a entrar en el tramo más desangelado del Camino, el más depredado también, tal vez el más largo en leguas y el que menos tiene que contar y sí mucho que sufrir para el peregrino que lo emprendiera a golpe de chapín. Digamos que vamos a recorrer el tramo más penitencial y más penoso para el caminante de hoy y de ayer, porque va a ser como si, a pie o motorizado, se lanzase a atravesar el desierto de los Tártaros. Llanuras más llanas que ninguna otra, campos de trigo hasta perderse de vista, pueblecillos medio muertos que ni siquiera pueden ofrecer el misterio de alguna construcción sagrada que se mantenga en pie, porque la mayor parte de ellas se derrumbaron ya, faltas de atención por parte de quienes podrían haber hecho algo por conservarlas.

Cuando atravieso aquellos Campos Góticos, pienso que, en su soledad, han adquirido su sentido más profundo, porque ofrecen al peregrino la oportunidad de atravesarlos mientras reflexiona sin agobios sobre todo cuanto el Camino le ha venido ofreciendo hasta aquí. Es el tramo a propósito para hacer balance y ordenar experiencias acumuladas desde las cumbres pirenaicas hasta las extensiones mesetarias que parecen no tener fin ni finalidad. Pues quienes buscan aquí la clave material o el indicio revelador, no se dan cuenta de que esa clave está presente en la misma inmensidad que atraviesan, en el sol de justicia que se les cae encima en verano, en las ventiscas que le hacen vacilar en invierno, en la inmensidad de los campos verdes en primavera, en las lejanas fogatas que queman barbechos en el otoño.

Se sale de **CARRIÓN DE LOS CONDES** por la carretera que sigue más allá del **monasterio de San Zoilo**. Pasado el cruce de la carretera de Riaño –todo el mundo dice que es peligrosísimo–, una desviación a la derecha nos marca el itinerario tradicional, que discurría por las cercanías de una abadía, la de **Benevívere**, de canónigos regulares de San Agustín, de la que apenas queda un arco en el caserío que se levantó sobre sus ruinas. Una destrucción sistemática, total, que data de fecha reciente, de la época en que se decretó la Desamortización de los bienes eclesiásticos, hace apenas siglo y medio. El monasterio fue comprado, sus construcciones demolidas por unos propietarios que sólo pretendían sacarle jugo a las tierras que tanto beneficio produjeron a sus antiguos poseedores. Lo poco que se salvó del desastre anda medio perdido por el **museo de Palencia** –tres sepulcros, según mis noticias– y en la **iglesia de San Andrés**, de **CARRIÓN**: un coro de madera tallada.

El Camino sigue en línea casi recta, hasta reencontrarse con la carretera pasado el caserío de **CALZADILLA DE LA CUEZA**. Si podemos entrar en su **iglesia**, veremos un buen retablo que llegó aquí procedente de **Santa María de las Tiendas**, feudo que fue de los caballeros de Santiago, quienes instalaron en sus pagos un hospital de peregrinos del que no quedan ni los cimientos.

La Ruta sigue monótona; apenas ofrece otra distracción que la de los **palomares** que se distinguen por todas partes. Pasa ahora por **CALZADA DE LOS MOLINOS**, cuya **iglesia** guarda un Santiago Matamoros vestido a la morisca. Poco más allá sigue el cauce del río Cueza y pasa por **CERVATOS DE CUEZA** y **QUINTANILLA DE CUEZA**.

En el primer pueblo se distinguen **dos torres mochas** que fueron de defensa y hoy están pobladas de palomas y grajas. Desde estas torres, los grandes terratenientes de la antigüedad tenían una visión de las grandes extensiones de trigo y cebada que poseían. Poco más allá de **QUINTANILLA**, a nuestra izquierda, hay una señal que nos indica el camino para acercarnos a las excavaciones que se llevan lentamente a cabo en los terrenos de una **villa romana**, típica de las viviendas que poseían los dueños de estos viejos latifundios.

Pasamos por **LEDIGOS**, cuyo nombre recuerda un *laetificus* latino, que significaba lo mismo que el *«logar cobdiciaduero»* que cantaba Berceo: un enclave tranquilo y ameno que ahora resulta incomprensible en el entorno ralo y mocho que atravesamos. Apenas tres kilómetros más adelante está el pueblo de **TERRADILLO DE TEMPLARIOS**. Uno piensa si algo puede quedar de aquellos freires que fueron sembrando señales por todas partes.

Inútil tratar de comprobarlo. Vemos una iglesia de aires renacentistas y barrocos, mal conservada, unos cuantos viejos que toman el sol y una placa pegada al muro de la parroquia en memoria de los muertos de la Guerra Civil. De los templarios, el nombre del pueblo y el recuerdo de que por aquí poseyeron grandes extensiones de tierra de cereales.

Tres kilómetros más y nos encontramos con **MORATINOS**, dominando un área exigua en la que los trigos se alternan con las vides. Poco más y pasamos por **SAN NICOLÁS DEL CAMINO**. Aquí termina la provincia de Palencia y comienza la de León; hubo hospital de peregrinos, pero no quedan de él ni los cimientos. En los próximos cuatro kilómetros, el Camino marcha paralelo a la carretera y muy cercano a ella. Cruzaba el puente sobre el **río Valderaduey** y permitía que el peregrino se detuviera un instante en la **ermita de la Virgen del Puente**, casi a la entrada de la ciudad de **SAHAGÚN**.

Dice la tradición que esta ciudad la fundaron dos santos hermanos y mártires, Primitivo y Facundo. Vivieron y murieron durante el imperio de Diocleciano, como es casi preceptivo en todo el martirologio hispánico, y sus reliquias fueron sacadas del **río Cea**, para ser enterradas en un lugar sobre el que se levantó un cenobio que tomó el nombre de uno de ellos: *Sancti Facundi*. De ese nombre nació **SAHAGÚN**. En tiempos de Alfonso III, mozárabes procedentes de Córdoba repoblaron aquellas tierras y dieron vida a la nueva ciudad. Su impronta se prolongó durante mucho tiempo, porque, tal como se afirma, marcaron para siempre el estilo de las construcciones del lugar, sustituyendo la piedra por el ladrillo.

Fueran o no los responsables, este método arquitectónico debió de gustar muy especialmente a los cluniacenses que establecieron su primera y principal abadía en tierras castellano-leonesas a instancias de Alfonso VI, porque el románico enladrillado de estos contornos se convirtió, a partir de los monumentos eclesiásticos de los benitos, en una especie de epidemia que comenzó a cambiar el arte sagrado tradicional, en piedra, por una suerte de construcción atolondrada que, a pesar de sus aires inconfundibles de provisionalidad, se fue implantando peligrosamente por toda el área inmediata de influencia. Pero fue una influencia que superó ampliamente lo meramente arquitectónico e intentó transformar la vida de la gente del entorno. El primer abad cluniacense de **SAHAGÚN**, el monje francés Bernardo, que estuvo presente en la conquista de Toledo y fue su primer obispo, promulgó el fuero de Sahagún, en el que, lejos del modo de vida al que estaban acostumbrados los castellanos y leoneses, se propiciaron unas leyes de corte feudal en las que predominaba la prioridad de la autoridad eclesiástica ejercida desde los monasterios. Los ciudadanos de **SAHAGÚN** toleraron muy mal aquello y se prodigaron las revueltas, con las consiguientes destrucciones periódicas de aquellos frágiles monasterios de ladrillo.

Yo creo que Cobreros y Morín tienen razón de sobra cuando califican a **SAHAGÚN** como una especie de Las Vegas de la Edad Media.

Es muy cierto que los cluniacenses tuvieron que organizarla para facilitar el paso de los peregrinos y hacer que encontraran allí, después de su penoso viajar por la Tierra de Campos, un lugar donde descansar, aprovechando todas las (relativas) comodidades que les ofrecía la orden benita, que no eran pocas para la época. **SAHAGÚN** se convirtió así en una masiva «parada y fonda» para los que caminaban a Santiago, pero por su mismo carácter careció en general de ese elemento recóndito que constituía el aliciente del peregrino buscador. O mucho me equivoco, o ese peregrino pasaría por la ciudad sin más ánimo que el de servirse de sus hospederías, sin más deseo que pillar un lecho ligeramente más cómodo que los que se le habían ofrecido hasta llegar allí y una mesa seguramente mejor que las que había encontrado en los últimos albergues de la Ruta.

Naturalmente, para que el nombre de aquella especie de ciudad hotelera sonase en los oídos de los peregrinos, los monjes franceses de Cluny tuvieron que lanzar su oferta y arropar las ventajas materiales de la ciudad con leyendas y recuerdos que ni siquiera importaba que fueran verosímiles, puesto que lo único que contaba era identificar el lugar con acontecimientos que impactasen la memoria. Lo chocante fue que, a la hora de pergeñar el esquema mítico que habría de ofrecerse al peregrino, ni siquiera se les ocurrió a aquellos monjes franceses echar mano de las tradiciones locales, que por otro lado no faltaban, sino que utilizaron un mito de importación, el del emperador Carlomagno, que según ellos habría estado por estos andurriales luchando contra la morisma para limpiar de infieles la Ruta Jacobea. Y, como las inmensas choperas a orillas del **Cea** resultaban sugerentes, tampoco dudaron en trasladar a ellas leyendas nacidas muy lejos, como fue aquella que se contaba ya por Roncesvalles, en la que las lanzas hincadas de los guerreros se volvieron árboles frondosos de la noche a la mañana.

San Lorenzo. Sahagún.

Circunstancias como ésta favorecieron la instalación de numerosos comerciantes francos. Pero ese auge mercantil no fue acompañado, como en tantos otros lugares, por la presencia de canteros capaces de estructurar una arquitectura sagrada que propiciara la santidad jacobea de la ciudad, que así fue apenas trasunto del hotel de paso de los peregrinos entre dos trechos sumamente penosos y poco estimulantes de su ruta.

Con todo, la construcción románica en ladrillo, que domina en **SAHAGÚN**, merece ser contemplada y hasta, en cierto sentido, admirada. Pues el hecho de que no ofrezca la oportunidad de descubrir el mensaje secreto de los constructores no es motivo para desechar, sin más, una moda en la que el saber de dos culturas se conjugó para engendrar un quehacer arquitectónico distinto. Los dos ejemplos señeros de este arte subsidiario son **San Tirso** y **San Lorenzo**. La primera de estas dos iglesias se levantó aneja al primer monasterio benito, convertido hoy en parque donde los niños de la ciudad juegan entre unas ruinas cuidadosamente limpias, muy cerca de la puerta del siglo XVII que fue también puerta de acceso tardía del monasterio. El interior de **San Tirso** nos muestra aún una estructura en la que predomina la piedra tallada y sin labra, conservada a ras del suelo. Desde fuera, tanto esta iglesia como la de **San Lorenzo** nos ofrecen sendos ábsides en los que el ladrillo aporta aires de fortín musulmán, lo mismo que las torres de los campanarios, edificadas a modo de palomares con un hueco para cada una de las campanas.

A las afueras, sobre una colina, se levanta la **iglesia de La Peregrina**, que formó parte del convento y alberguería que tenían los franciscanos. Nada en ella deja adivinar la construcción primitiva del siglo XIII, porque fue transformada por entero en aras de un neoclasicismo de cierta grandiosidad, pero totalmente vacío de valores sagrados.

Junto a **La Peregrina** pasa la carretera que une la ciudad con Mayorga de Campos, un camino que discurre paralelo al **río Cea** y **sus choperas** presuntamente carolingias. A sólo cinco kilómetros se encuentra la mejor sorpresa de estos andurriales: el **monasterio de San Pedro de las Dueñas**, donde el peregrino puede volver a encontrarse, aunque a escala menor, con la arquitectura tradicional románica tan extrañamente transformada por los albañiles de **SAHAGÚN**.

La historia de este cenobio arranca de fines del siglo X, cuando dos hermanas de las que nada sabemos, salvo que una de ellas se llamaba Salomona, mandaron edificarlo sólo, al parecer, para venderlo a un mayordomo de Ramiro III, que lo puso inmediatamente a disposición de los benitos de **SAHAGÚN**, con todas sus monjas incluidas en el lote. El monasterio progresó y, a principios del siglo XII, fue ampliado y reconstruido hasta tomar el aspecto aproximado que tiene en la actualidad.

Este aspecto nos descubre varios rasgos que conviene tomar en cuenta. El primero de ellos, que allí parece que hubo un intento de volver a construir desde los esquemas de la arquitectura sagrada, es decir, prescindiendo del utilitario ladrillo cocido y retomando el arte gremial de la cantería labrada; sin embargo, se adivina como una especie de llamada de atención tardía, como una contraorden tajante que parece haberse producido cuando se habría llegado a la mitad de la construcción y que obligó a que, tanto en el ábside como en las naves interiores, lo que se había comenzado en piedra se transformase, sin solución de continuidad, en construcción de ladrillo, con el que se remataron las bóvedas y se construyó entera la torre de las campanas.

Una segunda alteración, tan evidente como la primera, hizo que lo que se había concebido como templo de tres naves, con otros tantos ábsides, fuera violentamente partido, tapiando toda la nave norte para separarla de las otras dos y formando con ella una especie de templo aparte. Según se dice, esta ruptura absurda se produjo con el fin de que el pueblo pudiera asistir a los oficios en aquel sector y sin molestar a las dueñas, que se habrían reservado para ellas el resto del templo. Sin embargo, ninguna de estas alteraciones tiene una explicación

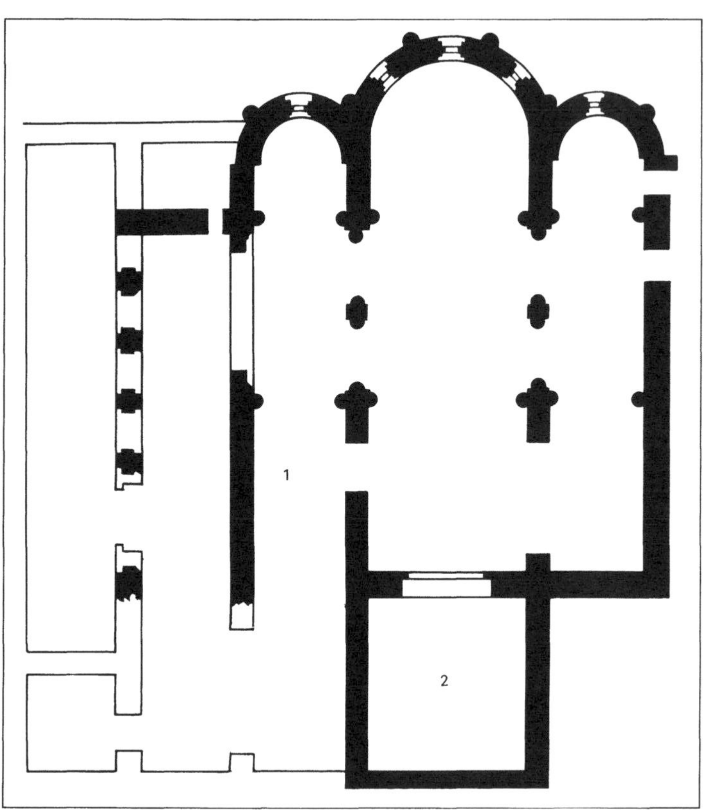

San Pedro de las Dueñas.
1 Antigua nave tapiada y convertida en capilla aparte.
2 Zona de clausura.

coherente, a no ser –cosa que todos habrían de negar, por su falta de probabilidad documental– que allí se hubiera iniciado una construcción que, por algún motivo, no cuadraba con el ideario de los cluniacenses de **SAHAGÚN** y que, a la hora de poner remedio, se hubiera cortado por lo sano, remendando la obra conforme a consignas preestablecidas, cuando llevaba visos de cobrar un aspecto no adecuado a lo que ya tan firmemente se había impuesto en todo el contorno.

Hoy sería de todo punto imposible rescatar las intenciones truncadas, si es que efectivamente las hubo. Sólo nos queda la posibilidad de estudiar con atención qué es lo que pudieron apuntar cuando se operó el cambio, entresacando consecuencias parciales que tampoco habrían de servir de mucho, pero que nos pondrían en contacto con la lectura de los símbolos tradicionales y con el mensaje que los constructores quisieron transmitir a quienes llegasen a descifrar su idioma. Y hasta cabe que dicha lectura se nos traduzca en sospecha más firme cuando veamos, por ejemplo, el capitel izquierdo del arco toral que forma el ábside de la primera capilla, en el que aparecen *siete monjas* con las tocas voladas, como alas, y sobre ellas una paloma con las suyas extendidas. Uno piensa en la cifra 7 y en la importancia capital

San Pedro de las Dueñas. Sahagún.

que tuvo en el ideario gnóstico, y no puede plantearse sino la eventualidad de que estas monjas sean las asistentes a un ágape eucarístico bendecido por la presencia del conocimiento representado por el ave sagrada, el Espíritu Santo que vendría a consagrarlo.

Justo enfrente, en el lado derecho del mismo arco toral, aparecen dos parejas de leones despedazando a sus presas. Pero esos leones son, a su vez, cabalgados por personajes desnudos que parecen dirigir la caza y el festín. Aquí nos encontramos, sin asomo de dudas, ante los domadores como Daniel, a quienes ya hemos podido contemplar en los últimos tramos del Camino, contraponiéndose victoriosos a los Sansones que optaban por vencer a las bestias solares para servirse de su fuerza cósmica y ejercer el poder que su victoria violenta les confería.

Ahora, si comenzamos a revisar el resto de los capiteles –venciendo la dificultad de la altura a la que se encuentran, que no hace precisamente fácil la tarea de observarlos– nos tropezaremos con la sorpresa de que el tema leonino aparece frecuentemente, casi abrumadoramente, en la inmensa mayoría de las figuras. Leones enfrentados, leones mordiéndose la cola, leones devorando a otros animales o a personas, cabezas de león interponiéndose entre hombres que luchan, leones comiendo manzanas (o devorando mundos), pisando cabezas, surgiendo de entre la hojarasca. Todos ellos realizados con tal finura y exquisitez que proclaman a las claras el buen hacer de un gran maestro escultor al frente de un taller de grandes canteros. La presencia de leones tiene un significado claro, como representantes de idearios solares transmitidos por medio de la tradición. En ellos, como en la Gran Obra de los alquimistas, el león es la fijación del poder solar, imagen de la sustancia desde la que habrá de emerger la piedra que será el resultado del fuego filosófico que la transformará en energía transmutatoria, capaz de devorar todo aquello –individuo y sustancia– que sea susceptible de una transformación trascendente.

Si observamos el exterior del ábside –al menos lo que se puede observar de él a través de la reja o por encima de la tapia, puesto que cae en el interior de un jardín impracticable propiedad exclusiva de las monjas de clausura– veremos igualmente que los arcos simulados que lo conforman se agrupan de dos en dos, ofreciendo el recuerdo esquemático de lo gemelar y haciendo recordar el mito fundacional de las dos dióscuras hermanas que habrían construido el cenobio en los límites precisos de lo legendario que ninguna crónica llegó a consignar.

Resulta insólito encontrar estos motivos iconológicos en un monasterio que, desde el instante mismo de su fundación, formó parte de una comunidad exclusivamente femenina. Si pensamos en otros que hemos visitado en nuestro recorrido hasta aquí, como las abadías de **Cañas** o de **Las Huelgas**, recordaremos que, aunque con indicios del ideario tradicional, nunca surge en ellos el planteamiento abierto de un mensaje en clave. Sin embargo, aquí sí sucede; y no sólo sucede, sino que hasta permite adivinar la fórmula de la autoridad eclesiástica, interponiéndose para que el mensaje no llegue a completarse en su expresión. Por desgracia, la falta de datos sobre la historia de San Pedro de las Dueñas nos impide profundizar más en las motivaciones que dieron lugar a estos indicios.

Para seguir la senda de los peregrinos, de la que nos hemos apartado, deberemos regresar a **SAHAGÚN** y emprender camino por un estrecho puente sobre el **río Cea** sobre el que cruza la carretera, dejándonos, a cuatro kilómetros escasos, en **CALZADA DEL COTO**, donde el Camino no sólo se separa, sino que materialmente se bifurca, adentrándose en el páramo por sendos ramales, cualquiera de ellos generalmente sólo transitable a pie o, en el mejor de los casos, en un todo-terreno. Se trata aquí de dos auténticos caminos penitenciales, en cualquiera de los cuales el peregrino debía poner a prueba su resistencia y hasta la propia vida, pues hay testimonios de que, en los tiempos de las grandes peregrinaciones, los escasos bosquecillos de jaras y carrascas que ahora casi han desaparecido estaban llenos de alimañas, dispuestas a cebarse con quien no estuviera preparado para combatirlas. Si a eso añadimos los barrizales y lagunas cenagosas que aún existen, sobre todo en temporadas de lluvia, comprobaremos lo penoso que este tramo tenía que resultar.

De los dos caminos, que marcharán paralelos sin unirse hasta **MANSILLA**, el de la derecha, algo más llano, pasa por las aldeas de **CALZADILLA DE LOS HERMANOS** (a ocho kilómetros de **CALZADA**) y por el actual apeadero de **VILLAMARCO**, diez kilómetros más allá. Tras este respiro, quedan aún más de once kilómetros hasta alcanzar **MANSILLA DE LAS MULAS**.

El Camino que cae más a la izquierda alcanza la aldea de **BERCIANOS DEL CAMINO**, a cinco kilómetros y medio, y **EL BURGO RANERO**, seis kilómetros y medio más allá. **EL BURGO RANERO** fue, seguramente, el único pueblo de mediana importancia en todo este trecho. Se adivina la calle peregrina, con una **iglesia** de traza gótica primitiva, donde se albergó una imagen de Nuestra señora que hoy se encuentra en el museo diocesano de **LEÓN**. A las afueras del pueblo, una enorme charca llena del croar de innumerables ranas parece justificar plenamente el nombre que recibió el pueblo.

Desde **EL BURGO RANERO**, quedan cinco kilómetros hasta **VILLAMARCO**, por cuya estación-apeadero de ferrocarril pasamos por el otro trecho. Tres kilómetros más allá, la aldea de **RELIEGOS** y, desde allí, siete más aproximadamente hasta alcanzar **MANSILLA**.

Por carretera, se alcanza **MANSILLA DE LAS MULAS** por **GORDALIZA**, **VALLECILLO** y **CASTROVEGA**, llegando a la carretera

El Burgo Ranero.

general N-601 de Valladolid a León, a muy poco trecho. Por esa carretera, a poco más de 17 kilómetros, se encuentra **MANSILLA**.

Henos de nuevo ante un pueblo de fuerte tradición caminera, que el tiempo y las circunstancias descuidaron, hasta hacer prácticamente imposible revivirla en nuestros días. Las iglesias que tuvo, o están en ruinas o desaparecieron. Alguna, definitivamente perdida, asoma aún un campanario en medio de una manzana de edificios. Quedan lienzos de murallas y alguna de las puertas por las que llegaban los peregrinos (el **Arco de Santa María**) o por las que salían (el **Arco de San Agustín**). Había igualmente una casa de peregrinos –ya no la hay– y un montón de templos, cuyo destino queda patente en los siguientes datos:

San Martín se convirtió en almacén. **San Nicolás**, **San Lorenzo** y **San Adrián** son solares. El **convento de San Agustín** es, en parte, frontón y, en parte, matadero municipal. Quedan abiertos al público para el culto, pero faltos de todo interés, la **iglesia de Santa María** y la capilla de **Nuestra Señora de Gracia**. También tuvo **MANSILLA** una importante judería, pero el lugar donde estuvo quedó totalmente arrasado, hasta el punto de no poderse ver más que campos.

Se sale de **MANSILLA** por **un puente antiguo sobre el río Esla** y, apenas un kilómetro después de haberlo pasado, a nuestra derecha, parte una desviación que no todos los peregrinos seguían, pero que nosotros sí debemos seguir. Se trata de la estrecha carretera que nos conducirá al monasterio mozárabe de **San Miguel de Escalada**, que alcanzaremos al cabo de 18 kilómetros, por un camino de dudoso firme, pero necesario de pisar para quien busque ese mensaje del pasado que hemos venido a husmear.

Hay una especial particularidad que surge en los monasterios leoneses de origen mozárabe y que inspira una simpatía inmediata, porque se da el caso de que, en buena parte de sus documentos fundacionales, lápidas y tumbas, se insiste explícitamente en el hecho de haber sido levantados sin esclavizar al pueblo. Y estamos hablando de edificios sagrados del siglo IX. Esta circunstancia, que nos volverá a aparecer en lugares como **San Pedro de Montes**, surge explícitamente en **San Miguel de Escalada**, en una de cuyas lápidas de la fachada, transcrita por el padre Risco y definitivamente desaparecida, parece que podía leerse:

... NON IVSSV IMPERIALI VEL OPPRESIONE VVLGI,
SED ABBATIA ADEFONSI ET FRATRVM INSTANTE VIGILANTIA.

O sea, que fue erigido, *«no por imposición autoritaria, ni por opresión del pueblo, sino por la continua vigilancia del abad Alfonso y de los frates»*.

Lo cual quiere decir que en modo alguno se trataba de la erección de un templo que viniera a mostrar el secular dominio del estamento eclesiástico sobre sus fieles, sino de la obra íntima de unos hombres entregados en cuerpo y alma al ejercicio de la labor trascendente, a la realización de un ideal hecho obra dedicada, a la par, a la Divinidad y al género humano; o, al menos, a aquella parcela del género humano que se sintiera integrada, a través de la iniciación, en ese ideario trascendente

Y es que el templo mozárabe, como el humilde templo visigodo o la tímida iglesuela asturiana de los primeros siglos de la llamada Reconquista es, fundamentalmente, la realización de unas estructuras en las que todos los elementos integrantes tienen un significado concreto y nada es dejado al capricho estético del cantero o de las necesidades puramente materiales de la construcción. El arco de herradura busca plasmar la importancia simbólica de las medidas del pentáculo o pentagrama; las columnas se colocan en número exacto previsto de antemano, buscando en cada una de ellas -y, a la vez, en el conjunto- la representación de la ascendencia hacia el Más Allá; los muros marcan un ámbito de proporciones pitagóricas, en las que cada ángulo y cada relación numérica corresponden igualmente a arquetipos simbólicos, perfectamente definidos por la estructura de lo trascendente; el número y la forma, pues, dominan, pero nunca como mero goce visual, sino como elementos destinados a actuar sobre la mente y sobre el espíritu, despertando -naturalmente, en aquellos que quieren ver y en los que saben ver- la intuición iniciática de la realidad, de lo que hay más allá de lo inmediato. Por este motivo, medidas, magnitudes, ángulos, alturas y plantas, todo se rige por moldes estrictos, por los principios abstractos de la numerología divina.

En **San Miguel de Escalada**, la proporción de la planta del templo corresponde a la razón numérica 19 x 15, la misma que rige la construcción de los templos asturianos y de la mayor parte de los visigodos que se han conservado, la misma que regiría las proporciones esquemáticas de la planta del monasterio de **San Lorenzo de El Escorial** muchos siglos después. Los arcos de herradura, por su parte, contienen las medidas que permiten encuadrar el pentáculo divino. Hay 3 naves de 3 ábsides -la Trinidad primigenia- con 3 arcos torales que cierran la iconostasis. El pórtico lo componen 12 arcos (3 x 4), el último, en la actualidad, partido por la torre tardía. Y sobre la bóveda del arco central existe un hueco -común, por lo demás, a varios otros templos de la misma época- destinado a albergar temporalmente a un asceta buscador de soledades a través del contacto eventual con las estructuras del Más Allá. Si el conjunto, además, es bello, lo es mucho más por su significado que por una intencionalidad meramente estética. Es la piedra y la utilización de la piedra para fines trascendentes lo que confiere la hermosura a unas estructuras fundamentalmente concebidas para indicar y para facilitar el tránsito del individuo hacia el conocimiento y la vivencia de lo sagrado.

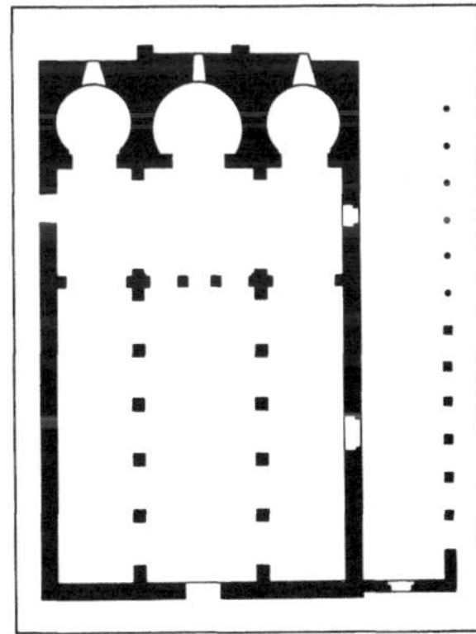

San Miguel de Escalada.

He querido insistir en esta cuestión del templo como estructura sagrada, que se da claramente en **San Miguel de Escalada**, lo mismo que se ha dado en otros muchos templos en los que nos hemos entretenido a lo largo de la Ruta, precisamente por contraponer esa idea a la que expuse un poco más atrás, cuando describía someramente las obras de ese mal llamado románico mudéjar de **SAHAGÚN**, precisamente porque allí sí parece haber dominado la necesidad puramente material, las conveniencias inmediatas y la pura apariencia de sacralidad en unas estructuras que, al menos a primera vista y tomando referencias sociopolíticas, surgen como obras oportunistas, lo mismo que pueden serlo, en nuestros días, la casi totalidad de los templos que se erigen en las grandes ciudades, destinados simplemente a albergar a los fieles durante la celebración de los actos litúrgicos; porque esos fieles, tal vez como consecuencia inmediata de los fines, también suelen acudir a ellos para «cumplir» una obligación impuesta y no una urgencia visceral a la que, sin embargo, llama el templo tradicional con toda las fuerzas que le proporcionan sus estructuras.

El hecho de que hoy carezca de culto y se haya convertido, para muchos, en un monumento muerto al que sólo se acercan los curiosos de la arqueología, los estudiosos de la historia o algún turista perdido, pero nunca los fieles, no debe desviarnos de la realidad que supuso esta construcción sagrada hasta hace relativamente pocos siglos. Y conviene plantearse también, a la hora de vivir la realidad temporal de este enclave, que el hecho de haber sido levantado por monjes venidos de la Córdoba musulmana en el siglo X supone que fue cenobio concebido en función de tradiciones que ya comenzaban a perderse o a alterarse en aquel rincón del norte peninsular que, a diferencia del aislamiento religioso de los cristianos de Al Andalus, había empezado a recibir masivamente las influencias de Roma y de las reglas monásticas que se imponían en la Europa occidental. La religión de los mozárabes, dando a la palabra religión su sentido formal, que también implicaba profundas convicciones, estaba, por un lado, más ligada litúrgicamente al cristianismo primitivo; por otro, seguía influida por formas procedentes de tradiciones precristianas que la iglesia romana se había esforzado por desterrar y que la reforma cluniacense –recordemos nuestro paso por **SAHAGÚN**– se encargaría de hacer desaparecer definitivamente, imponiendo la homologación de los ritos y anatematizando cualquier intento de conservación de las antiguas adaptaciones, destinadas a la recluta indiscriminada de fieles.

Por otra parte, tampoco conviene olvidar que, algo más de dos siglos después de su construcción, y por deseo personal de la princesa Sancha, hermana de Alfonso VII, en la que recayó el patronazgo del monasterio, éste pasó a manos de los canónigos regulares de San Agustín (1155), que se instalaron allí de modo definitivo, aunque su trayectoria monástica solía hacerles preferir el cobijo urbano más que el aislamiento rural de lugares como éste. De tales canónigos regulares hablaremos más extensamente cuando lleguemos a su feudo compostelano, la **colegiata de Sar**, pero sí conviene que apuntemos ahora que constituían, en determinados momentos de la historia eclesiástica de los reinos españoles, una curiosa orden a la que su estrecha vinculación con los asuntos episcopales parece haber conferido bula

San Miguel de Escalada.

ideológica de la que otras órdenes monásticas carecieron, lo que llevó a que sus miembros siguieran gozando por mucho tiempo de impunidades dogmáticas que no tenían otros colectivos religiosos más controlados.

De esta congregación monástica de canónigos –y, muy probablemente, a modo de primer envite propagandístico a raíz de su instalación en el cenobio mozárabe– salió, en la segunda mitad del siglo XII, un santo varón, por más señas lego y llamado Gonzalo, que logró acaparar durante siglos la devoción popular del contorno. De él se ha contado que hacía devotas visitas cotidianas a una imagen de Nuestra Señora que se encontraba en la perdida ermita de Escalada, en el término de La Reguera, y que, ignorantes los monjes de su devoción y sospechando que se tratase de una aventura pecaminosa, hicieron que alguien le siguiera en sus escapadas y descubriera su secreto. La sorpresa debió de ser mayúscula cuando los espías le vieron llegar a la orilla del río, extender su hábito sobre las aguas y cruzar la corriente caminando bajo un celestial resplandor que surgía de las alturas.

A su muerte fue enterrado en el templo del monasterio y se dice que, bajo su invocación, sucedieron innumerables milagros que le convirtieron en el santo taumaturgo por excelencia de todo el contorno: san Gonzalo, aunque las máximas autoridades eclesiásticas jamás parece que se pronunciasen al respecto. Cuando había calamidades públicas, tales como sequías o epidemias, sacaban sus restos de la tumba y los paseaban por la comarca; y dicen que jamás falló a su invocación. En el siglo XVII, sin embargo, con motivo de una restauración del templo, la arqueta que contenía sus restos desapareció misteriosamente y, desde entonces, el santo cayó en el olvido, sin que hoy se le recuerde más que como una provecta tradición de los antepasados, motivo de una oración que aún recuerdan algunos viejos:

Santo Bendito,
Monje Gonzalo,
protégenos siempre
y sé nuestro amparo.

A «san» Gonzalo, como al monasterio de **San Miguel de Escalada**, sólo se les puede interpretar considerando la naturaleza mágica de una tierra que fue, en su momento, riquísima en valores tradicionales. Esta cualidad es la que debieron de aceptar los monjes templarios, que tuvieron varias granjas por estos contornos. Con el tiempo, sin embargo, el embrujo debió de mitigarse y lo que fue un territorio rico en cenobios y eremitorios dispersos –**San Pedro de Eslonza** y **Gradefes**, por donde pasaremos inmediatamente, fueron los principales–, con dos construcciones de alto valor en el contexto de la arquitectura sagrada, es hoy, con la probable excepción gloriosa de los restos de Escalada, una comarca olvidada y de escaso contenido en remembranzas tradicionales.

Desde aquí, basta seguir la carreterilla local que nos trajo, para desembocar en otra, igualmente local, que seguiremos hacia la derecha (este), hasta que encontramos, unos diez kilómetros más allá, pasado **CIFUENTES**, el lugar de **GRADEFES** y, en él, al borde de la salida del pueblo, el monasterio cisterciense de monjas de **Santa María la Real**, digno de ser visto y estudiado con cuidado.

Sorprende comprobar, en la iglesia de este monasterio, que la obra emprendida en 1177 a raíz de la fundación llevada a cabo por su primera abadesa, doña Teresa Pérez, nunca, según se dice, llegó a terminarse. Es más, si atendemos a los cánones arquitectónicos reconocidos y aceptados, sólo llegó a construirse la cabecera del templo, formada por un deambulatorio compuesto por tres lóbulos absidiales y un crucero que más que crucero parece el puro arranque de una iglesia de tres naves, de la izquierda de las cuales se formaría la puerta de ingreso desde el exterior, y de la prolongación de la central el coro de clausura, separado del resto del templo por una inaccesible reja. Siete arcos rodean el altar mayor y ocho sepulturas se distribuyen por huecos en el muro y en las tres capillas por las que discurre el deambulatorio.

Sin embargo, a pesar de todas las pruebas que nos proporcionan los planos y de las seguridades dogmáticas aportadas por los estudiosos, la sensación que tiene el que accede a este templo de **Gradefes** es que se trata de una construcción coherentemente terminada, concebida tal y como la vemos, sólo que sus constructores pretendieron hacerla de tal modo que rompiera, por alguna razón, los moldes establecidos en otros templos de la misma época y estilo semejante, haciendo que únicamente se llegase a construir lo que en la estructura del templo conforma la parte sagrada por excelencia del mismo. El *sancta sanctorum*, aquel que en los templos primitivos quedaba separado del resto por una cancela de piedra que ningún laico debía trasponer bajo ningún concepto. Si esto fuera cierto, los constructores del templo no habrían hecho sino reducir su estructura a lo esencialmente sagrado, convirtiéndolo en una adaptación de lo que, en su momento, fueron los templos circulares o poligonales: el esquema puro de la edificación sagrada, que los templarios importaron de Oriente y del Cáucaso con su profundo conocimiento de los módulos arquitectónicos de la sacralidad.

No deja de ser significativo que, en los capiteles más altos del ábside interior, surjan figuras que pueden considerarse como típicas de la iconografía templaria, tales como cabezas bafométicas de cuya boca emergen ramas y cintas, así como la profusión de elementos florales. Por su parte, los canteros que trabajaron en la obra dejaron abundantes muestras de sus marcas gremiales. Y, entre ellas, varias representaciones de llaves que nos ponen sobre aviso, como nos lo ponían en **San Juan de la Peña**, de las cualidades especialísimas del lugar-que-hay-que-abrir, y que pudieron formar parte del templo, concebido como un todo que, para los no impuestos en determinados secretos de la arquitectura, sería como contemplar una obra incompleta.

No conviene cerrar la visita a **GRADEFES** sin recordar, al menos, la presencia de un número interminable de reliquias en su época de esplendor, que constituyeron, para sus dueñas, mayor tesoro que las innumerables donaciones recibidas a lo largo de su historia. No vamos a detenernos aquí en la lista completa de estos objetos sagrados, pero merece reflexionar sobre algunos de los que catalogaron en su día. Allí hubo:

- un pedazo de la vestidura de piel de camello que vestía el Bautista;
- un fragmento del sepulcro de Cristo;

Gradefes.

- reliquias de los Siete Durmientes;
- reliquias de los Cuatro Coronados;
- un pedazo del cuero de san Bartolomé Apóstol;
- un hueso de «Santiago Apóstol, hermano del Señor»;
- un trozo de tela de la túnica de san Pablo, primer ermitaño;
- un hueso de «san Saturnino y Hermes mártir»;
- un fragmento de la vestidura de san Juan Evangelista;
- un trozo de la piedra del pesebre donde nació Jesucristo;

todo ello, junto a otras muchas «reliquias sin título», distribuidas entre una caja de marfil bajo la custodia, otra en el lado derecho del altar y otra sobre el mismo altar mayor.

De regreso a la carretera general, por la misma que nos trajo –dejando ahora a la izquierda el ramal que seguíamos al venir de **ESCALADA**– pasamos ante las ruinas espectrales de **San Pedro de Eslonza**, en el pueblo de **SANTA OLAJA**; son restos escasos, pero tremendamente evocadores, de un monasterio mozárabe que se levantó en medio de los campos. Un poco más adelante, otro templo igualmente mozárabe en sus orígenes, pero también cruelmente transformado: **VILLARMÚN**, humilde de estructura, como todos los construidos por las minúsculas comunidades de monjes cordobeses trasplantadas al sector cristiano de la Península. Sin embargo, según la opinión de los más prestigiosos especialistas, éste de **VILLARMÚN** no es un lugar tan antiguo como los que suelen verse y veremos en lo que nos queda de Camino, sino obra tardía del siglo XII, es decir, del inicio preciso de la transición del románico al gótico. A pesar de ello, la estructura en arco de herradura, que podría haberse considerado ya estilísticamente caduca, se respetó aquí reverencialmente. Así aparece todavía la capilla absidal, de planta totalmente atípica para la época en que fue levantada.

Estamos a las puertas de **LEÓN** y la carretera pasa, sin que nos percatemos, junto a las excavaciones que comenzaron a poner al descubierto las ruinas de **LANCIA**, la primitiva población de **LEÓN**, la que fue abandonada cuando comenzó a expandirse la que construyera la VII Legión Gémina, de la que se dice insistentemente que procede el nombre de la ciudad. Sólo que yo me pregunto, sin pensar en absoluto en que ningún erudito me llegue a hacer caso: ¿No cabría pensar que el nombre de **León**, como el del viejo **Lugdunum** de Francia (**Lyon**), procediera del viejo y desconocido Lug, a través precisamente de esa **LANCIA** olvidada y desaparecida?

9. Un alto en el Camino: León, entre la memoria y el secreto

Hay veces en las que, al visitar por primera vez una ciudad, la abordamos cargados con la idea preconcebida que nos conformó la lectura de otros viajeros o el comentario escuchado de boca de cualquiera que nos precedió. Cuando tal sucede, llegamos al lugar precedidos de una visión irreal, buena o mala, depende, pero nunca acorde con esa experiencia directa que habrá de proporcionarnos el acto mismo de pisar sus calles y escuchar la voz de sus gentes.

Otras veces, por el contrario, una ciudad repetidamente vista y vivida sigue escondiéndonos su identidad más profunda, hasta ese instante en que alguien, con quien incluso podemos sentirnos en total desacuerdo en otras cuestiones, nos viene a dar, en dos palabras, esa clave con la que nunca habríamos dado. Para mí, ese alguien fue Víctor de la Serna, cuando dijo de León: *«No es una suma: es un producto»*.

Comprendo que esta clave pueda parecerle a más de uno poco reveladora, al menos en una primera impresión. Sin embargo, León es así: una ciudad que no *suma* encantos a medida que se la conoce, sino que *multiplica* emociones que convierten la visita en un cúmulo geométricamente creciente de revelaciones, siempre que realmente nos enfrentemos a ella con el deseo de sentirla e identificarla con nosotros. Pues, de lo contrario, será una ciudad dispuesta a rechazarnos, como rechazó a un estúpido sastre picardo, Guillaume Manier, que pasó por aquí sin pena ni gloria en 1704, camino de Compostela, y sólo supo decir de ella: *«Esta ciudad es pequeña, no hay allí nada de particular»*.

León, efectivamente, fue pequeña hasta ayer mismo, como quien dice. Cuando Risco levantó su plano en 1792, el perímetro ciudadano apenas había crecido desde el recinto de la primitiva ciudad romana para incluir el barrio del mercado y la vieja judería extramuros, ampliando unas medidas que el profesor Gómez-Moreno cifraba en un rectángulo de quinientos cincuenta metros en su eje mayor y trescientos cuarenta en el más corto. En esa superficie, que ni siquiera alcanzaba los 20.000 metros cuadrados, se amontonaban, desde su repoblación en el año 856, palacios, conventos, parroquias, tiendas, monasterios, talleres, servicios y casas comunales, todo lo cual habría tenido que suponer una suma amazacotada que León jamás fue, puesto que su misma estructura, encorsetada por las murallas, y su triple condición de sede episcopal, capital de un reino y paso obligado de la Ruta Jacobea hizo que numerosos edificios fueran a levantarse fuera del recinto murado, provocando que hoy, ya incluidos en los últimos

Nuestra Señora del Dado, en el claustro de la catedral de León.

ensanches, permitan un conjunto en el que la memoria del pasado se encaja entre las últimas estructuras, multiplicando su identidad. Justo lo contrario de lo que viene a suceder en tantos otros lugares, que aislaron su núcleo histórico tradicional en un espacio estricto, fuera del cual poco o nada se conserva del pasado más vivo.

Esa multiplicación de las huellas hace que León se convierta en una búsqueda total. Me explicaré: todo hábitat humano contiene claves y signos que explican su identidad. A lo largo del Camino, tales claves se vuelven especialmente significativas, puesto que la peregrinación es un auténtico *rito de paso* durante el cual el peregrino va adquiriendo grados sucesivos de saber, que ha de ir asimilando para que su llegada a la meta suponga la asunción definitiva de todo cuanto la ruta le ha dado la ocasión de aprender. La peregrinación convierte a quien la realiza en otro ser, tal como sucede en todo proceso iniciático desde que la humanidad descubrió que hay una realidad más allá de sus percepciones inmediatas.

A lo largo de la Historia, León configuró sus propias claves, exponiéndolas aquí y allá, llenándose de signos que configuraban un grado en aquella búsqueda; y hasta examinaban al peregrino sobre todo cuanto había tenido la oportunidad de aprender hasta llegar allí: unas verdades que formaban parte de la asignatura iniciática y que, como tales, estaban *reveladas* –doblemente veladas– por símbolos que, vistos desde la ignorancia, apenas contaban una historia piadosa o mostraban el reflejo de una imagen venerada por decreto. Había que sentirse integrado en el misterio de la conciencia para ver, más allá de imágenes y de estructuras, todo lo que aquellas claves eran capaces de desvelar.

Naturalmente, no podemos tomar a nuestro cargo la responsabilidad de una desvelación. Primero, porque habría que ser iniciado para emprender semejante tarea. Pero, sobre todo, porque la regla de oro de toda iniciación indica que tal descubrimiento ha de ser trabajo personal e intransferible de quien lo emprende. Y nadie tiene derecho a arrancar velos a lo que sólo se puede poner en evidencia ante quien se sabe preparado para conocer lo que se esconde al otro lado de las apariencias, en el centro mismo del laberinto del saber. Por eso me atrevo a proponer que me acompañen a descubrir ese misterio callejeando León. Y ya puestos, vamos a hacerlo desde la catedral, pues por algún sitio habrá que iniciar la ruta y porque, lo mismo que en el juego de prendas en el que se indica como *caliente* o *frío* la distancia del objeto que hay que encontrar, este templo es un lugar que *quema*, que arde con fuego propio.

La cita va a ser temprana, en la plaza frente a la catedral. Se trata de una plaza lo suficientemente despejada y abierta como para poder ver el templo en su totalidad. Y existe desde sus orígenes mismos, casi desde que se levantó esta catedral sobre la anterior de Santa Marta, que fue derribada para erigir esta mole sagrada y que, a su vez, supuso para su construcción el derribo de una termas romanas que ya estaban allí desde que construyeron el campamento estable de la VII Legión Imperial.

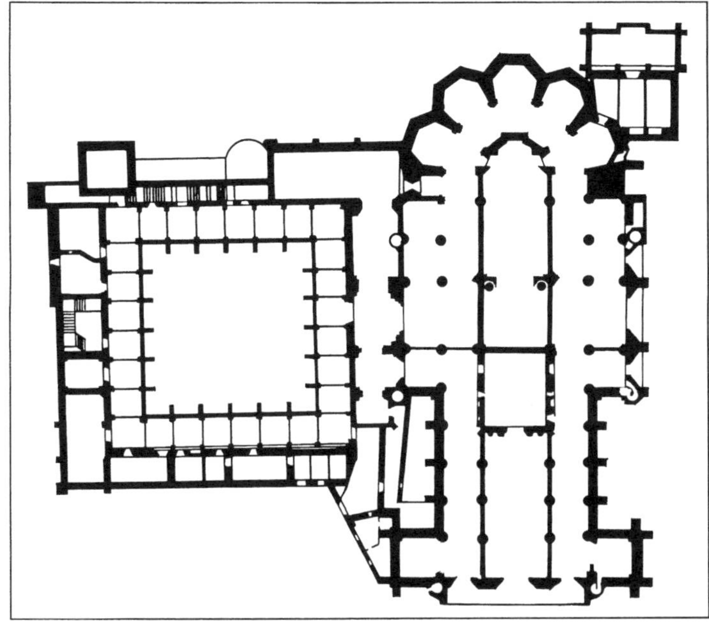

Catedral de León.

Hay circunstancias que convierten esta catedral, a la que llaman **Pulchra Leonina**, en clave ideográfica de primera magnitud. Fue comenzada a construir a mediados del siglo XIII, en pleno temor a la herejía cátara que ya había llegado hasta León y en pleno auge de las hermandades de canteros y constructores que implantaban en Europa el misterio matemático del gótico. No sé si será por eso, pero, desde su cripta hasta la última piedra de sus torres, la catedral de León transmite señales que, como las que pretenden captar los astrónomos, nos siguen llegando a pesar de que fueron emitidas hace centenares de años.

A la plaza da el pórtico occidental de la catedral, perfectamente orientado conforme a los canones del templo cristiano –hacia Jerusalén, centro secular del mundo– y de la mezquita islámica –hacia ese otro centro sagrado que constituye La Meca, origen de todas las potencias cósmicas– y, por eso mismo, enfrentando al sol, en el instante mismo de su ocaso, cuando va a hundirse en la noche y precipitarnos en las tinieblas del No-Saber. Claro que de ese No-Saber nace el misterio y del misterio surge el oscuro conocimiento de los secretos que conducen a la iniciación, convirtiendo el edificio en un ente dotado de poderes capaces de cuidar de su propia supervivencia. En este sentido, convendrá recordar lo que contó María Elena Gómez-Moreno a propósito del último intento de restauración que se llevó a cabo en este templo: «*A mediados del siglo XIX, el hastial sur presentaba evidentes señales de ruina, por lo que se decidió buscar arquitecto que atendiese a una restauración definitiva. El nombrado [...] de formación académica y desconocedor del delicadísimo equilibrio de un edificio ojival, creyendo que la causa de todo era la carga de las pilas torales, desmontó los pináculos que equilibraban la cúpula y todo el crucero se venció sobre el dañado hastial sur. Desmontó entonces éste, para rehacerlo más recio, y faltas las pilas del contrarresto, se torcieron, desquiciándose toda la estructura [...]. Aterrado, derribó lo ruinoso, provocando más ruina, hasta esperarse que la catedral entera se viniera abajo. Entonces, la estructura gótica, tan delicada, pero tan elástica, se adaptó a la nueva situación y la ruina se detuvo de modo inexplicable»*. La catedral parecía vengarse así, lo mismo que había hecho un siglo antes –cuando el inefable Churriguera intentó enmendarles la plana con sus estucos a los canteros medievales–, de cualquier proyecto de transformar en profundidad el sentido de su estructura y, lo mismo que el Ave Fénix, supo renacer una vez y otra de sus propias cenizas, interrumpiendo milagrosamente su propio deterioro.

La imagen de **la Virgen Blanca** en el parteluz de la portada es la figura de la Gran Madre protectora de los cielos y de la tierra; y está hermanada con otra imagen, precisamente la que preside el parteluz correspondiente del portal norte que da al claustro catedralicio: **Nuestra Señora del Dado**, con la copa griálica en la mano derecha, que aún conserva, agarrado a su rostro de piedra, un poco del pigmento oscuro que seguramente constituyó su color primitivo. La Virgen Blanca, así, daba la cara al pueblo que tomaba la catedral como foro de sus festejos y de sus devociones; la otra enfrentaba el claustro, el recinto reservado al pensamiento itinerante de quienes, al recorrerlo, repetían –lo mismo que Hayy, la criatura primordialmente sabia del sufí Ibn Tufayl– el movimiento eterno de los planetas y de los soles del firmamento. Y, para que no se olvidase el simbolismo profundo de aquel deambular místico, allí estaba la pintura ya mortecina del manto de Nuestra Señora, azul y tachonado de estrellas. La Virgen Blanca preside la vida, la luz de poniente, la existencia cotidiana. Por eso tiene cerca el *«locus apellationis»*, la picota que servía para administrar justicia humana, que también está retratada allí, cabezona como una enana, con corona y espada, entre apóstoles y profetas. Una justicia caricaturesca, torpe, engañosa, en contraste con la justicia de los cielos, representada en el tímpano central por san Miguel portador de la balanza, con la que calibra las almas de los muertos, lo mismo que el viejo y anatematizado Hermes-Toth, para fijar el peso específico de la salvación eterna. La Virgen del Dado, la Negra, preside las silenciosas tumbas del claustro, el agua lustral del antiguo pozo, los 24 arcos (seis por cada lado) del deambulatorio; el misterio de la muerte, el secreto del agua, el enigma de los números precisos.

La Virgen Blanca sonríe, diríase que remotamente burlona, con dos dedos levantados junto al dedo único que levanta el Niño: ¿la unidad frente a la dualidad? La Virgen Negra, la del Dado, sostiene el Cáliz en la derecha (¿qué contiene: sangre, vida, saber griálico?), mientras su Niño retiene contra el pecho un libro cerrado. Curioso: los santos que la flanquean llevan también libros cerrados entre las manos; los que

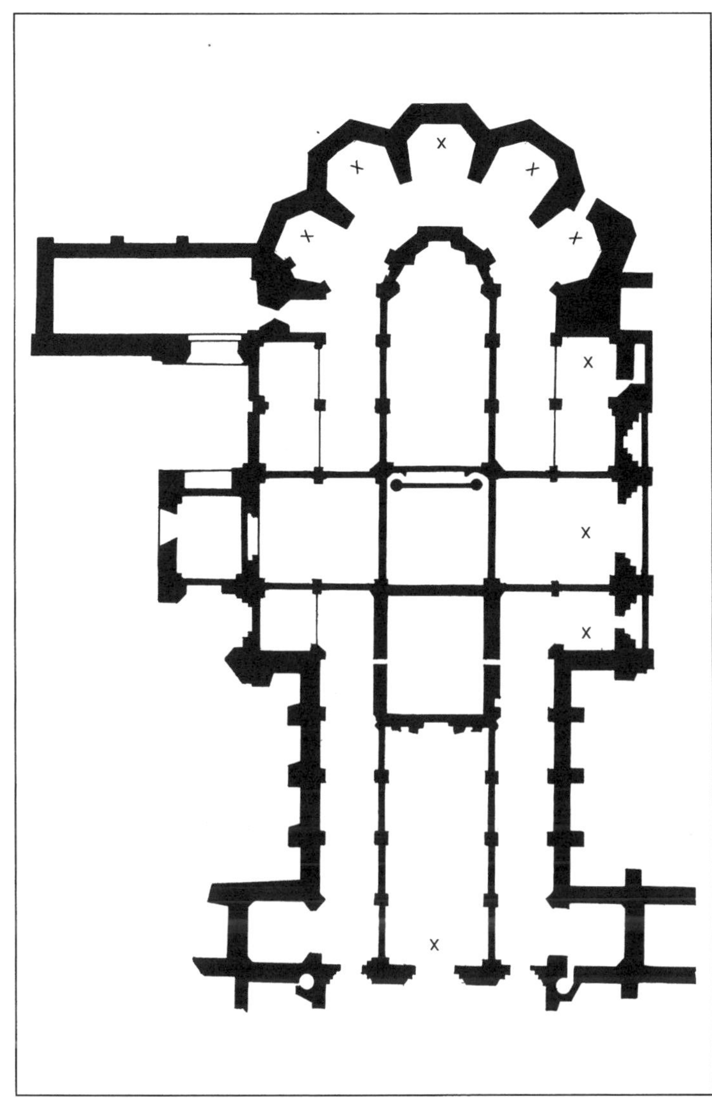

Catedral de León. Las cruces indican la situación de las vidrieras originales que todavía perduran.

están en torno a la Virgen Blanca los tienen abiertos o despliegan largas cartelas de papel de piedra ante nuestros ojos. La Virgen Blanca, a poniente, da la cara al Sol; la otra, al norte, jamás llega a verlo.

Pero entremos en la catedral y ¡vaya por su cuenta el curioso a descubrir los secretos de los demás pórticos, las marcas de los canteros sobre las piedras labradas o el misterio del peso específico de los arbotantes, la forma desigual de las torres o el clamor de la sinfonía del ábside! Entremos en la catedral ahora y bañémonos en la luz de las vidrieras, pues es cierto que su luz limpia de miasmas el espíritu. Hay quienes dicen –y quizás no les falte razón– que las más antiguas, las que quedan del siglo XIII, fueron montadas con cristales coloreados por los alquimistas. Será por eso, o porque las caras no fueron montadas en paralelo, pero es cierto que la luz que tamizan sobre el suelo se descompone siempre en blanco y más cierto todavía que esas antiguas vidrieras, que se reparten por las capillas absidales, son las únicas que se han librado siempre del polvo y de la contaminación. Me lo decía un sacristán de la catedral: «*Las demás recogen el hollín, el humo, los gases de la calle. Éstas no: lo rechazan todo, se han conservado limpias sin que nadie haya tenido que lavarlas jamás*».

Las vidrieras convierten el interior en llama. Dicen que se puede gozar de ellas aquí mejor que en Chartres y que, precisamente por eso, resulta penoso que muchas desentonen tanto con el sentido primitivo del templo. No sé hasta qué punto puede ser eso cierto, porque pienso que las catedrales, desde su origen mismo, fueron concebidas como un lugar sagrado *para el pueblo*; pero para un pueblo activo, que no se anquilosa en un instante inerte del pasado, sino que hoy piensa y actúa de un modo y mañana tal vez viva y obre de manera diametralmente opuesta. Y que, según sienta, así construirá o destrozará su entorno inmediato. Por eso, si la catedral es del pueblo –y que me perdonen todos los cabildos–, jamás podrá ser reliquia estática, sino entidad viva en cambio imperceptible, lo mismo que el árbol, que creemos ver siempre igual, pero que basta con cortarlo para comprobar que efectivamente latía y que, a cada latido, le crecía una estría nueva, una onda más en el estanque del tiempo.

Incluso cuando se advierten fallos, no creo que sea cosa de achacarlos a esa «mala gestión» a la que acudimos siempre para liberarnos de la mala conciencia, sino el resultado lógico de lo que cada instante ha exigido. Es precisamente así como, en la de León, como en tantas otras catedrales, podemos echar de menos presencias que se nos antojan fundamentales: la del laberinto iniciático, pongo por caso. Pero se me plantea si acaso su misma ausencia no estará dándonos cuenta de un concreto ideario que consideró absolutamente necesario ocultar los testimonios que podían suponer la permanencia de semejantes pruebas del comportamiento mágico de la feligresía. No busquemos, pues, lo que ya no existe; clarifiquemos su ausencia y busquemos, en compensación, lo que se pasó por alto, porque tal vez en ese descuido, si lo fue, se encuentre la clave de las limitaciones censoras.

Una de esas claves suele encontrarse en las advocaciones sagradas. Y las de esta catedral están claramente representadas por **San Froilán**, cuya arqueta-relicario se halla al pie del altar mayor, labrada en plata por Enrique de Arfe, orfebre de griales, sirviendo de base al retablo que pintó Juan Francés representando algunas escenas de su vida. Para quien no haya oído hablar de este santo, recordemos que fue eremita tardío de los montes bercianos y que, allá por el siglo XI, llegó a ser obispo de León. Y no deja de ser curioso ese eremitismo tardío, puesto que tal libertad había sido puesta en la picota por la autoridad eclesiástica, para evitar peligrosas desviaciones como aquella herejía priscilianista que durante tanto tiempo había arraigado en la población cristiana de aquellos pagos. Pero hete aquí que, en pleno siglo XI, con los cluniacenses gabachos gobernando a sus anchas la espiritualidad hispánica, era elevado a la cúspide del episcopado leonés este santo, y, contra toda previsión política, hecho santo a su muerte y proclamado patrono por la feligresía. La santidad popular no conoce trabas ni dogmas y, aunque lo acepta todo de boquilla, se guarda muy mucho de asumirlo a pies juntillas.

Tres cuartos de lo mismo ocurre con **san Marcelo**, patrono de la ciudad, cuya iglesia se levanta enfrente mismo de la casa que construyera el maestro Gaudí en gótico moderno a fines del XIX. Al margen del auténtico y valiosísimo museo en que hoy está convertido este templo del siglo X, reconvertido por el renacentismo del XVI, es su santo patrono lo que cuenta ahora. A él y a sus doce hijos está dedicado el retablo de la capilla mayor, en simbólico paralelo con Jesús y sus doce discípulos, o con el Sol y sus doce signos zodiacales. Pues, al margen de eventuales evidencias, lo cierto es que la tradición popular hizo de este santo un auténtico símbolo solar. Y de sus doce hijos, divididos en ternas y parejas –dos grupos de tres y tres grupos de dos–, fundadores de la tradición cristiana más remota del antiguo reino y aun de España entera, puesto que se repartieron por la memoria colectiva de modo que fueron a abarcar un buen trecho del territorio ibérico. La pareja formada por **Servando** y **Germán** fue a Mérida; la terna de **Fausto**, **Jenuario** y **Marcial** a la Bética; **Emeterio** y **Celedonio**, a La Rioja y Cantabria; **Claudio**, **Lupercio** y **Victorino** pulularon por la ciudad de la Legión VII y aquí fueron martirizados; en cuanto a **Facundo y Primitivo**, dieron origen a una célebre abadía de la que derivó el pueblo jacobeo de **SAHAGÚN**, el antiguo **Sancti Facundi**, por donde ya tuvimos la oportunidad de pasar.

Decididamente, la sabiduría popular, o el saber arcano, manipula martirologios y nombra patronos a golpes de intuición, creando las claves de su propia identidad. Aquí, un santo con implicaciones solares y sus doce zodiacales hijos, no menos santos e incrustados en la tradición leonesa, fueron tenidos largo tiempo por una más de tantas advocaciones pretermitidas, hasta que un día, de repente, a poco trecho de la capital, en un pueblecillo llamado **Marialba**, se encontraron los restos de un templo paleocristiano, del cual, según le contó un viejo de la localidad al cronista Antonio Viñayo, «sacaron huesos a toneladas». Sistematizadas las excavaciones, se descubrió en el ábside una tumba principal, casi colocada simétricamente con otras doce. Por la datación de los restos podía coincidir con la época en que la tradición situaba la vida de san Marcelo y su prole. Para redondear mejor el conjunto, en el pueblo de Marialba se contaba de antiguo una historia curiosa: la de una gallina que se escondía entre aquellas ruinas y que todos los días salía a beber agua del cercano **río Bernesga** ¡acompañada de doce pollitos de oro!

El simbolismo zodiacal, las claves del tiempo –ese tiempo que parece mágicamente detenido en muchos rincones leoneses–, surge como constante sutilísima y maravillosamente cotidiana en la **colegiata de**

San Isidoro. Un templo que, sobre el inconmensurable valor artístico que encierra, merece ser contemplado desde otras perspectivas, lo mismo que merece vivirse la ciudad entera. Aquí, el Zodíaco, hecho ya signo y piedra sobre el arco de la portada principal, nos introduce en el misterio del tiempo acumulado, en el paso incontable de los siglos; incluso, a través de los músicos de piedra, en la plasmación estática –eterna– del arte del tiempo por excelencia: la música.

Extraña mezcla sincrónica de estilos y sentires, este **San Isidoro**. Desde que te acercas, dos mil años de historia se te acumulan, sin darte ni tiempo a reaccionar. Subes unos peldaños entre piedras de muralla romana y te tropiezas con una verja protectora forjada anteayer mismo; te asomas a una fachada donde se confunden ábsides románicos y ventanales góticos, te lanzas a entrar por una puerta del siglo XI –la del Zodíaco que vinimos a contemplar– y te la ves rematada por las florituras de un pináculo barroco. Y miras hacia arriba y, casi sin querer, en lo más alto de la torre, ves el gallo de oro y crees comprender, sin preocuparte de lo que la epigrafía ha demostrado seguramente sin lugar a dudas académicas. ¿Será porque el gallo dorado, el símbolo de la gnosis por excelencia, llama a las coordenadas solares de las creencias universales? Nadie puede saberlo exactamente, pero ese sol que se encuentra en la imagen misma de san Marcelo, el que contempla sonriente la Virgen Blanca, es el sol de Leo. Y uno piensa en Leo y en León, en la Luz y en Lug; y desde Lug, el dios sin nombre del arcano pasado, en Lugdunum, que en tantas cosas parece hermana de esta León. Y ya no valen datos ni papeles, ni miliarios ni lápidas; vale sólo el símbolo solar, el que servía de Guía al peregrino cuando preguntaba a cada piedra por la clave que escondía, por lo que le permitirían llevarse en el morral junto a cuanto ya había acumulado a lo largo del Camino.

Colegiata de San Isidoro.

Dicen las crónicas que **San Isidoro** fue primero un monasterio pegado a la muralla romana y puesto bajo la advocación de san Juan y san Pelayo; que, a mediados del siglo XI, cambió de nombre con motivo del traslado desde Sevilla de las reliquias del santo sabio visigodo; que doña Urraca, la esposa de Alfonso el Batallador, el rey del Grial, donó un **cáliz de ágatas** sospechosamente sagrado al monasterio, un cáliz que aún puede admirarse si entramos en el museo de la colegiata, lleno de piezas asombrosas, entre las que hay una detrás de la cual se van los ojos inquiriendo su significado: es una **tabla flamenca del XV**; la llaman el Cristo Cósmico y el artista trazó en ella la figura del Salvador arrodillada sobre una columna caída, a su lado una cruz en forma de Tau sostenida por un ángel de alas azules y, detrás, una Virgen que se aprieta un pecho para que salga la leche sagrada. La lectura asombra, emborracha casi ante tal cúmulo de signos, de llamadas, de golpes a la conciencia. Y se siente la necesidad de envolverse en ellos. Es entonces cuando conviene entrar en el **panteón Real**.

Este lugar fue el pórtico de la iglesia que se terminó de construir a mediados del siglo XI. Chico, bajo de techo, mide apenas un cuadrado de ocho metros por ocho y está sostenido por columnas achaparradas, sobre las cuales se extienden bóvedas profusamente pintadas por artistas de un siglo más tarde. La poca altura del lugar no sólo hace cómoda la contemplación, sino que contribuye a que el espectador deje de serlo y que, casi sin percatarse, se integre vitalmente en aquel mundo de ocres, carmines, azules, en el que las figuras sagradas se convierten en protagonistas de una vida cotidiana donde, por encima de los sentimientos religiosos, parece privar sólo el sentimiento del tiempo a todos los niveles y, sobre todos ellos, el del tiempo hacia la muerte y hacia una conciencia superior de la realidad. La cronología evangélica se plasma en sus puntos culminantes: concepción, nacimiento y muerte; lo apocalíptico, en la representación precisa de los números crípticos y en el simbolismo del escritor de Patmos: Cristo en majestad con las Siete Iglesias, el altar de los siete candelabros; la tragedia, en la muerte de los Inocentes a manos de sicarios de rostros sonrientes. Y en medio de todo ello, orlándolo a modo de calendario sin fechas, el Zodíaco de los trabajos y los días, la lenta y constante aventura de la siembra, del barbecho, de la vendimia, de la poda, de la recogida de leña para preservarse de los fríos invernales.

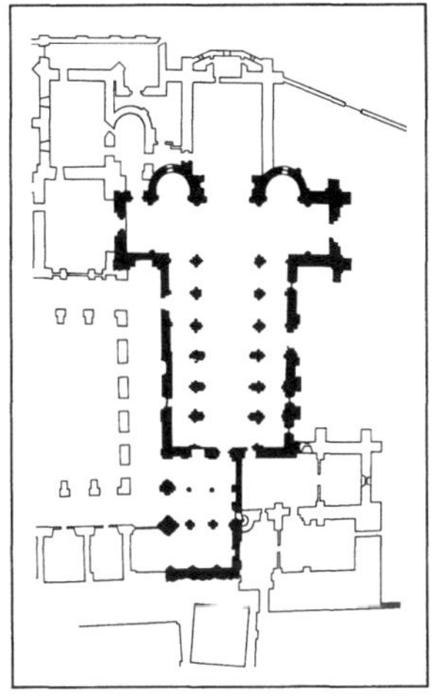

Colegiata de San Isidoro.

Es curioso que la historia sagrada sirva aquí para integrar lo divino a lo cotidiano, en un esfuerzo de identificación que tiende a la sacralización del ser humano; un anuncio que la figura angélica está haciendo a los pastores leoneses del siglo XII; a sus contemporáneos, a la gente de aquel instante preciso, a los campesinos de las montañas que acudían a la ciudad los días de mercado para vender los productos de la tierra y llevarse lo poco que necesitaban para sobrevivir. De este modo, el panteón isidoriano, el mausoleo que guarda los cuerpos del conde García, de Sancha, de Fernando, de Ramiro, de Leonor, de Alfonso, sale a la calle y nos invita a que olvidemos la contemplación fría e intelectual del pasado, a que salgamos también nosotros en busca de aquella gente que amaba y odiaba y vociferaba en las plazas, en las calles o en aquellas casonas que llamaban «cortes», a imitación –en chico– de las de los reyes.

Contemplando la vida como la vieron los artífices del **panteón Real**, o como la plasmaron los que iluminaban el **Libro de Estampas** de la catedral o la **Biblia de San Isidoro**, uno siente, efectivamente, la necesidad de salir, de buscar lo que queda de aquello que fue el latido vivo de León, cuando apenas desbordaba el entapiado de sus murallas romanas.

Volver al aire libre desde el panteón o desde la iglesia es encontrarse hoy en una amplia plaza que es el solar donde se levantaba en su día el palacio de los reyes leoneses. A la izquierda, tras una fachada amplia con portón que casi no revela la naturaleza del edificio, se asienta un palacio medieval que fue de los **Ponce de León**, una de cuyas mujeres, Beatriz, dicen que fue amiga más que íntima de Enrique II, el de Trastamara. El pueblo murmuró, como hacemos siempre, o casi. Y, con el tiempo, el palacio –tachado ya de pecaminoso– pasó a ser lugar de penitencias y se puso bajo la advocación de santa Catalina la de Alejandría. Vueltas las aguas a sus cauces siglos después, esa casona es hoy la sede de la Sociedad de Amigos del País, de rancia raigambre dieciochesca, y alberga la Biblioteca Provincial.

Por la calle que esquinea el edificio se alcanza la de **Serranos**, donde otro casón, éste del XVII, fue solar de la familia **Villapadierna-Lorenzana**, de rancio linaje y no menos rancio escudo con complicados cuarteles de eslabones, castillos y leones. Son casas que, precisamente aquí, en este barrio entre San Isidoro y la catedral, nos van introduciendo en ese mundo aparte de los nobles que buscaron levantar sus palacios cerca de los reyes, al abrigo de su propia gente, en zonas en las que la alcurnia fuera fácilmente detectable por el emplazamiento que se habían dignado ocupar.

Sigue, pues, la **calle de Serranos** y métete por la de **San Pelayo**. Busca entonces la de **Daóiz y Velarde** y te tropezarás, a mano izquierda, con una portada que se abre al **colegio de las Madres Teresianas**. No estoy totalmente seguro, pero me atrevería casi a jurar que nos encontramos ante el edificio civil más antiguo de la ciudad, el que marca ese punto preciso detrás del cual se pierde la evidencia tangible de quienes vivieron la vida de la vieja León. Más allá del portón queda un trozo de edificio que reclama su ubicación cronológica en el siglo XII y está formado por un recinto de dos plantas unidas por una escalera de caracol. Muros de un metro de espesor, ventanas románicas y ojivales, un arco bajo y apuntado con molduras y techumbre de madera, todo el conjunto nos da la pauta de cómo se moría allí, puesto que la casa en cuestión llegó a ser, con el tiempo, **casa de la Inquisición**. Y, aunque es cierto que León no fue nunca sede de tribunal inquisitorial, sirvió con seguridad como cárcel desde donde se remitiría a los sospechosos hacia el de Valladolid, que era el que entendía de lo delitos leoneses contra la fe y el dogma.

Al margen de su indiscutida nobleza, León fue antro ciudadano propicio a la heterodoxia, lo que dice mucho en favor de su vitalidad. Si pensamos que, ya desde los primeros tiempos del cristianismo, la comarca leonesa fue netamente partidaria de las tesis heréticas de nuestro señor Prisciliano, y que incluso dos arzobispos de Astorga –padre e hijo, por cierto– fueron formalmente acusados de desviaciones heréticas, casi no tendría que extrañarnos el hecho de que, ya dentro del siglo XIII, la religión cátara se intentase enseñorear de León. Fue por entonces cuando Lucas de Tuy, que era leonés aunque ejerciera de obispo en la ciudad que le prestó su nombre, comenzó a contemplar con horror como los albigenses, a través de un tal Arnaldo, que era francés y de oficio copista, comenzaban a corromper la religiosidad de sus compatriotas mediante la alteración de los textos más excelsos de los Padres de la Iglesia; Agustín, Jerónimo, el mismo Isidoro, Bernardo. En ocasiones, llegando al límite de lo tolerable, «*en las fiestas y diversiones populares se disfrazaban con hábitos eclesiásticos, aplicándolos a usos torpísimos Y es lo más doloroso que les ayudan en esto algunos clérigos, por creer que así solemnizan las fiestas de los santos [...] Hacen mimos, cantilenas y satíricos juegos, en los cuales parodian y entregan a la burla e irrisión del pueblo los cantos y oficios eclesiásticos*».

Dicen que el milagro se produjo, para que las cosas no llegaran a mayores, y que Arnaldo fue herido de muerte precisamente mientras se dedicaba a falsificar los *Sinónimos* de san Isidoro el día mismo de la fiesta del santo. Pero sus acólitos siguieron sembrando la inquietud religiosa entre los leoneses, contándoles parábolas que les comprometían frente a la fe que les habían inculcado y hasta fabricando prodigios que se producían en un lugar indeterminado de los arrabales de la ciudad, donde, según el padre Mariana, estaban enterrados el hereje en cuestión y un parricida. «*Tenían algunos sobornados de secreto con dinero que les daban para que se fingieran ciegos, cojos, endemoniados y trabajados de diversas enfermedades, y que bebida aquella agua publicasen que quedaban sanos. De esos principios pasó el embuste a que desenterraran los huesos de aquel hereje que se llamaba Arnaldo y hacía dieciséis años que le enterraron en aquel lugar: decían y publicaban que eran de un santísimo mártir.*»

La cosa llegó a oídos de un diácono romano que, enfervorizado de santa cólera, corrió a León y amenazó por plazas y mercados con las siete plagas si no se derruía inmediatamente el santuario albigense. Dicen que cayó sobre la comarca una seca que dejó yermos los campos por diez meses. La gente, temiendo el castigo divino, consintió en las peticiones del diácono: se derribó la ermita cátara y se arrojaron los huesos de los presuntos mártires a un muladar. Pero justo al día siguiente, un horrible incendio asoló media ciudad y los leoneses se lanzaron a la calle buscando al diácono para matarle. Hasta que al octavo día, según Mariana, «*el Señor Todopoderoso se apiadó de su pueblo*», llovió por fin y se salvaron las cosechas y las cosas volvieron a su cauce. Volver al cauce significaba que, aunque no hubiera en Castilla tribunales del Santo Oficio todavía, los monarcas se bastaban y sobraban para ejercer de martillo de herejes. Tanto los odiaba san Fernando III que, «*no contento con hacellos castigar a sus ministros, con su propia mano armaba la leña y les prendía fuego*».

Pero no insistamos en heterodoxias, que ya saldrán por sí solas cuando haga falta, y recordemos que por este sector de la ciudad, entre la catedral y el castillo –que era la antigua sede del gobierno ciudadano, y todavía antes parte de la muralla– quedan aún varios lugares por los que merece la pena darse una vuelta. Uno, el llamado **corral de Villapérez**, que fue de los Cabeza de Vaca, como proclama un blasón bien visible, y del que hoy queda el solar y una capilla rodeada por una pacífica arboleda. Más arriba, ya casi tocando las murallas y hacia la antigua **puerta del Conde**, está el **barrio de Santa Marina**, llamado así por el monasterio que hubo allí hacia el siglo XI. Por aquellos andurriales, los viejos papeles hablan del **solar de don Infante**, de **la corte de Paterno Pasqualiz**, del **solar de Albokazen** (de quien cuenta Sánchez Albornoz que fuera «sayón» del rey Alfonso V, una especie de cobrador de multas e impuestos, que lo mismo tenía derecho a hundir la puerta de una casa para cobrarse la deuda de cualquier ciudadano que a azotar con su propia mano a un ladrón que hubiera tenido la desgracia de ser apresado. De muchos de estos funcionarios de la monarquía leonesa salieron, con el tiempo, las familias más pudientes de la ciudad).

Pero saltemos en busca de otra visión, pues las ciudades hay que correrlas, pero también hay que saltarlas. Podríamos acercarnos ahora a la **Plaza Mayor**, al otro lado de la catedral y al final de la calle llamada de **Berrueta**. ¿Alguien se ha percatado de que, en cuanto se llega a tantas ciudades del antiguo reino castellano-leonés, nadie necesita decirnos cuál es su Plaza Mayor, porque todas tienen un algo que las identifica y que, al mismo tiempo, las diferencia claramente de todas las demás plazas de la misma ciudad? El motivo es que todas estas plazas fueron concebidas para un mismo fin: el de convertirse en foro, en punto de encuentro y en centro de festejos. Ahí está el balcón del Consistorio para demostrarlo. Desde él, como desde todos los balcones similares, los señores principales y sus invitados tenían mejor perspectiva de la corrida, del sarao o del Auto de Fe. Las plazas mayores no suelen nacer con la ciudad; son un producto que la ciudad tenía que ganarse a pulso, cuando su importancia lo justificaba. Las plazas mayores eran un premio al crecimiento urbano. Para abrir una plaza mayor se olvidaba cualquier otra conveniencia y se perdía cualquier respeto debido, pues el hecho mismo de su existencia se tomaba como necesidad perentoria, ante la que todo lo demás podía obviarse. Aquí mismo, la casa del Consistorio, al levantarse en 1677 para dar tribuna a los regidores leoneses, ocultó definitivamente el ábside del siglo XIII de la **iglesia de San Martín**, que ya es imposible de recuperar.

Aquí, en León, la Plaza Mayor es particularmente especial, porque de ella arranca, por su ángulo suroeste, la zona seguramente más entrañable de la ciudad. El escenario de acceso es la **calle de Matasiete**, que arranca cubierta y tiene una hornacina alumbrada por un farol. Sigue a ésta la de **Malacín**, cuyo nombre está ligado al de los *malsines*, moriscos renegados que denunciaban a los de su pueblo cuando las autoridades así lo requerían. Por estas calles, que en gran parte estuvieron ocupadas por musulmanes, se llegaba a la **plaza del Mercado** y a su **iglesia de Santa María del Camino**. Mercado es aún hoy la plaza en días señalados, como mercado fue desde tiempo inmemorial, donde se reunían judíos comerciantes, moriscos artesanos, peregrinos jacobeos y todos los campesinos que llegaban a León desde sus contornos, con el ánimo puesto en el comprar y el vender. La iglesia, por su parte, era la primera con la que se tropezaban los romeros al llegar a la ciudad. Y no cabe duda de que poseía –y tal vez posee todavía– una clave a descubrir. Puede ser que el secreto del templo esté en su misma estructura, que se estrecha del ábside a los pies, dándole un insólito aspecto de féretro; tal vez se encuentre en las cabezas monstruosas de sus capiteles del siglo XII. En cualquier caso, siquiera sea por su extraña concepción arquitectónica, no es un templo que pueda pasarse limpiamente por alto.

Allí afuera, en el mercado, los peregrinos podían cubrir sus más inmediatas necesidades y hasta sus devociones, puesto que, seguramente por primera vez a lo largo del Camino que venían recorriendo, po-

Mercado en la Plaza Mayor de León.

dían obtener los *amuletos de azabache* que constituían una de las adquisiciones tradicionales de la Ruta. Los azabaches, pulidos y tallados en formas tradicionales, eran una de esas reminiscencias precristianas –la de la Piedra Negra, eventualmente cúbica– que forman parte del esoterismo universal y que reaparecen impensadamente, como por instinto de conservación, entre las manifestaciones más decididamente piadosas del cristianismo particular de la peregrinación jacobea. Pero ¿qué era la piedra negra, esa piedra sagrada que tuvo incluso su manifestación fundamental en el mundo islámico, en la Qa'aba de La Meca? Sin duda, lo mismo que las Vírgenes Negras, la representación inmediata del núcleo de la inmortalidad y del conocimiento, que emerge de la tierra para dar cuenta y sinrazón de la esencia de lo divino. Hay incluso autores que relacionan este símbolo con la *shekhiná* de la Qabalah hebrea. Y es curioso que tanto en Santiago como en León, los vendedores de azabaches fueran en su mayoría judíos, al menos hasta la expulsión decretada en 1492. En Santiago, ya lo veremos, existe un barrio llamado precisamente de la Azabachería, que fue la antigua aljama. En León, la judería se extendía principalmente entre esta **plaza del Mercado** y la **del Caño de Santa Ana**, algo más hacia el este, y en ella quedó, hasta hace relativamente poco tiempo, el nombre de una **calle de la Azabachería**.

Los judíos fueron aquí muy numerosos y estuvieron instalados en León desde muy antiguo. De hecho, la primera lápida sepulcral hebrea de que se tiene noticia, entre las que se conservan en España, está en León, expuesta en el **Museo Provincial de San Marcos**. Los judíos vivieron primero en un poblado algo apartado de la ciudad, sobre una colina llamada **La Mota** y documentada como **Castro Judeorum**, pero en 1196 el poblado fue arrasado y la comunidad hebrea se trasladó a las cercanías de la muralla. Esta colonia se incrementaría en los inicios del siglo XIV, después de que Sancho IV, en 1296, prohibiera que los judíos pudieran poseer tierras de labor, con lo que obligó a muchos del campo a trasladarse a la ciudad para buscar nuevos modos de sustento. Por aquel entonces, la judería llegaría ya hasta la actual **plaza de Santa Ana** y es perfectamente posible que sean judías algunas de las casas que aún quedan en dicha plaza, en rabioso contraste de tiempo y de estilo con las edificaciones de más de diez plantas que ahora conforman la mayor parte del conjunto. La sinagoga, según parece, estuvo en el emplazamiento que hoy ocupa el número 10 de la calle de la Misericordia.

Caminar por la antigua judería leonesa –viejas calles de la **Zapatería**, **Cardiles**, **Varillas**, **Ollería**, que ya ninguna de ellas conserva su vieja denominación– es revivir una historia en la que no sólo se mezclan reyes, obispos y peregrinos, sino frailes de fuerte recuerdo, como aquel fray Vicente Ferrer, que anduvo por aquí convirtiendo judíos y moriscos por las bravas; también es entrar en otras materias de esa historia paralela que no cuentan, por lo general, los libros de texto. Por aquí pasó, de ida y de vuelta a Compostela, Nicolás Flamel, el alquimista. Y cuenta él mismo que aquí, en León, encontró a un médico converso, maese Canchas de nombre, que con su inmenso saber le reveló los secretos del misterioso libro de Alquimia que, desde hacía tantos años, había intentado descifrar inútilmente. A partir de ese encuentro, Flamel pudo trabajar sobre seguro en su búsqueda de la Piedra Filosofal.

Historias como ésta, sin duda, forman parte de la tradición jacobea de la que León es uno de los hitos fundamentales, en tanto que, sobre ser la capital de un reino, era también la última ciudad realmente importante por la que los peregrinos tenían que pasar antes de alcanzar su meta. El Códice Calixtino, al marcar las etapas del Camino, pone precisamente a León como final de la octava. Y hay que pensar que un final de etapa, para un autor como Picaud (que fue quien presuntamente escribió el códice-itinerario) no era tanto una parada física destinada al descanso, sino una detención por un motivo en el que el peregrino tendría que reparar atentamente. Algo nunca dicho, pero sugerido veladamente en ese lenguaje del Medievo en el que lo simbólico era contado de tal modo que cabía perfectamente su interpretación equívoca y realista cuando el mensaje era recibido por quien no estaba en condiciones de captarlo.

El camino de los peregrinos entraba en León después de atravesar el **puente del Castro**, sobre el **río Torio**, un puente llamado así porque cruzaba el río junto al cerro en el que se había asentado durante mucho tiempo la aljama judía, aprovechando los restos de un fortín precristiano. El camino seguía, a continuación del puente, hasta la actual **plaza de Santa Ana**, cuya iglesia se denominó anteriormente del Santo Sepulcro y fue fundación de la Orden de San Juan de Jerusalén. Plaza y templo se hallaban fuera de las murallas, lo mismo que un **hospital para leprosos** llamado, naturalmente, de San Lázaro, que desapareció hace ya siglos.

El peregrino tomaba entonces la **calle de Barahona** y su continuación, **Portamoneda**; atravesaba al cabo de ella la puerta de este mismo nombre y alcanzaba la **plaza del Mercado** por la **calle de Herreros**, que desemboca frente a la **iglesia de Santa María del Camino**, hoy también del Mercado. Aquél, como decíamos más atrás, era el lugar donde se podía adquirir todo cuanto pudiera ser necesario para continuar la peregrinación, así como los objetos tradicionalmente implicados en el ritual jacobeo. El Camino continuaba por la **calle de la Rúa** o **Rúa de los Francos** y desembocaba en la **calle Ancha** –hoy continuación de la de Ordoño II–, en cuyo cruce se encuentra, lo mismo que entonces, la **iglesia de San Marcelo**, muy visitada porque aquél era uno de los santos considerados de precepto en la peregrinación, tanto por la iglesia que se le había dedicado como por la que llamaban su casa natal, que la tradición situaba en un lugar cercano, donde hoy se levanta la capilla dedicada al **Cristo de la Victoria**.

Llegado a este punto, el peregrino podía desviarse para cumplimentar una visita –optativa– a la catedral, o bien meterse por la **calleja del Cid** para ir directamente a **San Isidoro**, pues esta colegiata, incluso desde que estaba bajo la advocación de san Juan, era paso obligado en el discurrir del Camino.

Cada punto del itinerario estaba estructurado con sumo cuidado, dejando las mínimas opciones al azar, como si la andadura sagrada no permitiera caprichos, como si todo respondiera a las diversas metas volantes de una carrera de precisión o, más certeramente, a las casillas perfectamente regladas de un juego iniciático en el que tendrían que vencer los mejor preparados, los que con más perspicacia supieran extraer el mensaje parcial que se escondía detrás de cada punto señalado. En este sentido, el peregrino consciente –y no me refiero al que emprendía el viaje cumpliendo su promesa expiatoria– se encontraba en situación similar a la de los héroes de muchos cuentos de inspiración tradicional, que tienen que efectuar un determinado recorrido por el que irán encontrando lugares en los que se esconderían las indicaciones precisas para alcanzar las metas siguientes o los objetos –llaves, mapas, vehículos o instrumentos– que habrían de facilitarles el acceso al siguiente hito; y cada hito, por su parte, implicaría un progreso en la búsqueda de lo esencial, un paso más hacia la meta victoriosa que le esperaba, con el premio de la salvación por el conocimiento.

Aquí en León, como hemos apenas llegado a vislumbrar, se esconden muchas de estas claves, varias casillas del gran juego cósmico que supone el peregrinaje. Pero León es aún algo más: cuando el peregrino abandona **San Isidoro** después de haber intentado descifrar el mensaje total que contiene –y que tanto se esconde en el **panteón Real** como en las portadas o en los capiteles increíbles de la basílica–, se dirige a la salida de la ciudad por la **calle del Sacramento**, que bordea la colegiata hasta el **portal del Conde**, que era la puerta norte de la muralla. Pasado el portal, tenía dos opciones: hacia la derecha se le abría **el camino de Oviedo**, por donde muchos elegían pasar para hacer la obligada visita al **templo del Salvador**, cumpliendo el decir que corría por el Camino:

Quien va a Santiago y no va a El Salvador,
visita al vasallo y olvida a su Señor.

Aun aceptando en parte la tesis remota de un sentimiento turístico o preturístico por parte de los asturianos, que reclamarían así, con este conato de eslógan, la visita peregrina, no cabe duda de que hay todo un conjunto de motivaciones trascendentes que, en una determinada vía iniciática, preconizan asignaturas complementarias a sus novicios, saberes en los que cada uno podía escoger el sector de aprendizaje que un concreto instante le ofreciera.

Por su parte, el peregrino que prefería escoger la vía directa o tomaba la opción del descanso, torcía a su izquierda, y, siguiendo el camino marcado por las **calles de la Abadía**, **Renueva** y **Suero de Quiñones**, alcanzaba la mole protectora del **hospital de San Marcos**, la posada puesta bajo la protección de los caballeros de la Orden de Santiago.

San Marcos, que sigue en parte cumpliendo su función hospitalaria, convertido en uno de los más lujosos y caros paradores de Turismo, conmueve ya de lejos por la perspectiva que le proporcionan las anchas avenidas y los espacios abiertos que lo rodean. Tanto es así, que quien viene desde las estrechas callejuelas de la ciudad vieja y las plazuelas íntimas de los barrios más antiguos, siente la sorpresa de estar pisando otro mundo. Quizás fuera así siempre, puesto que San Marcos estuvo desde sus inicios alejado de las murallas y, por tanto, de las estrecheces urbanas y suburbiales. San Marcos era algo aparte. Uno se pregunta qué peregrinos acudirían a aquel hospedaje. Pero se lo pregunta a bote pronto, sin perspectiva del tiempo, puesto que nos

San Marcos. León.

encontramos inmersos en una circunstancia en la que la misma vivencia tradicional ha alterado sus valores esenciales y nosotros mismos reaccionamos de manera distinta ante estímulos inmutables en el tiempo y en el espacio.

Curiosamente, a pesar de los siglos que han transcurrido desde que fue levantado, el **monasterio-hospital de San Marcos** parece concebido desde sus orígenes mismos más para esta ciudad de ciento cincuenta mil habitantes que hoy pisamos que para el exiguo recinto de poco más de 30. 000 metros cuadrados que era cuando se comenzó a construir. Será tal vez porque sus modernos adaptadores olieron acertadamente la posibilidad de convertirlo en una obra intemporal; será quién sabe si por la acumulación secular de añadidos y correcciones que se hicieron y deshicieron desde aquel ya tan lejano instante del siglo XII en que la reina Sancha donó una heredad junto al **río Bernesga**, destinada a levantar iglesia y hospicio para los pobres de Cristo; o será acaso por la visión de unos urbanistas que han sabido convertir el que hoy es uno de los primeros lugares de hospedaje de España en un punto que atrae inexorablemente la mirada desde que se medio adivina en el horizonte urbano, lo mismo que lo adivinarían los peregrinos que salían de la ciudad buscando rendidos de polvo y caminar un lugar donde reposar sus huesos antes de emprender la jornada siguiente.

Claro que, entonces, el menú del peregrino no era la carta que hoy ofrece San Marcos, ni su lecho era ninguna de sus lujosas suites. Aquel pobre picardo, Guillermo Menier, que nos encontramos al principio con su obtusa opinión sobre una ciudad que resulta tan apasionante, cuenta a este propósito: «*... nos llevó a esta casa, que era el hospital de que acabo de hablar, donde nos hizo acostar en un lecho de tablas, cubiertas con mantas podridas, donde descansamos muy bien*». Y casi inmediatamente sigue: «*... tuvimos para desayunar cada uno una libra de pan [...]. El 23 fuimos al obispado a buscar la limosna que el obispo hace: a cada uno, libra y media de pan*». Claro que las cosas no eran lo mismo para los clérigos señores de San Marcos. Otro viajero, inglés en este caso, Joseph Townsend, que hizo la peregrinación a fines del siglo XVIII, se preocupó de preguntar por sueldos y prebendas y contó: «*La casa real de San Marcos tiene un prior y dieciséis canónigos, gozando de una renta de 80.000 ducados, o cerca de 8.789 libras esterlinas por año*».

Poco más adelante, completando el cuadro que había comenzado, añadiría: «*León, desprovisto de comercio, no está sostenido más que por la Iglesia. Los mendigos llenan todas las calles y son alimentados por los conventos y el palacio del obispo. Aquí reciben su almuerzo, allí comen, allá cenan. Además del alimento, reciben de San Marcos, cada dos días, los hombres un cuarto, las mujeres y niños la mitad en sueldos*».

Si en alguna ocasión, allá en sus orígenes, encerró San Marcos algún símbolo oculto destinado a despertar saberes peregrinos –y temo que poco tuviera de eso, pues los santiaguistas se constituyeron en orden militar sin una idea clara de lo que tales instituciones representaron al ser creadas–, la oportunidad de comprobarlo se tuvo que perder hacia 1513, cuando el capítulo de la Orden se dispuso a levantar, por puro homenaje a prestigios formales, este monumento que es el que hoy subsiste. En él, al contrario de cuanto aún se puede desentrañar en el románico de San Isidoro o en el gótico catedralicio, el símbolo fue sustituido limpiamente por la alegoría que, mejor que en ningún otro lugar, está representada por esa Fama monumental que remata el ático de la fachada principal. A partir de ella, el Imperio, los angelotes mofletudos, el recuerdo idealizado de una Roma revivida pretenciosamente en medallones en los que se alternan césares, caudillos de la antigüedad, bíblicos guerreros y reyes castellanos, convierte el conjunto en algo que, sin duda, sobrecoge, pero que en modo alguno sugiere; pues allí nada es susurrado, sino que todo se grita. Todos gritan, de Trajano a Lucrecia, de Carlos V (mejor que Trajano, más feliz que Augusto) a Aníbal y Alejandro Magno.

Todo en San Marcos es mayestático, hasta las figuras evangélicas –extraordinariamente cinceladas por Juan de Juni– del coro de su iglesia. Tal vez por eso, porque no hay en San Marcos nada que husmear, su destino final fue el más a propósito y justo: el de museo y hotel.

Desde San Marcos, el Camino le queda expedito al peregrino para salir de León y continuar su ruta. Estoy seguro de que, a más de uno, lugares como la catedral o San Isidoro le habrán parecido casi su meta. Que a más de un peregrino le habrá asaltado la tentación de terminar aquí y seguir escarbando, hasta que cada uno de los secretos de la catedral o de la colegiata se le hayan clarificado. Sin embargo, lo mismo que ya avisé cuando pasábamos por **SANGÜESA** y nos deteníamos ante la portada de **Santa María la Real**, creo que, en gran parte, León es ciudad a descubrir totalmente de regreso, cuando el peregrino se ha embebido realmente de todos los signos y de todas las claves que el Camino le haya ofrecido, cuando se sienta capaz de vivir un lugar y verlo con los ojos nuevos que le aporta la asunción de todo el proceso que habrá venido experimentando hasta alcanzar el Finis Terrae, como lo había alcanzado sin duda Flamel cuando, también de regreso, se encontró aquí con Maese Canchas.

Probablemente, así es León: un cúmulo único de estímulos capaces de remover las fibras más profundas de quien se decide a penetrar en su entraña, para medirlo en su justa medida y bañarse en la magia que todavía despide, en grado máximo, como resumen y síntesis de esa sabiduría tradicional que los constructores medievales concentraron en la proporción sagrada y en la imagen simbólica. Ésta la utilizaron, fundamentalmente, los monjes constructores que alcanzaron la cúspide de la expresión sagrada en los templos románicos. La primera la alcanzarían, sobre todo, los maestros arquitectos del gótico, cuando descubrieron que la línea, el ángulo, la luz, el arco, la vidriera y el rosetón mandálico podían convertirse por sí solos en instrumentos de transformación de la Conciencia. Los dos estilos, las dos formas fundamentales utilizadas por la más profunda espiritualidad de Occidente para estimular la búsqueda de la realidad, se reúnen en León en dos obras maestras que, además, se encuentran casi a un tiro de piedra la una de la otra, como invitando al buscador a que salte de la **catedral** a la **colegiata** y de la colegiata a la catedral, para comparar, discernir y trabajar, casi simultáneamente, en el símbolo y en la cifra, en el bulto y en la luz, en el canto llano y en la polifonía del conocimiento trascendente.

10. El laberinto de los montes sagrados

TRANCO XI: DESDE LEÓN HASTA ASTORGA

El carácter de meta que tiene **LEÓN** no viene dado sólo por su naturaleza mágica ni por su singladura histórica. Quienes homologaron la ruta peregrina principal -los monjes de Cluny- se cuidaron de que fuera también el punto donde se encontrasen los peregrinos que llegaban del sur, por la llamada **Ruta de la plata**, y aquellos otros que, aun contra las normas establecidas, habían optado por el camino que corría paralelo y cercano a la costa cantábrica, deteniéndose en **OVIEDO** y en su catedral, donde el cúmulo de reliquias santas allí almacenadas desde la invasión islámica convertían la visita en un auténtico hito de primera magnitud para el peregrino devoto y, sobre todo, para el feligrés más observante de las recomendaciones ortodoxas, como rezaba la canción peregrina que hemos citado anteriormente.

Por su parte, la **Vía de la plata**, establecida según la dirección marcada por las principales calzadas romanas que unían la Bética con la Gallaecia, sirvió de Camino a los mozárabes andaluces que acudían a Santiago y, aunque de esto suele hablarse bastante menos, a los musulmanes que consideraron la peregrinación jacobea como un camino complementario de sus propias vivencias religiosas. Por ese camino, además, habían llegado a **LEÓN** las reliquias de san Isidoro de Sevilla, y por él fueron devueltas a Compostela las campanas que Almanzor se llevara de la catedral de Santiago y que estuvieron sirviendo de *lámparas* durante tres siglos en la Gran Mezquita de Córdoba. Y subrayo esta función porque, contra lo que es corriente proclamar, y contra lo que fue práctica corriente entre los cristianos, el papel de las campanas jacobeas en la Córdoba islámica no hacía sino reforzar el carácter de la Mezquita, gracias a objetos que ya eran sagrados para aquella otra forma religiosa –el cristianismo– que el islam supo respetar, de la misma forma que respetó devotamente todas sus figuras señeras.

La Ruta de la plata llegaba al **hospital de San Marcos** siguiendo el cauce del río. Por su parte, **la Ruta cantábrica** alcanzaba León también muy cerca del citado hospital. Era lógico que la salida hacia Compostela partiera también de allí, cruzando el vecino puente sobre el **Bernesga**, que en el siglo XV lucía aún una gran figura que señalaba a los peregrinos el camino que tenían que seguir.

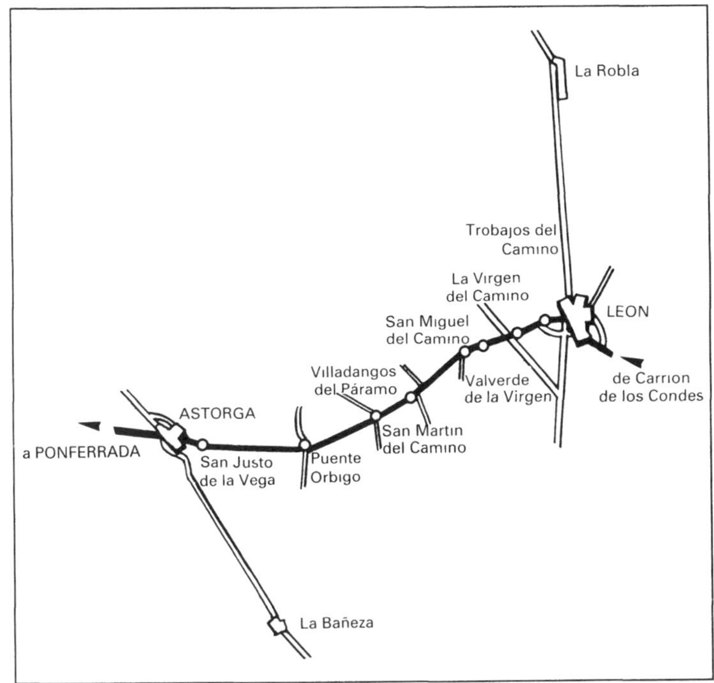

Desde este lugar, Camino y carretera discurren juntos por el trazado de la N-120. Lo que antes eran campos son ahora arrabales ciudadanos, hasta el punto de que el primer pueblo, **TROBAJOS**, no es ya más que un arrabal de la capital leonesa. La Ruta va bordeando bodegas encuevadas, aunque en los últimos años la visión de éstas, que antes constituía un aliciente al paisaje, se va perdiendo. Y no sé si porque desaparecen las antiguas bodegas o porque las nuevas construcciones las han tapado a la mirada del peregrino. Pocos kilómetros más allá nos tropezamos con la silueta, insólita por lo moderna, del **santuario de la Virgen del Camino**.

No soy de los que añoran por decreto la arquitectura sagrada medieval, pero no puedo contener el rechazo cuando lo que se vocea como sagrado es tratado exclusivamente según criterios estéticos que no responden a la necesidad de comunicación con lo trascendente, sino a la aplicación de estilos que sólo subsidiariamente sirven de cobijo a lo sagrado. Levantar un templo o un santuario jugando con módulos utilitarios, aunque éstos se empleen como cauce de expresión sagrada, no es otra cosa que profanar –es decir, volver profana y hasta consumista– una vivencia que forma parte exclusiva del individuo y que sólo puede hallar su cauce de expresión desde el interior de cada uno, sin que la condicionen elementos propios y exclusivos de la cultura cotidiana.

Sé que esto originará protestas por parte de quienes claman por la constante evolución del arte y del sentir religioso, adaptándolo a las urgencias de cada instante. Pero quienes así claman no se dan cuenta de que la expresión de lo trascendente comienza por el rechazo de lo temporal. Ni ven que, siendo la moda expresión puntual del tiempo, seguirla no es más que reconocer los valores precisos de ese tiempo y acatarlos a ciegas, sin añadirles el elemento atemporal que acerca al individuo a lo eterno.

Y a quien insista en que el románico o el gótico originarios fueron también modas en su tiempo, le pido que piense dónde ha visto románico sino en edificios sagrados o en palacios que fueron construidos como sede de individuos sacralizados por el mito de sus orígenes, o dónde puede vivirse la magia de la vidriera, del rosetón mandálico o del laberinto sino en la catedral gótica, concebida para hacer penetrar al ser humano en el universo de la espiritualidad.

Actualmente, salvo en casos específicos –con uno de los cuales nos encontraremos dentro de poco–, el templo o el santuario son concebidos con los mismos criterios estéticos que un palacio de congresos, un auditorio o un astillero. El elemento espiritual es un añadido que en ningún caso supone esencia, y hasta el modo mismo de emprender su construcción responde a necesidades económicas que, convenientemente adaptadas a una determinada estética, suelen dar como resultado productos híbridos en los que las exigencias materiales afloran por encima de la expresión del factor sobrehumano del lugar.

El **santuario de la Virgen del Camino**, levantado sobre una construcción anterior en la segunda mitad de este siglo por el arquitecto dominico portugués fray Francisco Coello, con esculturas y puertas del artista catalán Josep Maria Subirachs, fue un intento *casi* grandioso de adaptación de las ideas estéticas contemporáneas a una devoción religiosa también relativamente recién implantada por estos pagos leoneses. La tradición del encuentro milagroso de esta Virgen en plena Ruta Jacobea data de los inicios del siglo XVI, cuando el Camino había sido ya santificado miles de veces por los peregrinos y profanado otras tantas por la turba de mercaderes y estafadores que decidieron vivir de ellos. Incluso la figura de esta María Dolorosa, con el cadáver del Salvador en su regazo –como una terrorífica transformación de la Virgen que sostiene a Cristo Niño en el suyo–, es una réplica, aunque mucho más moderna y con menor solera, de aquella **Virgen del Camino** con la que el peregrino tropezó cuando entraba en **León** y llegaba a la **plaza del Mercado**. Que esta se le apareciera al pastor Alvar Simón lo mismo que mil vírgenes anteriores se aparecieron a dos mil devotos pastores, proclamando a los cuatro vientos su solicitud de que se les construyera un santuario en el lugar del hallazgo, no fue tampoco más que un modo de echar mano de elementos tradicionales archiconocidos por su probada eficacia ante el pueblo, para establecer un culto que nada tenía de novedoso, salvo la presencia en el lugar de los padres de la orden de Santo Domingo de Guzmán, que anteriormente a esta efemérides habían tenido bastante poco que ver con la Ruta de los peregrinos.

Santuario de la Virgen del Camino. León.

A mi modo de ver, un espíritu de solidaridad, casi institucional, ha hecho que la práctica totalidad de los comentaristas del Camino hayan volcado sus panegíricos sobre este lugar, más digno del momento histórico concreto en que fue inaugurado (1961) que de la intemporalidad radical de la Ruta. Estos mismos panegiristas, curiosamente, suelen acentuar los aspectos estéticos del monumento sobre una sobreentendida devoción mariana, cuando no es precisamente esa devoción la que puede ponerse en duda –allá cada cual con su modo de afrontar el hecho trascendente–, sino la estudiada grandilocuencia granítica y broncínea de una llamada monumental que es más una muestra del omnímodo poder del periclitado nacionalcatolicismo que de la creencia profunda en esa Gran Madre a quien el Salvador se le muere entre los brazos.

Los pueblos y las urbanizaciones se suceden en este paso por el páramo leonés, en el que la carretera ni siquiera necesita abrirse camino y se limita a seguir, casi al centímetro, la pisada de los peregrinos. Aquí el romero, en los días claros, ve a su derecha, aún muy lejana, la cumbre astur-leonesa de la **peña Ubiña**, que fue frecuentada por las brujas de ambos lados de los **Picos de Europa**. Y enfrente, pero acercándosenos poco a poco, los **montes de León**. Y, destacándose entre ellos, el **Teleno**, que fue cumbre sagrada de los antiguos naturales de estas comarcas.

Se pasa por **VALVERDE DE LA VIRGEN** –antes se llamó del Camino–, sin más recuerdo de la peregrinación que su antiguo nombre. Luego, por **SAN MIGUEL DEL CAMINO**, donde la carretera rodea, sin entrar en ella, la calle por donde discurría la peregrinación. No quedan huellas ya del antiguo hospital y hasta la imagen en la que se representaba al Apóstol fue trasladada al museo arqueológico de León. Cinco kilómetros más allá encontramos una urbanización bastante reciente, a la que pusieron de nombre Camino de Santiago y, al lado mismo, el pueblecillo de

VILLADANGOS DEL PÁRAMO, en cuya **iglesia parroquial**, sobre las batientes de ambas puertas, se repite la misma escena, labrada en el siglo XVII, de ese espúreo Santiago Matamoros descabezando infieles en la imposible batalla de Clavijo. En el interior, y vestido de modo insólito e indescriptible, otra vez el mismo apóstol travestido de guerrero. Por **SAN MARTÍN DEL CAMINO**, cuatro kilómetros más allá, la carretera vuelve a bordear el pueblo por el que atraviesa el camino, pasando por el solar de una **antigua albergueria** de peregrinos. Hay que seguir aún seis kilómetros más, antes de desviarnos a la derecha y llegar al **puente de Órbigo**, atravesando el cual se llega a **HOSPITAL DE ÓRBIGO**.

A este **puente de Órbigo** lo llaman hito jacobeo y maldita la razón de llamarlo así, al menos en un sentido estricto, pues la fama le viene de un episodio, entre irritante e irracional, que tuvo lugar a su vera desde quince días antes hasta quince después del día de Santiago –25 de julio– del Año Santo Jacobeo de 1434.

El inicio de los hechos hay que situarlo el día primero de enero de ese año. El rey Juan II de Castilla se hallaba en el castillo de la Mota, en **Medina del Campo**, rodeado de toda su familia y en compañía del condestable don Álvaro de Luna. Allí llegó, pidiendo audiencia que le fue concedida, don Suero de Quiñones, vástago de una ilustre familia leonesa. Venía en solicitud del real permiso para fijar un sonado torneo al que invitaría, para que intervinieran rompiendo tres lanzas, a los mejores caballeros de los reinos peninsulares y a todos los caballeros que pasaran por la Ruta durante el tiempo que la justa tuviera lugar, so pena de hacerles dejar el guante como signo de manifiesta cobardía. El motivo de semejante justa, según confesó don Suero, era librarse de la argolla metálica que se ponía los días jueves al cuello, como prueba de amor hacia una dama de la que su honor impedía dar el nombre. Su propuesta era mantener la justa durante un mes, acompañado de sus mejores amigos, y, pasado el plazo, peregrinar todos a Santiago en acción de gracias y liberar a don Suero de la argolla con la que se atenazaba el cuello todos los jueves. Lo revelador del caso es que el soberano castellano no sólo no castigó al caballero por semejante aberración, obligándole a dejar en paz a los pacíficos peregrinos que pasaran por el puente en aquellos días, sino que, entusiasmado por la idea, ofreció al mozo leonés toda clase de facilidades para que la llevase a cabo con las preceptivas garantías.

Así se armó el soberbio tinglado que pasó a la historia con el nombre del **passo honroso de don Suero de Quiñones**, que mentaron todos los cronistas del reino y cantaron muchos poetas. Armada una impresionante liza junto al **puente de Órbigo**, durante un mes entero estuvieron dándose lanzadas sobre las corazas los paladines, destripando corceles, mordiendo el polvo y machacándose los huesos. Cada jornada se abría con una misa solemne y se cerraba con un festín pantagruélico, al que asistían todos los que podían tenerse en pie. Por fortuna, en medio de tanta violencia, no hubo que lamentar más que una muerte, la de un pobre caballero catalán al que una lanza mal dirigida le saltó un ojo y le reventó el cerebro a través del casco de combate. Y no deja de ser curioso que los representantes de la autoridad eclesiástica, que con tanto fervor preparaban espiritualmente a los paladines para el brutal espectáculo, se negaran en redondo a enterrar en sagrado al desgraciado caballero, que tuvo que ser sepultado, casi de tapadillo, a la vera de una humilde ermita que se levantaba en las cercanías del lugar donde se celebraba el lastimoso festejo.

Pero es lo cierto que, ante cualquier suceso de la historia, conviene analizar los motivos que lo propiciaron antes de juzgarlo, como yo acabo de hacer, desde la mentalidad de un pacifista a ultranza del siglo XX. El **Passo Honroso** que tuvo lugar junto al **puente de Órbigo** no fue fruto inmediato del capricho de un señorito feudal convencido de su fuerza y con deseos de mostrarla ante la masa de espectadores que cada día se apiñaba tras las vallas del palenque. Aquella gran calaverada, que incluso el bueno de don Quijote alabara con entusiasmo, respondía a los últimos estertores de un ideal caballeresco que tuvo su esplendor entre los siglos XII y XIII y que venía condicionado por el sueño griálico que despertaron Chrétien de Troyes, Robert de Boron o Wolfram von Eschenbach, promotores de una espiritualidad *sui generis* basada en la búsqueda idealizada de esa verdad escondida, representada por el Cáliz sagrado que contenía las claves de la vida y del conocimiento superior.

Culpables en cierto modo de la locura caballeresca fueron también, a su pesar, los trovadores embebidos de espiritualidad albigense, que cantaron en clave ese amor cortés tantas veces denostado, que escondía, entre versos sutilmente eróticos, el amor del ser humano por una espiritualidad que ni siquiera podía expresarse directamente y que exigía, como prueba constante, esa lucha que lo era menos contra los enemigos externos que contra el lado negativo que todo individuo arrastra en su interior. La aventura de aquellos caballeros que cantaron los poetas influidos por el ideario cátaro era un aventura que sucedía en el interior de sus protagonistas, pero que, convertida en moda por la expresión misma del arte, sembró la semilla que crecería en muchos aventureros que se lanzaron a los caminos y a las lizas de los torneos con el único afán de medir sus fuerzas físicas y sus armas bajo la excusa de una pasión que les impulsaba a combatir para poner sus trofeos a los pies del ser supuestamente adorado.

Hoy se ha olvidado ya el lugar exacto donde se levantó el gran tinglado que mandara construir don Suero de Quiñones, aunque una gran pradera junto al puente, a la izquierda y antes de que comiencen a levantarse las primeras casas de **HOSPITAL DE ÓRBIGO**, parece haber sido el lugar más apropiado. Por otra parte, ese resto de recuerdos tradicionales, que se mantuvo en la memoria colectiva cuando la tradición era ya apenas dominio efectivo de unos pocos, parece exigir tal escenario, a la vera misma de ese largo puente serpentario que culebrea como obra de secretos pontífices, portador de un mensaje que propicia el camino secreto y retorcido desde la orilla de la muerte a la orilla de la vida y de la luz. Que don Suero, el pobre mozo enamorado con la argolla al cuello, no tuviera seguramente presente esta circunstancia, que se instalara allí sólo porque era el lugar obligado para los peregrinos que acudían a Santiago, no es obstáculo para que el significado profundo estuviera allí y hasta, probablemente, para que el recuerdo de aquella hazaña se mantuviera, convertido en mito, como una llamada de atención ante posturas largamente olvidadas.

Pasado el puente y adentrados en el pueblo, surge ante nosotros, en la plaza, la **iglesia que fue de los caballeros sanjuanistas**, que tuvieron aquí casa y hospital para peregrinos. Poco más allá, el camino tuerce, para encontrar de nuevo la carretera y correr otro largo trecho paralelo a ella. Atrás dejamos, sobre el mismo puente, el **monolito** que recuerda los nombres de todos los caballeros que pelearon en aquella larga jornada al lado de don Suero de Quiñones. El monolito, sin duda, lo colocaron gentes añorantes de gloriosas gestas de las que el Passo Honroso, con toda su carga mítica, apenas si fue una caricatura.

Dejamos a la derecha **VILLARES DE ÓRBIGO** y **SANTIBÁÑEZ DE VALDEIGLESIAS**, a la izquierda **ESTÉBANEZ DE LA CALZADA**. Seguimos la carretera, coincidente con el Camino, hasta unos kilómetros antes de alcanzar **SAN JUSTO DE LA VEGA**, que el Camino aborda pasando por un viejo **crucero** llamado **de Santo Toribio**. Luego, cruzado el **río Tuerto**, nos encontramos ya apenas a dos kilómetros de **ASTORGA**.

La ciudad, a la que se entraba por la **puerta del Sol**, parece que fue en sus orígenes un castro ligur que, sucesivamente, fue ocupado por celtas y astures, antes de que el emperador Augusto fundase sobre él una ciudad que llamó, en su honor, **Astúrica Augusta**, que habría de convertirse en centro neurálgico de comunicaciones peninsulares y, sobre todo, en almacén provisional del oro y los metales preciosos extraídos para Roma de los yacimientos bercianos y de los **montes de León**. Su importancia estratégica y económica hizo que, durante la lenta expansión del cristianismo por aquellas tierras, **ASTORGA** se convirtiera en una de las sedes episcopales de la Iglesia peninsular y que convergieran sobre ella buena parte de los conflictos dogmáticos y teológicos que agitaron en sus primeros siglos aquella nueva doctrina que tan rápidamente se extendía. Rodeada de pueblos cuya conversión se llevó a cabo gracias a la adecuación de la creencia cristiana con las tradiciones ancestrales, la ciudad se convirtió pronto en un núcleo de acogida –a veces incluso involuntaria– de doctrinas como el priscilianismo, que adecuaba la nueva fe a principios heréticos que la autoridad romana, fundamental defensora de la homologación doctrinal, no podía dejar impunes. Por mucho tiempo, sin embargo, **ASTORGA** siguió siendo sede donde se toleraban fácilmente las desviaciones dogmáticas y litúrgicas defendidas por el maestro Prisciliano y sus seguidores, y hasta se tiene noticia cierta de obispos de la ciudad que se mostraron acérrimos defensores de la herejía y que tuvieron que ser seriamente amenazados por la autoridad de los concilios para que abandonasen sus peligrosas inclinaciones. Fruto de esta situación, prolongada en la clandestinidad y el secreto durante más tiempo que el que la historia oficial reconoce, es la tradición que señala a la ciudad de **ASTORGA** como uno de los lugares donde pudo ser enterrado el santo herético, después de que sus seguidores más devotos trajeran su cuerpo desde Tréveris, donde había sido juzgado y condenado y entregado al brazo secular para ser ejecutado.

No cabe duda, según narra su primer biógrafo, Sulpicio Severo, que la doctrina herética de Prisciliano caló muy hondo y durante mucho tiempo, no sólo entre el pueblo de la Gallaecia natal del maestro, donde se desarrolló en primera instancia, sino en muchos lugares del otro lado de los Pirineos, por donde el hereje perseguido anduvo tratando de obtener la aquiescencia de las más altas autoridades eclesiásticas y antes de ser obligado a presentarse en Tréveris para ser juzgado por sus desviaciones. Tampoco es un secreto el hecho de que, mientras su cuerpo era devuelto a su tierra por sus adeptos, que lo rescataron del lugar donde fuera supliciado, su paso despertó entusiasmos místicos que se prolongaron más tiempo del que la prudencia eclesiástica podía consentir y que, a pesar de las medidas prohibitivas que se tomaron, hubo muchos convencidos de allende los Pirineos que promovieron auténticas peregrinaciones en pos de aquel cuerpo que muchos consideraban santo y mártir y cuyo nombre, durante mucho tiempo, seguía siendo invocado, junto al de sus compañeros de martirio, en las celebraciones eclesiásticas que tenían lugar en todo el territorio del noroeste de la Península. De todo ello hemos tenido ya ocasión de hablar en la primera parte de este recorrido.

ASTORGA sería, para esos peregrinos primigenios, anteriores en mucho a la institución de la peregrinación oficial jacobea, el primer hito de encuentro con el objeto de su andadura. Allí estaba, según aseguraban algunos, el lugar secreto donde el maestro había sido enterrado. Pero, desde allí, habrían de enviarles más allá, en una búsqueda que, sin duda, tendría mucho de demanda griálica, porque era una carrera en pos de algo –un cuerpo santo, nada menos– que contenía la fuerza espiritual suficiente para transformar y estimular los rincones más recónditos de la conciencia. Pero aún había algo más a tener en cuenta: **ASTORGA** era y es la capital de **la Maragatería**, un territorio que alberga a un pueblo diferente, secularmente marginado por sus vecinos y sobre cuyos orígenes se ha especulado largamente, sin que ninguno de los que lo han estudiado haya llegado a conclusiones irrebatibles. Se ha hablado de moros cautivos –*mauros captos*– que habrían sido instalados en estos territorios en los primeros siglos de la Reconquista; se ha pensado en la posibilidad de que fueran descendientes de los esclavos cántabros y astures que los romanos dedicaron a la explotación de sus colosales yacimientos mineros; incluso se ha especulado sobre la eventualidad de que pudieran ser descendientes de fenicios que se internaron por estas soledades durante sus viajes de prospección en busca de metales preciosos. Pero ni las noticias docu-

Palacio episcopal de Astorga

mentales ni los escasos hallazgos arqueológicos han permitido sentar las bases de unas conclusiones definitivas.

Muchas peculiaridades de los maragatos, desde sus costumbres hasta su carácter, permiten catalogarlos como un pueblo de origen remoto, distinto a los de las comunidades lindantes. Incluso algunas de sus tradiciones llevan a la sospecha de que, durante siglos después de que tuviera lugar la conversión de la Península, se ampararon en creencias que difícilmente casan con la idea de una cristianización sin elementos paganos que pudieran empañarla seriamente. Habría que recordar la tradición de *a covada*, que supone un simulacro de sufrimiento físico del padre cuando nace una criatura, lo que provoca un desvío de las atenciones y de los plácemes que normalmente habría tenido que recibir la parturienta. Pero habría que recordar, sobre todo, que los maragatos, lo mismo que otros pueblos secularmente marginados que ha habido en la Península, han sido definidos por sus vecinos de un modo muy similar, atribuyendo a unos y otros parecidas maldiciones de origen bíblico y antecedente míticos que coinciden extrañamente en todos ellos, aunque tales pueblos no hayan llegado a tener contacto alguno, ni probable ni posible.

Otros indicios, sin importancia aparente y sin que puedan constituir prueba irrefutable de nada, acuden de vez en cuando a añadir unos gramos insignificantes de inquietud en ese misterio del origen de los pueblos. Uno de ellos es el anillo gnóstico procedente de tierras maragatas que posee en la actualidad, según mis noticias, la familia del poeta astorgano Leopoldo Panero, que viene a abrir sospecha sobre la posible práctica de esta forma herética de cristianismo en el seno de esta comunidad. En cualquier caso, a poco que se escarbe en la identidad del pueblo maragato, surge la idea de que, en la marginación secular en la que se le mantuvo, había un componente de tipo religioso que contó de manera decisiva a la hora de rechazar su integración en el colectivo entre el cual vivía. Señalemos que los tiempos han terminado con tales problemas, pero que, a pesar de ello, los maragatos siguen constituyendo una comunidad perfectamente coherente y diferenciada, con sus tradiciones específicas; y que, aun dándose el caso de un espectacular aumento de la emigración en el territorio, siguen aferrados a sus normas de vida tradicionales e, indefectiblemente, suelen regresar a su tierra en un rasgo querencial que muy raramente llega a darse en cualquier otra parte del país. Cuando nos internemos en la Maragatería y en su prolongación por los montes de León, podremos ahondar más en este fenómeno que, sin duda, atrajo la atención especial de ciertos peregrinos, que fueron capaces de intuir el misterio que se escondía en este territorio y entre estas gentes, de quienes la ciudad de **ASTORGA** ha sido considerada, desde siempre, cabeza y corazón.

Decíamos al llegar a **ASTORGA** que los peregrinos entraban en ella por oriente, por la llamada **puerta del Sol**. Casi en la entrada contaban ya con un **hospital** que les esperaba, el **de las Cinco Llagas**, frente al convento de franciscanos que todavía hoy se tiene en pie. Bordeaban luego el lugar que hoy ocupa el **ayuntamiento** –un buen edificio del siglo XVI– y, por las calles de Pío Gullón y Crespo –nombre actual–, abocaban por la de Santiago en el que constituye el conjunto monumental por excelencia de la ciudad, compuesto por el **palacio episcopal** construido por Gaudí, lo que queda en pie del **recinto murado**, **Santa María** y la **catedral**. Adosado a ésta había un segundo **gran hospital de peregrinos**, el de **San Juan**, del que aún se conserva parte de la estructura.

Es posible que al peregrino especialmente entregado a la búsqueda que hemos emprendido le resulte chocante que nos detengamos ante una catedral que, al menos a primera vista, parece constituir una anárquica amalgama de formas y estilos y que, además, en su estado actual, es la tercera que se edifica sobre este lugar, desde una primera mozárabe y otra románica que se levantó en tiempo de Alfonso VI, ambas sucesivamente destruidas para dar paso a nuevas modas o nuevas necesidades eclesiásticas. Habría que recordar, en este sentido, que los obispos de **ASTORGA**, a lo largo del devenir histórico de la ciudad, fueron hombres lanzados, atrevidos en sus ideas y en sus proyectos, como si los antecedentes mismos de su sede les hubieran impulsado a una actividad que, en muchas ocasiones, iba por delante de su tiempo y hasta, a veces, más allá de las ideas que por su cargo representaban. Un ejemplo que el peregrino conviene que no se pierda es la obra de la sillería del coro catedralicio, donde, rompiendo tradiciones piadosas –que, por otro lado, fueron rotas a menudo en otras catedrales españolas–, se labraron con exquisito esmero y calidad temas procedentes de la fabulística y de los cuentos populares, muchos de ellos en flagrante contradicción ideológica con los fines esencialmente piadosos exigidos por la imaginería cristiana y siempre presididos por la figura paradigmática del obispo patrono de la catedral, santo Toribio, que viene a representar el arquetipo de la dignidad que hizo aquel encargo.

Merece la pena que consignemos aquí, igualmente, que al plantearse la construcción de la nueva catedral en el siglo XV, se echó mano, para realizar la obra, de maestros canteros cántabros y, entre ellos, de los procedentes de la **comarca de la Trasmiera**, donde se había mantenido vigente durante mucho tiempo una hermandad de constructores que constituyó, sin duda, la logia más coherente de la Península, heredera del buen hacer y de los secretos tan celosamente guardados por las cofradías de constructores medievales. Recordemos que estos canteros de la **Trasmiera**, que se reunían en la **iglesia de Santa María de Bareyo**, fueron también llamados por Juan de Herrera cuando se hizo cargo de las obras del **monasterio de San Lorenzo de El Escorial** y que allí contribuyeron con su buen hacer y sus mejores métodos a la consecución del monumento más importante del Renacimiento europeo.

De los maestros que intervinieron en la construcción de la catedral de **ASTORGA**, posiblemente iniciada por Juan Gil de Hontañón, destacan, a partir de los primeros años del siglo XVI, Pedro de Alvarado y su equipo de constructores trasmeranos; en 1569, Juan de Alvear, también procedente de la misma escuela, que fue sepultado en el claustro catedralicio cuando murió, en 1592, sucediéndole otro de su misma tierra, Pedro Alvares de la Torre. Ya en el siglo XVII interviene en la obra un descendiente de Alvear, Francisco de la Lastra, muerto en 1683 y también enterrado en las dependencias catedralicias. Así siguen sucediéndose hasta que la obra, ya entrado el siglo XVIII, se remata con la construcción de la **torre de las Campanas**.

Tres siglos largos tardó en construirse la catedral de **ASTORGA**. Tres siglos durante los cuales cambiaron los estilos, los métodos, los modos, en muchas ocasiones las intenciones y hasta los idearios. Pero yo invitaría a cualquiera a que comprobase hasta qué punto la catedral maragata es una espléndida unidad y una muestra absolutamente insólita de buen hacer y de armonía arquitectónica, desde el claustro a

Ábside de la catedral de Astorga.

la cima de las torres. Una obra sin estilo, o con tal amalgama de ellos que resulta imposible señalarle una época o un determinado esquema, pero repleta de una extraña perfección que se manifiesta desde el ábside exterior hasta la suprema elegancia de las arquerías góticas tardías que, sin solución de continuidad, se transforman en bóvedas que proclaman, por encima de los siglos, su simbolismo celestial, sus entrelazos mandálicos, su imparable ascenso a las gloriosas alturas.

Pero decía anteriormente que los obispos astorganos se distinguieron a menudo por su papel fundamentalmente activo como promotores de la construcción sagrada. Y tendríamos que acercarnos, para tener una prueba más de esa actividad, al **palacio** que concibió Antoni Gaudí para residencia episcopal por encargo del doctor Grau Vallespinós, prelado de **ASTORGA** y catalán de Reus, cuando, en el año 1866, un incendio devoró hasta los cimientos el viejo caserón que había venido sirviendo durante siglos de residencia episcopal.

Una intuición especial, disimulada tras el deseo de encomendarle la obra a un paisano de ideas discutidas, hizo que el obispo encargase a Gaudí un primer proyecto, cuando el arquitecto apenas había empezado a darse a conocer por sus ideas inconformistas y por su empeño en encontrar la esencia más pura de la arquitectura. Hacer un poco de historia nunca es malo, si de ella extraemos enseñanzas que nos sirvan para conocer mejor el espíritu humano. Y esa historia nos cuenta que Gaudí aceptó el encargo y que, sin haberse desplazado a la ciudad donde levantaría su obra, realizó un primer proyecto que satisfizo al obispo y, probablemente, menos al cabildo. Pero es el caso que, cuando Gaudí fue requerido en **ASTORGA** para ampliar aquellos primeros contactos, la idea primera que había concebido se le vino abajo, porque vio que aquel lugar y aquella tierra exigían unos planteamientos muy distintos a los que en una primera aproximación había concebido. En **ASTORGA** se dedicó a recorrer la ciudad y sus contornos, y,

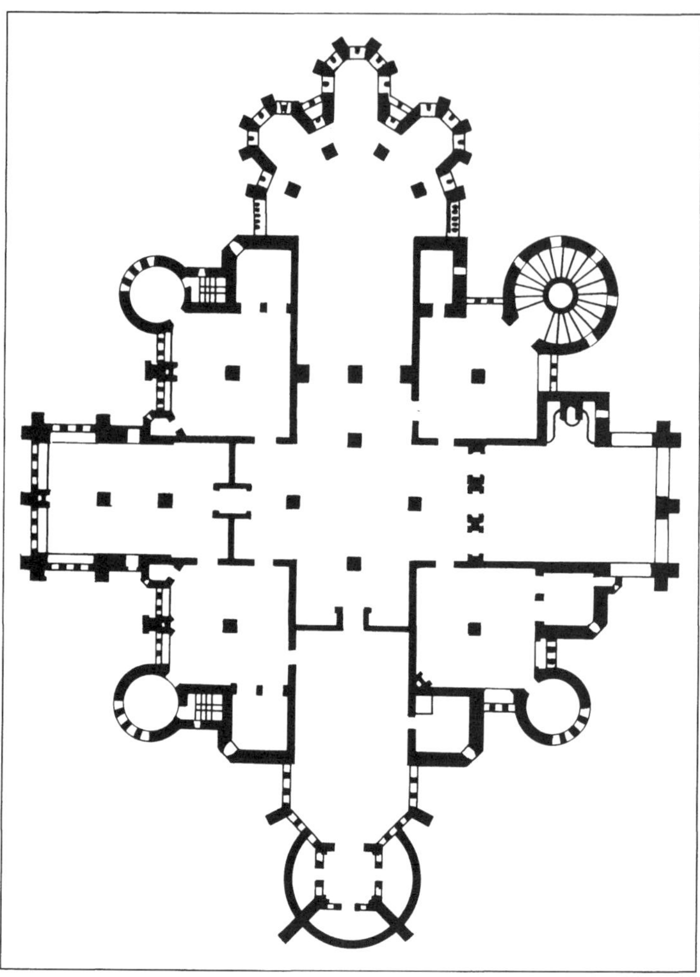
Palacio episcopal, de Gaudí.

sobre la marcha, hizo reformas de las primeras ideas que había concebido: *«Todo debe ser reflejado en la mansión que V. I. espiritualmente gobierne»*, le decía al obispo.

Ciertamente, Antoni Gaudí no remató la obra que había comenzado. Inconvenientes y trabas de muy variada procedencia hicieron que la abandonase cuando, ya levantados dos pisos y terminado el sótano-cripta, falleció el obispo que se la había encargado. El edificio quedó abandonado durante años y sólo hace unos veinte que se terminó, siguiendo en lo que se pudo el proyecto que dejó pergeñado su creador. Pero la finalidad para la que había sido concebido el edificio fue cambiada y, de residencia permanente del obispo –aún pueden reconocerse las distribuciones originarias–, quedó destinado a **Museo de los Caminos**, que es el papel que cumple en la actualidad. No obstante estas carencias, y a pesar de tales cambios, incluso prescindiendo del valioso contenido que alberga, una visita a este palacio nos pone en contacto directo con la idea metaarquitectónica de un hombre que, dentro de su profesión, fue tal vez el último constructor consciente del papel que juega en el espíritu humano la auténtica arquitectura sagrada. La obra hecha piedra y transformada en medio para acceder a una creación que, necesariamente, aproxima al constructor a la idea de lo trascendente.

Estoy seguro de que los mismos que han leído hace unas páginas mi indiferencia por las soluciones arquitectónicas del **santuario de la Virgen del Camino** se sorprenderán, seguramente, de este entusiasmo reverente por la obra del constructor catalán, a la que muchos, sin duda, tacharán de loca unas veces, de falsamente imitativa otras, de proyecto alucinado las más. Sin embargo, me gustaría que el viajero contemplase el palacio gaudiniano con los ojos liberados de modas y de prejuicios, que tocase la piedra, que se asomase a todas las ventanas que pudiera, que mirase y remirase cada columnilla, cada bóveda, cada capitel, cada estancia, desde la cripta hasta la torre más alta –si le dejan llegar–, y que se preguntara a sí mismo si acaso, en ese recorrido, no se habría iniciado en una manera distinta de contemplar el paisaje en función de la piedra, la cerámica en función de la madera, el ladrillo mudéjar en la plenitud de su utilización trascendente.

Se sabe bien que, durante la obra, Gaudí puso un especial cuidado a la hora de elegir la procedencia de los materiales a emplear y que, dentro de lo posible –y no por razones de economía–, intentó que esos materiales procedieran de la comarca donde la obra se estaba construyendo. El resultado, aunque la pérdida de mucha documentación ha impedido que éste sea tal y como lo concibió Gaudí, es una pieza en la que su autor supo jugar a pídola con los estilos y las formas, empleándolo todo según convenía a cada lugar y en cada instante para la expresión de la idea que se había propuesto desarrollar. Esta idea fundamental era, precisamente, la que Gaudí le había expresado al obispo: la del palacio desde el cual la Iglesia, representada por su prelado, tendría que ejercer la autoridad sobre sus dominios. Y tal función sólo podría llevarse a cabo en un lugar que, desde su planta hasta su cúspido, pudiera en contacto el cielo gobernante con la tierra gobernada. Por eso, los planos del palacio, o su visión aérea, nos muestran una clara disposición mandálica, en la que destacan, en cada una de sus plantas, los centros precisos que posteriormente se resolverán en cruces griegas de brazos iguales, formando las alas convergentes del edificio, en cuyos vértices, lo mismo que en las rosas de la cruz de los rosacruces, se instalarían las torres a modo de captadoras de las energías celestiales. En muchos casos, como en la puerta principal, la solución del problema arquitectónico, con las losas irregulares formando un arco de imposible equilibrio, la sensación que se siente al encontrarse ante ella, es la de un acceso que sólo una suerte de milagro pudo hacer posible. Y la estructura de la cripta, con base de piedra trabajada y remate de ladrillo, resueltos los techos mediante cúpulas ocasionalmente casi planas, lleva instintivamente a pensar en la roca que emerge de la tierra y en el ser humano que la transforma hasta sustituirla por su propia creación –el ladrillo–, con el que realizará la base sobre la que se sustentará toda la estructura del edificio.

No cabe duda de que un edificio sólo puede entenderse, y en su caso asumirse, si se le destina a la función para la que fue concebido. En este caso, reformas postgaudinianas aparte, nos encontramos ante un palacio que ya no lo es, sino museo en el que se muestran unas piezas que, significativamente, tampoco fueron concebidas para ser mostradas como lo son. Las funciones se dislocan y el sentido de todo se transforma, para adaptarse –siempre artificialmente– a las exigencias de un contexto diferente. Es un esfuerzo supletorio exigido al visitante consciente, pero debe asumirlo y aportar su esfuerzo para sentir y vivir cada elemento como debió de ser y donde debió de estar, y no como es ahora y está en el presente.

Este mismo esfuerzo será necesario a la hora de visitar el **museo catedralicio de ASTORGA**. La riqueza de piezas allí exhibidas hará que el buscador, con toda probabilidad, se pierda a la hora de imaginar su ubicación originaria. Por eso, tendré que pedirle que aporte su esfuerzo una vez más cuando contemple allí el **relicario de la Vera Cruz**, procedente del castillo templario de Ponferrada, adonde el Camino habrá de llevarnos en un próximo tranco. La cruz de doble brazo, contenedora de un fragmento de la Cruz del Gólgota, fue relicario especialmente preferido por la Orden del Temple, que nos legó varios semejante a éste, como la cruz de **Caravaca** –la que dio nombre a esta forma especialísima de concebir el Crucifijo– o la que se conserva en **Zamarramala** (Segovia), procedente también de la iglesia templaria de la Vera Cruz. Todas estas cruces y algunas más pasaron a ser propiedad de la Iglesia después de la suspensión de los templarios y todas ellas, sin excepción, se convirtieron muy pronto en objetos de la máxima veneración en los lugares donde se instalaron. Se da, además, la circunstancia insólita, en el caso de **la Vera Cruz de Ponferrada**, que, a partir del momento en que pasó a **ASTORGA**, se convirtió en la primera reliquia a la que todo obispo entrante debía rendir homenaje antes de tomar posesión de la diócesis que le había sido asignada.

Entre la catedral y el palacio de Gaudí, el peregrino puede contemplar todavía la **iglesia de Santa Marta** y, adosada a ella, un recinto estrecho, provisto de una alta reja, donde, al parecer, eran encerradas las prostitutas de la ciudad, a las que los peregrinos podían ayudar, si así lo querían, pasándoles pan o algún otro alimento a través de aquella angosta ventanuca que encontraban en su camino. Finalmente, se salía de la ciudad bordeando la calleja que sigue la tapia del **hospital de San Juan**, haciendo esquina con la catedral, y saliendo por la actual **calle de San Pedro** al cruce de la carretera N-VI, donde el peregrino podría elegir entre dos rutas que le llevarían a **PONFERRADA**: la del **puerto del Manzanal**, que es la que en la actualidad sigue la carretera radial, o la de **FONCEBADÓN**, que, atravesando **la Maragatería**, le adentraría en la magia de los **montes de León**, que será la que sigamos nosotros.

TRANCO XII: DESDE ASTORGA HASTA PONFERRADA

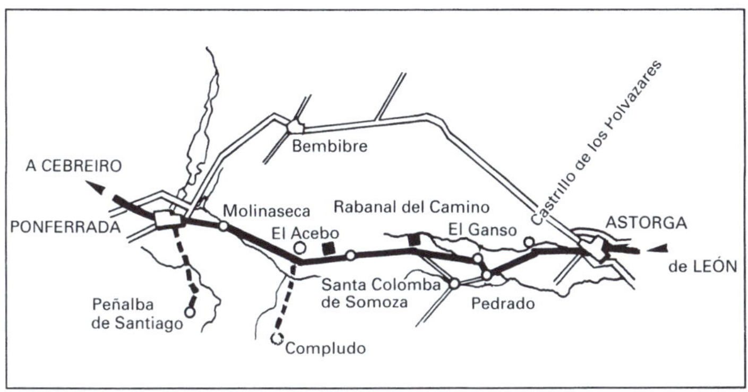

Comienza en **ASTORGA** el paso de **la Maragatería**, siguiendo prácticamente los mismos vericuetos la carretera y el Camino. Dejamos a nuestra derecha el pueblecillo de **VALDEVIEJAS**, que tuvo un albergue de peregrinos a pesar de estar a un tiro de piedra de la capital maragata; los pocos recuerdos peregrinos de este pueblo ya no están en él, sino en el museo del **palacio de Gaudí**: un hermoso **retablo del siglo XIV** dedicado al patrono del pueblo, san Verísimo: el más verdadero, el verdadero por antonomasia. El siguiente pueblo es **MURIAS DE RECHIVALDO**, donde el camino se lanza a cortar por lo recto, hacia la izquierda, para encontrarse de nuevo con la carretera pasados cuatro kilómetros. Ésta sigue torciéndose ligeramente hacia la derecha, para pasar, como es indispensable, por **CASTRILLO DE LOS POLVAZARES**, designado con un poco de alegría como el pueblo maragato por antonomasia, de calles duramente empedradas, de casas con grandes portones de arco de entrada, con algún crucero de madera que unos años se pinta de verde y otros de pardo, según le dé el capricho a la municipalidad. Allí, para goce de turistas avezados, se celebran periódicamente *bodas maragatas,* que repiten usos y costumbres y cantares y danzas que, prácticamente, estarían perdidos si exceptuamos estas exhibiciones para forasteros.

En las cercanías de **CASTRILLO**, muy poco antes de unirse de nuevo el Camino a la calzada, hay piedras sueltas que formaron parte de un castro romano; probablemente, este castro acogería a las guarniciones que cuidaban de la seguridad de las explotaciones mineras.

Seguir el Camino por estas llanadas maragatas, silenciosas como una tumba, emociona y tranquiliza a la vez. El peregrino se siente un poco más en contacto con la tierra. El camino suele ser recto, monótono, endurecido por la pisada de los rebaños, y sólo interrumpe esta sensación de llanura infinita cuando se levanta la cabeza y se distingue la silueta recortada del **monte Teleno**, el monte sagrado de la Maragatería, nevado buena parte del año y, para aterrada vivencia de los valores tradicionales, tomado como

Castrillo de los Polvazares.

punto de mira del ejército español, que ha establecido a pocos kilómetros del Camino un campo de tiro desde donde los soldados disparan las piezas de artillería contra las faldas del pico y los obuses sobrevuelan aldeas cada vez más abandonadas. No sé si proclamar aquí mi asco por ese atentado, pero creo que sería inútil, porque esa misma repulsa está en el corazón de cualquier peregrino, como lo está en el de cualquier maragato que haya sentido silbar los proyectiles sobre su cabeza y haya visto como estallan en las vertientes del monte que adoraron sus antepasados.

Pasamos ahora por **SANTA CATALINA DE SOMOZA**, que la carretera prefiere bordear, y, un par de kilómetros más allá, se encuentra **EL GANSO**, cuyo nombre, aun sin quererlo, nos vuelve a plantear el misterio del *Juego de la Oca*. **EL GANSO** posee **tres cruceros**, uno de ellos de madera, y una **capilla al Cristo de los Peregrinos**, que nunca he logrado ver abierta, no sé si a causa de secretos olvidos.

A partir de aquí comienzan las primeras colinas que anteceden a los montes. En el inmediato vallecillo hay un **puente de peregrinos** restaurado, para que pueda pasar sobre él la carretera. Y, desde el puente, parte un camino que permite llegar a los restos de la antigua **mina de oro de La Fucarona**, que explotaron los romanos y luego los caballeros del Temple, que tenían casa en el próximo pueblo de **RABANAL DEL CAMINO**.

A la entrada de **RABANAL**, a la izquierda y sobre una colinilla, se encuentra la **ermita del Cristo de la Vera Cruz**, también cerrada a cal y canto, que remite al recuerdo de la cruz patriarcal templaria que se conserva en el **Museo Diocesano** de Astorga. Ya en las primeras casas, en una plazuela que se abre a nuestra izquierda, se levanta lo que queda del **roble** que llaman **del Peregrino**, que retrotrae al recuerdo de los árboles sagrados de los pueblos celtas. (Y me atrevería a rogar, a quien haga este camino conmigo, que no olvide demasiado de prisa estas pequeñas claves –la del monte, la del roble–, porque pronto habremos de encontrarnos con una tercera que nos permitirá establecer relaciones que todavía en este instante son prematuras.)

En **RABANAL DEL CAMINO** queda una vieja casona, que llaman **de las Cuatro Esquinas**, que se cree que pudo ser la casa ocupada por los templarios. Y los templarios habrían sido también los constructores de la sencilla **iglesia románica de Santa María**, del siglo XII y de factura simple y casi funcional, que aún cumple su papel como parroquia pueblerina. Es curioso en ella que parece estar fundada en la asimetría. La espadaña está descentrada con respecto a la nave y la puerta que sirve de acceso se apoya, por un lado, directamente en el muro, mientras que, por el otro, viene a apoyarse en una columna con capitel, sencillísima. En el interior, vuelve a repetirse el fenómeno en el arco que da a la sacristía, también con una sola columna sosteniendo la bovedilla. Por esa entrada, al parecer, se pasaba a otra de las dependencias de la casa templaria.

El Camino, desde **RABANAL**, comienza a subir hacia el primero de los puertos que nos reservan estos **montes de León**. Unido a la carretera, se separa de ella apenas cuando lo exigen los cambios de nivel, pero hay que resaltar que, en su mayor parte, el viejo Camino resulta ya intransitable. Así, cruzándose una vez y otra, se llega a la casi abandonada aldea de **FONCEBADÓN**, donde la mayor parte de las casas están ya desmoronándose.

La pendiente se acentúa subiendo el **puertecillo** que lleva el mismo nombre del pueblo que acabamos de dejar. Y, en lo alto, se nos descubre, de pronto, un inmenso montón de piedras rodeando un altísimo palo en cuya cúspide se retuerce una crucecilla de forja. Estamos en la **Cruz de Ferro**, uno de los hitos jacobeos, a pesar de la apariencia humilde y la también aparente falta de interés de lo que ni siquiera puede llamarse monumento. Lo cierto es que no hubo, ni creo que haya, peregrino que no cumpla, al pasar por allí, el rito establecido: arrojar una piedra más al inmenso montón que los siglos han ido acumulando.

Cruz de Ferro.

El acto de tirar una piedra en un montón designado para ello es un rito que, curiosamente, aparece en muchos lugares y caminos de peregrinación. En Galicia existe una costumbre similar en la romería de **San Andrés de Teixido**. Los gallegos, lo mismo que otros pueblos de raigambre céltica y ligur, practicaban esta costumbre romera en muy diversos lugares de sus tierras. Pero el hecho mismo de que el rito exista demanda un motivo que lo justifique y, a mi modo de ver, tal rito es producto de una degradación secular de lo que, en épocas remotas, sería el pago simbólico en un lugar de paso que se supone frecuentado por fuerzas o divinidades a las que habría que propiciar para que ayudasen en lo que todavía faltaba para cumplir de viaje. En el caso de la encrucijada, se pagaría simbólicamente para encontrar el buen camino. Y en lugares como éste de **FONCEBADÓN**, la intención iría dirigida, sin duda, a propiciar la buena suerte ante el camino sumamente difícil que se avecinaba.

También podría tratarse –y algo me inclina a preferir esta solución– de un tributo siempre simbólico depositado a la entrada de un lugar particularmente sagrado. No es entonces un tributo para propiciar la suerte, sino un modo de solicitar permiso para penetrar en la sacralidad del lugar, dejando –en teoría y en origen– algo personal que pueda agradar a la divinidad que cuida del lugar. Así sucede, por ejemplo, en **Chalma** (Méjico), donde los peregrinos depositan una prenda personal que cuelgan de un enorme árbol sagrado que llaman el **Ahuehuetl**.

Desde la **Cruz de Ferro**, el Camino comienza a descender entre vueltas y revueltas, por una carretera estrecha que progresivamente se va perdiendo, hasta prácticamente desaparecer la calidad de su firme, que se convierte en una sucesión de baches que hay que ir sorteando cuando se circula en cualquier clase de vehículo.

Pasamos entonces por **MANJARRÍN**, un pueblo fantasma, totalmente abandonado por sus vecinos. Hace algunos años, aún batían algunas ventanas de las casas y, cuando uno se volvía, creyendo haber detectado a alguien, sólo llegaba a ver, en el interior de las casas, alguna cama desvencijada o un visillo polvoriento movido por la brisa. Las piedras de las casas, hoy, se van amontonando y muy pronto habrán convertido aquel lugar en un pedregal deforme y patético.

La espantosa calidad del Camino se incrementa, si es que cabe, cuando se ha pasado el desvío (¡prohibido el paso!) que conduce a la cumbre del **monte Irago**, donde se encuentra una base militar en activo. Hay que ir descendiendo despacio, sin apartar los ojos de eso que malamente puede llamarse carretera –y, por lo tanto, perdiendo la extraordinaria visión que se nos ofrece desde aquí de la siguiente cumbre sagrada de estos montes, el **pico de la Aquiana**, que se levanta frente a nosotros– hasta que, en el límite mismo de las posibilidades de seguir adelante, aparece el pueblecillo de **EL ACEBO** y, casi inmediatamente antes de las primeras casas, una fuente de agua fresquísima y helada, la **fuente de la Trucha**.

(Una advertencia: ni siquiera por razones penitenciales ose el peregrino de nuestros días pasar por estos lugares en invierno. Puede encontrarse, como yo me he encontrado, sitiado por la nieve por delante y por detrás, metido en un camino en el que ni siquiera cabe la posibilidad de dar la vuelta y regresar al punto de partida.)

No es corriente encontrar una fuente que reciba el nombre de la Trucha, aunque nos encontremos en una comarca cuyos riachuelos siguen teniendo fama de ricos en esta familia de peces que, naturalmente, ni se crían ni tienen su hábitat natural en las fuentes. Tendríamos que recordar, sin embargo, que entre los celtas, el nombre de la trucha (*truit*) era, en ocasiones, sinónimo de druida, y no sólo por homofonía, sino porque a estos maestros espirituales del pueblo se les reconocían virtudes propias de estos peces, como su astucia y su capacidad para alcanzar lugares contra corriente, donde otras especies

El Acebo.

no podían llegar. Paralelamente, tendríamos que recordar que el acebo, cuyo nombre ostenta el pueblecillo donde hemos llegado, fue, como el muérdago, planta igualmente tenida por sagrada entre los pueblos celtas, como lo fuera el roble, uno de cuyos soberbios ejemplares hemos tenido la ocasión de ver a pocos kilómetros de aquí, en **EL GANSO**, recordando con su presencia y su advocación peregrina la sacralidad de que gozaba en otros tiempos. Si a estos recuerdos remotos, casi fijaciones ancestrales de devociones precristianas, añadimos la sacralidad de los dos montes señeros de estas serranías, el **Teleno** y la **Aquiana**, en cuyas cercanías existe un prado que todavía es conocido como el **Campo de las Danzas**, tendremos que aceptar la fundada sospecha de que la comarca que estamos atravesando estuvo, probablemente, impregnada de una especial sacralidad, desde mucho tiempo antes de que se convirtiera en obligado –y penoso– paso de los peregrinos que marchaban a cumplir su voto a Santiago de Compostela.

El paso por estos montes exige al peregrino lúcido, buscador de las esencias más profundas del Camino, que se aparte una y otra vez de la estricta senda marcada por la tradición jacobea y se interne por las veredas inverosímiles que habrán de conducirle hasta la serena realidad de estos parajes, marcados desde hace muchos siglos por seres humanos que también buscaron, precisamente aquí, la realización de sus ideales trascendentes: me refiero a los eremitas y a los monjes del Bierzo.

Tendremos que rememorar unas circunstancias que ya han surgido en más de una ocasión en estas páginas: la aparición, en el siglo IV, de la herejía priscilianista, que prendió como mecha rápida, sin que concilios ni encíclicas ni pastorales pudieran contenerla con su fuerza de auténtico redescubrimiento de la propia identidad. En segundo lugar, el surgimiento, como de la nada, del fenómeno anacorético, que estalló hacia el siglo VII y que se produjo de un modo muy concreto aquí, en esta zona que ahora estamos pateando; una querencia trascendente de características muy definidas. Siguiendo a un santo varón de raigambre goda, que había abandonado la vida muelle que le esperaba por la oración y la soledad de los montes en búsqueda del contacto con Dios Todopoderoso, miles de súbditos de la monarquía católico-romana nacida del III Concilio de Toledo se lanzaron, solos o en familia, a una experiencia mística singular. En pocos años, los valles de la serranía berciana se llenaron de anacoretas en multitudinaria soledad. Casas enteras, desde los señores hasta el último siervo, se deshicieron para instalarse sus miembros en las laderas y en las cumbres vecinas a los dos montes que ya celtas, cántabros y astures tuvieron por morada de los dioses: el **Teleno** y la **Aquiana**. Pero ¿quién era aquel bendito varón, aquel san Fructuoso que tantos seguidores logró reunir en torno suyo, hasta el punto de que hasta los reyes temieron por las levas para sus ejércitos?

San Valerio, también cenobita de las soledades bercianas, que le conoció y redactó el relato de su vida, nos cuenta que fue un noble godo destinado a ocupar una importante posición política en la corte toledana, pero que aprovechó la temprana muerte de sus padres para abrazar una vida religiosa que estaba seguramente muy lejos de las previsiones familiares. Tras haber realizado su aprendizaje en **Palencia**, con el obispo Conancio (607-639), se deshizo de todos sus bienes, liberó a sus esclavos y se retiró a la soledad de **COMPLUDO**, donde, según las palabras del biógrafo, buscó *«por testigos de sus penitencias los lugares más inhóspitos de los despoblados bercianos, y se escondía, ora en las selvas más recónditas y secretas, ora en los picos inaccesibles de las montañas, ora en las cuevas conocidas de las alimañas, donde ninguna mirada humana y sólo las divinas pudieran contemplarle».*

Reconozcamos, en principio, que, por inhóspita que el fiel san Valerio considerase esta comarca, muy poco tenía que ver con los secos desiertos tebanos donde fueron a refugiarse los primeros eremitas reconocidos. El paisaje descrito por nuestro hagiógrafo, que sustancialmente coincide –todavía– con el que hoy puede contemplarse, resulta bastante más propio de los ubérrimos entornos que sacralizaron los celtas, que veían en la naturaleza la expresión más inmediata y venerable de la divinidad.

Lo más cierto parece ser que aquella soledad le duró poco al noble godo metido a ermitaño. Antes de lo previsto, su fama de santidad comenzó a atraer a una multitud deseosa de su cercanía y de sus enseñanzas, ansiosa de ponerse bajo su maestrazgo. No podemos medir los sentimientos que albergaría el alma de Fructuoso ni es posible saber si realmente deseaba la soledad que se le negaba o si la utilizaría conscientemente como reclamo, pero lo cierto es que, pasado muy poco tiempo de silencioso rechazo, organizó la vida comunitaria instituyendo una primera *Regla*. Pensada especialmente para sus acólitos de **COMPLUDO**, con el tiempo, y a medida que amplió sus fundaciones lejos ya de los montes bercianos, la convirtió en una *Regla Común* que fue, de hecho, la que se expandió por toda la Península antes de que viniera a imponerse definitivamente con los cluniacenses la de San Benito.

Tanto a través de las disposiciones regulares, como por lo que cuenta san Valerio en su biografía, así como a través de la única carta conocida y su correspondiente respuesta, que se cruzaron san Fructuoso y el obispo san Braulio de Zaragoza, podemos hoy estar en condiciones de profundizar en lo que realmente significaba aquella concentración masiva de piadosos monjes en los montes de León. Sorprende en la respuesta de san Braulio el hecho de que advierta al abad del Bierzo sobre el tremendo peligro que podía suponer, tanto para él como para sus seguidores, el contagio de la herejía priscilianista, que en ese instante, y a tres siglos ya de la sumaria ejecución del hereje y de sus allegados, seguía indudablemente viva en buena parte del territorio leonés y en la práctica totalidad de Galicia. Y sorprende precisamente porque viene a confirmar, contra la obcecada opinión de los más eruditos exégetas de la catolicidad hispánica, que en la Península persistió, durante más tiempo de lo que se quiere reconocer oficialmente, un sustrato pagano que se manifestó paralelamente en los numerosos conatos heréticos y en el seno mismo de la más estricta ortodoxia.

La espiritualidad, en aquel contexto cenobítico, era algo muy distinto al concepto establecido por la Iglesia romana. La *Regla* de Fructuoso, aun sirviendo como norma de conducta perfectamente válida en un ambiente monástico convencional, nos da cuenta de una realidad que no casa con los principios regulares que se impondrían siglos más tarde. Hay en ella una atención especial hacia actitudes que sólo cabe juzgar como simbólicas y hechos concretos que conducen al convencimiento de que el monaquismo berciano poseyó rasgos inhabituales, incluso partiendo de realidades sociológicas diferentes a las que ocasionarían los cambios propiciados por las distintas reformas benitas.

Tomando casi al azar los preceptos de san Fructuoso, sorprende la importancia concedida, por ejemplo, a los monjes-pastores, que tendrían que penar como gravísimo pecado cualquier descuido que cometieran con las reses que tenían a su cuidado. El hecho se documenta en el § 9 de la *Regula Communis* y coloca a los pastores en ese nivel de santidad que ha hecho que fueran, secularmente, los descubridores providenciales de todos los prodigios milagreros medievales y, muy especialmente, de los hallazgos de imágenes de Nuestra Señora que llenaron los odres devocionales de los siglos XII y XIII. El pastor se convertía así en un personaje con ribetes simbólicos, heredero de tiempos oscuros de la protohistoria, en los que el cuidado de los rebaños y la domesticación de las reses era práctica vital de toda subsistencia, digna del mayor respeto y la más devota veneración.

Por otra parte, no pueden tomarse como simples costumbres de una época la transformación del cenobio en una auténtica comuna, en la que, con todas las limitaciones añadidas, el hecho evidente nos coloca ante unas concentraciones monjiles que eran auténticos complejos sociales de espiritualidad, donde se practicaba un modelo distinto, pero perfectamente coherente, de convivencia y en los que estaban representadas todas las necesidades, todas las normas de conducta y todas las jerarquizaciones que exigía la vida social de sus miembros, desde las guarderías a los hospitales, desde la disciplina «ciudadana» –el cenobio venía a ser como una ciudad de la que el abad era el alcalde– a los tribunales de justicia y desde la hacienda pública a la industria.

Por eso precisamente causa extrañeza el hecho de que muy pocos estudiosos del pasado hayan caído en la importancia fundamental que supone la presencia de *ferrerías* en el ámbito monástico berciano. Y es el caso, sin duda incontrovertible, de que esa presencia no puede sustraerse al hecho de su contemporaneidad con el auge del monacato. En las proximidades de **COMPLUDO**, convertida hoy en insólito y fundamental monumento nacional, persiste una de esas **ferrerías** en perfecto estado de funcionamiento, que los expertos han datado sin polémicas en la misma época en la que se fundaría por aquellos montes el primer cenobio fructuosiano. Aún puede verse y comprobar su perfecta concepción técnica, a muy pocos kilómetros del pueblecillo en el que vive el guarda encargado de su custodia, siempre dispuesto a poner en funcionamiento el mecanismo del yunque y de la fragua, movidos ambos artilugios por la exclusiva fuerza de la corriente del riachuelo que pasa al lado de la herrería, que tuvo que ser obra de monjes y útil indispensable para el cenobio, lo mismo que lo serían otras más o menos cercanas, de las que se conservan apenas los restos, como la que estuvo situada a orillas del **río Oza**, a dos pasos del pueblo de **SAN ESTEBAN DE VALDUEZA**, en el camino desde **PONFERRADA** a **PEÑALBA DE SANTIAGO**.

La sociedad eremítica berciana, tal como se ve a través de las reglas, estaba concebida como un colectivo autosuficiente, en condiciones de poder prescindir de cualquier otra urgencia que no fuera la espiritual que, teóricamente, la ligaba al mundo cristiano-romano. Sus miembros no poseían nada, pero la comunidad se abastecía no sólo de lo que le legaban sus neófitos al integrarse, sino de las donaciones de los nobles y de los monarcas. Se tiene noticia de que Recesvinto hizo entrega al cenobio de **COMPLUDO** de la práctica totalidad del territorio comprendido en la vertiente norte de los **montes de León**.

Dato curioso y esclarecedor: la comunidad concedió una importancia fundamental al arte de los constructores sagrados. Y si el recinto del cenobio tenía en sí mismo escasa importancia, la estructura del templo y de las construcciones consideradas como patrimonio monástico fueron importantísimas, aunque hoy apenas queda de ellas más que el recuerdo. Hace más de treinta años, partiendo de la memoria popular que llamaba a una determinada zona el **Campo de la Iglesia**, se hicieron excavaciones superficiales y se descubrieron muros y un par de columnas visigóticas con sus correspondientes capiteles, que pusieron en evidencia el emplazamiento del primitivo monasterio. Por otra parte, en las proximidades del **monasterio de San Pedro de Montes**, que fue la segunda fundación de san Fructuoso en aquellos parajes, se encuentra todavía la **ermita de Santa Cruz**, que originariamente fue edificada por un discípulo del santo, Saturnino, que tuvo fama de taumaturgo y que, aún hoy, después de su reconstrucción en el siglo X, conserva algunos elementos de su primitiva construcción.

Para encontrar el modelo de lo que más probablemente serían las construcciones primeras de los cenobios bercianos, tendríamos que desplazarnos a la única que ha quedado en pie, muy lejos de allí, en el pueblo portugués de **Montelios**. Allí se encuentra la capilla que el santo mandó levantar cuando fue obispo de **Braga** y preparó en ella su sepulcro, del que siglos después el obispo Gelmírez se llevaría los restos, para mayor gloria de la sede compostelana (1102).

Nada queda completo de aquellos primeros tiempos, resulta prácticamente imposible reconocer ninguna estructura de las que se levantaron en aquellos primeros momentos, pero queda la memoria, transmitida fundamentalmente por el mismo san Valerio, de monjes arquitectos y canteros, entre los que se encuentra Baldario, de quien cuentan que seguía al abad a todas partes, que construía caminos, que tallaba primorosamente la piedra y que era capaz de labrar peldaños en las

San Pedro de Montes.

cuestas rocosas que conducían a las cavernas que san Fructuoso escogía como retiro. También se habla del Saturnino que acabo de mencionar, que llegó *«de tierras lejanas»* y levantó sin la ayuda de nadie aquella **capilla de Santa Cruz** en el lugar donde el santo fundador se detuvo a rezar, antes de elegir el lugar donde se levantaría **San Pedro de Montes**. Valerio decía de él que, además, hacía milagros, que tenía extraordinarias dotes de sanador, que las puertas de los templos se abrían solas a su paso y que las *serpientes* le guardaban las lechugas del huerto e impedían que los ladrones se las llevasen.

La singladura histórica de los cenobios bercianos se interrumpe con la llegada de los musulmanes. Al menos, con ella deja de hablarse de aquel mundo que llegó a ser casi un estado de ascetas dentro del reino visigodo. La memoria de san Fructuoso siguió viva, sin embargo, a través de los milagros que se le atribuyeron, muchos de los cuales tuvieron a los libros como protagonistas: códices salvados de tempestades, de riadas, de incendios, de latrocinios y de deterioros. Fructuoso pasó así a formar parte de la *Leyenda Dorada* de los eremitas hispánicos, como san Millán de la Cogolla o san Frutos del Duratón. Formó parte de una estirpe de seres excepcionales, auténticos maestros entregados desde sus soledades a la búsqueda de otras formas de existencia que a la Iglesia le costaba reconocer, pero que el pueblo asumió sin esperar a que las autoridades competentes se dignasen dar el espaldarazo de una santidad que la feligresía daba por descontada.

Se puede suponer que una parte de los eremitas bercianos, empujados por el avance islámico, emigrarían hacia las tierras del norte y se refugiarían en Asturias, aunque cabe pensar que otros se quedarían entre la morisma sin ser apenas molestados, según era precepto islámico para con los cristianos. De hecho, la vida en las montañas sagradas quedó larvada durante más de doscientos años. Pero resulta curioso comprobar que, cuando la espiritualidad renace en aquellos lugares, lo hace entregándonos la obra seguramente más perfecta y misteriosa del arte que llamamos mozárabe: **la iglesia de Santiago de Peñalba**.

Para alcanzar este templo, que fue en su día uno de los múltiples monasterios mozárabes de la comarca, hay que bajar hasta la entrada misma de **PONFERRADA** y emprender la subida a los montes desde la carretera que sale casi al pie del castillo templario. La carretera, después de pasar por **San Pedro de Montes**, sigue pasado **PEÑALBA DE SANTIAGO** hasta las alturas del que llaman, en la falda misma de la Aquiana, el **Campo de las Danzas**.

Aprovecharemos el paso por **Montes** para contemplar lo que queda del **monasterio de San Pedro**. Ya dije de él que fue fundado por san Fructuoso, pero de lo que mandó construir, probablemente al monje Saturnino, no queda absolutamente nada. Apenas un amasijo de ruinas de diversos estilos, presididas por una poderosísima torre cuadrada, casi cúbica, de tejado puntiagudo de pizarra. El claustro, neoclásico, amenaza con dejar caer sus piedras agrietadas sobre el primer osado que se meta en el herbazal de su recinto; y, en una pared, se encuentra aún una **lápida** de mármol con la inscripción fundacional que, traducida del latín, nos cuenta: «*El bienaventurado Fructuoso, insigne en méritos, después de fundar el cenobio complutense, hizo también un pequeño oratorio en este lugar, con nombre de San Pedro. Tras ello, el no inferior en méritos y santo Valerio amplió el edificio de esta iglesia. Modernamente, el presbítero Gena-*

dio, ***con doce frades****, la restauró en el año 895. Una vez hecho obispo, lo erigió de nuevo desde sus cimientos admirablemente como se observa,* ***no mediante opresión del pueblo****, sino con gran costo y sudor de los frades de este monasterio. Fue consagrado este templo por cuatro obispos: Genadio, asturicense; Sabarico, dumiense; Fruminio, legionense, y Dulcidio, salamanticense, en 24 de octubre del año 919.»*

Me ha parecido de interés esta transcripción porque, aparte la exactitud de las fechas, que nos sitúan la época precisa de la remodelación del monasterio, nos pone en contacto con un nuevo personaje fundamental en esta historia de ascetas constructores: san Genadio, que en esos momentos era ya obispo de **ASTORGA**; y, sobre todo, porque nos habla de dos circunstancias realmente significativas en el contexto de esta historia.

La primera de ellas es la presencia de los doce monjes que acompañaron a san Genadio en la refundación de San Pedro, hacia el año 895. Esa presencia significaba un cambio total de postura ideológica: la resantificación de un lugar que ya había sido sospechosamente santificado anteriormente, pues hay veces en las que el empleo de la cifra puede ponernos en contacto con la nota dominante de un determinado ideario. Y no deja de ser una curiosa coincidencia que san Genadio, el reconstructor, aparezca enarbolando el solarismo duodecimal cuando doscientos años antes san Fructuoso esgrimía el lunarismo de la cifra 10 como estructura básica de su ideario monástico, haciendo que todos sus monjes se agrupasen *de diez en diez* bajo la vigilancia de un Decano que sería su responsable inmediato ante el abad (*Regula Communis*, 12). El ser humano, y con él las instituciones que crea, se ha movido por esquemas que a menudo se han adoptado sin conciencia clara de sus motivaciones, pero con la intuición de que, respetándolas, los resultados serían más correctos y se cumplirían las pautas armónicas que perfeccionarían la tarea emprendida. Pueblos e ideologías se han movido intentando que tales pautas se cumplieran, porque así los trabajos y los días adquirían sentido por su coincidencia con los módulos sagrados aceptados según las circunstancias. Y esa querencia ha sido, a menudo, mucho más consciente de lo que pudiera parecer en una primera aproximación.

La segunda clave a la que hacía referencia es la proclama de que los doce recién llegados fueron monjes constructores, cuyos esfuerzos contribuirían a evitar labores serviles a una población normalmente sometida a los caprichos de los gobernantes, tanto civiles como eclesiásticos. Creo que nos encontramos ante un testimonio que ya se nos reveló en **San Miguel de Escalada** y que nos plantea la presencia de una fraternidad estructurada a modo de logia y llegada a aquel rincón perdido del antiguo reino leonés para emprender la tarea de transformar, a través de canones muy precisos, la arquitectura sagrada de un enclave que ya dos siglos antes había descollado como sede de constructores sagrados.

Por desgracia, el estado actual de **San Pedro de Montes** no nos permite comprobar lo que entonces se hizo, pero no deja de ser significativa la personalidad misma de este Genadio que, a través de su mismo nombre, nos pone instintivamente en contacto con ese mundo mágico popular de seres semidivinos que los indoeuropeos llamaron *jinas*, los árabes *djinns* y la mitología popular *genios*, a quienes distintas culturas tuvieron por criaturas a medio camino entre las divinidades y los mortales y que el mismo profeta Mahoma no desterró de su doctrina, por lo que siguieron formando parte de la mitología popular del aquel islam del que procedían los monjes mozárabes que se instalaron en los montes de León para reiniciar su vida contemplativa y desarrollar su ideario trascendente.

Tendremos que seguir adelante para llegar a **PEÑALBA DE SANTIAGO**, donde habremos de encontrarnos ante una construcción que presenta rasgos fundamentales de un determinado concepto sagrado de la arquitectura. Al pueblo se llega ahora con la relativa facilidad de una carreterilla de montaña que sube por las paredes boscosas de las vertientes que conducen a la **Aquiana**. Es un villorrio chico, con casas de muros de piedra pizarra, techados de la misma laminación y con galerías de madera en las que se secan pieles y mazorcas. Las casas rodean la **iglesia de Santiago**, protegida por un murete de piedra y asomada, como todo el pueblín, hacia el gran vértice verde –blanquísimo en invierno– del **valle del Silencio**, aquel que se pobló hace mil cuatrocientos años de anacoretas godos.

Esta iglesia es cuanto queda del monasterio que erigió aquí el mismo san Genadio, bajo la dirección del monje arquitecto Viviano; y, si es cierto que en una visión inmediata poco se distingue de las edificaciones que la rodean, nos bastará con acercarnos a su puerta principal, enfilando el sur, para recibir sobre el alma y la carne, a un tiempo, el primer impacto de misterio, de asombro y de sorpresa. Se trata de una puerta geminada, compuesta de dos aberturas entre columnas absolutamente perfectas, auténticos Árboles de la Ciencia y de la Vida que sostienen los dos arcos de herradura más gráciles y airosos que jamás pudieran contemplarse.

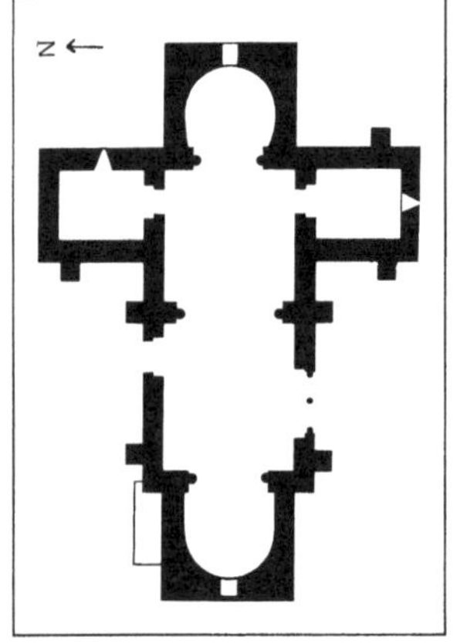

Santiago de Peñalba.

Para quien esté medianamente habituado a la contemplación del escaso arte visigodo y mozárabe que nos ha llegado, la visión de esta iglesia será como la culminación de cuanto en otros monumentos parecía un intento por lograr la perfección expresada por todo el significado sagrado de la construcción. Aquí, la (1) puerta, dividida por (2) entradas y sostenida por (3) columnas, es el paso obligado para penetrar en la casa de Dios. Pero ¿qué representaba en la mente del constructor ese arco que pretende cerrarse sobre sí mismo, como si el paso al interior del templo tuviera que exigir la resolución de un enigma propio de la esfinge? ¿Por qué había que entrar en el templo precisamente así y por ahí?

Hace unos años intenté llegar un poco más allá en los motivos que propiciaron el descubrimiento insólito del módulo del arco de herradura. Entonces comprobé –y hay motivos para pensar que esa comprobación fuera válida– que el arco en cuestión, primero visigótico, luego islámico y mozárabe, estaba concebido para incorporar a la construcción el módulo del *Sello de Salomón*: el Pentáculo regular estrellado.

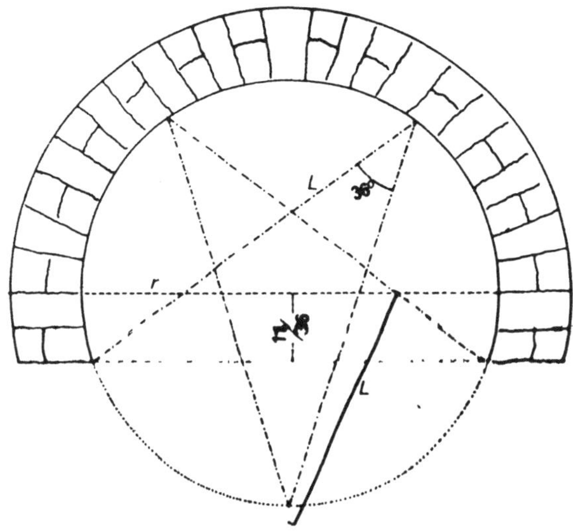

Sin embargo, las diversas construcciones visigodas existentes, y ponía el ejemplo de varias personalmente comprobadas, no habían alcanzado más que una inserción imperfecta de la figura. Sólo alguna posterior mozárabe, como **San Miguel de Escalada**, en la misma tierra leonesa en la que ahora nos encontramos, había logrado arcos en los que, como vemos en la primera figura, el pentáculo estaba inscrito, ¡sólo que al revés!, con todas las implicaciones mágicas que esta posición suponían.

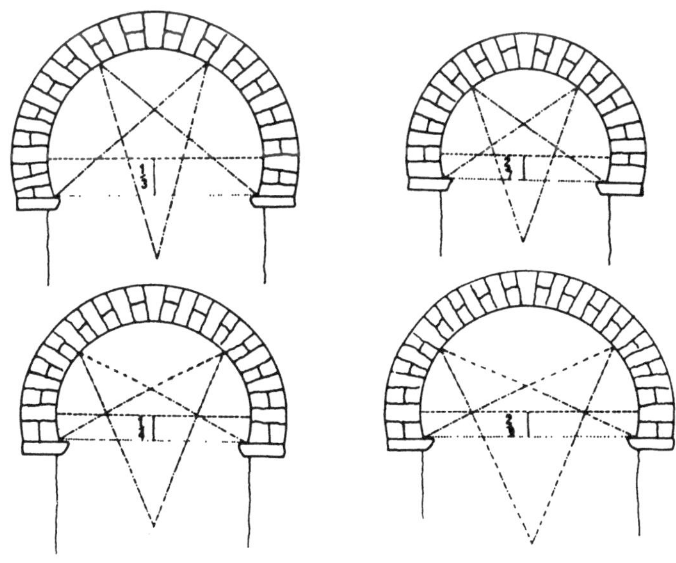

De pronto, la puerta de ingreso al templo monástico de **Santiago de Peñalba**, presentándonos de sopetón la quintaesencia del arco de herradura en circunstancias insólitas y nunca planteadas hasta ese instante, parece invitarnos a desvelar su mensaje y a que meditemos por qué se ha de pasar por la desvelación del secreto si se quiere asumir el pleno sentido del significado del templo. Y ese mensaje escondido, nuevamente ligado al sentido sagrado del número, a la religión pitagórica que tan sutilmente habría de pasar a la ciencia matemática islámica, está presente en la adecuación numerológica de la puerta, allí representada para permitirnos un acceso consciente al lugar sagrado. El sentido de las circunstancias es altamente revelador:

EL UNO: La puerta única, la sola entrada que puede tener el adepto para penetrar en el recinto sagrado.

EL DOS: Los arcos geminados, Cástor y Pólux de la dualidad, recuerdo inmediato de santos gemelos y de adeptos que deben acercarse de dos en dos al conocimiento que uno jamás podría captar.

EL TRES: Las tres columnas, representación de los tres árboles sagrados: el de la Vida, el de la Ciencia y el del Bien y el Mal; tres representaciones de una sola realidad trascendente, como tres imágenes

Santiago de Peñalba.

de una sola Trinidad sagrada, de la que cada forma religiosa extraerá el fruto que mejor se adecue a sus fines trascendentes.

EL CUATRO: Se encuentra en la estructura general de la puerta, pero es también el cuadrado –representación de los 4 elementos– que queda representado si seguimos el trazado en arco de herradura, en el cual, por primera y probablemente única vez en la historia de la arquitectura, se inserta con perfecta exactitud el CINCO, el pentagrama sagrado, el Sello de Salomón buscado y rebuscado por los arquitectos.

Un sello que, formando parte íntima de su magia, jamás podrá ser explícitamente representado, pero que estará presente en las estructuras sagradas fundamentales de la Edad Media, desde Chartres a Santiago de Compostela.

La puerta nos ha puesto sobre aviso del carácter de una edificación sagrada que ahora vamos a visitar. Pero entendámonos: es cierto que toda iglesia es, en principio al menos, una construcción sagrada. Sin embargo, cabe perfectamente distinguir entre aquellas que podríamos llamar casas de oración o lugares de reunión y culto de la feligresía y aquellas otras concebidas, desde su misma ubicación y hasta sus cimientos, como espacio en el que el ser humano puede tener la oportunidad de entrar en contacto con su propia trascendencia o con lo que las formas religiosas identifican con la divinidad. Salomón, venerado por cristianos, musulmanes y judíos, dejaba bien patente este contacto cuando dedicó su templo: «*Que estén abiertos tus ojos día y noche sobre este lugar, del que has dicho: "En él estará mi nombre", y oye toda oración que tu siervo haga en este lugar*».

Se trata, pues, del contacto que se establece a través del Nombre de Dios, el nombre que todos los pueblos de la tierra han tenido como prohibido o imposible de pronunciar, sólo expresable a través de sus símbolos o de sus proyecciones, a través del número que expresa el valor divino de las obras creadas y que influye en la existencia trascendente por mediación de la cifra.

Muy a menudo, estos especialísimos templos despiertan sospechas fundadas sobre intenciones que sobrepasan los límites de lo permitido, porque contienen enigmas que fomentan la sensación de que debieron de servir para algo más que de casa de oración. Salta a la vista aquí, apenas traspasado el umbral de su increíble **puerta sur**, la estructura de una edificación sorprendente, que poco o nada deja adivinar desde afuera lo que esconde en su interior: nada menos que una nave con DOS ábsides casi perfectamente simétricos, uno hacia la cabecera y otro hacia los pies del templo, con un arco central que divide todo el espacio en dos sectores iguales y de sentido contrario, casi exacta imagen especular el uno del otro. Los ábsides están construidos en arco de herradura el que mira a oriente y en semicírculo el que mira a occidente. En ambos, la forma curva se da en el interior; en el exterior aparecen cuadrados. Ambos están abovedados con bóveda de siete sectores, y el de poniente, que llaman «contraábside», contiene los sepulcros de san Genadio y de san Urbano. San Genadio fue el recreador de la vida monástica berciana, como ya hemos visto, pero de este san Urbano, que nada tiene que ver con ninguno de los papas elevados a los altares con este nombre, nada sabemos. Da la impresión de que se encuentra allí simplemente para acompañar a Genadio, para justificar su presencia con una figura gemelar que le sirva de compañero en la búsqueda anunciada, lo mismo que san Fructuoso tuvo a san Baldario y lo mismo que san Valerio tuvo siempre consigo a su sobrino Juan.

Los dos ábsides, o mejor, las dos mitades complementarias de **Santiago de Peñalba**, parecen tender a decirnos, lo mismo que los dos arcos de la entrada y lo mismo que los dos sepulcros, y hasta lo mismo que las dos sacristías a las que se accede desde la mitad oriental del templo, que aquel recinto fue ideado para un doble ceremonial, para unos ritos dúplices, no sé si tal vez secretos unos y públicos los otros, que convertirían el templo a una singularidad muy especial, siempre regida por la doble y triple estructuración de su fábrica, toda ella provista de una armonía difícilmente repetible.

Si salimos de nuevo al exterior y le damos la vuelta al templo, veremos, en su lado norte, pegada al ábside de poniente, una capilla que fue levantada algunos siglos después, aunque conserva el primitivismo de unos capiteles de clara tradición prerrománica que sostienen dos arcos, bajo los cuales, apenas levantada del nivel del suelo, se encuentra la lápida sepulcral de otro santo igualmente desconocido: san Fortis. Y, si seguimos un poco más allá, llegaremos a la puertecilla norte del templo, que se mantiene siempre cerrada y que, en su muro interior, conserva una lápida que nos confirma el misterio que se resume en todo el templo:

IN ERA C.ª XLIII PVS M(I)L(E) ET IDVS
M(A)RC(I); CONSECRATA EST ECL(ESI)A
IN HONORE(M) S(A)NC(T)I IACOBI AP(OSTO)LI
ET PLVRIMOR(VM)

Algo que, traducido, nos descubre lo realmente insólito e incomprensible: que este templo de **Santiago de Peñalba**, construido con su correspondiente monasterio hacia principios del siglo X, ¡no sería consagrado hasta doscientos años después!, en 1105 (era de 1143). Nadie, al menos que yo sepa, ha dado una explicación capaz de desvelar este misterio.

Si nos asomamos ahora a la espadaña que sostiene el campanil de la iglesia, encontraremos, frente a nosotros, flanqueado por la **peña Alba** que pende sobre el pueblo y le da nombre y por el pico de **la Aquiana**, que se vislumbra al fondo, la impresionante extensión del **valle del Silencio**. A la entrada del valle, a media hora escasa de camino desde el pueblo, por senderos por los que pasan malamente las caballerías, se llega a la **cueva de San Genadio**, actualmente protegida por una verja de hierro para preservarla de los devotos que la habrían depredado totalmente para llevarse siquiera fuera una piedra de aquel lugar donde el santo se retiraba para buscar su particular contacto con la divinidad. Asomándose a la pequeña explanada frente a la cueva, se tiene a la vista todo el valle, con el monte sagrado al fondo, el monte a cuya cumbre se retiró, según cuentan, el último caballero templario del castillo de **Ponferrada**, el señor de Bembibre. En su falda tenían lugar los ritos religiosos de los antiguos celtas que vivieron en el **Castro Rupiano**, que todavía domina con sus restos la otra ruina de San Pedro de Montes.

Cueva de San Genadio.
Peñalba de Santiago.

Si nos detenemos a analizar serenamente toda esta serie de circunstancias que hemos venido apuntando desde que nos metimos a redentores por las anfractuosidades de los **montes de León**, nos daremos cuenta de que esta comarca es, probablemente, la protagonista de una de las aventuras intrahistóricas más apasionantes de nuestro pasado; una aventura que siempre deja resquicios para profundizar un poco más en los motivos ocultos que la guiaron, desde instantes perdidos del pasado, de esa historia que carece de punto y aparte, porque cada camino nuevo que se emprende en ella, cada recuerdo que se rememora, nos conducen por un laberinto capaz de revelarnos todo un universo de sugerencias insólitas.

Haciendo un resumen que sólo sería otro punto de partida, habría que establecer las relaciones que van conformando la personalidad profunda de este pedazo abrupto de tierra leonesa, desde un pasado oscuro de santidad hasta, al menos, ese momento en que lugares como **Montes** y **Peñalba** se convirtieron en feudo de la orden de Cluny y en enclave propicio a la vigilancia por parte de los caballeros templarios de **Ponferrada**. Entre esos dos instantes, al menos, toda una serie de acontecimientos clave se acumulan en el territorio, aportando datos que configuran la identidad de la comarca y que no son simples sumas de circunstancias desligadas de su propia continuidad, sino causa y efecto de una sola evidencia trascendente. Desde la guerra contra cántabros y astures hasta el hallazgo de las claves gnósticas de la Maragatería, desde la explotación romana de los yacimientos auríferos del **Cúa** y del **Sil** a la expansión del priscilianismo como retorno a prácticas religiosas ancestrales y autóctonas, desde el arribo de san Fructuoso a los valles del Teleno hasta la aparición templaria de la **Virgen de la Encina**, desde el origen de los maragatos a la aventura peregrina de la Ruta Jacobea, desde el ancestral culto a la **Cruz de Ferro** hasta la presencia de las **herrerías**, toda la realidad histórica de esta tierra contiene indicios suficientes para saber que enlazan, justifican y confirman la identidad de la tierra que, desde todos sus rincones, influyó secular y definitivamente sobre el comportamiento de los seres humanos y sobre las creencias, devociones y esperanzas de quienes vinieron a hollarla.

Pero hemos de regresar a nuestro Camino, que dejamos en **EL ACEBO**, para acercarnos a **COMPLUDO** y su **herrería**, y sobre el que luego saltaríamos –no por voluntad, sino por necesidad expositiva– para alcanzar **PEÑALBA** y **SAN PEDRO DE MONTES**, que sólo tienen acceso desde la ya no tan lejana **PONFERRADA**, aunque forman parte de este paisaje montañoso. Pido excusas por estos saltos necesarios, si queríamos tener una visión conjunta de lo que fueron estas tierras y, sobre todo, de su significado para el peregrino de ojos abiertos que no recorre la Ruta sino iluminándose a cada instante con lo que cada trecho le va revelando.

Es curioso comprobar que **EL ACEBO** no fue abandonado como lo fueron otros pueblos de las inmediaciones. Cabría incluso pensar que la vida en esta aldea fue un poco más soportable que la de sus vecinos y que el motivo histórico se encontrase en la secular exención de impuestos que tuvieron sus habitantes, a cambio de la obligación de colocar estacas en el Camino y cuidar de su estado a lo largo del trecho que media entre este lugar y el de

FONCEBADÓN, con el fin de evitar que los peregrinos pudieran perderse al atravesar aquellos montes en pleno invierno

La carretera, al pasar por **EL ACEBO**, mejora paulatinamente y el Camino la acompaña hasta poco antes de la entrada en **RIEGO DE AMBRÓS**, para pasar –el Camino– por el centro del pueblo, mientras la pista asfaltada lo rodea y pasa ante una **ermita derruida** que, al parecer, estuvo dedicada a los santos gemelos Fabián y Sebastián.

Aquí, emprendido un nuevo descenso de las laderas, el Camino marcha un poco separado, porque corta curvas de nivel que el asfalto tiene que sortear. Después de cruzarse ambos en un lugar llamado de **la Casa Hexagonal**, vuelven a separarse por cuatro kilómetros más, hasta encontrarse ante el **santuario de la Virgen de las Angustias**, a la entrada misma de **MOLINASECA**. Las puertas de este santuario están cubiertas por placas metálicas que ocultan la madera originaria, porque los peregrinos, por una de esas manías ancestrales sin motivos aparentes, tenían la costumbre de arrancar astillas para guardarlas a modo de reliquias.

Molinaseca.

El Camino atreviesa entonces el **río Meruelo** por un puente del siglo XII, mientras la carretera ha de hacerlo por otro moderno que hay unos quinientos metros más allá. **MOLINASECA**, que tiene una **torre que llaman de doña Urraca**, era atravesada por los peregrinos a lo largo de la **calle Real**, o por su paralela. Al final, donde ambas se encuentran, se abre una plaza que remata el pueblo y comunica con la carretera. Allí hay un crucifijo en el que la cruz ha sido resguardada por una capillita de piedra, siempre llena de flores.

Nuevamente en el Camino, hecho uno con la carretera, seguimos unos escasos seis kilómetros hasta que se tiene a la vista la ciudad de **PONFERRADA**. Poco antes de entrar, por el **puente del Paso de la Barca**, había peregrinos que preferían seguir un trecho la corriente del **río Boeza** y entrar por el **portal del Mascarón**. Ambas entradas llevaban, sin embargo, al mismo lugar: al impresionante castillo que habían regido los monjes templarios y al **santuario de Nuestra Señora de la Encina**, una advocación mariana igualmente promovida por los freires de la Orden.

TRANCO XIII: DESDE PONFERRADA HASTA CEBREIRO

PONFERRADA es ciudad asociada como ninguna otra al Temple. Y lo es a pesar de que la Orden poseyó lugares más importantes y hasta más significativos que éste a lo largo y ancho de la geografía peninsular y varios de ellos en el mismo Camino Jacobeo que recorremos. Claro que ninguno de esos emplazamientos puede compararse, al menos en lo que a presencia inmediata se refiere, con la mole impresionante de este castillo, aunque es cierto también que una parte sustancial de su estructura fue construcción posterior a la suspensión de la Orden (1312).

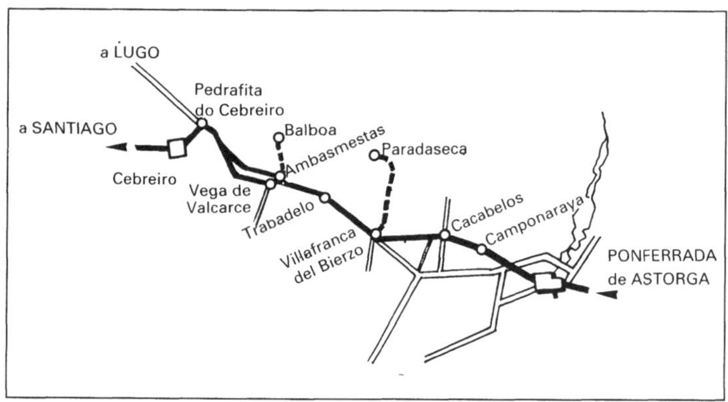

El asentamiento templario de **PONFERRADA** data de los últimos años del siglo XII, cuando ya la Orden estaba firmemente asentada en los reinos peninsulares. Fue donación hecha por Fernando II de León, que pagaba así al Temple su ayuda en las campañas por tierras extremeñas, donde los freires obtuvieron igualmente numerosas plazas arrebatadas al islam. Pensando en motivos estrictamente utilitarios, hay que pensar que la Orden se inclinaría por esta posesión berciana –donde ya existía una fortaleza levantada sobre el antiguo castro romano– por la existencia, en las cercanías, de restos de varias explotaciones de oro que cabe suponer que intentarían reutilizar, como sin duda explotaron las que existieron en las cercanías de **Rabanal del Camino**. En cualquier caso, y en apoyo de esta idea, tendríamos que recordar que el castillo ponferradino se convirtió en centro de un anillo de fortalezas también templarias –**Pieros**, **Cornatel**, **Corullón**– que parecían destinadas a proteger en apariencia al peregrino jacobeo, aunque, en realidad, lo que protegían era la gran zona minera donde persistía algo más que el recuerdo del oro que Roma extrajo tanto de los montes como del lecho de ríos como el **Sil** y el **Cúa**.

No ha quedado señal ni documento alguno que confirme esta sospecha. Y esa misma carencia de pruebas ha inclinado a pensar que los templarios se establecieron aquí con el único fin de cumplir con su compromiso fundacional de proteger las rutas peregrinas. Tampoco hay quien haga hincapié, como es natural, sobre el hecho de que **PONFERRADA** era un lugar *espiritualmente estratégico,* centro de un territorio cuyas riquezas no se limitaban al oro que explotaron los romanos, sino de ese otro oro simbólico que se supone capaz de transformar al individuo que busca la trascendencia y es capaz de penetrar la entraña de la tierra con afanes sinceros de realización interior. Casi bastaría con recorrer la fortaleza y comprobar como, desde ella, se contempla la más increíble panorámica sobre los montes sagrados del Bierzo, para sentir íntimamente la evidencia de esa suerte de vigilancia trascendente que fue una de las metas primordiales de la Orden. El castillo es una auténtica atalaya sobre la espiritualidad la-

Ponferrada.

tente de aquella tierra, un observatorio privilegiado desde el que cabe comunicarse a distancia con el misterio de un territorio que fue, como hemos visto, una especie de Valle de Josafat donde acudieron a lo largo de siglos miles de buscadores para encontrar su identidad salvífica.

Cuando los templarios comenzaron a levantar su castillo, muchas circunstancias de esta comarca lanzaban ya al aire sus mensajes subliminales. Allí se encontraban los monjes herederos de las motivaciones místicas de Fructuoso y de sus compañeros del **valle del Silencio**. Estaban los recuerdos del Oro, como una doble llamada a la riqueza material y espiritual de la Tierra. Estaba aquel **puente sobre el Sil**, obra de pontífices iniciados, que el obispo Osmundo reforzó, un siglo antes de que llegaran los templarios, con hierros que dieron nombre a la población que crecía lentamente en sus orillas: *Pons Ferrata*. Estaba cercana la presencia de un pueblo misterioso, el de los maragatos, sospechosos de haber conservado antiguas formas mistéricas de religiones olvidadas convertidas en creencias heréticas, como la del maestro mártir Prisciliano o como aquella otra que brotó en torno al año 445 y cuyos cabecillas tuvieron que ser conducidos a **Mérida** para ser juzgados, porque era insegura su condena si se les procesaba en su propia tierra. Y estaba, finalmente, la presencia palpable de una escuela de constructores iniciados que, además de la reveladora arquitectura de **Santiago de Peñalba**, habían dejado muestras de su hacer en otros templos, de los que queda el de **Santo Tomás de las Ollas**, que tendremos la oportunidad de visitar a la salida de **PONFERRADA**, o el de **Nuestra Señora de Vizbayo** (s. XI), sobre el otero próximo al castillo templario, que viene a representar el sutilísimo factor transicional entre la forma mozárabe y el románico.

Los templarios, por su parte, aportaron la visión mágica de la realidad, y así, cuando aún estaba en plena construcción su recinto fortificado, surgió la milagrosa aparición de **Nuestra Señora de la Enci-**

na, de la que se dijo que fue traída de Jerusalén por santo Toribio, el de **Liébana**, y que sería escondida ante el consabido peligro musulmán y encontrada en el instante oportuno por canteros del castillo en un bosque vecino, gracias a las luces celestiales que surgieron en sus proximidades para justificar el prodigioso encuentro. Pero no fue sólo el hallazgo de aquella imagen, que habría de convertirse en patrona de toda la comarca berciana, sino otros elementos sagrados que echaron raíces en aquellas tierras, conformando una tradición que sellaría la identidad espiritual del entorno. Bueno será recordar la **Vera Cruz** de doble brazo de Astorga, o el **Cristo** llamado **de las Maravillas**, obra de fines del siglo XIII, que se encuentra en el **templo de San Andrés**, frente al castillo templario, al que todas las noticias hacen proceder de la capilla de la fortaleza.

Sin embargo, con toda esta tradición tan cuidadosamente sembrada, es significativa la carencia de noticias puntuales que aporta la documentación existente sobre las actividades de la Orden en Ponferrada. Gil y Carrasco, un valioso novelista ponferradino del siglo XIX, escribió una obra, *El Señor de Bembibre*, que se basó principalmente en tradiciones populares de aquellas tierras y que tenía por protagonistas a los templarios. Y Campomanes, en sus *Disertaciones*, cita como de pasada varios pleitos con los santiaguistas asentados en **Astorga**. Y comenta a propósito: «*Con lo que no es dudable que en él* (reino de León) *tenían ya los templarios tiempo havía establecidas casas y prioratos*». Las más recientes investigaciones sobre el castillo se limitan a darnos datos sobre escasos hallazgos y a lamentar que la investigación haya sido tan escasa y discontinua.

Sin embargo, esta extrañeza se explica si recordamos que todo lo concerniente al Temple fue materia olímpicamente despreciada por la investigación oficial, que se limitó a repetir cuatro lugares comunes, para despachar de un plumazo la fudamental importancia que tuvo la Orden en España, superior en muchos casos a la que llegó a tener en Francia y en el resto de Europa. Sin duda, un estudio concienzudo pondría al descubierto la importancia real que sin duda pudo tener el castillo en esa sutil frontera en la que la historia se transforma en intrahistoria y penetra en la conciencia de los acontecimientos y de los personajes, propocionando una visión nueva y mucho más cierta de lo que fue realmente nuestro pasado.

Luis San Juan, un investigador ponferradino que va por libre y al que Morín y Cobreros incluyeron en su *Camino iniciático de Santiago*, se adentró en el misterio de la arquitectura de la fortaleza y apuntó toda una serie de circunstancias que, sin duda, necesitarían de una investigación más amplia y laboriosa, pero que señalan hacia la identidad astrológica de la estructura de las torres del castillo. Otras sugerencias tendrían que ir dirigidas al estudio concienzudo de las piedras sillares que se encuentran labradas con la letra tau, la de los antonianos y los templarios, aunque éstos, curiosamente, apenas las emplearon en el resto de sus edificios. Esta relativa proliferación del signo, según parece, está destinada a llamar la atención sobre su significado más profundo, enlazado con la THETH del alfabeto hebreo y con sus connotaciones kabalísticas más que con la TAU griega. Su signifcado sefirótico como *fundación* llama a una interpretación acorde con principios distintos a aquellos por los que se regía la sociedad de su tiempo, condicionada por las normas emanadas de la más estricta ortodoxia romana.

La naturaleza secreta de estos principios, expresados mediante el símbolo, se revela discretamente a través de la gran cantidad de lugares que ostentan nombres relacionados con la espina, que podemos ir encontrando profusamente repartidos por el Bierzo y por sus inmediaciones. Y se llega a la conclusión de que tantos signos de reconocimiento tuvieron que ver con aquella fortaleza, que ocupa una extensión de más de 10.000 metros cuadrados y que fue sede central de las actividades del Temple en la comarca. Lo confirman las señales puestas en el castillo por los mismos templarios, señales como la del triple recinto amurallado, que los freires utilizaron ya en sus castillos palestinos y no sólo como táctica defensiva, sino como solución esotérica propia de construcciones de carácter iniciático.

Yo dudo ante una interpretación puntual del mensaje transmitido por los templarios ponferradinos a través de los signos de reconocimiento, pero pienso que hay en esa evidencia otras claves que, convenientemente pulidas y razonadas, pueden resultar aún más inquietantes y más significativas del ideario esotérico sobre el que el Temple basó su poder y labró su perdición. Para llegar a ellas haría falta que los responsables del cuidado y conservación de este patrimonio histórico, que a veces parece patrimonio exclusivo de quienes no tienen interés alguno por poner en evidencia su importancia real, abrieran las puertas a las iniciativas que surgieran y olvidasen las supuestas verdades inamovibles que pesan como losas sobre toda la cultura europea, para dejar paso a quienes están dispuestos a partir de cero y acoger la realidad como se presente y no según los aires culturales, religiosos o políticos que soplen en cada instante.

Como ya ha quedado apuntado, aparte la obligada visita al castillo, **PONFERRADA** tiene otros puntos de interés que guardan relación con la presencia templaria en la zona. Muy cerca del castillo, como ya indicaba anteriormente, está el **Cristo de las Maravillas**, en la **iglesia de San Andrés**, y el **santuario de Nuestra Señora de la Encina**, un templo del siglo XVI con remates tardíos y una imagen que ya no es la originaria, aunque en ella, como tan a menudo sucede, se canalice la tradición que el pueblo sigue teniendo presente a la hora de expresar sus devociones.

Cruzando el puente sobre el **río Boeza**, ahora en sentido contrario al de la llegada de los peregrinos, nos encontramos, a la derecha, un camino en cuesta que habrá de llevarnos, entre las casas de un antiguo arrabal, a la **ermita de Nuestra Señora de Vizbayo**, que nos pondrá en contacto con una estructura casi ruinosa, en cuyo interior, si tenemos suerte de que alguien nos abra, contemplaremos unos arcos que abandonan lentamente la

Ermita de Vizbayo.
Ponferrada.

forma de herradura para adoptar casi el medio punto conformador del románico incipiente.

Saliendo de **PONFERRADA** por el lugar del viejo puente que dio nombre a la ciudad y tomando al poco trecho una calle en cuesta que nace a la izquierda, llegaremos a la **iglesia de Santo Tomás de las Ollas**, otro de los monumentos mozárabes del Bierzo y otro de los enigmas que plantea este tipo de construcción, que conviene siempre analizar en profundidad y que aquí muestra claves que merecen ser observadas.

La primera sensación que produce **Santo Tomás de las Ollas** es la de que, vista desde el exterior, la iglesilla tiene un aspecto diametralmente distinto al que ofrece desde dentro. Observando el esquema de su planta, nos damos cuenta de que el ábside fue estructurado como cuadrado desde fuera y redondo –u oval– desde dentro. Lo mismo sucede en otras construcciones de la misma época que hemos visitado anteriormente, pero será ahora cuando nos detengamos en esta circunstancia, para avanzar la idea de que tal estructura pudiera deberse a la expresión de una determinada clave a descubrir, tal vez la que nos pondría en paralelo la estructura del templo con la forma propia del sepulcro, cuyo interior sería labrado destacando la silueta del cuerpo humano que sería colocado en él.

El ábside, además, vuelve a darnos, a través de un arquería compuesta por nueve arcos de herradura ciegos, iluminados desde lo alto por troneras minúsculas, la clave del número 9 y la sacralidad de dicha magnitud, que posteriormente, y sobre todo en la arquitectura promocionada por la orden del Temple, habría de convertirse en motivo fundamental de determinados monumentos especialmente sagrados.

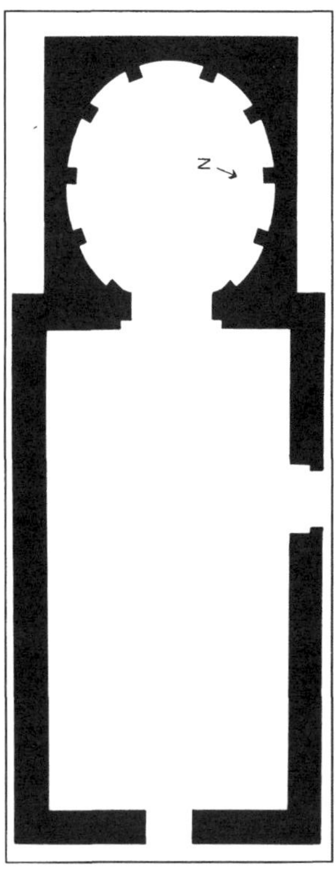

Santo Tomás de las Ollas.

Tendré que repetir una vez más que el peregrino consciente no debe seguir el Camino con las orejeras puestas, sino que, cuando sea menester, debe apartarse de él y husmear en su entorno, para sumar a la enseñanza de la Ruta aquellas otras, subsidiarias y ocasionalmente fundamentales, que pueden conducirle a un mejor entendimiento del lugar y de las circunstancias por las que discurre su caminar. En este caso, antes de seguir el Camino desde **PONFERRADA** conviene que nos desviemos un trecho, tomando la carretera de Orense (N-120) hasta el pueblo de **CARRUCEDO**, al borde del lago del mismo nombre, una de las escasas reservas naturales con las que todavía contamos. De este lago se narran tradiciones que lo sitúan en la corriente del gran mito noético, una de las cuales explica el origen mismo del embalse como un desastre que originó Dios en persona, cuando se llegó por aquellos pagos vestido de peregrino y no encontró en todo el lugar más que un hombre bueno que accedió a darle cobijo. La venganza divina fue anegar el pueblo entero, después de avisar al justo para que se pudiera poner a salvo junto a su familia, como un Noé o un atlante de ir por casa.

Muy cerca de **CARRUCEDO**, casi partiendo de las estribaciones del pueblo, hay una pista asfaltada y en buen estado que nos introduce en uno de los parajes más insólitos y estremecedores que podemos imaginar: **Las Médulas**.

LAS MÉDULAS son los restos de las explotaciones auríferas romanas en esta comarca. Unos restos que nos dan cuenta de como montes enteros fueron literalmente aplanados por la fuerza de las aguas que llegaban por siete canales aún perfectamente localizables, desde 20 y hasta desde 40 kilómetros de distancia, construidos en rampa, de tal modo que las aguas, al ser soltadas, irrumpían con toda su furia contra las paredes de esquistos y cuarcitas que conformaban la estructura de los montes. Aún es posible perderse por el interior de los túneles a los que iban a parar estos canales, de cinco y hasta de diez metros de diámetro, y asomarse, desde las bocas, sobre el circo de tierras arruinadas en las que trabajaban hasta 30.000 esclavos cántabros y astures, removiendo los más de ciento cincuenta millones de metros cúbicos de ganga, de la que se extraía una media de uno a siete gramos de oro por tonelada.

Ésta es la *ruina montium* romana, la destrucción sistemática de los montes para la extracción del mineral más codiciado por el género humano. Pero no deja de ser curioso ir comprobando que el oro parece estar presente en esta comarca como elemento fundamental de una mítica riqueza arcaica que, sin embargo, no ha convertido la zona en un El Dorado del mundo occidental. Resulta significativo recordar que, aún hace poco tiempo, existían por aquí los llamados «aureanos», que lavaban arenas presuntamente auríferas al paso del **Sil** por el último pueblo de León: el **PUENTE DE DOMINGO FLÓREZ**. Sin embargo, aunque el oro existía, no se tiene noticia fidedigna de que nadie saliera de la miseria gracias a ningún hallazgo providencial.

Hay que plantear la posibilidad de que la leyenda dorada de la comarca estuviera cargada de otros significados, esta vez simbólicos, y que el término *oro* representara, en muchas ocasiones, más ese tesoro interior que aporta el conocimiento trascendente que el metal dura y pobremente obtenido mediante el esfuerzo de los hombres y la destrucción de una naturaleza que, según puede verse, terminó ofreciendo la grandiosidad y el misterio de un paisaje casi wagneriano, reacio a cualquier comparación con una realidad inmediata cualquiera. Porque contemplar **Las Médulas** es asistir a una de las primeras depredaciones ecológicas de la historia, saberse ante el testimonio de un primer caso de alteración sistemática del entorno natural. Y se siente que, con toda probabilidad, no es gratuito que ese ejemplo pueda contemplarse a un paso de la senda de los peregrinos jacobeos, precisamente cuando una de las metas de esa búsqueda era la identificación del ser humano con la naturaleza. Esa *Ruina Montium* tuvo que ser, para quien llegase hasta allí, la prueba apocalíptica de un fin del mundo provocado por el hombre, o como la contemplación de un gigantesco proceso alquímico de transformación de la obra divina por el poder del ser humano.

La historia de las explotaciones auríferas romanas del Bierzo, y en particular las de estas Médulas en las que nos encontramos, no deja de ser extraña. No se tiene noticia de prospecciones anteriores a la conquista. Y, sin embargo, entre los restos arqueológicos encontrados, hay abundancia de fíbulas y brazaletes de oro puro que datan de comienzos de la Edad del Bronce. Curiosamente, todos estos objetos se hallaron muy lejos de los lugares que constituyeron las monumentales explotaciones de Roma. Estrabón (III, 2, 8) cuenta que los turdetanos lavaban arenas auríferas. Y Plinio, en su *Historia natural* –escrita cuando ya las minas estaban funcionando en el Bierzo a pleno rendimiento–, describe con los nombres usuales los distintos métodos de explotación y hasta, muy a menudo, al citar un determinado objeto, o un método de trabajo, utiliza la palabra *vocant* (llaman), dando a entender que el nombre no correspondía a una voz latina habitual, sino a expresiones indígenas adoptadas por los conquistadores.

Según los cálculos establecidos, entre los años 206 y 168 a. de C. la Hispania Citerior proporcionó a Roma 11.122 libras de oro y catorce coronas del mismo metal. Al comienzo de la época imperial, Augusto ordena la explotación masiva del territorio de la Gallaecia y, a fines del siglo I, se crea el cargo de procurador de Asturias y Gallaecia. Plinio sigue dando cuenta del producto bruto de las minas: 20.000 libras de oro puro al año. Sin embargo, a fines del siglo II, es decir, apenas con doscientos años de rendimiento, dejan de aparecer noticias sobre las explotaciones mineras. La dinastía de los Severos suprime el cargo de procurador y, casi inmediatamente, el silencio más incomprensible se cierne sobre esta obra de titanes. H. Quiring, geólogo, piensa que los filones de cuarzo con sulfuros auríferos de aquellas zonas eran decididamente pobres y que su rendimiento resultó ya muy escaso para el esfuerzo desplegado, a medida que la dureza de las rocas iba afluyendo a la superficie.

Si a estas afirmaciones añadimos las descripciones de Plinio, donde no figura noticia alguna sobre la economía de estas explotaciones, cabe pensar que si el oro existía, los métodos empleados por los romanos no se correspondían con la cantidad de mineral extraído. El oro, sin embargo, estaba allí, aunque a lo largo de toda la Edad Media no aparece la menor noticia sobre el oro de los montes bercianos. Tampoco hay, sin embargo, dato alguno que impida suponer que los templarios hicieran uso de aquellas explotaciones abandonadas en beneficio de la orden. Y no deja de ser significativo que, siguiendo la carretera de Orense, veamos muy cerca de la desviación que nos introduce en **Las Médulas** la silueta enhiesta del **castillo de Cornatel**, que fue también posesión templaria reestructurada por los arquitectos de la Orden, que reformaron sus muros para darles una sugerente forma pentagonal.

Volvamos a **PONFERRADA**. Mientras el peregrino motorizado sale de la ciudad por la antigua carretera de La Coruña (N-VI), que ya ha sido desviada para que toque el menor número posible de núcleos de población, hasta llegar a **CAMPONARAYA**, el peregrino que marche a pie deberá internarse por las escombreras de **COMPOSTILLA** y cruzar varios nudos de carretera altamente peligrosos y engañosos, para atravesar la aldea de **COLUMBRANOS**, camino de **VEGA DE ESPINAREDO** –recordar el topónimo espinoso– y llegar, por el llamado de siempre **Camino Real**, a **FUENTES NUEVAS**, sin nada que sea digno de visitarse. La unión con la antigua carretera se realiza en **CAMPONARAYA**, donde hubo –que ya no– dos hospitales de peregrinos. Desde aquí a **CACABELOS**, carretera y Camino se separan a la altura de la **cooperativa vinícola**, siguiendo éste por el lado derecho, en paralelo al asfalto, para encontrarse de nuevo a la entrada del pueblo.

En **CACABELOS** se cruza el **río Cúa** y, apenas cruzado, se tropieza el peregrino con la mole de la **ermita de la Quinta Angustia**. Un lugar, por cierto, en el que realmente merecería poco la pena entrar, a no ser porque, en la **puerta de la sacristía** que da al altar Mayor, se encuentra una de las tallas más curiosas e intrigantes que cabe imaginar. Se trata de una tabla del siglo XVII, tal vez de los inicios del XVIII, de traza torpe y simplona, en la que vemos al Niño Jesús que se distrae jugando a las cartas con un fraile. Claro que, a la curiosidad de esta escena, se añade la naturaleza de las cartas que están en juego, pues mientras el frailecillo ofrece al niño un *cuatro de copas*, el Niño devuelve al fraile un *cinco de oros*.

Nos encontramos, sin duda, ante una partida de cartas iniciática, decididamente simbólica, pues el cuatro y las copas son la representación inmediata de los placeres mundanos, mientras que el cinco y los oros (otra vez el oro en danza) dan cuenta de la experiencia trascendente que confiere al ser humano su auténtica dimensión espiritual. Lo curioso es que, lo mismo que en el juego de la Oca, el mensaje le llega al buscador a través de un juego llamado de azar, tradicionalmente hermético, luego heterodoxo: el Tarot, padre de todos los juegos de cartas que hoy se emplean en Occidente o en África. Pero lo realmente significativo es que tales juegos, siempre formalmente proscritos por las autoridades religiosas, tengan aquí una representación «a lo divino» que proclama su vigencia trascendente, como lo fue en sus remotos orígenes.

Sin duda hemos entrado en un tramo del Camino en el que el adepto ha pasado por los estados de muerte y recorrido infernal del conocimiento. Ahora, precisamente, está empezando a despertar a la nueva vida que se le ofrece. No lo olvidemos en lo que nos resta de este tramo, porque tendremos que comprobarlo una vez más. Los signos que se le muestran al peregrino –con el permiso del párroco de la **Quinta Angustia**, que tal vez ponga pegas a la entrada de ciertos devotos– son signos de poder, señales que ya está en condiciones de utilizar, porque ha alcanzado, teóricamente al menos, un grado de saber que le va a conducir, si sabe seguir las señales, a la Gloria, al término de la Gran Obra. Y que, aunque aún habrá de superar pruebas muy duras, algunas incluso fatales, se encuentra ya al otro lado del río de la vida; ya está, por lo tanto, por encima de las reglas que ha tenido que cumplir hasta aquí. Puede jugar, lo mismo que juega el Loco del Tarot. Ahora, el peregrino empieza a conocer otras reglas: las del juego iniciático que le hicieron ver de niño, para que se habituase al mandala del parchís, al besante del ajedrez, al valor de los veintidós arcanos de la baraja, a las trampas y los premios del juego de la Oca.

Aparte esta ermita, que ya era citada a finales del siglo XII y que está consagrada a esa advocación de **Nuestra Señora** que por aquí llaman **del**

Camino y que es realmente **de las Angustias**, con su hijo muerto sobre el regazo, **CACABELOS** tuvo otra iglesia célebre, consagrada también a santa María: **Nuestra Señora de la Plaza**, que fue consagrada nada menos que por el obispo Gelmírez. Claro que de aquella primera edificación apenas queda un ábside, porque todo lo demás fue transformado según los gustos del barroco.

Antes de cruzar el **puente** que lleva a la ermita que hemos visitado, sale a la izquierda del Camino un ramal estrecho que se dirige hacia el sur. Conviene seguirlo a lo largo de poco más de tres kilómetros. Nos llevará al **monasterio de Carracedo**, uno de los enclaves apartados del Camino que el buen peregrino no debe perderse bajo ningún concepto.

Hace más de cien años, nuestro gran don Francisco Giner de los Ríos, que tuvo también sus aficiones arqueológicas y mostró en ellas un agudo sentido de la sincronicidad, visitaba este monasterio y terminaba sus impresiones con estas palabras: «*Por desgracia, el monasterio de Carracedo no lleva trazas de poder servir dentro de poco a turistas ni arqueólogos, ni para ilustrar esta cuestión ni otra alguna de ninguna clase*». Pocas cosas han cambiado para el visitante actual. Se limpiaron algunos escombros, se amontonaron piedras para proceder algún día a una hipotética restauración que nunca ha sido emprendida seriamente, se atrancaron los portones para dificultar el acceso a los furtivos, pero la ruina parece inexorable y el prestigio de los que abandonaron el monumento a su suerte no ha sufrido por ello, puesto que los pocos libros que hablan aún de este lugar se encuentran casi tan perdidos como él, retirado de las rutas seguidas por quienes repiten por curiosidad el viejo Camino.

Sin embargo, es precisamente este emplazamiento retirado de la Ruta peregrina el que contribuye más a que el monasterio tenga para nosotros ese especial interés que vengo anunciando. Pues los cistercienses que lo habitaron se mantuvieron al margen de la Ruta y los peregrinos les ignoraron, como lo ignoran los arqueólogos en tanto que problema que más vale eludir, por las incógnitas que plantea su estructura, conflictivas y difíciles de desvelar por ser un enorme, casi monstruoso batiburrillo de épocas y de circunstancias casi imposibles de ser clarificadas. Su promoción a Monumento Nacional en 1929 sirvió de poco; todo lo más, para no ser totalmente depredado, que ya es algo.

Los orígenes documentados del monasterio se remontan al año 990, en que fue fundado por el rey leonés Vermudo II, al que llamaron el Gotoso. Fue un rey metido hasta la médula en el Milenio que iba a cumplirse a los pocos años de su muerte (998) y vivió de lleno la aventura mesiánica del Azote de Dios, Almanzor, primero como tributario suyo y luego como enemigo declarado; pasó su vida entre acatamientos al islam y espantadas ante unas aceifas que alcanzaron hasta la misma Compostela, cuando las campanas de su catedral fueron llevadas a Córdoba a lomos de prisioneros cristianos para servir de lámparas en la Gran Mezquita que, por entonces, estaba siendo ampliada hasta los límites que tiene hoy mismo.

El **monasterio de Carracedo** es, en este sentido, una especie de antítesis y paralelo al mismo tiempo de la mezquita cordobesa; antítesis porque, en su construcción primera, se aferró a las más viejas tradiciones precristianas de una tierra que no las había abandonado totalmente. Paralelo porque, si la mezquita aprovechó para su construcción elementos de construcciones romanas y visigodas, Carracedo se concibió a partir de las piedras labradas de *Bergidum Flavium*, el viejo castro astur de **La Ventosa**, que aún luce sus últimos restos a dos kilómetros del monasterio, a orillas del **Cúa** y a medio camino de **CACABELOS**.

De la primitiva fábrica no queda nada, al menos en lo material. La destruyó Almanzor en una de sus aceifas, probablemente la que luego le llevaría hasta Compostela, el año 997. De ser cierta esa fecha, el primer monasterio apenas gozó de siete años de vida en su primera etapa. En cualquier caso, sólo es seguro que, cuando se ordenó su reedificación fue en tiempos de Alfonso VII, en 1135, cuando el lugar llevaba mucho tiempo derruido, aunque cabe suponer que no tanto como su ruina podría hacer pensar.

Cuando hoy nos acercamos al **monasterio de Carracedo**, ya antes de atravesar el portón que lo guarda, nos sorprendemos al ver la **torre cilíndrica** que se eleva junto a la puerta. Muchas de sus piedras lucen grabados de gran tamaño imposibles de confundir con marcas de cantería, pero claramente distintos también a cualquier signo piadoso que los monjes hubieran trazado para anunciar la santidad del lugar. Son signos cuidadosamente cincelados en la piedra, que representan laberintos, madejas, soles, lauburus, estrellas y svásticas. Surge la pregunta sobre la intención de tales grabados, más propios de conciencias arcaicas que de la estricta temática cristiana, aunque sirvieron a menudo como elemento complementario en las construcciones sagradas medievales. Aquí, sin embargo, aparecen como parte del lenguaje de la piedra, formando parte de una decoración caprichosa, irregular, que reclama la atención del visitante, como si le avisara de lo que va a encontrar una vez traspuesto el muro, o como si tuviera la función que se les atribuye a las figuras de los pórticos románicos, puestas allí para dar cuenta resumida de lo que hay en el interior y guardarlo de intenciones ajenas a su misma función. O a modo de una invitación muda a reflexionar sobre lo que el visitante habrá de encontrar una vez traspuesto el portón del recinto.

¿Y qué es lo que encuentra? Casi en su totalidad, una pura ruina. Un patio inmenso, sembrado de piedras labradas sin lugar donde ser repuestas. Las huellas de una arquería gótica desaparecida. Al fondo, la entrada a la iglesia y a la sala capitular. Y, en lo alto, la torre del campanario, mandada levantar sobre la que fue derribada en el siglo XVIII. A la primera ojeada, un anuncio de lo poco que vamos a encontrar en la segunda. Un trasiego ruinoso de muros, de naves, de tímpanos, de figuras, de sepulcros. Da la impresión de que nada está ya en su lugar originario, de que cada generación de monjes quitó algo, añadió algo o destruyó algo para construir encima otra cosa distinta. Eso es lo que más sorprende en **Carracedo**: el convencimiento de que, a lo largo de los siglos, hubo una intención tácita de transformar, de tapar a la vista algo que ya puede ser imposible de recuperar. Sin embargo, quedan al menos dos claves que aún invitan a la reflexión.

La primera es la enorme cantidad y calidad de signos de cantero que lucen estas ruinas. Como si los constructores se hubieran esmerado en dejar sus firmas para memoria –secreta– de generaciones posteriores. Las marcas canteriles son un losange insoluble, dignas de enloquecer al mejor gliptólogo. Una mezcla de estilos y de épocas que levanta la sospecha de que las piedras, como los tímpanos o como las arcadas, fueron constantemente cambiadas de sitio y de función, en un intento por barajar las señales hasta la saciedad, como se baraja un mazo de cartas para eliminar cualquier repetición de las jugadas anteriores.

La segunda clave tendría que investigarse a partir de lo que queda del recinto, en su doble versión de monasterio y de palacio, pues ambas funciones cumplió simultáneamente a partir de los inicios del siglo XIII, cien años después de su puesta a punto por los cistercienses del abad Florencio. En ese momento breve de separación del reino castellano, el rey Alfonso IX de León decidió añadir al cenobio un edificio que sirviera de residencia. Pero no lo concibió adosado a la estructura monástica, sino que lo mandó edificar encima de sus dependencias, siguiendo las líneas maestras de la edificación sagrada. Buena parte de aquel palacio se ha perdido o fue tan transformada que sería imposible intentar su reconstrucción sin dañar esquemas posteriores. Sin embargo, si subimos por la amplia **escalera barroca** que parte del antiguo claustro, a la derecha de la **sala capitular**, nos encontraremos arriba, primero, con un **vestíbulo** de gran **óculo** enrejado que se abre sobre las huertas del monasterio y, a continuación, con otro recinto, que llaman **la cocina de la reina**, que se levanta exactamente sobre la sala capitular que hay abajo y repite con toda exactitud su estructura.

En ambos casos se trata de una construcción cuadrada, dividida en nueve sectores iguales por medio de cuatro columnas centrales simétricas. En la sala capitular, las cuatro columnas están compuestas, cada una, por ocho fustes cilíndricos que se resuelven en un solo capitel. Los ocho capiteles están profusamente labrados con motivos de aves, monstruos, hojas y cabezas humanas, lo mismo que las repisas que recogen en los muros las caídas de las bóvedas. La bóveda central, más elevada, luce una clave que representa a un ángel portador de incensario. Los lucillos de los muros laterales se destinaron a tumbas de abades y la entrada, a poniente, es de un elegante románico con cuatro arquivoltas y decoración en la que domina la imagen de la rosa. Estas arquivoltas están sostenidas por tres columnas a cada lado y, flanqueando la entrada, quedan dos ventanas de medio punto, doble la de la derecha, sencilla la de la izquierda, en deliberada intención de ruptura de la simetría.

Mirador de la reina, en el monasterio de Carracedo.

En la estancia de arriba nos encontramos, tras el acceso desde el vestíbulo, con una salida orientada al este, hacia los huertos del monasterio. Esta salida, llamada el **mirador de la reina**, está compuesta por un arco que da a una breve galería cubierta, desde la que parte una escalinata empinada. La galería está constituida por tres arcos: dos laterales de medio punto y uno central apuntado, más estrecho y más alto que los otros; de éste parte la escalinata. A la izquierda de la puerta, una ventana larga, con parteluz; a la derecha, el óculo redondo del vestíbulo. Las cuatro columnas del interior, correspondientes exactas a las de la sala capitular de la planta baja, son en realidad pilastras octogonales rematadas por capiteles de decoración foliar. En el ángulo noroeste de la sala, una enorme chimenea adornada con conchas peregrinas.

El arte medieval no puede analizarse desde perspectivas funcionales ni en términos de capricho estético o de moda. El constructor, al edificar, no tomaba las técnicas exigidas como esquema a partir de las cuales desarrollar las estructuras. Al contrario, la obra se planteaba como un acto de creación cuyo modelo originario era la Creación misma. Así concebida participaba, pues, de unos esquemas considerados como sagrados, que contribuirían a que el edificio formara parte de la *Gran Obra* y tendría que encajarse para contribuir a la armonía divina que preside la totalidad del Cosmos. Nada, al menos en principio, podía ser gratuito o caprichoso, ni siquiera funcional, pues no podía admitirse otra funcionalidad que no fuera la del módulo sagrado que tenía que ser obedecido lúcidamente, mediante el número y el símbolo, es decir, a través de la medida justa y del estricto lenguaje sagrado.

Si aplicamos este sistema a **Carracedo**, veremos como las partes que se han conservado, y especialmente este conjunto, se complementan en un Todo. O mejor: que la edificación del palacio fue concebida como espacio que debería acoger, en cierto modo, la influencia energética que emanaría de la estructura monástica. Ciñéndonos a las dos edificaciones superpuestas, cabe destacar que la perfecta correspondencia entre ambas se plantea como una continuación espacial, tanto en la cuádruple estilización del árbol representado por las cuatro columnas-pilastras, como por la perfecta adecuación que supone la entrada-desde-poniente en el piso bajo y la salida-hacia-oriente en el alto. Igualmente, cabría llamar la atención sobre la circunstancia de que esa entrada y esa salida se complementan con elementos asimétricos muy concretos –ventanas dobles, óculos y ventanas simples– y con la decidida transición del románico de la planta baja al gótico incipiente de la alta. O, dicho de otro modo: desde la íntima sacralidad secreta del románico a la sacralización pública del gótico; o desde el secreto simbólico de la estructura esotérica al esoterismo a voces del simbolismo multitudinario que, como mensaje universal, representa el gótico.

En este sentido, me gustaría recordar las circunstancias que llevaron al soberano leonés Alfonso IX a construir este palacio. Alfonso IX era hijo de Fernando II y, lo mismo que su padre, fue un rey del que las crónicas permiten adivinar una personalidad sensible: amigo de trovadores, poco dado a empresas guerreras o políticas, con una vida íntima constantemente agredida por las circunstancias que le tocó vivir. Protector de la cultura y probablemente mal político, tanto su primer matrimonio con Teresa de Portugal como el segundo con Berenguela de Castilla fueron anulados por Roma en aras de una consanguinidad que la Iglesia ha sacado siempre a relucir cuando las circunstancias aconsejaban hacer gala del poder que confería la autoridad espiritual del papado. De este segundo matrimonio anulado nacería Fernando III, que sería, gracias a las componendas de su madre, el definitivo unificador de los reinos de Castilla y León; pero cabe suponer que fuera el primer casorio del rey leonés con la infanta de Portugal el que más hondamente calase en su espíritu, pues se mostró dispuesto a arrostrar las iras pontificias y la consiguiente excomunión con tal de no separarse de su esposa y de las dos hijas que tuvo con ella, Dulce y Sancha, y sólo las fuertes presiones de estado consiguieron que cediera en su empeño.

Todas estas circunstancias llevan a afirmar la sospecha de que fue precisamente esta separación, impuesta por razones políticas, la que impulsó a Alfonso IX a construir el palacio anejo al **monasterio de Carracedo**, que se destinaría a residencia de la reina repudiada, que vivió allí con sus hijas hasta que éstas decidieron abrazar la vida monástica. Si éste fue el motivo de la construcción del palacio, cabe muy bien partir de esta razón para analizarlo y hasta para confirmarnos en la sospecha fundada de que el soberano intentó rodear a la esposa de toda la protección que podía aportar una edificación deliberadamente concebida como prolongación de la sacralidad monástica.

Desde **CACABELOS** hay dos kilómetros escasos a **PIEROS**, que recorren juntos el Camino y la carretera. En **PIEROS** hubo un castillo de templarios que se arruinó totalmente. Desde allí, desviándonos pocos metros a la izquierda, se alcanza el emplazamiento de la antigua ciudad de los astures que dio nombre a todo el territorio: **Bergidum Flavium**. Todavía Alfonso IX, en el siglo XIII, intentó inútilmente que el viejo castro volviera a ser habitable.

Juntos el Camino y la carretera, se llega a la que llaman **la Venta del Jubileo** y allí se separan para entrar en **VILLAFRANCA DEL BIERZO** por distinto lugar. Este tramo del Camino, en buena parte hoy intransitable, permitía al peregrino entrar en **VILLAFRANCA** previo paso por la **iglesia de Santiago**, que poseía, y sigue poseyendo oficialmente, un curioso privilegio: el de conceder el jubileo de la peregrinación –es decir, el certificado de que la peregrinación se ha cumplido– a aquellos peregrinos cuyas fuerzas no les permitieran ya llegar a la meta compostelana.

El privilegio del jubileo nos obliga a reflexionar sobre sus motivos. Y creo que habrá que convenir en que sólo la circunstancia de haberse completado un ciclo iniciático justifica convenientemente este rito. En cierto modo, como parece apuntarse un poco más atrás, en el retablito barroco del juego de naipes, el peregrino consciente ha alcanzado aquí un grado de identificación con las claves camineras que le permite comprender, o intuir al menos, los motivos profundos de este viaje alucinante por las fronteras de la conciencia.

(En este sentido, querría contar una anécdota que da cuenta del calibre de este proceso. Me encontraba en el interior de la iglesia con Jesús Carro, que fue hasta su muerte reciente guarda de este monu-

Iglesia de Santiago.
Villafranca del Bierzo.

mento y hombre de profundos conocimientos en este intrincado laberinto de las claves del Camino, cuando apareció por la puerta un peregrino que se quedó un instante en el umbral, mirando en torno suyo, como si estuviera buscando algo. Jesús me apuntó en un susurro: «Ahora verás como entra y va a arrodillarse precisamente ahí». Y me señaló un lugar preciso de la iglesia que, naturalmente, no voy a revelar, porque sería como proclamar lo que sólo la intuición y el subconsciente deben descubrir. Pero, en efecto, lo anunciado se produjo al centímetro. El peregrino, un suizo que sabía tres palabras y media de castellano y que había venido hasta aquí a pie, se dirigió sin vacilar al lugar que Jesús me había indicado, se postró y se quedó un largo rato rezando o meditando. Luego aclaramos las cosas por distintos caminos. Jesús me confesó que, tras haber visto repetido constantemente aquel acto, recorrió la iglesia con la vara de abedul y, precisamente en aquel lugar, detectó una emisión de energía infinitamente superior a la que se detecta en todo el resto del templo. Por mi parte, le hice ver que el capitel románico que remata la columna inmediata al lugar representa un auténtico nudo de serpientes enroscadas. Recordamos juntos la imagen celta del símbolo de los *wuivres*, las corrientes telúricas que recorren la tierra transmitiendo las energías subterráneas, que eran representadas como serpientes y que se entrelazaban cuando un cruce de aquellas corrientes convertía determinados lugares en especialísimos emisores de energía. La confirmación de que aquella especial querencia se produjera en peregrinos que venían haciendo el Camino a pie desde sus inicios invita a reflexionar sobre muchas cosas que venimos apuntando desde que emprendimos esta romería como Camino de Aprendizaje. Aquí, el Camino se convierte en proceso, durante el cual se ofrecen opciones que el peregrino mismo, y nadie más que él, deberá saber elegir, asimilándolas o rechazándolas según su criterio. Pero sobre estas opciones está, antes de cualquier otra cosa, el

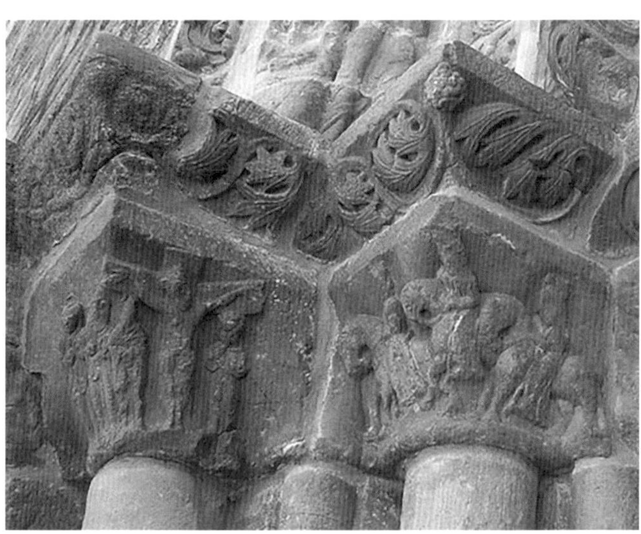

Iglesia de Santiago. Capiteles.

contacto con la tierra que, al menos en parte, conserva cualidades que se van transmitiendo al caminante que la recorre, lo mismo que se transmiten al vegetal que hunde sus raíces en el suelo y absorbe las sustancias que le son fundamentales para subsistir.)

Lo que sucede es que el ser humano, al contrario que el vegetal, vive sobre la tierra, y que su comunión con el suelo es un acto de voluntad, un esfuerzo de identificación que exige la constante superación de los mecanismos de la conciencia. Para colaborar en esa superación, el Camino se llenó de mensajes y de claves que tienen que ser resueltos, lo mismo que los enigmas que la Esfinge planteaba a Edipo. Todas esas claves unidas servirán para alcanzar el entendimiento visceral de la realidad, mientras que, si se atraviesa la Ruta como se cruza una calle cuando sólo nos importa alcanzar una meta puntual, se quedarán, en el mejor de los casos, en meras anécdotas o en simples curiosidades que jamás habrán de llegar a impactar sobre nuestra conciencia para transformarla.

La **iglesia de Santiago de VILLAFRANCA** cierra y abre a la vez este proceso, como cerraba una etapa del Codex Calixtinus. Y así, mientras asume la responsabilidad de conceder el jubileo, se carga de significados que abren la puerta a un nuevo tramo de la iniciación emprendida. El mensaje se endurece, se complica, exige más y más atención y, tal vez por ello, en la portada sur de esta iglesia de Santiago, la historia evangélica se plantea narrando de una manera secuencial lo que, si nos fijamos, se cuenta de una manera cronológicamente desordenada. El orden lo hemos de poner nosotros, porque es de naturaleza interna y nada tiene que ver con la narración establecida.

La primera figura del lado izquierdo de los capiteles nos muestra la escena del Calvario, pero la Cruz está esculpida de forma cóncava, como rompiendo las perspectivas sensoriales en una visión de ojo de pez. A continuación se encuentra la marcha de los Reyes Magos a Belén, siguiendo el Camino marcado por la estrella. Sigue la escena de los Magos durmiendo, mientras el ángel les despierta, envuelto en una nube y señalándoles la estrella que es la luz que ha de conducirles. Inmediatamente después, cerrando la secuencia, está la escena de la Adoración, pero con un personaje dormido, en este caso san José, y toda la secuencia parece trazada en forma cóncava.

Si hemos puesto suficiente atención en otras representaciones del románico, deberemos hacernos definitivamente a la idea de que esta aparente alteración temporal de los acontecimientos no es en modo alguno gratuita, sino que ha aprovechado más el significado de los acontecimientos que su continuidad, reordenando el mensaje conforme a la clave a revelar.

a) **El Calvario** es la etapa de la muerte iniciática, por la que ha pasado el Peregrino hasta llegar aquí; etapa de pruebas duras, de bajadas bruscas a los infiernos del conocimiento. Recordemos: desde los anacoretas de los desiertos hasta Carlos Castaneda y su brujo yaqui, siempre las primeras experiencias de un nuevo paso en la superación de la conciencia se traducen en vivencias de muerte y de martirio, momentos en los que el conocimiento se plantea como un horror escatológico que hay que superar y, sobre todo, entender.

b) **La marcha de los Magos** es la del iniciado, ya capaz de seguir la dirección que le marca la luz del conocimiento. Y lo hace a caballo, no sólo porque así lo hicieron los Magos según la tradición de los Apócrifos, sino porque, tras el despertar iniciático, el adepto tiene consigo un conductor, un vehículo que le ayudará positivamente hasta llegar a la meta.

c) **El sueño de los Magos** es el del ser humano que ha adquirido el conocimiento, pero no lo ha obtenido a través del raciocinio, que sólo habría de permitirle la captación parcial de la realidad, sino en el estado propicio para entender lo que la razón negará sistemáticamente: un estado paralelo a la irracionalidad del sueño activo, durante el cual cabe contemplar la Otra Realidad y la esencia misma de la Luz.

d) **La adoración de los Magos** equivale al reconocimiento y la sumisión a la vida adquirida tras la iniciación. Un vida lúcida, en la que ya no tiene cabida quien sigue en la ignorancia del sueño pasivo, como es, al parecer, el que se ha apoderado de la figura de san José. Fijémonos en que se trata de dos sueños distintos; que el primero es lúcido y contiene unos motivos vivenciales, mientras el segundo se limita al puro sopor.

Al entrar en el templo, la luz vuelve a adquirir su protagonismo sagrado. Siete ventanas altas, seis a los lados y una en el arco toral, más tres ventanas en el ábside nos dan la luz procedente de la cifra sagrada: el 10 = IO. El mensaje se hace exacto, preciso, sin aditamentos que escondan la evidencia. La misma construcción general, en la que se emplearon con aparente anarquía distintos tipos de piedra, resume el sentido general de la que configura la esencia de la construcción sagrada.

VILLAFRANCA DEL BIERZO está llena de iglesias y de conventos. Allí se instalaron jesuitas, agustinos, paúles, cluniacenses. Allí trabajaron Gil de Hontañón y muchos arquitectos del Renacimiento y del barroco. La sensación general del pueblo es la de un lugar dominado secularmente por la clerecía, que acudió llamada por la colonia de francos para la que la población fue creada. El conjunto da a la ciudad un aspecto eclesiástico y, en ocasiones, de franco dominio de las órdenes mendicantes sobre el total del caserío. Probablemente, en medio de ese ambiente, la iglesia más entrañable, aparte la de Santiago que ya hemos visto, sea la de **San Juan de Ziz**, que suele estar olvidada de las guías oficiales y oficiosas y que fue fundación de nuestro ya conocido san Fructuoso. Aún puede verse su entrada, con la clave formando una extraña cabeza bafomética, colocada allí, con toda probabilidad, por los caballeros de San Juan que tuvieron el templo bajo su custodia.

Desde **VILLAFRANCA** podemos desviarnos, tomando la carretera hacia el sur que parte de la plazoleta que precede al túnel bajo la N-VI, hacia **CORULLÓN**, donde aún se levantan las ruinas de un castillo templario y nos ofrece en sus **cuatro iglesias –San Fiz**, **San Pedro**, **San Miguel** y **San Esteban**– cuatro muestras significativas del románico berciano bien digno de analizarse. Entre ellas, la de **San Miguel**, de más seguro origen templario, nos muestra una excelente teoría de cabezas bafométicas sobre una formidable estructura de arquerías ciegas que constituyen el único adorno del templo.

Ha llegado el momento de emprender el acceso a Galicia. Pasado el túnel de la carretera nacional, Camino y carretera marchan un trecho unidos, subiendo por **PEREJE** y **TRABADELO**, siempre siguiendo la corriente del **río Valcarce**. Pasada **PORTELA**, a la altura de **AMBASMESTAS**, cabe desviarse a la derecha para visitar **BALBOA**, que aún luce la silueta ruinosa de otro castillo templario que formó parte de la red de fortalezas bercianas de la Orden. Otra ruina de castillo de templarios la tenemos junto a la carretera, entre **AMBASMESTAS** y **RUTELÁN**, junto a **VEGA DE VALCARCE**. Se trata del **castillo de Sarracín**.

En **HERRERÍAS**, el Camino y la carretera se separan. Y mientras éste emprende la subida de **CEBREIRO**, por las aldeas de **LA FABA** y **LAGUNA DE CASTILLA**, al otro lado del valle, la carretera sigue hasta **PIEDRAFITA**, para abandonar allí la radial N-VI y meterse hacia la izquierda para encontrarse en **CEBREIRO** con el Camino. Hace muy pocos metros que hemos entrado oficialmente en tierras de la Comunidad Gallega.

11. La carrera a tumba abierta

Es posible que alguno de los grandes especialistas del Camino venga a contradecirme con razones de peso y con pruebas palpables. Pero me limito a contar mi propia experiencia, el fruto de mis búsquedas particulares. En mis recorridos por el Camino, tanto en los totales como en aquellos que iban dirigidos a una meta determinada o a un concreto sector de la Ruta, he tenido siempre la sensación, y así no tengo otra opción que transcribirla, de que una vez llegado a Galicia, el peregrino captaba la cercanía de Compostela y ya no cabía dejarle claves para que progresara en su proceso preparatorio al gran encuentro jacobeo que le aguardaba.

Era como un afán incontenible por llegar. Tal vez sigue siéndolo para muchos. Era como un deseo de mirar únicamente hacia adelante, de remontar el monte del Gozo y vislumbrar las torres de la catedral compostelana. Era como un desafío que no comenzaba en Lavacolla, cuando se nombraba rey al peregrino que más corría y llegaba el primero, sino mucho más atrás, apenas traspuesto el milagro eucarístico de Cebreiro, cuando el Camino comienza a deslizarse suavemente, en rampas imparables hacia Samos. Era como si sólo importase correr, dormir, comer y reemprender la marcha para alcanzar la meta cuando antes.

Fijémonos, como en un adelanto a nuestro próximo tranco, en que los grandes monasterios gallegos –y en Galicia la vida monástica fue esencial a lo largo de toda la Edad Media– se encuentran todos, con la excepción de Samos, fuera de la Ruta Jacobea. E incluso Samos no era paso obligado, pues, tal como habremos de ver, había caminos alternativos que soslayaban el antiguo cenobio benito.

A lo largo de toda la ruta gallega, hasta alcanzar Compostela, abundan las iglesias, las tradiciones, los ritos propios del peregrinaje, los signos de reconocimiento. Pero, salvo muy pocas excepciones, cuanto se le sugiere al peregrino es: duerme aquí, toma aquí una piedra, llévala contigo, reza en esta ermita, pide aquí comida y albergue, santíguate al pasar frente a este crucero. En muy escasas ocasiones se le propone ese desvío que tan fundamental ha sido para nosotros hasta ahora a lo largo de la Ruta.

No queda sino preguntarse: ¿a qué tal prisa? ¿A qué dejar tan expedito de claves el Camino, cuando aún quedan por recorrer más de ciento cuarenta kilómetros, casi una quinta parte del Camino? ¿A qué tantas alternativas como surgen desde aquí, cuando todo el resto de la

Ruta fue tan puntillosamente exacto, sin opciones para acortar o alargar lo que estaba tan firmemente establecido?

Mi conclusión, y no digo que sea la única, ni siquiera la correcta, es que hubo un especialísimo interés, al establecer el Camino oficial, por evitar que el peregrino se percatase de que había penetrado en un territorio con tantas claves de conocimiento y con tanta carga tradicional sobre las espaldas de sus gentes, que corría el peligro de torcérsele la intención exclusivamente devota, en cuanto se le diera la mínima oportunidad de captar la esencia mágica de Galicia.

Ante esta sospecha, cabría la posibilidad, seguramente, de proponer un acto de rebeldía y sugerirle al peregrino rutas alternativas y desvíos heréticos que le llevaran, a menudo a pocos pasos de la Ruta establecida, a encontrarse con sorpresas que podrían hacer que se tambaleasen sus convicciones. Pero, puesto que el Camino se plantea con arreglo a estos módulos, cumplámoslos como los cumplió el romero de otros tiempos. No busquemos aún el Más Allá que el Camino nos ofrece. Y, si la ruta gallega exige apresurar el paso y no mirar a los lados, apresurémoslo también nosotros, que ya tendremos la oportunidad de cumplir con el rito iniciático del Más Allá cuando hayamos llegado a Compostela y hayamos agotado sus esencias.

TRANCO XIV: DESDE CEBREIRO HASTA SANTIAGO

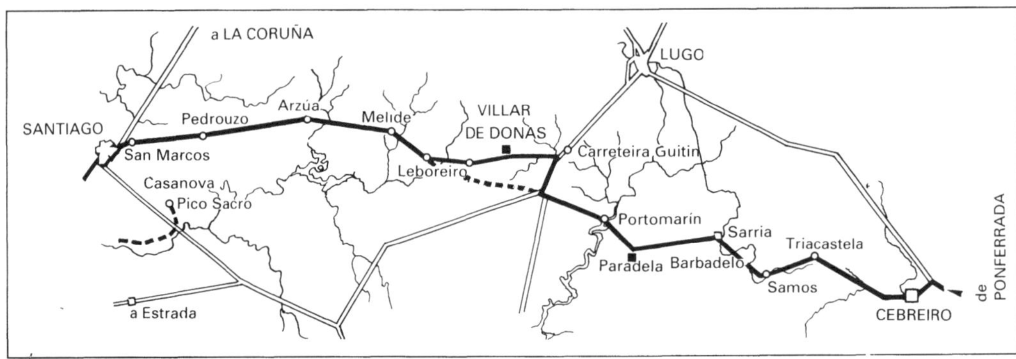

La primera impresión que recibe quien entra en el lugar de **CEBREIRO** es la de que lo que está viendo y lo que se le ofrece ver ha sido cuidadosamente diseñado para despertar sus emociones camineras y sus ansias turísticas. En primer lugar, porque aquel breve paisaje de pallozas célticas entre las montañas resulta insólito, por ser más propio de la tierra de **los Ancares**, que se encuentra más al norte y separada de esta comarca por el valle que conforma el puerto por el que acabamos de ascender. En segundo lugar, porque la mayor parte de aquellas construcciones arcaicas se presienten vacías, como si sólo permanecieran en pie a modo de escenario idóneo para producir el efecto emocional buscado. En tercer lugar, porque la sensación de soledad y de silencio que reina en la aldea –sobre todo si se atraviesa en los meses fríos– hace pensar en el decorado abandonado de alguna filmación, a la espera de que vengan los equipos de desguace para desmontarlo.

No es así. **CEBREIRO** es, efectivamente, una especie de fósil, pero por dentro está vivo de arcaicos modos de existencia que se aferran a la supervivencia en un medio hostil que lo ha aislado en la soledad de los montes, como en una reserva de la que no pudiera escapar nada de lo que todavía queda. Solo con sus recuerdos, intentando que no desaparezcan definitivamente, el aldeano de **CEBREIRO** ha habilitado pallozas abandonadas para guardarlos, con ese amor profundo por lo que ha sido propio y no se quiere que pase a ser trofeo o leña para fuego ajeno. Todo ha sido amorosamente recogido y guardado por un hombre que, sólo por su devota dedicación a aquel lugar y a lo que significa en el contexto caminero, habría merecido el respetuoso recuerdo de todos los que pasan por allí. El hombre es –fue, pues nos dejó hace pocos años– don Elías Valiña, párroco del lugar y, posiblemente, uno de los mejores conocedores del Camino que podían encontrarse por España. Aportó datos preciosos a la historia de las peregrinaciones, coordinó una de las mejores guías prácticas de la Ruta y supo vivir intensamente su significado desde este rincón donde desarrolló su labor durante tantos años. E hizo algo que podría parecer nimio, pero que creo que muchos como yo tendríamos que agradecerle, siquiera fuera por el ejemplo que supone para la caterva de párrocos reticentes que tomaron sus respectivos templos como feudos de los que disponer a voluntad: jamás, en todas las ocasiones que pasé por **CEBREIRO** en vida de don Elías, vi cerrada la **iglesia de Santa María la Real**; jamás nadie me ha impedido recorrerla a mis an-

Cebreiro.

chas, a la hora que fuera y en cualquier época del año. Si eso no es de agradecer, que lo diga cualquiera que haya emprendido la Ruta en los últimos lustros.

La **iglesia de Santa María** es chica, penumbrosa, sin un estilo definido a causa de todos los que se le fueron sumando desde aquel lejano siglo IX en que probablemente fue construida. Levantada en piedra pizarrosa, dominan en ella los tonos oscuros y el aspecto achatado de muchos templos montañeses que apenas levantan su humilde mole entre las alturas sobre las que se asentaron. Tiene tanto de ermita como de cripta, carece de iconografía, vale por su estructura total y concreta, por su forma, por el hecho de estar allí. No emociona por su pórtico, ni por un capitel, ni por un campanario más o menos airoso, sino por su pequeña totalidad.

Cuenta la historia que, en 1072, Alfonso VI entregó aquel lugar a los cluniacenses de la abadía francesa de **San Gerardo de Aurillac**, que permanecieron allí hasta la Desamortización que tuvo lugar a mediados del siglo XIX. Esta larguísima singladura de los benitos podría tal vez haber permitido sumar al lugar la enorme riqueza iconográfica que mostraron otros cenobios afectos a la Orden. Sin embargo, aquí no sucedió así. Fue como si la grandiosidad del entorno hubiera hecho inútil cualquier añadido ornamental; como si bastara la mera presencia de lo sagrado para obviar cualquier amago ostensible de riqueza material y palpable.

Dicen algunos, con cierta suspicacia lógica, que el milagro sucedido aquí en torno al siglo XIII y que muy pronto se convirtió en motivo de hitos peregrinos, reverenciado por reyes y papas, fue urdido desde las alturas –o desde las bajuras– para prestigio de una abadía que lo estaba perdiendo por la lasitud de sus monjes, en aquellas alturas en las que, una de dos, o se encuentra lo divino o se sumerge uno en la apacible nada del no-querer-saber. Pero es el caso que la propagación de su fama se unió prodigiosamente al mito griálico en los momentos en que los cantores del Gran Misterio, Chrétien o Wolfram, lanzaban su místico mensaje para conmover a los humanos hacia una búsqueda que podía ser capaz de transformar los impulsos para alcanzar el toque de la trascendencia, hasta el punto que muchos, de manera gratuita pero no carentes de cierta base, han querido ver en **CEBREIRO** el lugar sagrado donde se albergó el Grial, ese Grial que, en realidad, se encuentra dentro de cada uno de nosotros, esperando que lo descubramos.

Se dice en la historia de este milagro que un día de invierno un monje del cenobio celebraba en solitario el sacrificio de la misa cuando, a sus espaldas, escuchó los pasos de un campesino que iba a ser el único testigo del rito diario de la eucaristía que iba a tener lugar. Dicen que el monje, para sus adentros, se planteó la inutilidad de aquella devoción convertida en rutina y la absurda fe de quienes creían en la transubstanciación simbólica del acto que iba a tener lugar con la consagración del pan y del vino, que seguirían siendo pan y vino por más credulidad que se pusiera en las palabras. Pero, súbitamente, apenas pronunciadas las frases rituales, el incrédulo monje comprobó que, ante sus ojos, el pan se tornaba carne y el vino sangre. Y el prodigio quedó probado para siempre en los fragmentos que, desde entonces, pudieron ser vistos por todos cuantos se acercaron y quisieron comprobarlo. Se cuenta, como colofón, que los Reyes Católicos regalaron sendos pomos de plata y cristal de roca para conserva mejor aquellas piezas sagradas y que quisieron llevarse consigo la reliquia para tenerla siempre cerca. Pero que la mula que la transportaba, llegada a la aldea de **LA FABA**, apenas comenzada a descender la cuesta del puerto, se negó a seguir adelante, mostrando así que la evidencia palpable del milagro quería quedarse en el lugar preciso donde había sucedido. Aún pueden contemplarse el relicario regalo real, junto a la patena y el cáliz donde se produjo la divina transmutación, a la que se añade la circunstancia de que la imagen de la Virgen –una extraordinaria pieza románica del siglo XII– volvió la cabeza y se inclinó para observarlo. También se dice que las dos tumbas que se ven en el interior del templo son las del monje y el campesino que fueron protagonistas íntimos del prodigio sagrado.

No me cabe duda que el intimismo esencial que rodea el milagro eucarístico de **CEBREIRO** dista años luz de la parafernalia griálica que se organizó como consecuencia –o quién sabe si como causa– de los poemas místicos que trastocaron la espiritualidad medieval. Pero tampoco se puede pasar por alto que el símbolo que encierra cabe por igual trasladado a un cáliz con un fuerte componente tradicional, como era el custodiado en **San Juan de la Peña** –y precisamente por monjes también acogidos a la reforma de Cluny–, o a un humilde copón de plata como el que guarda el santuario gallego. Habría que insistir en que el misterio griálico, con todas sus consecuencias semánticas, sobrepasa con creces la materialidad singular de un objeto para asumir unas claves simbólicas mucho más universales, que lo mismo pueden ser válidas en un cáliz cargado de tradición ancestral que en otro que, a partir de un instante concreto, crea su propia tradición.

Sale el peregrino de **CEBREIRO** por una carretera que discurre paralela al Camino tradicional, va bordeando la ladera del monte, descendiendo muy suavemente, tanto que se diría a veces que aún se está remontando el puerto. Se pasa por **LINARES** –antiguo **Linar de Rege** citado por Picaud, que ya figura también en documentos contemporáneos a la conquista musulmana– y por su iglesilla, del mismo estilo que la que dejamos atrás en el santuario. Poco después, sin perder altura, llegamos al **alto de San Roque**, que puede considerarse, con sus seis metros más alto que **CEBREIRO**, el punto culminante de este paseo por las cumbres gallegas. Por mi parte, ya he hablado en otros lugares del buen san Roque, al que levantaron por aquí una capilla que desapareció, y de mi sospecha de que se trata de un santo que, en su vida real, tuvo fuertes connotaciones que le asocian peligrosamente al movimiento herético de los albigenses occitanos.

A dos kilómetros del **alto** se pasa por un caserío que recibió el nombre de **hospital de la Condesa**, por una no muy localizada condesa doña Egilo, que fundó allí una hospedería ya desaparecida, pero que tuvo que ser lo bastante importante como para dar su nombre al lugar. A muy poco trecho, con una provisional separación del Camino y de la carretera, se encuentra **PADORNELO**, cuyo templo, bajo la advocación de **san Juan**, nos recuerda que allí estuvieron instalados los freires del hospital, en terrenos que pertenecían a la mitra compostelana. Lo curioso es que este templo, con el tiempo, se convirtió en **cementerio**. Y no digo con ello que se quedase como iglesia del camposanto, sino que es ella misma la que constituye el camposanto del lugar. Desde aquí, el punto culminante del camino gallego, **el alto del Poyo**, se encuentra a un tiro de piedra. Hace tiempo que perdió la ermita, en la que se veneraba una imagen de santa María Magdalena.

Ya ha comenzado el descenso. Juntos Camino y carretera, se pasa por el caserío de **FONFRÍA**, que tiene una **fuente refrescante** para el peregrino y tuvo hace siglos un hospital puesto bajo la advocación de santa Catalina. Desde un poco antes de entrar en el pueblo, Camino y carretera se separan de nuevo y marchan en paralelo, aquél siguiendo las sendas que vienen enmarcadas por los postes del tendido eléctrico. Vuelven a unirse justo a la entrada del pueblecillo de **BIDUEDO**, en un lugar marcado por la presencia de **la ermita de San Pedro**. Curiosa ermita ésta, presidida su entrada por dos espléndidos **signos solares**.

Desde aquí, el Camino atraviesa el pueblo y sigue en línea recta un trecho de desniveles que la carretera prefiere sortear, pasando por las cercanías de **LAMAS** y de **VILAR**. La unión se produce de nuevo, por un instante, a la entrada de **FILLOVAL**, desde donde se distinguen unas enormes **canteras**, a la derecha, que amenazan seriamente la conservación del paisaje. Es curioso recordar que este sitio fue uno de los que, tradicionalmente, el peregrino debía llevarse **una piedra** y depositarla en Santiago, para colaborar en las obras nunca finiquitadas de su catedral.

Cruzándose aquí y allá, sorteando la carretera los montículos que el Camino toma por las bravas, se bordea en vehículo las aldeas de **AS PASANTES** y **RAMIL**, que el Camino atraviesa, para encontrarse nuevamente con el asfalto a la entrada de **TRIACASTELA**.

A **TRIACASTELA** la llamaron así –y así consta en su escudo– por **tres castillos** que la rodearon en siglos pasados. De los tres desaparecieron totalmente dos y el tercero puede verse aún, localizado por sus ruinas a la derecha del Camino, en lo alto; probablemente fue un antiguo castro protohistórico. Aquí hubo un monasterio, muy favorecido por los reyes leoneses, puesto bajo la advocación de san Pedro y san Pablo. Probablemente, la **iglesia inmediata al cementerio** es cuanto queda de aquel desaparecido cenobio. A la salida del pueblo, en el lugar donde se levanta un sencillo **monumento al peregrino**, el camino se bifurcaba. Y precisamente en esa bifurcación reside el desacuerdo –siempre relativo– existente entre algunos especialistas del Camino y los monjes benitos de **Samos**, pues mientras éstos reclaman como fundamental el trecho que pasaba por el monasterio, aquellos han insistido en que fue mucho más concurrido el otro ramal, que pasaba por **BALSA**, **SANXIL**, el **alto de RIOCABO** y **FONTEARCUDA** (donde se conserva la sencilla **iglesia románica** dedicada al santo niño san Román), desde donde, por **FURELA**,

PINTÍN y **CALVOR**, se uniría al otro camino a la entrada de **SARRIA**. Nosotros, siquiera por la facilidad que supone el mejor estado de la carretera, pero teniendo en cuenta sobre todo la importancia del **monasterio de Samos**, elegiremos el otro camino, que nos hará llegar al cenobio cruzando los lugares de **REAL** y **RENXE**.

Me ha preocupado siempre la especial inquina que los seres humanos –dirigidos por no se sabe qué o no se sabe quién– y los elementos han vertido sobre algunos lugares sagrados que podrían habernos dado cuenta cabal sobre cuestiones esenciales de la espiritualidad que vivieron en el pasado. **SAMOS**, como **Silos** o **Montserrat** y tantos otros cenobios que hincan sus raíces en el pasado, ha sufrido a lo largo de su historia tantos incendios y tantas depredaciones que resulta ya imposible reconstruir su vivencia secular sin que se nos queden lagunas que impidan completar el mosaico total de su singladura a lo largo de los siglos que median desde su fundación, que en este caso se calcula remota, puesto que ya aparece consignado el monasterio en el siglo VII. También se sabe que a fines del siglo VIII lo ocuparon monjes venidos de Al Andalus, e incluso que por aquí anduvo el abad Virila, al parecer el mismo de quien se cuenta el milagro del tiempo en **Leyre**, que vino para reformar en profundidad a unos monjes que, por lo visto, habían comenzado a relajarse.

De aquel pasado no queda nada en el monasterio, ni siquiera su archivo, desmantelado cuando la Desamortización, que fue vendido al peso entre los campesinos para que pudieran hacer fuego con él en el invierno. La estructura del cenobio, si exceptuamos algún detalle gótico sin importancia disimulado entre las volutas barrocas, es relativamente reciente. Los incendios dieron con las piedras más antiguas. Pero resulta curioso comprobar que todos esos incendios, en realidad, fueron provocados por la floreciente industria alcoholera que explotaban los benitos, una muestra más de las viejas aficiones alquímicas de los monjes, entregados durante siglos a la lenta destilación del *aqua ardens* y del *aqua vitae* de las que diera cuenta cabal el doctor Arnau de Vilanova.

Conviene recordar, a propósito de **SAMOS**, que el monasterio está puesto bajo la advocación de los santos Julián y Basilisa, dos mártires del siglo IV que fueron, además, matrimonio y que dedicaron su vida y su castidad a la construcción de sendos monasterios en su tierra de Antioquía. Tal vez no fuera muy ajena a esta advocación una donación del rey Fruela, por la cual convertía el monasterio en dúplice –es decir, de monjes y de monjas a la vez– en las personas del abad Argerico y de su hermana la abadesa Sarra. Tal vez tampoco fuera ajena la circunstancia, consignada en un privilegio otorgado por Ramiro II de León en el año 931, por el que se adjudica el monasterio a una nueva comunidad y se hace mención expresa de que el lugar sea nuevamente santificado, porque en él se habían cometido anteriormente grandes maldades, no especificadas, por gentes impúdicas y carentes de espíritu religioso.

Monasterio de Samos.

Supongo que habría que plantearse a qué tipo de maldades estaría aludiendo el rey Ramiro al extender su privilegio; y hasta creo que no se referiría en su acusación a pecados más o menos mundanos, sino a desviaciones dogmáticas. Tendríamos que volver a recordar que, durante muchos siglos, Galicia y buena parte de las tierras leonesas vivieron intensamente la herejía priscilianista, que afectó tanto al pueblo como a la clerecía, incluso a obispos y abades, los cuales practicaban junto a sus subordinados una forma que aunaba el cristianismo con las arcaicas tradiciones religiosas precristianas. Recordemos también que las ramificaciones del priscilianismo se extendieron por lugares que posteriormente formaron parte de los territorios que atravesaría la Ruta Jacobea y recordemos, finalmente, que ha habido y sigue habiendo sospechas fundadas de que la tumba compostelana del presunto Apóstol fuera, en realidad, el sepulcro venerado del hereje al que la Iglesia condenó en Tréveris.

Todos estos antecedentes, lo mismo que los largos períodos de represión que sufrieron los seguidores de aquel heterodoxo, contra cuyas ideas y prácticas se manifestó san Martín Dumiense, probable revivificador de **Samos** en sus primeros tiempos, llevan a la idea de un enraizamiento monástico en la tradición, que tendría como consecuencia, durante los siglos posteriores, otros hechos un tanto anómalos que tuvieron también como protagonistas a los monjes.

Una de las noticias insólitas que podemos rastrear en la historia del monasterio es que, durante mucho tiempo, sus monjes fueron llamados los «monxes ferreiros», porque revitalizaron las herrerías del contorno con su trabajo personal, lo mismo que, muy probablemente, habían hecho muchos siglos antes los cenobitas de san Fructuoso en las fraguas de las montañas bercianas.

En torno a estos quehaceres herreros y mineros surgió una de las historias milagrosas de **Samos**; es una historia que, según se dice, sucedió en los tiempos en que era abad fray Martín de la Vega, y su protagonista fue un monje anciano llamado Anselmo, que soñó durante varias noches con un pájaro de alas de oro que se posaba indefectiblemente en unas rocas de cierto paraje muy conocido por los miembros de la comunidad. Las rocas, en el sueño, se abrían para dejar paso al ave, y los monjes, al conocer los detalles de esta misteriosa pesadilla, acudieron al lugar soñado y cavaron hasta separar los peñascos, observando entonces una galería misteriosamente iluminada que, al final, albergaba el cuerpo milagrosamente conservado de un ermitaño, rodeado de lingotes de oro. Supongo que no hace falta recordar con detalle lo que ya se ha apuntado repetidamente en estas páginas sobre el simbolismo oculto del oro, que abarca la esencia misma de la riqueza espiritual mucho más que el valor material del metal.

En estos mismos niveles del simbolismo tradicional pueden situarse las monstruosas sirenas de la **fuente de las Nereidas**, que se encuentra en el claustro viejo del monasterio. Una fuente barroca en la que las míticas damas marinas están representadas con cuerpos muy similares a lo que podrían ser las serpientes de mar imaginadas por una mente calenturienta, con enormes pechos y horribles tubos de conducción de agua saliéndoles por las bocas. Curiosa fuente, por lo demás, porque también sobre ella he oído contar un milagro sucedido en el monasterio. Al parecer, un padre provincial de la orden, al visitar Samos y contemplar la fuente en cuestión, ordenó quitarla de allí y trasladarla a otro sitio, por considerarla incompatible con el carácter del lugar. Lo que pasó, según parece, es que estas piedras, lo mismo que tantas imágenes de Nuestra Señora y lo mismo que tantos cuerpos santos, se negaron a salir de allí y se dedicaron a pesar tanto que nadie logró moverlas hasta que se decidió obedecer los designios de la providencia, con lo que recuperaron inmediatamente su peso primitivo y «se dejaron» colocar de nuevo en el claustro para el que habían sido construidas.

Es más que curioso –y don Gregorio Marañón lo recordaba en su día, al escribir su estudio sobre el padre Feijoo– que el gran humanista del siglo XVIII profesara precisamente en **Samos**. Y que, en su *Teatro Crítico Universal*, al hacer balance de las leyendas y mitos sobre los seres marinos, se declarara creyente convencido de la existencia de las sirenas, precisamente él, que pone en tela de juicio todas las supersticiones y patrañas que pululaban por la mente popular de su tiempo. Habría que pensar, como lo hace Marañón, si acaso las nereidas de Samos le hicieron tener fe en ellas, lo mismo que otros mortales tienen fe en imágenes y advocaciones que tan a menudo se manifiestan milagrosamente con trucos semejantes a los que emplearon las piedras de la fuente, cuando quisieron sacarlas de su ambiente.

Los peregrinos que salían de **SAMOS** tenían que recorrer 14 kilómetros prácticamente sin lugar habitado –al contrario de los que elegían la ruta alternativa de **FONTEARCUDA**– antes de encontrarse con el otro Camino a la entrada de **SARRIA**. Ésta es una ciudad que ha cambiado sensiblemente desde que fuera centro importante de la Ruta. Se ha extendido por la ladera del alto en que anteriormente se encontraba y por el cual discurre el Camino, teniendo ahora a sus pies todo el resto de la población. Ese Camino pasaba por una iglesia que fue románica y que transformaron de pies a cabeza, hasta ser irreconocible, la de **Santa Mariña**, y llegaba luego, frente a las tapias del antiguo castillo señorial, a la de **San Salvador**, que afortunadamente se ha conservado, siquiera sea en parte, lo mismo que se ha conservado –aunque convertido en juzgados municipales– el antiguo **hospital de Peregrinos** que caía justo enfrente. El templo en cuestión ha conservado su estilo de transición, con un **Pantocrátor** en el tímpano del portal norte –el que da al antiguo hospital– y unos capiteles malamente identificables, en los que medio se adivinan los bultos de figuras probablemente enfrentadas que han perdido la posibilidad de ser reconocidas. Siguiendo el Camino, el peregrino se tropieza con el que fue antiguo **hospital de la Magdalena**, que fundaron los canónigos regulares de San Agustín y que recientemente ocuparon los mercedarios, que siguieron con la tradición hospitalaria del lugar.

Ya fuera de la ciudad, inmediatamente antes de cruzar el puente que fue de peregrinos y se llamó **ponte Aspera**, sobre el **río Celeiro**, se encuentra la **capilla de San Lázaro**, que fue en sus orígenes otro hospital especialmente dedicado a leprosos.

Por el **puente Aspera** pasaban los peregrinos. La carretera pasa por otro, a su derecha, construido recientemente. Luego, ambos marcharán en paralelo, separados un centenar de metros escasos. El Camino pasa por **SANTIAGO DE BARBADELO**. La carretera no, pero hay una carreterilla que permite llegar a este lugar imprescindible para el peregrino, al margen de los medios de transporte que utilice.

Este templecillo fue citado por Picaud en su *Calixtino* y tuvo anejo un hospital para peregrinos que ya desapareció. Muchas cosas desaparecieron en torno a **SANTIAGO DE BARBADELO**, pues la misma iglesilla es hoy la capilla del cementerio de la localidad, con pinta de ermita rural en piedra oscura, como tan corriente es en Galicia; pero hay noticias de que fue, en su día, parte de un monasterio dúplice, y ya van dos desde que dejamos la abadía de Samos, que también lo fue en sus tiempos remotos. De la primitiva estructura se conservan dos puertas: una al norte, la otra al oeste. Es precisamente en ésta donde cabe detectar el posible mensaje de sus constructores.

La portada muestra un doble par de columnas con capiteles historiados. De izquierda a derecha, estos capiteles nos van mostrando:

a) Pájaros enfrentados, cabalgados por figuras humanas.

b) Dos animales que, al parecer, devoran a un ser humano que ya ha perdido los brazos y que se encuentra de pie entre ambos.

c) Dos animales que se enfrentan y, en lo alto, se distingue una cabeza humana.

d) Cuatro personajes, de los cuales dos parecen golpear cruelmente a un tercero, mientras el cuarto, sentado, tiene las manos en alto, como para recibir algo.

Tengo la impresión de que la interpretación oculta de esta secuencia nos llevaría a un posible mensaje en el que se plantearía la visión dualista del mundo de las apariencias (a), que puede devorar (b) la capacidad cognoscitiva del individuo, a no ser que eleve su entendimiento (c) sobre estos conceptos, con lo cual podrá recibir el favor del saber (d), mientras que al que no ha logrado llegar lo esclavizarán sus mismas sensaciones dualistas.

Comprendo que pueda haber más de una lectura y que haya quien vea otras tal vez más valiosas. La iconografía medieval nunca fue meramente estética ni ilustradora simple de acontecimientos evangélicos. Si hoy resulta imposible reconstruir su mensaje en muchas secuencias es porque, bien por desaparición definitiva de muchos de sus elementos, o por ordenación caprichosa llevada a cabo por restauradores posteriores, las «frases» de ese mensaje fueron alteradas, como podrían haberlo sido las letras de una palabra corriente cuyo significado se desconociera. Tampoco insinúo que siempre pueda leerse la traducción del mensaje, pero sí que, lo mismo que niños que comenzamos a leer, algunas frases pueden aparecérsenos con meridiana evidencia. En el caso concreto de este templo, la interpretación nos aclara personalmente la significación del tímpano de la misma portada, en el cual, entre rosas y cruces, un personaje parece orar con los brazos en alto..., o se trata de un Crucificado *sui generis,* sin cruz. Este personaje, a juzgar por los signos que lo rodean, representa fácilmente al adepto, a quien el templo parece estar dedicado –de ahí su nombre en torno a Santiago–, tal como lo confirman las figuras que con temas repetidos aparecen en la fachada del lado norte.

Si se sigue a pie desde **BARBADELO**, el Camino permitirá pasar por **MERCADO DE SERRA**, una aldea humilde que fue centro comercial en tiempos gloriosos de la peregrinación, y por el **Molino de Marzán**, para cruzarse con la carretera que sigue el peregrino motorizado en **PENA**, un lugar que tiene que unirse a los de **LEIMAN** y **PERUSCALLO** para tener siquiera la apariencia de pueblo. Pero ese cruce sólo contribuye a que el Camino pase al lado derecho de la carretera, cuando hasta ahora discurrió por el izquierdo. La carretera, aquí, no hace sino evitar pequeños núcleos de población –**CORTIÑAS**, **LAVANDEIRA**, **CASAL**, **VREA**– que el Camino atraviesa. Tan pequeños que alguno de ellos no cuenta más que con uno, dos o tres vecinos. Nada importante se guarda por aquí, a no ser la pequeña **iglesilla románica rural de Velante**, entre **PERUSCALLO** y la carretera. Otra del mismo corte encontramos en la carretera, junto al caserío de **PARADELA**. Y otra un poco más adelante, en pleno descampado: **Suar**.

Camino y carretera van separados hasta **PORTOMARÍN**, en un itinerario paralelo que, en ocasiones, les distancia hasta siete kilómetros. El Camino, por estos parajes, no es recomendable para intentarlo en un vehículo, porque, generalmente, se pasa por sendas demasiado estrechas que se alternan con tramos de pista que resultan tan cortos que en ningún momento pueden servir de ruta. En cualquier caso, el paso por los ocho o diez pequeños poblados que atraviesa el Camino no suponen ningún descubrimiento enriquecedor: una fuente, los restos casi irreconocibles de una capilla o alguna muestra aislada del románico rural, como la **iglesilla de Grallas**, a trasmano de la aldea de **MOUTRAS**.

Al final de este largo tramo, cuando el Camino ha pasado por **VILACHA**, se encuentra con la carretera junto al **pantano de Belesar**, en un lugar donde estuvo enclavado el importante monasterio de **San Juan de Loio**, del que apenas puede ya verse algún muro mocho. Pero allí nació, en 1170, la Orden Militar de Santiago, aunque sólo una **ermita** muy posterior sirve de recuerdo a aquel acontecimiento.

El pantano se levantó sobre el **Miño**. Y, seguramente, contribuyó a paliar la pobreza de esta comarca que estamos atravesando, pero partió en dos el Camino y obligó a que todo el pueblo de **PORTOMARÍN**, templos incluidos, tuviera que ser trasladado a las alturas, donde no les alcanzaran las aguas. La consecuencia inmediata fue que nada está ya donde debería. Y aún podemos dar las gracias de que esté, porque otros lugares menos favorecidos por las circunstancias políticas tuvieron peor suerte. Aquí, las protestas de un pueblo que se negaba a ser sacado de su tierra fue acallada fomentando su importancia teórica, con la instalación de un **Parador Nacional de Turismo** y la construcción de un nuevo pueblo proyectado a escuadra que, a juicio de los gobernantes, tenía que ser modélico. No sé yo mucho de modelos, pero lo cierto es que **PORTOMARÍN** resulta hoy un lugar que, muy difícilmente, va recuperando su identidad perdida, aunque desde parámetros distintos. Ya van reverdeciendo las piedras de los templos, que al ser reconstruidos parecían recién salidos de las manos de los canteros, pero nadie les devolverá ni el lugar preciso donde estuvieron enclavados ni, por supuesto, la orientación perdida.

PORTOMARÍN fue feudo –quiero decir, auténtico feudo– de la orden militar de San Juan de Jerusalén, que fue la que levantó la obra de este templo cuadrado, con apariencia de torre de homenaje, que, según quienes lo nombren, se llama **iglesia de San Juan** o **de San Nicolás**. Formaba parte del complejo de construcciones que los caballeros tenían allí, entre las que figuraban hospitales para peregrinos y muchas otras dependencias que se hundieron en las aguas del embalse.

PORTOMARÍN era, como casi todo el Camino gallego, lugar de tránsito, donde detenerse apenas lo necesario para tomar fuerzas y apresurar el paso hacia la meta. Estaban ya muy lejos los *«logares cobdiciadueros»* de Berceo. Y no porque no existieran –en torno al pueblo hay robledales que invitan al descanso más relajante– sino porque el peregrino ya tenía clavada en la mente la idea de llegar cuanto antes a Compostela. En este sentido, el templo fortaleza de **San Nicolás** (o de **San Juan**) parece un intento desesperado de los freires sanjuanistas por ofrecer un recinto sagrado con una profusión de claves que pudieran retener al peregrino lúcido, siquiera fuese por última vez antes de lanzarse a la carrera sobre Santiago.

San Juan. Portomarín.

El templo, ahora aislado y flamante –algo en él recuerda la demasiado perfecta reconstrucción de **San Martín de Frómista**– es un alarde del buen hacer de los canteros de fines del siglo XII. Incluso hay quienes apuntan que en él metiera mano el mismísimo maestro Mateo. Se advierte una paulatina y, sin duda, pulcra adaptación de algunas formas góticas que ya venían imponiéndose. Véase, si no, el rosetón del lado oeste. Pero, sobre todo, aquí parece haber dominado el sentido del símbolo mediante una acumulación tal que se me antoja demasiado evidente, como si se le hubiera destinado a llamar una atención mucho más explícita y descarada que en otros lugares que

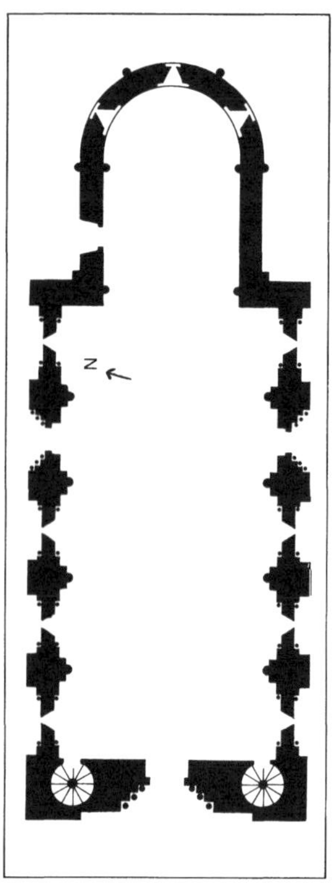

San Juan de Portomarín.

hemos recorrido. Se repiten hasta la saciedad las piñas, las rosas, las perlas, las bolas. Se transmite –y no sé si deliberadamente, pero apostaría que sí– la sensación de que había que amontonar lo simbólico hasta que no cupiera sino aceptarlo y asumirlo, aunque aquella acumulación resultara desmañada y hasta eventualmente inarmónica, y aunque los símbolos se hubieran puesto allí sin orden ni concierto, como en un catálogo o en un rompecabezas ideado por un loco que hubiera querido expresar toda su experiencia vital pero no hubiera sido capaz de ordenar esa experiencia para convertirla en elemento fundamental de comunicación.

Lo mismo sucede –aunque hay que reconocer que, en esto, los canteros de **San Juan** fueron insólitamente originales– con las piedras labradas sobre el portal sur, en las cuales se plantean toda una serie de tableros mágicos y lúdicos, que fácilmente se identifican como modelos de juegos iniciáticos, ofrecidos al peregrino como colofón de su andadura, como reflejo de su caminar a lo largo de los cientos de millas que recorrió hasta llegar aquí, resolviéndose a sí mismo problemas interiores de conocimiento que, como en el juego de la Oca, iban dándole las pautas de un comportamiento lentamente transformado en encuentro con su propia identidad.

Más lugares que contemplar en **PORTOMARÍN** son los restos del **puente romano** que el maestro pontífice Deustambén terminó de reparar y adaptar, y la fachada de la **iglesia de San Pedro**, que también fue trasladada al hacerse el pantano y constituye una aceptable muestra del románico gallego, aunque sin claves dignas de mención.

Ahora, por un corto trecho, el Camino y la carretera coinciden, aunque hay un tramo caminero que se interna por los espléndidos bosquecillos de robles que quedan a nuestra izquierda. Se pasa por dos aldeas, casi deshabitada una: **TOXIBÓ**, y totalmente abandonada la otra: **GONZAR**. Luego se atraviesa **CASTROMAIOR**, que tomó su nombre de uno que lo dominaba. En **HOSPITAL**, la carretera se corta, desembocando en la general de Orense a Lugo. El peregrino motorizado tiene que doblar a la derecha y seguir en dirección a Lugo por un par de kilómetros, mientras el Camino la atraviesa y sigue en línea recta, pasando por pequeños poblados: **VENTAS DE NARÓN** –el más importante, por encontrarse junto a la carretera–, **PREBISA** –con un viejo crucero–, **EREIXE**, que conserva una **iglesia de origen románico** muy sencilla, y luego **PORTOS**, **LESTEDO** y **VALOS**.

En el **alto del Rosario**, el Camino volverá a encontrar la carretera, la cual, después de seguir por la ruta de Lugo, se habrá desviado a la izquierda por el ramal que constituye la carretera de Lugo a Santiago, recientemente puesta a punto. A los diez kilómetros de seguir esta vía hay una desviación a la derecha que no debemos dejar escapar. Yo no sé con exactitud si los peregrinos la tomaban, pero, en cualquier caso, constituye una de las escasas oportunidades que nos da el Camino gallego de apartarnos para visitar un monumento cuando menos insólito. En este caso, se trata de la pequeña iglesia de **VILLAR DE DONAS**.

Villar de Donas.

La historia de **VILLAR DE DONAS** comienza oficialmente en 1184, cuando la familia de los Arias de Monterroso hace donación de lo que había sido un monasterio familiar a la orden de los Caballeros de Santiago. La construcción de la iglesia que ahora podemos ver se inicia en 1224, al mismo tiempo que las reformas necesarias que dejaron transformado el lugar conforme a los gustos del momento y a las necesidades de la orden, que fijó allí una de sus sedes principales, centro de celebración de capítulos generales y enclave donde se enterrarían los caballeros que así lo expresaran en su última voluntad.

Lo cierto es, sin embargo, que ese momento de la donación, tal como está planteada, supone que aquel monasterio estaba en activo desde mucho tiempo antes de que los santiaguistas lo recibieran y, probablemente, sus orígenes habían sido, como fue relativamente corriente en Galicia, los de una fundación en la que se refugiaron, a lo largo de los siglos, los miembros de un clan familiar destinados a la vida monástica y, eventualmente, junto con parientes, deudos y servidores, aquellos otros que decidían apartarse del ajetreo mundano en un determinado momento de su vida.

Esta fórmula, si recordamos cómo se desarrolló primitivamente la vida entre los adeptos del priscilianismo, parece íntimamente relacionada con las antiguas «*villae alieneae*» de aquellos herejes, lugares de retiro y meditación en los que se reunían por grupos, a menudo familiares, para llevar a cabo un conato de vida retirada e independiente de cualquier disciplina establecida. Los priscilianistas, ya lo vimos, casi llegaron a constituir la religión oficial de la Gallaecia de los primeros siglos del cristianismo y, por supuesto, clero y órdenes religiosas, desde el Concilio de Zaragoza hasta la obra apostólica de san Martín Dumiense, trataron por todos los medios a su alcance de paliar los efectos que podían desprenderse de aquellas costumbres, pero en muchos caso hubo que transigir, ante el peligro mayor de una actitud cismática que en modo alguno podía interesar a la autoridad espiritual reconocida y aceptada.

Por otra parte, completando lo que podríamos llamar los antecedentes históricos de esta más que curiosa iglesia gallega, tendríamos que recordar que la orden de Santiago, como el resto de las órdenes militares autóctonas –Calatrava y Alcántara–, se instituyó a modo de fuerza a la vez espiritual, guerrera y nacionalista que contrarrestase la enorme influencia que estaba adquiriendo la orden del Temple, desde su fundación oficial hasta su imparable ascensión en todos los reinos en los que se fue instalando y, por supuesto, en los estados peninsulares. En el reino de León, del que formaba parte Galicia, hubo momentos de dureza por la conservación de la influencia y hubo soberanos, como Fernando II, que mostró tales preferencias por el Temple que hasta por los motivos más fútiles echó de sus tierras a los santiaguistas en favor de los templarios, con la mala acogida de tal decisión por parte de las más poderosas familias gallegas, en todas las cuales había algún miembro de la orden de Santiago. Su sucesor, Alfonso IX, revocó muchas órdenes de su padre y, como por ensalmo, esas grandes familias de Galicia se lanzaron a favorecer a la orden que consideraban propia. La donación de **VILLAR DE DONAS** forma parte de estas muestras de veneración nacionalista.

Cabe pensar que esta conjunción de circunstancias fueron las que convirtieron este lugar en un espacio sagrado singular, incluso dentro de la radical singularidad de la edificación sagrada gallega. El templo, que visto desde todos los ángulos se nos aparece de una extrema sobriedad, sin más ornamentos que los estrictamente imprescindibles para no convertirlo a la pura funcionalidad, conserva en su fachada occidental una teoría de arcos exentos sobre pilastras que invitan a pensar que formarían parte de un pequeño claustro parcialmente desaparecido. Allí se abre una puerta única de la iglesia que, contrastando con la precariedad decorativa de todo el resto, surge circunstancialmente labrada con minuciuosidad expresiva, marcando a través de la decoración de las cinco arquivoltas la progresiva marcha hacia lo celeste del que penetra en la iglesia: las dos exteriores están formadas por hojas y flores (la tierra), la intermedia por la sinuosa línea del zigzag marino; la interiores por nubes esquemáticas que anuncian cielos incipientes.

Iglesia de Santiago. Villar de Donas.

Apenas se entra, nos tropezamos con varias tumbas y tapas de sepulcros de caballeros santiaguistas, con blasones que, ocasionalmente, nos plantean incógnitas de interpretación interesantes, como aquel en el que figura una rueda partida en dos mitades que tratan inútilmente de unirse.

Sin embargo, el interés mayor del templecito lo constituye la colección de pinturas murales del siglo XIV que decoran su ábside. Una colección entre la que surgen curiosos elementos profanos junto a escenas indudablemente destinadas a exaltar la devoción del que las contempla. Estos elementos profanos consisten, principalmente, en retratos de caballeros y damas del siglo XIV, de un aspecto remotamente francés y con elementos curiosos, como vestidos en los que están sugeridas las hojas, que sumen en el asombro ante la evidencia de una solución insólita a la decoración sagrada. De ser cierto lo que apunta como posibilidad el historiador Chamoso Lamas, en el sentido de que estas figuras –las sagradas o las profanas– serían sustituciones puntuales de otras pinturas sobre los mismos temas que habrían estado allí en tiempos anteriores, podría confirmársenos la idea de una insólita sacralización secular de lo profano, que no haría sino dar pie a la sospecha de modos distintos de enfocar la práctica de un ideario religioso.

Villar de Donas.

Tras haber alcanzado el **alto del Rosario**, Camino y carretera se adentran en **PALAS DO REI**, ésta por el barrio que se fue creando al hacerse el trazado, aquél cortando por el barrio viejo y pasando por la iglesia rectoral, que aún conserva una sencilla portada románica. En las cercanías del pueblo, hacia el sur, quedan las muestras de algunas iglesillas igualmente románicas, una en el caserío de **MARZÁ** y otra en **ALBÁ**, dedicada al Apóstol.

A la salida de **PALAS DO REI**, un pequeño monumento al peregrino indica por dónde salía el Camino de la población, para coincidir durante un pequeño trecho con la carretera y meterse luego por **ALDEA** y **GAIOLA DE RIBA**. La carretera, en cambio, se lanza por la derecha y cruza el **río Pambre** por **MEIXIDE**, cuyo cementerio conserva una antigua iglesilla románica convertida en capilla y con las puertas pintadas de vivo color azul que le quitan tristeza al lugar.

Sin cruzarse hasta el límite de la provincia de Lugo con la de La Coruña, la carretera corta por donde hay menos núcleos de población, mientras el Camino va siguiendo todas las aldeas: **SAN XULIAN DO CAMIÑO**, que tiene otra pequeña iglesia románica rural, **PALLOTA**, **OUTEIRO DA PONTE**, desde donde se desciende al río y al **castillo de Pambre**. El Camino sigue acelerando, a pesar de comenzar una cuesta arriba apenas pasado el río. Atraviesa **CASANOVA**, **PORTO DE BOIAS** y **CAMPOMILLA**, para rozar la carretera apenas traspuesta la raya provincial en **CORNIXA** y separase inmediatamente de ella y entrar en **LEBOREIRO**, mientras la carretera lo bordea. A este lugar lo llama el Códice Calixtino *Campus Leporarius* y conserva una iglesilla también de corte románico, con una imagen de Nuestra Señora en el dintel: **Santa María de Leboreiro**.

De este lugar se cuenta que, muy cerca de la iglesia y cuando ésta no existía, comenzó un buen día a manar una fuente que tenía la extraña virtud de emitir luz durante la noche y un suave aroma durante el día. Los aldeanos sospecharon milagro en ciernes, cavaron en torno y dieron, como era de esperar, con la imagen de Nuestra Señora, que trasladaron inmediatamente a su iglesia parroquial. Pero, como también suele suceder en estos casos, la virgencita recién desenterrada volvía cada noche a la fuente de donde la habían sacado. Y tal estuvo sucediendo hasta que un artista tuvo la idea original no de levantar un templo en el sitio al que la Virgen regresaba, sino de esculpir una imagen de Nuestra señora en el tímpano de la iglesia parroquial, entregándole así el templo en feudo. La cosa parece que funcionó y, desde entonces, la imagen consintió en quedarse en el lugar que le habían destinado.

La diferencia de esta historia con las demás al uso puede tener algo esencialmente significativo. Tal como suceden aquí las cosas, el templo estaba ya en el lugar sagrado, no hacía falta construir otro. La Virgen, por lo visto, sólo aspiraba a que le fuera consagrado. Todo este pequeño intríngulis hace pensar que el templo se encontraba ya en el lugar propicio y que la zona del viejo *Campus Leporarius* pudo muy bien constituir un enclave en el que se practicaron cultos que luego barrió el cristianismo, aunque conservó larvado su recuerdo. No sería extraño hacernos a esta idea si pensamos que la liebre fue animal relacionado simbólicamente con los cultos a Hécate, que se correspondían, entre los germanos (y muy posiblemente entre los suevos que ocuparon Galicia) con una diosa paralela, Herrak, según confirma Cirlot en su *Diccionario de símbolos*. Siguiendo lo que cuenta, comprobamos varias circunstancias que van a proporcionarnos una posible causa para dilucidar el misterio de **LEBOREIRO**. Son: a) el recuerdo de la liebre como animal inmundo para los judíos; b) el hecho de ser tenido por animal lujurioso, como confirma Rabano Mauro; c) la coincidencia de ser también, en China, animal simbólico que tiene su vivienda en la luna. Si añadimos a esto que la liebre fue sagrada entre los aztecas y asociada a la diosa lunar Coyolxauhqui, e igualmente entre los mayas, en cuyo *Popol Vuh* aparece la diosa lunar salvada por un héroe-liebre, comprobamos que este pacífico bichito, tenido sólo por prolífico en nuestros días, fue un símbolo importante que surgió en numerosas mitologías. Hay liebres abundantes en las representaciones del románico. Y en el Tao aparece como preparadora de la droga de la inmortalidad.

LEBOREIRO tiene pegada la aldea de **DISICABO**. El siguiente núcleo de población, que Camino y carretera abordan desde distinto itinerario, aunque paralelo, es **FURELOS**, que carece de importancia para el caminante, excepto por el hecho de que tiene que pasar por allí para llegar a su meta. Y casi lo mismo sucede con **MELIDE**, una población más grande y con recuerdo de hospitales, con **dos iglesias románicas**, la primera la de **San Pedro**, que se avista a la derecha, apenas entrados en el núcleo urbano. De románico no le queda ya sino la portada, todo lo demás le fue construido en tiempos posteriores. En cuanto a la otra, **Santa María**, queda escondida a la izquierda de la carretera, una vez abandonada la población, y forma parte, como tantas veces hemos tenido la oportunidad de ver, del **cementerio** local. Es una llamada más, entre tantas que hemos visto, de ese confundir lo sagrado con la muerte, que nada tiene que ver con la muerte/resurrección iniciáticas con las que tanto nos hemos encontrado a lo largo del Camino.

Hemos llegado a un punto en el que esta querencia del peregrino por llegar a su meta se combina definitivamente por la práctica carencia de lugares de interés en los que detenerse. A partir de **MELIDE**, y hasta llegar a **ARZÚA**, sigue ese itinerario apresurado en el que el peregrino de a pie apenas si se separa unos cientos de metros de la carretera, unas veces a la derecha, otras a la izquierda, pero siempre para seguir una ruta en la que se suceden las aldeas, las parroquias y las fuentes, con el único objetivo de avisar que falta tanto o cuanto para alcanzar el objetivo sagrado.

ARZÚA es el último núcleo de población que podemos considerar de mediana importancia, pero sin que nada en él nos obligue a detenernos. Por no conservar, no conserva ni las antiguas fuentes que servían de refresco al caminante. El goce -pues hay un goce, sin duda, en este caminar sin búsquedas- no está tanto en lo que puede y debe verse como en la dulzura de ciertos trechos de esta Ruta, muchos de los cuales, sin embargo, han sido víctimas de una depredación que va en aumento a medida que se acerca a la meta compostelana. El viejo Camino se va perdiendo, unas veces cubierto de pastizales, otras por naves industriales. Por eso, cuando se atraviesa un bosquecillo o un riachuelo, el goce es infinitamente más hondo.

La última sorpresa, y no la más agradable, se recibe cuando, al aproximarse al lugar de **LAVACOLLA**, donde los peregrinos se acicalaban para entrar pulcros en Santiago, el Camino se ve bruscamente cortado por las pistas del aeropuerto, ese aeropuerto que, en compensación, han llamado con el mismo nombre que tenía el lugar de la antigua purificación. Está bien, que el peregrino se lave en el **riachuelo Lavacolla**, si lo encuentra entre los asfaltos y las casas. Que siga la carretera con todo su tráfico, hasta el **caserío de San Marcos**. Que busque a la izquierda del caserío la altura que llamaron siempre el **monte del Gozo** y, si logra encontrarla y alcanzarla, que repita el viejo rito a la vista, ya muy cercana, de las torres de la catedral. Que eche a correr, que se dé de bruces contra la primera tapia o contra el segundo poste eléctrico. A lo mejor logra salvarlos todos y no ser atropellado por un camión ni ser multado por un guardia de tráfico, y consigue llegar a tiempo, el primero, a la plaza del Obradoiro.

12. Fin de trayecto: Apoteosis compostelana

Mucho se ha alterado el paisaje desde los tiempos dorados de la peregrinación. Un aeropuerto, una autopista y la inevitable expansión de una ciudad que fue, de hecho –y ahora de derecho–, la capital de Galicia, han obligado a que se corten los itinerarios tradicionales y a que el viejo Camino se haya transformado en profundidad. Sólo a título indicativo recordaremos aquí que, desde el **monte del Gozo**, remozados los ánimos y olvidado el cansancio de tantas jornadas de andadura, el peregrino se acercaba a la Ciudad Santa, al Ombligo del Mundo, cruzando la actual **avenida de Lugo**, que ahora distribuye la circulación periférica, y entraba por la **calle Concheiros**, que es prolongación de la de **San Pedro**, hasta la **puerta del Camino** o **puerta Francígena**. Ésta era, en la práctica, la única que utilizaban los peregrinos para entrar en la ciudad y formó parte de las murallas que la rodeaban totalmente. Ya no existen ni las murallas ni la puerta, pero las calles actuales de la **Virgen de la Cerca** y de las **Ruedas** marcan aproximadamente el camino periférico que la rodeaba. La despejada plaza que da acceso a la ciudad vieja queda dominada, en lo alto y a la derecha, por el antiguo **convento de Santo Domingo**, naturalmente de padres predicadores. A los pies del convento, junto a lo que fue Camino, queda un bello **crucero** recargado de figuras dramáticamente expresivas que se pegan al Crucifijo como si formasen parte de él, en una decidida intención escatológica.

Se adentraba el peregrino en la ciudad antigua por la **calle de Casas Reales**, aún hoy bordeada de palacios y soberbias casas solariegas que, en muchos casos, cambiaron de dueño –muchas están ocupadas por notarías y despachos de profesionales que sustituyeron a la antigua nobleza– y, en otros, fueron adaptadas para servir de sede a algún centro administrativo.

En un ensanche de la calle, una iglesia enorme –enorme para su denominación como **capilla de las Ánimas**– luce en su fachada un descomunal relieve, a modo de *«peto de ánimas»*, lleno de sufrientes inquilinos del Purgatorio. Con él van dos incentivos a la memoria escatológica del peregrino, al sentimiento deliberadamente penitencial impuesto a la peregrinación.

Sigue un corto trecho la calle y desemboca en una plaza triangular, la de **Cervantes**, presidida por un monumento al autor del *Persiles*. Todo el barrio que el peregrino tenía entonces a su derecha, entre la **calle de las Algalias de Arriba** y la que hoy se llama de **la Troya** y sirvió de escenario a una conocida novela de Pérez Lugín, era barrio judío. Un populoso barrio del que aún pueden adivinarse de vez en cuando las estructuras de las

Capilla de las Ánimas.
Santiago de Compostela.

antiguas casas con balcón voladizo que tanto emplearon los judíos en muchas de sus aljamas de la España cristiana. Por allí andan aún las calles de **Jerusalén** y de **la Sinagoga**, aunque ésta, naturalmente, desapareció hace mucho, sin que nada permita recordar ni el lugar en que estuvo emplazada. Los judíos de Compostela ejercieron activamente el comercio, un comercio preferentemente dirigido a los peregrinos. La **calle de la Azabachería**, que parte de la **plaza de Cervantes**, sigue llena de tiendas en las que se venden, entre otros objetos de recuerdo compostelano, los casi obligados azabaches que los peregrinos adquirían a modo de talismanes protectores y como testimonio de su peregrinación. Significativa reminiscencia de la sacralidad de la Piedra Negra, que ya se arrastraba por la conciencia de los seres humanos desde los albores del sentir religioso.

Según las circunstancias, en tiempos normales los peregrinos seguían esta **calle de la Azabachería** hasta desembocar en la **plaza de la**

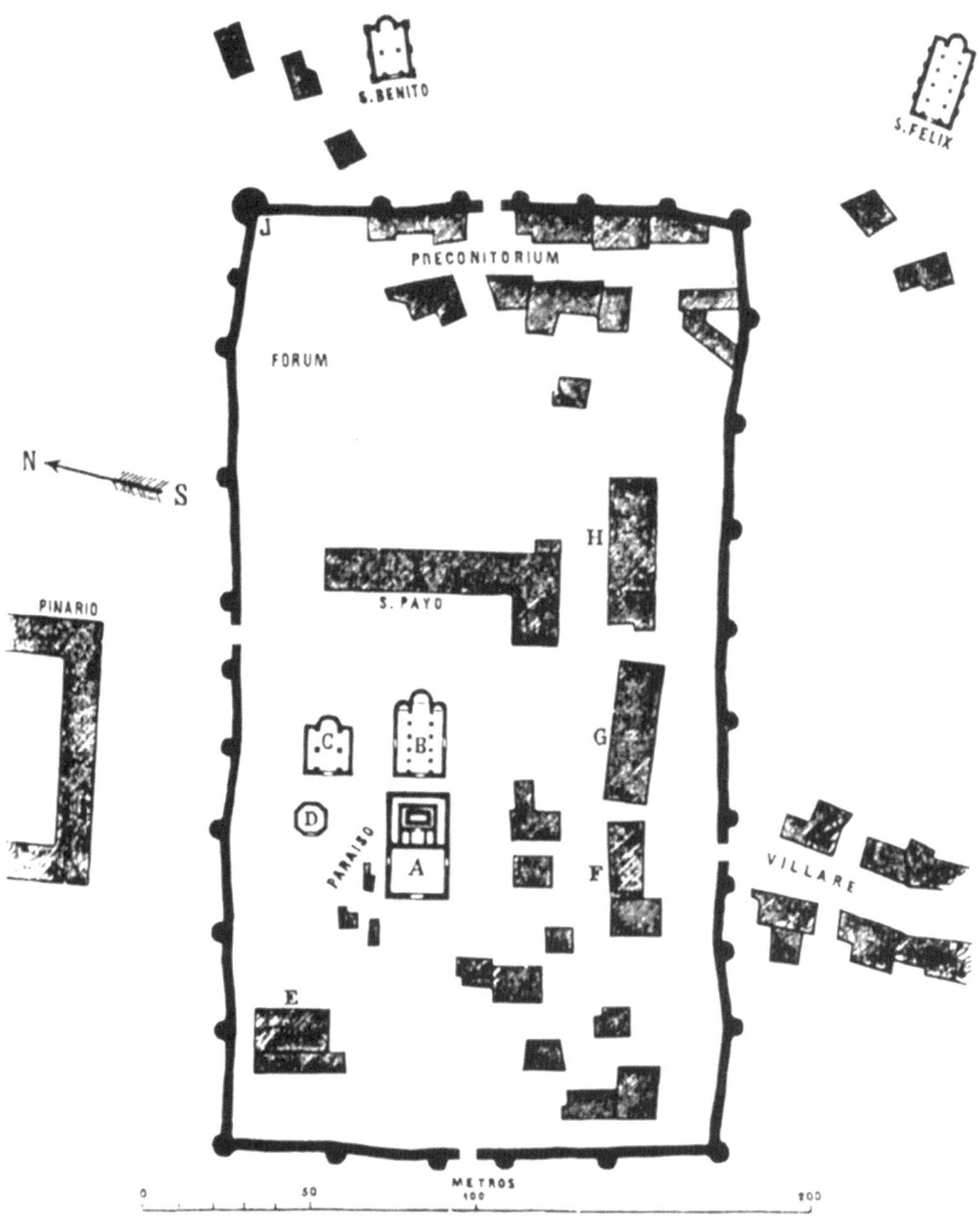

Santiago entre la primera y la segunda catedral
A. Iglesia Apostólica de Santiago.– **B.** Iglesia de San Salvador.– **C.** Iglesia de Santa María de la Corticela.– **D.** Iglesia de San Juan Bautista o Baptisterio.– **E.** Palacio Episcopal.– **F.** Dormitorio de los clérigos de la Iglesia de Santiago.– **G.** Despensa del Cabildo.– **H.** Lugar de la Canónica.– **J.** Torre grande que estaba en el *foro* o plaza.

Catedral de Santiago.

Inmaculada, delimitada por la **catedral**, el **monasterio de San Martín Pinario** y, al fondo, el **palacio del obispo Gelmírez**, por cuyo pasadizo elevado podían los prelados entrar en la catedral sin cruzar la calle.

Se entraba en el templo por la **puerta del Paraíso**. Si era Año Santo –recordemos que se vienen proclamando como tal aquellos en que el día de Santiago, 25 de julio, cae en domingo–, los peregrinos dejaban la calle de los azabacheros antes de su término, tomando, a la izquierda, la **Vía Sacra**, que pasa frente al convento de **San Payo de Antealtares**. Sobre la puerta de entrada a su templo conventual se exhibe una imagen del santo mártir, Pelayo, con la cabeza medio cercenada por el alfanje. Tras esta nueva visión dolorosa y escatológica, los peregrinos desembocaban en la **plaza de la Quintana** y hacían su entrada en la catedral por la **puerta Santa**, que sólo se abre en estos años especiales.

Como puede verse mientras nos aproximamos a la catedral, Santiago entera, y fundamentalmente este pequeño trecho de la vieja ciudad, se concibió desde sus inicios en función de los peregrinos que acudían desde todas las partes del mundo y hasta de los más diversos credos religiosos para visitar el sepulcro del que muchos tenían por hermano del Salvador. Alcanzar esta meta tras centenares o miles de millas de andadura era, a un tiempo, un acto de fe propiciado por la inmediatez del cuerpo santo, y de esperanza, puesto que el peregrino, fuera cual fuera la causa de su viaje, tenía la conciencia puesta en los beneficios que le proporcionaría la presencia de aquella reliquia venerada que había impregnado de sacralidad todo el entorno del lugar en que había sido sepultada: la tumba misma, los sucesivos templos levantados sobre ella y, en fin, la ciudad en la que ese templo se levantaba; la ciudad que, de hecho, nació de la tumba santa que se descubriera en los albores de un Medievo absolutamente necesitado de confiar en el Más Allá, cuando el más acá apenas si ofrecía otra cosa que guerras, hambres y miserias sin límite.

Este peregrino devoto y ciegamente esperanzado era fácil de conducir, como suele ser fácil de conducir el enfermo que tiene que confiar en el médico para curar sus males. A ese peregrino sólo hacía falta tenderle los cebos espirituales –perfectamente dignos, por otra parte– de la fe y la esperanza, para que siguiera mansamente los pasos de la salvación anunciada, de la indulgencia prometida, del prodigio esperado. A cambio de ello, iría donde le mandasen, rezaría lo que le indicasen, se postraría donde fuera preceptivo y se desprendería gustoso de cualquier pertenencia con tal de emerger de los abismos de desamparo en los que se hallaba sumergido.

Pero había algo más. Por un lado, una parte de quienes llevaban las riendas de la autoridad espiritual eran plenamente conscientes de que lo sagrado necesita algo más que su simple presencia para ejercer influencia sobre la feligresía. Necesita el albergue apropiado que lo contenga –su Grial– y que lo transforme para que se abran mejor las ventanas que permiten filtrarse en el interior del individuo la luz de lo que viene del cielo. Por otro, un sector especialmente lúcido tenía conciencia del auténtico significado de aquel acto de acudir al lugar sagrado para empaparse de su esencia y emerger a un nuevo nacimiento que deja aparcadas las inmediatas aspiraciones dictadas por un entorno maltrecho e ignorante, o sea, pecador. Para esos –pocos– atisbadores de una realidad más profunda, se hacía necesario resaltar con urgencia, siquiera fuera discretamente, las claves que podían permitir ese acceso personal a la trascendencia que ya se había iniciado a lo largo del Camino: el que lleva a la intuición mística del conocimiento iluminativo.

El conflicto estallaría entre ambas tendencias y, en ese conflicto, sonarían los ecos de una espiritualidad liberada de trabas dogmáticas, secularmente apagados por el poder que pretendía, antes que nada, mantener sojuzgada a una feligresía que no debía en ningún caso tener acceso a la libertad de indagar por su cuenta el camino de una salvación que ya le tenían previamente trazado. En Compostela se libraba la batalla definitiva. En Compostela se acumulaba un poder eclesial que llegó incluso a competir con la autoridad de Roma y que basaba su afianzamiento en el dominio absoluto sobre multitudes peregrinas que acudían cada año y cada día a la Ciudad Santa. Pero, entre esa multitud, había muchos para quienes la peregrinación en sí misma era ya un proceso interno hacia el encuentro con la propia identidad trascendente; y otros a quienes el hecho escueto de haber recorrido el Camino había puesto en contacto con evidencias que anteriormente ni siquiera se habían atrevido a sospechar.

Compostela tenía la obligación ineludible de responder a unos y a otros, puesto que su circunstancia histórica y cultural la había convertido en el auténtico *Axis Mundi* de la espiritualidad y de la religiosidad del mundo occidental. En pocas palabras: era la respuesta a inquietudes y dudas y esperanzas, en un alarde de ecumenismo que nadie quería admitir abiertamente, pero que todos tenían que aceptar. Y ese estallido de plenitud, auspiciado por la identidad misma del Cuerpo Santo que centraba la atención del mundo, se tenía que resumir, en primer lugar, en el templo levantado en su honor en la meta clave de la peregrinación.

LA CATEDRAL COMPOSTELANA: Si repasamos la historia de la catedral de Santiago –una historia que apenas cabría aquí, ni siquiera en sus líneas esenciales– comprobaremos que no ha sido un templo que se construyera en un instante determinado y que, una vez concluido, permaneciera ajeno al tiempo a lo largo de toda su singladura. Por el contrario: se nos aparece como un *Ser Vivo*, que ha ido desarrollándose con la historia de las peregrinaciones, engendradoras de su «núcleo genético» –el Cuerpo Santo– y que tendrá que seguir desarrollándose y creciendo y afirmándose mientras ese núcleo tenga sentido.

Desde sus orígenes, que rozan con el mito y se identifican con el símbolo, el templo compostelano latió al ritmo de la espiritualidad que generaba. Al nacer, en tiempos de Alfonso II y del obispo Teodomiro de Iria, fue una construcción humilde, de mampostería y barro: *ex petra et luto opere parvo*, dice la Crónica. Servía para proteger provisionalmente el tesoro que albergaba, lo mismo que las modestas *zawuíyas* maghrebinas, que cubren de adobe y ladrillo la tumba del santón que fue enterrado en aquel lugar. No pasaron muchos años antes de que la fuerza centrípeta de aquella sacralidad exigiera de templos subsidiarios que confirmaran su protagonismo. La sucesiva y casi inmediata construcción del **templo de San Salvador**, de **Santa María de Corticela** y del **baptisterio de San Juan**, todos en torno a la iglesia apostólica, fueron como células nacidas del núcleo santo, destinadas a conformar el inicio de una entidad más completa, tal y

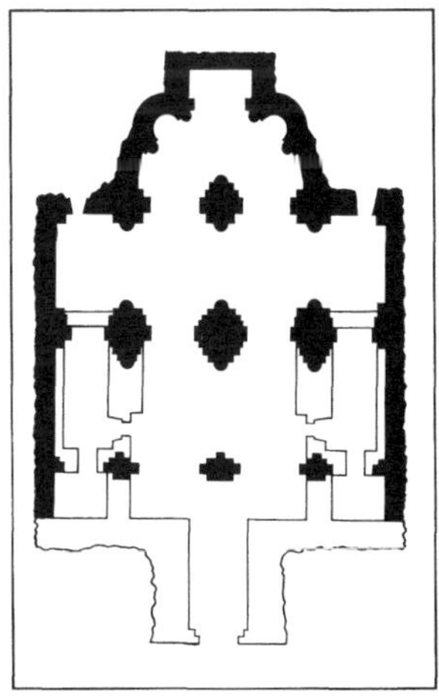

Cripta de la catedral vieja.

como sucede en todos los cuerpos vivos. En efecto, todos estos lugares subsidiarios se integrarían en una totalidad que comenzaría con la ampliación llevada a cabo por Alfonso III (899), que absorbió el **templo de El Salvador**, convertido en ábside de la nueva catedral, y se continuaría con el añadido de las torres defensivas levantadas por el obispo don Cresconio, supuestamente para prevenir ataques como los sufridos en tiempos de Almanzor, que prácticamente obligaron a reconstruir la mayor parte del templo catedralicio, que, según las crónicas musulmanas, quedó totalmente asolado, así como la ciudad que nacía en torno a él.

A fines del siglo IX, cuando ya Compostela se había convertido en meta de una peregrinación de ámbito europeo y cuando los caminos, y sobre todo el cluniacense que hemos venido siguiendo, estaban definitivamente establecidos, el obispo Diego Peláez –que aún lo era oficialmente de la diócesis de Iria– sintió la urgencia de hacer crecer aquel templo, que no sólo era insuficiente para acoger a tantos visitantes como llegaban, sino que había perdido parte de su sentido por la evolución misma de la espiritualidad reinante. Era la época de Alfonso VI, de Alfonso el Batallador, el rey del Grial, del Cid; eran los momentos de la primera eclosión del catarismo occitano, una eclosión que, sin duda, no habría sido tan intensa sin el recuerdo latente de otras herejías más antiguas, como el priscilianismo y el arrianismo, que también rozaron en otros tiempos las tierras del Languedoc.

La obra que entonces se inició, y que en esencia abarcó los límites actuales de la catedral compostelana, terminó de incorporar los templos que antes rodeaban el santuario del Apóstol. El **baptisterio** octogonal y **Santa María de Corticela** se convertirían en capillas que se integrarían en el crucero norte: **San Payo de Antealtares**, levantado después, perdería parte de su territorio originario para que fuera incorporado a las exigencias del gigantesco ábside que se proyectaba. Y los benitos de aquel cenobio, que eran precisamente los encargados de la custodia del sepulcro santo, protestaron por aquel avasallamiento del que iban a ser víctimas y sólo cedieron cuando se les aseguró la construcción de un nuevo templo monástico, situado en terrenos igualmente santos por la tradición jacobea: nada menos que aquellos desde los que el monje Pelayo vio salir las luces que, desde el Pico Sacro, irían a posarse sobre la que se describiría como tumba del Apóstol.

Aunque el obispo Peláez apenas si tuvo tiempo de iniciar la obra (1076), ésta continuó con sus sucesores, Dalmacio, Diego Gelmírez (1100-1140), Pedro Gundesteiz y Pedro Suárez de Deza, hasta que se pudo proceder a su consagración, ciento treinta y cinco años después de iniciarse (1211), bajo el reinado de Alfonso IX, un año antes de la batalla de las Navas de Tolosa y tres después de que el papa Inocencio III proclamase la Cruzada contra los cátaros. Durante aquel tiempo, desde 1122, las obras se dieron por terminadas más de una vez, pero siempre surgía algo que obligaba a replantearse una torre, un pórtico, una capilla. Desde 1095, además, ya aquella colosal construcción no

San Payo de Antealtares.

era concebida sólo como santuario del Apóstol, sino como catedral del obispado más importante del mundo cristiano después de Roma. Como tal, y sobre todo durante el pontificado de Gelmírez, fueron acumulándose en su recinto tanto las estructuras que constituirían el cascarón sagrado del templo como todas las reliquias que pudieron reunirse, procedentes de los santos más excelsos y significativos de la cristiandad y, sobre todo, del Camino, que constituirían complemento imprescindible para la sacralidad del monumento.

Si recurrimos al Códice Calixtino, donde Ayméric Picaud hace una minuciosa descripción de la catedral cuando aún se estaba levantando, nos daremos cuenta de que lo que sugiere a sus lectores peregrinos difiere sustancialmente de lo que nosotros podemos contemplar, pero observaremos también que lo que él presentía se describe de un modo paralelo, en cuanto a lo que su imaginación adelanta, a como un testigo actual podría describir la catedral compostelana después que la obra de siglos la dejase como está en la actualidad. Pienso con esto que ese templo acumula una hiperestructura que nada tiene que ver con un tiempo determinado y que, si hoy mismo un auténtico arquitecto sagrado interviniera en él, añadiendo o modificando alguna de sus partes, no haría sino completarse una clave más de su esencial intemporalidad. Por eso, cuando se dice –y yo lo he oído a menudo– que la catedral compostelana perdió una parte sustancial de su antiguo significado con transformaciones como la del claustro del siglo XVI o la fachada principal del XVIII, procuro sobreponerme a mis propias preferencias (decididamente inclinadas al mensaje iconológico del románico o a las claves estructurales del gótico), para reconocer en esas transformaciones la evolución normal de ese ente esencialmente vivo y latente, que fue complementándose con la espiritualidad que reinaba en cada instante concreto de esa historia que conforma su existencia. Y en esa historia, casi visceral, de crecimiento y transformación, como la del ser humano mismo, tiene que caber la visión de su primer arquitecto conocido, el maestro Bernardo el Viejo, y la de don Fernando de las Casas y Novoa, que levantó la fachada del Obradoiro, como la del maestro Mateo de gloriosa memoria, la de Robertus, la de Gil de Hontañón y la de Juan de Álava.

La diferencia, lo mismo que en la vida del ser humano, está en las presiones, las conveniencias, el conflicto de poderes y hasta en la fuerza de las convicciones de cada época y de cada circunstancia histórica, las mismas que influyen en el individuo y pueden ser capaces de volverle del revés la conciencia, como se vuelve un calcetín, haciendo que un ideólogo del marxismo –pongo por caso– se convierta en socialdemócrata convencido, o que un ateo recalcitrante pida los sacramentos a la hora de la muerte.

Tal vez por eso, lo mismo que un biógrafo trata de buscar las raíces más íntimas del personaje biografiado para trazar su perfil humano y, si es el caso, su significado profundo, también al enfrentarse con la compleja personalidad de un templo como la catedral compostelana se impone recurrir a sus claves más significativas, para extraerle el mensaje de conocimiento que debe contener y que se ha mantenido como base estructural de su espiritualidad, por encima de presiones y de modas, de intereses y de conveniencias. Naturalmente, esas claves se encuentran en muchos lugares de su estructura. Por eso el templo –ese templo en su absoluta espiritualidad– necesita no de un recorrido, por minucioso que sea, sino de una auténtica simbiosis de sus esencias. Y eso, tendré que advertirlo, es un cometido a emprender por cada cual, lo mismo que el proceso del que tanto hemos venido hablando en estas páginas y que constituye la médula del Camino.

Vamos a tratar, pues, de internarnos en alguna de esas claves, a in-

Catedral de Compostela

tentar desvelar, siquiera sea en parte, alguno de esos mensajes que emite el templo. Y vamos a hacerlo, además, echando mano de todo el bagaje que el peregrino tiene que haber ido acumulando a lo largo del Camino, porque sin él cualquier intento sería totalmente inútil, y cualquier propósito de engrandecimiento interior, una pura entelequia, una mera especulación alucinada.

LA CATEDRAL Y EL NÚMERO: Desde antes de que comenzásemos el recorrido del Camino, quedó advertido que la iniciación sólo podría ser alcanzada por quien sea capaz de asumir el fondo y la forma de todas las claves planteadas a su paso. El fondo lo delimitan los símbolos y sus significados. La forma viene marcada por las estructuras numéricas y geométricas de los lugares sagrados, pero también por los esquemas que rigen la creación y la vida, ordenadas por canones y cifras que conforman el entramado de cuanto existe.

La forma configura las estructuras del espacio sagrado, el cual, en tanto que participa de las medidas que rigen el proceso creador, influye en el comportamiento humano y lo pone en contacto con las bases de un conocimiento superior que es desvelado por el proceso iniciático. La aplicación de los cánones sagrados supone la capacidad de crear, a niveles microcósmicos, la correspondencia con lo universal infinito en que se basa la Creación, pero también la posibilidad de realizar una obra a través de la cual aquellos que la utilicen puedan sentirse más cerca de sus necesidades trascendentes. Por eso, ante la estructura del templo –cuando éste se concibe como vehículo hacia lo sagrado–, no nos planteamos la gratuidad de las incidencias numéricas o estructurales, sino que debemos partir de la sospecha del cumplimiento puntual de ciertas normas consideradas ya como sagradas desde el inicio de la conciencia religiosa del ser humano.

Pues bien: si repasamos la descripción hecha en el Códice Calixtino de la catedral compostelana, que en aquellos instantes se estaba rematando, nos sorprenderá comprobar hasta qué punto las cifras en las que Picaud incide tan machaconamente tienen que ver con las estructuras sagradas y, dentro de ellas, con la importancia de la cifra 9, sobre la que parece haber sido concebida toda la obra.

1) La basílica constaría de NUEVE naves, tres en el cuerpo principal y otras tres en cada uno de los brazos del crucero.

2) Las NUEVE naves quedan separadas por sesenta y tres pilares y columnas (63 = 7 x 9).

3) Sesenta y tres vidrieras habrían de iluminar las NUEVE naves.

4) Se estaban proyectando NUEVE torres.

5) Había, antes de la reforma emprendida, NUEVE capillas absidales, cinco en el semicírculo y otras dos a cada lado, sobre ambos cruceros.

6) Finalmente, el coro estaba compuesto por setenta y dos sitiales (72 = 8 x 9), reservados a los setenta y dos canónigos catedralicios, mas uno central destinado al obispo.

Es como si Picaud, a través de la simple enumeración, hubiera querido llamar la atención sobre esta circunstancia, poniendo sobre aviso, a quienes se sintieran capaces de comprender, de que la construcción sagrada que se estaba levantando respondía a unas exigencias precisas, que bastaba con citar para que fueran entendidas por aquellos sobre quienes se pretendía llamar la atención.

Pero había más elementos invisibles capaces de contribuir al reconocimiento de lo sagrado. Todo el tinglado estructural partía de una circunstancia precisa que había entrado a formar parte del mito jacobeo, que el Calixtino menciona, pero que muy pocos entre quienes

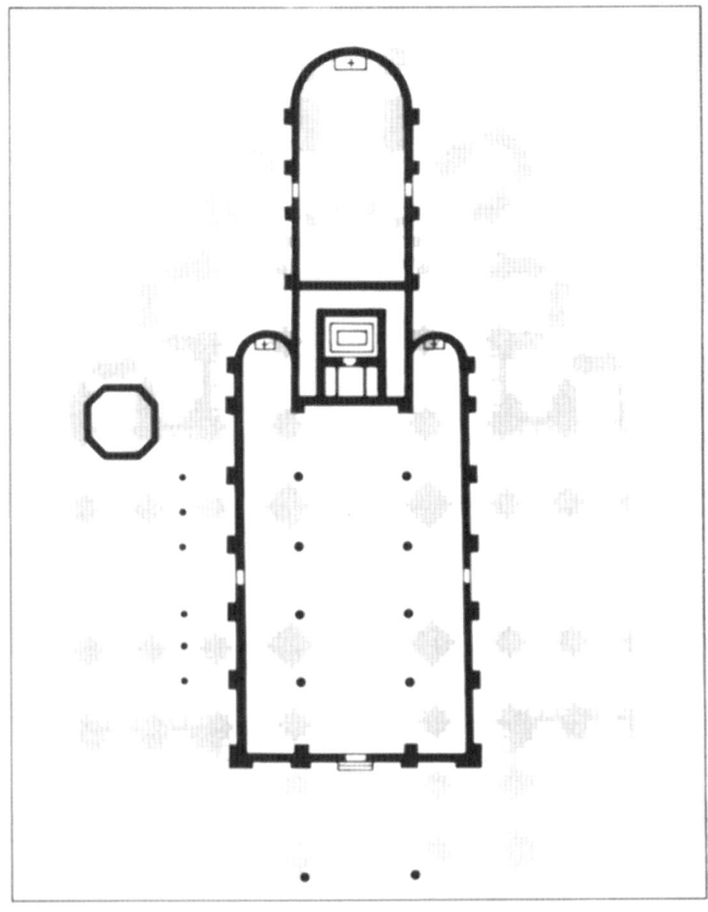

Catedral de Alfonso III.

han estudiado el Camino han querido destacar. Refiriéndose a la Tumba del Apóstol, Picaud especifica: «*También se considera que este cuerpo es inamovible, según el testimonio de san Teodomiro* (sic), *obispo de la misma ciudad, que en otro tiempo lo descubrió y en modo alguno pudo moverlo*».

Este hecho nos retrotrae a tantos otros cuerpos santos y reliquias que, con su tozudez inmovilista, aumentaron su peso hasta hacer imposible su traslado. Con ello, obligaron a que les levantaran el correspondiente santuario allí donde fueron descubiertos, advirtiendo con ello a la autoridad de turno sobre un ESPACIO que, muy a menudo, había sido ya previamente considerado como sagrado, aunque no se hubiera querido reconocerlo como tal. Así, en nuestro caso jacobeo, la obligación de dejar el cuerpo santo donde había aparecido hizo que los templos sucesivos se levantasen sobre el eje sagrado de la tumba e, indirectamente, que todas las medidas y proporciones que se establecieran tuviesen con ella una relación estrecha.

Cripta de la catedral.

Las sucesivas basílicas compostelanas, hasta la definitiva, fueron perfeccionando el módulo inicial conforme a formas estructurales marcadas por la **cruz pateada** de 36°, considerada como emblema de la orden del Temple, y por el **pentáculo estrellado** de los constructores medievales, llamado precisamente el Sello de Salomón por su relación emblemática con el rey constructor del Templo de Jerusalén. Cada una de las puntas de este pentáculo se abre también hacia el centro en un ángulo de 36°, y ambas formas geométricas se insertan, combinando sus esquemas, en la basílica, de tal modo que los centros coinciden con el emplazamiento exacto del acceso a la cripta donde se encuentra el **Cuerpo Santo**, en el centro exacto de la intersección de la nave principal con el crucero, allí donde el Calixtino anunciaba que habría de levantarse la principal de las NUEVE torres proyectadas. Supone éste un punto tal que, con la angulación del módulo de la Cruz Pateada y la prolongación de sus lados, se alcanzan con total exactitud los extremos del crucero y de las torres gemelas que constituían la fachada oeste de la catedral, en el mismo lugar que hoy ocupan las torres barrocas del Obradoiro. Por su parte, la circunferencia trazada desde ese centro, tomando como radio la distancia del mismo **árbol de Jessé** del pórtico de la Gloria, sirve igualmente de centro del Pentáculo en el que se contiene la estructura de toda la basílica y se marca el espacio sagrado de su entorno. Pero surge la duda sobre el acierto de los constructores, en el sentido de si trazaron consciente o arbitrariamente aquellas estructuras. Y es también entonces cuando el maestro Mateo, en el trazado de su pórtico, viene a despejar las dudas y a revelarnos, si cabe, el secreto de la forma compostelana.

La obra del maestro Mateo es tan críptica que ha despertado las más diversas reacciones entre quienes se han lanzado a describirla o a analizarla. Para unos se trata de la síntesis precisa del símbolo ocultista medieval. Para otros es casi un paradigma de la ortodoxia dogmática. Para otros, en fin, sólo responde a la necesidad de dotar a la catedral compostelana de un acceso que la identificase sin reticencias con lo que pretendía ser: la meta de un Camino que conmovía a Europa entera, la apoteosis grandilocuente de una sinfonía religiosa que terminaba aquí y que debía mostrar, necesariamente, su carácter de final definitivo, de culminación a toda orquesta de todo el entretejido de temas, tendencias, esperanzas y devociones que debería significar la peregrinación.

Ortodoxos y heterodoxos tienen razón, como la tienen racionalistas y tradicionalistas. El **pórtico de la Gloria** le fue planteado al maestro Mateo como un reto, desde el momento mismo en que le fue encargado, junto a la demolición del pórtico anterior, obra del maestro Esteban –el autor del de las Platerías–, que apenas tenía cuarenta años de existencia cuando se decidió que fuera sustituido. Y puedo comprender perfectamente que estudiosos apasionados de la Gran Obra añoren el pórtico desaparecido, descrito por Picaud, pero el hecho es

Pórtico de la Gloria.

que esa desaparición era irreversible y que lo que tenemos es la obra maestra que la sustituyó, la que resistió el paso de los siglos y nos plantea a nosotros, aquí y ahora, lo que dijo y lo que quiso decir, lo que mostró y lo que eludió deliberadamente.

El maestro Mateo realizó en su pórtico un auténtico acto de transición entre las preocupaciones *simbólicas* figurativas que caracterizaron el mensaje fundamental del románico y las soluciones *estructurales* de la proporción sagrada que conformaron el ideario de los constructores del gótico. En el pórtico de la Gloria, todo tiene una configuración ortodoxa; ahí están las cartelas de sus personajes para que no haya reticencias a la hora de reconocerlos. Todas las figuras son acordes con el dogmatismo imperante. Cada escena, cada actitud y cada alusión, como tan bien supo descubrir López Ferreiro, se corresponden, capítulo a versículo, con el pasaje correspondiente de las Sagradas Escrituras que se ha traspuesto a la piedra. Sin embargo, hay otro mensaje escondido. Y ese mensaje está en otro plano de la contemplación: en la disposición de los personajes y de las escenas, en su cantidad y, eventualmente, en su actitud. Hay una indudable preocupación por la *Medida*, por la *Distancia*, por la *Angulación*, por la *Ubicación* misma de cada elemento. Y un aviso latente, que a veces se ha tomado como tendencia a la banalización de un conjunto sin proyecciones simbólicas. Esa machacona repetición de personajes que hablan dos a dos, esa insistencia aparente en la conversación supuestamente íntima que tienen apóstoles, profetas y ancianos apocalípticos, ¿acaso no responde a la advertencia kabalística de que sólo dos, buscando juntos y emprendiendo juntos y en armonía la lección sagrada, podrán llegar al conocimiento divino que emana de sus páginas?

Fijémonos por un instante en la figura central del tímpano, ese Salvador de casi cinco metros de envergadura que ni está protegido por la tradicional mandorla del Pantocrátor románico ni lleva entre sus manos el libro del Conocimiento. Por el contrario, nos muestra las palmas abiertas de sus manos con las llagas y medio pecho descubierto con la señal –hoy prácticamente desaparecida, pero existente– de la herida causada por la lanza de Longinos. Nos está apuntando desde la perspectiva más acorde con la actitud ortodoxa, la doble personalidad gloriosa y sufriente del Dios de Salvación hecho Hombre. Pero, al mismo tiempo, entre líneas, nos plantea, por primera vez en la iconografía del Pantocrátor, la circunstancia oculta de ser génesis del misterio griálico: el personaje divino que es penetrado por la lanza –la que porta el quinto ángel portador de los atributos de la Pasión– y que verterá su sangre en el recipiente que lleva el ángel siguiente.

Sentado, con los pies juntos y las rodillas y los brazos abiertos, la actitud marca en las dos extremidades un ángulo de 36° que sólo tendríamos que prolongar para encontrar su vértice exacto en el vértice geométrico del arco central. A partir de dicho vértice y de ese centro preciso, podemos construir tanto el círculo completo como insertar en la circunferencia resultante los dos módulos que conforman la estructura básica de toda la iglesia catedral: el **pentáculo estrellado** y la **cruz Pateada** de 36°.

Recordemos que, en las construcciones sagradas resueltas mediante el arco de herradura, se dio a menudo la medida del arco en el punto preciso en que éste encontraba el extremo del brazo transversal de la cruz inscrita en la circunferencia. En el pórtico comprobaremos que dicha intersección apunta a dos figuras clave, situadas junto a las columnas, en el grupo de profetas y apóstoles. A la derecha, Santiago –¿y por qué, si no, el Apóstol está dos veces representado en el pórtico?– y, a la izquierda, Daniel, la figura sonriente, precisamente el que sobrevivió en la cueva de los leones y comió el pan de Dios: pan de conocimiento (Daniel, XIV, 37-38).

Por su parte, el pentáculo estrellado inscrito en la circunferencia, contiene las dos figuras principales del pórtico: el Cristo, en el tímpano, y Santiago, en el parteluz. Y ambas ocupan tal posición en la estructura pentacular que si el Salvador tiene su cabeza en el lugar exacto donde, según los módulos, debe encontrarse inscrita la cabeza humana, el bajo vientre del Apóstol se encuentra también exactamente en

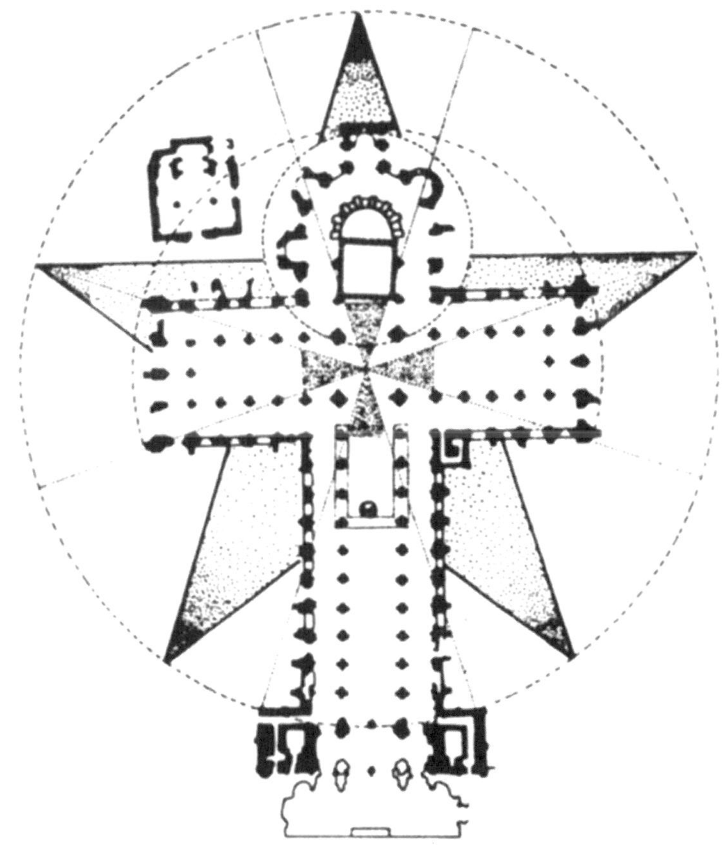

la intersección de las dos puntas inferiores de la estrella pentacular, es decir, en el lugar preciso donde, en el Adam Kadmón de la Qabalah hebrea, se sitúa el NOVENO sefirá: YESOD, Fundación, representado en el alfabeto sagrado por la letra TETH que, ya vimos, es el fundamento primero de la tau templaria. Existe, pues, una identificación evidentemente sincrética entre los dos personajes, que no serían sino uno solo en la realidad del pensamiento que rigió la concepción total del pórtico de la Gloria.

Pero no se detiene aquí la concepción oculta de la composición general de Mateo. La cifra 36, medida de los ángulos del pentáculo y de la cruz, se descompone numéricamente en el producto de 9 x 4. Y en el pórtico hay precisamente *cuatro* sectores de *nueve* figuras representativas del alto proceso de la transfiguración mística. El primer sector es doble. Lo componen los dos grandes grupos de nueve cabezas monstruosas que constituyen las basas de las columnas. Las cabezas en cuestión representan una extraña mezcla en la que se amalgaman figuras leoninas, humanas y aquilinas. En cualquier caso, leones y águilas son una representación simbólica de los módulos de sabiduría sostenedores de todo el pórtico. Porque no lo olvidemos: se trata de las bases sobre las que se levanta la estructura entera. Nos están avisando, pues, del carácter consciente y deliberado de todo cuanto allí se ha levantado.

El segundo sector, también doble, está formado por las figuras adosadas a las columnas de los tres arcos. Figuras cercanas a los dos metros de altura, que representan, a la izquierda, ocho profetas... y una columna sin figura (o con la figura eludida, aprovechando la intersección de los arcos). Y, a la derecha, ocho apóstoles... y otra columna sin figura. Recordemos que ni los profetas ni los apóstoles fueron ocho, lo que lleva implícitamente a pensar que aquí no importaba tanto la realidad anecdótica del número como la naturaleza de los personajes y, en cualquier caso, la cifra que se les adjudicó.

Los profetas anunciaron a un Mesías que tenía que llegar al trono de Jessé. Los apóstoles, por su parte, fueron los encargados por el Salvador de difundir las enseñanzas que habían recibido del Mesías anunciado por los profetas. Hay, pues, una clara correlación entre los dos grupos: la relación temporal que liga un pasado profético y un futuro profetizado. Unidos por un presente –intemporal– es precisamente la figura que parece faltar y se echa de menos en cada uno de los dos grupos para completar el NUEVE anunciado: Santiago. Pero no el Apóstol, que sí está, y por partida doble, sino ese otro **Jacques**, sabio y maestro de constructores, que sería precisamente el que está representado presidiendo el parteluz en lo alto del árbol de Jessé, al mismo tamaño que sus compañeros los apóstoles y los profetas, completando y justificando esotéricamente la genealogía del Salvador y portando el báculo con la tau de los constructores.

O sea que, en la concepción oculta que nos plantea el maestro Mateo, cabe perfectamente adjudicar a Santiago la categoría de divinidad magistral y mesiánica ocultamente anunciada y adorada. Un Santiago que, además, si nos fijamos atentamente,

a) está situado inmediatamente encima del capitel que representa a la Trinidad Divina, la cual se encuentra, a su vez,

b) sobre la columna en la que se labró el árbol de Jessé, fundamento genealógico del Maestro. Y esa columna, por su parte, descansa

c) sobre su propio origen, sobre la basa que representa a Noé, el patriarca elegido por Yavé para salvarse del Diluvio atlante, el último superviviente de la raza sabia sobre la que se creó la cosmogénesis mágico-religiosa del mundo. Significativamente, este Noé abraza a dos leones con las fauces abiertas de par en par. Y, si recordamos el simbolismo del león antes rememorado, tendremos que pensar en estos dos en tanto que abren sus fauces para permitir que el iniciado introduzca en ellas las manos y extraiga la sabiduría que contienen. No es extraño que la costumbre tradicional de los peregrinos consista en esta acción que tuvo, sin duda, un origen iniciático.

El tercer grupo de nueve figuras está constituido, en el tímpano, por los ocho ángeles y el Salvador, que van mostrando, a través de los atributos de la Pasión –columna, cruz, corona de espinas, llagas, lanza, sentencia, látigo, esponja y caña– los nueve grados de un proceso que conduce a la Muerte y a la Resurrección. Finalmente, el cuarto grupo lo forman, en la sucesión de los 24 ancianos apocalípticos del arco central, los NUEVE que son portadores de pomos de perfumes o matraces alquímicos. Curiosamente, la posición de estos ancianos en el conjunto no está elegida al azar, sino que sigue una motivación numerológica previamente establecida, con una exactitud que no deja margen al azar.

1) Los 24 ancianos están situados a lo largo de una semicircunferencia que mide, lógicamente, 180°. La descomposición numérica de 180 da, por suma, 1 + 8 = 9.

2) Cada uno de los 24 ancianos ocupa un sector de ángulo equivalente a 7,5°. Como son 9 los ancianos con matraces, ocupan un total equivalente a 67,5°. Si descomponemos de nuevo, 6 + 7 + 5 = 18; y 1 + 8 = 9.

3) Si contamos la posición que ocupan los nueve ancianos en cuestión en el conjunto de los 24, de izquierda a derecha, sus puestos son el 3, el 4, el 8, el 15, el 16, el 17, el 18, el 21 y el 24. La suma de estas posiciones da 126; y 1 + 2 + 6 = 9. Pero si contamos esas mismas posiciones de derecha a izquierda, ocupan los puestos 1, 4, 7, 8, 10, 17, 21 y 22. La suma de estos números da 99; y 9 + 9 = 18, y 1 + 8 = 9.

No estamos tratando de una más o menos ingeniosa combinación de números sin sentido. Cuando los seguidores de los conocimientos esotéricos han utilizado la llamada magia numerológica, ciertamente ha habido muchos, demasiados quizás, que no han sabido ver más allá de unos resultados chocantes que conducían a dogmas incomprensibles que había que aceptar en un acto continuado de fe, exactamente igual que se aceptan los otros dogmas, los ortodoxos que ellos rechazaban. La pretendida magia de los números va mucho más allá y reside, esencialmente, en que los números representan magnitudes sobre las que se asienta toda la estructura del cosmos. Los números son la expresión del orden del universo. Consecuentemente, son la razón última de todo cuanto existe, desde la materia hasta la sutileza del pensamiento.

Dentro de esta concepción del número, pitagóricos y kabalistas reducen toda la infinitud a números que contienen todas las magnitudes concebibles; las diez cifras simples, los Diez Mandamientos, los diez *sefirot*. Cada cifra, por este camino, tiene una base núcleo, que es uno de los diez números primeros, de cuya combinación, por adición o sustracción, nacen todos los demás, hasta el infinito. En la Qabalah, cada número corresponde a una manifestación divina y las diez manifestaciones se reúnen en el árbol sefirótico, que es árbol de Vida, de Ciencia y del Bien y el Mal, es decir, de la más pura y simple representación de todo lo que constituye la Creación. Una a una y todas ellas contienen todas las posibilidades de cambio y comprensión del universo, al margen de nuestras limitaciones a la hora de saberlas interpretar.

En la Qabalah, el *sefirá* YESOD significa fundación y corresponde a la letra TETH, que, para los iniciados, corresponde a la sabiduría escondida, a lo insondable y oculto, a lo que se conserva renovándose, imagen total de los tres mundos, número del que ha alcanzado la iniciación y expresión de la razón de ser de todas las formas, porque contiene en sí a todos los números simples. Es la síntesis del bien y el mal, suma y resta de todo lo que ha sucedido, espíritu y materia, según el resumen kabalístico de Barnatán. A la vista de todas estas significaciones, resueltas en el pórtico de la Gloria, cabe explicar la aparente incongruencia de que se mandase construir en sustitución al que se había levantado apenas cuarenta años antes y está descrito en el capítulo noveno del Calixtino. El de la Gloria estaba destinado a ser suma y resumen del mensaje oculto del templo compostelano, el plano que lo explicase a quien realmente quisiera penetrar en su significado trascendente. Y, siguiendo en la línea de esta intención, cabría pensar que la imagen de su autor, ese maestro Mateo de rodillas a espaldas de la columna que representa el árbol de Jessé y con la mirada fija en el altar mayor, sería la clave del arquitecto para indicar, a quien supiera interpretarlo, que lo que había realizado era la síntesis de una totalidad que sólo podría empezar a entenderse –y, por lo tanto, a asumirse– si se desvelaba el significado estructural que se había planteado en el pórtico: un homenaje total al número y a su significación, resumen de tantas claves sueltas, aparentemente inconexas, que fueron surgiendo a lo largo del Camino, como páginas aparentemente dispersas de un libro mudo que tenía su colofón en el santuario compostelano.

Pero ese colofón no era sino reducción, simple y divina a la vez, de una cifra clave de todo el significado general del mensaje de la peregrinación. Y, tal como podríamos verificar, sería la idea básica de una realidad que nadie podría transmitir directamente, como se transmite una

Claustro de la catedral.

noticia para que todos la capten, sino que tendría que manifestarse a través de indicios que cada cual habría de buscar por sí mismo, porque únicamente el hallazgo personal puede conducir a la iluminación del entendimiento y a la corroboración de que esa realidad unifica los saberes y las creencias, las tendencias y los afanes de la humanidad entera.

Hay que pensar que la catedral de Compostela fue concebida y completada a lo largo de los siglos como un ente vivo, susceptible de evolucionar, pero necesitado también de una coherencia esencial en su programa, pues una cosa es la evolución del ser y otra muy distinta lo que podríamos llamar la técnica del trasplante, que consiste, de modo parecido a lo que sucede en cirugía, en amoldar un miembro o una víscera vital en otro lugar que, por su origen, no le correspondería. Por desgracia, pero inevitablemente, este fenómeno se dio también en Compostela, cuando los apaños, que no los toques evolutivos, cayeron en manos de quienes, consciente o inconscientemente, pretendieron alterar la marcha natural de ese proceso que complementa la entidad y la va amoldando y dándole el sentido que cada instante de su existencia requiere.

MODELOS DE TRASPLANTES: Posiblemente, una de estas operaciones, que no queda más remedio que admitir como mal menor en cirugía y en arquitectura sagrada, pero que conviene que el peregrino lúcido tenga en cuenta antes de sacar conclusiones que puedan inducirle a engaño por su precipitación, es la de la puerta Santa. Como todo el mundo sabe, esta puerta fue concebida en un determinado momento, cuando se le concedió a la catedral el privilegio del jubileo, como aquella que se abriría únicamente en los proclamados Años Santos. Anteriormente había sido una de las siete puertas menores de las que habla el Calixtino, estuvo dedicada a san Pelayo –cuyo monasterio se levanta enfrente, al otro lado de la plaza– y, al serle adjudicada esta función ritual, a principios del siglo XVII, se la adornó con parte de las imágenes que habían constituido el coro de piedra que, al parecer, le fue encargado también al maestro Mateo y que había sido desmantelado para sustituirlo por otro de madera que, con el tiempo, también cambió de sitio. Ahora presenta, a ambos lados, sendos grupos de doce personajes, en su mayor parte inidentificables, que lo mismo podrían haber sido rebautizados como profetas que como apóstoles, como patriarcas o (más improbablemente) como reyes de Israel. En realidad, aparte del indudable interés que tiene para el investigador el hecho de reconocer cuáles de aquellas figuras fueron obra de Mateo, la distribución del retablo y el hecho de encontrarse fuera de contexto, hacen de aquella puerta una simple pieza de museo, al margen de su importancia litúrgica como acceso especialísimo al templo, una vez atravesado el pasillo que desemboca en la capilla absidal de El Salvador.

Mucho más interés, aunque tendremos que recordar en su momento el mismo fenómeno, ofrece la **puerta de las Platerías**. Respecto a ella y a su nombre, una advertencia: se llama de las Platerías porque en la plaza sobre la que se abre se encuentran, desde hace siglos, los plateros y orfebres dedicados a vender medallas de plata o de alpaca a los peregrinos que pueden permitirse ese capricho. Sin embargo, hay una circunstancia que llama la atención. Esta «puerta de plata» era, tradicionalmente, la puerta de salida de los peregrinos que habían visitado el templo, el portal sur, del mismo modo que el de entrada era el del norte, aún existente pero totalmente transformado e irreconocible: la **puerta de la Azabachería**, que da a la plaza del mismo nombre.

¿No resulta, ya a primera vista, chocante esta alusión al *azabache* y a la *plata,* a lo negro y lo blanco, en las puertas de *entrada* y *salida* de peregrinos? Pues es el caso que, aun siendo totalmente cierta y comprobable la presencia tanto de plateros en las cercanías de una como de azabacheros en la otra, habría que plantearse –y dudo que ningún estudioso haya caído hasta ahora en la cuenta de este enigma– si acaso la presencia de estos comercios, en cualquier caso antiquísimos, fue causa o consecuencia de unos nombres muy significativos dentro de lo que supone la transformación del peregrino que llegaba al santuario compostelano.

Aquel proceso era equivalente al de la materia sometida a la manipulación por el alquimista. ¿O acaso no comienza ésta con la *nigredo,* que es el camino de la muerte de lo terreno y material, para emerger con la Piedra, que supone la máxima perfección de la materia? ¿Y acaso ese proceso de lenta sublimación de lo material no se obtiene a partir de la Tierra Madre, de la Diosa, de la Piedra o la Virgen Negra, para terminar en la Diosa o la Virgen Blanca?

Significativo: la **puerta de las Platerías** de Compostela se apoya sobre la Transfiguración y sobre los preliminares inmediatos de la Resurrección: el prendimiento de Cristo y sus suplicios, así como la resurrección de Abraham en su tumba, su descubrimiento del nuevo mundo perceptible a través de la flor maravillosa que contempla.

Restauración conjetural de la fachada de las Platerías.

Esta escena de la Transfiguración, representada precisamente a través de las tentaciones que la precedieron, no deja también de ser una transposición simbólica de unos idearios al parecer muy concretos, representados de tal forma que dan pie a ser reconocidos y convenientemente interpretados. Los diablos que tientan a Cristo están distribuidos por los muros de una construcción que, según todas las apariencias, poseen. Su aspecto no es el terrorífico de otros monstruos satánicos de la época, sino el que puede dar una amable caricatura; incluso uno de los diablos tiene el aspecto inconfundible de un mono alado. Pero sobre esta circunstancia, estos demonios, tal como los describe el Calixtino, ofrecen al Salvador *piedras* para que las transforme en panes, haciendo uso de sus poderes sobrenaturales. La impresión que produce el conjunto de la escena representada es la de una clave de los constructores, que tientan o desafían a la Iglesia a que transforme la obra por ellos emprendida.

En el ángulo derecho del mismo tímpano izquierdo, la plasmación de esa figura de mujer medio desnuda que algunos se empeñan todavía en identificar con la Magdalena o con la Mujer Adúltera (como, en cierto modo, hace Picaud), responde en realidad a un mito de significaciones sagradas muy diferentes. Se trata de una leyenda iniciática de origen, al parecer, templario –o tal vez de raíces cátaras– en la que se cuenta la historia de una doncella que, sin contacto con varón, quedó preñada y sus padres la mataron para ocultar su vergüenza; y que, después de muerta y enterrada, parió una cabeza parlante que predecía el futuro de los humanos. Es una historia en la que surge inmediatamente el recuerdo del bafomet de los templarios.

Pero fijémonos bien en la figura: al contrario de todas las demás del pórtico, que tienen claramente esculpidas las pupilas, ésta tiene los ojos muertos, sin mirada. Además, no ora, como podría haberlo hecho la Magdalena ante el cráneo, sino que lo sostiene en el regazo como se sostiene a una criatura. Por último, habría que resaltar que aparece sentada y no de rodillas, sobre dos leones, de los que se distinguen claramente las cabezas.

Es significativo que el mismo tema se repite, con las mismas características –si exceptuamos el cambio del cráneo por una cabeza monstruosa– en el interior de la basílica, en un capitel de la parte alta del deambulatorio.

Junto a la huella simbólica que nos ofrece esta figura de la doncella paridora, el rastro numerológico está de nuevo presente. A la izquierda de la gran portada se encuentra la imagen más significativa y célebre de la misma: el rey David, tocando, no un arpa, sino una vihuela. ¿Por qué? Parece ser que la vihuela es un instrumento que, por su aspecto, es susceptible de marcar una determinada línea. Y, si medimos el ángulo del arco en el punto de contacto con las cuerdas del instrumento, veremos que vale nuevamente 36°. Midamos luego el ángulo que forman las piernas cruzadas en los tobillos, con las rodillas separadas: vuelven a ser 36°. Esa medida es –recordémoslo otra vez– la del ángulo arquitectónico que preside todo el esquema de la catedral compostelana.

Rey David.

El rey David fue el padre de Salomón, el constructor del Templo. Y, según el Libro de los Reyes, Yavé le anunció la construcción del mismo, pero le advirtió que no sería él quien lo llevaría a cabo, sino su hijo y sucesor. Así pues, David conoce el secreto divino que llevará a la construcción de la Casa de Dios. Conoce el módulo sagrado y lo emplea, pero no en construir, sino en hacer música. ¿Sería demasiado arriesgado adelantar que el mensaje que nos transmite David en el portal de las Platerías es el de un módulo numerológico de valor universal, que llevaría al iniciado, cuando menos, a comprender que de él pueden surgir conocimientos mucho más universales –totales, podríamos incluso avanzar– y que el arte de la construcción sagrada no es más que una de sus manifestaciones?

Aquí, sin embargo, tenemos que recordar algo que el epígrafe anunciaba. Parcialmente al menos, la **puerta de las Platerías** sufrió también un trasplante. Algunas de sus figuras –tal vez tendríamos que pensar en aquellas a las que no hace alusión explícita el Calixtino– fueron añadidas a este portal cuando fue transformado el del lado norte, el de la **Azabachería**. Se sabe con seguridad que las figuras que representan la creación de Adán y la expulsión del Paraíso, incrustadas a la izquierda del portal y muy cercanas al rey David, proceden de aquel otro lugar. ¿Cuántas más, entre las que rodean esa maravilla geométrica centrada en el crismón, son también producto de ese trasplante? Yendo un poco más lejos, el aspecto parcialmente desordenado de algunas de las escenas que refleja este portal ha hecho pensar que, con posterioridad inmediata a la narración de Picaud (1120), las Platerías pudo sufrir las consecuencias de la furia destructora de los compostelanos contra el obispo Gelmírez, que obligaría tal vez a una reconstrucción apresurada e incompleta de la puerta. En cualquier caso, resulta ya imposible contemplarlo como un todo coherente y unitario, portador de un mensaje o de un programa que nos comunique una sola idea y la desarrolle conforme a la función específica que ocupa aquel lugar en el conjunto catedralicio. Pues la catedral entera, e incluso habría que pensar que también su entorno, es un libro escrito en clave que hay que descifrar. Y esta puerta extraordinaria es, en tal libro, como una página rota que, a la hora de restaurarse, se completó con fragmentos de otras pertenecientes a capítulos distintos, en una faena de apaño llevada a cabo por artesanos muy hábiles que, o eran analfabetos, o tuvieron un especial empeño en deformar el mensaje preciso de aquella página y escamotear el de otras que, por desgracia, se perdieron definitivamente.

PÁRRAFOS SUELTOS DE UN LIBRO INCOMPLETO: Cuando se deja atrás la puerta de las Platerías y se desciende la escalinata que lleva a las tiendas de los orfebres y al arranque de la **Rúa del Villar**, casi sorprende tropezarse, tras tantas figuras que gritan reclamando su sacralidad y la devoción de quien las contemple, con esa fuente barroca de apariencia versallesca, que también parece gritar, pero cualquier cosa menos la religiosidad que proclama la totalidad de la ciudad antigua, tan repleta de iglesias, ermitas, capillas, oratorios y santuarios

Aquellos corceles marinos frente a la Casa de los Deanes, sin embargo, son, de hecho –y no sé si también de intención–, como una llamada al peregrino que sale de la catedral. Un aviso que complementa y amalgama muchas pequeñas claves imperceptibles que se le fueron proporcionando anteriormente, como esas flechas minúsculas de pintura amarilla que iban indicándole, a lo largo del Camino, la ruta correcta, la que le conduciría a la meta prometida. Son como si, de pronto, escuchásemos su chapoteo sobre las olas que mueren en esa playa que Compostela no tiene. Como una advertencia de que hay un Más Allá de esta Compostela que hemos tomado como meta definitiva. Como un aviso de que todo esto que aquí vive el peregrino tuvo sus orígenes en las orillas de Mar Tenebroso que comienza unas millas más allá.

La concha, esa vieira con la que se iniciaba la Ruta, prendiéndola del sombrero o de la esclavina, esa pechina que surge en tantos rincones del Camino y en tantos blasones de quienes lo recorrieron, era un primer aviso. Y la leyenda de aquel mozo que entró a caballo por la playa, para ayudar a la barquichuela errante que portaba los restos del Apóstol y salió con su cabalgadura y sus ropas tachonadas de con-

San Fiz de Solovio.

chas, no era más que la llamada muda hacia ese mar que el viajero no ha podido siquiera vislumbrar a lo largo de toda la ruta que le marcaron los cluniacenses. En el **pórtico de la Gloria** le dijeron seguramente que aquel ser acurrucado, que sostenía sobre sus hombros nada menos que el árbol de Jessé y, consecuentemente, toda la genealogía del Salvador, era Noé, el patriarca al que Dios en persona eligió como superviviente del Diluvio Universal y como origen de la nueva humanidad que habría de establecerse sobre la Tierra. Cabe también que le haya chocado la cantidad de Pelayos y Pelagios que van emergiendo a lo largo de la historia y de la leyenda compostelana. Desde aquel remoto eremita que hacía penitencia en las proximidades de la iglesilla de **San Fiz de Solovio**, que fue el primero en percatarse de las luces que partían del **Pico Sacro** y venían a dar en el blanco sobre la tumba que luego sería reconocida como la del apóstol Boanerges, hubo Pelayos santos, Pelayos obispos, Pelayos arquitectos, Pelayos peregrinos. Pero pelayos y pelagios eran llamados, en la Antigüedad, los pueblos venidos del mar; y ser conocido con ese nombre era como reclamar ascendencia marina que, tácitamente, hacía a su portador digno del respeto y de un cierto acatamiento a sus orígenes, ciertos o atribuidos, o incluso meramente sospechados. Los monjes del cenobio de San Payo –san Pelayo, naturalmente– de Antealtares, un santo mártir de más que dudosa realidad histórica, fueron durante siglos los encargados del cuidado del santuario. Y el obispo don Diego Peláez –o sea, hijo de Pelayo– fue el promotor de la actual catedral, concebida a partir de unos saberes arquitectónicos realmente insólitos para el momento en que fue planteada.

La idea de los que vinieron del mar –entre los que estaba el cuerpo de Santiago, arribado en barca carente de timón– estuvo asociada a los maestros canteros que convirtieron el Camino en ruta de aprendizaje, pues en él pudieron ir conociendo no sólo los secretos de la técnica, sino aquellos otros que les permitirían transformarla en arte sagrado, en ciencia en la que el número y la proporción se convertirían en algo más que en un buen hacer: en una forma de crear, desde la piedra, una obra por la que su creador se aproximaría a los conocimientos del otro Creador. Para llegar a captar ese conocimiento, el constructor –e indirectamente, todo buscador de la verdad trascendente a través de una actividad sagrada– debía asumir que esa verdad no consiste en aprender los secretos de una determinada ciencia, sino en proyectar esos conocimientos a todo cuanto constituye el cosmos, convirtiendo la obra humana en un holograma de la Gran Obra, capaz de crear y dar sentido a todo lo existente, la piedra incluida. Y a esa creación y al sentido de esa creación podía –puede, seguramente– llegarse por los caminos más insospechados.

SANTA MARÍA LA REAL DE SAR: La visita a esta colegiata compostelana no es una meta cómoda para los que acuden con prisas a Santiago. Pilla a trasmano de las rutas habituales; hay que llegar allí con la concreta intención de ir y no porque quede al paso de cualquier otro lugar entre los que se consideran de visita imprescindible.

Desde el Obradoiro hay muchos caminos para llegar a la **colegiata de Sar**, pero me atrevo a proponer doblar la **plaza de las Platerías**, recorrer –siempre despacio y bajo los arcos, naturalmente– **la Rúa de Villar** de cabo a rabo, salir a la **plaza de Vigo** y, por la **calle de la Fuente de San Antonio**, llegar a la de **Castrón d'Ouro**, a la derecha, dando esquina al **convento de las Mercedarias**. La continuación de esa calle se llama precisamente **de Sar** y nos llevará directos al lugar que buscamos, ya a las afueras de la ciudad. Una vez allí, hay que buscar a la guardesa, que vive en una de las casas semiadosadas al templo; ella será quien nos abra y nos venda, si queremos, los folletos que se han editado sobre aquel lugar, con todos los detalles sobre su historia, sus circunstancias y hasta las razones razonadas de su insólita estructura, el porqué de su desafío a las reglas del equilibrio y de la estabilidad.

Todo es útil, por supuesto, pero nada sirve realmente para desvelar el auténtico misterio de un recinto que parece desobedecer abiertamente todas las reglas arquitectónicas, como si quisiera asustar al visitante con la amenaza de desplomarse definitivamente cuando se encuentre en su interior. En el siglo XVIII, en plena época racionalista y con el entusiasmo por la regla mental, se aceptó a pies juntillas la amenaza de ese peligro y le plantificaron al templo unos arbotantes pesadísimos para sostenerlo, que lo convirtieron, por fuera al menos, en una especie de monstruo de enormes patas, como un escarabajo gigantesco que se hubiera quedado petrificado de repente, en medio de aquella plazuela en la que se alza.

La colegiata de Sar ha sido, durante siglos, un ejemplo vivo de la eterna polémica inconclusa entre el pensamiento racionalista y el pensamiento mágico. La evidencia nos muestra un templo en el que, a

Colegiata de Sar.

partir del eje longitudinal, muros, columnas y hasta la arquería del vecino claustro, se abren hacia lo alto con una inclinación en abanico aproximada a los 15°: más de siete grados a izquierda y derecha de la vertical. El problema que plantea es si esta inclinación fue premeditada por parte de los constructores –en cuyo caso el templo constituiría un enigma simbólico y la demostración de unos conocimientos capaces de saltarse todas las normas al tresbolillo–, o si es parte de un error que derivaría de un basamento mal elegido, por lo que se habría abierto la estructura total como un libro, ocasionando el derrumbe definitivo de no haber sido por los burdos contrafuertes que se colocaron en el siglo XVIII y que dan al conjunto ese aspecto de insecto que ahora tiene desde el exterior.

Las razones que aducen quienes defienden la teoría de un error arquitectónico son variadas y, en cualquier caso, no suelen ser coincidentes. Don Bernardo Regal, o. s. b., explica la suya por una causa *«largamente discutida, que hoy parece clara. La iglesia está dotada de una techumbre única a dos vertientes. Lógicamente, en parte por ello, las naves laterales tuvieron que elevarse a una altura imprudente –sus columnas tienen la misma altura que la nave central– hasta el punto que dejaron de proporcionar apoyo suficiente, puesto que los contrafuertes laterales tampoco tenían bastante grosor para soportar el empuje de la bóveda central. Si añadimos a todo esto que el edificio entero se levanta sobre un suelo inseguro, tendremos los factores determinantes del derrumbe de la primitiva bóveda central, consecuencia natural de la desviación de las columnas. Así pues, es una deficiencia técnica y no una decisión inicial lo que motivó la inclinación de los pilares, que quedaron tal como se ven todavía hoy en día, así como la forma irregular de las bóvedas laterales».*

La inseguridad del suelo, definido por Chamoso Lamas como «sumamente arcilloso y plástico» y por Román López como «un pantano», parece ser la teoría que prevalece sobre la del error fundamental de los constructores al igualar la altura de las naves.

Sin embargo, cabría reflexionar sobre una cuestión que se nos plantea a lo largo del tiempo y que permite mantener algunas dudas, al menos, sobre la validez absoluta de estas afirmaciones. La iglesia fue levantada a fines del siglo XII, entre 1136 y 1165; sólo tres siglos después, casi cuatro, a finales del XV, se derrumbó la bóveda central –al parecer, no las laterales–, obligando a su reestructuración. Y únicamente en el siglo XVIII, sin que mediara nuevo derrumbe, se le colocaron al templo los contrafuertes que aún hoy conserva. Son lapsos de tiempo lo suficientemente largos como para hacer una invitación a meditar seriamente en ese error tan generalmente proclamado, sobre todo cuando los que defienden la idea de una concepción originariamente distorsionada del templo vienen a afirmar, con la misma fuerza de convicción que sus oponentes, que **Santa María la Real** se asienta sobre una base perfecta de piedra que no ofreció jamás peligro alguno de hundimiento.

Los que sostienen la teoría intencional de la colegiata se apoyan precisamente en ese larguísimo espacio de tiempo que he mencionado: 850 años, de los cuales, al menos 650, el templo se mantuvo sin derrumbarse, a pesar de la supuestamente peligrosa inclinación de sus naves, lo que probaría sin lugar a dudas que los contrafuertes que se colocaron en el XVIII sólo justificaban la ignorancia de quienes no fueron capaces de comprender los motivos reales de aquella distorsión y, por eso mismo, sintieron el deber de colaborar por las bravas al sostén material de algo que, para ellos, no podía ser en modo alguno posible, porque simplemente carecía de justificación razonada. Añaden los defensores de la distorsión intencionada que si el templo se hubiera asentado sobre terreno movedizo, tampoco los monstruosos arbotantes habrían resistido la inestabilidad que trataban de contener y que, supuestamente, habría contribuido a la inclinación de las naves. Y aun aportan la evidencia de que una distorsión accidental no podría haber sido nunca tan exacta como para mantener el mismo ángulo de inclinación en ambos lados, así como el hecho de que otras iglesias, como **San Lorenzo**, en la misma Compostela, o **Santa María de Betanzos**, asentadas ambas sobre roca firme, muestran una inclinación parecida, aunque ciertamente menos acusada.

La sensación que se experimenta al contemplar –estando dentro– el templo de Sar es, en cualquier caso, singular. Parece –y podría tratarse de una apariencia, pero no por eso deja de ser una impresión firme– como si las columnas y los muros se incrustasen en forma de cuña en el suelo, para unirse en un punto preciso a una determinada profundidad, mientras que, hacia lo alto, la estructura se abriera para abarcar unos cielos mucho más amplios que la tierra desde la que se los contempla. Esta sensación predomina en el visitante al poco rato de encontrarse en el interior del templo y supera con creces a la primera, ciertamente inquietante, de encontrarse en un espacio inseguro y casi vertiginoso, que podría venírsele encima al primer grito o al me-

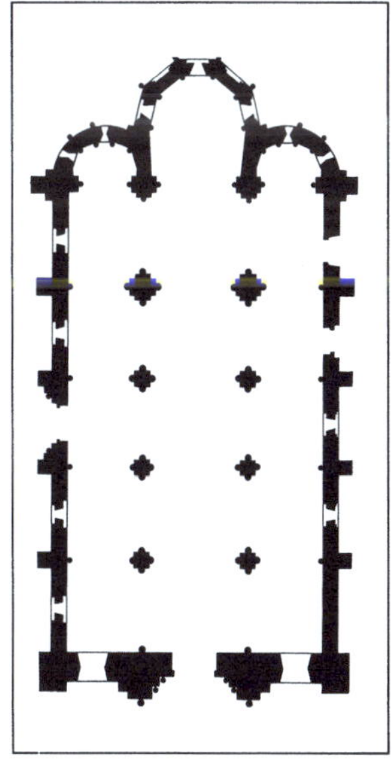
Santa María la Real de Sar.

nor golpe. Las perspectiva celeste de las bóvedas deja de ser contemplada desde los parámetros del hábito cotidiano y, al ensancharse exageradamente, permite intuir una intención expresa de romper con las percepciones y de presentar ese cielo simbólico de las bóvedas que pesa sobre nuestras cabezas con una visión seguramente más acorde con el carácter salvífico que se le atribuye desde las coordenadas religiosas. Es decir que, con la ruptura de las perspectivas, el templo se convierte en una transposición clara y evidente del símbolo que pretende representar, gracias al error o a la sabiduría de los arquitectos que lo proyectaron.

Supongo que tendríamos que profundizar en las circunstancias originarias de la colegiata de Sar para intentar una toma de posición que desequilibrase, de alguna manera, el fiel de esos razonamientos contrapuestos. Recordemos que la época de la construcción de la colegiata de Sar coincide, precisamente en Galicia, con un instante del siglo XII que es el tiempo del maestro Mateo y de toda una generación de arquitectos que, a través de sus obras, se distinguió por la perfecta adecuación del resultado a su significación trascendente. Es el instante en el que los primeros freires templarios regresaban de Tierra Santa, portadores de una iniciación adquirida entre los escombros de aquel Templo de Salomón que poseyeron como primera sede de la orden; el momento en el que comienza a surgir las primeras logias de canteros, conscientes del hecho de que construir un recinto sagrado no es un mero saber levantar correctamente piedra sobre piedra una iglesia, sino un espacio que tendrá que *reproducir* el recinto divino y *propiciar* –teóricamente, al menos– la identificación del ser humano con su propia trascendencia. Es la época de unos maestros constructores que destacaron sobre el premeditado anonimato de la obra deliberadamente destinada a aparecer como de todos, dirigida fundamentalmente a la colectividad de creyentes (y de peregrinos, en el caso de Compostela) que habrían de gozar de sus efectos e intuir sus significaciones. Es, en fin, la época que prepara firmemente el estallido del simbolismo para situar a Mateo y a sus compañeros en la cúspide indiscutible de la expresión sagrada.

Por lo que sabemos sobre los orígenes históricos de la colegiata de Sar, la idea de su fundación se debe a Munio Alfonso, que fue uno de los autores de la *Crónica Compostelana*, íntimo colaborador del obispo Gelmírez y obispo de Mondoñedo, cuya sede abandonó en 1134 con la intención expresa de dedicarse a la meditación y a levantar un templo en el que residiría junto a sus compañeros los canónigos agustinianos de Santiago. Muerto en 1136 sin haber casi comenzado su obra, el ya arzobispo Gelmírez mandó rematarla y, tal como había sido el deseo expreso de su subordinado, la destinó a monasterio de canónigos, que en número invariable de *nueve*, al mando de uno de ellos, que hacía las veces de prior, ocuparon el lugar con todos los honores durante cuatro siglos, honrados por pontífices y monarcas y gozando de bulas y privilegios que les convirtieron en poseedores de una de las mayores fortunas del reino gallego y aun de Castilla entera.

Pero ¿quiénes eran y de dónde procedían estos *canónigos regulares* que tanta influencia tuvieron en la historia peninsular de la Edad Media?

Hay que remontarse a las postrimerías del siglo IV. Cuando san Agustín regresa a Tagaste después de su bautismo (387), reúne en torno suyo a varios compañeros de conversión, ávidos, como él, por encontrar una vía a través de la cual alcanzar la meta en sus novísimas ansias de perfección. Ya en Hipona, primero como presbítero y posteriormente como obispo, instaló para ellos «*un convento dentro de la iglesia para los servidores de Dios*». Los fines de aquel cenáculo eran los de aglutinar a todos en una especie de núcleo hermético de espiritualidad que justificaría plenamente la palabra que comenzaban ya a emplear para definirse: *monacus*, procedente del griego *monos*, uno, que explicaba sus fines en tanto que eran, intencionalmente al menos, «*los que viven en unidad [...], de manera que forman una sola persona y poseen lo que está escrito: una única alma y un solo corazón*».

La regla que rigió la vida de aquellas comunidades –ya poseían numerosos núcleos conventuales al comenzar el siglo V– se extrajo de la epístola 211 de su fundador, en la cual, a propósito de la muerte de su propia hermana, que había fundado un cenáculo femenino con los mismos fines, describe los principios que deben regir la vida conventual. Muy pronto, amenazados primero por los vándalos y posteriormente por aquel islam que se extendía como una ola imparable, los agustinianos desplazaron sus sedes hacia Europa y Tierra Santa; y en la Península misma siguieron gestando su estructura en tanto que lares adscritos a las sedes apostólicas de las que formaban parte. Todo el norte cristiano tuvo memoria de ellos, de sus enclaves poderosísimos y de su influencia constante sobre la política de los estados, a través de la que tenían sobre los obispos a los que estaban ligados. Al constituirse la Ruta Jacobea mientras los cluniacenses se instalaban a lo largo del Camino como directores de la espiritualidad peregrina, los canónigos de San Agustín se concentraron en las sedes episcopales como colaboradores de los prelados y con un significativo sentido de la solidaridad, como si conformaran más una sociedad con fines inmediatos y concretos que un conjunto dedicado a la espiritualidad desde su posición de colaboradores de las máximas autoridades religiosas.

La *Crónica Compostelana*, compuesta bajo los auspicios del arzobispo Gelmírez y dedicada a glosar su vida y sus actividades, incide a menudo en la aventura de los canónigos, e incluso permite detectar como se estableció un intenso intercambio entre los que residían en la sede apostólica y los que se encontraban próximos a otras autoridades eclesiásticas como el patriarca de Jerusalén, que dirigía a Gelmírez cartas en el tono de la siguiente: «*... también ahora solicitamos vuestra piedad par que franqueéis las entrañas de vuestra caridad al portador de las presentes, Aimerico, nuestro hermano y canónigo, y lo recibáis y tratéis honoríficamente con los suyos todo el tiempo que estuviera con vosotros. También os rogamos que hagáis le sea* *entregada la iglesia de Nogueira, sita en vuestra diócesis, con todas sus dependencias, lo mismo que las limosnas que nos dan en vuestro territorio, salva vuestra reverencia, y que lo recomendéis a vuestros mayores, así clérigos como laicos»*.

La colegiata de Sar pasó a manos de los canónigos y sus nueve ocupantes fijos comenzaron desde muy pronto a enriquecer su patrimonio y a hacer sentir su influencia sobre los asuntos del obispado de Compostela, con honores y prebendas casi inconcebibles. Tales canónigos, por aquella época, constituyeron un tipo de asociación de carácter iniciático que, en virtud de su propia discreción, influyó decisivamente en el devenir de la sede compostelana y, a través de ella, en los acontecimientos y decisiones de los reinos en los que se habían ido implantando. Los sepulcros de algunos de estos canónigos, que se encuentran tanto en el interior de la colegiata como en su claustro anejo, dan fe de esa preponderancia insólita que, en ocasiones, llegaba a superar en magnificencia a la de los mismos obispos compostelanos. Así se nos muestra el sepulcro del canónigo Bernardo Arias y los de los priores Gonzalo Domínguez y don Jácome Alvares, que llegó a ser titular del obispado de Tarso.

Por lo demás, hay detalles en la colegiata de Sar que indican una intención de transmitir algo parecido a un ideario hermético que se plantearía con la apariencia de simples elementos ornamentales, pero no sólo podría ser explicado a través de sus propias claves y a quienes estuvieran en posesión de determinados grados iniciáticos paralelos.

Es de destacar el hecho de que la decoración del templo, lo mismo que la del claustro anejo se componga de elementos vegetales, sin aparecer más que en contadas ocasiones la decoración con figuras humanas o animales. Las hojas y los bulbos, los frutos y las palmetas, las volutas y el ramaje, componen todo el ornamento de los capiteles interiores –con excepción de dos de ellos, situados en el ábside lateral sur– y son el elemento exclusivo de toda la ornamentación del sector del claustro que queda en pie, precisamente el más próximo a la iglesia, parcialmente oculto por los contrafuertes que se pusieron para evitar el presunto derrumbamiento.

Uno se pregunta por la razón de esa tendencia hacia lo vegetal, en un lugar y, sobre todo, en un momento histórico que destaca precisamente por una clara predilección por lo figurativo, por el símbolo escrito y expresado desde el límite de lo mítico o desde el personaje que lo representa. No cabe duda de que los módulos iconográficos que se siguieron en el templo de Sar no fueron los mismos de las construcciones religiosas de la misma época. Y que si éstas iban destinadas a ejercer una determinada influencia sobre la feligresía, las de aquél aparecen reservadas a un colectivo restringido, que estaría ya presumiblemente iniciado en una intencionalidad de claves mucho más ocultas y concretas. La decoración vegetal liga fundamentalmente el templo con el suelo sobre el que se asienta, convirtiéndolo en producto de la tierra sagrada. En este sentido, el templo queda convertido en árbol de conocimiento mediante su simbolismo vegetal, en lugar donde se vive y se aprende la experiencia de la Madre Tierra, representada por esa Santa María la Real que aparece como patrona del recinto. Ése podría ser un motivo que justificase la inclinación de columnas y muros que, de este modo, estarían indicando el lugar profundo donde teóricamente se juntarían, en el fondo de la tierra, para emerger abriéndose hacia el cielo que la sabiduría terrestre estaría enseñando a conocer.

Ya de nuevo en el exterior del templo, en el pórtico norte, el friso sobre el arco nos presenta, entre los canecillos geométricos, la significativa imagen de las rosas y la cruz, como muestra de una intencionalidad esotérica que se quiso colocar precisamente en un lugar discreto, como para que no fuera detectada más que por quienes debían descubrirla. Del mismo modo, en uno de los capiteles del ábside, otra clave confirmaría la impresión que se descubre en el interior: en ese capitel aparecen dos figuras humanas que emergen entre las hojas de una planta. Unido a otro vecino en el que se recogen las imágenes de un ángel y un demonio separadas por una balanza equilibradora de dualidades, nos da la pauta iniciática que se complementa con la que nos transmite otro capitel del ábside septentrional, en el que la ya clásica figura del titiritero *acróbata*, tan característica de la iconografía medieval desde los albores del prerrománico, aparece con todo su sentido originario.

Con estas claves proporcionadas por el templo mismo, la idea de una determinada distorsión perfectamente planeada y realizada se vuelve mucho más coherente en un contexto arquitectónico presidido por la intencionalidad del símbolo llevado a sus últimas consecuencias. Cabe seguir pensando que se trata de meras coincidencias y que la realidad del error de los constructores fuera la causante de la insólita apariencia del templo que, en sana lógica, tendría que haberse derrumbado hace ya mucho tiempo. Sólo querría abundar en la idea de que el ser humano ha expresado sus inquietudes y hasta su conocimiento por medios que, con el paso del tiempo, han dejado de ser comprensibles; y que facetas del pasado que en la actualidad nos parecen absurdas, o producto de ignorancias remotas y definitiva y afortunadamente superadas, son en realidad muestras cuidadosamente guardadas de un saber que difícilmente podríamos asumir desde las perspectivas que nos ofrece nuestro progreso, derivado hacia caminos que ya nada tienen que ver con la identidad trascendente de nuestros demasiado mal conocidos antepasados.

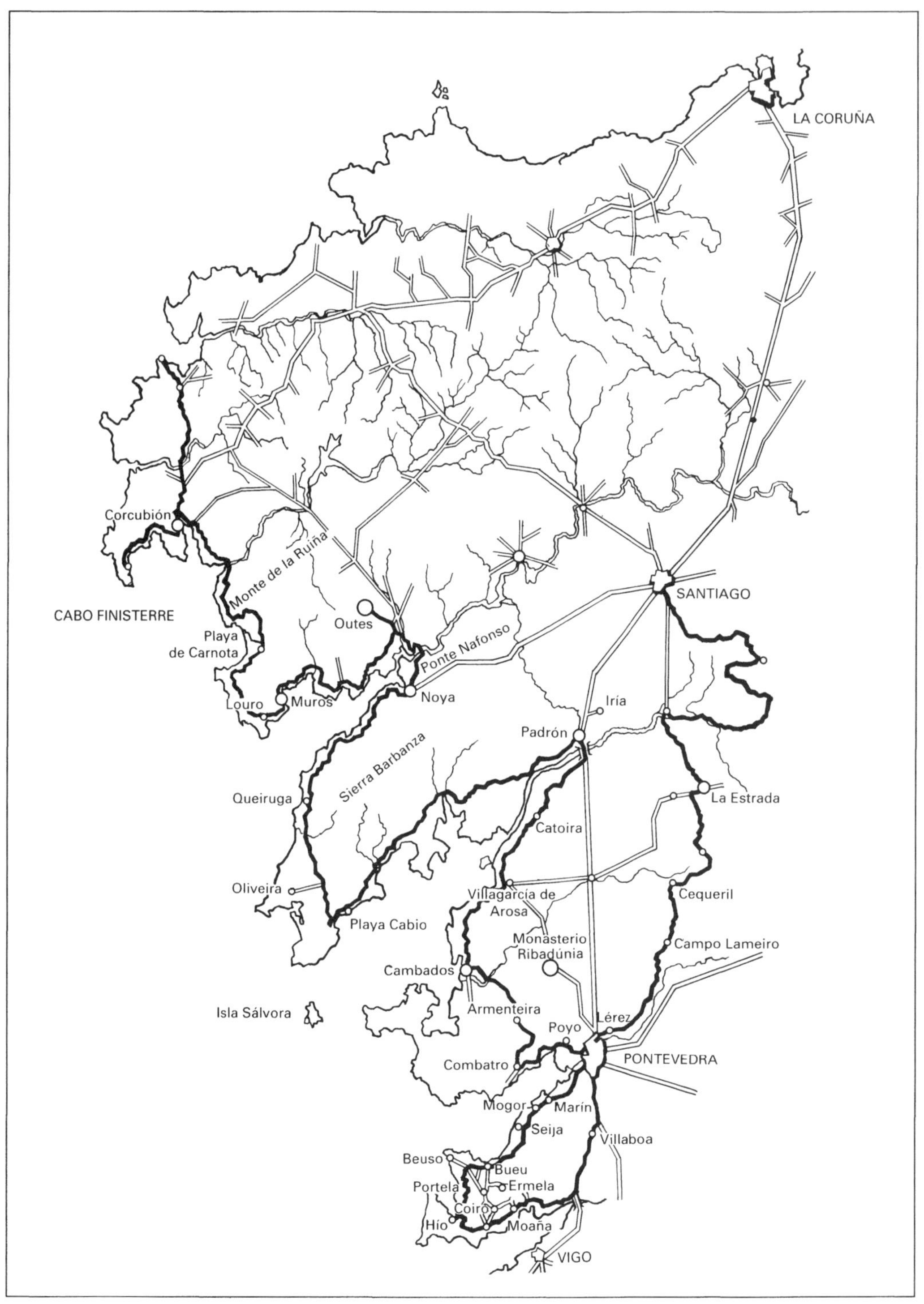
LA CORUÑA
Corcubión
Monte de la Ruiña
CABO FINISTERRE
Outes
SANTIAGO
Playa
de Carnota
Ponte Nafonso
Louro
Muros
Noya
Iría
Padrón
Sierra Barbanza
Queiruga
La Estrada
Catoira
Oliveira
Villagarcía de
Arosa
Cequeril
Playa Cabio
Monasterio
Ribadúnia
Campo Lameiro
Cambados
Isla Sálvora
Armenteira
Lérez
Poyo
Combatro
PONTEVEDRA
Mogor
Marín
Seija
Villaboa
Beuso
Bueu
Portela
Ermela
Coiro
Hío
Moaña
VIGO

13. Más allá de Compostela

Al peregrino que me acompañó hasta aquí, salud. Si quedaste ahito después de tu caminar a Compostela y sientes que has cumplido con lo que te propusiste, descansa, póstrate ante el Cuerpo Santo, abraza devotamente su imagen, da las gracias por las bienaventuranzas que recibiste y regresa a tu casa. No sé si aún es válido que añadas una vieira a tu blasón, como lo fue antaño. En cualquier caso, nadie habrá de impedirte que la imprimas en tus tarjetas de visita, para que quien vea una sepa que hiciste el Camino con provecho y con los ojos abiertos.

Nadie va a obligarte a ir más allá, te lo aseguro. Pero bastará con que observes con atención el juego de la Oca. Te sorprenderá una pequeña circunstancia intrascendente: en el tablero, unas casillas *antes* del Paraíso, se encuentra la que representa la muerte. Y quien cae en ella –que es lo mismo que decir quien la asume– termina su juego y ha de regresar al punto de partida. Y no deja de ser curioso que Compostela sea la sede del Cuerpo Santo –muerto– y que con llegar allí baste para ver cumplidos todos los propósitos de la peregrinación. Habría que preguntarse: ¿realmente basta? ¿De verdad Compostela y su tumba santa son el final de este largo viaje?

El mito jacobeo insiste en Compostela como meta definitiva de este viaje. Compostela resume y totaliza el motivo de la peregrinación. Sin embargo, el mito sagrado no da comienzo aquí, sino más allá, donde termina la tierra y se enreda en rías y en promontorios con ese mar Tenebroso con el que mantiene una relación casi erótica, penetrando el uno en la otra y la una en el otro hasta confundirse y no poderse hablar ya de mar ni de tierra, sino de lugar donde ambos se encuentran y se hacen una entidad única. El cuerpo descabezado de Santiago, nos dicen, llegó a la costa transportado por una barquichuela sin timón. En la costa nació el signo de la vieira, el mito de la reina Lupa, la aventura de los toros salvajes. Por la costa, dicen también, discurrió el viaje de Santiago, aún vivo, cuando se las veía y se las deseaba por enseñar la nueva fe a paganos pertinaces y se le apareció Nuestra Señora sobre una barca de piedra para darle ánimos y anunciarle asperezas de martirio.

O sea, que hay efectivamente un *más allá* de Compostela. Un más allá ortodoxamente reconocido y popularmente asumido, que llama hacia una complementariedad sin la cual, en el fondo, el encuentro con el Cuerpo Santo y con sus efluvios no sería completo y hasta tendría muy poca justificación. Todo este gran tinglado sacro se totaliza y adquiere su pleno sentido sólo si se sigue adelante, hasta que el océano se interponga. Pero si hurgamos un poco por los caminos de la costa, veremos que no sólo nuestro señor Santiago llegó del mar; que del mar vinieron Cristos y Vírgenes y santos y hasta patriarcas como Noé –o una nieta suya, de nombre Noela–, que marcaron con devociones y megalitos y leyendas y piedras sagradas cada palmo de esa costa en la que océano y tierra se unen en un abrazo amoroso e indisoluble.

En Compostela se vive, si no de espaldas a lo marino, sí eludiéndolo discretamente, como si lo único importante fuera llegar, cumplir y regresar a casa. Sin embargo –ya tuvimos ocasión de verlo juntos–, hay también toda una serie de signos colgados como al tresbolillo, que avisan de la presencia de una realidad oceánica. El peregrino es libre de ir más allá para quedarse o para regresar después, se lo advierto a quien quiera escucharlo. Pero también le diré que ese llegar al mar será como el examen al que será capaz de responder si aprovechó la enseñanza ofrecida a lo largo del Camino y desde la experiencia compostelana. Aunque se lo advierto: su examen no será ante un tribunal, sino ante sí mismo. Nadie habrá de reprocharle nada, ni darle una mala nota si no sabe una respuesta. Yo sólo pretendo ponerle en antecedentes de lo que irá encontrando. Al peregrino le corresponderá decidir si esas preguntas se pueden responder con los datos que le suministró el Camino.

TRANCO FINAL: SECRETAS COSECHAS DEL PASADO

Se sale de **SANTIAGO DE COMPOSTELA** por la carretera N-525, que conduce a *Orense*. Se la sigue aproximadamente durante trece kilómetros, hasta una desviación que nos llevaría a **LAVACOLLA** si la siguiéramos hasta su término. Sin embargo, al poco trecho de tomarla, una indicación pequeña nos desviará a la derecha y tendremos que seguirla para llegar al **PICO SACRO**, que estaremos viendo durante todo el trecho, levantando su silueta cónica a nuestra derecha. Este camino del Pico Sacro es, con todo su aspecto de camino hacia lo desconocido, uno de los pocos que en Galicia parecen bien señalizados. De hecho, hay pocas probabilidades de perderse, hasta el momento en que la carretera termina, convertida en un mar de baches insondables, a media ladera del Pico.

El **PICO SACRO** es un complemento imprescindible del Camino. De él partían las luces que viera caer el monje Pelayo en el lugar donde el obispo Teodomiro descubrió la tumba que inmediatamente proclamó como la del Apóstol. En su parte más alta está compuesto por rocas de cuarzo parcialmente cristalizado, y es precisamente allí donde la tradición popular sitúa una torre que habría formado parte de los dominios de la reina Lupa. Esta torre fue visitada por el historiador ga-

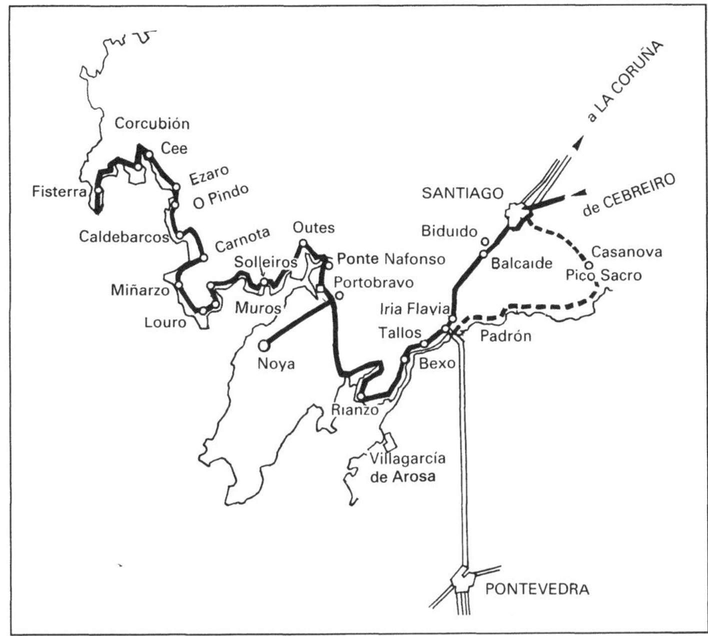

llego padre Juan Alvarez Sotelo en 1698, pero posteriormente desapareció sin que hayan quedado restos que permitan localizarla. También en el siglo XV se levantó una *ermita* dedicada a Santiago, de la que quedaría un resto en la que hoy subsiste, abandonada después de sucesivas reparaciones que la fueron deformando hasta tomar el aspecto de cabaña campesina con un pequeño atrio, tal como hoy podemos verla.

Con todo, el **PICO SACRO** conservó la fama de sagrado que le venía ya de lejos y que afectaba a todo cuanto en él había, sobre todo a una *caverna* a la que el pueblo atribuyó características sobrenaturales y de la que los eruditos, sin embargo, se empecinan en dar un origen minero de época romana, juzgando a partir de los numerosos fragmentos de *terra sigilata* que se han encontrado en la ladera inmediata. Lo cierto es que se ignora todo acerca de esta cueva, porque ha sido imposible explorarla. A cierta profundidad, que no hace tanto era de unos treinta metros que caían en vertical a los pocos de la entrada, la boca quedó tapada por numerosas piedras que se derrumbaron o que fueron arrojadas por la gente, convencida de que ese acto repercutiría favorablemente en la suerte del que lo realizase.

A la caverna se accede atravesando un pasillo de algo más de un metro de anchura, cortado a pico en el peñasco de la cumbre. Se trata de un acceso artificial, lo que no puede asegurarse con la misma certeza de la caverna. Ya muchos admiten que aquel monte cónico pudo ser un santuario celta que, con toda probabilidad, sería meta de romerías y reuniones sagradas mucho antes de que se convirtiera en la batería que arrojó sus luces hasta el lugar donde habría de descubrirse la tumba del Apóstol. Y buenos afanes debió de darse la Iglesia por cristianizar convenientemente el lugar, pues se tiene noticia de que la capilla levantada por el obispo Fonseca se construyó ya sobre otra que mandó construir en el siglo IX el obispo de Iria Sisnando y que a su consagración, que tuvo lugar inmediatamente después que la de la basílica compostelana –la segunda, la de Alfonso III–, asistieron los mismos diecisiete obispos que tomaron parte en la primera ceremonia.

Se habla de un misterioso salón subterráneo defendido por una fiera, que tiene en su parte central una fuente de caños de oro que mana constantemente azogue. Curiosamente, al Pico se le atribuyen virtudes curativas si se le invoca convenientemente:

Pico Sagro, Pico Sagro,
Sáname deste mal qu'eu trago.

Al mismo tiempo, se le ha tenido como lugar de reunión de las brujas y hechiceros del contorno. En el mito jacobeo, su falda, en cuya ladera occidental aún crece un bosque, fue el lugar donde los discípulos del Apóstol fueron a buscar, por indicación de la reina Lupa, los bueyes que resultaron ser toros bravos a los que amansaron milagrosamente.

Desde el **PICO SACRO**, en días claros, se divisa la costa a la que vamos a dirigirnos. Para llegar a ella sin pasar de nuevo por **SANTIAGO** y por el camino más corto, convendrá que regresemos a la carretera de Orense (N-525) y que la sigamos en esa dirección hasta cruzar la divisoria de Pontevedra. La primera carretera local que nos surja a la derecha nos llevará, por **OCA** (atención al nombre sagrado de la palmípeda), a desembocar en la N-640, que seguiremos hacia el oeste, pasando por **La Estrada** y **Portela**, hasta **CUNTIS**, donde volveremos a internarnos hacia el sur por carreteras locales que, por **Cequeril** y bordeando el **Montouro** (atención a este monte de oro), nos conducirán a **CAMPO LAMEIRO**.

CAMPO LAMEIRO es uno de los enclaves más ricos en *petroglifos* de toda la provincia de Pontevedra, ya de por si la más rica de toda Galicia en tales restos. Aquí, esparcidos en un área de varios kilómetros cuadrados, se encuentran agrupaciones de signos grabados sobre la roca que siguen planteando una incógnita aún no resuelta a paleógrafos y arqueólogos. Naturalmente, la mentalidad estrictamente racionalista de nuestros investigadores autorizados ha tratado de resolver el misterio de estas piedras escritas adjudicándoles un significado utilitario. Según las hipótesis más corrientes, tales signos, convenientemente clasificados, representan casas, reses, propiedades que se consignarían para dar fe de sus propietarios o de los límites de una determinada comunidad. Nadie parece haber reparado en que resulta

Pico Sacro.

imposible plantearse la consignación inmediata de lo perecedero y cambiante sobre una base –la piedra– que es fundamentalmente fija e imperecedera. Lo que se grabó en la piedra no podía ser algo sujeto a alteraciones puntuales, sino aquello que significase una realidad –pensamiento, ley o creencia– inalterable en el discurrir de la vida de quienes lo grabaron. Los petroglifos no pueden, pues, tomarse por «noticias» de lo inmediato, sino como testimonio de un ideario lo suficientemente firme en la mente colectiva como para justificar su perennidad milenaria.

En **CAMPO LAMEIRO**, la difusión de tales *letreros* sobre un área tan considerable induce a sospechar que se trataba de un lugar sagrado, en el que los que acudieran encontrarían *narrada* su historia, sus creencias, sus mitos y, en fin, todo aquello que mereciera ser recordado para siempre o que sirviera durante muchos siglos para dar cuenta de *certezas inalterables*. El hecho de que no hayamos sido aún capaces de traducir aquellas escrituras no es motivo suficiente para sacarnos de la manga banalidades inmediatas, sino causa de que intentemos profundizar en lo que, sin duda, habría de aportarnos un conocimiento más cierto y firme de lo que fueron aquellos pueblos que siguen siendo asignatura pendiente de nuestra investigación histórica.

Sigamos desde **CAMPO LAMEIRO** la carreterra que conduce a **PONTEVEDRA**. Ya casi a las puertas de la ciudad, pasaremos por **LÉREZ** y por su iglesia de **San Benitiño**, que formó parte de un importante monasterio en el que cursó su noviciado el padre **Benito Feijoo**, una de las figuras más interesantes de la cultura española del siglo XVIII. No nos detendremos en **PONTEVEDRA**, a pesar de que algunos de sus lugares cruciales merecen ser visitados y estudiados, como esa **iglesia de La Peregrina**, cuya planta se construyó en el siglo XVIII en forma de vieira.

Salimos hacia el sur por la carretera de **MARÍN**, que marcha paralela a la ría. **MARÍN** es la entrada de la **península del Morrazo**, que iremos bordeando desde la salida de la población, apenas pasada la academia militar de la Marina. No pasará ni un kilómetro y medio cuando, teniendo el mar a nuestra derecha y la ladera de una colina al otro lado, rematada por un barrio de pescadores, un letrero nos indicará la presencia de un nuevo campo de petroglifos; en este caso se trata del lugar de **MOGOR**.

No cabe duda de que los **laberintos de Mogor** figuran entre los más extraños y sorprendentes que puedan encontrarse. La figura laberíntica, que se repite entre otras que marcan círculos y espirales, pueden verse en otros lugares atlánticos del mundo céltico, pero difícilmente encontraríamos figuras mejor y más conscientemente labradas. Esta figura insólita del laberinto es la misma que serviría, en esquema, para marcar los laberintos ocultistas empleados en el secreto mundo tradicional y hasta en el entorno esotérico cristiano, puesto que los de las catedrales góticas se inspiraron mayoritariamente en el esquema de éstos, labrados en un tiempo en el que la idea cristiana tardaría aún siglos en surgir.

Mogor.

Una de las características de estos **laberintos de Mogor** es la presencia en ellos de una casi perfecta **cruz con asa**, el *ankh* de la simbología jeroglífica egipcia, el signo de la vida para los primitivos ocultistas.

La tradición de los laberintos, como la de las espirales, muchas de las cuales pueden verse en el complejo de Mogor, forma parte de la cultura religiosa de la protohistoria atlántica. Se encuentran desde las costas canarias hasta la Bretaña, y cabe muy bien plantearse la cuestión de que aquellos que los realizaron sabían que esa figura es la más exacta representación de la estructura primaria del universo, puesto que, desde la galaxia al núcleo atómico, la forma de la espiral preside tanto el movimiento como el engranaje profundo de todo cuanto existe. La pregunta que surge inconscientemente es si acaso estos laberintos no serán representaciones de un conocimiento científico que nos hemos empeñado en negarles a nuestros antepasados. Señalemos, sin embargo, que entre estos laberintos de la costa del Morrazo hay algunos que fueron trazados por bromistas o tramposos, seguramente empeñados en demostrar su talento frente a representaciones ancestrales. El engaño salta a la vista, pues, por desgracia para los imitadores «civilizados», los grabados originales son bastante más perfectos que las imitaciones.

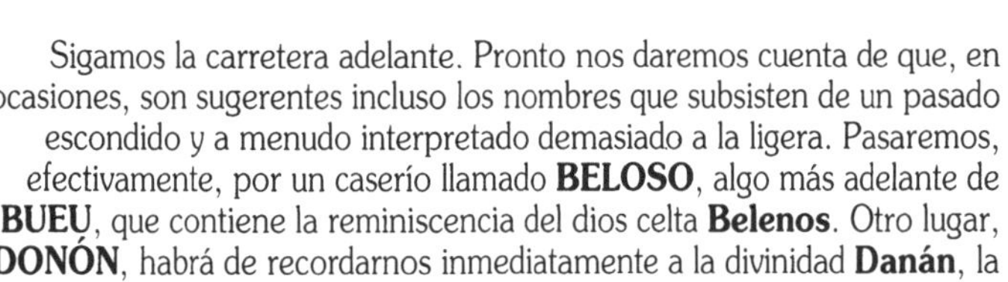

Sigamos la carretera adelante. Pronto nos daremos cuenta de que, en ocasiones, son sugerentes incluso los nombres que subsisten de un pasado escondido y a menudo interpretado demasiado a la ligera. Pasaremos, efectivamente, por un caserío llamado **BELOSO**, algo más adelante de **BUEU**, que contiene la reminiscencia del dios celta **Belenos**. Otro lugar, **DONÓN**, habrá de recordarnos inmediatamente a la divinidad **Danán**, la

Gran Madre que transformaría su nombre para prestar su sacralidad a **santa Ana**, la madre-de-la-madre: la abuela del Salvador. En cuanto al lugar de **HÍO**, al que llegaremos ya en la punta de la península, tiene una resonancia isíaca que los ocultistas identificaron con la divinidad simbólica Ío, la representación esotérica del número 10, esquema paradigmático de lo sagrado.

A **HÍO** llegamos al cabo de unos doce kilómetros de haber dejado atrás el pueblo marinero de **BUEU**. Es un pueblecillo limpio y desparramado entre colinas costeras, y las guías turísticas lo suelen recordar por su extraordinario **crucero**, considerado como el más impresionante y perfecto de toda Galicia. Se encuentra delante de la pequeña iglesia del pueblo dedicada a **san Andrés**, y entre él y el templo, aunque su lugar ha sido cambiado a menudo, se levanta una columna con un farolillo y, en lo alto, la figura de un angelote que sostiene una inscripción en la mano izquierda, en tanto que con la derecha señala (casi siempre) el crucero, como si quisiera indicar que, efectivamente, tiene una *lectura*.

El crucero de **HÍO** se compone de cuatro partes. De abajo arriba, tres peldaños conducen a una especie de mesa-altar de piedra, sobre la que se sostiene toda la estructura. Sobre la mesa, una hornacina que se abre a los cuatro puntos cardinales, representando, en cada uno de los lados, a Eva tentada por la serpiente, a Eva avergonzada, a Cristo sacando ánimas del Purgatorio y a Nuestra Señora sobre una teoría de almas condenadas a las llamas del Infierno. Por cierto, que una de esas almas va tocada con un birrete clerical.

Sobre esta hornacina se levanta la columna de la cruz. Y adosados a ella, antes de comenzar el brazo propiamente dicho, nos volvemos a tropezar con Adán y Eva con gesto de arrepentimiento y entre ambos, otra vez a Nuestra Señora orante, pisando a una serpiente enroscada que trata de protegerse con la figura de la media luna. Sobre la Virgen, dos ángeles: uno protege a un alma, el otro pisotea a un diablo y ambos debieron de lucir espadas ya desaparecidas. Cuatro ángeles más sostienen la ménsula sobre la que se levanta un descendimiento con seis figuras: las tres Marías, el Cristo y dos hombres enturbantados que, subidos en sendas escaleras, hacen bajar el cuerpo.

Las dos escaleras parecen una llamada a las dos vías de acceso al conocimiento. Partiendo de ellas, las figuras y los motivos dejan de ser una mera narración piadosa para ir mostrándonos como todo surge a modo de un juego de los contrarios, con lecturas paralelas: una ortodoxa y otra esotérica, que viene dada, de abajo arriba, por la presencia de la serpiente, del vestido de Eva, hecho de laberintos de piedra, nuevamente la serpiente en la columna, junto a la media luna, el diablo y los ángeles con el alma entre ellos, y la presencia de uno de los hombres que hacen descender de la cruz al Cristo, el cual luce una rodilla desnuda como símbolo de la iniciación, así como algunos útiles de constructor que sustituyen a los instrumentos empleados para desclavar al Salvador de su cruz martirial. Si a estos signos añadimos la *flor de cuatro pétalos* esculpida muchos siglos antes sobre el tímpano de

Hío.

la entrada del **templo de san Andrés**, podemos pensar en la posibilidad de que una vieja tradición ocultista siguiera presente en el recuerdo de los canteros que labraron el crucero hace poco más de cien años. Las escaleras aparecen en series de siete escalones, los mismos que tenía la escalera ceremonial representada en los cultos mitraicos.

Desde **HÍO**, el camino se dirige ahora hacia **CANGAS DEL MORRAZO**, dando la vuelta al promontorio. Por aquellas alturas pueden encontrarse algunos dólmenes difíciles de situar con exactitud.

CANGAS DEL MORRAZO es un pueblo curioso por la tradición brujeril. Su iglesia parroquial contiene dos elementos insólitos: varias conchas filipinas que sirven de pilas de agua bendita –recordemos que vimos otra así en **VILLAFRANCA DE MONTES DE OCA**, al entrar el Camino en la provincia de Burgos– y un Cristo, el del Consuelo, que milagrosamente no ardió cuando los piratas berberiscos atacaron e incendiaron el pueblo a principios del siglo XVII. Pero lo que sí consiguieron aquellos piratas, al decir de las gentes, fue unirse carnalmente a las brujas del lugar y engendrar unos mestizos, los *soliños*, que se convirtieron en una especie de subraza maldita de por aquellos pagos.

Las brujas de **CANGAS** son una tradición muy especial de la gran tradición brujeril gallega. Allí, muy cerca del pueblo, en el arenal llamado de **Areas Gordas**, que pertenece a la cercana parroquia de **COIRO**, se reunían en los días clave de los aquelarres, convocadas por una campana que tañía sola en la iglesia y que el padre Sarmiento tuvo aún ocasión de ver allá por 1745. Muchas de aquellas mujeres, de las que Cunqueiro asegura que no fueron más que locas perturbadas por el asalto berberisco, terminaron sus días en los calabozos inquisitoriales, como la más célebre de todas ellas, **María Soliña**, que cantó Celso Emilio Ferreiro en un poema que casi se ha convertido en canto nacional gallego.

Nada sucede sin que haya de por medio una previa disposición para que suceda. Y aquella zona, como otras muchas de Galicia, es apta para que haya reverdecido el viejo culto mistérico o pagano, porque no pienso ni por asomo que sea casualidad que aún subsista el nombre de Isis –Ío, o Hío– sin motivo recóndito. De aquellos cultos salieron los ritos satánicos y brujeriles; y de aquellas tradiciones derivaron otras que, convenientemente majadas por la imaginación popular, dieron lugar a toda una serie de personajes: xuxonas, manciñeiras, lumias y vidoreiras, según sus especialidades satánicas, que el pueblo procuró conservar desde lo más íntimo de su subconsciente.

Desde **CANGAS** a la subida de **COIRO**, hay un paseo que merece la pena seguir, porque allí se encuentra la iglesia cuya campana sonaba sola para convocar al aquelarre. Naturalmente, la aspergiaron para que desapareciera la maldición, pero aún queda el regustillo del horror escatológico en el letrero grabado sobre la puerta del cementerio, enfrente mismo de la iglesilla de las brujas:

Tú que entras por esta puerta
detén el paso y advierte
que has de morir en la vida
para vivir en la muerte.

Digno verso para arrepentimientos brujeriles que tal vez no fuera tan sincero como podría parecer, porque al lado mismo de ese cementerio hay un triple crucero cuya cruz central, compuesta por las figuras de Cristo y la

Coiro.

Virgen, tiene la figura del Crucificado dando la espalda al templo, mientras el frente se lo da la Virgen, imagen del lado lunar esotérico y ocultista de la tradición cristiana.

Tal vez supieran algo de eso los monjes benitos que ocupaban un monasterio que se encontraba algo más arriba, en la carretera que conduce directamente a **BUEU**, del que nada queda ya, pero que se llamaba nada menos que **Santiago de Hermelo**, una extraña simbiosis de la tradición jacobea y los saberes herméticos. De algunos monjes de este cenobio se dice que bajaban también a los aquelarres que convocaba la campana de la iglesia de **COIRO** en la noche de san Juan. De aquel monasterio no queda piedra sobre piedra y sólo puede ser localizado por una enorme cruz de la orden de Santiago que fue levantada en el sitio donde estuvo enclavado.

Desde **CANGAS DEL MORRAZO**, la carretera nos conducirá hacia el norte, pasando por **MOAÑA** y **DOMAYO**, siempre a la vista de **VIGO** al otro lado de la ría. Al sobrepasar **DOMAYO** y doblar la punta por la que desemboca el puente de la autopista del Atlántico, podremos ver, en medio de la ría, la pequeña **isla de San Simón**, que albergó sucesivamente a monjes benitos y freires del Temple.

Nuevamente en **PONTEVEDRA**, saldremos ahora de la ciudad por el mismo sitio por donde entramos en ella: el puente sobre el **río Lérez**. Apenas pasado, abandonaremos la carretera de Santiago, tomando a la izquierda la local que rodea la **península de Salnés**. A muy pocos kilómetros se nos indicará la inmediatez del **monasterio de Poyo**.

Por las cercanías de este monasterio anda la sombra de un santo varón que ya tuvimos la oportunidad de conocer en los montes de León: el eremita san Fructuoso, un santo enigmático que anduvo milagreando por lugares tocados por la oscuridad de su origen o por los cultos ancestrales que se celebraron en sus alrededores. Aquí mismo habría sido el fundador de este monasterio. Frente a él surge, en medio de la ría, la **isla de Tambo**, que sirve de referencia a uno de sus más célebres milagros: el de caminar sobre las aguas para salvar una barca que se estaba hundiendo en sus cercanías. En honor a aquel prodigio se fundó el monasterio, que se llamó primero de **Castroleón**, por un castro céltico que se levantaba en las cumbres cercanas, que posteriormente se transformaría en el pueblecillo de **CASTROVE**.

En el interior de la iglesia del monasterio hay un sepulcro que, al parecer, contiene los restos de **santa Trahamunda**, a la que se representa en una imagen de tamaño natural, vestida de monja y con una palmera a modo de bordón peregrino. De esta santa se dice que estaba prisionera de los musulmanes y que, deseosa de regresar a su tierra, se encomendó a Nuestra Señora y, en un abrir y cerrar de ojos, se encontró en la explanada que se abre a la entrada del monasterio. Es curioso, con todo, el nombre de esta santa, que encontramos, casi sin alterar, en la tradición budista de Tàrá, que en sánscrito significa el conocimiento adquirido por medio del éxtasis místico y que, convertido en ser humano, se le hace mujer y madre de Buda. Los ocultistas, por su parte, citan *Tara-Mundi* como conocimiento superior de una realidad suprasensorial hacia la que tiende el sabio que es consciente del camino a seguir.

Monasterio de Poyo.
Santa Trahamunda.

Subiendo las laderas montañosas de la **península de Salnés**, por entre esos bosques de eucaliptos que corren ya el peligro de convertirse en el árbol nacional gallego, se alcanza el viejo monasterio benito de **Armenteira**, en la ladera occidental del **monte Castrove**.

La Cantiga CIII de Alfonso el Sabio sitúa en este lugar uno de los milagros más significativos de Nuestra Señora, el que hizo que un devoto monje, san Ero, quedase en éxtasis durante unos instantes al escuchar el canto de un pajarillo, y que, al volver de su viaje místico, se diera cuenta de que habían pasado muchos siglos sin que se hubiera percatado. San Ero fue conocido como *o monxe de pasariña* y el prodigio que vivió, exactamente el mismo que vimos vivir a aquel otro monje benito del monasterio navarro de **Leyre**, **san Virila**, le acerca, lo mismo que a éste, a la experiencia directa de algo que, en nuestro mundo científico, no es más que una teoría improbada.

La historia de san Ero está esculpida en el gran portón de entrada del monasterio de Armenteira y marca lo que debió de ser la esencia de su fundación. Por lo demás, el viejo cenobio está ya abandonado y puesto al cuidado de unos guardeses que lo enseñan gustosos a quien quiere visitarlo. Yo recomendaría observar con cuidado los muros de la vieja iglesia, porque se encuentran en ellos marcas de canteros ante las que no cabe sustraerse a una interpretación esotérica de los significados. Y convendría detenerse ante la gran pila bautismal que hay a la entrada, repleta de viejos signos celtas cristianizados. Y, sobre todo, conviene observar con cuidado el soberbio rosetón mandálico que preside la fachada principal, un auténtico centro de meditación al que no cabe sustraerse.

Desde **Armenteira**, la carretera continúa cruzando la **península de Salnés** hasta la costa y, en ella, **CAMBADOS**. Hemos estado atravesando una de las zonas de vino más importantes de Galicia, la tierra del *albariño*, lo que hace que pudiéramos llamarla de vinos y de monjes, porque no fueron ajenos los del Císter a la existencia de estos viñedos selectos, que trajeron de Borgoña allá por el siglo XII. Es un fenómeno que se repite constantemente en la historia de la Península, desde Jerez al Ampurdán y desde el Vallés a la Rioja o al Bierzo, que los monjes fueran los instauradores de una tradición vinícola que se mantuvo hasta mucho tiempo después de que desapareciera su influencia. No habría que olvidar que el vino, lo mismo que determinados licores destilados a partir de él –y esta península de Salnés es rica en destilerías de aguardiente de orujo, del que se extrae la casi sagrada *queimada*–, forma parte de una tradición muy antigua que hace coincidir las zonas de vides con lugares ricos en megalitos protohistóricos.

Desde **CAMBADOS** debemos seguir la costa hacia el Norte, dejar a un lado el lugar de **MOSTEIRO** –o acercarnos a visitar esta posesión de templarios que todavía conserva su curiosa iglesia románica– y alcanzaremos las llamadas **Torres del Oeste o de Catoira**, construidas

Armenteira.

para proteger las costas de las invasiones normandas, que tan abundantes fueron a lo largo de los primeros siglos de la Edad Media.

Los normandos fueron la gran plaga de Galicia, lo mismo que de otros numerosos puntos de las costas peninsulares y de todo el Mediterráneo. La historia nos ha acostumbrado a juzgar aquellas incursiones como expediciones de pura rapiña llevadas a cabo por hordas semisalvajes que destruían y asesinaban con el único fin de obtener botín que llevarse a sus tierras del norte. Sin embargo, un somero repaso a los lugares que sufrieron con más constancia sus ataques, llevan a la sospecha de que aquellas incursiones seculares no pueden explicarse sólo por el ansia de saqueo, sino por una querencia clara hacia la ocupación, siquiera fuera momentánea y violenta, de enclaves en los que se mantenía viva una tradición religiosa ancestral o determinados cultos procedentes de épocas muy anteriores a la implantación cristiana. En el caso de las costas gallegas, las ansias normandas giraban preferentemente en torno al litoral lindante con los enclaves compostelanos, lo mismo que en el País Vasco se dieron con mayor fruición por las inmediaciones de sus santuarios prehistóricos y en Andalucía en las proximidades de las ciudades tartesias o de los enclaves ancestrales de la cultura argárica. Aquellos ataques llegan a dar la impresión de una lucha concertada contra las fuerzas del poder cristiano y en favor de una hipotética restauración violenta de los cultos anteriores a la implantación de la nueva fe.

La restauración llevada a cabo por el obispo Gelmírez de las **torres de Catoira** puede darnos una idea de la necesidad de una defensa a ultranza del mundo cristiano contra el constante asedio de los hombres del Norte que, precisamente remontando el **río Ulla**, podían alcanzar Compostela con una relativa facilidad.

Siguiendo nuestro camino, alcanzamos casi inmediatamente **PADRÓN**, la ciudad originaria donde se sitúa el inicio del mito jacobeo. Es la **Iria Flavia** ligur, la sede de la mítica reina Lupa, el primer contacto pagano con el que tropezaron los acompañantes de la barca que transportaba los restos del Apóstol.

En **PADRÓN** se encuentra el origen de todo el mito jacobeo. Pero no deja de ser significativo que todos los restos que se conservan de este recuerdo remitan a creencias y culturas anteriores al cristianismo, como si, en su más profunda esencia, todo el tinglado montado por las fuerzas vivas de la Iglesia no hubiera sido más que el reconocimiento tácito de unos modos de pensamiento que el Cristianismo tenía que asumir y hacer suyos, si no quería perder la partida de la integración gallega a la creencia ortodoxa.

El Pedrón, que se conserva bajo el altar de la iglesia del Apóstol, a una altura correspondiente a la orilla del río, lleva una inscripción romana que ha sido traducida de muy diversos modos y que el cristianismo completó con el anagrama de Cristo muy posteriormente. Sin que nada pueda confirmarlo, esa piedra que legendariamente sirvió de amarre a la barca que transportaba el cuerpo incorrupto del mártir apostólico, pudo ser un remoto menhir que los romanos cubrieron con la controvertida y nunca traducida inscripción.

El conjunto rocoso situado en la confluencia del **Sar** y el **Ulla**, que se dice que fue el lugar preciso desde el que, todavía vivo, predicó el señor Santiago a los habitantes de la comarca, tiene todo el aspecto de haber sido un antiguo altar céltico. Conviene tomar en cuenta que si pocas probabilidades existen de que el cuerpo decapitado de Santiago arribase efectivamente a Galicia, aún son menores las que abogan porque el Hijo del Trueno pisara vivo aquellas tierras en su predicación. Santiago, en este sentido, resulta ser el nexo simbólico que une los antiguos cultos a las creencias implantadas por el cristianismo. Representa la solución perfecta de continuidad entre unas y otras, y precisamente este lugar de **PADRÓN** contribuye a que esta continuidad tenga un sentido.

El **cementerio arciprestal de Santa María**, en la vecina localidad que aún conserva el nombre de **IRIA FLAVIA**, podría constituir un ejemplo modélico de lo anteriormente expuesto, porque allí se acumularon tumbas que ya no pueden verse desde hace algunos años –pocos–, en las que lo mismo aflora el rito paleocristiano como los tiempos paganos o las pruebas de la práctica del arrianismo de los suevos o de los seguidores del herético Prisciliano.

Dentro mismo de la **iglesia arciprestal de IRIA FLAVIA** surge discretamente el elemento ocultista, en un supuesto sepulcro colectivo que contendría los restos mortales de los primeros 28 obispos de la primera sede jacobea. El enterramiento se encuentra en el suelo del altar mayor y en el lado de la epístola. Ese número 28 (4 × 7) tiene mucho más de cabalístico que de piadosa enumeración.

Desde **PADRÓN**, tomando hacia el suroeste la carretera que circunda la ría, que sale del **convento de los dominicos**, apenas cruzado el **Sar**, nuestro camino sigue adentrándose en una península que volverá a sumirnos en el asombro con la presencia de huellas remotas que acusan el misterio de la costa del Fin del Mundo. La primera muestra la encontraremos a poco más de cuarenta kilómetros de recorrido, cerca de la **playa de Cabio**, apenas pasada la **PUEBLA DE CARAMIÑAL**. Se trata de piedras que fueron en su día oscilantes y que constituyen las más insólitas representaciones culturales de esa civilización megalítica tan esencialmente desconocida.

Muchos arqueólogos han llegado a negar sin más el origen humano de estas piedras oscilantes y las atribuyen –cosa que eventualmente es cierta– a caprichos de la naturaleza, que segó insólitamente la tierra en torno a la peña. Sin embargo, hay razones para admitir que, en otras ocasiones, el fenómeno pudo ser preparado por seres humanos. Una de ellas es que tales peñas se dan en lugares en los que también aparecen otros monumentos megalíticos que no ofrecen duda en cuanto a su origen. Otra, que suelen ser rocas de distinta composición a las del lugar, lo que induce a pensar que lo mismo que las piedras de los dólmenes, fueron transportadas desde otros lugares con intenciones muy determinadas. Existe, además, la circunstancia de que estos megalitos son capaces de vibrar según determinados golpes o respondiendo a unos sonidos muy concretos. Y, finalmente, queda el testimonio frecuente de la devoción popular, cuyos motivos remotos son puestos en duda por la mayor parte de los historiadores académicos, pero que es indudable en el instante mismo de juzgar la memoria colectiva que viene dando muestras del conocimiento inconsciente de una realidad ancestral largo tiempo perdida.

Siguiendo la misma carretera, hacia el sur de la **playa de Cabio**, pasamos por **PALMEIRA** y **SANTA EUGENIA DE RIBEIRA**, casi totalmente adaptadas al mundo de ocio y descanso de nuestra civilización a través de su fama como lugar ideal para la pesca submarina, por los islotes que caen enfrente de estas localidades. El mayor de ellos es la **isla de Sálvora**, que es la localización de una leyenda que entronca aquellos lugares con el mundo mágico de los arcanos.

La historia de los *mariños de Lobeira* fue ya narrada por el licenciado Molina en el siglo XVI y cuenta de un hidalgo de aquellos contornos que pescó en aquella isla una sirena, a la que cuidó y mimó hasta que se le cayeron las escamas. Entonces se unió a ella –algunos dicen que contrajo matrimonio con el ser marino, pero los más ortodoxos lo dudan seriamente– y los hijos que tuvieron, mestizos de hombre de la tierra y mujer del mar, fueron conocidos con ese nombre de mariños de Lobeira, al igual que sus descendientes, que lucieron durante siglos un blasón compuesto por ondas azules, en recuerdo de su origen.

Creo que, en este tipo de leyendas, conviene considerar especialmente el hecho de la mezcla de dos razas distintas. En este sentido, aunque cambiando los sexos, la historia de los mariños es equivalente a la de los gigantes bíblicos que se unieron a las hijas de los hombres. Lo mismo que en aquella historia, conviene *traducir* la narración, partiendo de la intención de que cada uno de los personajes represente, en realidad, una colectividad y que esa unión se consumara a modo de un auténtico mestizaje de pueblos diferentes –tal vez, en efecto, un pueblo marino y otro de tierra adentro– en tiempos míticos de la historia: aquellos que la arqueología no ha logrado todavía identificar.

Para seguir nuestro itinerario sin demasiadas desviaciones, conviene tomar en **SANTA EUGENIA** la pequeña carretera local que, doblando la punta de la península, lleva hacia el norte. Siguiéndola no más allá de cuatro kilómetros, se llega a un caserío llamado **SOBRIDO**, que cae casi totalmente a la derecha del camino. Frente a él, a la izquierda, parte una pista de tierra que, cuando llueve, se convierte en un barrizal intransitable. Pero no queda otro remedio que internarse por ella para encontrar, poco más de dos kilómetros bosque adentro, un senderillo de helechos que nos habrá de conducir a uno de los dólmenes más impresionantes de las tierras gallegas, el de **Anxeltus**. Su proximidad a otros dólmenes peor conservados que aún se encuentran por la misma península y, sobre todo, a las piedras oscilantes de la playa de Cabio, refuerza la idea de que todos estos monumentos megalíticos forman parte de un mismo impulso cultural o religioso.

El rodeo a la península se complementa con el paso por **QUEIRUGA**, muy cerca de la cual se encuentra un soberbio **castro céltico** volcado al mar, circunstancia que le confiere unas características insólitas frente a los otros castros que siembran Galicia, todos ellos situados en lo alto de promontorios que los hacían más fáciles para la defensa. Finalmente alcanzamos el lugar que, sin duda, plantea el mayor misterio de todo este territorio repleto de enigmas sin resolver. Me refiero a **NOYA**.

NOYA representa el punto de encuentro más claro con un mito asumido por la memoria colectiva de los pueblos de la vertiente atlántica de Europa. Su mismo nombre, con variantes fácilmente reconocibles, se repite en los más diversos lugares, desde la Noja cántabra·a la Noega que hubo en Andalucía y que todavía citaba El Idrisi, pasando por la Noyon francesa y esa Nòia catalana o el alicantino cabo de la Nao, que ya caen dentro de la cuenca mediterránea. **NOYA**, según una tradición que se patentiza apenas se pisa la población, fue ciudad fundada por Noela, nieta del patriarca Noé, que desembarcó en la cima del **monte Barbanza**, que domina la ciudad por el lado sur. Un recuerdo tradicional como éste esconde, cuando menos, una parte de realidad que fue asumida por quienes peregrinaban a Santiago con el ánimo dispuesto a la captación de enseñanzas disimuladas entre símbolos y mitos. **NOYA** sería, para ellos, el núcleo desde donde, en tiempos remotos, se expandió un saber reservado a quienes fueran capaces de captar la verdad que se esconde entre las líneas difusas del mito, el cual conectaba directamente con remotos recuerdos atlantes y convertía a Noé en representante de un reducido grupo de supervivientes, salvados del desastre cósmico de un mundo que se suponía poseedor de esos saberes que el ser humano ha tratado de desentrañar para conocer las verdades que aún encierra el Universo.

En el caso de **NOYA**, hay indicios que nos llevan a la sospecha de que, durante los siglos de oro de las peregrinaciones jacobeas, fue meta fundamental en la que incidieron buscadores que sabían o intuían que Compostela era, más que un fin en sí mismo, una puerta abierta sobre misterios que se encontraban más allá, donde la tierra celebra sus nupcias con el océano. Para hacernos una idea de lo que significó esta querencia oculta, es imprescindible que, llegados a **NOYA**, vayamos en busca del cementerio que se extiende en torno a la **iglesia de Santa María a Nova**. Allí, adosadas a los muros, reconvertidas en lápidas mortuorias de difuntos más recientes o sirviendo de pilas improvisadas donde se remansa la humedad de la ría cercana, hay centenares de losas extrañas, tapas aparentes de sepulcros alucinantes que han traído de cabeza a más de un investigador empeñado en desentrañar su significado.

Las lápidas son de distintas épocas; suelen datarse entre los siglos XI y XVI –los siglos de oro del Camino de Santiago– y están todas gra-

Iglesia de San Martín. Noya.

badas con signos que, si en unos casos parecen claras alusiones a distintos oficios (lo que ha hecho que fueran calificadas de lápidas gremiales), en otros contienen símbolos que sólo cabe interpretar como marcas mandadas grabar por adeptos de tendencias más o menos ocultistas que hacen alusión a su ideario esotérico. La mayor parte de ellas carecen de un letrero cualquiera que remita a la persona a quien perteneció. Son, pues, lápidas en las que contaba fundamentalmente la circunstancia de que su propietario formase parte de un determinado colectivo o de un ideario concreto, y no el nombre o apellidos que podrían haberlo identificado como persona particular, independientemente de su contexto ideológico o su adscripción a una asociación reconocible por su emblema simbólico. Ningún testimonio existente ha dado cuenta de que estas losas hayan servido efectivamente de tapa de sepulcro alguno. Se recuerdan y se citan simplemente amontonadas, apiladas, o puestas de pie contra los muros del camposanto o adosadas a los de la iglesilla que se levanta en el centro del recinto. Esta circunstancia hace pensar en la posibilidad de que las losas en cuestión no hubieran sido talladas y grabadas para servir de tapa a una tumba, sino como testimonio de que unos determinados individuos habían querido dar cuenta, a través de ellas, de su estancia en aquel lugar y, tal vez, de su *muerte simbólica* a otra vida anterior, después de haber nacido o resucitado a la existencia iniciática que había tenido lugar en aquel enclave.

Muchas preguntas planteadas por la presencia de las lápidas de **NOYA** sólo pueden tener respuesta si observamos su eventual realidad desde esta perspectiva. Pues si se tratase *sólo* de lápidas gremiales, ¿por qué no surgieron en otros lugares, si los gremios se extendían por toda Europa y sus miembros se contaban por millares? ¿Por qué la mayor parte de estos signos pueden verse únicamente aquí? ¿Por qué los miembros de un determinado gremio elegían este rincón apar-

Iglesia de San Martín.
Figura de Santiago.

tado a las puertas del mar Tenebroso como lugar específico para su descanso mortuorio? ¿Qué les impedía –o impedía a sus deudos– grabar el nombre del difunto y tal vez la fecha de su muerte, para dejar sólo constancia de una actividad que, en muchos casos, ni siquiera es posible adivinar?

Hubo individuos que llegaron a **NOYA** después de recorrer iniciáticamente el Camino de Santiago y que encontraron, precisamente aquí, la vía de la enseñanza en pos de la cual habían emprendido la Ruta. En **NOYA**, marcada por la huella noética, rodeada de montes como el vecino **Barbanza** llenos de señales arqueológicas procedentes de los tiempos buscados, encontraron de algún modo las pruebas de una realidad superior apenas intuida por su deseo de conocimiento. **NOYA** tuvo que ser el eslabón perdido de esa realidad, que para algunos enlazaba el pasado desconocido y añorado con la búsqueda que ellos habían emprendido en pos de otra verdad. Pero el quedarse allí para siempre, rompiendo definitivamente con los parámetros de su vida pasada –y aun posiblemente con sus creencias anteriores– suponía una escisión radical con el pasado, equivalente a una especie de muerte que tendría que preceder por necesidad a un futuro nacimiento a la nueva realidad descubierta. Y para dar razón simbólica de ese *borrón y cuenta nueva* que comportaba su nueva visión de la realidad, labraron sus propias losas mortuorias, en las que venían a proclamar su muerte iniciática y anunciaban su renacer al ideario basado en una nueva y diferente toma de conciencia con el conocimiento superior.

Pero el cementerio llamado gremial de **Santa María a Nova** no sólo nos muestra su insólita naturaleza a través de los centenares de lápidas depositadas en él. Entre las tumbas –donde se mezclan las viejas lápidas expuestas con otras reutilizadas y muchas recientes– suelen verse grandes cantidades de conchas marinas, que eventualmente parecen haber constituido una ofrenda a los muertos equivalente a la de las flores. No sería malo recordar que las conchas fueron el primer elemento de respeto y homenaje a los muertos, y que éste se descubre en innumerables enterramientos prehistóricos desde que el ser humano decidió enterrar a sus seres queridos. Sin embargo, en **NOYA** nadie da razones que justifiquen dicha presencia, nadie tampoco confiesa haber utilizado las conchas marinas como homenaje a sus muertos. El hecho es que ahí están –o estaban, hasta hace muy pocos años–, lo mismo que se yergue un extraño templete situado detrás de la iglesia que, convenientemente analizado, revela entre sus signos su naturaleza de templo solar, a pesar de la cruz que guarda en su interior. La cruz en cuestión tiene roto uno de sus brazos, como si con ello se hubiese querido borrar definitivamente una de las *direcciones* que el signo señala (aunque podría tratarse también de un accidente, en este caso) y la disposición de las piedras que conforman todo el conjunto revela una singular maestría constructiva, nada acorde por lo demás con el modo en que se suelen levantar habitualmente otros templetes similares.

La portada de la iglesia, con su tímpano dedicado a la Epifanía –algo insólito en una iglesia supuestamente funeraria– nos pone en contacto con el motivo mismo de la iniciación que se pudo recibir en el templo, toda vez que la venida y los regalos de los Magos se contemplan, desde la perspectiva esotérica, como el homenaje y el obsequio al adepto recién «nacido» de los elementos simbólicos que conformarán el motivo y la razón de su nueva existencia.

Junto a este portal formando parte del arco exterior de una ventana enrejada a la izquierda, dos pequeñas figuras grabadas: una cabeza y una concha peregrina. Los dos grabados carecerían de importancia si no fuera porque la ventana en la que se encuentran tampoco está colocada donde habitualmente se colocan en los templos, ni su forma es la habitual en este tipo de construcciones. Sin embargo, al penetrar en la iglesia, nos damos cuenta de que su función es, de hecho, la de dar luz sobre una tumba que se encuentra justo debajo de ella. La tumba tiene una figura yacente esculpida sobre la tapa, que parece representar a un burgués acomodado del siglo XV. Al acercarnos, veremos que la cabeza de la estatua funeraria reposa sobre un cojín que tiene unas letras grabadas:

SADAVITSE ED NAOI

que no es más que la lectura al revés del nombre del difunto representado:

IOAN DE ESTIVADAS

con la extraña particularidad de que la lectura especular nos da una curiosa versión noética de su nombre: **NAOI**.

Por lo que se sabe de este personaje, parece ser que era un adinerado bodeguero en la **NOYA** del siglo XV. Curioso que cultivase la vid, lo mismo que la cultivó Noé el patriarca después del Diluvio. Y más curioso todavía es saber que la tumba fue mandada labrar y poner allí por la esposa del difunto, cuyo nombre era María Oanes. Por si alguien no lo recuerda, Oanes u Oannes es el nombre que la mitología babilónica da al personaje semidivino equivalente del patriarca bíblico: el maestro que venía cada día del mar para enseñar a los seres humanos los principios de la civilización.

La visita a **NOYA** debe completarse con la de su iglesia principal, dedicada a **san Martín**, una pequeña joya de ese extraño gótico gallego que jamás perdió sus enlaces románicos. Tanto el ábside como las dos portadas –norte y occidente– nos ponen en contacto con las mejores muestras de una iconografía directamente enlazada con el buen hacer del maestro Mateo, a quien algunos atribuyen la autoría de ambas. La portada occidental, sobre todo, es un muestrario espléndido de figuras, entre las que destacan la inconfundible de Santiago peregrino y, justo debajo de ella, otra que parece otra versión del mismo apóstol, incluso por la circunstancia de portar una vieira en el sombrero, pero con la diferencia de que, en lugar del bordón del peregrino, sostiene entre las manos el báculo en forma de tau, que fue el que identificó –ya lo vimos en **San Juan de Ortega**– a los grandes maestros constructores.

Sobre este portal occidental de **San Martín** se encuentra uno de los mejores rosetones mandálicos que pueden contemplarse, repleto de figuras que llaman a la reflexión y, sin duda, con un enigma numerológico que está reclamando un estudio en profundidad.

Ponte Nafonso.

Frente al templo, un soberbio crucero absolutamente lleno de figuras simbólicas hábilmente traducidas al lenguaje ortodoxo.

Tomemos, desde **NOYA**, la carretera que conduce hacia el norte, que bordea dentro de la ciudad el parque y la explanada donde se encuentra el **ayuntamiento** y el antiguo **convento de franciscanos**. A poco de salir de la población, una variante cruza la ría por un puente recién construido. No la tomemos, sigamos por la antigua carretera que nos llevará a **PONTE NAFONSO**, un pequeño núcleo de población nacido al amparo del viejo puente que construyera el maestro que le dio su nombre: Alfonso.

El maestro Alfonso, según nos cuenta la tradición, tenía otro hermano constructor que, mientras él lo remataba, estaba entregado a la construcción del monasterio benito de **Tojos-Outos**, hace tiempo desaparecido. Tengo la impresión de que este particular nexo familiar no responde sólo a la imaginación del pueblo. Algo en su recuerdo llama la atención, una vez más, sobre los dióscuros constructores o sobre los hermanos que estudiaban juntos la Qabalah para extraerle sus verdades. Las lápidas que hemos visto en **NOYA** son, por otra parte, demasiado significativas como para no sospechar también a propósito de ellas que pudiera haber por estos parajes una importante hermandad de constructores iniciados, de los que la gente ha conservado su lado legendario. De este maestro Alfonso se dice, además, que pactó con su hermano que no habrían de verse hasta que uno de ellos hubiera terminado la obra que le había sido asignada. Y se sigue contando, a propósito de ellos, que el maestro de **Tojos-Outos**, de quien no sé si no recuerdo o no se recuerda el nombre, terminó el primero, y que el pontífice Alfonso murió después de treinta años ininterrumpidos de trabajo, sin ver totalmente terminada su obra, y fue enterrado por su propia voluntad debajo del crucero que se levanta en la orilla. Incluso se le atribuye una letrilla que el pueblo todavía recuerda:

Adios tí, ponte Nafonso,
non sey quén t'acabará...
trenta años me levaches,
flor da miña mocedad.

La leyenda no hace sino proclamar la iniciación clásica de los canteros de la Gran Tradición. Pues no olvidemos que, dentro de sus hermandades, el grado de pontífice, como ya vimos en nuestro itinerario riojano, lo alcanzaban únicamente los más avanzados en el conocimiento secreto del Gran Arte. Y que muchos de ellos, como santo Domingo de la Calzada y san Juan de Ortega, fueron considerados como santos por la iglesia. Junto al puente, en la margen izquierda de la ría, se levanta el crucero del siglo XIV debajo del cual se cuenta que fue enterrado el maestro. Desde él cabe contemplar uno de los mejores ángulos de la **ría de Muros y Noya**, de la que aquel viajero musulmán que repetidamente hemos citado, El Idrisi, nos cuenta que tenía el agua roja y que era «grande y abrigada».

Cruzada la ría y pasado el pueblecito de **RIBADAMAR**, se alcanza **PONTE-OUTES**, en cuyas cercanías se levantó el monasterio construido por el hermano del maestro Alfonso el pontífice. Ya dije que nada queda de aquel cenobio de benitos, pero sí cabe que nos acerquemos a la vecina aldea de **ENTINES** para ver a **san Campio**. Al parecer este santo fue uno de los primeros mártires del cristianismo y, cuando cierto obispo compostelano trajo de Roma su esqueleto allá por el siglo XVIII, los fieles lo cubrieron de cera, le dieron un cuerpo y lo vistieron de militar romano. Y no me pregunten por qué, porque se me escapan las razones inmediatas y sólo podría echar mano de la tradición, ya dudosamente válida, de las «milicias de Cristo». El pueblo acude desde toda Galicia a fines de septiembre para celebrar la fiesta de este santo de cera y entorchados, practicando toda una serie de ritos precisos y complicados, de los que no están ausentes ciertos detalles procedentes de remotos rituales paganos. Por ejemplo, ese acto del lavatorio en la fuente que mana cerca de la **capilla de Nuestra Señora de Rial**. Por más ejemplo, esas *nueve vueltas* que hay que dar al crucero que se yergue en la fachada -tres a un lado, seis al lado contrario- antes de llegar a ver y venerar al santito de cera que yace en su urna a espaldas del altar mayor. Por más ejemplo aún, los *nueve golpes* que el romero debe darse contra la piedra -¿si será un megalito olvidado de los arqueólogos?- cercana a la ermita, para librarse de los malos pensamientos.

San Campio.

San Campio, como buen patrono de un lugar, lo cura todo y protege contra todo lo malo. No hay más que entretenerse en mirar los exvotos que llenan su camarín para darse cuenta. Los mozos que entran en quintas se le encomiendan, y por las paredes pueden verse miembros, ojos, cabezas y hasta corazones de cera. Pero posiblemente el más significativo de los poderes atribuidos a san Campio esté en su influencia sobre el *Meigallo*, es decir, sobre los que están presumiblemente poseídos por el demonio. Aquí las cosas parecen complicarse, porque ya no se trata sólo de una superstición popular, sino de una auténtica tradición universal que entre de lleno en el terreno de los fenómenos paranormales y que ha sido y sigue siendo ampliamente reconocida en numerosos puntos milagreros de la Península, atribuida a santos y vírgenes que tienen más contacto con recuerdos tradicionales precristianos que con la estricta ortodoxia eclesial.

Sigamos adelante, volviendo a la carreterilla que bordea la vertiente norte de la ría. A unos veinticinco kilómetros alcanzaremos la población de **MUROS DE SAN PEDRO**, una ciudad creada a partir del castro céltico que aún puede reconocerse en la falda del vecino **monte Costiños**. Una ciudad que es, como tantas otras de esta Galicia repleta de prodigios, tremendamente pagana y profundamente religiosa a la vez, y sin duda por un mismo motivo. Y conste que le doy al término religión su dimensión específica de creencia unificadora, al margen de su eventual adscripción a un dogma más o menos impuesto y también más o menos transformado, según las necesidades estrictas de la tradición arcaica, tan profundamente arraigada en el mundo del rito y del mito.

MUROS reparte sus devociones entre la **Virgen del Camino** y el **Cristo de la Agonía**. La **Virgen del Camino** llegó por el mar; la gente añade la fecha de 1298 en la que, al parecer, tuvo lugar el hallazgo, en coincidencia -dicen- con el momento en que el rey inglés Eduardo II la hizo arrojar al Atlántico en un arrebato de manía persecutoria hacia la Iglesia, como fue por lo demás habitual en muchos monarcas de la rubia Albión. Incluso se cuenta que en las conchas del **Arenal del Camino** estaba grabada la palabra **MARÍA**. Curiosa implicación de las conchas -como recordaremos, elemento iniciático y sagrado que se entremezcla con las tradiciones jacobeas- con la sacralización devota de una imagen mariana.

Pero hay más, porque el **Cristo de la Agonía** llegó también de entre las olas, en un arca a la deriva que los muradanos se apresuraron a recoger. Como vemos, ese mar Tenebroso significa, fundamentalmente y a lo largo del tiempo, el lugar *de donde llega*, en un preciso instante, el conocimiento, la prueba palpable y reconocida de la verdad trascendente. Desde ese océano atlante llega todo para bien de los seres humanos que han venido sufriendo sus embates desde que el mundo es mundo.

El **Cristo de la Agonía** de Muros, como su Virgen, son entes divinales paralelos al Cristo de Fisterra, que veremos un poco más allá. Y ambos han conservado su carácter adscrito a la remota tradición, que podemos entrever en detalles tales como la **pila de agua bendita** de la iglesia parroquial, en cuyo fondo está grabada la espiral de una serpiente que parece transferir la sacralidad de su presencia al agua que la cubre.

Abandonamos **MUROS** y nos encontraremos con **LOURO** apenas a tres kilómetros. Una llamada de atención: Loure significa *el Oro*. El lugar cuenta con un convento franciscano que parece una mezcla de cenobio y balneario sagrado. Y, poco más allá, a once kilómetros, pasaremos por **CARNOTA**, con la playa más larga y más traicionera de la **costa de la Muerte**. Dicen que no pasa año sin que haya ahogados entre los que se atreven a utilizarla para bañarse. Allí, entre los arenales, quedan restos de monumentos megalíticos y de piedras oscilantes: de esas piedras que, puestas por el hombre o por la naturaleza, marcaron en su día, y aun ocasionalmente hoy, un índice de realidad distinta, acorde con la más estricta irracionalidad, marcando vaivenes que se corresponden con el alma y con sus realidades mucho más que con las apariencias fenoménicas de una lógica sensorial e inmediata que sólo sirve para volver inútiles las leyes de una física inoperante.

Siguiendo nuestro camino a lo largo de la costa, pasamos algo más arriba junto al **monte Pindo**, el llamado Olimpo céltico, con su mole de más de seiscientos metros asomándose al mar. Este pico, como el **Barbanza** que vimos a la altura de **Noya** y como el mismo **Pico Sacro**, fue cima sagrada en remotas edades gallegas y aún es posible descubrir en sus faldas y en la cumbre restos de mámoas y de rocas grabadas.

Hay que tener en cuenta, sin embargo, que a pesar de ciertas modas reinantes durante largo tiempo, Galicia hunde sus raíces en tiempos muy anteriores a los celtas, que, como posteriormente los suevos, no fueron más que buscadores empedernidos de esas mismas raíces ancestrales, misteriosas, esencialmente ignoradas y visceralmente presentidas. Los mitos arcaicos que transmitieron los autores clásicos con aires de fábula no hacen sino confirmar presencias desconocidas de las que sólo queda -y no siempre- el nombre. Rufo Festo Avieno, aquel autor romano tardío que escribió su *Ora Marítima* echando mano de más antiguos periplos, cuenta de estas tierras del noroeste que fueron primero habitadas por los oestrímnicos, a los que una invasión de *serpientes* les obligó a desplazarse e hizo que el territorio cambiase de nombre y pasara a llamarse *Ophyussa*: la tierra de las serpientes.

En la tradición más remota, el símbolo serpentario -recordemos que acabamos de verlo en la pila de agua bendita de Muros-, junto al símbolo del ave, muchas veces personificada en la Oca, se contraponen y se complementan, como representaciones de dos modos arcaicos de afrontar la realidad del conocimiento. El primero -la serpiente- parece siempre poseerlo en el más absoluto secreto y hay que arrancárselo para adquirirlo. El segundo, el ave o la oca, lo posee y lo transmite voluntariamente, en tanto que ser enviado por la divinidad que se convierte en maestro de los humanos. Curiosamente, serpientes y aves multiplican en Galicia sus representaciones y la memoria de sus nombres. Entre los petroglifos de **CAMPO LAMEIRO**, por los que pasamos junto a Pontevedra, hay *Pedras das Serpes*, lo mismo que se encuentra otra, presuntamente fenicia, cerca de esta misma carretera que seguimos, pero camino de La Coruña, en las cercanías de **Gondomil**. Y pasando por aquí dejaremos cerca varios lugares que aún conservan en su nombre el recuerdo de la palmípeda: **Ozón**, **Ogas**, **Oca** y **Oza**.

Pasado el Olimpo céltico y el puente -curvo- sobre el **río Xallas** -se me ocurre imaginar que esa curva fuera en sus orígenes una pirueta iniciática de viejos pontífices-, la carretera pasa primero por **CEE** y luego desemboca en **CORCUBIÓN**. Ciudades hermanas y rivales, ambas personifican la llave del extremo occidental de Europa y conservan, cada una a su aire, esa tradición remota y transformada de *algo que se quedó allí*, dando testimonio de su pasado misterioso. En **CEE** es la **Virgen de la Junqueira**, encontrada milagrosamente, como dice su nombre, entre juncos. En **CORCUBIÓN** es el patrono evangelista **san Marcos**, sentado en la parroquia en trono con León Alado y traído, según dicen, desde Venecia por un bergantín que no consiguió romper las mareas hasta que dejó en prenda esta imagen que, al parecer, pretendía quedarse aquí y en ningún otro lugar. La imagen en cuestión, achatada y de marcado aire oriental, parece salida de extraños imagineros y creo que nadie podría jurar sobre la certeza de un origen y, sobre todo, de las razones profundas de su recalar en aquel rincón de la tierra.

Imagen de San Marcos.
Corcubión.

Pero ignoremos aquí conscientemente los encantos inmediatos que nos ofrece **CORCUBIÓN**, su **castillo del Cardenal** transformado, su ambiente de pueblo antiguo de casas blasonadas que tanto gusta citar a los guías turísticos al uso y de las que tanto se enorgullecen los cronistas locales, echando mano de apellidos y de símbolos heráldicos que ni siquiera intentaron nunca interpretar o, al menos, comprender. Vamos, pues, en busca del **Finis Terrae**, del **Finisterra** gallego y de la razón última de su inconmensurable mito.

Por aquellas aguas dicen que se levantó un día una ciudad llamada

Duyo o **Dugium**. Si existió o no, es algo sobre lo que difícilmente cabría decidirse. Pero, en cualquier caso, esa urbe mítica que hundieron los dioses, según se dice, como castigo de crápulas y de pecados, no es más que otra personificación entre mil de un mito: el de la Atlántida. Y en ese sentido, concentra cientos de otros mitos menores que hemos visto hasta aquí y que seguiremos viendo en los kilómetros que faltan para complementar este itinerario. **Duyo**, sea lugar cierto o legendario, constituye una evidencia en la mente del pueblo, una certeza de la que dio testimonio ya en el siglo pasado don **Jorgito el de las Biblias**, el casi mítico misionero protestante **George Borrows**, que anduvo por estos pagos y oyó decir a las gentes que Duyo era una realidad de la que nadie podía dudar; que estaba allí, bajo las aguas del Fin del Mundo, y que allí seguiría estando por los siglos de los siglos.

Antes de alcanzar el cabo se pasa por el pueblo que lleva su mismo nombre, **FISTERRA**. Y allí habremos de encontrarnos con dos elementos sagrados, que vienen a corroborar la ancestral tradición de un tiempo perdido que sigue conservando la huella de ese misterio arcano de las viejas civilizaciones sistemáticamente negadas. El primero de ellos lo constituye el famoso **Santo Cristo de Fisterra**, del cual, por encima de tantos milagros como se le atribuyen, conviene tener en cuenta, como ya indiqué antes, su legendario origen marino, su llegada a aquellas costas flotando entre las olas y su guarda en esa iglesilla románica de **Santa María**, que constituyó, en los siglos medievales, una de las metas del más-allá-de-Compostela para peregrinos iniciados.

Otro elemento más estrictamente popular, pero no por ello menos inscrito en los archivos mudos de la Gran Tradición, lo constituyó la perdida **ermita de San Guillermo**, construida lejos de la aldea, sobre el monte que aún lleva su nombre y al lado de una roca plana –como «una cama o pilo», en palabras de don Manuel Murgía– que concedía la fecundidad a las parejas que hacían el amor sobre ella. Naturalmente, tanto la piedra como la ermita fueron mandadas destruir sin contemplaciones por un obispo recalcitrante a fines del siglo XVIII.

La tradición de las *piedras de la fertilidad* es común en todo el mundo. En la Península abundan los menhires que la conceden cuando las mujeres estériles se restregan contra ellos. Al margen del inmediato simbolismo fálico del menhir, habría que plantearse el paralelismo que representa la fertilidad misma de la tierra, de la que emerge la roca, y la fecundidad femenina. A partir de esta circunstancia, resulta mucho más inmediata y natural la veneración hacia una Diosa Madre conocedora de los secretos más recónditos de la naturaleza, protectora y maestra de los seres humanos y transmisora de los altos designios de la divinidad esencialmente intangible.

Pensemos también que el acercamiento religioso a esos concretos lugares –que venían a significar el punto preciso de contacto del hom-

Finisterre.

bre con su trascendencia– fue meta de sabios iniciados, de magos y de anacoretas. Según la tradición, ese san Guillermo que dio nombre al monte, a la ermita y a la roca, fue un caballero cruzado que eligió la vida anacorética para sentirse más cerca de Dios. Pero cruzado y santo ermitaño, no lo olvidemos, era el ideal simbólico de los caballeros templarios, que muy probablemente no anduvieron muy lejos de estos lugares, aunque ningún documento lo llegue a atestiguar. Incluso es sospechosa la procedencia de esa galería exterior del templo románico de **FISTERRA**, como si se tratase de un amago incompleto del que habría de ser el claustro exento de aquella **Santa María de Eunate** que avistamos por tierras de Navarra siguiendo el Camino.

Llegar hasta la punta misma del **cabo de Finisterre** es una peregrinación secular obligada para quien quiera pisar la raíz misma de un pasado hecho ya definitivamente mito. Las legiones romanas de Decio Junio Bruto se aterraron, según parece, ante la desaparición del sol en las aguas de lo desconocido. Aquél era el lugar desde el que un solo paso hacía adentrarse al ser humano en el misterio mismo de sus orígenes, la última tierra que pisarían los muertos en su camino hacia el Hades, el final –o quién sabe si acaso el inicio– de toda la historia de la humanidad y hasta el testigo mudo del gran misterio de los inicios de la civilización. Es, sin duda, un lugar donde meditar, donde sentirse uno con todos los pueblos que emigraron durante milenios hacia Occidente, siguiendo al sol en busca de su identidad.

Puestos a emigrar o a peregrinar –y yo me atrevería a decir que no hemos dejado de hacerlo aún–, dejemos el cabo del Fin del Mundo y, nuevamente desde **CORCUBIÓN**, tomemos otro trecho la C-552 hasta que, pasada la desviación de **LOBELOS**, encontremos a la izquierda de la marcha una carreterilla local que nos hará cruzar el **río Castro** y que, en 13 kilómetros, nos habrá acercado a **MORAIME**.

San Pedro de Moraime.

MORAIME tiene un hermoso templo dedicado a **san Xián**, san Julián, que es todo cuanto queda en pie de un cenobio benedictino del que dependían numerosos eremitorios esparcidos por la cercana costa. El monasterio sufrió sucesivas devastaciones por parte de los normandos, almorávides e ingleses, pero también recibió numerosos favores de los monarcas medievales, hasta el punto que sus «terras monxías» llegaron a ocupar un extenso territorio en torno al monasterio.

La iglesia actual, aun siendo en buena parte del siglo XII, conserva algunas características mucho más primitivas, como el atrio de entrada, que lo mismo que en tiempos asturianos, serviría de refugio a los peregrinos que allí acudieran. Ostenta dos óculos mandálicos y en su interior, compuesto de tres naves, pinturas que la humedad ha hecho prácticamente desaparecer. La portada principal es curiosa desde una perspectiva numerológica. Los eruditos aseguran que allí, en la primera de las tres arquivoltas, están representados los 24 ancianos apocalípticos, pero lo cierto es que hay 26 figuras; también dicen que alguna de las otras representaciones es la de los 12 apóstoles, pero resulta que en ellas hay, respectivamente, 15 y 14 personajes.

Excavaciones arqueológicas realizadas en torno a la iglesia hace algunos años descubrieron numerosas tumbas que, al decir de la gente de por allí, eran *de enanos* muchas de ellas. Sin tener una absoluta seguridad, por no haberlas podido ver, lo más probable es que tales excavaciones se hicieran en torno al ábside y que los sepulcros, tal como se da a menudo en templos primitivos, correspondieran a niños de corta edad. Lo que subsiste es la incógnita de por qué podía haber niños enterrados en un monasterio benito del siglo XII.

Cuatro kilómetros más allá de **MORAIME** se encuentra **MUXIA**, cuyo nombre le viene de aquella Terra Monxía que constituía el patrimonio del cenobio benedictino. Pasado el pueblecillo camino del mar, se llega a un peñascal costero en el que se levanta el **santuario de la Virgen de la Barca**.

He aquí que nos encontramos nuevamente ante una divinidad venida del mar. Sólo que, al contrario de las que hemos ido encontrando hasta ahora, no se trata aquí de una imagen llegada en una caja a la deriva entre las olas, sino que, según cuenta la tradición, fue Nuestra Señora en persona y cuerpo mortal. Y lo hizo, según parece, navegando en una barca de piedra.

Si asociamos recuerdos y tradiciones de los más diversos puntos, surge a veces la evidencia de una continuidad cultural que puede ponernos en contacto con unos determinados orígenes religiosos. En el caso del mito jacobeo, y al margen del posible nacimiento de su culto por la supuesta llegada de su cuerpo martirizado, recordemos que está presente el mito de su evangelización de la Península y que en esta parte del mito es donde surge en más de una ocasión la presencia de Nuestra Señora. Pues, aparte de esta visita gallega bogando sobre nave de piedra, recordemos que también se cuenta de su aparición en Zaragoza y que, en aquella ocasión, se presentó a Santiago sobre *un pilar* de piedra, naturalmente, objeto de veneración más apasionada, si cabe, que la misma imagen de la Pilarica. Recordémoslo: los innumerables mantos que adornan a la patrona zaragozana no cubren la imagen, sino el pilar entero. La gente besa el pilar; lo ha besado desde tiempos inmemoriales y ahí están, para probarlo, los huecos dejados por la erosión de los besos.

Una vez más, piedra y Gran Diosa Madre se unifican y se funden en un único motivo. El milagro lo transmite la personalidad santificada, pero lo realiza *por* la piedra y *en* la piedra.

Las partes de la barca de piedra se encuentran esparcidas por el

Muxia.

roquedal que rodea el santuario. El cuerpo de la nave, o la quilla –no hay mucho acuerdo en ello– es la llamada **Pedra d'Abalar**, una losa inmensa que, según la tradición, se mueve cuando se le sube encima alguien que está libre de pecados. Sobre los lomos de esta piedra se bailan muñeiras y se suben presuntos virtuosos, y, en la creencia popular, la roca sigue siento tan capaz de adivinar pecados como cuando varó en la costa llevando sobre ella a Nuestra Señora.

La quilla de la barca, o la vela según otros, es otra piedra enorme, terminada en una especie de pico romo y apoyada en hueco sobre tres puntos, como la figura estilizada de algún remoto reptil del terciario. La llaman **A Pedra dos Cadrises**, la piedra de los lomos, y se asegura que, quien pasa por debajo de ella, se libra de cólicos nefríticos y de otros males por el estilo.

Antes de abandonar este lugar y regresar a Santiago, terminada esta peregrinación emprendida por libre, recordemos que el saliente de tierra donde se encuentra **Nuestra Señora de la Barca** da, frente por frente, con la ría de **CAMARIÑAS**, cuyo pueblo se distingue al otro lado. Es un lugar que ha adquirido fama turística por la industria popular de sus encajes y que, según la tradición, está reflejada en una leyenda que no carece de sentido mágico, pues parece ser que estos encajes se inspiraron en los engarces de algas que estaban pegados a la caracola que una sirena enamorada entregó a su amado imposible. Lo cuento como manifestación poética de una tradición –la de seres marinos– que, por estas zonas, corre paralela a la de los santos y Vírgenes y Cristos presuntamente venidos desde el mar. Pero es curioso comprobar que hombres eruditos y sin tacha de alucinados, como fue el caso del padre **Jerónimo de Feijoo** –a quien encontramos primero en Samos y después en el monasterio de Lérez– no hayan dudado de la existencia de tales seres, dedicando páginas enteras a demostrar la realidad de las sirenas y de los tritones. Estaba tan convencido de su presencia como el pueblo que se la transmitió.

Albergues a lo largo del Camino Jacobeo

Nota: Muchos de estos albergues están en proyecto o en proceso de instalación a la hora de publicar esta Guía. Por lo tanto, conviene que el peregrino pregunte por ellos.

RONCESVALLES: En el mismo monasterio.
ZUBIRI: Informarse a través del cura párroco.
VILLAVA: En la basílica de la Trinidad de Arre.
PAMPLONA: Preguntar en el palacio episcopal.
PUENTE LA REINA: Preguntar en el convento del Crucifijo.
ESTELLA: Informarse en el ayuntamiento.
TORRES DEL RÍO: Preguntar por don Ramón Sostres, casa Santa Bárbara.
LOGROÑO: Preguntar en la parroquia de Santiago.
NAVARRETE: Solicitarlo en los Padres Camilos.
NÁJERA: Padres Franciscanos de Santa María la Real.
SANTO DOMINGO DE LA CALZADA: Se reconstruye el hospital de peregrinos.
AZOFRA: Pedir información al párroco.
REDECILLA DEL CAMINO: Preguntar en la parroquia.
BELORADO: Informarse a través del cura párroco.
VILLAFRANCA DE MONTES DE OCA: Preguntar al párroco.
SAN JUAN DE ORTEGA: Tiene alberguería, donde se puede dormir; conviene dejar limosna para su mantenimiento.
BURGOS: Informarse en el obispado.
TARDAJOS: Informarse en los padres Paúles.
HONTANAS: Preguntar en el ayuntamiento.
CASTROJERIZ: Informarse en la parroquia.
FRÓMISTA: Informarse en la parroquia.
CARRIÓN DE LOS CONDES: Información en la parroquia de Santa María.
CALZADILLA DE LA CUEZA: Información en la Junta Vecinal.
SAN NICOLÁS DEL REAL CAMINO: Preguntar en el ayuntamiento. Suele permitirse tomar albergue en un edificio de las escuelas.
SAHAGÚN: Información en los Hermanos de la Caridad o en las Madres Benedictinas.
MANSILLA DE LAS MULAS: Información en la parroquia.

LEÓN: Información en la basílica de San Isidoro.
SANTA MARÍA DEL CAMINO (León): Preguntar a los padres Dominicos.
HOSPITAL DE ÓRBIGO: Información en el ayuntamiento o en la parroquia.
ASTORGA: Preguntar en el convento de los hermanos Holandeses, congregación de Nuestra Señora de Lourdes.
MOLINASECA: Información en el ayuntamiento.
PONFERRADA: Preguntar en la parroquia de Santa María de la Encina.
VILLAFRANCA DEL BIERZO: Preguntar en la parroquia o a Jesús Carro, en la iglesia de Santiago.
CEBREIRO: Preguntar en la iglesia de Santa María.
TRIACASTELA: Información en el ayuntamiento.
SAMOS: Información en la abadía.
SARRIA: Preguntar en el convento de la Merced.
PORTOMARÍN: Información en el ayuntamiento.
LIGONDE: Se aprovecha una escuela abandonada.
PALAS DO REI: Preguntar en la parroquia.
MELIDE: Información en la parroquia.
ARZÚA: Información en la parroquia. Hay refugio establecido.
LAVACOLLA: Suelen utilizar la capilla de San Roque.
SANTIAGO DE COMPOSTELA: Se solicita "La Compostela" en el secretariado de la catedral.

Bibliografía

He tratado de incluir en esta bibliografía todos aquellos títulos que le pueden ser fundamentales al peregrino, aunque en algunos casos no tratan directamente el tema de la peregrinación. Dudé en algún momento si subdividirla en secciones, pero se daba el caso de que muchos títulos se repetían, por estar integrados en varias de ellas. Por eso opté por seguir un orden rigurosamente alfabético por autores, al margen de que se tratara de obras históricas, de estudios sobre el arte, de ensayos sobre la peregrinación o de tratados de simbología. Así, el caminar, la tradición jacobea, la estética y la iconología se reúnen en un intento de ayudar al peregrino consciente en una tarea que, en el fondo, debe ser unitaria y conducente a un único fin.

Sólo he prescindido de la mayor parte de la enorme cantidad de artículos y ensayos breves sobre la tradición y el Camino Jacobeo aparecidos en revistas, porque ésta habría sido una tarea ímproba y, sobre todo, porque el peregrino no habría podido abarcar la nube de títulos que se habría tenido que añadir. Sólo figuran, pues, aquellos artículos y trabajos que me parecen imprescindibles a la hora de ampliar conscientemente el saber sobre el Camino.

1. Obras colectivas:

Revista *Atlantis*, n.° 280.

Chansons des Pélerins de St. Jacques. Chemin de Paris à St. Jacques le Grand, Moissac, 1718.

Camino de Santiago, Confederación Española de Cajas de Ahorros, Seix Barral, Barcelona, 1971.

El Camino de Santiago en Navarra, Gobierno de Navarra, Departamento de Industria, Comercio y Turismo, Pamplona, sin fecha.

«La France et les Chemins de Saint-Jacques» (resumen de conferencias pronunciadas en el Instituto Francés en España), en *Bulletin de l'Institut Français en Espagne*, n.° 46, Diciembre 1950.

Francia y los Caminos de Santiago (catálogo de exposición), Ministerio de Cultura, Madrid, 1950.

Pellerinaggi e culto dei Santi in Europa fino alla Prima Crociata, Convegni del Centro di Studi sulla Spiritualitá medioevale, Accademia Tuddertina, Todi, 1963.

Santiago en la Historia, la Literatura y el Arte, 2 vols., Editora Nacional, Madrid, 1954-55.

2. Autores:

AGUAYO, Antonio, *Simbolismo en las fachadas renacentistas compostelanas*, Ediciós do Castro, Coruña, 1983.

AGUIRRE PRADO, Luis, *La Ruta Jacobea*, Madrid, 1965.

ALONSO LUENGO, Luis, *Don Suero de Quiñones, el del Passo Honrroso*, Madrid, 1943.

ÁLVAREZ BLÁZQUEZ, J. M., *Romerías gallegas*, Ed. Galicia, Buenos Aires, 2.ª ed., Coruña, 1951.

ARBEIZA, Teófilo, y J. M. JIMENO JURIO, «El Puy», *Temas de Cultura Popular*, n.° 138, Diputación Foral de Navarra, Pamplona, 1972.

—, «Rocamador», n.° 82, *Temas de Cultura Popular*, Pamplona, 1970.

ARENAS, Arsenio, y Pablo HUARTE, *Los Caminos de Santiago*, Polígrafa, Barcelona, 1965.

ARÉVALO, Alfonso, «La importancia cultural del Camino de Santiago», en *Cátedra*, II (1944), pp. 12-48.

ARIAS, Plácido, *Historia del Monasterio de Samos*, Santiago, 1950.

AROCENA, P., «Los caminos de Santiago en Guipúzcoa», en *Compostela*, III, 1958.

ARRAIZ, Ángel de, «La cultura de las peregrinaciones. Su historia, su geografía y métodos para su investigación», separata de *Las Ciencias*, año VII, n.° 1, Madrid, 1942.

—, «La representación del caballero en las iglesias del Camino de Santiago», en *Archivo Español de Arte*, n.° 46, pp. 384-396, 1941.

AURENCHE, H., *Chemins de Compostelle*, La Bonne Presse, París, 1948.

—, «Les soins médicaux des pélerins de Compostelle», en *Catalogue Exposition Hôpitaux et Confréries de Pélerins de Saint-Jacques*, Cadillac, 1967.

AURORA, Conde de, *Caminhos porgueses para Santiago de Compostela*, Livreria Cruz, Braga, 1965.

AZCÁRATE, J. M., «La Portada de Platerías y el programa iconográfico de la Catedral de Santiago», en *Archivo Español de Arte*, enero de 1963.

AZCARRAGA Y BUSTAMANTE, J. L., *Camino de Santiago. Peregrinaje lírico*, con carta-epílogo de J. M. Pemán, Santiago, 1943.

BABELLON, J., *Le Chemin de Saint-Jacques dans la Littérature*, véase La Coste-Masselière, R.

BALTASAR DOMÍNGUEZ, R., *Algunos aspectos médicos de las peregrinaciones medievales a Compostela*, 5.° Congreso Internacional de Historia de la Medicina, 1959.

BANDE, E., *La Romería de San Torcuato*, Caja Rural, Ourense, 1984.

BARREIRO, Luis, *El Camino de Santiago*, Ed. Marius, Barcelona, 1954.

BARREIRO FERNÁNDEZ, J. R., y R. SILVA, *El Pórtico de la Gloria*, Santiago, 1978. (Edición de R. Silva).

BARRET-GURGAND, *La aventura del Camino de Santiago*, Ediciós Gerais, Vigo, 1982.

BARRET, P., y J. N. Gurgand, *A vida dos peregrinos polo camiño de Santiago*, Ediciós Gerais, Vigo, 1980.

BARRIOS, Manuel, *La Querella del Apóstol Santiago y otros papeles liberales*, col. La Memoria del Fénix, Tecnos, Madrid, 1989.

BAUDOT, M., *Influence des Pélerinages à Saint-Jacques de Compostelle sur la Toponymie et l'Anthropologie*, Actas y memoria del V Congreso de Ciencias Onomásticas, Salamanca, 1958.

BAUMANN, Emile, *Histoire des Pélerinages de la Chrétienté*, París, 1941.

BEANI, Caetano, *Memoria Storiche di St. Jacopo Apostolo Maggiore, Patrone di Pistoia*, Ed. Fratelli Bracalli, Pistoia, 1885.

BEAUFRÈRE, A., *Aurillac et la Haute Auvergne sur les Chémins de Compostelle*, Aurillac, 1978.

BEAULIEU, E. M. de, «Le Voyage de St. François en Espagne», en *Études Franciscains*, avril, 1906.

BELOT, Victor H., *La France des Pélerinages*, Marabout, Verviers, Belgique, 1976.

BENNASSAR, Bartolomé, *Saint-Jacques de Compostelle*, París, 1970.

BEREGUISTAIN, S., «El misterio de Obanos», *Temas de Cultura Popular*, n.° 33, Pamplona, 1975.

BERNES, G., *Le Chemin de Saint-Jacques en Espagne. Le guide du Pélerin*, Ed. Randonnées Pyrinéennes, 1986.

BERRUETA, M. D., *Guía del Caminante en la Ciudad de León*, León, 1957.

BLOND, G., *L'Homme, ce pélerin*, Arthème Fayard, París, 1956.

BO, V., «Tipologie del pellerinagio nella storia della comunità», en *Studi*, Roma, 1981.

BOGLIONE, T., «Pélerinage et Réligion populaire au Moyen Age», véase *Kriss-Rettenbeck*.

BONILLA, Luis, *Los Peregrinos. Historia de las Peregrinaciones*, Biblioteca Nueva, Madrid, 1965.

BONNAULT D'HOUET, Barón de, «Pélerinage d'un paysan Picard à Saint-Jacques de Compostelle au commencement du XVIII siècle», en *Mémoires de la Société Nationale des Antiquaires de France*, t. III, Ed. G. Manier, Montdidier, 1890.

BONROT, J., *Les Routes de la France*, París, 1926.

BOTTINEAU, Yves, *Les Chémins de St. Jacques*, Arthaud, París, 1964.

BOURDON, A., *À pied des Alpes à Saint-Jacques de Compostelle*, Univers, Niza, 1971.

BOUSQUET, G. H., *Les grandes pratiques rituelles de l'Islam*, P. U. F., París, 1949.

—, *Voies romaines, drayes et chemins roumieux*, Rodez, 1974.

BRANTHOMME, H., *Pélerins comme nos pères*, La Tourelle, St. Maudé, 1950.

BURGMAN, H., *Dagboek van een Pelgrim, verslag van een Voetreis naar het graf van Jacobus ta Compostela*, Suykerbruyk, Roonsendaal, 1969.

CABANNE, Pierre, *Les longs cheminements*, Le Livre Contemporain, Amiot du Mont, 1958.

CADENAS Y VICENT, V., *Evocación de los años santos*, Hidalguía, Madrid, 1974.

«CALIXTINUS CODEX», *Liber Sancti Jacobi* (trad. A. Moralejo), Seminarios de Estudios Gallegos, Ed. Fidel Fita, Santiago, 1944.

CALLE ITORRINO, E., *Rutas jacobeas en Vizcaya*, Bilbao, 1963.

CANTERA ORIVE, J., *La batalla de Clavijo y aparición en ella de Nuestro Patrón Santiago*, Ed. Sociedad Católica, Vitoria, 1945.

CARDINI, F., *Días sagrados*, Argos Vergara, Barcelona, 1984.

CARRÉ ALVARELLOS, Leandro, *Los Ciegos en las romerías*, R. D. T. P., 1976.

CARRO CELADA, Esteban, *El Camino de Santiago pasa por Astorga*, Astorga, 1954.

CARRO GARCÍA, Xesús, *A pelerinaxe ao Xaxobe de Galicia*, Galaxia, Coruña, 1965.

—, *Estudios Jacobeos*, Santiago, 1954.

CARTON, C. R. de la Coste-Maselière et H. Trenille, «Saint Jacques, Charlemagne et Calixte II», en *Actes du Congrès Internationale «Roncevals»*, Pamplona-Santiago, 1978.

CASTELLA FERRER, Mauro, *Historia del Apóstol de Jesus Christo Sanctiago Zebedeo, patrón y capitán general de las Españas*, Madrid, 1610.

CASTILLO, A., *Inventario de la riqueza monumental y artística de Galicia*, Santiago, 1972.

—, «El Pórtico de la Gloria», Col. de *Arte Obradoiro*, n.° 1, 1954.

—, «El recorrido gallego del antiguo Camino francés de la peregrinación a Compostela», *Boletín de la Comisión de Monumentos de Orense*, n.° 9, 1932.

CASTRO, Américo, «Santiago y los Dióscuros», en *Papeles de Son Armadans*, n.° 18, 1957.

—, *Santiago de España*, Emecé, Buenos Aires, 1958.

CASTROVIEJO, Jose María, *Galicia, guía espiritual de una tierra*, Espasa-Calpe, Madrid, 1960.

CAUCCI, P., *Las peregrinaciones italianas a Santiago*, Porto, Santiago, 1971.

CAUMONT, Nopar de, *Voyage à St. Jacques de Compostelle et à Notre Dame de Finibus Terrae en l'an mil CCCCXVII*, N. ed. à París, 1858.

CAUWENBERGH, Etienne van, *Les Pélerinages expiatoires et judi-*

ciaires dans le droit communal de la Belgique au Moyen Age, Lovaina, 1922.
CEBRIÁN, J. J., *Santurarios de Galicia*, Arzobispado de Compostela, Santiago, 1982.
CLEMENTE DE DIEGO, Millán, *Andando por el Camino de Santiago*, Pueyo, Madrid, 1965.
COBREROS AGUIRRE, Jaime, y J. P. MORIN BENTEJAC, *El Camino iniciático de Santiago*, Ediciones 29, Barcelona, 1976.
CONANT, John Kenneth, *The early architectural history of the Catedral de Santiago*, Harvard University Press, Cambridge, Mass., 1926.
CONTRERAS, Juan de, marqués de Lozoya, *Santiago Apóstol, patrón de las Españas*, Madrid, 1940.
—, *Santiago, Patrón de España*, Madrid, 1950.
COSTE MASSELIÈRE, René de la, *Avec les Hospitaliers et les Pélerins sur les chemins de St. Jacques*, Cadillac-sur-Garonne, 1967.
COTARELO VALLEDOR, Armando, *Historia crítica y documentada de Alfonso III el Magno, último rey de las Asturias*, Madrid, 1933.
CROZET, R., «Itinéraire des pélerins de Saint-Jacques entre la Loire et Giroud (fin V siècle)», en *Bulletin Societé des Antiquaires de l'Ouest*, Poitiers, 1957 (4.° trimestre).
CUNQUEIRO, Álvaro, *El Camino de Santiago*, Ministerio de Información y Turismo, Vigo, 1965.
—, «Romerías Compostelanas», en *Litoral*, n.° 26-27, 1954.
CHAMOSO LAMAS, Manuel, *La Catedral de Santiago*, E. Everest, León, 1976.
—, «Excavaciones en la catedral de Santiago de Compostela», en *Archivo Español de Arte*, n.° 106 (1954), pp. 183-186, y n.° 121 (1958), pp. 39-47.
—, *Guía artística de Santiago de Compostela*, Aries, Barcelona, 1961.
CHAMPEAUX, Gérard, *Introduction au monde des symboles*, Zodiaque, 1972. (Hay trad. española en Encuentros.)
CHARPENTIER, Louis, *El misterio de Compostela*, Plaza & Janés, Barcelona, 1973.
D'ALES, A., *Priscillien et l'Espagne Chrétienne*, París, 1936.
D'ESCOLA, Marguerite, *Saint-Jacques de Compostelle*, París, 1948.
DAMONTE, M., «Da Firenze a Santiago de Compostella. Itinerario di un anonimo pellegrino nell'anno 1477», en *Studi Medievali*, vol. XIII, f. II, Centro Italiano di Studi sull'alto Medievo, Spoletto, 1860.
DANI, L., «Pellerinagio laici e turismo sacro», véase SARTORI.
DANIEL-ROPS, *Sur le Chemin de Compostelle, le pélerin à la coquille*, Plon, París, 1952.
DAUX, C., *Chansons del pélerins de Saint-Jacques*, Montauban, 1899.

—, *Le pélerinage à Compostelle et la confrérie del pélerins de Mgr. Saint-Jacques*, Henri Champion, París-Montauban, 1898.
—, *Pélerinage et Confrérie de Saint-Jacques de Compostelle*, Slatikine, París, 1981.
—, *Sur les Chemins de Compostelle. Souvenirs Historiques, anecdotiques et légendaires*, Alfred Mame, Tours, 1909.
DAVID, Pierre, «Études sur le Livre de Saint-Jacques attribué au pape Calixte II», en *Bulletin d'Études Portugaises*, Lisboa, 1946-1949.
—, «Notes compostellanes. Les chants de Route des pélerins dans le Codex Compostellanus», en *Bulletin d'Études Portugaises*, t. XV, Lisboa, 1951.
DAVY, M., *Initiation à la Symbolique Romane*, Flammarion, París, 1964.
DE MENACA, Marie, *Histoire de Saint-Jacques et de ses miracles au Moyen-Age (VIII-XIII siècles)*, Université de Nantes, 1987.
DE ZAN, R., «Il Pellerinaggio della Bibbia», véase SARTORI.
DEBEN, Carmen, *El Hostal de los Reyes Católicos*, Everest, León, 1973.
DEFOURNEAUX, Marcelin, *Les Français en Espagne, au XI siècle*, P. U. F., París, 1949.
DELARUELLE, E., «La Croissade comme pélerinage», en *Mélanges Saint-Bernard*, Dijon, 1954.
DÍAZ Y DÍAZ, M., *Visiones del Más Allá en Galicia durante la Edad Media*, Universidad de Santiago, 1985.
DIETZE, L., *Das Pilgerewesen und die Wahlfahrtsorte des Mittelalters*, Jena, 1957.
DÍEZ, Alejandro, «Puente la Reina, arte e Historia», en *Temas de Cultura Popular*, n.° 247 y 248. Pamplona, 1975.
DOMKE, H., *Spaniens Norden. Der Weg nach Santiago*, Prestel-Verlag, München, 1973.
DONCKEL, H., *Sankt Jacobus der Altere in Luxenburg*, Sankt Paulus Drückerei, Luxemburgo, 1964.
DUCROT, J., *Vers Compostelle; grandes routes et petits chemins touristiques*, Nouvelles Editions Latines, París, 1962.
DUCHESNE, Louis, «Saint-Jacques en Galice», en *Annales du Midi*, XII, Toulouse, 1900.
ECHANIZ ARRIOLA, Jesús, *Rutas jacobeas en Vizcaya*, ed. Casa de la Misericordia, Bilbao, 1963.
ECHEVARRÍA, P., *Cancionero de los peregrinos de Santiago*, Instituto de Estudios Jacobeos, Madrid, 1967 (2.ª ed. 1971).
ELIADE, Mircea, *Tratado de Historia de las Religiones*, 4 vols., Cristiandad, Madrid, 1974.
ENGELMANN, K., *Les Chemins en Espagne*, Presses de l'Ile-de-France, París, 1954.
—, *Peregrinaciones*, E. Casal y Vall, Andorra, sin fecha.
ENTRAMBASAGUAS, Joaquín de, *Santo Domingo de la Calzada, el Ingeniero del Cielo*, Biblioteca Nueva, Madrid, 1940.

ETCHEVERS, J., *La route des crêtes de Saint-Jean- Pied-de-Port à Roncevaux*, Les Amis de la Vieille Navarre, Bayona, 1973.
ETHERIA, *Peregrinaciones de Egeria*, Aguilar, Madrid, 1963.
FARDET, J., *Les Maisons-Dieu sur le Chemin de Saint-Jacques de Compostelle avec un étude particulière de l'Armorique*, Tesis doctoral de la Faculté Mixte de Médicine et Pharmacie de Nantes, 1965.
FARINELLI, Arturo, *Viajes por España y Portugal desde la Alta Edad Media hasta el siglo* XIX, Roma, 1942.
FERGUSON, Georges, *Signos y símbolos en el Arte cristiano*, Emecé, Buenos Aires, 1956.
FERNÁNDEZ ARENAS A., y P. HUARTE ARANA, *Los Caminos de Santiago*, Polígrafa, Barcelona, 1965.
FERNÁNDEZ CATÓN, J. María, *San Marcos de León. Un siglo de Historia, 1935-1961*, León, 1961.
FERNÁNDEZ DEL RIEGO, *Peregrinaciones jacobeas*, Galaxia, Vigo, 1983.
FERNÁNDEZ SÁNCHEZ, J.M., y F. FREIRE BARREIRO, *Santiago, Jerusalén, Roma. Diario de una peregrinación*, Santiago, 1880.
FERRALI, S., «L'Ordine Ospitaliero di San Antonio Abato del Tau alla sua casa a Pistoia», en *Atti del 2.° convegno internazionale di Studi*, Pistoia, 1972.
FILGUEIRA VALVERDE, J. F., «Azabaches compostelanos del Museo de Pontevedra», en *Revista del Museo de Pontevedra*, t. II, 1943, pp. 7-22.
—, *Compostela, ciudad del Apóstol*, Madrid, 1954.
—, *Historia de Compostela*, Bibliófilos Gallegos, Santiago, 1970.
—, *El Libro de Santiago*, Editora Nacional, Madrid, 1948.
FINUCANTE, R. C., *Miracles and Pilgrims*, Dent, Londres, 1977.
FITA, Fidel, y A. FERNÁNDEZ GUERRA, *Recuerdos de un viaje a Santiago de Galicia*, Madrid, 1880.
FITA, Fidel, y J. VINSON, *Le Codex de Saint-Jacques de Compostelle, Liber de Miraculis Sancti Jacobi*, París, 1888.
FRAGA DE LIS, M., *Espíritu de las Peregrinaciones*, Libredón, 1956.
FRUTOS, Pedro de, *Los enigmas del Camino de Santiago*, ATE, Barcelona, 1977.
FUENTES FUENTES, J. L., «Romería de San Xusto en San Xurxo de Sacos», en *Gallaecia*, 2, 1977.
GAILLARD, G., *Les débuts de la sculpture romane espagnole. Leon et Jaca, Compostelle*, París, 1938.
GARCÍA CANTALAPIEDRA, Aurelio, *La leyenda negra del Camino de la Costa en las peregrinaciones a Santiago* (comunicación en la 3.ª semana de estudios medievales), Estella, 1965.
GARCÍA MINOR, A., *De San Salvador de Oviedo a Compostela*, I. D. E. A., Oviedo, 1965.
GARCÍA RODRÍGUEZ, Carmen, *El culto de los santos en la España romana y visigoda*, C. S. I. C., Madrid, 1966.

GARCÍA VICENTE, José, *Las primeras rutas jacobeas*, Oviedo, 1964.

GARRIZ AYANZ, Javier, *La Santa Iglesia Catedral de Pamplona*, Ed. Gómez, Pamplona, 1966.

GAUDEFROY-DEMOMBYNES, M., *Le pélerinage à la Mekke*, Geuther, París, 1923; Porcupine Press, Filadelfia, 1977.

GAYOSO CARREIRA, Gonzalo, *Aportaciones a la bibliografía del Apóstol Santiago*, Cuadernos de Estudios Gallegos, XI, 1956.

GEORGES, André, *Le Pélerinage à Compostelle en Belgique et dans le Nord de la France, suivie d'une étude iconographique de Saint-Jacques en Belgique*, Ac. Royale de Belgique, t. XIII, Bruselas, 1971.

GIL, C., *Santos gallegos*, Porto, Santiago, 1976.

GIL Y CARRASCO, E., *El señor de Bembibre*, Novelas y Cuentos, Madrid 1974.

GIRONELLA FALCES, Javier, «Hitos marianos en la Ruta Jacobea», en *Temas de Cultura Popular*, n.° 263, Pamplona, 1976.

GOICOECHEA ARRONDO, E., *Rutas jacobeas*, Amigos del Camino de Santiago, Estella, 1971.

GÓMEZ DE LA SERNA, G., *Del Pirineo a Compostela, nueva Guía del Camino de Santiago*, Soler, Valencia, 1945.

GÓMEZ MORENO, M., *El arte románico español*, Madrid, 1934.

GONZÁLEZ, José, *La Virgen del Camino de León*, León, 1925.

GONZÁLEZ LLUBERA, *Viajes de Benjamín de Tudela (1160-1173)*, Madrid, 1918.

GRETSER, Jakob, *De Sacris et religiosis peregrinationibus libri quatuor*, Ingolstadt, 1606.

GROOTE, E. von, *Die Pilgerfahrt des Ritters Arnold von Harff von Köln*, Colonia, 1860.

GROZET, R., «Le thème du cavalier victorieux sur les routes de pélerinage», en *Compostelle*, n.° 29, 1971.

GUTIÉRREZ ERASO, Pedro M., «Estella Monumental», en *Temas de Cultura popular*, n.° 68, Pamplona, 1987 reed.

—, «Peregrinos jacobeos», en *Temas de Cultura Popular*, n.° 104, Pamplona, 1971.

GUTTON, F., *L'Ordre de Santiago*, Lethellieux, París, 1973.

HAEBLER, Konrad, *Der Wallfahrtsbuch des Hermannus Künig von Vach und die Pilgerreisen der Deutschen nach Santiago de Compostela*, Estrasburgo, 1899.

HELL, V. y H., *Die Grosse Wallfahrt des Mittelalters*, Verlag Ernst Wassmuth, Tubinga, 1965.

HENDRICK, T. D., *Saint James in Spain*, Methven and Co., Londres, 1960.

HERRKENS THISSEN, H. E., *De geschiedenis van het Haarlemse St. Jacobs Gilde*, Central Bureau voor Genealogie, S. Gravenhage, 1955.

HUBERT, Jean, «Les routes du Moyen Age», en *Les Routes de France depuis les origines jusqu'à nos jours*, París, 1959.

HÜFFER, H. J., *Sant'Iago, Entwicklung un Bedeutung des Jacobskultes in Spanien und dem Römisch-Deutsch Reich*, Verlag Oldenbourg, Munich, 1957.

HUIDOBRO Y SERNA, L., *Las peregrinaciones jacobeas*, 3 vols., Instituto de España, Madrid, 1950.

HUIDOBRO, Luciano, y José ALONSO, *El camino de Santiago a su paso por Castrojeriz*, Burgos, 1965.

HUNT, E. D., *Holy Land Pilgrimage in the later Roman Empire*, Clarendon Press, Londres, 1982.

IÑIGUEZ, F., S. PORTELA PAZOS y P. PEDRET CASADO, *Santiago en la Historia, la Literatura y el Arte*, Madrid, 1954.

IRIBARREN, Sebastián, *Apuntes sobre la Historia antigua de Estella*, Sevilla, 1912.

ISAMBERT, F. A., *Le sens du Sacré*, Ed. de Minuit, París, 1982.

JIMENO JURIO, J. M., «La hospitalidad en el Camino de Santiago», en *Temas de Cultura Popular*, n.° 103, Pamplona, 1971.

—, «Leyendas del Camino de Santiago», en *Temas de Cultura Popular*, n.° 60, Pamplona, 1970.

—, «Sangüesa, miscelánea religiosa», en *Temas de Cultura Popular*, n.° 195, Pamplona, 1974.

—, «Valcarlos, Valle de Carlos», en *Temas de Cultura Popular*, n.° 53, Pamplona, 1969.

JIMENO JURIO, J. M., y J. María, «Rutas mayores a Santiago», en *Temas de Cultura Popular*, n.° 99, Pamplona, 1971.

—, «Rutas menores a Santiago», en *Temas de Cultura Popular*, n.° 111, Pamplona, 1971.

JOBIT, P., *Saint-Jacques, l'Apôtre vénéré à Compostelle*, Mâme, Tours-París, 1963.

JUGNOT, G., «Le pélerinage et le droit d'après les lettres de rémission accordées par le roi de France», en *Le pélerinage*, véase VICAIRE.

—, *Recherches sur le pélerinage de Saint-Jacques de Compostelle (X-XIII siècles): pélerins et pélerinages en Navarre*, Mémoire de l'Université de Paris, 1970.

KEMPE, Richard, *Jacobsland. Wanderungen durch die spanische Geschichte*, Oldengbourg, Munich, 1958.

KING, Georgiana Goddard, *The Way of St. James*, 3 vols. Hispanic Society of America, Nueva York, 1920.

KÖSTER, K., «Mittelalterliche Pilgerzeichen», véase KRISS-RETTENBECK.

KÖTTING, B., *Peregrinatio religiosa. Wallfahrt un Pilgerwesen in antike und alter Kirche*, Münster, 1950.

KRAPPE, A.H., «Spanish Twin Cults», en *Studi e materiali di storia delle religione*, 1932, VIII, p. 13.

KRISS-RETTENBECK (director), *Wallfahrt*, Verlag Schnell, Zurich, 1984.

KÜNIG, H., *Die Walfahrt und Strass an Sankt Jacob*, reimpresión de la edición original de 1945, Estrasburgo, 1982.

LA COSTE-MISSELIÈRE, R. de (compilador), «Deux relations inédites de pélerinage à Compostelle, vers 1500», en *Annuaire-Bulletin de la S.H.F.*, 1978.

LA COSTE-MESSELIÈRE, R. de (director), *Pélerins et chemins de Saint-Jacques en France et en Europe, du X à nos jours*, Catálogo exposición. Archives Nationaux, París, 1965.

LA ORDEN MIRACLE, E., *Santiago en América, en Inglaterra y en Escocia*, Publicaciones Españolas, Madrid, 1970.

LABANDE, E. R., «Pauper et Peregrinus», véase KRISS-RETTENBECK.

LABEAGA MENDIOLA, Juan Cruz, «Viana, ruta jacobea. El castillo y las fortificaciones de Viana», en *Temas de Cultura Popular*, n.° 266 y 359, Pamplona, 1976.

LACARRA, J. M., «Rutas de Peregrinación. Los pasos del Pirineo y el Camino de Santa Cristina a Puente la Reina», en *Pirineos*, vol. I., 1945.

LAFFI, Domenico, *Viaggio in Ponente a St. Giacomo de Galizia e Finis Terrae per Francia e Spagna*, Presso Giovanni Battista Ferroni, 1673, Presso Eredi Antonio Pisacri, 1681.

LALANNE, L., *Des Pélerinages en Terre Sainte avant les croissades*, Bibliothèque de l'Ecole de Chartres, t. II, 1815-1846.

LAMBERT, Elie, *Études Médiévales*, t. I, 4.ª parte, «Le pélerinage de Compostelle», y t. IV, mapas y planos, Privat, Toulouse, 1956.

—, *Le pélerinage à Compostelle*, París-Toulouse, 1958-1959.

—, «Les français et le Chemin de St. Jacques», en *Bulletin de l'Institut Français en Espagne*, 46, 1950.

LAMPEREZ Y ROMEA. V., *Historia de la arquitectura cristiana española*, Madrid, 1930.

LAVERGNE, Adrien, *Les Chemins de Saint-Jacques en Gascogne*, Burdeos, 1887.

LECLERCQ, Jean, «Mönchtum und Peregrinatio in Frühmittelalter», en *Römische Qualtaltschrift*, t. 55, pp. 212-225, 1961.

LENNEP, J. van, *Arte y Alquimia*, Ed. Nacional, Madrid, 1978.

LÉOTARD, E., *Les Pélerinages*, Lyon, 1902.

LOARS, Gaspar, *De Sacris Peregrinationibus*, Coloniae Agrippinae, 1619.

LOARTE, Giacomo, *Trattato delle Sante Peregrinationi*, Roma, 1575.

LOCARD, Arnould, *Recherches historiques sur la coquille des pélerins*, Lyon, 1888.

LOJENDIO, L. M., «Leyre», en *Temas de Cultura Popular*, n.° 28, Pamplona, 1968.

LOMAX, D., *La orden de Santiago, 1170-1275*, Escuela de Estudios Medievales, Madrid, 1965.

LÓPEZ, Carlos M.ª, *Leyre: Historia, arqueología, leyenda*, Ed. Gómez, Pamplona, 1962,

LÓPEZ FERREIRO, A., *Galicia en el último tercio del siglo XV*, Santiago, 1968.

—, *Historia de la Santa Iglesia Catedral de Santiago de Compostela*, Seminario Conciliar, 2 vols., Santiago, 1899-1909.

—, *Monumentos antiguos de la Iglesia Compostelana*, Madrid, 1883.
—, *El Pórtico de la Gloria. Platerías y el primitivo Altar Mayor*, Pico Sacro, Santiago, 1975.
LÓPEZ Y LÓPEZ, Román, *Santiago de Compostela. Guía del peregrino y del turista*, El Eco Franciscano, Santiago, 1915.
—, *Santiago de Compostela. Guía oficial*, Santiago, 1962.
LÓPEZ Y MARTÍNEZ, Nicolás, *San Juan de Ortega*, Burgos, 1963.
LOUBES, G., *Chemins de Saint-Jacques en Gascogne*, catálogo de exposición, Société Archéologique et Historique du Gers. Auch, 1970.
LOYOLA, Ignacio de, «El relato del Peregrino», en *Obras completas*, Labor, Barcelona, 1973.
LLOPIS, Salvador, *Por Salamanca también pasa el Camino de Santiago*, Salamanca, 1965.
MAIZ ELEIZEGUI, L., *La devoción al Apóstol Santiago y al arte jacobeo*, S. Aguirre Torre, Madrid, 1953.
MALE, Emile, *L'Art religieux au* XII *siècle en France*, A. Colin, París, 1940.
—, «L'Art du Moyen Age et les Pélerinages», en *Revue de Paris*, 1920.
MANCIÑEIRA PARDO DE LAMA, F., *San Andrés de Teixido*, Roel, Coruña, 1907.
MARAVAL, P., *Les lieux saints et Pélerinages d'Orient*, Cerf, París, 1985.
MARTÍN ARTAJO, Javier, *Caminando a Compostela*, Madrid, Ed. Católica, 1.ª ed. 1954. 2.ª ed. 1976.
MARTÍN GONZÁLEZ, J. J., *El Renacimiento. IX centenario de la Catedral de Santiago*, Caja de Ahorros de Santiago de Compostela, 1977.
MARTÍNEZ, T., *El Camino de Santiago, una ruta milenaria*, Diputación de Vizcaya, Bilbao, 1976.
MARTÍNEZ, Vicente, *El Camino de Santiago de Roncesvalles a Compostela. Diario de un peregrino*, Publicaciones Españolas, Madrid, 1961.
MARTÍNEZ-BARBEITO, Carlos, *Vida y leyenda de San Pedro de Mezonzo*, Editora Nacional, Madrid, 1968.
MELLINI, G. L., *El Maestro Mateo en Santiago de Compostela*, Sadea Ed., Granada, 1968.
MERINO BARRAGÁN, *Perfiles Jacobeos*, Pamplona, 1954.
MESMY, dom Claude, *Les Chemins de Saint-Jacques*, Zodiaque, La Pierre qui vire, 1970.
MEURGUEY DE TUPIGNY, J., *Histoire de Saint-Jacques de la Boucherie*, Champion, París, 1926.
MILLIAN, Isidoro, *Perfiles del Apóstol. Once siglos de vida compostelana*, Santiago, 1938.
MOLINA, Bartolomé Sagrario, *Descripción del reino de Galicia*, Bibliófilos gallegos, sobre la edición de 1550, Santiago, 1949.

MONTEIRO, Hernani, *De Porto a Santiago de Compostela*, Porto, 1949.

MONTERADO, Luca de, *Storia delle devozioni dei pellerinaggi a Loreto*, Bahía, 1954.

MORAL, Tomás, «San Virila», en *Temas de Cultura Popular*, n.° 237, Pamplona, 1975.

MORALEJO, A., C. TORRES y J. FEO, *Liber Sancti jacobi, Codex Calixtinus*, Inst. Sarmiento de Estudios Gallegos, Santiago, 1951.

MOURON, Marie, *Vers Saint-Jacques de Compostelle*, Amiot-Danmont, París, 1957.

MULLINS, F., *The pilgrimage to Santiago*, Martin & Secker and Warburg, Londres, 1974.

NEIRA DE MOSQUEIRA, Antonio, *Monografías de Santiago y dispersos de temas compostelanos (1844-1852)*, con estudio preliminar de Benito Varela Jacome, Bibliófilos gallegos, Santiago, 1950.

ORDÓÑEZ, Valeriano, «Torres del Río», en *Temas de Cultura Popular*, n.° 47, Pamplona, 1979.

OTERO PEDRAYO, Ramón, *Historia de Galicia*, Nos, Buenos Aires, 1926.

OURSEL, R., *Les pélerins du Moyen Age, les hommes, les chemins, les sanctuaires*, Fayard, París, 1963.

PALADILHE, D., *Carnet de route d'un étudiant à pied vers Compostelle*, La Palatine, Ginebra, 1956.

PANOFSKY, Erwin, *Estudios sobre iconología*, Alianza Editorial, Madrid, 1972.

PARDIAC, Abbé, *Histoire de Saint-Jacques le Majeur et du pélerinage de Compostelle*, Burdeos, 1863.

PARDO VILLAR, Fray Aureliano, *Los dominicos en Santiago. Apuntes históricos*, Santiago, 1953.

PEINADO, Narciso, «El Camino en León», en *Rutas Jacobeas*, n.° 10 a 18. 1964.

PENSADO, José Luis, *Milagros de Santiago*, CSIC, Madrid, 1958.

PÉREZ DE URBEL, Fray Justo, *Los Monjes españoles en la Edad Media*, Madrid, 1933-1934.

—, «Orígenes del Culto a Santiago en España», en *Hispania Sacra*, vol. V, n.° 9, 1952.

PINEDO, Ramiro de, *Simbolismo en la escultura medieval española*, Espasa-Calpe, Madrid, 1930.

PITA MERCÉ, R., «Lérida y los antiguos caminos de peregrinación a Compostela», en *Rutas Jacobeas*, n.° 33, 1967.

POLIGNAC, Cardenal de, *Les merveilles de Rome... avec la guide des chemins de Rome aux principales villes de l'Italie et lieux circonvoisins, avec le voyage de St. Jacques en Galice*, Apud Barnabo, Roma, 1725.

PORTER, K., *The romanesque sculpture of the pilgrimage roads*, Jones Marshall, Boston, 1923.

PORTILLA VITORIA, Micaela, «Por rutas alavesas a Compostela», en *Boletín Excursionista Manuel Iradier*, Vitoria 1964 a 1965.

PRADO, Germán, *Historia del rito mozárabe y toledano*, Abadía de Silos, Burgos, 1928.
PRECEDO LAFUENTE, M. J., *Santiago el Mayor patrón de España. Vida y culto*, Arzobispado de Santiago, 1985.
PRESCOTT, H. F. M., *Le Voyage de Jérusalem au XV siècle*, París, 1959.
PURCHAS, S., *His Pilgrims* (1425), Glasgow, 1905-1907.
QUARRÉ, Pierre, *Sanctuaires romans sur le chemin de Saint-Jacques*, Musée de Dijon, 1962.
QUINTANA PRIETO, *Monografías históricas del Bierzo*, Madrid, 1956.
RAPHAEL, F., *Les pélerinages de l'Antiquité biblique et classique à l'Occident médieval*, Genthner, París, 1973.
RENOUARD, Yves, «Le pélerinage à Saint-Jacques de Compostelle et son importance dans le monde médieval», en *Revue Historique*, 1951, pp. 255-261.
REVILLA VIELVA, R., *El Camino de Santiago a su paso por Palencia*, Palencia, 1963.
REY ALVITE, J., *Los santuarios jacobeos de la Nación Española*, Roel, Coruña, 1932.
RIANT, P., *Expéditions et Pélerins scandinaves en Terre Sainte au Temps des Croissades*, París, 1865.
RIELO CARBALLO, I., «As oracions en Galego», en *Encrucillada*, 1985.
ROCA LAYAMON, Jaime, «Irache», en *Temas de Cultura Popular*, n.° 69, Pamplona, 1969.
RODRÍGUEZ DÍEZ, Matías, *Historia de Astorga*, Astorga, 1908.
RODRÍGUEZ GONZÁLEZ, Pablo, «San Veremundo», en *Temas de Cultura Popular*, n.° 80, Pamplona, 1970.
ROLAY, Diego, «La Ruta Jacobea desde Barcelona a Lérida», en *Rutas Jacobeas*, n.° 55, 1967.
ROSMITHAL, Barón León de, *Viajes por España*, edición de García Mercadal en 3 vols, Aguilar, Madrid, 1950.
ROUSSEL, R., *Les pélerinages*, PUF, París, 1956.
—, *Les Pélerinages à travers des siècles*, Payot, París, 1954.
RUÍZ MORALES, J. M., *Estrellas, conchas y espadas. Pasado y futuro en la tradición de Santiago el Mayor*, Escuela Diplomática, Madrid, 1953.
—, *Música en Compostela*, Ministerio de Asuntos Exteriores, Madrid, 1973.
SAINZ RIPA, Eliseo, «Viana», en *Temas de Cultura Popular*, n.° 48, Pamplona, 1982.
SALGADO TUIMIL, R., *Santuarios gallegos. El Corpiño*, Palacios, Lugo, 1929.
SALVADOR Y CONDE, José, *El libro de la peregrinación a Santiago de Compostela*, Guadarranque, Madrid, 1971.
SARMIENTO, Fray Martín, *Viaje a Galicia*, CSIC, Instituto Padre Sarmiento, Santiago, 1950.

SARTORI, L., *Pellerinaggio e religiositá popolare*, Messaggero, Padua, 1981.
SATRÚSTEGUI, J. M., *La puerta de España en el Camino de Santiago*, Pamplona, 1962.
SECRET, P. A., *Saint-Jacques et les chemins de Saint-Jacques*, Horizons de France, París, 1955.
—, *Sur les chemins de Compostelle*, París, 1956.
SIGAL, P. A., *L'Homme et le Miracle*, Cerf, París, 1985.
—, *Les marcheurs de Dieu*, Armand Colin, París, 1974.
SILVA, Rafael, y J. R. BARREIRO, *El pórtico de la Gloria*, Follas Novas, Santiago, 1978.
SPICQ, C., *Vida cristiana y peregrinación*, BAC, Barcelona, 1977.
SPISANTI, S., «Psicología del Pellerinaggio», véase SARTORI.
STARKIE, Walter, *El Camino de Santiago*, Madrid, 1948.
—, *The Road to Santiago. Pilgrims of St. James*, John Murray, Londres, 1957.
STONE, J. S., *The Cult of Santiago*, Longmans-Gree & Co. Londres, 1927.
STORK GADEA, Magdalena, *La tierra de Santiago o Jacobsland*, Ediciós do Castro, Sada, 1985.
STORRS, C. M., *Jacobean Pilgrims from England from the early XII to the late XV Century*, Senate House, Universidad de Londres, 1964.
SURCHAMP, Angelo, *Gallice Romane et Saint Jacques de Compostelle*, Zodiaque, La Pierre qui vire, 1973.
TERAN FIERRO, Daniel, *Prisciliano, mártir apócrifo*, Breogán, Madrid, 1985.
TERRIN, A. N., «Il pellerinaggio in chiave fenomenologica-religiosa», véase SARTORI.
TORRES FONTES, J., *Compilación de los milagros de Santiago*, Universidad de Murcia, 1946.
TORROBA BERNALDO DE QUIROS, Felipe, *Retablo estelar del Apóstol, el Camino de Santiago*, Apostolado de la Prensa, Madrid, 1971.
TURNER, V., *Image and Pilgrimage in Christian Culture*, Columbia University, Nueva York, 1978.
UBIETO ARTETA, Antonio, «La peregrinación de Alfonso II de Aragón a Santiago de Compostela», en *Estudios de la E. M. de la Corona de Aragón*, n.° 5, 1952, pp. 438-452.
URIA RIU, Juan, *Las fundaciones hospitalarias en los caminos de peregrinación a Oviedo*, Oviedo, 1940.
URTUSÚN VILLANUEVA, Benito, «Espinal», en *Temas de Cultura Popular*, n.° 244, Pamplona, 1975.
USENER, H., *Die Stintflugsagen* [Las leyendas del Diluvio], Bonn, 1899.
USERO, R., *El Santuario de San Andrés de Teixido*, S. L. de Ed., 1972.
VALERO DE CABAL, Mercedes, *De San Salvador de Oviedo a*

Compostela, Boletín del IDEA, Oviedo, XIX, n.° LVI, pp. 216-217.
VALIÑA, Elías, *Caminos a Compostela*.
VALIÑA SAMPEDRO, E., *El Camino de Santiago. Estudio histórico-jurídico*, CSIC, Instituto E. Florez, Madrid, 1971.
VALLEJOS, Genaro Xavier, *El camino, el peregrino y el diablo*, Diputación Foral de Navarra, Pamplona, 1978.
VÁZQUEZ DE PARGA, L., J. M. LACARRA y J. URIA, *Las Peregrinaciones a Santiago de Compostela*, CSIC, 3 vols., Madrid, 1949.
VELASCO, Clodoaldo, *Santiago y España*, León, 1948.
VICAIRE, M. H., *Le pélerinage*, Privat, Toulouse, 1980.
VIDAL, M., *Les chemins de Saint-Jacques en Quercy*, Mountauban, 1977.
—, *Moissac et le Chemin de Compostelle*, Catálogo de exposición, Musée de Moissac, 1976.
VIDEGAIN AGOS, Fernando, «Los Arcos», en *Cuadernos de Cultura Popular*, n.° 153, Pamplona, 1973.
VIEILLARD, Jeanne, *Le Guide du Pélerin de Saint-Jacques de Compostelle* (Vers. del códice Calixtino), Klincksieck, París, 1938.
VILLAAMIL Y CASTRO, José, *Reseña histórica de los establecimientos de beneficiencia que hubo en Galicia durante la Edad Media y de la creación del Gran Hospital Real de Santiago fundado por los Reyes Católicos*, 1903.
VILLABRIGA, Vicente, *Sangüesa, ruta compostelana. Apuntes medievales*, Sangüesa, 1962.
VILLALVA Y ESTENZA, Bartolomé, *El Peregrino curioso y Grandezas de España*, Sociedad de Bibliófilos, Madrid, 1886.
VILLARES PAZ, Ramón, *Historia de Galicia*, Santillana, Madrid, 1980.
VILLUGA, Juan, *Repertorio de todos los caminos de España*, Medina del Campo, 1546.
VIÑAYO GONZÁLEZ, Antonio, *San Martino de León, peregrino universal* (Los viajes científico-religiosos del s. XIII), León, 1960.
VIZCAÍNO, J. Antonio, *De Roncesvalles a Compostela*, Alfaguara, Madrid, 1965.
VOGEL, F., «Le pélerinage pénitential», en *Pellerinaggi e culto dei santi*.
—, *Le pécheur et la Pénitence au Moyen Age*, París, 1969.
VORAGINE, Santiago de la, *La Leyenda Dorada*, Alianza Editorial, Madrid, 1980.
WAGNER, M., *Tradition der Askese bei Wallfahrten in Irland*, véase *Kriss-Rettenbeck*.
WHITEHILL, Walter Muir, *Francia y los caminos de Santiago*, Madrid, 1950.
YOYOTTE, Y., *Les Pélerinages*, Seuil, París, 1960.
ZANDER, L., *Le Pélerinage dans 1054*, SL, 1954.

Índice

Reflexión primera 11

INTRODUCCIÓN

1. El mito jacobeo, una ortodoxia herética 15

Recuerdos de un hereje obispo y mártir 16
El discreto nacimiento de un mito 17
El mito, discreta clave de la historia 19
Santiago, el buco emisario 21
De la meta a los caminos, de éstos al Camino 23
Controles dogmáticos, sutilezas herméticas 25

2. El Camino y los signos de transformación 27

La función más arcaica del Camino 28
Una lenta y paciente siembra de signos 30

3. Con los pies pisando el suelo 34

La reconstrucción interior 35
Proyectos de futuro 36
Muerte y resurrección en el Camino 37
La paciente labor de buscar 40

LA GUÍA DEL PEREGRINO

4. El Camino desde Aragón 45

Tranco I: Desde Somport hasta Jaca 45
Tranco II: Desde Jaca hasta Yesa 55
Tranco III: Desde Leyre hasta Eunate 70

5. El Camino desde los puertos navarros 99

Tranco IV: Desde Valcarlos hasta Pamplona 99
Tranco V: Desde Pamplona hasta Puente la Reina . . . 111

6. Los caminos del vino 123

Tranco VI: Desde Puente la Reina hasta Logroño . . . 123
Tranco VII: Desde Logroño hasta La Calzada 145

7. La senda de los constructores 182

Tranco VIII: Desde La Calzada hasta Burgos 182

8. Por tierras de pan llevar 206

Los secretos de un trecho sin misterios 206

Tranco IX: Desde Burgos hasta Carrión de los Condes . . 207
Tranco X: Desde Carrión de los Condes hasta León . . 235

9. Un alto en el camino: León, entre la memoria y el secreto 251

10. El laberinto de los montes sagrados 270

Tranco XI: Desde León hasta Astorga 270
Tranco XII: Desde Astorga hasta Ponferrada 285
Tranco XIII: Desde Ponferrada hasta Cebreiro 303

11. La carrera a tumba abierta 323

Tranco XIV: Desde Cebreiro hasta Santiago 324

12. Fin del trayecto: Apoteosis compostelana 342

13. Más allá de Compostela 375

Tranco final: Secretas cosechas del pasado 376

Albergues a lo largo del Camino Jacobeo 409

Bibliografía 411

ROBIN
BOOK

Susan Jeffers
Aunque tenga miedo, hágalo igual
Técnicas dinámicas para convertir el miedo, la indecisión y la ira en poder, acción y amor
25 aniversario
ROBIN BOOK

Pedro Palao Pons
El secreto de la sopa de fideos
«Toma el control de tu vida con el Coaching»
ROBIN BOOK

DOCTOR LUC BODIN
El nuevo Ho'oponopono
Aloha, la Huna, el Pono, la Ha, el Mana...
ROBIN BOOK

Emilio Salas
El gran libro del Tarot
Una obra excepcional, distinta a todo lo publicado
ROBIN BOOK

LOS ILLUMINATI Y EL CONTROL MUNDIAL
TRAS LOS PASOS DE LA SOCIEDAD SECRETA MÁS PELIGROSA DE LA HISTORIA
Claudio Soler

Laura Torres, Clara Vidal y Jaume Rosselló
La biblia vegana
ROBIN BOOK

MA
NON
TROPPO

FERNANDO SÁEZ ALDANA
OTRA
HISTORIA DE LA
ÓPERA
Un recorrido original e insólito
por la historia del género lírico
MA
NON
TROPPO

Olga Suanya
HISTORIAS DE
MÚSICA Y VIDA
Canciones grabadas en
nuestra memoria
Lo mejor
del
CHELSEA
MA
NON
TROPPO

JESÚS FERNÁNDEZ
CÓMO
VIVIR
DE LA
MÚ$ICA
GUÍA DEL MÚSICO INDEPENDIENTE
MA
NON
TROPPO

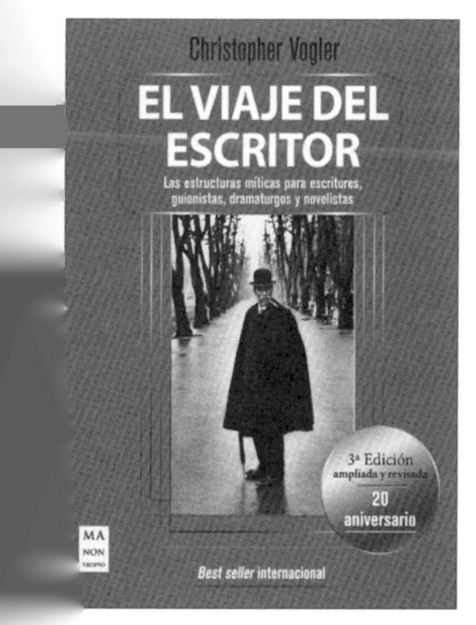
Christopher Vogler
EL VIAJE DEL
ESCRITOR
Las estructuras míticas para escritores,
guionistas, dramaturgos y novelistas
3ª Edición
ampliada y revisada
20
aniversario
MA
NON
TROPPO
Best seller internacional

MÚSICA DE
CINE
Partituras para aficionados al piano
MA
NON
TROPPO

José Luis Torres Revert
LA BIBLIA
DEL
E-COMMERCE
Los secretos de la venta online
Más de mil ideas para vender por internet
MA
NON
TROPPO

LOOK

YANN LEBIHAN
HISTORIA DE LOS
VIDEOJUEGOS

JORDI PICATOSTE VERDEJO
EL EFECTO
TARANTINO
SU CINE Y LA CULTURA POP

Nuevas
Rutas del
Rock